KB207214

한국의 사상가 10人

지 눌

예문동양사상연구원총서 3

한국의 사상가 10人 ── 지눌
Ten Korean Thinkers ── Chinul

엮은이   예문동양사상연구원 / 이덕진
펴낸이   오정혜
펴낸곳   예문서원

편 집   김병훈 · 명지연 · 허경희 · 김효경
인 쇄   상지사
제 책   상지사

초판 1쇄   2002년 2월 10일
초판 3쇄   2009년 2월 25일

주   소   서울시 동대문구 용두2동 764-1 송현빌딩 302호
출판등록   1993. 1. 7 제6-0130호
Homepage http//www.yemoon.com
E-mail   yemoonsw@empal.com

ISBN 89-7646-148-7   93150

YEMOONSEOWON 764-1 Yongdu 2-Tong, Tongdaemun-Ku Seoul KOREA 130-824
Tel) 02-925-5914, 02-929-2284 Fax) 02-929-2285

값 26,000원

예문동양사상연구원총서 3

한국의 사상가 10人

지 눌

예문동양사상연구원

이덕진 편저

예문서원

'한국의 사상가 10人'을 출간하며

　예문동양사상연구원이 출범한 지도 어느덧 5년이 되어 간다. '반추反芻'라
는 반성적 행위의 성격이 늘 그렇듯이, 지난 5년의 시간도 되돌아보면 만족감
보다는 아쉬움이 더 많이 남는다. 우리 동양철학계의 연구 분위기를 활성화시
키는 데 조그만 힘이나마 보탬이 되어 보겠다는 포부에서 출범을 하긴 했지
만, 그 동안 그런 출범 취지를 구현하기 위해 얼마나 제대로 노력해 왔는가를
자문하면 사실 머뭇거리지 않을 수 없기 때문이다. 특히 초기의 지나친 의욕
으로부터 비롯된 몇몇 시행착오와 예상치 못했던 현실적 난관들로 말미암아
애초에 구상하였던 사업들 가운데 일부를 불가피하게 축소할 수밖에 없었던
점은 여전히 많은 아쉬움을 준다. 이와 같은 경험들은 향후 연구원의 발전에
반면거울로서 소중한 자산이 될 것으로 기대해 본다.
　하지만 이런 반성의 마음가짐 속에서도 한편으로 나름대로의 성취도 확인
하고 자랑하고픈 생각도 있음을 솔직히 고백하지 않을 수 없다. 그 가운데 동
양철학과 관련된 종합 학술정보지인『오늘의 동양사상』의 꾸준한 발간은 우
리 연구원이 가장 손꼽고 싶은 성과이다. 국내의 척박한 동양철학 연구 현실
을 생각할 때 처음에는 여러 가지 우려도 있었지만, 결과적으로 짧은 시간 안
에 동양철학계의 대표적인 학술정보지로 자리를 잡았고 또 그에 상응하는 외
부적인 평가도 받고 있다는 사실에 외람되지만 뿌듯한 자부심을 느낀다. 동양
철학계의 연구쟁점들을 지속적으로 예각화시켜 연구자들로 하여금 향후 연구
동향의 방향을 가늠케 하고 또 관련되는 자료를 꾸준히 정리해 냄으로써 연구
의 여건을 실질적으로 뒷받침하는 데 일익을 담당하려는 것이 우리 예문동양
사상연구원의 궁극적인 존립 이유이다. 그러므로 이런 점에서 볼 때『오늘의

동양사상』에 대한 우리의 애정은 남다를 수밖에 없다. 그것은 곧 우리 연구원이 지향하는 바를 잘 드러내 주고 있는 하나의 지남指南이기 때문이다.

여기 우리 연구원의 두 번째 출판물로 선보이는 '한국의 사상가 10人' 시리즈 역시 『오늘의 동양사상』에 투영되어 있는 우리의 그와 같은 관심이 온축된 결과이다. 한국사의 대표적인 사상가 10인(元曉, 義天, 知訥, 退溪, 南冥, 栗谷, 霞谷, 茶山, 惠崗, 水雲)을 선정하여 그들에 대한 지금까지의 연구사를 정리함으로써 이들 사상가들에 대한 앞으로의 연구에 충실한 나침반을 제공해 보자는 것이 이 시리즈의 기획 의도이다. 이런 기획 의도에 따라 이 시리즈는 공통적으로 다음의 세 부분으로 구성되어 있다. 첫째 부분은 해당 사상가에 대한 그 동안의 연구사를 편저자가 총괄적으로 정리한 해제이다. 이를 통하여 우리는 해당 사상가에 대한 그 동안의 연구가 어떤 궤적을 그리며 진행되어 왔는가를 한눈에 살펴볼 수 있을 것이다. 이어서 둘째 부분은 해당 사상가의 사상적 면모를 다양한 각도에서 접근할 수 있게 안내해 주는 대표적인 논문들의 모음이다. 해당 사상가의 사상은 어떤 과정을 거치면서 체계화되었으며, 또 연구자들 사이에서는 무엇이 쟁점인지 하는 등의 실질적인 문제에 대한 이해를 이 부분을 통하여 심화시킬 수 있을 것이다. 마지막 셋째 부분은 연구물 목록이다. 여기에는 그 동안 나온 해당 사상가에 대한 연구 성과물이 총망라되어 있어 유용한 자료집 역할을 할 수 있을 것으로 기대한다.

공부의 성패는 어떻게 보면 넘치는 정보의 바다에서 효율적으로 항로를 잡아가는 능력과 직결된다고 해도 과언이 아닐 것이다. 더구나 오늘날과 같은 정보의 과잉 시대에 그런 능력은 한층 필수적이다. 그러므로 특정 분야의 그

간의 연구 현황과 주요 성과들 그리고 그와 관련된 선행 연구들에 대한 정보를 종합적으로 갈무리해 내는 이와 같은 작업의 중요성은 말 그대로 아무리 강조해도 지나치지 않을 것이다. 이런 점에서 이 총서가 한국 사상에 관심이 많은 일반 독자들과 관련 전공자들의 연구에 작은 보탬이라도 될 수 있기를 바라마지 않는다.

끝으로 논문의 게재를 흔쾌히 수락하고 또 출간도 끈기 있게 기다려 주신 필자 선생님들께 감사를 드린다. 특히 해당 분야의 수록 논문 선정에 많은 조언을 해주시고 해제까지 집필하는 수고를 마다하지 않으신 편저자 선생님들께도 이 자리를 빌려 깊은 감사를 드린다. 만약 이 총서가 우리 동양철학계에 기여하는 면이 있다면 그 공은 전적으로 이 분들의 몫이다.

2001년 12월 24일
예문동양사상연구원
'한국의 사상가 10人' 간행위원회

간행위원장: 김충열(고려대 명예교수)

간 행 위 원: 고영섭(동국대 강사) 김교빈(호서대 교수) 김용헌(한양대 교수) 박원재(고려대 강사) 박홍식(경산대 교수) 오문환(연세대 강사) 오이환(경상대 교수) 윤사순(고려대 교수) 이병욱(고려대 강사) 이덕진(고려대 강사) 이승환(고려대 교수) 황의동(충남대 교수) 홍원식(계명대 교수) (이상 가나다순)

◇ '한국의 사상가 10人'을 출간하며   5
◇ 일러두기   14

지눌 연구의 어제와 오늘 ── 이덕진   15

　　1. 들어가는 말   15
　　2. 연구 성과와 현황   18
　　3. 연구 현황 분석   22
　　　　1) 시대별 및 형태별 연구 현황   22
　　　　2) 내용별 연구 현황   28
　　4. 개인별 연구 현황   36
　　5. 주요 논문의 선정   47
　　6. 지눌학 연구의 과제   55

제1부　　지눌 선 사상 체계의 이해　　59

'悟'의 문제 ── 박성배   61

　　1. 오悟란 무엇인가?   61
　　2. 오의 내용   70
　　3. 오의 종류   80

신비 Paradox를 통하여 본 지눌의 空寂靈知心 ── 강건기   89

　　1. 신비주의와 패러독스   89
　　2. 어둠과 밝음의 패러독스: 공적영지심   98
　　3. 공적영지심과 지눌 사상 체계의 특성   104
　　4. 결론   106

지눌 선 사상의 구조 ── 길희성   107

1. 지눌 선의 지적 성격   107
2. 지눌 선 사상의 구조의 문제   113
3. 심성론   121
4. 수행론   132
   1) 돈오론   132
   2) 점수론   138
   3) 간화론   153

마음의 해석학 ── 인경   166

1. 머리말   166
2. 보조선 연구사와 문제제기   168
3. 마음의 해석학   174
   1) 삼문의 성격   174
   2) 삼문의 『대승기신론』적 이해   182
4. 삼문의 유기적 관계   195
   1) 『수심결』의 전수문全收門   196
   2) 『절요사기』의 전간문全揀門   201
5. 결론   212

제2부   지눌 선 사상의 돈오와 점수에 대하여 / 217

돈오점수의 새로운 해석 ── 김호성   219

1. 머리말   219
   1) 문제제기   219
   2) 『선문정로』 이후 논쟁의 전개   222
2. 깨달음에 대하여   224
   1) 해오와 증오   224
   2) 해오와 지해   229
   3) 돈점과 선교   233
   4) 돈점과 경절   239
3. 맺음말   243

보조스님은 證悟를 부정했던가? —— 박성배 246

　1. 『원돈성불론』에 나타난 보조스님의 悟觀 248
　2. 『간화결의론』 속에 나타난 보조스님의 悟觀 261
　3. '돈오돈수적 점수설'에 대한 반론과 재반론 274
　4. 전치수・김호성 교수에 대한 총괄적 평가 289

지눌 선 사상에 있어서 돈오의 함의 —— 이덕진 309

　1. 들어가는 말 309
　2. 혜능의 돈오 사상 312
　　1) 돈오견성 312
　　2) 대경혜용 316
　3. 지눌의 돈오 사상 318
　　1) 자심과 자성 318
　　2) 자성과 공적영지 321
　　3) 돈오 324
　4. 지눌과 혜능 선 사상의 비교 328
　5. 나가는 말 335

제3부　지눌 선 사상과 간화선과의 함수관계　339

혜심의 선 사상 연구 —— 권기종 341

　1. 서론 341
　2. 혜심과 지눌의 관계 343
　3. 지눌의 선 사상과 혜심 345
　　1) 지눌의 선 사상 346
　　2) 지눌 사상의 문제점 350
　4. 혜심의 저술과 선 사상 354
　　1) 혜심의 저술 354
　　2) 혜심의 선 사상 355
　5. 결론 365

간화선의 '구자무불성'에 대한 일고찰 —— 이덕진 367

1. 들어가는 말 367
2. 조주종심과 구자무불성 369
3. 대혜종고와 구자무불성 372
4. 보조지눌과 구자무불성 378
5. 진각혜심과 구자무불성 393
6. 나오는 말 407

제4부   지눌 선 사상의 교학적 근거 / 411

보조의 『화엄신론』 이해 —— 최성렬 413

1. 서언 413
2. 보조의 화엄 전적 열람 414
   1) 『화엄경』 415
   2) 『화엄신론』 418
   3) 기타 화엄 전적 422
3. 보조의 『화엄신론』 이해 423
   1) 불지재중생심佛智在衆生心 424   2) 생불호융生佛互融 427
4. 전통 화엄에 대한 비판 430
   1) 생불호융의 비판 430   2) 현수의 『망진환원관』 비판 432
5. 결어 435

보조국사 지눌의 『원돈성불론』 상석 —— 심재룡 436

1. 이끄는 글 436
2. 예비적 고찰 441
   1) 지눌에게 미친 이통현의 영향 441
   2) 지눌이 화엄교설을 선으로 포섭함 444
   3) 화엄과 선 수행자들의 문제점에 대한 지눌의 진단 446
3. 믿음: '무명과 지혜의 동일성'에 대한 지눌의 논증 449
4. 성기: 선 수행의 철학적 기초로서 성기론에 대한 지눌의 논증 304
5. 화엄과 선: 성기와 심지·무심 460

보조 찬술의 사상 개요와 그 서지학적 고찰 ── 이종익　467

　1. 한국 통불교 건설의 주역　467
　2. 보조의 찬술에서 본 사상 개요　470
　3. 서지학적 고찰　475
　4. 맺는 말　498

보조국사 비문의 이본과 탁본의 접근 ── 허흥식　499

　1. 머리말　499
　2. 이본異本이 생긴 원인　502
　3. 현존하는 여러 이본　504
　4. 교감校勘과 탁본拓本의 접근　511
　5. 해석상의 몇 가지 쟁점　518
　6. 맺음말　527

『眞心直說』의 저자에 대한 재고찰 ── 최연식　529

　1. 머리말　529
　2. 지눌 찬술설의 서지적 검토　530
　　1) 지눌 찬술설과 그 근거　530　　　　　2) 새 판본과 지눌 찬술설의 문제점　536
　3. 지눌 사상 체계와의 차이점　547
　　1) 『진심직설』과 3문의 관계　548　　　　2) 마음에 대한 이해의 비교　555
　4. 맺음말　559

『진심직설』의 저서에 대한 고찰 ── 김방룡　567

　1. 머리말　567
　2. 서지학적 고찰　568
　3. 사상적 측면에서의 고찰　576
　4. 인용문 및 유사 어구에 대하여　589
　5. 저술 시기와 저술 동기에 대하여　597
　6. 맺음말　602

부 록 / 605

지눌 관련 연구물 목록　607

수록 논문 원게재지　636

필진 소개　637

해제: 지눌 연구의 어제와 오늘

이 덕 진

1. 들어가는 말

'지눌학' 연구의 역사는 엄밀하게 말하면 지눌知訥(1158~1210) 사후로부터 현재에 이르기까지를 그 범주로 볼 수 있다. 즉 고려 시대로부터 현재에 이르기까지 지눌에게 쏟은 선학들의 끊임없는 연구와 관심이 지눌학 연구의 역사이다. 그러나 여기에서 우리의 주된 관심사는 근대적 학문의 관점에서 지눌에 대한 연구가 어떻게 이루어져 왔고, 향후 과제가 무엇인가를 탐색하는 것이다. 그렇기 때문에 이를 위해서 먼저 지눌 관계 문헌과 논저의 목록이 작성되어져야 하고, 그 후 그것에 대한 분석과 이해가 필요하다. 그러나 불행하게도 현실은 그렇지 못하다. 지눌은 현재 우리 나라에서 가장 활발하게 연구되고 있는 사상가 가운데 한 사람이지만, 제대로 된 '지눌 연구사'는 보기가 힘들며, 지눌의 사상에 관한 한국어로 된 단독 저작도 교육학과 관련된 것으로 한 권 밖에 없다가 2001년에 와서야 비로소 등장하고 있는 것이 우리의 현실인 것이다.[1]

필자는 지눌학 연구의 흐름을 분석·정리하기 위하여 우선 1920년대부터 2000년에 이르는 기간 동안의 지눌에 관한 모든 조사 가능한 자료, 즉 원전이 실린 관계 문헌과 저서·역서·풀이·해제·박사학위논문·석사학위논문·연구논문·일반논설 등을 수집하여 '지눌 연구 목록'을 우선 만들었다.[2] 석사·박사학위 논문은 국회도서관의 『한국 박사 및 석사학위논문 총목록』, 국립중앙도서관 학위관과 동국대학교 도서관의 불교학자료실에 있는 자료 및 각 대학의 자료를 참고하였다. 특히 석사학위 논문의 경우 일반대학원의 논문 목록은 그 자료가 비교적 충실하다고 할 수 있으나, 특수대학원(교육대학원 등)의 논문 목록은 누락된 것이 약간 있을 것이라 생각한다. 그러나 특수대학원의 경우 몇 편을 제외하고는 그 학문적 성취도가 기대에 미치지 못한다는 점에서 크게 문제삼지 않아도 좋을 것이다. 연구 논문의 경우는 국회도서관의 『국내 정기간행물 기사 색인』 및 대한민국 학술원의 『학술총람』 자료들과 국립중앙도서관의 정기간행물실, 동국대학교 도서관의 불교학자료실·정기간행물실, 고려대학교 도서관의 정기간행물실의 자료들, 그리고 과거 한국에서 지난 100년간 발행되었거나 현재 발행되고 있는 모든 학술 잡지(예를 들어 『한국불교학』, 『불교학보』, 『보조사상』, 『한국선학』 등)를 조사하였다. 단 외국어로 표기된 연구 논

---

1) 서강대에 재직하고 있는 길희성 교수가 그의 영어 표기 박사학위 논문을 수정·보완하여 한국어로 출간한 『知訥의 禪思想』(소나무, 2001)과 전북대에 재직하고 있는 강건기 교수가 지금까지 발표한 논문들을 모아 출간한 『목우자 지눌 연구: 지눌의 생애와 저술』(부처님 세상, 2001)이 그것이다. 특히 지눌의 선 사상과 관련해서는, 비록 늦은 감은 있지만, 전문 지눌 연구자에 의해서 지눌의 사상에 대한 단일 저작물이 나왔다는 것은 의미심장하다 하겠다.

2) 김방룡 교수의 「보조지눌 연구의 현황과 과제」(『한국종교사연구』 5집, 한국종교사학회, 1997)에 있는 자료 목록은 필자의 힘을 크게 덜어 주었다. 또 보조사상연구원의 간사로 재직하였던 안후상 선생은 아주 꼼꼼하게 지눌 관계 목록을 조사해 놓았었고, 그 자료는 이 글의 서술에 아주 긴요하였다. 그리고 무엇보다도 동국대학교 도서관에 계시는 이철교 선생에게 힘입은 바가 크다. 이철교 선생의 「보조국사 지눌 관계 논저 종합목록」(강건기의 『목우자 지눌 연구』의 부록에 실려 있다)은 큰 도움이 되었다. 이 자리를 빌려 이철교 선생, 김방룡 교수 그리고 안후상 선생에게 감사를 드린다.

문은 대개의 경우 국내의 제한된 자료에 의존하였다. 이 점은 앞으로 좀더 많은 조사를 거친 후에 수집·보완되어야 할 것이다. 학술지가 아닌 일반 잡지(불교 잡지 포함)에 수록된 글들은, 몇몇 글들은 취사하여 연구 논문으로 분류하였고, 나머지 대부분의 글들은 일반 논설로 분류하여 별도의 항목에 수록하였다.

필자는 지눌 연구사 정리를 위해 먼저 지눌학 연구의 실태를 시대 및 형태별로 분석하고, 연구 현황을 단독저서·공동저서·편역서·박사학위논문·석사학위논문·연구논문·일반논설로 대별하여 분석하고자 한다.[3] 이어 내용별 연구 현황을 서지학·역사학·교육학·해석학·학내간 비교·학제간 비교, 그리고 지눌 선 사상을 다시 선 사상 일반·수행·선교일원·정혜결사·종통(법통)·정토(염불)·돈점(논쟁)·화엄 등으로 항목을 달리하여 분석하려고 한다.[4] 다음으로, 지눌을 주제로 한 연구 논문이 4편 이상이면서, 동시에 의미 있는 연구 결과를 제시한 연구자를 중심으로, 개인별 연구 현황을 논구하고자 한다. 이런 일련의 작업을 거친 다음에 논의된 논문들 중에서 주요 논문을 선정하고, 마지막으로 이를 토대로 향후 지눌학 연구의 과제와 문제점을 제시하고자 한다. 지눌학이 한국 철학의 대표적 영역의 하나라는 점을 감안한다면, 필자의 이러한 천착은 20세기를 마감하는 하나의 연구사 정리라는 점에서 그 의미가 다소나마 있을 것이라고 생각한다.

---

3) 필자가 여러 명인 논문 모음집은 공동 저서로, 필자가 한 명인 논문 모음집은 단독저서로 분류하였다. 또 지눌에 대한 번역서, 엮음, 풀이 그리고 해제류는 모두 편·역서로 분류하였다.

4) 여기서 학내간 비교란 불교학 내에서의, 예를 들어 화엄과 선, 비교연구를 의미하고, 학제간 비교란 불교학과 다른 사상과의, 예를 들어 선과 정신분석, 비교연구를 의미한다.

2. 연구 성과와 현황

필자가 조사한 바에 의하면, 임석진·김잉석·이종익은 지눌과 조계종을 언급한 근대적 의미에서의 최초의 인물들이다. 임석진은 1932년에서 1933년에 걸쳐 『불교』에 「보조국사 연구」를 발표한다. 여기서 그는 지눌의 사상을 성적등지문惺寂等持門·원돈신해문圓頓信解門·경절문徑截門의 삼문三門 체계로 이해한다. 김잉석은 1941년 『(신)불교』에 「불일보조국사佛日普照國師」를 발표한다. 그는 이 글에서 지눌의 생애와 사상을 소략하게 밝히고 있다. 이종익(法淨)은 1942년 『(신)불교』에 서지학적인 의미를 지닌 「보조국사의 소록所錄인 『화엄론절요華嚴論節要』의 신발견」을 발표한다. 이 글은 당대唐代의 화엄학자 이통현李通玄이 찬찬讚撰한 『신화엄경론新華嚴經論』 40권의 강요綱要를 지눌이 『화엄론절요』 3권으로 절요節要·편집編輯하였으나 그 동안 매몰되었음을 밝히고 있고, 당시 일본에 유학하고 있던 저자가 이를 금택문고金澤文庫에서 발견한 연유를 진술한 것이다. 위의 초록 형태의 소논문들은 사실상 본격적인 논문이라고 보기에는 무리가 있다. 그렇긴 하지만 20세기에 이르러 처음으로 지눌을 철학적 담론 체계 안으로 끌어들였다는 점에서 의미를 찾을 수 있을 것이다.

지눌에 대한 연구는 해방 후 1960년대 초에 이르기까지도 본격적으로 이루어지지 못했다. 이 시기 불교학 개론서로서는 김동화의 『불교학개론』과 김잉석의 『화엄학개론』 등이 있는데, 여기에서는 부분적으로 지눌에 대하여 논구하고 있을 뿐이었다. 논문의 형태로는 김잉석의 「보조국사의 화엄관」이 있지만 이 역시 학술지가 아닌 불교 잡지에 실린 초록 형태의 글이기 때문에 본격적인 학술 논문으로 보기에는 문제가 있다.

지눌에 대한 사실상 최초의 논문은 1960년대에 들어 김잉석과 박성배로부터 나온다. 박성배는 1963년에 발표된 두 편의 논문 「'오悟'의 문제: 목우자牧牛子의 『법집별행록절요병입사기法集別行錄節要幷入私記』를 중심으로」와 「목우자에 있어서의 오悟와 수修의 문제」에서 오悟와 수修, 해오解悟와 증오證悟 그리고 공적영지空寂靈知에 대하여 필자가 아는 한 최초로 엄밀한 학적 논구를 한다. 그리고 그가 여기에서 언표하는 내용들은 이후 지눌 연구자들에게 하나의 이정표 구실을 하게 된다. 김잉석은 1964년 「불일보조국사」에서 전술한 「보조국사의 화엄관」에서 논의하고 있던 문제들을 훨씬 정치精緻하게 다룬다.[5] 이 글에서 김잉석은 현수법장賢首法藏과 보조지눌의 화엄관의 차이를 비롯하여 지눌 사상의 전체적 특징을 대체로 정확하게 서술하고 있다. 그에 의하면 지눌은 정혜쌍수定慧雙修를 확립하여 관행觀行의 정로正路를 열어 보여 주었고, 정통 화엄가인 현수법장을 여지없이 비판하며 새로운 화엄관을 내세웠으며, 천하 선서禪書의 백미白眉인 『진심직설』을 저술하였다는 것이다. 이 때에 비로소 제대로 된 불교 학술 잡지가 우리 나라에서 창간된다. 1963년 동국대학교에서 『불교학보』, 1975년 한국불교학회에서 『한국불교학』이 각각 발행되면서 비로소 본격적인 불교 연구의 장이 마련된다. 지눌 연구도 거기에서 예외가 아니다. 또 일본에서 공부하던 김지견이 주로 지눌의 화엄사상을 중심으로 해서 주목할만한 논문을 계속해서 발표하는 것도 60년대의 특기할 만한 일에 속한다.

1970년대에 이르면 지눌에 대한 연구 성과들이 나오기 시작한다. 우선 학위 논문을 보면 석사 논문은 국내에서 공부한 학자들에게서 나오고, 박사 논문은 외국에서 공부한 학자들에게서 나온다는 특징이 있다. 이종익은 일본에서 박사학위를 받고, 길희성·강건기·심재룡은 미국에서 박사학위를 받는다. 석사학위는 이두환·박상국·최진석이 받는다. 연구 논문에 있어서

---

5) 김잉석은 동일한 제목의 초록 형태 소논문을 1941년 『(신)불교』에 발표한 바가 있다. 하지만 『불교학보』에 발표된 내용은 훨씬 정치하며, 본격적인 논문의 모습을 가지고 있다.

는 이종익을 필두로 고형곤·김대현·김영태·김항배·민현구·박상국·박종홍·송석구·송천은·이영무·한기두 등이 연구 성과를 발표하기 시작한다. 또 일본에서 공부하던 도안(탁만식)도 연구성과를 내기 시작한다.

1980년대에 이르면 법산(이태경)이 대만에서 박사학위를 받는다. 또 석사학위는 조용극·김학봉·이의재·김학태·자명(이일재)·송금선·양방주·이찬수·김명란 등이 받는다. 이 때에 이르러서야 비로소 본격적인 학술 논문이 생산되기 시작한다. 강건기·고익진·권기종·길희성·김영태·김지견·박상국·박성배·심재룡·이종익·최병헌·최성렬·한기두 등과 같은 학자들이 그 면면들이다.

1987년에 지눌 사상 연구에 있어 획기적인 전환점이 되는 하나의 사건이 일어난다. 그것은 보조사상연구원의 발족이다. 회광廻光·법정法頂·법흥法興·보성菩成·현호玄虎 등의 송광사 스님들과 강건기·고익진·권기종·길희성·김지견·김영태·박성배·법산·심재룡·이종익·최병헌·한기두·로버트 버스웰(Robert Buswell) 등이 발기인 및 연구위원이 되어 연구원을 만들고, 매년 학술회의와 학술지『보조사상』을 창간하게 된다.6)

보조사상연구원이 지눌 연구에 미친 첫 번째 업적은『보조전서普照全書』의 간행이다. 1987년 연구원 창립과 더불어 편집위원회가 결성되어 1989년 발행한『보조전서』는 지눌의 모든 글과 비문을 모아 지눌 연구의 토대를 마련한다. 또한 매년 개최되는 학술회의와 매년 발간되는 학술지, 매월 월례 발표회의 형식으로 열리는 연구와 토론의 장은 지눌 연구뿐만 아니라 불교 연구 전체에 미치는 파장이 매우 커서 질과 양의 측면에서 한국 불교의 단계를 높이는 선도적 역할을 하였다고 할 수 있다.7)

1990년이 되면 한국 철학사상사에서, 16세기 사단칠정론 논쟁을 제외하

---

6) 여기에서의 직위는 보조사상연구원이 발족될 당시의 현직이다.
7) 2000년부터『普照思想』은 1년에 두 번 발간하는 반년간지가 되었다.

고는, 보기 드문 가장 첨예한 논쟁이 벌어진다. 그것은 '돈점頓漸'(돈오점수·돈오돈수) 논쟁이다. 돈점 논쟁은 성철性徹의 문제 제기로부터 일어난다. 1981년 당시 조계종 종정이었던 성철은 『선문정로禪門正路』에서, 보조국사 지눌의 돈오점수 사상을 신봉하는 자는 전부 지해종도知解宗徒이고 이단사설異端邪說에 현혹된 자들이라고 비판한 바 있다. 당시 학계는 충격과 놀라움 속에서도 아직 그 문제에 대한 준비가 되어 있지 않은 상태였기 때문에 별다른 찬반 논의를 하지 못한 채 10년 동안 이 문제를 안으로 삭이면서 보내게 된다. 그러다가 1990년 순천 송광사에서 보조사상연구원 주최의 '불교사상에서의 깨달음과 닦음'이라는 주제로 마련된 국제학술회의를 기점으로 이후 본격적인 돈점에 관한 학술논쟁이 진행되기 시작하는 것이다.

1990년대에 이르면, 한편으로는 돈점 논쟁이 한국의 지성계를 뜨겁게 달구고 있는 가운데, 다른 한편으로는 젊은 30·40대 학자들이 양과 질의 양면에서 기존의 틀을 깨는 연구 결과를 내놓기 시작한다. 이들은 기존의 연구자들이 재직하고 있던 학교에서 학문적 세례를 받기도 하고 혹은 자생적으로 지눌에 심취하기도 한다. 하지만 대개의 경우 (물론 모두가 다 그런 것은 아니지만) 보조사상연구원을 통하여 다년간에 걸쳐서 직·간접적으로 지눌을 공부했다는 공통된 특징을 가지고 있다. 연구원이 학문 후속 세대를 만들어 내기 시작하는 것이다. 또 특기할 만한 점은 한국어로 된 박사학위 논문이 생산되기 시작했다는 것이다. 박은목·김광민·김방룡·이덕진·이시온이 박사학위를 받는다. 석사학위 논문도 질과 양의 면에서 괄목할 만한 발전을 보인다. 김상래·박석분·이용우·구본술·김방룡·인경(김형록)·이재승·백혜명·이원구·정숙경·박재영·김영찬·박정환 등이 그 면면들이다. 연구 논문에서는 강건기·길희성·목정배·박성배·심재룡·진성규·최병헌·최성렬·한기두·허흥식 등의 기존 연구자들과 김방룡·김종명·인경·김호성·이덕진·이병욱·이창구·최연식 등의 신진 연구자들이 경쟁적으로 활발한 연구 활동을 펼치게 된다. 특히 2000년 11월 보조사상연구원에서 사회자인 인경과 발표자인 김방룡 · 최연식, 논평자인 김종명 · 이덕진 다섯 사람 사이에서 벌어진『진심직설』의 지눌 저작 여부에 대한 진위 논쟁은 불교학계의 비상한 관심을 끌었으며, 그 주장의 옳고 그름은 별도로 하고라도 학문 신진 세대의 패기를 보여 주어 지눌 연구의 앞날을 밝게 하였다는 평가를 받았다.

3. 연구 현황 분석

1) 시대별 및 형태별 연구 현황

박사학위 논문으로서 단행본으로 출간된 것이나 석사 · 박사학위 논문을 받기 전후에 유사한 내용을 따로 학술지에 발표한 것은 분류 항목이 다르므로 부득이 이중으로 계산하였다. 또 학술지에 발표되었던 논문들을 모아서 개인저작이나 공동저작으로 출간하거나, 외국어로 표기된 박사학위 논문을 한국어로 번역하여 출간한 것, 한국어 표기 논문을 외국어로 번역하여 학술지 · 저작 등에 게재한 것이나, 외국어 표기 논문을 한국어로 번역하여 학술지 · 저작 등에 게재한 것은 이중으로 계산하였다. 그러나 외국어로 표기된 박사학위 논문을 번역하지 않고 국내에서 그대로 출간한 것, 동일한 연구 논문을 두 곳 이상의 학술지에 발표하거나 제목만 바꾸어 발표한 것, 발표된 연구논문과 동일한 내용의 글을 나중에 일반잡지에 실은 것, 그리고 게재된 글이 제목이 다르다 하더라도 내용이 80~90%이상 유사한 것은 모두 먼저 발표한 것을 중심으로 한 편으로 계산하였으며, 연재물의 경우에도 한 편으로 계산하였다. 또 지눌을 제목이나 중심어로 사용하지 않았더라도 지눌을 전체 주제로 한 논문은 통계에 포함시켰다. 예를 들어 연구논문이나 일반논설 등에서 지눌을 표제어로 사용하지 않았다 하더라도 지눌을 중심으로 하여 '조계종 법통설'이나 '고려시대 선종사' 등에 관하여 논구한 것은 모두 지눌 관계 논문으로 간주하였다. 그러나 저서를 포함하여 학위 논문·연구 논문 등에서 비록 지눌이 장·절에 들어갔다 하더라도 지눌을 전체의 주제로 하지 않은 경우에는 통계에서 제외시켰다.[8]

형태	기간	60년대 이전	60년대	70년대	80년대	90년대	2000대	합계
저서	한국어					1	2	3
저서	외국어				2			2
공동저서	한국어					5		5
편·역서	한국어	6	2	12	7	19	1	47
편·역서	외국어	2			1	1		4
박사논문	한국어					5		5
박사논문	외국어			4	1	1		6
석사논문	한국어			3	11	13	3	30
석사논문	외국어				1	3		4
연구논문	한국어	19	6	30	98	144	19	316
연구논문	외국어	4	4	16	21	24	1	70
일반논설			4	13	35	12	2	66
합계		31	16	78	177	228	28	558

전체 558편의 글을 분석해 보면, 학위 논문은 45편으로 비율은 약 8.1%

---

8) 이 분류 기준은 앞으로 계속 유효하다. 덧붙여서 한 가지 말해 두고 싶은 것은 '조계종 법통설'이나 '고려선종사' 등과 관계하여 지눌을 논의한 경우는 전체 논문에서 지눌에 대한 논구가 차지하는 부분이 그렇게 많지 않을 수가 있다. 그렇기 때문에 지눌에 대한 직접적인 연구물이 아니라는 비판이 나올 수도 있다. 필자는 이 문제에 대하여 여러 가지로 고민한 결과 우선 조계종 법통설이나 고려선종사 등을 논구한 연구물들을 꼼꼼히 읽어보았다. 그런 다음에 지눌에 대해서 상당할 정도로 무게중심을 두고 법통설이나 선종사 등을 논구했다고 여겨지는 연구물을 골라 낸 다음에, 이 연구물들을 지눌과 직접적으로 관계된 것으로 보고 통계에 넣었다. 그런 다음에 지눌을 중심으로 하지는 않았지만 중요한 연구물들은 이 책의 말미에 있는 「지눌 관련 연구물 목록」의 '관련 문헌' 항목에 넣었다. 이 분류 기준은 필자의 임의에 의한 것이기 때문에 다른 시각도 있을 수 있음은 물론이다.

이다. 우선 박사 논문이 총 11편으로 전체의 약 2%이다. 한국어로 표기된 박사 논문이 5편, 일본어로 표기된 박사 논문이 1편, 중국어로 표기된 박사 논문이 1편, 그리고 영어로 표기된 박사 논문이 4편이다. 박사 논문은 1970년대에 4편, 1980년대에 1편, 그리고 1990년대에 6편이 나왔는데, 1970년대와 1980년대의 박사학위 논문은 모두 한국인 유학생들에 의해서 외국어로 표기된 논문이라는 특징이 있다. 한국어로 된 박사 논문은 1990년대에 들어서야 비로소 나타나기 시작하는데, 모두 5편이 생산된다. 외국인에 의해서 연구되어진 박사학위 논문은, 필자의 조사에 의하면, 현재까지는 없다. 다음으로 석사 논문이 총 34편으로 전체의 약 6.1%이다. 이 중에는 영어로 표기된 석사 논문이 3편, 중국어로 표기된 석사 논문이 1편 포함되어 있다. 특기할 만한 사실은 영어로 표기된 논문 가운데 2편은 연세대학교와 한림대학교에 유학 온 외국인 학생들에 의해서 1990년대 말에 생산되었다는 것이다. 박사 논문까지는 힘들다 하더라도 석사 논문 정도는 외국인에 의한 연구가 가능해지는 풍토가 만들어지고 있는 사실을 알 수 있어서 고무적이었다. 한국어 표기 석사 논문은 일반대학원 논문이 21편, 교육대학원 논문이 9편으로 모두 30편이다.

일반 연구 논문은 386편으로 전체 558편의 약 69.2%이다. 한국어 표기 논문이 316편으로 전체 558편의 56.7%이고, 외국어 표기 논문이 70편으로 12.5%에 이른다. 외국어 표기 논문은 한국인(강건기 2편, 김지견 5편, 박성배 3편, 심재룡 9편, 도안 8편 등)에 의해 발표된 것이 40편, 외국인에 의해 발표된 것이 30편이다. 외국인에 의한 논문은 보조사상연구원에서 주재한 국제 학술대회에서 발표한 것이 다수를 차지하고 있다. 특기할 만한 일은 中島 志郎이라는 일본인 연구자가 1990년대에 들어와서 지눌에 관한 연구논문을 9편이나 일본의 학술지에 발표하고 있다는 것이다. 고무적인 현상이라 하겠다. 한국인에 의한 외국어 표기 논문은 김지견 · 도안이 일본에서 발표한 것, 강건기 · 길희성 · 박성배 · 심재룡 등이 국내(백련불교문화재단 · 한국 철학회 · 보조사상연구원 등) 혹은 국외의 학술대회나 학회지에서 발표한 것들 그리고 국내에서 출간하는 영어 표기 학술잡지에 게재된 것들이다.

단독저서는 총 5편이다. 이종익이 일본에서 1980년 출간한 것이 1편(『韓國佛教の研究: 高麗普照國師を中心として』), 길희성이 미국에서 1984년 출간한 것이 1편(Chinul, The Founder of Korean Zen Tradition), 김광민이 국내에서 1998년 출간한 것이 1편(『지눌의 교육이론』), 길희성이 국내에서 2001년 출간한 것이 1편(『知訥의 禪思想』), 그리고 강건기가 국내에서 2001년 출간한 것이 1편(『목우자 지눌연구: 지눌의 생애와 저술』) 등 모두 5편이다. 이종익의 경우 국내에서 간행된 프린트본 일본어 표기 저서 1권(『普照國師の思想とその宗風』)은 정식 출판물도 아니고, 한국어로 번역되지도 않아서 분류에서 빠졌다. 심재룡(The philosophical foundation of Korean Zen Buddhism)과 강건기(Thomas Merton and Buddhism: A comparative study of the spiritual thought of Thomas Merton and that of national teacher Bojo)의 경우도 마찬가지이다. 특기할 만한 사실은 한국어로 된 저작물이 모두 어느 정도의 한계를 가지고 있다는 것이다. 우선 강건기의 경우는 저자의 지금까지 발표된 논문들을 모은 것이라는 한계를 가지고 있고, 길희성의 경우는 수정 · 보완했다고는 하지만 여전히 그의 1977년 박사학위 논문("Chinul, The Founder of Korean Zen Tradition")의 영향 아래 있으며, 김광민의 경우도 역시 박사학위 논문을 모본母本으로 해서 출간했을 뿐 아니라, 그는 이 저작물에서 우리에게 지눌 사상의 학제간 응용이 얼마나 지난한 작업인가 하는 것을 여실히 보여 주고 있다. 공동저작물로는 『깨달음, 돈오점수인가 돈오돈수인가』와 『지눌의 사상과 그 현대적 의미』가 있다. 이 저작물들은 논문 모음집의 성격을 강하게 띠고 있다. 그 외에 불함문화사에서 그 동안 발표되었던 지눌 관계 논문을 모아서 『지눌 및 결사운동』(『한국사상논문선집』 30 · 31권)이라는 제목으로 2권이 영인본으로 1998년 출간되었다. 주지

하다시피 단독저서·공동저서는, 그 양과 질을 모두 포함해서, 우리 나라의 지눌 연구 열기에 비하면 지나칠 정도로 초라한 감이 있다.

저서에 비해서 지눌 저작의 한국어 편·역서 작업은 상대적으로 활성화되어 있다.[9] 52편의 글이 있으며, 이는 지눌 관계 전체 글의 9.3%에 해당하는 분량이다. 하지만 이 부분도 자세히 들여다보면 많은 문제를 가지고 있다. 탄허의 번역은 아주 뛰어나지만 현대 한국어 번역이라고 보기에는 어려움이 많다. 엄격하게 말하면 현토의 수준이다. 하지만 한국에서 지눌을 공부하는 연구자 중에서 탄허 번역의 영향을 받지 않은 사람은 드물기 때문에 탄허의 위치는 의미심장하다. 또 김달진·심재열의 번역이 상대적으로, 특히 양의 면에서 뛰어나다고 볼 수 있다. 그러나 오역이 많으며, 여러 가지 면에서 고급 수준의 번역물이라고 보기에는 문제가 많다. 게다가 지눌 저작 전체의 완역본도 아니다. 지눌 저작은 전체가 『권수정혜결사문勸修定慧結社文』, 『수심결修心訣』, 『진심직설眞心直說』, 『계초심학인문誡初心學人文』, 『원돈성불론圓頓成佛論』, 『화엄론절요華嚴論節要』, 『법집별행록절요병입사기法集別行錄節要並入私記』, 『간화결의론看話決疑論』, 『육조법보단경발六祖法寶壇經跋』, 『염불요문念佛要門』, 『목우자법어송牧牛子法語頌』으로 구성되어 있다.[10] 그러나 김달진의 번역은 『권수정혜결사문』, 『수심결』, 『진심직설』, 『원돈성불론』, 『간화결의론』, 『법집별행록절요병입사기』, 『염불인유경(염불요문)』, 『계초심학인문』, 『법보기단경중간발(육조법보단경발)』, 『불일보조국사비명병서』로 구성되어 있으며, 지눌 사상의 핵심

<hr />

9) 지눌의 저작물을 현대 한국어로 번역했거나 풀이하거나 새로 엮었거나 현토를 달았거나 원문을 해제한 것들을 모두, 통계의 편의와 논의의 집중도를 높이기 위하여, 편·역서로 분류하였다.
10) 이 중에서 『염불요문』, 「목우자법어송」은 지눌의 저술인지가 확실하지 않고, 『진심직설』은 최근 학계 일각에서 지눌의 저작이 아니라는 주장이 제기되고 있으나 그 증거가 미약하여 지눌의 친작임을 의심할 정도에까지는 이르고 있지 않다. 또 『상당록』, 『법어가송』, 『목우자시집』, 『임종기』는 비명에는 명기되어 있으나 현재까지 발견되지 않고 있다.

을 보는 데 있어 가장 중요한『화엄론절요』가 빠져 있다. 또 심재열의 번역
도『권수정혜결사문』,『수심결』,『진심직설』,『원돈성불론』,『간화결의론』,
『불일보조국사비명병서』로 구성되어 있으며,『계초심학인문』,『화엄론절
요』,『법집별행록절요병입사기』 등이 빠져 있다. 그 외에 강건기·김호
성·법성·법정·이종욱·이종익·지묵 등의 번역이 좋다. 그러나 이 번
역물들은 각각 지눌 저작 전체 가운데 1편 혹은 몇 편을 취사해서 번역했
다는 약점을 가지고 있다.

지눌의 저작을 외국인이 자국어로 번역한 것은 4편이 있다. 증봉證峯 임
추오林秋梧의『진심직설백화眞心直說白話』[11]와 소명小瞑의『보조선사수
심결普照禪師修心訣』[12] 그리고 Robert Buswell의 *The Korean Approach to Zen:
The Collected Works of CHINUL*[13]과 *Tracing Back the Radiance: Chinul's Korean way
of Zen*[14]이 그것이다. *The Korean Approach to Zen: The Collected Works of CHINUL*
은 모두에 지눌의 생애와 사상을 해제 형식으로 수록하고『권수정혜결사
문』,『계초심학인문』,『수심결』,『진심직설』,『염불요문』,『원돈성불론』,
『간화결의론』,『법집별행록절요병입사기』를 영역해서 싣고 있다. *Tracing
Back the Radiance: Chinul's Korean way of Zen*은 전작의 발췌본으로 역시 생애와
사상을 모두에 싣고『수심결』·『진심직설』·『법집별행록절요병입사기』
를 발췌해서 싣고 있다. 로버트 버스웰은 외국인의 신분으로 송광사에 출
가하여 직접 수행을 거친 후, 영어권으로까지 지눌 사상의 외연을 확장하
는 데 공이 큰 미국 U.C.L.A 대학의 현직 교수이다.

일반 논설이라 함은 엄격한 의미에서 학술적인 논문이라기보다는 일반인
을 대상으로 해서 잡지에 실린 글을 말한다. 66편의 일반 논설은 전체 558편

---

11) 臺南: 南一書局, 1933.
12) 東京: 洗心書房, 1934.
13) Honolulu: The University of Hawaii Press, 1983.
14) Honolulu: The University of Hawaii Press, 1991.

의 11.8%에 해당한다. 그러나 실제로는 산재해 있다는 일반 논설의 특징 때문에 조사에서 빠진 것이 많을 것이다. 덧붙여서 교육대학원 논문과 외국에서 발표된 지눌 관계 논문 가운데에서도 다소 누락된 것이 있을 것이라 생각된다. 빠짐없이 조사하고자 하였지만 어려움이 많았으며, 이 점은 양해를 바란다. 그렇기 때문에 위의 표는, 물론 필자가 나름대로 최선을 다해서 조사·분류하기는 하였지만, 참고 자료에 지나지 않는다. 그렇지만 시대별 및 형태별 연구 현황을 분석하는 데에는 나름대로 유용한 자료가 될 것이다.

시대별 및 형태별 연구 현황을 분석하기 위해서는 연구 논문(저서·학위 논문을 포함)을 중심으로 볼 필요가 있다. 전체 연구 논문은 단독저서가 5편, 공동저서가 5편, 박사 논문이 11편, 석사 논문이 34편, 일반 연구 논문이 386편이므로 총 441편이다. 441편의 논문 가운데 60년대 이전의 논문은 23편으로 5.2%이며, 60년대의 논문이 10편으로 약 2.3%이고, 70년대의 논문은 53편으로 약 12%이다. 그러던 것이 80년대에 들어오면 논문의 양이 많아져서 134편으로 전체의 30.5%에 이르고, 90년대 이후가 되면 221편으로 전체의 50.1%에 이르게 된다. 이 통계를 통해 보면, 지눌에 관한 연구는 70년대를 시발점으로 하지만 연구 성과의 대부분은 80년대와 90년대에 집중적으로 나타남을 알 수 있다.

2) 내용별 연구 현황

전체 558편의 글 가운데 일반 논설 66편, 한국어 편·번역 47편, 외국어 편·번역 4편, 공동저작 5편을 제외한 436편의 저서와 논문(박사·석사논문, 연구논문)이 분석의 대상이다.[15]

---

15) 분류 방식은 지금까지의 예를 따르며, 편의를 위해서 이하 저서·논문을 모두 논문으로 표기한다. 덧붙일 것은 공동저서 5편을 연구 논문에서 제외하고 분류했다는 점이다. 왜냐하면 공동저작물은 대개가 이미 학술지에 발표된 것을 모은 연구 논문의 모음집이

분야 \ 형태	저서		박사학위논문		석사학위논문		연구논문		합계
	한국어	외국어	한국어	외국어	한국어	외국어	한국어	외국어	
서지학							16		16
역사학							20	3	23
교육학	1		2		2		9		14
해석학							2		2
학내간 비교			1		4	1	41	9	56
학제간 비교			1	2	3		20	4	30
생애와 사상	1					1	10	6	18
(선)사상일반	1	2	1	3	12		78	24	121
수행					1		6	1	8
선교(일원)				1	2		5	2	10
정혜(결사)					2		18	2	22
종통(법통)					1		33	1	35
정토(염불)					1		5	6	12
돈점(논쟁)					1	1	33	6	41
화엄					1		17	6	24
기타						1	3		4
합계	3	2	5	6	30	4	316	70	436

　436편의 저서와 논문을 구체적으로 분석해 보면, 우선 (선)사상 일반에 관한 글이 121편으로 전체의 27.8%이다. 그 다음으로는 불교 사상간의 비교(학내간 비교) 논문이 56편으로 약 12.8%, 돈오점수에 관한 논문이 41편으로 9.4%, 조계종 종통·법통에 관한 논문이 35편으로 8%, 지눌과 다른 사상(기독교·유교)을 비교(학제간 비교)한 논문이 30편으로 6.9%, 지눌의 화엄 사상에 관한 논문이 24편으로 5.5%, 역사학 관계 논문이 23편으로 5.3%, 정혜(정혜쌍수·정혜결사)에 관한 논문이 22편으로 5%, 지눌의 생애와 사상과 관련된 논문이 18편으로 4.1%, 지눌을 서지학적으로 연구한 논문이 16편으로 3.7%, 교육학 관계 논문이 14편으로 3.2%, 정토·염불과 관련된 논문이 12편으로 2.8%이며, 선교(일원)에 관한 논문이 10편으로 약 2.3%, 수행

며, 또 그렇지 않다 하더라도 이미 개인별 연구 논문으로 나누어서 분류했기 때문이다.

과 관련된 논문이 8편으로 1.8%, 그 외 해석학과 관련된 논문이 2편, 기타로 분류된 논문이 4편이다.

지눌의 (선)사상 일반에 관한 논문이 121편으로 제일 많은 것은 당연하다고 하겠다. 박사학위 논문 중 외국어 표기로는 이종익의 「高麗普照國師の硏究」(1974), 길희성의 "Chinul, the founder of Korean Zen tradition"(1977), 법산의 「普照禪之硏究」(1985)가 있으며, 한국어 표기로는 이덕진의 「보조지눌의 선사상 연구」(1999)가 있다. 이종익의 일본어 표기 저서『韓國佛敎の硏究: 高麗普照國師を中心として』(1980), 길희성의 영어 표기 저서 *Chinul, The Founder of Korean Zen Tradition*(1984)은 박사학위 논문을 출판한 것이다. 석사학위 논문으로는 박상국의 「『법집별행록절요병입사기』를 통해 본 보조의 선 사상 연구」(1976), 이찬수의 「선禪과 신信: 보조국사 지눌의 선 사상을 중심으로」(1988) 등이 일독을 권할 만하다.

연구 논문은 너무 많아서 일일이 거론할 수는 없지만, 지눌 (선)사상에 관한 전체적인 조망을 위해서는 강건기의 「신비 Paradox를 통하여 본 지눌의 공적영지심空寂靈知心」(1982), 길희성의 「지눌 선 사상의 구조」(1996), 김형효의 「지눌 사상의 실존성과 본질성」(1996), 인경의 「지눌 선 사상의 체계와 구조」(1999) 등은 반드시 읽어 보아야 할 작품이다. 또 구체적으로 지눌의『수심결』·『진심직설』과 관련해서는 강건기의 「『수심결』의 체계와 사상」(1999), 「『진심직설』의 체계와 사상」(2001), 한기두의 「『진심직설』의 한 고찰」(2000)의 일독을 권하며, 지눌의『법집별행록절요병입사기』와 관련해서는 김종명의 「지눌의『법집별행록절요병입사기』에 미친 초기 선종서의 사상적 영향」(1998), 박성배의 「'오悟'의 문제: 목우자의『법집별행록절요병입사기』를 중심으로」(1963), 최연식의 「『법집별행록절요병입사기』를 통해 본 보조 삼문의 성격」(1999) 등이 좋다. 지눌의 간화선看話禪 사상과 관련해서는 권기종의 「간화선과 '무자'공안고無字公案考」(1981), 김호성의 「『간화결

의론』 역주: 화엄과 간화선의 변증법」(1995), 인경의 「화엄 법계연기설法界
緣起說과 간화선 사상: 보조의 『원돈성불론』과 『간화결의론』을 비교하면
서」(2001), 최성렬의 「『간화결의론』의 분석적 연구」(1994)가 노작이다. 특별
히 지눌의 선 사상을 전체적으로 조망하고 싶은 연구자들이나 지눌에 대해
서 새롭게 관심을 가지기 시작한 연구자들에게 권하고 싶은 것은 최근에
발간 된 길희성의 저서『지눌의 선사상』(2001)과 강건기의 저서『목우자 지
눌 연구』(2001)이다. 두 책 모두 아주 평이하게 서술되어서 읽기에 전혀 부
담이 없으며, 지눌 사상 입문서로서는, 필자가 아는 한, 현존하는 저작물로
서는 가장 뛰어나다.

돈오점수에 관한 논문은 총 41편이다. 김재범의 「돈점논쟁의 사회학 방
법론적 함의」(1998), 김호성의 「돈오점수의 새로운 해석」(1990), 「돈오돈수적
점수설의 문제점」(1991), 「돈점논쟁의 반성과 과제」(1992), 목정배의 「돈오사
상의 현대적 의미」(1993), 박상수의 「돈오돈수의 기원과 주장자 및 불교 역사
상의 평가」(1994), 박성배의 「보조스님은 증오證悟를 부정했던가?」(1992), 「목
우자에 있어서의 오悟와 수修의 문제」(1963), 심재룡의 「돈점론으로 본 보조
선普照禪의 위치」(1988)가 있으며, Robert Buswell의 "Chinul's Systematization of
Chinese Meditative Teachings in Korean Sŏn Buddhism, Traditions of Meditation in
Chinese Buddhism"(1986), "Chinul's Alternative Vision of Kanhwa Sŏn and its
Implications for Sudden Awakening/ Sudden Cultivation"(1990), "Chinul's Ambivalent
Critique of Radical Subitism"(1988)과 Robert M. Gimello의 "Sudden Enlightenment and
Gradual Practice: A Problematic Theme in the Sŏn Buddhism of Bojo Chinul and in
the Ch'an Buddhism of Sung China"(1990) 등이 있다. 돈점 논쟁과 관련해서는 특
별히 김호성, 박성배, 심재룡 그리고 Robert Buswell의 연구 논문에 관심을 기
울이면 좋을 것이다.

지눌의 정혜(정혜쌍수·정혜결사)에 관한 논문은 22편이다. 우선 석사학위

논문으로는 인경의 「보조지눌의 정혜관 연구」(1994)가 권할 만하고, 일반 연구 논문으로는 강건기의 「현대 정혜결사에 미친 지눌의 정혜결사」(1992), 김호성의 「정혜결사의 윤리적 성격과 그 실천: '덕의 윤리'와 관련하여」(1992), 변희욱의 「선불교의 마음공부와 세상 구제: 지눌『권수정혜결사문』의 한 분석」(1997), 이종익의 「『정혜결사문』의 사상 체계」(1992) 등이 좋다.

지눌의 화엄관에 대한 논문은 24편이다. 심재룡의 「보조국사 지눌의 『원돈성불론』 상석」(2000), 이덕진의 「보조지눌의 성기설性起說에 대한 일 고찰」(2000), 최성렬의 「보조의 『화엄신론』 이해」(1997), 「『화엄론절요』 중 요간절요要簡節要의 체계에 대한 연구」(1996) 등이 그 대표적 논문들이다. 특별히 지눌의 화엄관에 관해서 관심이 있는 연구자에게는 최성렬의 화엄에 관한 연구 논문들을 전체적으로 일독할 것을 권하고 싶다. 조금 난삽한 면은 있지만 전체적으로 일정한 수준을 유지하고 있으며 아주 진지하게 지눌의 사상에 접근하고 있기 때문에 땀흘린 만큼의 소득이 있을 것이다. 덧붙여서 일본어 해독 능력이 있는 연구자들에게는 김지견의 일본어 표기 화엄 관계 논문을 권하고 싶다. 역시 땀흘린 만큼의 소득이 있으리라 생각한다.

지눌의 선교(일원)에 관한 논문은 상대적으로 적어서 10편이다. 박사학위 논문으로 심재룡의 "The Philosophical Foundation of Korean Zen Buddhism: The Integration of Sŏn and Kyo by Chinul"(1979), 석사학위 논문으로 김명란의 「보조의 선교일원 사상 연구」(1988) 등이 있다. 연구 논문으로는 이종익의 「보조국사의 선교관」(1972) 등이 좋다. 특별히 필자는 심재룡의 박사학위 논문을 권하고 싶다. 20여 년이 지난 논문이지만 필자가 가졌던 문제의식이 지금도 생생하게 다가온다. 김명란의 석사학위 논문도 아주 좋다.

지눌의 정토 사상과 관련된 논문은 12편이다 고익진의 「보조 선맥의 정토사상 수용: 새로 나온 염불인유법문念佛因由法門을 중심으로」(1986), 김호

성의 「보조의 정토 수용에 대한 재고찰: 『정혜결사문』을 중심으로」(1995), 송석구의 「원효와 보조의 염불관 비교 연구」(1992), 보광(한태식)의 「보조의 정토관」(1998)과 「知訥の『定慧結社文』における浄土観」(1999) 등이 일독을 권할 만하다.

수행과 관련된 논문은 모두 8편이 있다. 이 중에서 강건기의 「보조사상에 있어서 닦음(修)의 의미」(1990), 허우성의 「지눌의 윤리사상의 특성과 한계」(1996) 등이 노작이다.

조계종 종통과 관련된 논문은 모두 35편이 있다. 김영수의 「조계 선종에 취하여」(1938), 김영태의 「구산선문九山禪門 형성과 조계종의 전개」(1990), 「고려조계종명고高麗曹溪宗名考」(1978), 박해당의 「조계종 법통설에 대한 비판적 검토」(2000), 법산(이태경)의 「조계종에 있어서 보조의 위치: 형성과 법통 문제」(1995), 「조계종의 성립사적 측면에서 본 보조」(1987), 이재열의 「오교양종五教兩宗과 조계종통에 관한 고찰」(1973·1974), 이종익의 「조계종 성립사적 고찰」(1994), 「한국불교 조계종과 『금강경오가해金剛經五家解』」(1974), 장원규의 「조계종의 성립과 발전에 대한 고찰」(1963) 등이 일독을 권할 만하다. 특별히 박해당의 「조계종 법통설에 대한 비판적 검토」(2000)는 기존의 법통설에 대하여 상당할 정도의 비판적 안목을 가지고 설득력 있게 담론을 펼치고 있으므로 추천하고 싶은 글이다.

지눌을 역사학적으로 고찰한 역사학 관계 논문은 모두 23편이다. 권기종의 「고려후기 불교와 보조사상」(1989), 진성규의 「정혜결사의 시대적 배경에 대하여」(1992), 채상식의 「고려후기 수선결사修禪結社 성립의 사회적 기반」(1990), 최병헌의 「지눌의 수행과정과 정혜결사」(1996), 「정혜결사의 취지와 창립과정」(1992), 허흥식의 「고려중기 선종의 부흥과 간화선의 전개」(1982) 등이 좋다.

지눌을 서지학적으로 고찰한 논문은 모두 16편이다. 김방룡의 「『진심직설』의 저서에 대한 고찰:『진심직설』은 보조지눌의 저서이다」(2001), 이종익의 「보조 찬술의 사상개요와 서지학적 고찰」(1987), 「보조저술의 서지학적 해제」(1989), 인경의 「보조 인용문을 통해서 본 '법보기단경'의 성격」(1998), 임영숙의 「지눌의 찬술선서撰述禪書와 그 소의전적所依典籍에 관한 연구」(1986), 최연식의 「『진심직설』의 저자에 대한 재고찰」(2000), 허흥식의 「보조국사비문의 이본異本과 탁본拓本의 접근」(1993), 「수선사 중창기의 사료 가치」(1993) 등이 노작이다.

지눌을 교육학 측면에서 고찰한 논문은 모두 14편이다. 박사학위 논문으로 김광민의 「교육이론으로서의 지눌의 불교 수행이론: 교육인식론적 관점」(1998), 박은목의 「지눌의 교육사상에 관한 연구」(1990)가 있다. 저서로는 김광민의 『지눌의 교육이론』(1998)이 있고, 연구 논문으로는 박은목의 「지눌의 교육사상」(1992), 「지눌 불교사상의 교육이론 연구」(1988), 서정문(종범)의 「강원교육講院敎育에 끼친 보조사상의 영향」(1989) 등이 있다.

지눌과 다른 불교 사상을 서로 비교한 학내간 논문은 총 56편이다. 우선 박사학위 논문으로는 김방룡의 「보조지눌과 태고보우太古普愚의 선 사상 비교연구」(1999)가 있고, 다음으로 석사학위 논문으로는 외국어로 표기된 덕상(이성저)의 「宗密會通思想對普照定慧結社之影響」(1998), 한국어로 표기된 박정환의 「지눌과 구산의 선 사상 비교연구」(2000) 등이 있다.

연구 논문으로는 혜원(강문선)의 「북종선北宗禪과 보조선普照禪의 상통성: 정혜쌍수를 중심으로」(1987), 고형곤의 「해동 조계종의 연원 및 그 조류: 지눌과 혜심의 사상을 중심으로」(1970), 권기종의 「혜심의 선 사상 연구: 지눌의 선 사상과 비교하면서」(1982), 김지견의 「지눌에서의 선과 화엄의 상의相依」(1987), 김호성의 「혜심 선 사상에 있어서 교학이 차지하는 의미: 보조지눌과의 관계를 중심으로」(1993), 이덕진의 「간화선의 '구자무불성狗子無佛性'에 대한 일고찰: 대혜종고 · 보조지눌 · 진각혜심을 중심으로」(2001),

「보조지눌과 규봉종밀 사상의 동처同處와 부동처不同處」(2000), 「지눌 선 사상에 있어서 돈오의 함의」(1999), 「나옹혜근懶翁慧勤의 연기설 연구: 보조지눌의 성기설과의 관계를 중심으로」(1999), 이병욱의 「종밀과 보조의 선교관 비교」(1999), 「돈오점수의 수행법과 '무자'화두 참구법의 관계에 대한 대혜 종고와 보조지눌의 견해 비교」(2000), 최성렬의 「보조의 기본 사상과 『육조단경六祖壇經』」(1988), 해주(전호련)의 「의상 성기사상性起思想이 보조선에 끼친 영향」(1989) 등이 노작이다. 일본어 표기 논문으로는 吉津宜英의 「華嚴禪と普照禪」(1990), 木村淸孝의 「李通玄と普照國師知訥: 『華嚴論節要』研究への一視點」(1988) 등이 추천할 만하다.16)

지눌과 다른 사상(기독교·유교·원불교 등)을 비교한 학제간 논문은 모두 30편이다. 우선 외국어 표기 박사학위 논문으로 강건기의 "Thomas Merton and Buddhism: A Comparative Study of the Spiritual Thought of Thomas Merton and That of National Teacher Bojo"(1979)이 있고, 다음으로 한국어 표기 박사학위 논문으로 이시온의 「퇴계와 지눌의 심성론에 관한 연구」(1999)가 있다. 석사학위 논문으로는 백혜명의 「선불교와의 비교를 통한 요한 웨슬레의 성화영성 재발견」(1996), 이용우의 「선불교의 명상과 기독교 신비주의 비교 연구」(1991) 등이 있다. 연구 논문으로는 기독교와 지눌을 비교한 논문으로는 강건기의 「토마스 머튼과 지눌 사상에 있어서의 '하나'의 의미」(1988), 「기도와 수심」(1988), 길희성의 「돈오점수론의 그리스도교적 이해」(1988) 등이 있고, 지눌과 성리학을 비교한 논문으로는 박성배의 「지눌의 돈오점수설과 퇴계의 사단칠정설의 구조적 유이성에 대하여: 수행론적인 해석」(1988), 한형조의 「지눌의 구원론과 신유학과의 대비」(1996), 김옥숙의 "Philosophical Implications of CHINUL's Thought: An Essay on Buddhism and

---

16) 이 두 논문은 보조사상연구원에서 발표한 논문이기 때문에 『普照思想』 2집과 4집에 한국어 번역과 함께 실려있다. 한국어 번역을 참고하면 좋을 것이다.

Neo-Confucianism"(1988) 등이 있으며, 지눌과 원불교의 관계에 천착한 논문으로는 한기두의 「근대 한국불교에 있어서 단경사상壇經思想의 수용과 그 원용: 특히 지눌·백파를 거친 소태산을 중심으로」(1989) 등이 있다. 특히 지눌과 기독교 사상을 비교한 석사 논문이 많으므로, 관심이 있는 연구자는 석사 논문을 잘 살펴보면 사유의 폭을 넓히는데 많은 도움이 될 것이다.

그 외에 해석학과 관련된 논문으로는 길희성의 「보조사상 이해의 해석학적 고찰」(1987) 등이 있으며, 또 지눌의 수행법을 정신 치료와 비교 고찰한 최진석의 석사학위 논문인 「지눌의 수행법과 정신치료와의 비교 고찰」(1976)과 지눌 사상을 문학적으로 고찰한 김용태의 「지눌 선교일원 사상의 문학적 탐색」(1985) 등이 돋보인다.

3. 개인별 연구 현황

개인별 연구 현황의 분석 대상자는 내국인이 21명, 외국인이 2명 등 모두 23명이다. 전공은 역사학(진성규·최병헌·허흥식) 전공자가 3명, 교육학(박은목) 전공자가 1명, 나머지 17명은 모두 광의의 철학(동양철학·불교학·선학·종교학) 전공자이다. 분석 대상 논문은 210편인데, 분류 기준은 지눌을 주제로 4편 이상 연구 논문을 발표한 국내 연구자이면서, 동시에 의미 있는 연구 결과를 제시한 연구자를 대상으로 한다는 것과 박사·석사학위 논문 및 저서를 모두 논문 1편으로 계산한다는 것이 첨부되었다. 이외에는 지금까지의 분류 방식을 모두 그대로 따른다.17)

---

17) 독자의 편의를 위해서 다시 한 번 분류 기준을 간략히 설명한다면 그것은 다음과 같다. ① 동일한 연구 논문을 두 곳 이상의 학술지에 발표하거나 제목만 바꾸어 발표한 것은 모두 최초의 발표를 중심으로 한 편으로 계산한다. ② 제목과 체제가 약간 다르다고 하더라도 전에 발표한 연구논문과 내용이 80~90%이상 유사한 것도 역시 최초의 발표

저자	저서	논 문						합계
		60년대 이전	60년대	70년대	80년대	90년대	2000년대	
강건기	1			1	10	6	1	19
권기종					3	2		5
길희성	2			1	4	2		9
김방룡						6	1	7
김영태				2	1	2		5
김지견			4	1	2	1		8
김호성					1	13		14
박성배			4	1	1	4		10
박은목					5	2		7
송석구				3	2	1		6
심재룡				4	7	6	1	18
이덕진						6	7	13
이병욱						2	2	4
이종익	1	1		8	6	4		20
인경						4	2	6
진성규					1	4		5
최병헌					1	4		5
최성렬					2	8		10
도안				6	3			9
한기두				2	7	2	1	12
허홍식					2	3		5
中島志郎						8	1	9
Buswel					3	1		4
합계	4	1	8	29	61	91	16	210

우선 개인별 연구 현황을 양적인 면에서 본다면 이종익이 20편, 강건기
가 19편, 심재룡이 18편, 김호성이 14편, 이덕진이 13편, 한기두가 12편, 박
성배·최성렬이 10편, 길희성·도안이 9편, 김지견이 8편, 김방룡·박은목
이 7편, 송석구·인경이 6편, 권기종·김영태·진성규·최병헌·허홍식이

를 중심으로 한 편으로 계산한다. ③ 연재논문의 경우에도 연재된 글 전체를 한 편으
로 계산한다. ④ 비록 지눌이 장·절에 들어갔다 하더라도 지눌을 전체의 주제로 하지
않은 경우에는 통계에서 제외한다. ⑤ 비록 지눌을 표제어로 하지 않았다 하더라도 지
눌을 중심으로 논구를 전개하는 경우에는 통계에 포함시킨다.

5편, 그리고 이병욱이 4편이다.

고故 이종익은 지눌 사상 전체에 걸쳐서 관심을 가지고 평생에 걸쳐서 지눌 연구를 한 연구자이다. 일본에서 박사학위(『高麗普照國師の硏究』, 1974)를 받은 이후, 이종익은 조계종 법통과 관련하여 「한국불교 제종파 성립의 역사적 고찰」(1979), 「조계종법통고曹溪宗法統考」(1994), 「조계종 성립 사적 고찰」(1994) 등을 발표하였고, 서지학과 관계해서는 「보조찬술의 사상 개요와 서지학적 고찰」(1987), 「보조저술의 서지학적 해제」(1989) 등을 발표 하였고, 선 일반과 돈오점수와 관련해서는 「보조국사의 선교관」(1972), 「불교의 심성설心性說과 오수돈점론悟修頓漸論」(1981), 「『법보단경法寶壇經』과 보조」(1988), 「선수증禪修證에 있어서 돈오점수의 문제」(1990) 등을 발표 하였으며, 화엄과 관련해서는 「지눌의 화엄사상」(1975), 「보조선과 화엄」(1982) 등을 발표하였다. 이종익의 연구 업적은 조계종 법통과 관련해서는 「조계종법통고」가 돋보이며, 특히 서지학적인 측면에서 「보조 찬술의 사상개요와 서지학적 고찰」이 노작이다.

강건기는 현존하는 지눌 연구자 가운데 가장 활발하게 연구 활동을 하는 중견 학자가운데 한 사람이다. 특히 지눌의 난해한 사상을 아주 쉽게 풀어서 읽기 좋게 서술하는 보기 드문 능력을 가지고 있기 때문에 지눌 사상의 외연을 넓히는 데 큰 공헌을 하였다. 미국에서 지눌과 토마스 머튼 (Thomas Merton) 사상을 비교해서 박사학위("Thomas Merton and Buddhism: A Comparative Study of the Spiritual Thought of Thomas Merton and That of National Teacher Bojo", 1979)를 받은 이후, 강건기는 기독교(토마스 머튼)와 불교(지눌)를 중심으로 한 학제간 연구와 관련하여 「진심眞心과 하느님」(1986), 「보조 사상의 비교사상적 고찰에 대한 연구」(1987), 「토마스 머튼과 지눌 사상에 있어서의 '하나'의 의미」(1988), 「기도와 수심: 토마스 머튼과 보조국사 지눌의 사상을 중심으로」(1988), "Prayer and the Cultivation of Mind: An Examination of Thomas Merton and Chinul"(1989) 등을 발표하였고, 심心(眞心 혹은 空寂靈知心)과 연관하여 「신비 Paradox를 통하여 본 지눌의 공적영지심」(1982), 「『수심결』의 체계와 사상」(1999), 「『진심직설』의 체계와 사상」(2001) 등을 발표하였으며, 지눌의 결사 정신에 대한 현대적 재해석과 관련하여 「보조 사상의 현대적 의미」(1988), 「보조사상에 있어서 닦음(修)의 의미」(1990), 「현대 정혜결사에 미친 지눌의 정혜결사」(1992) 등을 발표했다. 강건기의 연구는 「신비 Paradox를 통하여 본 지눌의 공적영지심」에서 공적영지심에 대한 해석이 돋보이며, 「보조 사상의 비교사상적 고찰에 대한 연구」의 경우 비교사상적 연구의 필요성을 강조한 부분이 독특하다.

심재룡 역시 현재 가장 활발하게 지눌 연구를 하고 있는 중견 학자 중의 한 사람이다. 미국에서 지눌의 선교 통합을 연구해서 박사학위("The Philosophical Foundation of Korean Zen Buddhism: The Integration of Sŏn and Kyo by Chinul", 1979)를 받았다. 이후 지눌 선교일원 사상의 화엄 교학적 기반과 연계해서는 "The Structure of Faith and Practice in the Hua-yen Buddhism: Chinul, Li Tung Hsuan and Fa-tsang"(1979), 「보조선을 보는 시각의 변천사」(1987), 「보조국사 지눌의 『원돈성불론』상석」(2000) 등을 발표했고, 돈오점수와 관계해서는 「돈점론으로 본 보조선의 위치」(1988), 「보조선과 임제선: 죽은 말귀 살려내기」(1995), "A Critical Appraisal of the Sudden/ Gradual Debate in Korea: Songchol's Subitism and Chinul's Gradualism"(1996) 등을 발표했다. 심재룡의 글쓰기는 종래의 입장에서 보았을 때 다소 파격적인 양식을 도입하고 있는데, 그의 글은 주장이 뚜렷하고 대중적이어서 읽기가 쉽다는 장점이 있지만 한편으로는 다른 시각도 있다. 돈점 논쟁과 관련해서는 돈오점수 쪽의 맹장이며, 그의 「돈점론으로 본 보조선의 위치」(1988)는 노작이다. 또 지눌의 화엄사상, 특히 성기설과 연관해서는 최근의 「보조국사 지눌의 『원돈성불론』상석」(2000)이 아주 좋다. 하나 덧붙일 것이 있다면 최근에 출간된 그의 저서 *Korean Buddhism: tradition and transformation*(1999)에 수록된 지눌에 관한 많은 논문은 지눌의 선 사상, 더 나아가서 한국의 선 사상을 외국에 알리는 데 커다란 역할을 할 것으로 기대된다.

김호성은 소장 학자들 가운데 가장 돋보이는 연구자이다. 1980년대 후반부터 1995년에 이르기까지 가장 정력적인 연구 활동을 펼쳤으며, 특히 돈점 논쟁 최선봉에서 돈오점수를 옹호하였다. 그는 돈오점수와 관련하여 「보조의 이문정혜二門定慧에 대한 사상사적 고찰」(1990), 「돈오점수의 새로운 해석: 돈오를 중심으로」(1990), 「돈오돈수적 점수설의 문제점」(1991), 「돈점논쟁의 반성과 과제」(1992) 등을 발표하였고, 선의 깨달음과 사회윤리적 실천과의 양립 가능성에 대하여 「보조선의 사회윤리적 관심」(1991), 「정혜결사의 윤리적 성격과 그 실천: '덕의 윤리'와 관련하여」(1992) 등을 발표하였으며, 지눌과 정토 사상과의 관계에 대하여는 「보조의 돈점관과 정토관」(1992), 「보조의 정토수용에 대한 재고찰:『정혜결사문』을 중심으로」(1995) 등을 발표하였다. 김호성의 연구는 전반적으로 돈오점수에 대한 연구가 뛰어나지만 그 외에도 「보조선의 실재론적 경향과 그 극복: 초기불교와 선의 동질성을 중심으로」(1990)의 지눌 사상의 초기 불교와의 접점을 찾고자 하는 해석이 돋보이며, 또 「『간화결의론』 역주: 화엄과 간화선의 변증법」(1995)에서 역주 논문의 가능성을 보여 준 점도 훌륭하다.

이덕진은 신진 연구자이다. 이덕진의 학위 논문(『보조지눌의 선 사상 연구』, 1999)은 비교연구나 교육학적인 접근이 아닌 지눌 사상 자체에 천착한 한국어로 된 최초의 박사학위 논문이다. 그는 지눌 선 사상 전체를 중국선과는 다른 의미에서의 한국적인 독창적 선으로 이해하며, 지눌에게 영향을 준 중국 사상가들과 지눌과의 변별점을 찾기 위한 노력의 일환으로 「지눌 선 사상에 있어서 돈오의 함의」(1999), 「보조지눌과 규봉종밀 사상의 동처와 부동처」(2000), 「보조지눌의 성기설에 대한 일고찰」(2000) 등을 발표했고,

중국선의 영향을 받은 다른 한국 선사들과 지눌과의 변별점을 찾기 위해서「혜심의 선 사상에 대한 연구: 지눌과의 연관 관계를 중심으로」(1997), 「깨달음의 방법에 관한 논쟁: 돈오돈수와 돈오점수 논쟁」(1998), 「나옹혜근의 연기설 연구: 보조지눌의 성기설과의 관계를 중심으로」(1999), 「간화선의 구자무불성에 대한 일고찰: 대혜종고·보조지눌·진각혜심을 중심으로」(2001) 등을 발표했다. 특히 '혜능의 돈오와 지눌의 돈오', '종밀의 점수와 지눌의 점수'간의 부동처不同處에 대한 그의 새로운 해석은 신진 학자의 패기를 보여 주었으며, 「간화선의 '구자무불성'에 대한 일고찰: 대혜종고·보조지눌·진각혜심을 중심으로」는 발표 당시 찬반 양론을 불러일으켰다.

한기두 원광대학교 명예교수는 노령(1933년 생)에도 불구하고, 최근(2000년)에 이르기까지 지눌에 관한 논문을 발표하는 연구열을 보여 주고 있다. 후학들의 귀감이 되는 삶이라 하겠다. 그는 1959년 이래 원광대학교 원불교학과에서 교수로 재직하면서 원불교 사회에까지 지눌의 외연을 넓힌 연구자이다. 사실 그의 연구 영역은 한국 불교 전체에 걸쳐 망라되어 있기 때문에 그를 지눌과만 연관시킨다는 것은 그의 연구 업적의 빙산의 일각만 보게 되는 어리석음을 범할 우려가 있다. 그는 「근대 한국불교에 있어서 단경 사상의 수용과 그 원용: 특히 지눌·백파를 거친 소태산을 중심으로」(1989)에서 원불교 교주 소태산이 단경 사상에 기초한 지눌의 선지를 두루 수용하였음을 보여 준다. 또 「보조선과 본질구조」(1988)에서는 문헌과 인용 자료를 세밀하게 분석함으로써 보조선의 본질 구조를 밝히려 하였고, 「정혜결사의 본질과 그 변천」(1987)에서는 지눌의 정혜결사 본래 의미와 후대인들이 그 정신을 잘못 이해하고 있는 점을 소상히 밝히고 있다. 또 최근에 발표된 「『진심직설』의 한 고찰」(2000)은 역주 논문의 가능성을 보여 주는 노작이다.

박성배는 일찍이 「'오'의 문제: 목우자의 『법집별행록절요병입사기』를 중심으로」(1963)라는 지눌 선 사상에 대한 최초의 기념비적인 논문을 저술한 이래, 미국으로 유학을 가서 버클리 대학에서 수학하고, 현재까지 뉴욕 주립대학에서 교수 생활을 하면서, 한국 불교 더 나아가서 한국 사상을 세계에 알리기 위해 동분서주하는 연구자이다. 무엇보다도 최근에 와서 국내 연구자들에게 그를 본격적으로 알린 사건은 '돈점 논쟁'을 통해서이다. 그는 「성철스님의 돈오점수설 비판에 대하여」(1990)에서 기본적으로 지눌의 입장을 지지하면서 성철을 완곡하지만 강하게 비판한다. 그러나 다른 한편으로는 지눌의 돈오점수를 '종합적인 수행이론'으로 성철의 돈오돈수를 매우 '특수한 수도이론'이라고 규정하면서, 지눌의 돈오점수는 불교인들의 삶의 폭을 넓혀 주었으며 성철의 돈오돈수는 우리들의 깨침에 대한 자세를 바로잡아 주었다고 평가한다. 그렇기 때문에 오늘날 우리에게 주어진 과제는 지눌의 돈오점수설을 '돈오돈수적 점수설'로 발전시키는 것이라고 한다. 이듬해에, 박성배가 지눌의 선 사상을 '돈오돈수적 점수설'로 해석하는 것에 대하여, 김호성이 「돈오돈수적 점수설의 문제점」(1991)을 통해서 그 부당함을 정색을 하고 공격하게 되고, 이 문제와 연관하여 박성배는 「보조스님은 증오를 부정했던가?」(1992)를 통해서 다시 김호성이 지눌의 돈오를 잘못 이해하고 있음을 조목조목 정면으로 비판하면서, 돈점 논쟁은 새로운 국면으로 진행된다. 이 논쟁에서 박성배라는 대학자가 김호성이라는 신진학자를 상대로 해서 보여 주었던 그 성실함과 진지함은 지금까지도 인구人口에 회자膾炙된다. 박성배의 경우 그의 *Buddhist Faith and Sudden enlightenment*[18]도 일독을 권할 만한 노작이다.

최성렬은 지눌 사상 전체를 일관되고 집요하게 연구하는 아주 조용하지만 후학들이 본보기로 삼을 만한 학자이다. 그래서 그의 논문은 전체적으로 화려하지도 않으며 드러나 보이지도 않으나 오히려 학적 성과는 뛰어

---

18) Albany: State Univ. of New York, 1983.

난 편이다. 지눌의 화엄 교학과 관계해서는 「『원돈성불론』의 십신十信에 대하여」(1992), 「『화엄론절요』 중 요간절요의 체계에 대한 연구」(1996), 「보조지눌의 『화엄론절요』연구」(1996), 「보조의 『화엄신론』 이해」(1997) 등을 발표했고, 선 사상과 관련해서는 「보조의 기본 사상과 『육조단경』」(1988), 「'무자'화두와 보조지눌의 간화십종선병看話十種禪病」(1990), 「간화십종선병의 체계분석」(1991), 「간화결의론의 분석적 연구」(1994) 등을 발표했다. 특히 최성렬의 지눌의 화엄 사상 이해는 아주 정치하며, 그 중에서도 「『화엄론절요』 중 요간절요의 체계에 대한 연구」(1996)는 『화엄론절요』 중 「요간절요」의 전체적 체계를 처음으로 정치하게 논구한 노작이다.

길희성은 영어권에서 지눌의 선 사상을 주제로 박사학위("Chinul, The Founder of Korean Zen Tradition", 1977)를 받은 최초의 중견 연구자이다. 그는 종교학적인 측면에서 지눌의 사상에 천착하는데, 지눌의 선 사상을 그리스도교적인 시각을 가지고 이해하고자 하는 「돈오점수론의 그리스도교적 이해」(1988)는 노작이다. 그 외에 지눌의 사상을 심성론과 수행론으로 대별하여 이해하는 「지눌 선 사상의 구조」(1996)와 지눌의 사상을 해석학적 관점에서 바라본 「보조 사상 이해의 해석학적 고찰」(1987)이 돋보인다. 특히 그의 저서 *Chinul, The Founder of Korean Zen Tradition*[19]은 1984년 이후 서양어권에서, 한국 불교를 알고자 하는 모든 이들에게 거의 유일한 이정표 구실을 해왔다는 점을 상기해 볼 때, 우리는 길희성에게 많은 빛을 지고 있는 셈이다.

고故 김지견은 지눌 연구자들에게 큰 은혜를 베푼 연구자이다. 지눌의 『화엄론절요』는 이통현 장자長者가 찬한 『신화엄경론』 40권을 3권으로 절요한 것이다. 고려 희종 3년(1307년)에 지눌이 간행서刊行序를 쓴 초판본이 있었으나 인멸되어 버렸었다. 그러다가 1941년 12월 이종익이 일본 금택문

---

19) L.A.: University of California, International & Area Studies, 1984.

고에서 발견해서 필사하여 한국으로 전해져 송광사에 보존하다가 한국전쟁 때 소실되어 버렸었다. 그것을 1968년 김지견이 금택문고에서 원본 복사하여 1,000부를 영인본으로 인쇄하여 배포하였고, 그것을 오늘날 우리가 연구하고 있는 것이다. 김지견은 일본에서 「高麗知訥の壇經跋文について」(1966), 「『華嚴論節要』について」(1967), 「『圓頓成佛論』について」(1968) 등의 논문을 발표했다. 김지견은 지눌 사상에 대한 일련의 연구 결과를 계속해서 발표함으로써 일본으로까지 지눌 사상의 외연을 확장하는 공헌을 남긴다. 또 국내에서는 「지눌에서의 선과 화엄의 상의」(1987) 등의 논문을 통하여 선과 화엄의 관계가 적대 관계나 우열의 관계가 아니라 상의의 관계임을 논증한다.

김방룡은 보조사상연구원에서 학문적 세례를 받은 소장학자 가운데 한 사람이다. 석사학위(「지눌의 정혜결사 연구」, 1994)와 박사학위 논문(「보조지눌과 태고보우의 선 사상 비교연구」, 1999) 모두 지눌이 주제이다. 김방룡의 박사학위 논문은 지눌의 선 사상을 태고보우의 선 사상과 비교한 것으로써 한국어로 된 학내간 비교 연구로서는 최초의 박사학위 논문이다. 정혜결사(운동)와 관련해서 「지눌의 정혜결사운동과 소태산의 불교개혁운동의 의의」(1997), 「지눌의 정혜결사 이념과 성격」(1997) 등의 논문이 있으며, 『진심직설』과 관련해서 「지눌의 『진심직설』에 나타난 수행론」(1998), 「『진심직설』의 저서에 대한 고찰: 『진심직설』은 보조지눌의 저서이다」(2001) 등의 논문이 있다. 특히 「『진심직설』의 저서에 대한 고찰: 『진심직설』은 보조지눌의 저서이다」는 역작으로써 학문 신진 세대의 역량을 보여 주었다는 평가를 받았다.

송석구는 율곡에 대하여 2권의 저서와 20편의 논문을 저술한 율곡학의 권위자이다. 또한 그는 불교와 율곡 사상의 관계에 대한 논문이 다소 있다. 그렇기 때문에 전문적인 지눌 연구자는 아니다. 그럼에도 불구하고 4편의 지눌 관계 논문과 다수의 지눌 관계 일반 논설을 저술하였다는 사실은 그의 학문적 넓이를 보여 준다. 송석구의 경우 지눌의 염불관과 관련해서는 「원효와 보조의 염불관 비교 연구」(1992)가 있고, 지눌의 화사상和思想과 관련해서는 「보조의 화사상」(1978)이 돋보인다.

인경은 보조사상연구원 연구실장으로서 신진 지눌 연구자들의 기둥 역할을 하고 있는 소장학자이다. 박사학위 논문(「몽산덕이의 선사상 연구」, 1999)은 지눌을 주요 주제로 하지는 않았지만, 석사학위논문(「보조지눌의 정혜관 연구」, 1994)은 지눌에 관한 석사학위 논문 가운데 가장 우수한 논문 가운데 한 편으로 꼽힌다. 연구 논문으로는 서지학적인 측면에서 「보조인용문을 통해서 본 '법보기단경'의 성격」(1998), 지눌 선 사상 체계를 간화선 체계로 이해한 「지눌 선 사상의 체계와 구조」(1999), 지눌의 화엄관에 천착한 「화엄 법계연기설과 간화선 사상: 보조의 『원돈성불론』과 『간화결의론』을 비교하면서」(2001) 등이 있다. 그의 논문은 전체적으로 아주 정치하며 논리적이다.

권기종은 고려 불교사, 넓게는 한국 불교사의 맥락 안에서 지눌을 이해하고자 하는 중견 학자이다. 그의 「『계초심학인문』의 연구」(1999)는 지눌의 계율관과 관련하여 새로운 시각을 보여 주며, 「고려후기불교와 보조 사상」(1989)은 지눌의 사상을 고려불교사적 맥락 안에서 이해하고자 한다. 특히 「간화선과 '무자'공안고」(1981)와 「혜심의 선 사상 연구: 지눌의 선 사상과 비교하면서」(1982)는 노작이다.[20] 그는 일련의 두 논문에서 『간화결의론』을 제외한 지눌의 모든 저술에서는 간화선 사상이 거의 나타나 있지 않으며, 뿐만 아니라 지눌의 일반적인 선 사상을 『간화결의론』과 비교해 볼 때 오히려 상충되는 점을 발견할 수 있다고 한다. 오히려 혜심의 간화선 사상

---

20) 이 논문은 「혜심의 간화선사상 연구: 지눌의 선사상과 비교하면서」라는 제목으로 『普照思想』 7집(보조사상연구원, 1993)에 재수록되어 있다.

이 『간화결의론』과 상통하고 있다고 본다. 그 결과 그는 『간화결의론』의 지눌 저술 여부에 대해서 의문을 표시할 뿐 아니라, 더 나아가서 혜심 선 사상을 지눌 선 사상의 무조건적인 전개로 이해했던 기존의 연구 풍토를 비판한다.

최병헌은 고려 불교사에 대한 연구를 통해 지눌 사상을 역사적으로 이해 하는 데에 주요한 기여를 한 역사학자이다. 그는 현대 한국의 불교사 분야 가 근대 학문으로서의 올바른 성격을 갖기 위해서는 조선 시대의 협애한 불교사 인식 수준과 일제 강점기의 왜곡되고 굴절된 불교사 인식의 수준에 서 벗어나야 하고, 그러기 위해서는 고려 불교사, 특히 지눌의 사상과 수선사 에 대한 올바른 이해가 필요하다고 생각한다. 그는 「정혜결사의 취지와 창립 과정」(1992) 등의 논문을 통해서 지눌의 정혜결사를 신불교 운동으로 정의한 다. 또 「수선결사의 사상사적 의의」(1987) 등의 논문을 통해서는 수선사의 사 상을 단순히 불교 안에서의 선교통합의 문제로서만이 아니고, 불교에서 성리 학으로 넘어가는 과도기적 역할로서의 의의를 가진다는 주장을 한다.

진성규는 고려 불교사를 전공하는 역사학자이다. 무신정권기의 진각국 사 혜심이 그가 천착하는 인물인데, 혜심은 지눌의 사법제자嗣法弟子이다. 따라서 진성규의 지눌에 대한 연구는 지눌 개인의 사상에 대한 것이라기 보다는 수선사의 결사운동과 같은 불교 개혁 운동에 대한 역사적 고찰을 주로 한다. 「고려후기 수선사의 결사운동」(1984), 「정혜결사의 시대적 배경 에 대하여」(1992), 「고려후기 불교사에 있어서 수선사의 위치」(1992)등의 논 문을 통해서 고려 후기 불교사에 있어서 수선사의 사상사적인 의미를 보 여 준다.

허홍식은 역사학자이다. 그는 아마 현재 한국에서 가장 활발한 저술 활 동을 하는 중견 연구자일 것이다. 그의 지눌 연구는 조계종 법통과 관계해 서는 「한국불교의 종파형성에 대한 시론」(1989), 「조계종의 기원과 전개」

(1995) 등이 있다. 그는 이 일련의 논문에서 나옹법통설을 주장한다. 그의 연구 업적은 서지학적인 측면에서 특별히 돋보이는데, 「보조국사비문의 이본과 탁본의 접근」(1993), 「수선사 중창기의 사료 가치」(1993) 등이 노작이다.

이병욱은 보조사상연구원에서 학문적 세례를 받은 소장학자 가운데 한 사람이다. 90년대 후반 들어 가장 폭넓고 활발하게 연구 활동을 하는 신진 연구자로서 논문을 아주 정치하게 실증적으로 저술한다. 그는 주로 지눌과 관련해서는 주로 학내간 비교 연구를 하는데, 「요세사상了世思想의 특징: 지눌과의 비교를 통해서」(1990), 「종밀과 보조의 선교관 비교」(1999), 「돈오점수의 수행법과 '무자'화두 참구법의 관계에 대한 대혜종고와 보조지눌의 견해 비교」(2000), 「보조지눌의 선교통합의 여러 유형」(2001) 등이 일독을 권할 만하다.

4. 주요 논문의 선정

필자는 지금까지 논구된 지눌에 대한 연구물을 중심으로 15편의 주요 논문을 선정하였다.[21] 그런 다음에 그 15편의 논문을 다시 '지눌 선 사상의 체계적 이해', '지눌 선 사상에 있어서 돈오와 점수', '지눌 선 사상과 간화선과의 함수관계', '지눌 선 사상의 교학적 근거' 그리고 '지눌 선 사상에 대한 사상적·서지학적 반성'이라는 5개의 범주로 나누었다. 이 문제와

---

21) 주요 논문의 선정 작업은 연구자에 따라서 시각이 다를 수 있으며, 그 다른 시각은 견해의 차이를 불러일으키고, 많은 오해와 비판을 가져올 수 있다. 하지만 두 가지만은 독자의 이해를 구하고자 한다. 그것은 우선 필자의 졸고가 두 편이나 들어간 것에 대해서이다. 이는 자료를 수집하고 연구사를 개설하느라고 힘쓴 편자의 노고를 감안한 편집 방침이었음을 밝혀 둔다. 다음으로 한국 불교학계에서 '돈점 논쟁'이 가지고 있는 중요성을 생각하여 김호성 교수의 논문과 그 반론인 박성배 교수의 논문을 싣다 보니 본의 아니게 박성배 교수의 논문이 두 편이 실리게 되었다. 이 점 양지해 주기 바란다.

관련해서는 여러 가지 견해가 있을 수 있겠지만, 적어도 필자가 보기에는, 이렇게 나누어서 접근하는 것이 지눌의 선 사상에 접근하기에 보다 용이하지 않을까 생각된다.

1) 지눌 선 사상의 체계적 이해

(1) 박성배, 「'悟'의 문제」[22]

이 논문은 지눌의 심心을 Mind로 표기한다. 즉 공적하고 영지한 이 마음이 우리의 본래면목이며 불즉시심佛卽是心이다. 우리가 만일 불즉시심을 회광반조廻光返照하여 의심 없이 똑바로 믿고 그 진리성을 체험한다면 그 순간이 바로 돈오頓悟이다. 그러나 불즉시심을 깨달았다 해도 사람에 따라 심천深淺의 차이가 있으므로 해오解悟 다음에 증오證悟가 있다. 이 때 해오를 '부처'가 될 형식(form)이라고 강언한다면, '증오'는 이 형식이 확충되어 부처로서의 덕상德相이 나타나는 것이라고 말할 수 있다. 여기에서 형식을 확충하는 것이 수修에 해당한다. 그러므로 증오는 해오가 수를 통하여 이루어지는 것이며, 수는 해오와 증오를 연결해 주는 다리이다.

(2) 강건기, 「신비 Paradox를 통하여 본 지눌의 空寂靈知心」[23]

주지하다시피 공적영지심空寂靈知心은 지눌 사상의 핵심이다. 이 논문은 이 점에 착안하여 지눌의 공적영지심을 신비 패러독스를 통하여 고찰하고, 그 체험적 특성을 밝히며, 더 나아가서 공적영지심을 기본으로 일관하는 지눌 사상 체계의 특성을 알아내고자 한다. 필자의 이러한 시도는 이 논문에서 어느 정도 성과를 거두고 있으며, 그것은 결과적으로 지눌 연구자들

---

22)『동국사상』 2집(동국대학교 불교학과, 1963).
23)『한국불교학』 7집(한국불교학회, 1982).

에게 지눌 사상을 가장 이해하기 어렵게 만드는 것 가운데 하나인 공적영지심의 실체에 접근할 수 있는 방법 중의 하나를 제시한 것이 된다.

(3) 길희성, 「지눌 선 사상의 구조」[24]

이 논문은 지눌 사상의 체계성 자체를 문제로 삼고 있다. 필자는 지눌의 선사상을 성적등지문惺寂等持門, 원돈신해문圓頓信解門, 경절문徑截門의 삼문 체계로만 이해하려는 기존의 이해가 틀린 것은 아니지만 문제점이 있다고 본다. 왜냐하면 삼문 체계는 지눌 선 사상의 수행론만을 포섭할 뿐이기 때문이다. 필자에 의하면 심성론은 지눌이 깨달은 바 진심의 세계에 대한 담론이라면, 수행론은 중생이 이 진심의 세계를 자기의 것으로 만드는 방법과 과정에 대한 담론이다. 그렇기 때문에 필자는 이 논문에서 우리가 보다 제대로 지눌의 선 사상에 접근하려면 '수행론'과 '심성론'이라는 두 부분으로 나누어서 지눌의 선사상의 구조를 이해해야만 한다고 주장한다.

(4) 인경(김형록), 「마음의 해석학」[25]

지눌의 전체 사상 체계를 어떻게 이해할 것인가 하는 문제는 중요하다. 현재 한국의 지눌 연구자들은 크게 두 학자군으로 나뉘어져 있는데, 그 한 유형은 지눌을 돈오점수의 체계로서 해석하려 하고, 다른 한 유형은 지눌을 성적등지문, 원돈신해문, 경절문의 삼문으로 해석하려 한다. 이 논문은 삼문의 형식을 통하여 지눌을 이해한다. 아주 정치하고 논리적으로 자기 주장의 정당성을 피력하는 필자의 논구를 통해서 우리는 삼문으로 지눌을 이해하려는 입장에 보다 가깝게 접근할 수 있다.

(이 논문은 1999년에 발표한 「지눌 선사상의 체계와 구조」를 개작한 것이다.)

---

24) 『지눌의 사상과 그 현대적 의미』(한국사상가대계 3, 한국정신문화연구원, 1996).
25) 『普照思想』 12집(보조사상연구원, 1999).

2) 지눌 선 사상에 있어서 돈오와 점수

(1) 김호성, 「돈오점수의 새로운 해석」[26]

이 논문은 성철의, 지눌의 돈오점수는 선문禪門의 이단이고 사설邪說이 며, 지눌은 한국 선불교의 중흥조가 아니라 오히려 황폐화시킨 장본인이라 는, 지적에 대하여 정색을 하며 반론하는 논문이다. 필자는 고개를 곧게 세 우고 얼굴 색을 바로 한 채, 당시의 조계종 종정이던 성철에 대해서, 돈오 점수의 진정한 의미는 무엇이며 돈오돈수의 의미는 무엇인지, 또 돈오점수 에 대한 성철의 비판은 타당한 것인지, 오해가 없는지를 구체적으로 조목 조목 묻고 있다. 여러 가지로 오해나 문제의 소지가 있음에도 불구하고 할 말은 해야겠다는 신진학자의 패기를 엿볼 수 있는 점은 이 논문을 읽는 또 하나의 다른 즐거움이다.

(이 논문은 김호성이 다음 해인 1991년에 발표한 「돈오돈수적 점수설의 문제점」 과 같이 읽어야 한다. 문제점을 공유하고 있기 때문이다. 성철뿐 아니라 박성배의 견해에 대해서도 한편으로는 찬성하고 한편으로는 반대하는 김호성의 입장을 통 하여 우리는 보다 더 그의 견해에 가깝게 다가갈 수 있다.)

(2) 박성배, 「보조스님은 證悟를 부정했던가?」[27]

이 논문은 김호성의 「돈오돈수적 점수설의 문제점」(1991)에 대한 반론 형 식의 글이다. 박성배는 「성철스님의 돈오점수설 비판에 대하여」(1990)에서 우리가 지눌의 돈오점수설을 '돈오돈수적 점수설' 발전적으로 전개시켜야 한다고 주장한 바 있다. 이 문제를 김호성이 비판했고, 이 비판에 대해서 박 성배는 김호성의 비판이 옳지 않다고 본다. 박성배에 의하면 김호성의 견해

---

26) 『한국불교학』 15집(한국불교학회, 1990).
27) 『깨달음, 돈오점수인가 돈오돈수인가』(민족사, 1992).

는 그의 본의를 제대로 이해하지 못하고 있을 뿐 아니라, 더 나아가서 지눌의 본래 의도도 제대로 알고 있지 못하다고 본다. 박성배는 김호성의 이러한 잘못된 견해는 「돈오돈수적 점수설의 문제점」(1991)뿐 아니라, 여타의 다른 논문들(「돈오점수의 새로운 해석: 돈오를 중심으로」 등)에서도 그대로 나타나고 있기 때문에 그대로 간과할 수 없는 많은 문제점을 가지고 있다고 본다.[28]

(이 논문 역시 박성배가 1990년 발표한 「성철스님의 돈오점수설 비판에 대하여」와 같이 읽어야 한다. 박성배와 김호성이 한편으로는 일정 부분 성철의 입장에 대해서 반대하는 견해를 공유하면서, 또 다른 한편으로는 서로 배치되는 견해를 가지는 것에 대해서 주의를 기울인다면 상당한 소득이 있을 것이다.)

(3) 이덕진, 「지눌 선 사상에 있어서 돈오의 함의」[29]

연구자에 의하면 지눌은 돈오의 사상을 정립함에 혜능으로부터 많은 영향을 받았다. 그 점은 지눌과 혜능이 모두 수습修習을 통하지 않고 바로 대오大悟를 체증體證함을 특징으로 한다는 점을 보아서도 알 수 있다. 그러나 지눌의 돈오에 대한 견해는 혜능의 견해와 꼭 일치하는 것은 아니다. 연구자는 혜능에 대한 지눌 돈오 사상의 독창성을 세 가지로 보고 있다. 그것은 자성自性의 본래적인 특징으로서의 공적영지空寂靈知를 주장한다는 점과, 자성혜용自性慧用과 회광반조廻光返照라는 깨침의 틀을 주장한다는 점이다. 그렇기 때문에 지눌의 돈오는 혜능과는 달리 '본각적本覺的 돈오頓悟'가 아니라 '시각적始覺的 돈오頓悟'가 된다는 것이다.

---

28) 편자는 박성배와 김호성의 논쟁이 더 진행될 필요가 있다고 본다. 이 문제와 관계하여 편자는 두 연구자에게 한 가지 제안을 하고자 한다. 예문동양사상연구원에서 발행하는 『오늘의 동양사상』의 지면을 빌려서 이 논쟁을 진행시켜 보자는 것이다. 처음에는 두 연구자로부터 시작하지만, 점차 편자를 위시하여 다른 많은 연구자들도 이 논쟁에 참여할 수 있을 것이다. 만일 몇 번에 걸쳐 논쟁을 전개시킬 수만 있다면 1990년 이래 가장 활발한 불교학계의 논쟁이 될 수도 있을 것이며, 이것은 한국 불교학의 지평을 넓히는 데 일조할 수 있을 것이다.
29) 『가산학보』 8집(가산학회, 1999).

3) 지눌 선 사상과 간화선과의 함수관계

(1) 권기종, 「혜심의 선 사상 연구」[30]

혜심은 지눌의 사법제자이다. 그러나 혜심과 지눌의 선 사상은 상충되는 면과 상통하는 면이 모두 있다. 이 논문은 이 점에 착안하여 한국 간화선 사상의 연원을 추구한다. 즉 간화선의 한국적 수용은 지눌에 의해서 일어났다 하더라도 간화선의 전개에는 혜심의 위치와 역할이 매우 컸다는 것이다. 이 문제에 대한 지금까지의 한국 불교학계의 접근이 정치하지 못했다는 점을 감안한다면, 많은 찬반 양론이 있을 수 있지만, 이 논문은 시사하는 바가 매우 크다.

(이 논문은 1981년에 발표된 「간화선과 '무자'공안고」와 문제 의식을 공유하고 있으며 속편의 모습을 띠고 있다.)

(2) 이덕진, 「간화선의 '구자무불성'에 대한 일고찰」[31]

이 논문은 혜심의 『구자무불성화간병론拘子無佛性話揀病論』을 분석하여 혜심의 선을 중국의 조사선과 대혜의 간화선을 전체적으로 수용한 것이라고 주장한다. 하지만 이에 비해서 지눌의 선은 조사선이나 간화선의 영향 아래에 있지 않으며, 대혜의 간화선은 지눌의 선 안에 용해되어 있다는 것이다. 그런 의미에서 지눌의 선은 그 독창성과 종합성 때문에 오히려 '보조선'이라는 독립적 용어로 불리는 것이 합당하다고 주장한다. 결국 이 논문은 혜심 선법과 지눌 선법을 동일선상에 놓는 것을 비판하고, 더 나아가서 지눌을 조사선이나 간화선의 영향을 벗어난 독창적 선사로 본다. 이는 기존 연구자들과 상당한 견해 차이를 보이는 것이다.

---

30) 『불교학보』 19집(동국대학교 불교문화연구원, 1982).
31) 『한국선학』 창간호(한국선학회, 2001).

(이 논문은 논지를 전개해 나가는 과정에서 혜심의 논문『구자무불성화간병론』전체를 우리말로 번역하여 실었다. 이는 학계 최초의 일이다.)

4) 지눌 선 사상의 교학적 근거

(1) 최성렬, 「보조의『화엄신론』이해」[32]

이 논문은 지눌 선 사상의 특징인 선교일치가 주로『화엄경』이나『화엄신론』에 바탕을 두고 있는 점에 착안하여 지눌이 이를 어떻게 이해했는가를 살핀다. 저자에 의하면 지눌이『화엄신론』열람을 통해 확증한 것은 두 가지이다. 그 하나는 불지佛智가 중생의 마음속에 있다는 것이고, 다른 하나는 자기 마음의 분별성이 법계성중法界性中의 근본부동지불根本不動智佛이라는 것이다. 이통현의『화엄신론』에 천착한 연구가 절대 부족한 우리나라의 현실에서 저자의 미답지에 대한 논구는 시사하는 바가 크다.

(2) 심재룡, 「보조국사 지눌의『원돈성불론』상석」[33]

이 논문은 지눌의 철학자적 면모가 선불교의 근본 원리에 끊임없이 의문을 제기한 화엄학자들에게 적극적으로 대처하고 있는 데 있다고 본다. 그리고 그러한 대처를 가능하게 했던 지눌의 이론적 기반은 이통현의 화엄이라고 본다. 필자는 법장으로 대표되는 정통 화엄교학이라는 도그마에 도전하여 기존의 해석과는 다른 시각을 제공해주는 이통현을 발견해 낸 지눌의 치열한 문제 의식, 그리고 그 결과물인『원돈성불론』을 통해서 화엄과 선을 양립 가능하게 하는 철학적 지렛대를 제공한 업적이야말로 지눌을 우리 나라의 대표적 철학자 가운데 한 사람으로 꼽을 수밖에 없는 이유라고 본다.

---

32)『범한철학』15집(범한철학회, 1997).
33)『普照思想』13집(보조사상연구원, 2000).

5) 지눌 선 사상에 대한 사상적 · 서지학적 반성

(1) 이종익, 「보조 찬술의 사상 개요와 서지학적 고찰」[34]

이 논문은 보조 찬술을 서지학적으로 문헌의 진위, 내용 검토, 유통 과정, 판본 등을 면밀하게 고찰한 것이다. 특히 지눌 사후 현재까지의 국내외에서 간행된 지눌 저작들의 판본에 대한 자세한 서지학적 검토를 하고 있다. 특히 저자의 필사筆寫(그리고 김지견 교수의 복사)가 아니면 세상에 빛을 보지 못했을『화엄론절요』를 생각한다면, 현재 한국의 지눌 연구자는 모두 저자에게 빛을 지고 있다고 할 수 있다.

(2) 허흥식, 「보조국사비문의 이본과 탁본의 접근」[35]

이 논문은 지눌의 비문에 이본異本이 많다는 사실을 주목하면서 십여 종에 해당하는 지눌 비문을 수집하여 이를 대조하고, 몇 갈래의 계통으로 분류 · 종합하여 교감校勘한다. 또 비문의 전반적인 해석을 시도하면서 몇 가지 새로운 문제점을 제시한다. 저자의 이러한 시도는 우리 나라 학계의 이론의 제시에만 열중하거나 아니면 이를 아예 묵살하는 풍토에서는 드물게 새로운 시도여서 그 의의가 높다.

(3) 최연식, 「『진심직설』의 저자에 대한 재고찰」[36]

이 논문은『진심직설』의 저자가 지눌이 아닐지도 모른다는 주장을 한다. 이 논문은 우선 서지학적으로『진심직설』에 대한 새로운 판본이 발견되었는데, 그 판본을 세밀하게 분석해 본 결과 지눌의 저작이 아닐지도 모른다

---

34) 같은 책, 1집(보조사상연구원, 1987).
35) 『서지학보』 9호(한국서지학회, 1993).
36) 『한국도서관 · 정보학회지』 제31권 2호(한국도서관 · 정보학회, 2000. 6).

는 연구 결과를 얻었다고 주장한다. 다음으로 사상적으로도『진심직설』은 너무 이질적인 부분이 많아 지눌의 전체 사상 체계와 크게 어긋난다는 것이다. 이 논문은 아직까지는 많은 논증을 기다려야 한다. 즉 가설이다. 그렇지만 저자의 날카로운 문제 제기는 지눌 연구자가들이 반드시 눈여겨보아야 할 가설이다.

(4) 김방룡, 「『진심직설』의 저서에 대한 고찰」[37]

이 논문은『진심직설』의 저자가 지눌이 아닐지도 모른다는 최연식의 논문에 대한 반론을 목적으로 저술된 것이다. 우선 서지학적으로『진심직설』의 유통 과정과 판각 과정 및 최연식의 주장을 검토함으로써『진심직설』이 지눌의 저작임을 밝히려고 한다. 다음으로 사상적인 측면에서도『진심직설』이 지눌의 저작이 틀림없다는 주장을 편다. 이 논문에서 김방룡의 주장은 상당한 설득력을 가지고 있어서 어느 정도는 성공을 거두고 있다.

5. 지눌학 연구의 과제

지금까지 우리는 국내 학자들의 연구 논문을 중심으로 지눌 연구의 동향을 살펴보았다. 이제 지눌 연구 과제에 대한 소견을 몇 가지 피력해 보고자 한다.

첫째, 지눌 사상 자체에 대한 근본적인 재정립이 필요하다. 현재 지눌에 대한 연구는 어느 정도 이루어져 있다고 볼 수도 있다. 하지만 아직도 모호한 부분이 많다. 그 중 몇 가지만 과제로 제시해 본다면, 우선 간화선과 지

---

37)『普照思想』15집(보조사상연구원, 2001).

눌 선법과의 관계에 대한 천착이 필요하다. 간화선 안에서 지눌 선법을 이해해야 하는가, 아니면 지눌 선법 안에서 간화선을 이해해야 하는가는 지눌 선법의 정체를 밝히는 핵심 코드이다. 이 문제는 사실 복잡한 문제이다. 왜냐하면 간화선 전통 안에 우리 나라 선을 둘 것인가, 아니면 간화선을 우리 나라 선의 전통 안에 둘 것인가 하는 문제와 연계되어 있기 때문이다. 다음으로 지눌과 남종선의 문제이다. 지금까지 우리 나라의 지눌 연구자는 대개 지눌의 선법과 남종선(혜능·신회)과의 관계를 밝히는 부분에 주력해 왔다. 그러나 과연 지눌과 남종선의 관계에만 천착하는 연구가 과연 옳은 방향인가 하는 것에 대한 반성이 필요한 시점이라고 본다. 지눌의 선법은 의외로 북종선 경향이 많기 때문이다. 마지막으로 이통현의 화엄 사상과 지눌과의 관계에 대한 연구가 필요하다. 이통현의 『화엄신론』과 지눌의 『화엄론절요』, 『원돈성불론』과의 관계에 대한 교학적 연구는 지눌 연구에 있어서 아직 상당 부분 미답지로 남아 있는 실정이다. 물론 이밖에도 원효, 의상, 청량징관, 규봉종밀, 영명연수, 대혜종고, 그리고 『대승기신론』 등이 지눌 사상의 형성에 미친 영향과 이들의 사상이 지눌의 역사적 문제 의식과 선체험을 통하여 어떻게 재해석되었는가 등이 밝혀져야 할 것이다. 다양한 측면을 가진 지눌의 사상을 이해하기 위해서는 하나의 포괄적인 연구를 필요로 한다. 그러나 전체의 이해는 부분의 이해 없이는 불가능하며, 부분의 올바른 이해 또한 전체의 이해 없이는 이루어질 수 없다.[38] 명심해야 할 것은 지금까지 언급한 문제들을 제대로 연구하는 데는 우리가 지금까지 가지고 있는 지눌에 대한 선입견들이 오히려 독이 될지도 모른다는 것이다.

둘째, 지눌 연구의 생산성을 높여야 한다. 우리 나라의 지눌 연구자는 그렇게 많다고 할 수 없다. 그런데 그 연구자들은 대부분 널리 알려져 있는

---

38) 길희성, 「보조사상 이해의 해석학적 고찰」, 『普照思想』 1집(보조사상연구원, 1987), 117~118쪽.

주제에 대한 유사한 성격의 연구에 편중되어 있다. 즉 지금까지의 지눌 연구는 지나치게 철학성이라는 면에만 치중해 있는 것이다. 생산성을 높이기 위해서는 학제간 접근이 필요하다. 즉 지눌과 종밀, 지눌과 법장, 지눌과 퇴계, 지눌과 율곡, 지눌과 원불교, 지눌과 그리스도교와 같은 주제에서부터 지눌과 교육, 지눌과 정신치료, 지눌과 심리학, 지눌과 환경 등과 같은 주제로까지 확장되어야 할 것이다. 그러나 이러한 연구에는 반드시 전제가 있다. 그것은 우선 문헌학적, 훈고학적, 해석학적, 실증학적인 천착이다. 필자는 이 글을 쓰기 위해 많은 학제간 논문을 읽었다. 그러나 그 논문(특히 석사학위논문)들을 읽고 난 이후의 심정은 한마디로 처절하였다. 많은 논문들이(물론 다 그런 것은 아니지만) 수준 이하의 글들로 채워져 있었다. 또 아무런 반성도 없이 다른 사람의 논문을 내용이 옳은지 그른지도 모른 채 표절하고 있었다. 지눌 사상 자체를 제대로 이해하지도 못하면서 어떻게 지눌 사상의 폭을 넓히는 작업을 할 수 있을까?

셋째, 지눌 연구와 불교의 현대화가 서로 상승 관계를 가질 수 있도록 지눌 사상을 현대화해야 한다. 오늘날 한국 불교는 산중불교에서 도시불교로, 승가 중심 불교에서 사부대중 중심의 불교로, 기복불교에서 생활불교로, 은둔불교에서 현실불교로 변하고 있다. 이는 일종의 시대정신으로서 누구라도 이 도도한 물결에 반하는 자는 살아남지 못한다. 그러나 현대 한국 불교의 주역들은 이러한 시대 정신을 자각하지 못하고 여전히 산중불교, 승가불교, 기복불교, 은둔불교에 머물고 있다. 지눌은 한국 불교를 대표하는 선승이다. 그렇기 때문에 지눌 연구자들은 앞장서서 이 문제에 천착하여 지눌 사상의 현대화에 앞장서야 한다. 이 문제는 아마도 젊은 연구자들의 몫이 될 것이다.

넷째, 통일 시대를 대비하여 북한의 지눌 (불교) 이해에 대한 연구가 필요할 것이다. 북한의 불교 이해는 아주 초보적인 수준에 머물러 있다. 동시에 우리와는 문화적 토대가 다른 세계에서 반세기를 살아왔다. 그렇기 때문에 남한의 지눌(불교) 연구자들은 지금부터 통일 시대를 대비한 연구가 필요하다.

다섯째, 지눌 연구의 외연을 넓힐 필요가 있다. 그러기 위해서는 우선 지눌의 전 저작을 현대 한국어로 번역하는 작업과 그 번역의 전산화 작업이 필요하다. 여기서 말하는 번역은 지눌의 어휘와 술어들을 다만 구태의연하게 반복하는 번역이 아니라 현대 한국어로 해석되고 이해되는 번역을 말한다. 다음으로 지눌의 전 저작이 외국어로 번역되어야 할 것이다. 로버트 버스웰의 번역이 있기는 하지만, 사실 그의 번역은 지눌을 지나치게 실재론적으로 이해하는 등 문제가 많다. 그럼에도 불구하고 외국인들이 지눌을 공부할 때 일단 로버트 버스웰의 번역을 먼저 참고하고 있는 실정이다.

마지막으로 지눌 사상을 제대로 세계에 알리기 위해서는 인터넷에서 지눌의 웹 페이지를 제대로 운용해야 할 것이다. 필자는 Yahoo에서 503개의 지눌 관련 웹 페이지를 검색할 수가 있었다. 그러나 그 웹 페이지 대부분이 완성도가 떨어지기 때문에 지눌 사상을 제대로 알리거나 지눌 사상에 대한 본격적인 연구를 하기에 미흡한 실정이다. 지눌의 전 저작을 영어로 번역해서 인터넷에 올리고, 지눌에 대한 연구 논문이나 학위 논문은 우선 그 초록만이라도 영어로 번역해서 인터넷을 통하여 전 세계의 사람들이 읽고 논의할 수 있도록 해야 할 것이다.

제1부

지눌 선 사상 체계의 이해

'悟'의 문제

— 목우자의 『법집별행록절요병입사기』[1]를 중심으로 —

박 성 배

1. 오悟란 무엇인가?

목우자牧牛子의 문제는 인간의 문제이다. 여기서 문제삼는 인간이란 막연한 객관적인 인간이 아니라 생생한 현실적인 자기 자신을 말한다. 목우자는 인간을 어떻게 정의하였는가? 그는 인간을 정의 내리기 전에 먼저 나 자신의 주인공은 과연 누구냐고 물었다. 질문을 받는 자, 정의를 내리는 자는 분명히 '나'다. 그러나 그 '나'라는 것이 다시 누구냐고 따진다면 누구나 답변을 주저하게 된다.

목우자는 '나'라는 말을 '심心'이라는 말로 바꾸어 쓰기도 한다. 목우자에 있어서 심은 나와 동의어인 동시에, 상식적인 의미의 '나'와 선禪에서 말하는 '나의 주인공'과를 함께 나타내는 말이라고 할 수 있다. 그러므로

---

1) 牧牛子는 普照國師 知訥(A. D. 1158~1210)의 號이며, 『法集別行錄節要幷入私記』는 師의 최후 저술로서 목우자 사상의 총 결산서라고 할 만한 명저이다. 『한국불교전서』 4책(동국대학교 출판부, 1982), 740~767쪽 참조.

'심'은 '나'라는 말로 표현되는 것의 '전부'이며, '나'라는 말로 표현되는 '모든 것'의 본질이다. '심'은 '나'에 관한 말 가운데서 그 외연이 가장 넓은 말이다. '심'은 마음이 나쁘다고 말할 때의 '마음'은 아니다. 다시 말하면 심리적인 현상으로서의 '마음'은 아니라는 말이다. 목우자가 말하는 '심'은 심리적인 '마음'들이 출입出入하고 기멸起滅하는 광장이며, 동시에 이들 마음으로 하여금 그러한 마음 노릇을 하게 하는 '그 무엇'이라고 막연한 말로 언표할 수밖에 없다.

심리학적 마음들을 영어의 소문자 'mind'라 한다면 목우자의 '심心'은 대문자로 'MIND'라 표기해야 할 것이다. 그러므로 목우자의 '심'은 심리학적 마음(mind)과 불가분의 관계에 있다. 그러한 의미에서 '인간'을 알려면 '나'를 알아야 되고, '나'를 알려면 '심'을 알아야 되며, '심'을 알려면 모든 생각이 출입기멸하는 우리 '마음'의 본질을 보아야 한다. '마음이 나타나는 모양은 말할 수 없이 다양다변하고 무궁무진한데, 도대체 무엇이 이처럼 나타나는가?'가 목우자의 문제였다.[2] '마음의 본체가 무엇인가?'를 부처님이 깨친 바와 추호도 다름없이 아는 것이 '오悟'이다. 고타마 싯다르타 (Gautama Siddhattha)도 이 문제를 투철히 깨달았기 때문에 '부처'(Buddha, 佛陀: 깨친 이)가 되신 것이요, 그의 필생의 설법도 우리들에게 '이 마음이 무엇인가'를 깨우쳐 주자는 것밖에 다른 것이 아니다. 그러므로 내가 내 마음의 본체를 투철히 알았을 때 나는 '부처'를 참으로 아는 것이요, 뿐만 아니라 내가 바로 '부처'(覺者)가 되는 것이다.[3]

목우자는 그의 『진심직설眞心直說』, 「자서自序」에서

우리 부처님이나 역대의 조사들은 이 세상에 나오셔서 사람들에게 어떤 특별한

---

2) 이것은 비단 목우자의 문제일 뿐만 아니라 고금선객의 문제이며, 전 불교인의 문제라고 할 수 있다.
3) Buddha라는 말은 원래 고유명사가 아니고 보통명사임을 우리는 알아야 할 것이다.

진리를 가르쳐 주시지 않았다. 다만 길 잃은 중생들에게 스스로 자기의 본래 성품을 바로 보라고 말씀하셨을 뿐이다.(佛祖出頭, 無法與人, 只要衆生, 自見本性.)[4]

이라고 지적하고, 또 『화엄경華嚴經』에 있는

모든 진리가 곧 자기의 본래 성품인 줄 알면 바로 그 때 그 사람은 부처님의 지혜의 몸을 이룬 것이다. 그리고 이는 결코 다른 특별한 깨침을 얻었기 때문에 그렇게 된 것이 아니다.(知一切法, 卽心自性, 成就慧身, 不由他悟.)[5]

라는 말을 인증하면서 다음과 같이 결론짓고 있다.

그래서 우리 부처님이나 역대의 조사들은 사람들로 하여금 문자에 얽매이는 일이 없도록 하게 하고 오직 모든 것을 다 놓아 버리고 스스로 자기의 본래 성품을 바로 보라고 가르치셨다.(是故, 佛祖不令人, 泥着文字, 只要休歇, 見自本心.)[6]

불교도는 누구나 견성성불見性成佛을 유일구경唯一究竟의 목적으로 삼는다. 이 말을 기독교도가 몸소 그들의 교주 '예수 그리스도'(Jesus Christ)가 되겠다는 말로 바꾸어 생각하면 안 된다. 부처(Buddha)와 불교도(Buddhist)와의 관계는 그리스도(Christ)와 기독교도(Christian)와의 관계와는 다르다. 그리스도는 보통 사람들과 다른 신성을 그의 본질로 하나, 부처는 우리 중생과 조금도 다름없는 인간인 것이다. 그러므로 그리스도는 우리 인간에게 대해서 초월자이며, 이 초월자와 우리와의 연결은 오직 신에게서 내려오는 은

---

4) 知訥, 『眞心直說』, 「自序」(『한국불교전서』 4책, 715쪽 상단 참조).
   본 논문에 인용된 글들의 우리말 번역은 모두 필자의 것이다. 매우 자유로운 해설적인 번역이다. 이렇게 해야 독자와의 대화가 가능하다고 믿기 때문에 조금 대담하게 그렇게 해본 것이다.
5) 知訥, 같은 책, 같은 곳(『한국불교전서』 4책, 715쪽 참조).
6) 知訥, 같은 책, 같은 곳(『한국불교전서』 4책, 715쪽 참조).
   위 세 개의 인용문은 모두 『眞心直說』「自序」에 나오는 글이다.

총과 이를 믿음으로써 오는 계시에 의하여 가능할 뿐이다. 그러나 불교에서는 그와 반대다. 부처를 우리 중생과 단절된 초월자로 본다면 이는 스스로 성불의 인연을 끊는 셈이다. 부처를 친견親見한 근본불교 시대의 불교도들은 나 자신 부처가 되겠다는 말이 오히려 당연하게 그리고 절실하게 들렸을지도 모른다. 부처의 설법에 깨우친 바가 있는 불제자佛弟子들은 인간으로 태어나서 달리 할 일이 있을 리 없다. 오직 나도 부처님처럼 되겠다는 일념뿐이었을 것이다. 그들은 여러 말이 필요하지 않았다. 직접 내 눈으로 보는 부처님이 산 증거였다. 다만 왕족의 아들이었다는 것이 다를 뿐 똑같은 인간이다. 그러나 그는 저와 같이 위대한 인격으로 일체중생을 교화教化하고 제도하지 않는가? 그들도 처음엔 부처의 외형적인 면에만 현혹되었으리라고 짐작된다. 그러나 부처는 언제나 그와 같은 경향을 경계하고 자심自心을 깨치면 일만묘용一萬妙用이 스스로 구족具足해 있는 법이라고 가르쳤다.

목우자는 『권수정혜결사문勸修定慧結社文』에서

> 자기의 '마음'을 바로 보지 못한 나머지 끝없이 번뇌만 일으키고 있는 사람은 중생이고, 자기의 '마음'을 바로 보고서 끝없이 마음을 제대로 잘 쓰고 있는 사람은 부처님이다.(迷一心而起無邊煩惱者, 衆生也, 悟一心而起無邊妙用者, 諸佛也.)[7]

라고 하였다. 그러므로 불교도들이 희구하는바 견성성불見性成佛이란 '부처님이 깨치듯이 나도 깨치고(見性) 부처님이 행하듯이 나도 행하겠다(成佛)'는 말이다. '견성성불'이란 '각행覺行이 원만하다'는 말로 바꾸어 표현해도 좋다. 부처님을 가리켜 각행이 구족한 분이라 하고, 승가에서 공부가 잘된 것을 각행이 원만하다고 함은 바로 이를 의미한다. '견성'에서 오는

---

7) 知訥, 『勸修定慧結社文』(『한국불교전서』 4책, 698쪽 상단 참조).

'각覺'이 원만치 못한들 부처로서의 '행行'이 구족할 리 없고, '행'이 구족치 못한 '견성'을 원만한 각이라고 할 수는 없다. 미각未覺한 중생의 입장에서 보면 부처님의 행에 먼저 눈을 뜨고 다음에 각을 문제삼게 되나, 각자인 부처님의 입장에서는 먼저 각을 가르치지 아니할 수 없다. 그래서 목우자도 '선오후수先悟後修'를 강경히 주장하였다. 이 때의 '수修'는 물론 부처님의 행을 나도 행한다는 수이다.

불교도의 견성성불見性成佛이라는 소원所願은 부처에게서 풍기는 대인격大人格의 향기에 말미암는다. 그러나 부처를 친견한 사람 중에서 또는 불법을 들은 사람 중에서 이 소원을 발하지 않는 사람이 있는 것은 무슨 까닭일까? 그것은 자기 자신의 내적 욕구가 없기 때문이다. 자심自心에 번뇌망상이 끊기지 않으며 윤회하는 세간사世間事에 괴로워해 본 사람이라면 부처의 무상무아無常無我의 설법이 적중하지 않을 리 없고, '각覺'의 교리에 환희심歡喜心을 일으키지 않을 리 없다.

목우자는 『수심결修心決』에서

> 만일 당신이 고통스런 윤회의 수레바퀴에서 벗어나고 싶거든 부처님을 찾는 일보다 더 좋은 길은 없을 것이다. 그리고 만일 당신이 진정 부처님을 찾는다면 부처님은 다름아닌 자기의 마음임을 알아야 한다. 그렇다면 마음을 어찌 먼데서 찾고 있겠는가? 마음이란 몸을 떠나 따로 있는 것이 아니다.(欲免輪廻, 莫若求佛, 若欲求佛, 佛卽是心, 心何遠覓. 不離身中.)[8]

라고 하였다. 실로 윤회에서 벗어나려고 하는 욕구가 있는 사람이라야 '부처'를 찾게 되는 법이다. 그런데 우리가 찾아 마지않던 그 '부처'란 다른 먼데 있는 것이 아니고 내 몸과 함께 있는 내 마음 바로 그것이라는 뜻이다. 우리는 여기서 목우자가 사용하는 '불佛'이란 말을 다시 한 번 정의해

---

8) 知訥, 『修心決』(『한국불교전서』 4책, 708쪽 중단 참조).

두지 않으면 안 되겠다. 목우자 역시 '불'이란 말을 고유명사보다는 보통명사로 사용하고 있다. 인도에서도 '부처'(Buddha)는 고유명사가 아니고 보통명사이다. '부처님'이라고 하면 으레 B. C. 486년부터 383년간에 인도에서 생존한 불교의 교주 석가모니(Shakyamuni)를 연상하나 목우자가 그의 저술에서 '불佛'이라고 하면 교주 석가모니가 나타낸 해탈자재解脫自在한 인격성을 가리킨다. 그러므로 '부처님'처럼 되겠다고 말할 때는 고유명사로서 교주 석가모니를 가리키지만, 나도 '부처'가 되겠다고 말할 때는 보통명사로서 교주 석가모니가 구현한 인격을 나도 구현해 보겠다는 말로 해석해야 옳다고 본다. 목우자가 '불즉시심佛卽是心'이라고 할 때의 '불'도 역시 고유명사는 아니다. 앞서 우리는 '오悟'의 정의를 '마음의 본체를 깨닫는 것이다'라고 했다. 그러면 마음의 본체를 깨치고 그 다음에 '불즉시심'을 또 깨치는 것일까? 마음의 본체를 깨치는 것과 '불즉시심'을 깨치는 것은 동시라고 해야 옳을 것이다. 즉 '마음의 본체'를 깨닫고 보니 이 마음이 다름아닌 이제까지 내가 찾아 헤매던 '불' 바로 그것이었다. 그러므로 '불즉시심'이란 말은 미자迷者가 그 미迷함을 파파破한 즉시 내놓은 제일성第一聲이라고 하겠다. 그들에게 잘못이 있었다면 불을 밖에서 찾는 것이었다. 그것이 무명無明이다. 목우자는 '마음의 본체'를 깨달아야 한다는 말과 '불즉시심'을 깨달아야 한다는 말을 똑같은 의미로 사용하고 있다. 목우자는 『법집별행록절요병입사기法集別行錄節要并入私記』(이하『절요사기』로 표기) 2면에 하택종荷澤宗을 먼저 말하는 까닭을 말하면서

참선 공부하는 사람으로 하여금 먼저 자기의 마음이 미했거나 오했거나에 상관없이 항상 신령스럽게도 훤히 밝아서 그 본 바탕은 아무것도 바꾸거나 고칠 것이 없다는 것을 깨닫게 한다.(要令觀行人, 先悟自心, 任迷任悟, 靈知不昧, 性無更改.)[9]

라고 하고, 또 그 다음에 이 대목을 매듭지어 말하기를

그러므로 요즘 같은 말법시대에 태어나서 힘들게 마음 공부하는 사람은 먼저 하택스님의 가르침에 의지하여 자기 마음의 성과 상이나 체와 용을 분명히 알아서 무조건 텅 빈 것만을 뒤쫓아가거나 또는 세상의 인연에 얽매이지 않고 자유로운 상태에서 진정한 견해를 개발해야 한다.(是故, 而今末法修心之人, 先以荷澤所示言教, 決擇自心性相體用, 不隨空寂不滯隨緣, 開發眞正之解.)10)

라고 하였다. 목우자는 또 『수심결』에서

요즈음 사람들은 길을 잃은 지가 너무 오래 되었기 때문에 자기의 마음이 참다운 부처님인 줄 모르고 자기의 성품이 바로 참다운 법인 줄 모른다. 따라서 법을 구하면서도 멀리 옛날 성인들에게서만 찾고 부처를 구하면서도 자기의 마음을 보려고 하지 않는다.(今之人, 迷來久矣. 不識自心是眞佛, 不識自性是眞法. 欲求法而, 遠推諸聖, 欲求佛而, 不觀己心.)11)

라고 개탄하였다. 그러나 번뇌만 일으키고 망상妄想만 피우던 내 마음을 바로 불이라고 믿기에는 대단히 곤란한 일이다. 그러므로 이것은 믿음의 문제가 아니고 각의 문제라고 거듭 강조한다. 곤란을 느낀다는 것은 바로 미迷했다는 징표이다. 블즉시심이란 말을 듣고 '회광반조廻光反照'할 줄 아는 사람, 즉 외계外界로만 달리는 심두心頭를 내부로 돌려서 마음으로써 마음을 비추어 살필(照察) 줄 아는 사람이라야 불법에 인연이 있는 사람이다. 불법에 인연이 있느냐 없느냐의 문제는 '불즉시심'이란 말이 귀에 거슬르느냐 또는 바로 믿어지느냐에 달려 있다. 그러나 '내 마음이 바로 부처지' 하고 한갓 고개만 끄덕거릴 뿐 진지하게 반조하는 공을 들이지 않는다

9) 知訥, 『法集別行錄節要幷入私記』(『한국불교전서』 4책, 741쪽 상단 참조).
10) 知訥, 같은 책(『한국불교전서』 4책, 743쪽 중단 참조).
11) 知訥, 『修心決』(『한국불교전서』 4책, 708쪽 중단 참조).

면 이는 아주 잘못된 사람이다.[12)

이로 미루어 보면 요즘 사람들이 즐겨 쓰는 '무연중생無緣衆生'이란 말
이나 '시운소치時運所致'라는 말은 모두 나태한 사람들이 자기 잘못을 합
리화하기 위하여 함부로 만들어 제멋대로 쓰는 말들임을 알겠다.

목우자는 『기신론起信論』에 있는 마명조사馬鳴祖師의

말한 바 법法은 바로 중생의 마음이다.(所言法者, 謂衆生心.)[13)

이란 말을 인증引證하면서 '불즉시심'이 추호도 속임 없는 진리임을 거듭
강조한다. 그리고 그는 이러한 신념 위에서, 불법이 세상에 유행하느냐 않
느냐의 문제는 비록 시운時運에 달려 있을지 모르나 '불즉시심'의 진리를
오득悟得하는 것은 시운과 아무런 상관이 없다고 확언한다.

불법이 세상에 퍼지는 것은 시대의 운수 탓일지 모르지만 사람마다 항상 쓰고
있는 훤히 아는 이 마음은 번뇌의 성품이 공하고 그 묘한 작용은 자유자재하여
항상 진리 그대로 일 것이니 어찌 시대의 운수에 영향을 받을 것인가? 마명조사
의 '이른바 법이란 중생의 마음이다'라는 말씀이 어찌 사람을 속이겠는가(雖佛
法流行, 時運所致. 然, 人人日用了了能知之心, 煩惱性空, 妙用自在, 法爾如然, 何關
時運. 馬鳴祖師云, 所言法者, 謂衆生心, 豈欺人哉.)[14)

'불즉시심'의 사상은 불교 전반에 걸친 뿌리 깊은 사상이다. 육조혜능六
祖慧能(A. D. 638~713)도 그의 『단경壇經』에서

---

12) 知訥, 『法集別行錄節要幷入私記』(『한국불교전서』 4책, 744쪽 상단 참조), "若無親切
返照之功, 徒自點頭道, 現今了了能知, 是佛心者, 甚非得意者也."
13) 知訥, 같은 책(『한국불교전서』 4책, 741쪽 중단 참조).
14) 知訥, 같은 책(『한국불교전서』 4책, 741쪽 중단 참조).

먼 훗날의 길 잃은 사람들도 만일 중생이 무엇인 줄 알면 그들이 바로 부처님이고, 만에 하나라도 중생이 무엇인 줄 모르면 영원토록 부처를 찾아 헤매도 마침내 부처를 만나지 못하고 말 것이다.(後代迷人, 若識衆生, 卽是佛性, 若不識衆生, 萬劫覓佛難逢.)15)

라고 하여 부처를 알고 싶거든 중생을 알면 된다고 하였다. 이통현李通玄(A. D. ?~730)은 그의 『화엄론華嚴論』에서

자기의 마음 밖에 부처님이 계신다고 믿는다면 이는 불교인의 믿음이 아니다. 이러한 믿음을 가진 사람은 크게 잘못된 사견을 가진 사람이다.(心外有佛, 不名爲信, 名大邪見人也.)16)

라고 하였다. 목우자에 있어서 '신信'이란 '불즉시심을 믿는 것'을 의미한다. 그러나 불즉시심의 리理를 불조佛祖와 다름없이 깨달아야 비로소 바른 '신'이 되는 것이요, '오' 없는 '신'은 '신'이 되지 못한다고 한다.

이통현은 또한 『화엄론』에서 신信에 관해 언급하기를

대승 불교의 진리에 발심한 보통 사람들이 그 믿음의 첫걸음에서부터 모든 부처님의 구경각 경지를 받아들이고 거기에 조금도 잘못됨이 없어야 바야흐로 올바른 믿음이 되는 것이다.(大心凡夫於信因中, 契諸佛果德, 分毫不謬, 方成信也.)17)

라고 하였다. 목우자는 이통현의 이 말을 그의 『절요사기』에 인용하면서 '수심인修心人'은 불佛이 자심自心 밖에 있는 것으로 잘못 알고 자굴自屈

---

15) 김탄허 역, 『六祖法寶壇經』(1959, 영은사 판), 242쪽 참조.
16) 知訥, 『圓頓成佛論』(『한국불교전서』 4책, 731쪽 상단 참조).
17) 知訥, 『法集別行錄節要幷入私記』(『한국불교전서』 4책, 746쪽 하단 참조).
지눌은 그의 『원돈성불론』과 『화엄론절요』에서 이통현 장자의 화엄 사상에 입각한 불교적 '믿음'의 구조를 줄기차게 파헤치고 있다.(『한국불교전서』 4책, 724~732쪽과 768~869쪽 참조)

해서도 안 되려니와 '불즉시심'을 제멋대로 이해하고 자고自高해서도 안 된다고 가르치고 있다.

그러므로 목우자에 의하면, '오悟'란 내 마음의 성상性相과 체용體用을 제불諸佛과 추호도 다름없이 아는 것을 말하는 것이요, 이는 곧 '불즉시심'의 리理를 추호도 의심 없이 깨달아 마치는 것을 의미한다.

2. 오의 내용

'오悟'란 내 마음의 본체가 무엇인가를 깨닫는 것이었다. 그러므로 내 마음의 본체가 무엇이라고 하는 것은 바로 오의 내용에 해당한다. 인도에서는 대각大覺을 이룬 사람이라면 누구나 '부처'(Buddha)라고 부른다. 그러므로 조금만 자기 소견이 열리면 저마다 자기가 부처라고 뽐낸다. 여기서 각覺의 내용이 문제되지 않을 수 없다. 무엇을 깨달았는가. 깨달은 바 내용이 석가모니의 경우와 조금도 다름없느냐를 검토해야 한다. 여기에서 정사正邪가 나누어지기 때문이다.

그러면 석가모니는 무엇을 깨달았던가. 그것은 물론 다르마(Dharma)이다. 다르마는 사제四諦와 십이인연설十二因緣說로 나타났다. 다르마란 베다(Veda) 이래 인도 종교 철학상의 용어다. 다르마의 의미는 복잡하여 한마디로 다 표언表言할 수 없으나 보통은 신神들이 유지하는 질서 자체라는 의미로 많이 사용된다.

불교에서도 다르마는 여러 가지 의미로 사용되나 특히 석가모니에 의하여 밝혀진 진리를 다르마라 한다. 중국에서는 이를 '법法'이라고 번역하였다. 석존釋尊은 '연기緣起를 보는 자는 법法을 보며 법을 보는 자는 불佛을 본다'고 말하였다. 다르마는 석가모니가 창작한 것이 아니다. 불교의 진리는 부처가 세상에 출현하나 안 하나 변함이 없다. 이 말은 불교의 진리가 어느 개인의 고안물이 아니라 보편 타당성을 가진다는 것을 의미한다. 비록 보편 타당성을 가진 것이기는 하나 당시의 다른 수행자들은 발견치 못한 것이었다. 이것은 석존이 깨달았던 것이 독특함을 의미한다.

싯다르타(Siddhattha)는 출가하여 맨 먼저 알라라 칼라마의 지도를 받았다. 알라라는 '무소유처無所有處'에 들어가는 것을 '열반涅槃'이라 하고 무소유처정無所有處定을 완전히 수득修得하면 사후에 무소유처에 태어난다고 하였다. 싯다르타는 이를 완전히 수득하여 알라라의 승인까지 받았으나 이에 만족치 않고 거기에서 떠났다. 그 다음으로 그가 찾아간 것은 웃다라 라마퓨타였다. 웃다라는 '비상비비상처非想非非想處'를 '열반'이라고 가르쳤다. 싯다르타는 이를 곧 완전히 수득하고 사師의 승인을 받았으나, 또한 이에 만족치 못하고 그 밑을 떠났다. 그후 싯다르타는 스승 없이 홀로 6년 동안 고행하였으나, 역시 소기의 목적을 이루지 못하고 고행의 무익함을 깨달았다. 그는 고행을 그만두고 불타가야佛陀伽倻의 보리수 아래에서 명상에 잠기다가 대각을 이루어 '부처'가 되었다.[18]

우리는 위의 사실에서 불교 사상상 중요한 몇 가지 시사를 얻는다.

첫째 석존은 자기 자신 이외에는 어떠한 권위도 인정치 않았다는 점이다. 자기가 부처라고 하는 것도 순전히 자각적自覺的인 것이요, 선배의 승인이나 신의 계시 또는 신탁神託에 의한 것이 아님을 알 수 있다.

둘째는 석존의 문제가 인간의 리법理法(Dharma)을 체득하는 데 있었다는 것이다. 그는 기성의 신조나 교리에 구애됨 없이 현실적인 인간을 있는 그대로 관찰하고 거기서 안심입명安心立命의 경지를 얻었다. 이것은 실천적 존재로서의 인간의 리법을 문제삼은 것이다. 그러므로 석존이 문제삼은 바 인간의 리법이란 고정된 것이 아니고 구체적인 생생한 인간에 즉한 것이

---

18) 宇井伯壽, 『印度哲學史』, 164면 참조

어야 함을 의미한다. 여기에 부처의 가르침이 사상적으로 무한히 발전할 가능성이 있다. 근본불교가 소승·대승을 거쳐 다시 중국으로 건너와 선과 화엄이라는 웅대한 사상 체계를 이룩하게 된 까닭도 여기에 있다고 본다. 석존의 초기 설법이라고 하는 사제四諦와 연기緣起의 법문도 인간의 참된 실태를 똑바로 설명하고 인간이 나아갈 길을 가르쳐 주는 것 이외의 다른 것이 아니다. 우리는 석존이 깨달은 바 '오悟'의 내용을 위와 같이 일반적인 말로 설명할 수 있을 뿐 단적인 한마디로서 꼬집어 말할 수 없다. 그것은 석존의 오의 내용에 관해서 경전 자체의 전하는 바가 일정치 않기 때문이다.[19]

이러한 사실은 '오'의 내용이 특정한 교의敎義로서 나타낼 수 있는 것이 아니고, 수행자 자신이 자기의 마음을 깨치는 데 있다는 것을 반증하는 말로 보아야 할 것이다. 그러나 여기서 주의할 것은 석존이 열반에만 들기 위한 선정이나 고행을 부정했다는 점과 그후 40여 년을 중생 교화에 바쳤다는 점이다. 요즘 선객들이 자구自救도 미료未了라 하고 계속 산간山間에만 칩거하며 선정禪定만을 탐하는 것은 무슨 까닭일까. 아직 자기 본래의 면목을 바로 보지 못했다면 또 모르려니와 열반에 들기 위해서라든가 그 밖에 딴 뜻이 있어 그렇다면 석존의 뜻을 이보다 더 거스를 수 있을까. 내 마음에 대한 고찰은 석존에 의하여 처음으로 시작된 것도 아니며, 석존에 의하여 완성된 것도 아니다. 우리는 우파니샤드(Upaniṣad) 철인哲人들이 말하는 아트만(Ātman) 사상에서 이미 그 선구先驅를 본다. 그러나 그들은 아트만이라고 하는 어떤 실체가 있는 것으로 보았다. 이는 석존의 연기설에 의하여 부정되었다. 석존은 원래 철학적인 고구考究를 즐겨하지 않았기 때문에 마음의 본체가 무엇인가에 대하여 번쇄한 논급을 하지 않았다.

목우자는 『절요사기』에서 종밀宗密이 말하는 '마니주摩尼珠의 비유'를

---

19) 中村元, 『釋尊傳』, 114면 참조

인용하여 '마음의 본체'를 설명하고 있다.[20)

　　마니摩尼라는 구슬은 인도 설화에 나오는 보주寶珠이다. 이 구슬은 그저 둥글고
맑고 밝을 뿐 아무런 고유한 빛깔이 없다. 그러나 구슬의 체體는 원래 티없이
투명한 것이기 때문에 검정 것 앞에서는 검정 색으로 나타나고 붉은 것 앞에서
는 붉은 색으로 나타난다. 이 구슬이 나타내는 빛깔은 환경에 따라 여러 가지로
변하나 구슬 자체는 조금도 변함이 없다. 그러므로 마니주의 체를 모르는 사람
들은 마니주가 검정 색을 나타내면 검정 구슬인 줄만 알고, 붉은 색을 나타내면
붉은 구슬이라고 우겨댄다. 진심본체眞心本體도 이 마니주와 흡사하다. 마니주
의 체가 원래 맑고 밝은 것이듯이, 사람의 심성도 원래는 공적空寂하고 항상 신
령스런 '지성知性'일 뿐 본래 아무런 분별이 없고 또한 일체의 시비선악是非善
惡을 떠난 것이다.(一靈心性, 空寂常知, 本無一切分別, 亦無一切善惡也.)[21)

　　그러나 이 심성의 체가 '지知'이기 때문에 세상 모든 일에 대해서 능히
일체 시비선악을 분별하고 또한 착한 일, 악한 일, 어리석은 일, 지혜로운
일들을 다하는 것이다. 이와 같이 가지각색의 일을 다하나 능히 '지'하는 이
마음 자체는 한 번도 끊김이 없이 변화도 모른다. 그러나 마음의 체를 모르
는 사람은 영지하는 마음이 범부凡夫에게 있어서 어리석고 탐욕스럽게 나
타나면 이러한 상相에 집착하여 이것은 범부의 심이고 불심은 따로 있는
것으로 망상한다. 이들에게 너의 소소영령昭昭靈靈하게 능지能知하는 마음,
그것이 바로 불심이라고 일러주면 전혀 믿으려 하지 않는다. 이것은 마니주
의 체를 모르는 사람들에게 검정 색을 나타낸 구슬을 보고 이것이 마니주라
고 일러주면 오히려 믿지 않고 흑주黑珠라고 고집하는 것과 같다.
　　목우자는 이러한 사람들을 가리켜 '착상지인着相之人'이라 하고 '우자
지견愚者之見'에 빠졌다고 한다. 왜 어리석다고 하는가? 이들은 마음에 '변

---

20) 知訥, 『法集別行錄節要幷入私記』(『한국불교전서』 4책, 743쪽·744쪽 참조).
21) 知訥, 같은 책(『한국불교전서』 4책, 743쪽 하단 참조).

치 않는 면'과 '연을 따라 변하는 면'이 있음을 알지 못하고 있다. 이것은
마니주의 경우를 생각하면 이해하기 쉽다. 마니주가 검정색을 나타낸다든
가 붉은 색을 나타낸다든가 또는 기타 여러 가지 빛깔을 나타내는 것은 이
구슬의 '연緣을 따라 변變하는 면'이다. 그러나 이 구슬의 체는 오직 맑고
밝을 뿐 아무런 차별적인 색상이 없었다. 이것은 구슬의 '변치 않는 면'이
다. 우리의 마음이 여러 사물을 대할 때 모든 시비是非와 호오好惡를 분별
하며 또한 이 세상에 모든 일을 다 경영하고 조작한다. 이는 마음의 '연을
따라 변하는 면'이다.22)

그러나 마음의 체는 소소영령하게 밝은 '지知'일 뿐 우지선악愚智善惡
등의 차별과 우희증애憂喜憎愛 등이 기멸하는 자취를 찾아볼 수가 없다.
이것은 마음의 '변치 않는 면'이다.23) 마음을 닦는 사람은 무엇보다도 먼
저 이 마음의 체를 분명히 알아야 한다. '마음의 체'를 분명히 모르기 때문
에 마음에 나타나는 여러 생각에 집착하고 번뇌한다. 이것이 미자迷者의
평소의 심경心境이다. 이들은 망념으로서 '불즉시심'을 이해하려고 한다.
그 결과는 시비만 더할 뿐이다. 진심眞心의 본체를 분명히 깨닫지 못하고
억측에서 나오는 견해는 모두 사견邪見이다. 이들은 마음을 닦는다고 하나
아직 사邪를 버리지 못한, 말하자면 사견에 의한 수심修心을 하고 있기 때
문에 결국 사도邪道에 떨어지고 만다. 이들은 억겁을 닦은들 정도正道를
이루지 못하고 마침내 해탈을 얻을 수 없다. 수도修道의 목적은 위僞를 버
리고 진眞을 이루는 것이며, 사邪를 떠나 정正으로 나아가는 것이다. 사견
에 의한 수도는 아무런 이익이 없다. 수도에 있어서 정견正見을 갖는다는
것은 가장 긴요하고 시급한 일이다. 석존이 최초에 사제법문을 설하실 때

---

22) 知訥, 같은 책(『한국불교전서』 4책, 743쪽 하단 참조), "以體知故, 對諸緣時, 能分別一
切是非好惡, 乃至經營造作, 世間出世間, 種種事數, 此是隨緣義也."
23) 知訥, 같은 책(『한국불교전서』 4책, 743쪽 하단 참조), "愚智善惡, 自有差別, 憂喜憎
愛, 自有起滅, 能知之心, 不曾間斷, 此是不變易義也."

멸제滅諦를 이루는 제일 요건으로 정견을 말씀하신 것도 이 때문이라 하겠다. 목우자는『진심직설』에서

> 천 리 길을 떠나고자 하거든 첫걸음부터 올바로 내딛어야 한다. 만일 첫걸음을 잘못된 방향으로 내딛으면 천 리가 온통 뒤틀려 버린다. 부처님의 무위국에 들어가는 것도 첫 믿음이 올바로 되어 있어야 한다. 첫 믿음이 잘못 되어 있으면 가지가지 좋은 수행이 모두 물러서 버린다. 그러므로 옛날 큰스님들이 "터럭 끝만큼의 차이만 있어도 나중에는 하늘과 땅의 사이만큼이나 크게 어긋나고 만다"고 말씀하신 까닭이 바로 여기에 있다.(欲行千里, 初步要正, 初步若錯, 千里俱錯, 入無爲國, 初信要正, 初信旣失, 萬善俱退. 故祖師云, 毫釐有差, 天地懸隔, 是此理也.)[24]

라고 하였다. 처음 한 생각이 얼마나 중요한가를 새삼 느끼게 된다.
　　대승교大乘敎 찬탄시讚嘆詩에

> 처음 발심과 마지막 구경각이 두 가지의 다른 것이 아니지만
> 이러한 두 가지 가운데 처음 마음이 어려운 것이다.
> 자기를 제도하기 전에 남을 먼저 제도하겠다는
> 초발심의 보살들에게 큰절을 올린다.
> (發心畢竟二無別, 如是二心初心難, 自未得度先度他, 是故敬禮初發心.)

이라는 구절이 있다. 실로 대승·소승 갈라지는 것도 이 처음 한 생각을 어떻게 갖느냐에 달려 있다고 하겠다. 파사현정破邪顯正이니 전미개오轉迷開悟니 하는 말도 필경은 이 처음 한 생각을 바로잡는 데에 의의가 있다.
　　불교는 불이不二의 경지를 가르치는 법문이다. 그러므로 혹자는 진위를 나누고 정사를 가르는 것이 옳지 않다고 할지 모른다. 불이는 대각을 이룬

---

24) 知訥,『眞心直說』(『한국불교전서』 4책, 716쪽 상단과 중단 참조).

부처님의 경지다. 누구나 부처님의 경지에 나아가기 위해서는 나쁜 태도, 다시 말하자면 부처님의 경지에 나아갈 수 없는 견해나 행동을 먼저 시정해야 할 것이다. 계율의 의의도 여기에 있다. 이러한 의미에서 수도자에게 있어서 여실한 '언교言敎'는 절실히 요구된다. 언교를 부인하는 사람은 부처님이 설하신 계율의 의의도 부인하는 사람이다. 부처님의 경지에 이른 사람이 부처님의 경지에 이른 사람을 대할 때는 진眞이니 위僞니 하는 말이 필요없다. 불이不二라는 말조차 할 필요가 없다. 언교를 무시하는 것은 자기는 이미 불지佛地에 올랐고, 남들도 모두 불지에 올랐다고 맹신하는 데서 나오는 망발이다. 나도 남도 모두 불지에 있는 경지를 바로 본 '정견지인正見之人'이면 언교를 무시하는 망발은 절대로 하지 않을 것이다. 상대방의 근기根機와 수준(境地)에 따라서는 부처님의 경지 또는 중생의 입장이라고 하는 말까지 마구 때려 부셔야 할 경우도 있을 수 있고, 또 '중생과 부처를 나누는 생각조차도 남아 있으면 안 된다'는 말도 있을 수 있다.

그러나 이것을 누구에게나 강요할 수는 없다. 피아애증彼我愛憎의 번뇌가 심한 사람들에게는 중생과 부처를 나누어 설명함으로써 그들의 위치를 자각케 하는 것이 오히려 첩경일 것이다. 피아애증의 마음이 없어져야만 그와 더불어 중생이니 불이니 하는 생각도 없어지는 것이 아닐까. 설사 중생과 부처라는 생각이 없어졌다 하더라도 피차彼此 · 능소能所 · 애증愛憎 · 취사取捨 등의 분별심이 끊어지지 않았다면 그것은 불이의 경지가 아니다. 피아능소의 분별이 끊어지지 않은 채 불이의 경지만을 역설한들 무슨 소용이 있겠는가? 이와 같이 생각이 잘못된 사람에게는 학적學的 반성이 필요하며, 여실한 언교는 어느 누구에게보다도 더 절실하게 요구된다. 그런데도 그들은 이유 없이 언교를 배격하며 불지에 오르지도 못했으면서 자기의 행동이 바로 불행佛行인 듯이 망상한다. 이들은 방자하게도 파계破戒 행위를 함부로 함으로써 우중愚衆을 기롱欺弄하며 수도修道의 진면목을 흐리게 한다. 이것은 모두 정견正見을 얻지 못한 데서 오는 병이다. 우리는 위에서 진심의 본체를 분명히 모르고 불즉견심佛卽見心을 잘못 자기류로 억측한 나머지 부처님 뜻에 배치되는 엉뚱한 행동을 함부로 함을 보았다.

그러면 목우자는 진심의 본체를 어떻게 보았는가? 진심의 본체를 바로 보려면 우리 마음 가운데서 일어나는 온갖 생각에 대해서 그 정체를 분명히 파악해야 한다. 이 말은 우리의 생각 하나하나에 대해서 논리적으로 진위나 정사를 판단해야 한다는 말도 아니요, 윤리적으로 선한 생각이냐 또는 악한 생각이냐를 간택해야 한다는 말도 아니다. 진심의 본체를 구명하고 이를 오득하는 데 있어서는 그 생각이 논리적으로 진이건 위이건 또는 선이건 악이건 아무 상관이 없다. 그런 것은 마음의 본성상 어떻게든지 나타날 수 있다. 비단 진위·정사·선악뿐만 아니라 희노애락·애증 등 기타 있을 수 있는 모든 형태로 나타날 수 있다. 진심의 본체를 깨닫고자 하는 사람은 어느 특별한 것에 집착하거나 관심을 쏟아서는 안 된다. 그런 것들은 내외의 인연에 따라 수시로 변하는 것이다. 그러므로 이러한 생각들은 마음 쪽에서 보면 필연적인 것이 아니라 우유적偶有的인 것이요, 본질적인 것이 아니라 부수적인 것이다. 가령 망령된 생각이 일어났다 하더라도 마음 자체는 아무런 변동이 없고 마치 아무런 일이 없었던 넓은 바다에서처럼 적적하다. 비단 망령된 생각뿐만이 아니고 선한 생각이 일어나도 마찬가지다. 이 말은 윤리상으로 선을 부정하는 뜻이 아니다. 다만 이러한 생각이 참이든 거짓이든 선이든 악이든 모두 마음의 본체를 두고 볼 때는 일시적인 것이요 본질적인 것이 아니라는 의미에서 통틀어서 '망념妄念'이라고 부른다. 왜 하필 망념이라고 했을까? 거기에는 '경책警策'의 뜻이 있다.

자기가 가지고 있는 생각이 바르다는 것에 집착함으로써 진심의 본체로 향하는 눈이 흐려질까 두려워서 일괄하여 통틀어 망념이라 이름한 것이다. 이 망념은 본래 아무런 체體가 없는 것이므로 본적本寂이라고 한다(忘念本

寂). 망념본적忘念本寂이라는 말은 망념 하나하나에 따로 체가 없다는 말이다. 왜 망념 자체에 불변의 체가 없다고 하는가? 그것은 부처의 무상법문無常法門에 근거한다. "모든 것이 꿈과 같고 허깨비와 같다"(諸法如夢, 亦如幻化)는 말은 '제행무상諸行無常'이나 '제법무아諸法無我'의 사상으로 설명할 수 있다. 무상한 것에 아我를 인정할 수 없고, 이 무상무아無常無我한 것에 대한 우리의 태도는 분명해야 한다. 즉 이러한 현상 자체가 실재하는 것으로 집착해서는 안 된다. 내 자심自心부터가 공空해야 된다. 마치 꿈이나 허깨비가 실재하는 것이 아니듯이, 그리고 집착할 아무런 근거가 없고 깨고 보면 공한 것이듯이, 그렇게 보아야 한다. 여기서 망념에 나타나는 모든 경계 또한 본래 공한 것이라고 말할 수 있는 것이다(塵境本空).

꿈과 허깨비의 비유는 불가에서 무상과 무아를 깨닫게 하기 위한 방편으로 많이 쓰는 말이다. 그러므로 제법여몽諸法如夢이라는 말은 제법무상 또는 무아라는 말로 바꿔 놓아도 좋다. 목우자는 망념본적의 이론적 근거를 "제법은 꿈과 같고 또한 허깨비와 같다. 그러므로 망념은 본래 체가 없고 진경塵境은 본래 공하다"(諸法如夢, 亦如幻化. 故, 妄念本寂, 塵境本空)라고 설명한다. 그런데 이와 같이 제법이 개공皆空한 곳에 언제나 영령靈靈하게 일시도 혼매昏昧하지 않고 간단없이 지적 작용을 발휘하는 '지성知性'이 있다. 미추美醜를 가리는 것도 이것이요, 선악을 행하는 것도 이것이며, 냉온을 느끼는 것도 이것이다. 미迷한 존재이건 오悟한 존재이건 간에 이것만은 마찬가지다. 일체를 소소영령昭昭靈靈하게 아는 마음은 본래 공공적적空空寂寂한 것이다. 이 마음이 공적하기 때문에 망념과 진경塵境이 일견 다양다변하다 하더라도 실은 공적함을 알 수 있다. 목우자는 이 공적하고 영지한 마음이 우리의 본래면목本來面目이라고 가르친다.[25]

---

25) 知訥, 『修心訣』, "諸法如夢, 亦如幻化. 故妄念本寂, 塵境本空, 諸法皆空之處, 靈知不昧, 此空寂靈知之心, 是汝本來面目." 참조

그리고 이 공적空寂은 심心의 체體요 영지靈知는 심心의 용용用이라 하면서 이는 정정定이 체體이고 혜慧가 용용用인 관계에 합당한다고 하여 "선정은 곧 지혜이기 때문에 마음이 고요하면 모든 것을 훤히 다 알고 지혜는 곧 선정이기 때문에 마음은 훤히 다 알면서도 항상 조용한 법이다"(定則慧故寂而常知, 慧則定故知而常寂)이라고 말하였다. 여기서 그는 진심의 본체에 있어서 적적寂과 지지知가 따로 떨어질 수 없듯이 정정定과 혜慧도 따로 떨어질 수 없다고 하여 정혜쌍수定慧雙修를 주장한다. 이와 같이 공적한 가운데 소소영령하게 아는 우리의 본래면목을 분명히 알지 못하는 데서 아상我相이 일어난다. 아상은 곧 내가 했다고 하는 아소我所를 내세우게 되고 따라서 애증이 생기며, 취사심取捨心에 얽매여 미迷한 가운데 일생을 괴롭게 지내게 된다. 하택신회荷澤神會는 이 공적한 마음이 바로 달마대사達磨大師가 전하는바 청정심淸淨心이라고 말하였다.26) 목우자는 또한 이 공적영지한 마음이 삼세제불三世諸佛과 역대 조사와 천하의 선지식善知識이 밀밀密密히 상전相傳한 법인法印이라고 말하였으며, 이 마음을 깨달으면 교가敎家에서 이른바 계제階梯를 밟지 아니하고 바로 불지에 올라서 삼계를 초월하고 본연의 풍광風光으로 돌아가 즉시로 의심을 끊는 것이 된다고 말하였다. 이렇게 되면 곧 인간계뿐만 아니라 천상계天上界의 스승이 되며 자비와 지혜가 서로 바탕이 되어 자리自利와 이타利他가 구족俱足한 것이다.

이러한 목우자의 사상은 『수심결』에 잘 나타나 있다.

조용하면서도 환히 아는 이러한 마음이 바로 당신의 본래면목이며 또한 삼세의 모든 부처님과 역대의 조사들과 천하 선지식들이 말없는 가운데 서로 주고받은 진리의 도장이다. 만일 당신이 이러한 마음을 깨치면 이것이야말로 교종에서 주장하는 점적인 단계를 거치지 않고 지름길로 똑바로 부처님 경지에 오르는 것이다. 이렇게 되면 한 걸음 한 걸음이 윤회하는 삼계를 뛰어넘고 항상 본래의

---

26) 知訥, 『法集別行錄節要幷入私記』 122면 참조

고향집에 돌아가 몰록 의심을 끊게 된다. 이렇게 되면 당신은 바로 그 자리에서 인간 세상과 천상 세계의 스승이 되고 자비와 지혜가 한 몸처럼 일하고 자리와 이타가 동시에 갖추어져 인간 세상과 천상 세계의 공양을 받게 되고 날마다 만 냥의 황금을 쓰게 될 것이다. 만일 당신이 이처럼 된다면 당신이야말로 진정한 대장부이며 일생에 해야 할 일을 다해 마쳤다고 말할 수 있을 것이다.(此空寂靈 知心, 是汝本來面目, 亦是三世諸佛, 歷代祖師天下善知識, 密密相傳底法印也. 若悟 此心, 眞所謂不踐階梯, 徑登佛地, 步步超三界, 歸家頓絶疑. 便與人天爲師, 悲智相 資, 具足二利, 堪受人天供養, 日消萬兩黃金. 汝若如是, 眞大丈夫, 一生能事, 己畢 矣.)[27]

위의 글은 우리 본래면목을 밝히고 깨달음으로써 오는 공효功效를 말씀 하신 것이다.

3. 오의 종류

우리는 위에서 마음의 '체體'와 '용用'을 밝힘으로써 오의 내용이 무엇 인가를 알았다. 그렇다면 우리도 불가에서 그토록 대단하게 말하는 '오悟' 를 이루었다는 말인가. 규봉종밀圭峯宗密이 '여금료료능지汝今了了能知, 현시불심現是佛心'이라 지적하며, '대소승법상大小乘法相, 내인천교중乃人 天敎中, 착상지인着想之人'은 이를 전혀 믿지 않으려 한다고 개탄慨歎한 데 대해서 목우자는 다음과 같이 논평하고 있다.

내 의견은 이렇다. 이러한 마당에서 겁내거나 심약해지지 않고 자기의 마음이 곧 부처님임을 확실히 믿고 잠깐이라도 밖으로 치닫는 마음을 되돌려 진리의 맛을 몸소 맛본다면 이것이 바로 마음 닦는 사람들이 깨닫는 대목이다. 그러나

---

27) 知訥, 『修心決』(『한국불교전서』 4책, 710쪽 상단 참조).

만일 몸소 돌이켜 비추어 보는 공을 들이지 않고 한갓 혼자서 고개를 끄덕거리면서 나의 지금 훤히 아는 이 놈이 바로 부처님의 마음이다라고만 말한다면 이는 대단히 잘못 생각하고 있는 것이다.(私曰, 於此不生怯弱, 的信自心, 略借廻光, 親嘗法味嘗, 是謂修心人, 解悟處也. 若無親切返照之功, 徒自點頭道, 現今了了能知, 是佛心者, 甚非得意者也.)[28]

위와 같은 목우자의 견해에 의하면 아무리 '불즉시심'을 알아들었더라도 진지하게 자심을 돌이켜 비추어 보는 '반조返照의 공공功'이 없다면 바른 뜻을 얻지 못했을 뿐만 아니라 아주 잘못된 자(甚非得意者也)이다. 이 말은 불즉시심의 리理를 석존이나 다름없이 깨달았다면 진지한 반조의 공을 들이지 않을 수 없을 것이라는 뜻을 내포하고 있다. 그러므로 알았다고 고개만 끄덕인다면 이는 오悟가 아니다. 목우자는 이들에 대해서 '식오識悟'라는 말을 쓴다. 중국 불교에서 '식識'이라는 말은 '지智'라는 말에 대비해서 쓴다. '오'한 자가 아는 것을 '지'라 한다면 '미'한 자가 아는 것은 '식'이라고 한다. '지'가 아무런 오류가 없는 선득적先得的이고 종합적인 판단에서 오는 앎이라면 '식'은 후득적後得的이고 분석적인 판단에서 오는 앎이다. 이러한 의미로 보면 '식'이라는 말이 전적으로 무의미할 수는 없다. 그러나 대오와 해탈을 일생의 사업으로 삼는 불교도는 식을 나쁜 의미로 많이 쓴다. 즉 '식'이라고 하면 불지佛智에 반대되는 것, 또는 오에는 절대로 이를 수 없는 것으로 본다. 그러므로 식오라는 말은 둥근 사각형이라는 말과 같이 모순된 말이다. 이러한 오는 그릇된 오라는 의미에서 '가오假悟'라고도 한다.

오가 정말로 오일진대, 식이니 가오니 하는 말 자체가 성립할 수 없다. 오면 그저 오이지 식이니 가니 하는 어떠한 한정 어구가 붙을 수 없다는 말이다. 그러나 석존이 이루신 바와 같은 오를 이루지도 못하고서도 자기는 오를 이룬 듯이 자처하므로 불가불不可不 그 잘못을 지적하지 않을 수

28) 知訥, 『法集別行錄幷入私記』(『한국불교전서』 4책, 744쪽 참조).

없다. 여기서 진오眞悟가 아니라는 의미에서 가오假悟 또는 식오識悟라는 말을 방편상 강언强言하게 되고, 그 외에도 정오正悟・사오邪悟라는 말이 나올 수 있으며, 해오解悟・증오證悟 또는 돈오頓悟・점오漸悟라는 말을 사용하게 된다. 이는 선각자가 미각자를 선도하는 방편상 부득이한 일이다.

혹자는 선각자가 미각자를 선도하는 방편이 왜 그렇게 서투르냐고 말할지도 모른다. 이들은 할喝이나 봉棒 또는 양구良久를 해야 무상설법無上說法이요 조사의 본래면목이라고 한다. 사실 그것이 선가의 본지풍광本地風光을 드러내는 장면일는지는 모른다. 그리고 이러한 견지에서 본다면 목우자는 확실히 선각자의 구실을 제대로 못한 셈이다. 좀더 심하게 말하면 과연 그가 선각자인지도 의심스럽다고 평할 수 있다. 목우자를 가리켜 깨닫지 못한 듯하다든가 그 지견이 시원치 않다고 말하는 것은 모두 이러한 류의 평이다.

그러나 이들은 논리 전개의 의의와 논리의 근거가 무엇임을 모르고 있다. 목우자의 논리는 선가에서 말하는 노정기路程記가 아니다. 노정기란 율문律文 정도의 의의밖에 없다. 논리 전개의 본질은 구성에 있다. 그것이 바로 노정기가 아니냐고 반문하는 이는 율장律藏과 논장論藏의 구별도 못하는 사람이다. 논리는 수상隨想도 문자의 희롱도 아니다. 그 근거에는 항상 생동하는 진리의 세계가 밑받침하고 있다. 논리의 근거에 이러한 밑받침이 없다면 논리가 아니다. 그러므로 목우자 논리의 근거에 무엇이 있느냐가 문제이다. 더구나 목우자의 논리 전개가 후학을 선도하기 위한 자비 때문임을 안다면 경솔한 판단에 앞서 깊은 연구가 필요하다고 본다.

모든 사상은 반드시 사회성 및 역사성의 고려 아래 평가되어야 한다. 달마대사 이래의 불립문자不立文字 사상이 양무제梁武帝 등의 삼승십이분교三乘十二分敎와 화엄을 비롯한 여러 종교와의 대립에서 그 의의가 있고 시의를 얻었다면, 목우자의 논리는 남용된 불립문자와 선교간의 무지한 반목, 그리고 퇴타退墮한 무리들에 대한 처방으로서 큰 의의가 있다.

목우자는 설문說門과 관문觀門을 나누어 말한다.[29] 말하는 자기의 경지를 강조하는 것이 아니고 듣는 중생의 수준을 염려하는 목우자는 자기의 말이 중생에게 어떻게 이해되느냐에 각별히 주의하고 있다. 관문은 자기의 경지만이 문제인 자리적自利的 독각獨覺의 입장이고, 설문은 후학을 선도하기 위한 이타적 보살의 입장이다. 목우자는 양자의 우열을 논하지 않았다. 다만 이를 혼돈하면 안 된다고 경계하고 있을 뿐이다. 우리는 설문과 관문을 혼돈하고 목우자를 평하고 있지는 않은지 다시 한 번 반성해 보아야 할 일이다.

목우자가 오의 종류를 여러 가지로 나누는 것도 설문의 입장에 서 있기 때문이다. 목우자가 말한 여러 가지 오 가운데서 가장 중요한 것은 해오解悟와 증오證悟이다. 청량국사清凉國師의 『정원소貞元疏』에는

> 만일 깨침의 모습을 밝힌다면 두 가지를 벗어나지 않는다. 첫째는 해오라는 것인데 이는 불변의 성性과 변하는 상相을 분명하게 아는 것이다. 둘째는 증오라는 것인데 이는 우리의 마음이 오묘한 극치에까지 이른 것이다.(若明悟相, 不出二種, 一者解悟, 謂明了性相, 二者證悟, 謂心造玄極.)[30]

라고 하였다. 여기에서 해오解悟는 성상을 명료하는 오성悟性의 문제인데 반하여, 증오證悟는 마음이 직접현극直接玄極에 나아가는 실천의 문제이다. 역시 『정원소』에

> 만일 해오를 두고 말한다면 이는 성구문에 해당되는 것이다. 여기서는 공부하는 사람의 노력이 일시에 다 끝마친 것이 아니다. 그러나 증오를 두고 말한다면

---

29) 知訥, 같은 책(『한국불교전서』 4책, 751쪽 중단 참조).
30) 知訥, 같은 책(『한국불교전서』 4책, 749쪽 상단 참조).

이는 현행문에 해당되는 것이다. 여기에서 비로소 몰록 닦음과 일의 가닥남이 문제되는 것이다.(若約解悟, 是性具門, 非功行頓畢也. 約證悟, 則始是現行門, 頓修辦事也.)[31]

라고 한 것을 볼 때 이는 더욱 분명해진다. 성구문性具門이라 함은 진여자 성眞如自性의 실상만을 말하는 것으로서 시간도 개인도 분재分在해 있지 않다. 그러나 현행문現行門은 어떠한 시간상에 있어서의 수도하는 개인이 문제된다. 목우자는 성구문과 현행문에 관하여 다음과 같이 설명한다.

만일 성구문을 두고 말한다면 여기서는 처음 깨달았을 때 모든 수행이 한 생각 속에 완전히 다 갖추어져 있어서 중생을 제도한다는 일도 또한 이미 다 완성되어 있는 것이다. 그러나 만일 현행문을 두고 말한다면 어찌 '덜 됐다' 또는 '다 됐다'는 구별이 없겠는가? 모든 스승들이 다 한결같이 '내 공부는 아직 여러 성인의 경지엔 이르지 못했다'고 고백한 것도 이 때문이다.(若約性具門, 初悟時, 十度萬行, 一念具足, 度生已周, 若現行門, 豈無生熟, 諸方皆云, 功未齊於聖, 是也.)[32]

목우자는 '불즉시심'을 의심 없이 똑바로 믿고 반조의 공을 들여서 몸소 그 진리성을 체험한다면(略借廻光, 親嘗法味) 이것이 이른바 『수심결』의 '해오처解悟處'라고 하였다. 해오란 증오에 대비해서 하는 말이다. 비록 불즉시심을 깨달았다 해도 사람에 따라 심천深淺의 차이가 있으므로 해오 다음에 증오가 있다. 오悟에 해解와 증證의 별別을 두는 것은 수도자가 구의위究意位에 이르기까지를 '신해행증信解行證'의 사단계로 나눔을 상기하면 이해하기 쉽다. 신해행증에 있어서 '해'는 '신' 다음에 오는 것이요, 해한 후에 다시 '행'이라는 과정을 지나야 비로소 '증'이라는 과果를 얻는다. '해오'와 '증오'의 관계도 또한 이와 같다. 증오란 반드시 해오에 의하

---

31) 知訥, 같은 책(『한국불교전서』 4책, 750쪽 중단 참조).
32) 知訥, 같은 책(『한국불교전서』 4책, 750쪽 중단 참조).

84 한국의 사상가 10人 —— 지눌

여 여법如法히 수행한 후에 이루어지는 것이다. 해오를 '부처'가 될 형식 (form)이라고 강언한다면, '증오'는 이 형식이 확충되어 부처로서의 덕상德相이 나타나는 것이라고 말할 수 있다. 여기에서 형식을 확충하는 것이 수修에 해당한다. 그러므로 증오는 해오가 수를 통하여 이루어지는 것이며, 수는 해오와 증오를 연결해 주는 다리이다.

증오가 불과佛果를 증득함을 의미한다면, 증오의 경지에 이른 사람은 적어도 본질적인 면에서 부처님과 다름이 없게 되어 있어야 할 것이다. 부처님과 다름없어야 한다는 말은 '삼십이상三十二相'과 '팔십종호八十種好'를 갖추어야 한다든가 '신통조화神通造化'를 부릴 수 있어야 한다는 말이 아니다.

『금강경金剛經』에 보면 부처님께서 말씀하시기를

만일 당신들이 나를 그 겉모습만 가지고 판단하거나 그 설법에 의지하여 찾는다면 이는 사도에 빠진 것이다. 이러한 사람은 여래로서의 나를 마침내 보지 못하고 말 것이다.(若以色見我, 以音聲求我, 是人行邪道, 不能見如來.)[33]

라고 하였고, 임제臨濟의 스승 황벽黃檗도

부처님의 32상이란 그의 겉모습일 뿐이고 80종호도 또한 무상한 물질적인 현상일 뿐이니 이런 것을 가지고 부처님을 보는 사람은 사도를 행하는 것이므로 마침내 부처님을 보지 못하고 말 것이다.(三十二相屬相, 八十種好屬色. 若以色見我, 是人行邪道, 不能見如來.)

라고 통매痛罵하였으며, 또한 목우자는 '신통조화'를 성미변사聖未邊事라고 하여 요괴시妖怪視하였다. '부처님과 다름없어야 한다'는 말은 부처로

---

33) 鳩摩羅什 역, 『金剛般若波羅密經』, 「法身非相分」 제26 참조

서의 본질적인 면에 있어서 다름없어야 한다는 말이다. 이것은 각의 내용에 있어서, 그리고 행에 있어서 부처님과 똑같아야 한다는 뜻이다. 부처님의 행이란 중생교화를 위한 행이다. 이를 좀더 학적으로 말하면 육바라밀행六波羅密行이라고 말할 수 있다. 그러므로 해오에서 증오에 이르기까지의 행도 육바라밀행이어야 한다.

해오에서 증오에 이르기까지의 시간을 교가敎家에서는 어마어마한 초천문학적 숫자로 표시한다. 목우자는 이에 대하여 일언반구의 언급도 없다. 다만 증오의 경지는 일시에 이루어지는 것이 아니라고 강조할 뿐이다. 이에 비해 해오는 일시에 몰록(頓) 이루어진다고 한다. 이러한 의미에서 해오를 돈오頓悟라고 부를 때도 있다. 그러나 해오와 돈오는 동의어가 아니다. 해오는 오의 심천을 말할 때 증오에 대비해서 쓰는 말이며, 돈오는 오에 이르기까지의 시간을 말할 때 점오漸悟에 대비해서 쓰는 말이다.

규봉은 그의 『법집별행록法集別行錄』에서

사람을 두고 말하는 한, '깨쳤느냐' '못 깨쳤느냐' 또는 '보통 사람이냐' '성인이냐'라는 구별이 없을 수 없다. 못 깨쳤다가 깨침으로 넘어가는 것은 시간을 넘어선 '몰록 돈'의 세계이지만, 보통 사람의 삶에 혁명을 일으켜 성인이 되는 것은 시간 속의 '점적인 세계'일 수밖에 없다.(旣就人論, 則有迷悟凡聖, 從迷而悟, 卽頓, 轉凡成聖, 卽漸.)[34]

라고 하였다. 목우자는 이 말을 『절요사기』에 그대로 인용하고 있다. 이로 미루어 보면 돈頓이란 말은 오悟에 따라다니는 말이고, '점漸'이라는 말은 수修에 어울리는 말임을 알겠다. 그러므로 점오는 수의 뜻을 함유한다. 즉 닦아 나가는 가운데 점차 깨달아 나간다는 뜻이다. 청량의 『정원소』에서는 점오와 수의 관계를 다음과 같이 설명하고 있다.

---

34) 知訥, 『法集別行錄節要幷入私記』(『한국불교전서』 4책, 746쪽 상단 참조).

점차로 닦아 나가고 점차로 깨달아 나가는 것도 또한 증오에 해당되는 것이니 이 경우의 닦음과 깨달음의 관계는 마치 전망대의 계단을 올라가는 것과 같아서 한 계단 한 계단 점차로 높아지면 보이는 시야도 점점 넓혀지는 것과 같다. (漸修漸悟, 亦是證悟. 卽修之與悟, 並如登台, 足履漸高, 所鑑漸遠.)35)

돈오가 해오에 맞먹는 데 반하여 점오는 증오에 가까운 말이다.

오悟함으로써 열리는 '지智의 세계'는 미迷한 때와는 전혀 다른 새로운 세계이다. 이는 추리와 억측이 주가 되는 '식識의 세계'가 아니므로 지식의 양적 축적에 의하여 이루어지는 것이 아니다. 오전悟前과 오후悟後의 차이는 양적인 것이 아니라 질적인 차이이다. 오는 물질적인 변화가 아니라 정신상의 문제이다. 그러므로 오는 긴 시간을 요하지 않고 찰나에 가능한 것이다. 돈오라는 이름은 여기서 유래한다. 규봉은 『법집별행록』에서 돈오의 정의를 다음과 같이 내리고 있다.

몰록 깨침이란 무엇인가? 사람들이 미한 지가 오래 되어 지수화풍 사대를 자기의 몸이라 생각하고 망령된 생각을 자기의 마음이라 착각하면서 이러한 것들을 온통 자기로 잘못 알고 있다. 그러다가 만일 좋은 도반을 만나 위에서 말한 불변과 수연, 성과 상, 체와 용 등등의 교리를 얻어듣고 홀연히 자기의 신령스럽게도 밝게 앎이 바로 자기의 참다운 마음임을 깨닫는다. 이러한 본래의 마음은 항상 고요하여 성이라고도 말할 수 없고 상이라고도 말할 수 없고 있는 그대로가 법신이다. 이 경우엔 몸과 마음이 둘이 아니어서 이것이 참다운 자기이며 이는 모든 부처님과 조금도 다르지 않다. 그래서 몰록 깨침이라고 말하는 것이다.(頓悟者, 謂無始迷倒, 認此四大爲身, 妄想爲心, 通認爲我. 若遇善友, 爲說如上不變隨緣性相, 體用之義, 忽悟靈明知見, 是自眞心, 本心恒寂, 無性無相. 卽是法身, 身心不二, 是爲眞我. 卽與諸佛, 分毫不殊, 故云頓也.)36)

---

35) 知訥, 같은 책(『한국불교전서』 4책, 749쪽 상단 참조).
36) 知訥, 같은 책(『한국불교전서』 4책, 746쪽 상단 참조).

위의 글에서는 불즉시심佛卽是心을 홀오忽悟하는 것이 '돈오'라고 말하고 있다. 그런데 어떤 사람들은 증오도 찰나에 가능하다고 주장한다. 그러나 이제까지 없었던 부처로서의 덕상德相이 갑자기 나타날 리는 없다. 더구나 부처로서의 덕상 중에서 가장 중요한 것은 교화중생행教化衆生行이라고 생각할 때 이것이 찰나에 가능하다고 말할 수는 없다.

중생제도란 자기 육근六根을 다스리는 것을 의미한다고 말한다든가, 증오가 일시에 이루어져 중생교화도 일시에 돈필頓畢했는지를 미각자가 어찌 짐작하겠는가 하고 반문하는 것은, 말하는 자기 자신도 자신이 없는 잠꼬대 같은 소리이다. 비록 이러한 말들이 일면적인 의의는 있다 하더라도 목우자는 그러한 관념적인 태도를 좋아하지 않았다. 현실에서 나의 주변에 있는 사람들에 대해서 어떠한 태도를 취할 것인가가 문제이다. 중생이나 제도의 뜻을 자기류로 합리화하여 정의함으로써 능사能事를 삼을 수는 없다. 우리는 석존의 일생에서 그러한 소극적인 태도를 찾아볼 수 없다. 석존이 오도悟道 후 사십여 년간을 중생교화에 힘쓰지 않았다면, 오늘날 우리가 불법을 얻어들을 수 있었을지도 의심스러운 일이다.

목우자에 있어서 돈오는 증오가 아니고 해오이며, 증오는 수행을 통해야만 가능하다고 한다. 목우자는 수행을 통하지 않고 증오에 이르는 것은 이론상 상근대지上根大智에게 기대할 수도 있으나, 사실상 그러한 특수한 사람은 찾아볼 수 없으므로 문제삼지 않는다. 목우자의 대상은 어디까지나 눈앞에 보이는 보통 사람이지 특수한 사람이 아니었다.

실로 '오悟'는 우리 인생 개개인의 문제이며, 따라서 오의 문제는 나 자신의 일상적인 수행과의 관계에서 논의되어야 한다고 생각된다.

신비 Paradox를 통하여 본 지눌의 空寂靈知心

강 건 기

보조국사 지눌知訥은 단순한 사상가이기보다는 체험의 종교인이었고, 단순한 이론가이기보다는 실천의 수심인修心人이었다. 따라서 그의 사상을 이해할 때 우리는 논리적 사고와 철학적 사변의 근저에 흐르는 체험적인 배경을 항상 염두에 둘 필요가 있다. 모든 이론과 체계가 체험을 원천으로 하고 있고, 또 체험에 이르게 하려는 것이기 때문이다.

이 소론이 시도하는 것은 ① 보조국사 지눌의 공적영지심空寂靈知心을 신비 패러독스(Paradox)를 통하여 고찰하고 그 체험적 특성을 밝히며, ② 공적영지심을 기본으로 일관하는 국사의 사상 체계의 특성을 알아보는 것이다.

1. 신비주의와 신비 패러독스

신비주의(Mysticism)란 말처럼 일반인은 물론 종교에 조예가 있는 사람들로부터도 오해의 대상이 되고 있는 말도 드문 것 같다. 우선 신비라는 어휘부터가 베일에 싸인 어떤 것, 혹은 미궁에 빠진 어떤 것 등 그릇된 인식을 불러일으킬 소지가 다분하다.

그러므로 우리는 신비주의가 무엇인가를 고찰하기에 앞서 무엇이 신비주의가 아닌가를 알아 둘 필요가 있다. 첫째, 신비주의는 흔히 말하는 점성占星 · 복무卜巫 등의 비법도 아니고, 강신降神 · 접신接神 등의 현상도 아니다. 둘째, 정신감응精神感應 · 투시透視 등 소위 심령현상心靈現象과도 무관하다. 셋째, 불佛 · 보살菩薩이나 성모 마리아 등을 만나 대화했다는 등의 환영幻影 · 환청幻聽 역시 신비체험의 영역 밖이며, 따라서 신비주의의 대상이 아니다.

그러면 신비주의란 무엇인가? 영어의 'Mysticism'이란 말은 희랍어의 '닫는다'(to close)라는 어근에서 파생된 말로 원래는 '내밀內密의 지智를 증證한 자가 그 증한 바에 관하여 침묵을 지킨다', 혹은 '외경外境의 모든 번거로움으로부터 마음을 닫는다'는 등의 뜻으로 쓰였던 말이라 한다.[1] 좀더 구체화된 정의를 들어보자. 언더힐(Evelyn Underhill)은 '절대絶對와의 합일合一의 과학'(The Science of Union with the Absolute)[2] 혹은 '실재實在와의 합일의 예술'(The Art of Union with Reality)[3]이라 하고 있으며, 제너(R. C. Zaehner)는 '현아現我보다 무한히 아니면 말할 수 없을 만큼 큰 어떤 것과의 합일, 혹은 하나됨의 실현'(The realization of a union or a unity with or of something that is enormously, if not infinitely, greater than the empirical self)[4]이라고 정의하고 있다.

이 정의들은 한결같이 현아와 절대적인 실재와의 합일을 가리키고 있는데, 이것은 '나'와 절대와의 분리를 전제하는 상당히 서구적인 사고에서 나온 정의들이라 하겠다. 그러나 합일 혹은 하나됨의 강조를 통하여 신비주의가 절대적인 체험을 기본 영역으로 하고 있음을 알 수 있다. '하나'되는

---

1) Magaret Smith, *An Introduction to Mysticism*, New York: Oxford University Press, 1977, 1쪽.
2) Evelyn Underhill, *Mysticism*, New York: Dutton & Co., 1943, 3쪽.
3) Evelyn Underhill, *Practical Mysticism*, New York: Dutton & Co., 1943, 3쪽.
4) R. C. Zaehner, "Hindu and Muslim mysticism", 5쪽.

절대적 체험을 신비주의 학자들은 신비체험이라 하며 신비의식과 같은 뜻으로 쓰기도 한다. 따라서 신비주의를 아는 일은 신비체험을 아는 일이며, 그것은 또 신비의식을 이해하는 일이기도 하다.[5]

윌리암 제임스(William James)는 『종교체험의 제현상』(The Varieties of Religious Experience)이란 저술에서 우리들의 일상적인 의식과 전혀 다른 특수한 의식에 대해 이렇게 서술하고 있다.

우리들의 보통 깨어 있는 의식, 즉 우리가 흔히 이성적이라 부르는 것은 한 특별한 의식에 불과하다. 그 둘레에 그것과는 전혀 다른 잠재적인 의식이 있다.[6]

그는 우리들의 일상적인 의식과는 전혀 다른(entirely different) 이 의식이야말로 모든 대對들이 '하나로 용해된'(melted into unity) 그런 의식이라 하며, 이것을 빼놓고 일상적인 의식만으로는 세계의 전체적인 모습을 알기 어렵다고 말하고 있다.

하나의 예문을 더 들어보자. 『만두키야 우파니샤드』(Mandukya Upanishad)에서는 깨어 있을 때, 꿈꿀 때, 꿈도 없는 숙면의 상태를 차례로 말한 다음 네 번째 최상의 의식을 이렇게 말한다.

지자智者에 의하면 제4(Turiya)는 주관적인 경험도 객관적인 경험도 아니고 이 둘 사이의 중간적인 경험도 아니며, 또한 의식도 무의식도 아닌 부정적인 상태도 아니다. 그것은 감관의 앎도 아니고, 상대적인 앎도 아니며, 추리를 통한 앎도 아니다. 감관의 저 편에, 이해의 저 편에, 모든 표현의 저 편에 있는 것이 이 제4이다. 그것은 세계와 다양성에 대한 인식이 완전히 단절된 순수통일의식(Pure Unitary Consciousness)이다. 그것은 불가설不可說의 평화요 지상선至上善이며 버금감이 없는 하나이고 진아眞我다.[7]

---

5) W. T. Stace, The Teachings of Mystics, New York: New American Library Mentor Book, 1960, 1쪽.
6) William James, The Varieties of Religious Experience, New York: Coller Books, 1970, 305쪽.

여기에서 인도의 저자가 말하는 '세계와 다양성에 대한 인식이 완전히 단절된 순수의식'이란 제임스가 말하는 '모든 대對가 하나로 용해된' 의식과 통하며 이는 신비의식의 좋은 예라고 할 수 있다. 그러면 이 통일된 순수의식이란 구체적으로 어떠한 것인가? 우선 위의 예문을 알기 쉽게 정리해 보면 통일된 순수의식은,

① 감관의 저 편,
② 이해의 저 편,
③ 세계와 다양성에 대한 인식이 단절된
④ 따라서 표현의 저 편

에 있는 의식이다. 여기서 '저 편'(Beyond)이란 말을 초월이란 말로 이해해 보면, 초월되는 것은 감관, 이해, 다양성의 인식 등 바로 일상의식 상태의 내용들이라 하겠다. 우리들의 보통의식이란 오관을 통한 감각 작용과 사유·유추·비교하는 작용을 주 내용으로 하고 있으며, 그 특성은 주객이 분명한 데 있다. 즉 '감각되는 대상, 지각되는 대상'과 '감각, 지각하는 나'가 분리된 채 일어나는 작용이다. 그러나 순수 통일의식은 이러한 일상의식의 내용들이 초월되어 버린 상태이다. 따라서 의식되어지는 것과 의식의 주체, 즉 주객이 함께 비어 버린 상태라고나 할까. 이를 알기 쉽게 표시해 보면 다음과 같다.

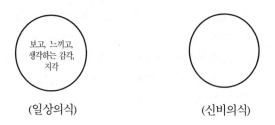

(일상의식)　　　　　　　(신비의식)

---

7) Swami Prabhavananda, *The Upanishad*, New York: New American Library, 1957, 49쪽.

보통 우리는 일상의식 상태의 내용을 가리켜 '나'라고 믿고 있다. 바로 그 '나'라는 주체가 비어 버림으로써 객체인 대상까지도 초월된 것이다. 根과 경境, 나와 세계가 함께 빈 것이다. 이런 체험이야말로 주객을 초월한 '체험 아닌 체험'이며 '의식 아닌 의식'이라 하겠다. 체험하는 주체가 비어 버렸기 때문이다. 그러므로 '주관적인 경험도, 객관적인 경험도, 이 둘 사이의 중간적인 경험도 아니다'고 말하고 있다. 어떤 대상에 대한 의식 (Consciousness of something)이 아니라 의식의 바탕 자체라고나 할까.

이렇게 감각, 지각 등 보통의식의 내용들이 초월됨으로써 나타나는 그 바탕 자체는 상대적인 모든 것을 초월한 절대한 자리이며, 『우파니샤드』의 저자는 이를 '버금감이 없는 하나'(One without second)라 하고 있다. 모든 분별이 초월되었으므로 미분별未分別의 통일(undifferentiated unity)이며, 다양성이 멸滅한 하나이기 때문이다. 이 하나야말로 하나, 둘, 셋 하는 여럿 중의 하나가 아니라 일체의 수적인 개념을 초월한 하나이다. 주객이 초월된 하나의 체험이야말로 동서의 신비가들이 증언하듯 명상名相을 초월해 있는 표현 이전의 것이며, 따라서 종교와 종교 이전의 바탕인 것이다. 이 절대한 하나의 체험이야말로 신비의식, 신비체험의 핵심인 것이다.8)

---

8) 신비체험의 특성에 관하여 여러 가지 이론이 있다. W. T. Stace는 '하나'의 체험을 신비체험의 핵(core)으로 보고, 그것을 중심으로 다른 특성들이 있다고 본다. 참고로 학자들의 신비체험의 특성을 소개하면 다음과 같다.(*스테이스는 영국 태생으로 미국 프린스턴 대학의 Stuart Professor를 역임하였으며, 신비주의에 관한 많은 저술을 내놓고 있다. 동양 종교의 신비주의가 서양 종교의 그것에 비하여 殊勝하다는 입장을 취하는 학자이기도 하다. 주저로는 *Mysticism and Philosophy*, *Time and Eternity*, *Religion and Modern Mind* 등이 있다)

W. James; (1) Ineffability
         (2) Noetic quality
         (3) Transiency
         (4) Passivity

W. T. Stace; (Introvertive Experience)
         (1) The unitary consciousness
         (2) Nonspatial, nontemporal

하나의 체험인 신비의식은 그 자체가 역설적이다. 절絶해진 것으로 보면 공空이요 무無다. 그러나 빈 바탕 그 자체는 불공不空이며 비무非無이다. 일체의 감각, 분별이 초월되었으므로 텅 빈자리이나 그렇다고 전혀 공무空無한 것이 아니라 본연本然한 감각, 본연한 지혜가 태초의 제 모습을 드러내는 것이다. 즉 일상적인 '나'가 초월됨으로써 진아眞我의 참 모습이 드러나는 것이다. 그렇다고 없던 진아가 출현하는 것이 아니라 항상하던 것이 드러날 뿐이다.

죽음=삶, ○=∝의 종교적인 역설의 원천이 바로 여기에 있다고 하겠다. 이 공空·불공不空, 무無·비무非無가 동시에 함께하는 '하나'의 역설을 'Vacuum—Plenum의 신비 패러독스'라고 부른다. Vacuum이란 '텅 빈 것'으로 모든 것이 부정되는 하나의 모습을 나타내며, Plenum이란 '찼음'으로 모든 것이 살아 움직이는 일대긍정의 면을 나타낸다. 따라서 '하나'의 역설이야말로 빈 것과 찬 것이 불가분리한, 비었으면서도 찼고 찼으면서도 빈, 공과 불공, 유와 무가 동시인 데 있다.

이 신비 패러독스를 가장 잘 나타내는 상징적인 말이 어둠(Darkness)과 밝음(Light)의 역설이다. 일체의 분별적 사고를 떠났으므로 이성의 빛마저 꺼진 캄캄함이다. 그러나 그것은 동시에 더 밝은 빛이다. 역설적인 것은 어둠

---

(3) Sense of reality
(4) Blessedness, peace etc.
(5) Feeling of the holy sacred
(6) Paradoxicality
(7) Ineffable

D. T. Suzuki; (1) Irrationality
(2) Intuitive insight
(3) Authoritativeness
(4) Affirmation toward all things
(5) Sense of beyond
(6) Impersonal tone
(7) Feeling of exaltation
(8) Momentariness

이 지난 후의 밝음도 아니요, 밝음이 지난 후의 어둠도 아니라, 어둠과 밝음이 함께하는 것이며 긍정과 부정이 동시인 것이다. 그밖에 Vacuum쪽을 나타내는 말이 침묵(Silence), 영원한 휴식(Eternal rest) 등이라면, Plenum을 나타내는 표현들은 소리(Sound), 영원한 움직임(Eternal activity) 등이다.[9] 일체의 소리도 멎어 버린 침묵이며 일체의 움직임도 끊어진 영원한 휴식이지만, 그것은 동시에 묘음妙音이며 모든 것을 살리는 자비행慈悲行의 원천인 것이다. 이를 정리해 보면 다음과 같다.

하나	
Vacuum	Plenum
· 비었음(Empty)	· 찼음(Full)
· 무無(Nothing)	· 유有(Everything)
· 영원한 휴식	· 영원한 움직임
· 부정否定	· 긍정肯定
· O	· ∝
· 어둠(Darkness)	· 밝음(Light)

이 양면은 마치 동전의 앞뒤처럼 분리될 수 없는 하나이다.

여태까지 우리는 신비체험의 핵심이 '하나'의 체험이고, 그것은 명상名相 이전의 것이며, 그 내용이 '공空-불공不空'과 '어둠-밝음'의 역설로 표현됨을 고찰해 보았다. 그러나 이렇게 이름 붙일 수 없고 역설적인 것이지만 동서의 신비가[10]들은 설명을 위하여 이름 붙일 수밖에 없고 언설을 통하여 기술할 수밖에 없다. 앞의 예문에서 『우파니샤드』의 지자智者는

---

9) W. T. Stace, *Mysticism and Philosophy*, London: Macmillan Co., 1961, 98쪽.

10) 신비가(Mystic)를 어떤 사람으로 보는가에 관하여 대체로 두 가지 견해가 있다. 신비체험을 직접한 사람과 체험은 없되 관심을 가지는 사람까지를 포함하는 견해다. 여기서는 전자의 입장으로 쓰고 있다.

'버금감이 없는 하나'를 진아眞我라고 부르고 있다.

표현 이전의 체험을 표현함에 있어서 동서의 차이는 크다. 표현 자체가
상대적인 것이고 각각의 환경과 전통의 영향을 받기 때문이다. 신과 인간
사이에 영원히 건널 수 없는 강을 전제하고 교조教條의 권위를 강조하는
서양 종교의 전통에서는 솔직하고 자유로운 체험의 표현이 제약을 받는
경우가 없지 않았다. 이슬람의 성인 알 하라즈(Al-Hallaz)는 '내가 진리'라는
표현을 했다 하여 신을 모독한 죄로 바그다드에서 A. D. 922년에 공개 처
형되었으며,11) 중세의 유명한 기독교 신비가 에크하르트(Meister Eckhart)도
신인합일神人合一의 체험적 경지를 기술한 것이 교조에 어긋난다 하여 이
단시되었다가 급기야 사후파문死後破門까지 감수해야 했던 일은 동양에서
는 그 유례가 없는 일이라 하겠다. 문제가 되었던 에크하르트의 표현은 다
음과 같다.

> 내가 하나님을 보는 그 눈이 바로 하나님이 나를 보는 눈이다. 내 눈과 하나님
> 의 눈은 하나이며 같다. ─보는 데 있어서 하나요, 아는 데 있어서도 하나이며,
> 사랑함에 있어서도 하나이다.12)

이것은 상징적이고 간접적인 표현이지만, 신인神人이 하나된 경지에서
나올 수 있는 말들이다. 물의를 되었던 에크하르트의 유명한 다른 표현은
신성神性(Godhead)에 관한 것으로 이것은 신비 패러독스와 유관하다. 그는
삼위일체三位一體의 인격적 차원의 신을 말하는가 하면, 한 걸음 더 나아

---

11) Al-Hallaz(A. D. 852~922)는 처형 직전의 기도에서, "오 알라여, 당신의 호의를 얻고 당신
   의 종교를 위한다는 열성으로 나를 처형하려 모인 저 사람들을 용서하시고 자비를 베
   푸소서. 만약 당신이 나에게 보여 준 진리를 저들에게 보여 주었던지 아니면 그들에게
   보여 주지 않은 진리를 나에게도 감추었더라면 오늘의 이 소란은 없었을 것입니다"라
   고 하였다.
12) Raymond Blakency 역, Meister Eckhart, *A Modern Translation*, New York: Harper Torchbooks,
   1941, 204쪽.

가 인격을 초월하는 신성을 이렇게 말한다.

> 이렇게 해서 영혼은 성삼위聖三位와의 합일에 들어간다. 그러나 그 영혼은 삼
> 위가 그 자체의 한 계시일 뿐인 황무한(Barren) 신성(Godhead)에까지 간다면 더욱
> 더 축복 받을 것이다. 이 황무한 신성은 일체의 움직임이 멸했고 아이덴티티
> (Identity)까지도 멸했으므로, 이 사막에 침잠되어 자신을 잃어버릴 때 그 영혼은
> 가장 완전하리라.[13]

우리는 여기서 신(God)과 신성(Godhead)의 구별에 주의할 필요가 있다. 황
무(Barren)·사막(Desert) 등 부정적 표현으로 일관되고 있는 신성은 일체의
분별과 속성까지 떠나 있는 절대부동한 인격 이전의 당체이다. 여기에 비
하여 신神은 성부·성자·성신의 사랑을 실천하는 동적인 인격이다. 전자
는 신비 패러독스의 부정적 측면, 후자는 긍정적 측면을 나타낸다 할 수
있다. 그러나 교회는 인격을 넘어서는 에크하르트의 신성 개념을 용납할
수 없었다. 니케아(Nicea) 회의(A. D. 325) 이래 삼위일체의 신을 정통시해 왔
기 때문이다. 이는 교조에의 저촉을 이유로 신비 패러독스의 자연스런 표
현이 제약을 받은 예이다.

교조를 중시하는 전통 이외에도 신비 패러독스가 자연스럽게 표현되기
어려운 여건으로 서양에서는 아리스토텔레스적인 논리의 전통을 들 수 있
다. 동일률同一律, 모순율, 배중률排中律을 기본으로 한 이 논리적 전통에
서 X가 A인 동시에 비非A라는 역리는 쉽게 납득되지 않는다. 따라서 어둠
=밝음, 부정=긍정의 신비 패러독스는 이 논리 체계로 보면 전혀 비논리적
이고 엉뚱한 표현이다. 이러한 제약들 때문에 서양 종교에서 신비주의는
주류가 아닌 방류에 그치고 말았는지도 모른다.

동양에서는 체험의 표현이 솔직하고 자연스럽다. 말이 표월지지標月之

---

13) Raymond Blakency 역, Meister Eckhart, 같은 책, 205쪽.

指로 이해되는 동양에서는 서양에서처럼 교조의 권위를 절대시하지 않기 때문이다. 또 프롬(Erich Fromm)도 지적하듯이,14) 동양의 논리는 아리스토텔 레스적인 것이 아니라 역설적인 논리로 '일즉일체', '기일야일其一也一, 기 불일야일其不一也一'15)의 역설이 어렵지 않게 수용된다. 여기서는 '진실로 옳은 말은 역설적'이라는 말이 낯설지 않다. 이런 풍토에서는 체험 자체의 솔직한 표현이 자유스럽고, 따라서 신비 패러독스의 현출顯出이 강렬하다. 보조국사 지눌의 공적영지심은 훌륭한 하나의 예이다.

2. 어둠과 밝음의 패러독스: 공적영지심

국사는 인인구족人人具足의 마음을 진심眞心 혹은 공적영지심 등으로 부르고 있다. 마음의 성상性相을 나타내는 말로 '어둠-밝음'의 신비 패러 독스가 그대로 표출되는 표현이다.

『진심직설』에서는 진심을 정의하여 '이망명진離妄名眞, 영감왈심靈鑑曰心' 이라 하고 있다.16) 이망離妄이 공적空寂과 통한다면 영감靈鑑은 영지靈知와 통한다. 공적은 망념이 본적本寂하고 진경塵境이 본공本空한 제법개공諸法皆空 의 자리를 가리키며, 영지란 바로 제법개공인 자리에서의 본연한 마음이다.17)

공적영지에 관한 국사의 말을 더 들어보자. 어떤 것이 공적영지한 마음 이냐고 답답해하는 가상적인 사람과의 대화이다.

---

14) Erich Fromm 외, *Zen Buddhism and Psychoanalysis*, New York: Harper Colophon Books, 1970, 101쪽.
15) 『장자』, 「대종사」.
16) 知訥, 『眞心直說』(『普照禪師法語』, 상원사, 1940, 63쪽 右).
17) 知訥, 『修心訣』(『普照法語』, 44쪽 左), "諸法如夢, 亦如幻化故, 妄念本寂, 塵境本空, 諸法皆空之處, 靈知不昧, 卽, 此空寂靈知之心, 是汝本來面目, 亦是三世諸佛, 天下 善知識, 密密相傳底法印也."

진리에 들어가는 길은 많지만 그대에게 한 길을 가리키어 원천으로 돌아가게 (환원하게) 하겠다. "그대는 저 까마귀 우는 소리와 까치 지저귀는 소리를 듣는가?" "예, 듣습니다." "그대는 그 듣는 성품을 돌이켜 보아라. 거기에도 많은 소리가 있는가?" "거기에는 일체의 소리와 일체의 분별도 없습니다." "기특하고 기특하다. 이것이 바로 관음보살이 진리에 들어간 문이다. 거기에 일체의 소리, 일체의 분별이 없다고 하였으니, 그렇다면 그것은 허공과 같지 않은가?" "원래 공하지 않아서 밝고 밝아서 어둡지 않습니다." "그러면 어떤 것이 공하지 않은 것의 본체인가?" "형상이 없으므로 말로 표현할 수 없습니다." "이것이 모든 부처님과 조사의 생명이니 다시는 의심하지 말아라."[18]

회광반조廻光返照의 자상한 가르침의 예이다. 까마귀, 까치의 소리를 거슬러 모든 감각 작용이 일어나는 마음의 근원을 반조케 한다. 일체의 소리, 일체의 분별까지 구불가득俱不可得인 거기에서 입리入理의 문은 활짝 열리고 원래공적元來空寂의 상相 없는 모습도 드러난다. 일체의 형상과 말도 끊어진 본래 무물無物의 공적과 명명불매明明不昧한 본래지本來智의 광명이 함께하는 것이 마음의 실상임을 들어 보이고 있다. 여기서 우리는 국사의 공적영지심에 관한 표현들이 단순한 사변이나 철학적인 것이 아니라 체험적인 토대 위에 있음을 잘 알 수 있다.

좀더 구체적인 언급에 귀를 기울여 보자. 앞의 예문에 이어 계속되는 말이다.

이미 모양이 없으니 어디 크고 작은 것이 있겠으며, 크고 작음이 없으니 한계가 어디에 있겠는가. 한계가 없으므로 안팎이 없고, 안팎이 없으므로 멀고 가까움도 없으며, 멀고 가까움이 없기 때문에 저것과 이것도 없다. 저것과 이것이 없

---

18) 知訥, 같은 책(『普照法語』, 45쪽), "且入理多端, 指汝一門, 令汝還源. 汝還聞鴉鳴鵲噪之麼. 曰聞. 曰汝, 返聞汝聞性. 還有許多聲麼. 曰到這裏, 一切聲, 一切分別, 總不可得. 曰奇哉奇哉. 此是觀音入理之門. 我更問儞, 儞道到這裏, 一切聲, 一切分別, 總不可得, 旣不可得, 當伊麼時, 莫是虛空麼. 曰元來不空, 明明不昧. 曰作麼生是不空之體. 曰亦無相貌, 言之不可及. 曰此是諸佛諸祖壽命, 更莫疑也."

으므로 가고 옴도 없고, 가고 옴이 없으므로 나고 죽는 것도 없다. 나고 죽은 것이 없기 때문에 예와 지금이 없고 예와 지금이 없으므로 미혹하고 깨친 것도 없다. 미혹과 깨침이 없기 때문에 범부와 성인이 없으며, 범부와 성인이 없기 때문에 더럽고 깨끗한 것도 없다. 더럽고 깨끗함이 없으므로 옳고 그른 것도 없고, 옳고 그름이 없기 때문에 일체 모든 이름과 말을 붙일 수 없다. 이미 다시 없어서 모든 감관과 감관의 대상과 망령된 생각 내지는 갖가지 모양과 갖가지 이름과 말이 다 있을 수 없다. 그러니 어찌 본래부터 비고 고요하며, 아무것도 없는 것이 아니겠는가. 그러나 모든 법이 비고 고요한 곳에 신령스럽게 아는 영지는 어둡지 않아 생명이 없는 것과는 다르고 성품이 스스로 신령스럽게 안다. 이것이 바로 그대의 공적하고 신령스럽게 아는 청정한 마음의 본체이다.[19]

이를 공적과 영지로 각각 정리해 보면,

〈근경根境〉

공적: 일체의 ┌ 망념妄念 ┐
　　　　　 │ 분별分別 │
　　　　　 │ 상모相貌 │ 이 구불가득俱不可得이며 총무總無.
　　　　　 │ 명언名言 │
　　　　　 └ 제대諸對 ┘
　　　　　 (大小, 內外, 遠近, 彼此, 往來, 生死, 古今, 迷悟, 凡聖, 染淨, 是非 등)

영지: 영지불매靈知不昧, 부동무정不同無情, 성자신해性自神解.

먼저 공적지심空寂之心을 보면, 용수龍樹의 팔불八不을 무색케 하는 철저한 부정의 일관이다. 이것은 근과 경, 주와 객이 다 초월된 자리이며, 피

---

19) 知訥, 같은 책(『普照法語』, 46쪽), "既無相貌, 還有大小麼, 既無大小, 還有邊際麼. 無邊際故, 無內外, 無內外故, 無遠近, 無遠近故, 無彼此. 無彼此則, 無往來, 無往來則無生死. 無生死則, 無古今, 無古今則, 無迷悟. 無迷悟則, 無凡聖, 無凡聖則, 無染淨. 無染淨則, 無是非, 無是非則, 一切名言, 俱不可得, 既摠無如是, 一切根境, 一切妄念. 乃至, 種種相貌, 種種名言, 俱不可得, 此豈非本來空寂本來無物也. 然, 諸法皆空之處, 靈知不昧, 不同無情, 性自神解. 此是, 汝空寂靈知, 淸淨心體."

100 한국의 사상가 10人 —— 지눌

차의 대를 짓는 사량분별思量分別도 끊어진 총무總無의 자리이다. 따라서 상모相貌도 명언名言도 불가급不可及하다. 여기서 부정되어지는 것에 우리의 시선을 돌려보면, 감각·지각 등 주객이 대립한 채 일어나는 보통의 식의 내용들이다. 이렇게 심중무물心中無物한 상태를 국사는 무심無心이라 부르기도 하고, 내용물이 모두 비어 버린 빈 병(空瓶)에 비유하기도 한다.[20] 우리는 앞에서 일상의식의 내용이 초월된 신비의식의 공空한 바탕을 고찰해 본 바 있다. 그것은 국사의 무심, 공적지심과 거리가 멀지 않다.

신비 패러독스의 공(Vacuum)이 불공(Plenum)을 떠나 있을 수 없듯 공적도 영지를 떠나 있지 않다. 일체가 부정된 제법개공지처諸法皆空之處에서 말길이 끊기는가 하면, '연然이나' 하고 돌이키면 일체가 긍정되고 일체가 살아 움직인다. 빈 병이라 할 때 병 자체가 없음을 말하지 않듯이, 무심이라 해도 심체心體를 부정하지 않으며 공적이라 해도 단순한 허무를 뜻하지 않기 때문이다. 제법이 개공한 자리에 영지의 본래 밝음이 번득인다.

이렇게 한 마음의 양면인 공적과 영지는 '부정-긍정', '어둠-밝음'의 신비 패러독스를 그대로 표출하고 있다. 공적영지를 성성적적惺惺寂寂으로 바꾸어 보면 더욱 그렇다. 적적寂寂은 에크하르트의 불모不毛나 사막의 상징보다 훨씬 직접적이다. 생각하는 이성의 등불마저도 절絶해 버린 캄캄함, 일체의 움직임도 멎어 버린 정적靜寂을 연상케 한다. 천지창조 이전이다. 그러나 성성惺惺은 빛이요 밝음이다. 공적영지의 역설과 불가사의는 어둠과 밝음이 함께함이며, 어둠이 바로 밝음 그 자체인 것이다. 동서양을 막론하고 신비 패러독스의 대표적인 예라 해도 과언이 아니다. 이상을 정리해 보면 다음과 같다.

---

20) 知訥, 『眞心直說』(『普照法語』, 70쪽 左), "日今云無心, 非無心體名無心也. 但心中無物, 名曰無心, 如言空瓶, 瓶中無物空瓶, 非瓶本無空瓶."

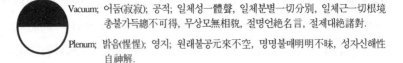

Vacuum; 어둠(寂寂); 공적; 일체성一體聲, 일체분별一切分別, 일체근一切根境
충불가득總不可得, 무상모無相貌, 절명언絶名言, 절제대絶諸對.

Plenum; 밝음(惺惺); 영지; 원래불공元來不空, 명명불매明明不昧, 성자신해性
自神解.

마음의 실상을 공적영지의 패러독스로 보는 것은 국사의 양보할 수 없
는 입장이며 일대원칙이다. 교화문에서 그것은 특히 강조되지 않을 수 없
다. 왜냐하면 수심인修心人의 올바른 나침반을 확립·제시하려는 것이 국
사 교설의 뜻하는 바이며, 수修는 마음에 즉卽한 것이기 때문이다.

국사가 지해종사知解宗師라 비판하면서도 신회神會에 동조하는 것도
마음의 성상性相, 체용에 대한 요연한 결택 때문이다. 여기에서도 공적영
지심에 관한 국사의 확고한 자세를 엿볼 수 있다. 우두牛頭, 홍주종洪州宗
에 관한 비판을 통하여 공적과 영지의 어느 한 쪽만을 강조할 경우 수행에
미치는 해독을 크게 경계하고 있는 국사의 입장을 볼 수 있다.

먼저 일체개무一切皆無를 주장하는 우두종에 대해서는 '단인공적지리
위극但認空寂之理爲極'[21]이라 하여 공적에 떨어질 위험을 지적하면서, '약
단설공若但說空, 적이불현지寂而不顯知, 즉하이허공則何異虛空'이라며 경
계하고 있다. 즉 우두종은 신비 패러독스의 Vacuum(空)쪽만을 강조하는 입
장이라 볼 수 있다. 이럴 때의 위험은 공적·허무에 떨어지는 것으로 그것
은 취적지도趣寂之徒의 근원이며, 실제 수심에선 혼침昏沈에 빠지는 위험
을 안고 있다.

또 일체개진一切皆眞을 주장하는 홍주종에 대해서는 Plenum(不空)쪽, 즉
지知만을 강조한다 하여 수연隨緣에 체체滯할 위험을 지적한다.[22] 여기서의
위험은 월분과두越分過頭하는 행동주의(mere activism)이며 실제 수심에서 연

---

21) 知訥, 『法集別行錄節要幷入私記』(『四集合本』, 법륜사, 1972, 691쪽).
22) 知訥, 같은 책(『四集合本』, 693쪽).

려緣慮에 떨어지는 것이다. 취적지도에 못지 않은 경계해야 할 병임에 틀림없다.

수행에 있어서 성적惺寂이 분리될 때의 위험을 국사는 일숙각一宿覺의 말을 빌려 이렇게 정리한다.

만약 적적하기만 하고 성성하지 못하면 그것은 흐리멍텅한 상태이고, 성성하기만 하고 적적하지 않으면 그것은 무엇인가에 얽힌 생각이다. 적적하지도 않고 성성하지도 않으면 그것은 얽힌 생각일 뿐 아니라 흐리멍텅함에 빠져 있는 것이다. 적적하기도 하고 성성하기도 하면 그것은 곧 성성하고 적적함을 겸하는 것이니, 이것이야말로 근원으로 돌아가는 오묘한 성품이다.[23]

이처럼 지눌은 공적과 영지의 분리 위험을 분명하게 지적하고 있다. 이 상을 알기 쉽게 표시해 보면 다음과 같다.

Vacuum(空); 어둠(寂寂)만일 때; 타공적墮空寂, 허무虛無, 혼주昏住, 취적지도趣寂之徒(quietism)의 위험.

Plenum(不空); 밝음(惺惺)만일 때; 체수연滯隨緣, 연려緣慮, 월분과두越分過頭의 행동주의(mere activism)의 위험.

Vacuum(空) − Plenum(不空)의 묘합妙合; 불타공적不墮空寂, 불체수연不滯隨緣, 환원지묘성還源之妙性.

양종兩宗을 비판하는 국사의 자세는 어디까지나 비판을 위한 비판이 아니다. 그것은 마음의 성상에 관한 명확한 제시가 결여될 경우 후인들이 수

---

23) 知訥, 『定慧結社文』(『普照法語』, 14쪽 右), "若寂寂不惺惺, 此乃昏住, 惺惺不寂寂, 此乃緣慮, 不寂寂, 不惺惺, 此乃非但緣慮, 亦入昏而住. 亦寂寂亦惺惺, 非唯歷歷, 兼復寂寂, 此乃還源之妙性也."

심의 정도正道를 그르칠 것을 경계하는 입장이다. 그렇기에 국사는 우두牛頭나 마조馬祖의 법 자체를 비판하기보다 그들이 교화문에서 공적과 영지의 한 쪽을 강조할 때 말끝을 좇는 후인들이 오해하여 다칠 것을 염려한다. 아무튼 공적만이어도 영지만이어도 옳지 못하며, 공적과 영지가 항상 함께 해야 하는 일대원칙 위에 있다. 그럴 때에 공적에도 떨어지지 않고 수연에도 걸리지 않는 바른 수행이 될 수 있기 때문이다. 공적과 영지 즉 Vacuum(空)과 Plenum(不空)이 분리될 경우에 수修에 미칠 영향까지 명쾌하게 분석·제시한 것은 세계 종교학계에 큰 공헌이라 하겠다.

3. 공적영지심과 지눌 사상 체계의 특성

국사의 사상은 일심一心을 기본으로 하고 있다. 마음을 떠나서 수修를 말할 수 없으며, 마음을 떠나서 증입證入을 상상할 수 없다. 일심에 즉한 수요, 일심에 즉한 완성이기 때문이다. 따라서 처음부터 끝까지 공적영지로 일관하는 것이 국사의 사상 체계이다. 『법집별행록절요병입사기』를 인용하여 국사는 이렇게 말한다.

『법집별행록』에 이르기를, 발심해서 부처가 되기까지 오직 고요할 뿐이고 아는 것 뿐이라 변하지도 않고 끊어지지도 않지만, 다만 그 지위를 따라 이름이 조금 다르다. 즉 밝게 깨달을 때는 리지理智라 하고, 발심해서 수행할 때는 지관止觀이라 하며, 제대로 닦아 행을 이룰 때는 정혜定慧라 하고, 번뇌가 모두 사라지고 공을 쌓는 행이 원만하여 성불할 때는 보리와 열반이라 한다. 그러므로 마땅히 처음 발심할 때부터 최후에 이르기까지 고요할 뿐이고 앎뿐이라는 것을 알아야 한다.[24]

---

24) 知訥, 같은 책(『普照法語』, 7쪽 右), "法集別行錄云, 始自發心乃至成佛, 唯寂唯知,

이를 알기 쉽게 표시하면 다음과 같다.

	悟了時	發心修行時	成行時	成佛時
寂 理	理	止	定	涅槃
知 智	智	觀	慧	菩提

적지寂知가 불가분리이듯 리지·지관·정혜·열반보리 역시 불가분리이며, 그것은 발심에서 완성에 이르기까지 변할 수 없는 궤軌이다. 국사의 전 사상 체계를 전통적인 분류인 리理·수修·증證으로 나누어 보면 더욱 분명하다. 즉 리에서 증에 이르기까지 적과 지로 일관하는 특성을 띠고 있는 것이다. '리'에서 그것은 공적영지심空寂靈知心이며, '수'에서는 정혜쌍수定慧雙修, 성적등지惺寂等持이며, 완성인 '증'에서는 각행覺行, 비지원만悲智圓滿이다. 리理를 바탕으로 한 수修요 증證이기 때문이다.

리理	→	수修	→	증證
공적영지심		정혜쌍수·성적등지		각행·비지원만

필자는 이러한 체계의 특성을 적지묘합寂知妙合의 체계라 이름해 본다. 공적영지가 분리될 수 없는 하나이듯이 그것은 수에서도 증에서도 분리될 수 없는 일대 원칙이다. 국사에 있어서 묘합은 정도正道이며, 분리는 사도邪道요 병의 근원이다.

不變不斷, 但隨地位, 名義稍殊. 謂約了悟時, 名爲理智, 若發心修時, 名爲止觀, 約任運成行, 名爲定慧, 約煩惱都盡功行圓滿成佛之時, 名爲菩提涅槃. 當知始自發心, 乃至畢竟, 唯寂唯知."

4. 결론

오수頓修의 본말을 밝히어 수심의 정도를 제시하는 것이 국사의 사상이라면 전체를 일관하는 체계는 적지묘합의 원칙이라 하겠다. 이 묘합의 바탕이 다름아닌 공적영지심이다. 공적영지심은 단순한 사변의 산물이 아니라 국사 친증親證의 바탕으로 '어둠―밝음'의 신비 패러독스를 그대로 표출한다. 국사는 친증의 세계를 표현, 체계화함에 있어서도 세심한 주의를 기울여 마음의 성상·체용에 대한 편파적 표현과 그에 따르는 오해가 수修에 미치는 영향까지도 명확히 분석·제시한다. 이 점은 진리관과 수행의 관계를 밝힌 것으로 특기할 만한 공헌이다. 우리는 국사에게서 체험적인 예지와 투철한 논리적, 분석적 사고의 묘한 조화를 본다. 체험과 표현의 묘합이라고나 할까. 그러므로 국사의 사상의 올바른 이해를 위하여 우리는 표현된 것과 함께 체험적인 원천에 주목할 필요가 있다.

지눌 선 사상의 구조

길 희 성

1. 지눌 선의 지적 성격

'불립문자不立文字', '교외별전敎外別傳'을 표방하는 선이라 해도 사상
이 있고 이론이 있기 마련이다. 물론 선적 깨달음 자체는 언어와 문자를
뛰어넘는 신비적 경험임에 틀림없다. 이것은 유독 선에서만 그런 것이 아
니라 모든 불교의 가르침이 통상적으로 증언하는 바이다. 불타의 전기에
의하면 석가모니 불은 깨달음의 체험 후 과연 이 자증自證의 세계를 타인
에게 설할 것인가 말 것인가 주저했다고 한다. 그러나 결국 그의 자비심이
중생을 위한 교화활동을 펴도록 만들었으며, 이로 인해 불교라는 종교가
역사적 운동으로 전개된 것이다. 그가 설법을 주저한 것은 무엇보다도 그
가 깊은 선정에 들어 깨달은 열반의 경지가 도저히 언어로는 표현할 수 없
는 문자 그대로 '언어도단言語道斷 심행처멸心行處滅'의 경지였기 때문이
다. 우리가 사용하는 언어와 개념은 모두 분별지分別知(vikalpa)의 소산으로
서 상대성을 면치 못하기 때문에 그것으로써는 결코 반야지般若智로 깨달

은 진여眞如의 세계를 나타낼 수 없는 것이다. 그럼에도 불타는 중생을 위해 방편적 진리, 혹은 속제俗諦의 차원으로 내려와서 중생의 언어로써 교화활동을 편 것이다.

선사들의 경우도 마찬가지이다. 비록 선사들이 체험한 견성見性의 세계가 언어를 매개로 하지 않은 순수한 경험의 세계라 하더라도 일단 체험의 순간이 지나 타인에게 그것에 대해 말하고자 한다면 불가피하게 자신의 체험을 대상화할 수밖에 없으며, 경전의 언어는 물론이요 일상적 언설에 의존해서 얘기할 수밖에 없다. 그러나 선사들에 따라서 사용하는 언어의 형식은 다양하다. 일상적 언어를 선호하는 선사가 있는가 하면 『화엄경華嚴經』이나 『유마경維摩經』 등 경전적 언어를 선호하는 선사도 있으며, 시詩나 게송偈頌으로 자신이 증득한 세계를 나타내는 사람이 있는가 하면 논리적이고 체계적으로 서술하는 사람도 있다. 대화나 문답을 사용하는가 하면 논술의 형식으로 자신이 깨달은 바를 나타내고자 하는 선사도 있다. 만일 우리가 시와 게송, 혹은 문답과 같은 것을 종교적 체험을 표현하는 일차적 언어라 부른다면 논술을 통한 체계적 표현은 이차적 언어라고 부를 수 있을 것이다.

비문에 의하면 보조국사普照國師 지눌知訥(1158~1210)에게는 『상당록上堂錄』과 『법어가송法語歌頌』 각 한 권이 있었다고 하나 불행하게도 지금은 전해지지 않고 있다. 아마도 『상당록』은 지눌의 선문답이나 설법 같은 것을 담았을 것이며, 『법어가송』은 산문적인 법어뿐만 아니라 운문적인 시나 게송 같은 것을 모아놓은 것이 아니었겠는가 추측된다. 여하튼 이 두 권에 사용된 언어는 위의 구별을 사용한다면 일차적 언어에 속할 것이며, 지눌에게 그러한 선풍禪風이 있었다는 사실은 유의해야 할 점이다. 왜냐하면 오늘날 남아 있는 지눌의 저술로만 보아서는 그의 선이 매우 지적 성격이 강한 것처럼 보이는 것이 사실이기 때문이다. 그러나 설령 이것이 사실이라 하더라도, 적어도 오늘날 우리의 관점에서 볼 때 지눌 선이 가지고 있는 지적 성격은 결코 변호되어야 할 단점은 아니다. 지눌 선의 지적 성격은 그의 선 체험 자체가 지적 성격을 띠었다는 것을 의미하지는 않기 때문이다.

지눌은 선적 깨달음이 순수하지 못하고 지적 이해를 매개로 하여 이루어지는 것을 해오解悟라 부른다. 지눌은 일단 이 해오 자체를 무가치한 것으로 배척하지는 않는다. 그는 당시의 선 수행자들이 불법佛法에 대해 아무런 이해도 없이 무조건 좌선만을 일삼는 '치선痴禪'의 폐단을 심각하게 여겼으며, 또한 이심전심以心傳心의 밀전密傳만을 추구하다가 끝내 아무런 소득도 없이 허송세월 하는 선가의 한심한 모습도 개탄했다. 따라서 지눌은 선 수행자는 먼저 '여실언교如實言教'에 입각하여 선에서 추구하고 있는 진리와 그것에 이르는 수행법에 대한 명확한 지적 이해를 가지는 일이 중요하다고 생각했던 것이다. 『수심결修心訣』, 『진심직설眞心直說』, 『법집별행록절요병입사기法集別行錄節要幷入私記』, 『화엄론절요華嚴論節要』, 『원돈성불론圓頓成佛論』, 『간화결의론看話決疑論』 등 현존하는 지눌의 모든 저술들은 이러한 그의 신념을 반영하는 것으로서, 지눌 자신의 표현을 빌리자면 선 수행자들의 관행觀行에 도움을 주기 위해 관행의 귀감으로서 지은 것이다. 이러한 저술에 소요된 엄청난 시간과 노력은 그가 얼마나 선 수행의 지적 기반을 중시했는가를 간접적으로 알려주고 있다.

이러한 이유에서 지눌은 중국 선사들 가운데서 특히 하택신회荷澤神會(685~760)와 그의 법을 이었다고 자처하는 규봉종밀圭峯宗密(780~841)을 좋아했다. 지눌은 신회가 비록 후세의 선 역사에서 한낱 '지해종사知解宗師'에 불과한 자라는 평을 받고 있다는 사실을 잘 알고 있음에도 불구하고 몇 가지 중요한 이유로 인해 신회의 하택종荷澤宗을 선의 정맥으로 간주하는 종밀의 『법집별행록』을 간추리고 자신의 사기私記를 달았다. 첫째, 신회의 '깨달음이 높고 밝으며 판단과 선택이 명쾌하다.'(悟解高明決擇了然)

둘째, 이 책에서 제시하고 있는 종밀의 사상은 '교敎를 통해서 마음을 깨달으려는'(因敎悟宗) 사람들에게 훌륭한 관행觀行의 귀감이 된다. 셋째, 선 수행자가 치선痴禪에 떨어지지 않고 결실 있는 수행을 하려면 '문자가 가리키고 돌아가는'(文字指歸) 바에, 곧 '참된 말의 가르침'(如實言敎)에 토대를 두는 것이 매우 중요하다.[1] 지눌은 수행자들이 무조건 비밀리에 서로 전하는 바를 도道라고 여기는 풍조를 개탄했다.[2] 그는 선 수행자들이 우선 선에 대한 확실한 지적 이해를 가지는 것이 긴요하다고 생각했다. 이것이 그가 종밀의 저술을 간추리기로 마음먹었던 까닭이며, 이것이 또한 그가 중국 화엄사상가 이통현의 방대한 『화엄론華嚴論』을 간추린 이유이다. 그의 다른 모든 저술들도 같은 이유와 동기에서 찬술된 것이다.

이러한 면에서 보면, 지눌의 선은 확실히 교敎 지향적이며 지적 성격이 강하다. 지눌이 선사이면서도 '교를 통해서 마음을 깨달으려는 사람들'을 인정했다는 사실은 매우 파격적이다. 그는 이것을 통해 교학자들을 선적 관행으로 끌어들이고자 했으며, 동시에 선 수행자들에게 관행을 위한 지적 지침을 제공해 주고자 했던 것이다. 이러한 의미에서 지눌에 있어 교는 선에 대립되는 의미로서의 교학적 불교라는 좁은 뜻으로 이해되어서는 안 된다. 불법佛法에 대한 참된 말의 가르침(如實言敎)이면 모두 교이다. 지눌은 종밀의 설에 따라 교에 두 가지가 있다고 한다. 하나는 좁은 의미에서의 교로서 자세히 열어 펼치는(開張) 말이며, 다른 하나는 선에서 사용하는 교로서 요점을 간략하게 추려 주는(撮略) 말이다.[3] 선이든 교든 상관없이 언어로 된 참된 가르침은 모두 넓은 의미에서 교인 것이다.

지눌은 물론 선사였기에 간략한 여실언교를 선호했다. 그러기에 그의 저술들의 제목을 보면 '결訣', '직설直說', '절요節要'와 같은 표현들이 사

---

1) 知訥, 『法集別行錄節要幷入私記』(안진호 편, 『四集合本』, 법륜사, 1973, 680쪽).
2) 知訥, 같은 책(『四集合本』, 680쪽).
3) 知訥, 같은 책(『四集合本』, 694쪽).

용되고 있는 것이다. 언어적 표현에 대한 지눌의 생각은 다분히 기능주의적이었다. 언어는 단지 '달이 가리키는 손가락'일 뿐이고 방편 이상이 아니다.[4] 하지만 그에게 이 손가락은 매우 중요했다. 왜냐하면 그는『육조단경六祖壇經』,『화엄론華嚴論』,『대혜어록大慧語錄』과 같은 여실언교와의 만남을 통하여 몸소 큰 깨달음의 체험을 했기 때문이다. 따라서 지눌은 선에서도 여실언교라면 언제든지 자유롭게 사용할 수 있어야 한다고 믿었다. '말로 인해 도를 깨닫고 교敎를 빌려 종지宗旨를 밝히는'(因言悟道 藉敎明宗) 일이 가능하기 때문이다.[5] 지눌은 선에 대하여 언어적, 이론적 논의를 하는 행위에 대해 아무런 거리낌이 없었다. 문제는 '이름을 알아 상에 집착하는 생각'(認名執相之念)에 있지 이름 자체에 있는 것이 아니기 때문이다. 언어의 한계를 알면서 언어를 사용하며, 언어에 휘둘림을 당하지 않고 언어를 부리는 자유로움 속에서 지눌은 그의 선 사상과 이론을 전개했으며 저술 활동을 한 것이다. 우리가 흔히 신비적이라고 일컫는 선의 세계에 대하여 지적 분석을 시도할 수 있는 것도 바로 이러한 지눌 선의 지적이고 공개적인 성격에 기인하는 것이다.

지눌은 물론 선에는 '교외별전敎外別傳'의 세계가 있음을 알고 있다. 그는 자유롭게 선에 관한 지적 논의를 하면서도 그 위험성을 분명히 인식하고 있었다. '원수'처럼 오랫동안 그의 마음을 어지럽혔던 것도 다름아닌 '지적 알음알이의 병통'(知解病)이었으며, 그가 마침내 그것을 극복할 수 있었던 것은 대혜선사大慧禪師의 간화선看話禪을 통해서였다. 그래서 지눌은 선의 교외별전을 이야기할 때는 무엇보다도 이 간화선을 염두에 두고 있다. 그에 의하면 화두話頭를 간看해 깨달음에 이르는 길은 어떠한 지적 훈련이나 언어적 매개를 통해서도 도달할 수 없는 영성적 세계를 열어

---

4) 김탄허,『懸吐譯解 普照法語』(회상사, 1963), 23쪽. 이하『普照法語』.
5)『普照法語』, 같은 곳.

준다. 이 점에서 선과 교는 뚜렷이 구분된다. 그러나 지눌에 의하면, 이러한 화두선은 선 수행자 누구나 할 수 있는 것은 아니고, 뛰어난 근기를 갖춘 사람이라도 선 수행의 마지막 단계에서나 시도해야 할 관문이지 처음부터 할 수 있는 수행법은 아니다. 그래서 그는 『법집별행록절요병입사기』의 말미에서 선 공부하는 사람은 우선 진리에 관한 '참된 지견'(如實知見)을 얻어야 하며, 그 다음에 지적 이해의 병폐를 제거하기 위해 화두를 들어야 한다는 지침을 주고 있는 것이다.6) 지눌은 화두선을 덮어놓고 지지한 사람은 아니었다. 그는 그것이 지닌 가치와 문제점을 동시에 의식하고 있었다. 뿐만 아니라 지눌은 본질적으로 어떠한 지적 접근도 거부하는 화두선에 대해서조차 지적 반성을 피하지 않았다. 그의 『간화결의론』은 화두선에 대한 의구심을 풀어 주려는 일종의 변증론이다.

지눌의 선 사상은 결코 그 자신의 증험證驗 없이 전개된 단순한 이론적 사변이 아니었다. 지눌은 무사독오無師獨悟한 선사였기에 그의 구도 역정을 통해 많은 정신적 방황을 해야만 했다. 사실 그가 제시한 선 수행의 길은 자기 자신의 체험에 근거한 것이었으며, 그가 중히 여기는 경전들이나 조사 어록들, 가령 『육조단경』, 『대혜어록』, 이통현의 『화엄론』 같은 것들은 모두 자신에게 큰 감명을 주거나 깨침의 계기를 제공했던 것들이었다. 그에게 있어 이론과 실천, 사상과 체험은 결코 분리될 수 없었다. 그는 어디까지나 선사였지 교학자나 철학자가 아니었으며, 현대적 의미의 불교학자는 더더욱 아니었다. 그의 선 사상은 한마디로 말해 그로 하여금 선적 진리로 이끌어 준 여실언교에 근거하며 동시에 그 자신이 터득한 진리의 표출인 것이다.

---

6) 知訥, 『法集別行錄節要幷入私記』(『四集合本』, 814쪽).

2. 지눌 선 사상의 구조의 문제

사상이 단순히 그때그때의 단편적인 생각들의 모음이 아니라면 반드시 체계가 있으며, 체계가 있으면 구조가 있기 마련이다. 지눌은 물론 의도적으로 자신의 선 사상을 구축하려고 한 사람은 아니었다. 그의 관심은 어디까지나 선적 진리와 그 진리를 증득하게 하는 수행의 길을 향해 있었다. 지눌은 자신의 구도 역정을 통해 선에 관한 확고한 이해를 얻게 될 때까지 선과 교를 막론하고 많은 전적들과 씨름해야 했으며 여러 사상가들의 영향을 받게 되었다. 그의 선 사상은 그런 과정 속에서 자연스럽게, 그리고 점차적으로 형성된 것이다. 지눌은 팔공산 거조암居祖庵에서 정혜결사定慧結社의 뜻을 이룬 후 더 넓은 장소를 물색하기 위해서 현 순천 송광사松廣寺(지눌 당시 吉祥寺라고 불렸던)로 옮기던 중 지리산 상무주암上無住庵에서 『대혜어록』을 읽다가 간화선의 위력을 발견하게 되었다. 그 전까지 많은 수행의 체험들이 있었으나 지눌이 본격적인 선사로서 면모를 갖추게 된 것은 아마도 이 때부터였을 것이며, 그의 선 사상에 오늘 우리가 볼 수 있는 것과 같은 전체적인 윤곽이 잡힌 것도 이 무렵이라 생각된다. 지눌의 교화 활동이 이 상무주암에서의 체험 이후 수선사修禪社(송광사)에서 본격적으로 시작되었기 때문이다.

지눌 선은 지적일 뿐만 아니라 포용적이고 포괄적이었다. 오늘날 한국 선불교에서 보는 것과 같은 화두 일변도의 치우친 선이 아니었다. 그는 처음부터 정혜결사 운동을 통해서 당시의 타락한 불교계를 정화하여 불교 본연의 길로 돌아가게 하고자 하는 웅대한 포부를 가지고 있었기에 그의 생각의 폭은 단지 선에만 국한되지 않았다. 그가 펼친 정혜결사 운동은 초종파적인 것이었고, 심지어 불교 밖의 인사들로부터도 상당한 호응을 얻었다. 따라서 지눌의 선은 매우 포괄적 성격을 띠고 있었으며, 다양한 근기를 지닌 사람들에게 알맞은 수행법들을 제시함으로써 할 수 있는 한 많은 사람을 선의 세계로 인도하고자 했다.

이처럼 다양한 측면들을 지니고 있는 지눌의 선 사상 속에서 하나의 일관된 체계를 발견하기란 쉬운 일이 아니다. 지눌 선 사상에 있어서 체계란 결과적으로 생겨난 것이지 의도된 것은 아니었다. 지눌은 종밀과 같은 체계적인 선 사상가는 아니었다. 이것은 물론 지눌의 사상이 일관성이 결여되었다거나 모순적인 면이 있다는 것을 뜻하지는 않는다. 어느 사상가이건 자기 사상 내에 모순을 허용하는 사람은 없을 것이며 지눌도 물론 마찬가지이다. 더군다나 그는 수선사에서 많은 대중을 거느리고 지도해야만 했기에 자신의 다양한 선 접근 방식에 대하여 어느 정도 체계적인 생각을 할 수밖에 없었을 것이며 그렇게 하도록 자극과 압력도 받았을 것이다. 그러나 지눌은 그의 저술 어느 곳에서도 자신의 선 사상 전체를 체계적으로 서술하고 있지는 않으며, 그의 사상을 구성하고 있는 다양한 측면들의 상관관계를 밝히는 종합적인 성찰도 보이고 있지 않다. 어느 사상가의 경우에나 마찬가지겠지만 지눌도 자신의 선 사상 전체를 대상적으로 숙고하는 일은 하지 않았으며 할 필요도 느끼지 않았던 것이다. 그는 의도적으로 선 사상 체계를 구축하고자 한 사람이 아니었기 때문이다.

따라서 우리가 지눌 선 사상의 체계와 구조를 논한다면 이것은 어디까지나 지눌의 저술에 암묵적으로 내재하고 있는 체계를 말하는 것이지 지눌 자신이 명시적으로 밝히거나 인정한 체계를 말하는 것이 아니다. 지눌 선의 체계란 결국 그의 저술 전체를 어느 정도 역사적 거리를 두고 객체화해서 조망하고 분석할 수 있는 위치에 서 있는 우리들에게만 드러나는 현상이다. 달리 말하자면, 지눌 선의 체계란 우리가 발견해야 하는, 혹은 '구성'해야 하는 체계일 수밖에 없는 것이며, 이러한 작업은 불가피하게 지눌 선의 전체적 성격을 이해하고 파악하는 하나의 해석학적 작업일 수밖에 없다.

현대의 철학적 해석학이 잘 밝혀 주고 있듯이, 모든 해석은 불가피하게 이른바 '해석학적 순환'이라는 것을 수반한다. 해석자의 주관과 문제 의식이 해석의 내용에 영향을 주며, 후자는 또 전자를 수정함으로써 새로운 질문을 하게 하며 지금과는 다른 새로운 이해를 가능하게 한다. 해석이란 이러한 과정의 끊임없는 연속이다. 특히 우리가 지금 논하려는 지눌 선 사상의 구조에 관한 한 우리는 전체와 부분이라는 또 하나의 해석학적 순환을 피하기 어렵다. 다시 말해서 우리는 지눌 사상의 개별적 측면 하나하나에 대한 이해를 전제로 해서만 지눌 사상의 전체적 구도를 파악할 수 있지만, 동시에 전체적 구도에 대한 이해 없이 지눌 선 사상을 구성하고 있는 개별적 측면에 대한 이해도 제대로 이루어지기 어렵다. 그러나 이러한 불가피한 순환적 상황을 염두에 두면서도 본 논문이 시도하고자 하는 것은 지눌 선 사상의 전체적 구도를 논하는 일이다.

하나의 체계나 구도란 부분들 상호간의 논리적 연결이나 함축 혹은 상호 지향성이 존재할 때 성립되는 현상이다. 지금까지 지눌에 관하여 연구 논문들이 씌어졌으나 지눌 사상의 체계성 자체를 문제로 삼는 경우는 드물었다. 지눌 선 사상의 전체를 다루는 경우 이 체계의 문제가 불가피하게 제기됨에도 불구하고 지금까지 나온 지눌 연구들은 대체로 지눌 사상의 구조에는 별다른 관심을 쏟지 않았다. 현재 가장 포괄적인 지눌 연구서인 고故 이종익李種益 교수의 저서도 유감스럽게도 이 점에서는 마찬가지이다.[7] 그는 이 저서에서 지눌의 '사상 체계'를 말하지만 지눌 선 사상의 여러 측면들을 단지 병렬적으로 고찰할 뿐 그 상호 연관성이나 구조성에는 별다른 주의를 기울이지 않고 있다.

그렇다면 우리는 지눌 사상의 구도를 무엇에 근거하여 어떻게 파악할

---

7) 이종익,「高麗普照國師의 硏究: 그 思想體系와 普照禪의 特質」(大正大學 박사학위 논문, 1974, 프린트 일어본).
　　　　,「普照國師의 思想體系」(『李鍾益博士 學位紀念論文集』, 서울: 1975) 참조.

수 있을까? 필자는 여기서도 역시 해석학적 순환을 무릅쓰고 다음과 같은 두 가지 사항에 유의하여 지눌 사상의 구도를 논해 보고자 한다. 하나는 지눌 선에 대한 전체적 이해의 시도가 이미 지눌 당시, 아니면 그의 입적 후 얼마 되지 않아 이루어지고 있었다는 점이며, 다른 하나는 지눌의 저술 가운데서 그의 사상 전체의 구도를 엿볼 수 있게 하는 부분들이 없지 않다 는 사실이다. 전자는 지눌의 입적 후 그의 수선사修禪社 후계자 진각국사 眞覺國師 혜심慧諶 등이 마련한 행장行狀을 기초로 하여 왕명에 의해 유학 자 김군수金君綏(유명한 김부식의 아들)가 찬한 「승평부조계산수선사불일보 조국사비명병서昇平府曹溪山修禪社佛日普照國師碑銘幷序」로서, 거기서 찬 자는 지눌의 선 지도 방법에 대하여 다음과 같이 말해 주고 있다.

사람들에게 권하여 암송하는 것은 늘 『금강경金剛經』으로 했고 법을 세우고 뜻 을 설명한즉 반드시 『육조단경』에 뜻을 두었으며, 거듭 이통현의 『화엄론』과 『대혜어록』으로 양날개를 삼았다. 문을 열매 삼종三種이 있었으니 곧 성적등지 문惺寂等持門, 원돈신해문圓頓信解門, 경절문徑截門이다. 이에 의거하여 수행하 여 믿어 들어가는 자가 많았으니 선학의 융성함이 옛날이나 근래에나 이에 비 함이 없었다.

이것은 지눌이 학인들을 가르칠 때 애용했던 경전들을 일러주며 동시에 그가 제시한 수행법에 세 가지 문, 즉 불법에 들어가는 세 가지 길이 있었 음을 말해 주고 있다. 이것은 지눌 선 수행론의 전모를 삼문三門으로 요약 하고 있는 매우 귀중한 자료이다. 이 삼문이 지눌 자신이 명시적으로 제시 한 것인지 아니면 그의 제자들이 그의 가르침을 그렇게 세 가지로 정리해 서 이해한 것인지는 단언하기 어려우나, 지눌의 저술을 살펴보면 확실히 그의 수행론이 이 세 가지로 요약되는 것은 사실이다. 그러나 여기에는 두 가지 결함이 있다. 하나는 삼문을 단지 병렬적으로 열거했을 뿐 삼문의 상호 관계는 전혀 언급하지 않고 있다. 따라서 삼문이 지눌이 제시한 선 수행의 길을 잘 대표하고 있는 것은 사실이나 그것 자체로서는 아직 수행 '체계'라 말할 수 없다. 두 번째 문제점은 삼문은 어디까지나 지눌 선 사상의 수행론修行論만을 포섭할 뿐 그의 선 사상의 또 한 측면이라 할 수 있는 심성론心性論 내지 존재론은 포함하지 않는다는 사실이다. 앞으로 언급되겠지만, 지눌은 선 수행의 길만을 제시했을 뿐 아니라 수행을 통해 도달하는 진심眞心의 세계, 곧 깨달음을 통해 드러나는 진여眞如 혹은 실재實在(reality)의 세계에 대해서도 수행자들을 위해 미리 자상하게 설명해 주었다. 따라서 지눌 선 사상의 구조는 수행론과 심성론이라는 두 부분을 갖게 되는 것이다.

이 점은 우리가 지눌 자신의 저술 가운데서 그의 사상 전모에 대한 암시를 주는 구절들을 눈여겨보면 분명해진다. 지눌의 저술 가운데서 가장 포괄적이며 그의 선 수행론과 심성론을 두루 다루고 있는 것은 그의 말년의 저서 『법집별행록절요병입사기』이다. 이 책은 종밀의 『법집별행록』을 요약하고 자신의 사기를 단 것으로서, 이 책의 거의 끝부분에 가서 우리는 다음과 같은 구절을 발견한다. 종밀의 말을 빌려 지눌은 다음과 같이 말한다.

지금까지 열거한 법문은 모두 언어에 의해 이해를 함으로써 깨달음에 들어가려는 사람들을 위하여, 법法에는 불변不變과 수연隨緣의 두 면이 있고 사람(人)에게는 돈오頓悟와 점수漸修의 두 문이 있다는 것을 상세히 변별해 주고 있다. (不變과 隨緣의) 두 면으로써 우리는 모든 경經과 논論의 취지가 곧 자기 마음의 성性과 상相이라는 것을 알며, (頓悟와 漸修의) 두 문으로써 우리는 모든 성현들이 따른 길이 다름아닌 우리 자신의 수행의 시작과 끝이라는 것을 본다. (위의 법문은) 이와 같이 본말本末을 분명히 가리고 분별하여 사람들로 하여금 헤매지 않고 방편적인 것을 떠나 참다운 것으로 나아가 속히 깨달음을 증득證得하게 한다.[8]

---

8) 知訥, 『法集別行錄節要幷入私記』(『四集合本』, 804쪽), "上來所擧法門, 並是爲依言

이 구절은 지눌 선 사상의 구조를 가장 정확하면서도 포괄적으로 나타내고 있으며, 지눌의 사상이 적어도 그 형식적인 구조에 있어서는 종밀에 많은 영향을 받고 있음을 말해 주고 있다. 지눌 선 사상의 구조를 밝히고자 하는 본 연구는 기본적으로 이 구절이 제시하고 있는 틀에 바탕을 둔다. 그러나 우리가 먼저 고려해야 하는 문제는 이것과 앞에 비문에서 언급된 수행의 삼문三門과의 관계이다. 우선 양자의 현저한 차이점은 이미 지적했듯이 삼문은 다만 선 수행에만 관계된 것인 반면에 위 구절은 수행론(頓悟와 漸修라는)뿐만 아니라 심성론(마음의 性과 相이라는)까지 언급하고 있다는 점이다. 그렇다면 문제는 양자의 수행론이 일치하는가, 그리고 다르다면 어떠한 점에서 차이가 있는가 하는 문제이다.

지눌의 저술을 고찰한 결과 필자는 양자의 수행론이 근본적으로 일치한다는 결론에 도달했다. 다만 지눌과 종밀이 접하고 전수 받은 불교 전통에 불가피하게 시대적, 사상적 거리가 있었기 때문에 양자의 수행론은 근본적 일치에도 불구하고 다음과 같은 두 가지 차이점이 존재한다는 사실을 지적하지 않을 수 없다. 첫째는 용어와 표현상의 차이로서, 종밀이 돈오頓悟라 부르는 것은 삼문의 원돈신해문圓頓信解門에 해당된다. 원돈신해문은 앞으로 우리가 보겠지만 곧 화엄적 돈오문으로서, 지눌은 돈오가 (적어도 解悟로서의 돈오가) 선만의 고유한 것이 아님을 주장함으로써 교가敎家까지도 선禪의 세계로 유도하고자 한다. 달리 말하자면, 돈오는 형식적인 개념이며 원돈신해는 돈오의 화엄적 성격과 내용을 담고 있는 개념이라고 할 수 있다. 다음으로, 점수 역시 형식적 개념으로서 삼문의 성적등지문惺寂等持門은 그 내용이다. 즉 점수의 과정은 성惺과 적寂, 혹은 정定과 혜慧를 고르게 닦는 데에 있다. 그런데 삼문은 돈오와 점수의 길 외에 경절문徑

生解悟入者, 委辨法有隨緣不變二義, 人有頓悟漸修兩門以二義知一藏經論之旨歸是自心之性相. 以兩門見一切賢聖之軌轍, 是自行之始終. 如是揀辨本末了然, 令人不迷, 遷權就實, 速證菩提."

截門이라는 간화선의 길을 제시하고 있다. 여기서 우리는 종밀이 생각했던 수행 구도와 지눌의 수행론 사이에 두 번째 차이를 발견한다. 이 차이는 용어상의 차이나 형식과 내용의 차이를 넘어선다. 지눌에 있어서 간화선은 또 하나의 돈오문으로서, 화두를 통한 돈오는 지눌에 의하면 오직 선만의 고유한 교외별전적敎外別傳的 세계이다. 종밀의 시대에는 아직 간화선이라는 것이 꽃피지 않았으므로 종밀에게는 이 제삼의 문은 존재하지 않았다. 따라서 우리는 지눌의 수행론에 관한 한 비문이 언급하는 삼문이 보다 포괄적인 것임을 인정해야 하며, 돈오점수론과 삼문을 함께 염두에 두면서 지눌의 수행론을 다루어야 한다. 이제 위에 인용된 『절요』의 구절과 비문의 삼문을 종합하면서 지눌 선 사상의 구조를 밝히자면 다음과 같다.

먼저 법法의 두 측면, 즉 불변不變과 수연隨緣은 지눌의 심성론心性論으로서, 여기서 법法이란 인人에 대비되는 개념으로서 선의 객체적(objeetive), 존재론적 측면을 가리킨다. 그리고 법의 두 측면인 불변과 수연은 선에서 추구하는 궁극적 실재인 진심眞心, 혹은 심心의 측면인 성性과 상相을 가리킨다. 종밀은 이 진심, 즉 모든 중생이 가지고 있는 불성佛性 혹은 본각 진성本覺眞性을 '선의 근원'(禪源) 혹은 선리禪理라 하여 '선의 행위'(禪行)와 구별한다.9)

돈오와 점수는 선행禪行, 즉 수행의 두 길로서, 선의 주체적(subjective) 측면(法에 대한 人)에 해당한다. 여기서 돈오문頓悟門은 내용적으로는 비문의 원돈신해문圓頓信解門에 해당하며 점수문漸修門은 내용적으로 성적등지문性寂等持門이다. 지눌에 있어서 돈오가 '선의 시작'이라면 점수는 '선의 과정'이다. 선원禪源어 지눌의 심성론의 대상이라면 돈오점수론은 선행, 곧 수행론인 것이다.

앞에서 언급한 대로, 지눌은 종밀과는 달리 선행에서 또 하나의 길을 제

---

9) 宗密, 『禪源諸詮集都序』(『大正新修大藏經』 권48, 399a).

시하고 있다. 곧 비문에서 말하는 경절문(지름길)으로서, 화두를 간看하는 간화선看話禪이다. 이것은 지눌에 있어서 '선의 완성'을 기하는 길이며, 돈오점수문의 돈오가 해오解悟적 성격을 띤 것이라면 간화선은 불법에 대한 문자적, 개념적 이해의 자취를 말끔히 씻어 버린 증오證悟를 성취하는 선 특유의 길이다. 지눌은 또한 선 수행의 최고 경지로서 무심합도문無心合道門이라는 것을 언급하고 있는데, 앞으로 고찰하겠지만 이것 역시 간화선을 통해 들어가는 길이라고 한다. 따라서 우리는 무심합도문을 지눌 선 사상 체계에서 또 하나의 독자적인 문으로 간주할 필요는 없다. 결국 지눌에 있어서 선행禪行은 종밀과 달리 이문二門이 아니라 삼문三門으로 구성된다. 지눌은 비범한 역량을 소유한 수행자의 경우는 예외적으로 돈오점수의 과정을 거치지 않고 직접 경절문으로 들어가는 것을 허용한다. 이 경우에는 선행이 경절문 일문일 뿐이다. 지눌은 『절요』에서 이 세 번째 길에 대하여 다음과 같이 말하고 있다.

그러나 만약 한결같이 말에 의해서만 이해하여 몸을 굴리는 길을 알지 못하면, 비록 온 종일 관행을 해도 갈수록 알음알이(知解)에 속박되어 쉴 때가 없을 것이다. 그러므로 다시 오늘의 선문 납자들 가운데서 말을 떠나서 (깨달음에) 들어가 대번에 알음알이를 없이 하려는 자를 위해, 비록 종밀 스님이 숭상하는 바는 아니지만, 조사와 선지식들이 지름길(徑截)이 되는 방편으로 학인들을 지도할 때 쓰던 언구들을 간략히 인용하여 이 책 뒤에 붙여, 참선하는 뛰어난 이들로 하여금 (삶과 죽음의 늪에서) 몸을 빼어 나가는 한 가닥 활로活路가 있음을 알게 하려는 것이다.10)

10) 知訥, 『法集別行錄節要幷入私記』(『四集合本』, 804~805쪽), "然若一向依言生解, 不知轉身之路, 雖終日觀察, 轉爲知解所縛, 未有休歇時. 故更爲今時衲僧門下離言得入頓亡知解之者, 雖非密師所尙, 略引祖師善知識以徑截方便提接學者所有言句, 係於此後, 令參禪峻流, 知有出身一條活路耳."

지금까지 필자는 지눌 선 사상의 구조를 밝혔다. 이것은 이미 언급한 대로 일종의 해석학적 순환을 수반하는 일이다. 즉 위와 같은 지눌 사상의 구조는 그의 저술들을 숙독하는 가운데서 얻어지는 결론이기도 하지만 동시에 그러한 구조를 통해서 우리는 그의 저술들을 더 잘 이해할 수 있다. 이러한 구조를 염두에 두고서 지눌의 저술을 대할 때 비로소 우리는 지눌 사상에 대한 단편적이고 왜곡된 이해를 벗어날 수 있는 것이다. 구조란 한 사상이 지니고 있는 다양한 측면의 유기적 연관 관계를 말한다. 그것은 다분히 형식적인(formal) 것이다. 이제 우리는 이러한 구조의 내용적 측면을 간략하게나마 고찰하지 않으면 안 된다. 그래야만 이러한 구조가 실제로 지눌 선 사상의 다양한 측면들을 아우르면서 전체를 체계적으로 파악하게 하는 것이 된다는 점이 어느 정도 구체성을 띠고 드러날 것이기 때문이다.

3. 심성론

심즉불心卽佛, 심즉성心卽性을 말하는 선에서 심心과 성性은 가장 중요한 개념에 속한다. 종종 이 두 개념을 한 단어로 묶어서 심성心性이라 하기도 한다. 이 개념들의 중요성은 선의 정신을 요약하여 말해 주는 '직지인심直持人心', '견성성불見性成佛'과 같은 문구에 잘 나타나 있다. 선불교를 또한 심종心宗이라 부르는 이유도 여기에 있다. 종밀은 그의 『선원제전집도서禪源諸詮集都序』 첫 머리에서 선원禪源이란 '모든 중생의 본래적 깨달음의 참된 본성'(一切衆生本覺眞性)임을 말하며, 그것은 또한 불성佛性 혹은 심지心地라고도 부른다고 한다.[11] 종밀은 또한 선원禪源을 선리禪理라고도 부르며, 선리를 '정情을 잊음으로써 그것과 합치하는'(忘情契之) 행위

---

11) 宗密, 『禪源諸詮集都序』(『大正新修大藏經』 권48, 399a).

인 선행禪行, 즉 선 수행과 구별한다.[12] 이미 언급한 대로 선원은 선의 객체적 측면, 즉 법法 혹은 심心에 해당하며,[13] 선행은 선의 주체적 측면, 즉 인人에 해당한다. 인식의 순서(the order of knowing)에 따라서는 우리도 선의 객체적 측면을 논하기 전에 주체적 측면, 즉 삼문으로 구성된 선행을 먼저 논해야 하지만, 존재의 순서(the order of being)에 따라서는 법法이 인人에 선행하며 선의 객체적 측면이 주체적 인식 행위에 앞선다. 인식의 순서와 존재의 순서는 동전의 양면처럼 불가분적이라는 것을 인정하면서 우리는 존재의 순서에 따라 먼저 지눌 선의 존재론적 측면, 즉 심성론을 살피고자 한다.

지눌은 그의 『진심직설』에서 선이 추구하는 실재의 세계를 진심眞心이라 부르고 선禪과 교教에서 사용하는 진심의 여러 다른 이름들을 열거하고 있다. 교教에서는 그것은 심지心地라고 하였으니 온갖 선禪을 내기 때문이요, 보리菩提(bodhi)라고 하였으니 깨달음을 체體로 하기 때문이요, 법계法界(dharmadhātu)라 하였으니 사물들이 서로 침투하고 포섭하기 때문이요, 여래如來(tathāgata)라고 하였으니 온 곳이 없기 때문이요, 열반涅槃(nirvāna)이라 하였으니 뭇 성인들이 돌아가는 곳이기 때문이요, 여여如如(tathatā)라고 하였으니 참되고 항구하여 변하지 않기 때문이요, 법신法身(dharmakāya)이라 하였으니 보신報身(sambhogakāya)과 화신化身(nirmānakāya)이 의지하

---

12) 宗密, 같은 책(『大正新修大藏經』 권48, 399a).
13) 앞으로 보게 되듯이 '心'은 여기서 육체에 대립되는 마음을 의미하는 것이 아니다. 심은 선에 있어서 궁극적 실재를 가리키는 말이다. 종밀은 心의 의미를 네 가지로 구별한다(『大正新修大藏經』 권48, 401c 참조); 1. 육체적 心, 즉 心臟의 뜻. 2. 여덟 가지 識을 모두 일컫는 말로서 우리의 일상 생활에서 여러 가지 사물들을 인식하고 구별하는 마음(緣慮心). 3. 제8식, 즉 모든 識의 種子를 간직하고 있는 阿賴耶識(集起心). 4. 眞實心(堅實心 혹은 如來藏). 이 가운데서 우리가 뜻하는 心의 의미는 네 번째 것이다. 지눌은 『大乘起身論』 첫머리의 유명한 문구를 인용하여 다음과 같이 말한다. "法이라고 하는 것은 衆生心을 말함이니, 이 마음은 世間法과 出世間法을 포괄하며, 이 마음에 의거하여 대승의 뜻을 나타내 보인다."(『普照法語』, 16쪽, "所言法者謂衆生心, 是心卽攝一切世間法出世間法, 依於此心, 顯示摩訶衍義.")

는 바이기 때문이요, 진여眞如(tathatā)라고 하였으니 생멸이 없기 때문이요, 불성佛性(buddhadhātu)이라 하였으니 삼신三身의 본체이기 때문이요, 총지摠持(dhāranī)라 하였으니 그것으로부터 공덕이 흘러나오기 때문이요, 여래장如來藏(tathāgatagarbha)이라 하였으니 (여래를) 감추고 덮고 포함하고 있기 때문이요, 원각圓覺이라 하였으니 어둠을 부수고 홀로 비추기 때문이다. 지눌은 계속해서 다음과 같이 말한다.

조사祖師의 문에는 이름과 말이 끊어져서 하나의 이름도 짓지 않거늘 어찌 많은 이름이 있겠는가? (그러나) 사람의 능력(根機)에 부응하여 그 이름 또한 많으니, 어떤 때는 자기自己라 부르니 중생의 본성이기 때문이요, 때로는 정안正眼이라 이름하니 온갖 상相을 비추기 때문이며, 때로는 묘심妙心이라 하였으니 비어 있으나 신령스러우며 고요하지만 비추기 때문이요, 때로는 주인옹主人翁이라 하였으니 예로부터 짐을 져 왔기 때문이다.[14]

위에 주어진 이름들은 동일한 궁극적 실재를 가리키는 상징들이다. 이 많은 상징어들 가운데서 지눌은 진심眞心이라는 한 개념을 선호해서 사용하고 있을 뿐이다. 진眞은 '거짓이 없음'(離妄)을 뜻하고 심心은 '신령한 거울'(靈鑑)을 뜻한다고 지눌은 말한다.[15] 진심은 망심의 반대로서, 진심은 어떤 대상을 접할 때 망심과는 달리 반응한다.

어떤 이가 물었다. "진심과 망심이 대상을 대할 때 진심인가 망심인가를 어떻게 분별하는가?" 답했다. "망심은 대상을 대하면 앎이 있게 알아서 순경과 역경에 대해 탐하고 성내는 마음을 일으키고 또 그 중간인 경계에 대해서는 어리석은 마음을 일으킨다. 그 대상에 대해 탐욕(貪)과 분노(瞋)와 우치(痴)의 삼독三毒을

---

14) 『普照法語』, 64쪽. 그밖에 '밑바닥 없는 발우'(無底鉢), '뿌리 없는 나무'(無根樹), '줄 없는 거문고'(沒絃琴), '꺼지지 않는 등불'(無盡燈) 등과 같은 다른 이름들을 들고 있다.
15) 같은 책, 63쪽.

일으키면 그것은 망심임을 알 수 있다. 어떤 조사는 '역경과 순경이 서로 다투는 것은 마음의 병 때문이다'라고 했다. 그러므로 옳고 그름을 대립시키는 것이 바로 망상임을 알 것이다. 진심의 경우, 앎이 없이 알아 공평하고 원만히 비추므로 초목과 다르고, 미워하거나 사랑하는 마음을 내지 않기 때문에 망심과 다르다. 대상을 대하여도 마음이 비고 맑아 미워하거나 사랑하지 않고, 앎이 없이 아는 것이 진심이다."16)

이로부터 우리는 지눌이 말하고자 하는 진심이 과연 무엇인지 어느 정도 짐작할 수 있다. 사실 이 구절에는 이미 지눌이 밝히고자 하는 진심의 모습이 다 드러나 있다 해도 과언이 아니다. 그러나 그 의미는 앞으로의 고찰을 통해 보다 명확하게 드러날 것이다.

위에 열거한 진심의 여러 이름으로부터 알 수 있듯이 그것은 사물이 있는 그대로의 모습(眞如) 혹은 실재(reality)를 가리키는 말로서 다름아닌 공空(śūnyatā)이다. 그것은 제법의 실상實相으로서, 어떤 심리학적 개념이 아니라 존재론적 개념이다. 만법의 법성法性(dharmatā)으로서 만법을 초월하나 동시에 만법을 떠나 있지 않다. 그것은 범부 중생들과 관련해서는 부처가 될 가능성을 보장해 주는 불성佛性 혹은 여래장이며, 모든 부처로 하여금 부처가 되게 하는 부처의 본체 혹은 근거이기에 법신法身이라고도 부른다.

진심의 여러 가지 이름들을 열거한 후 지눌은 체體와 용用이라는 두 측면에서 진심을 밝힌다. 진심의 이러한 두 측면은 종밀(그리고 지눌)이 법法의 두 측면, 즉 불변不變과 수연隨緣이라고 부르는 것에 해당한다. 또 다른 말로는 심心의 성性과 상相, 제법諸法의 리理와 사事에 해당하는 개념이다. 지눌이 진심을 이렇게 두 측면으로 구별하여 보는 것은 기본적으로『대승기신론大乘起信論』의 영향으로서,『기신론』은 중생심으로서의 법法, 곧 일심一心을 진여와 생멸의 이문으로 구별하여 논하고 있다. 종밀은 이 두 측

16) 같은 책, 85쪽.

면의 관계를 설명하기 위해서 다양한 비유를 든다. 예를 들어 금은 금으로서의 변하지 않는 측면과 금으로 만든 여러 가지 물건들로 나타나는 변하는 측면을 가진다.[17] 나중에 우리는 또 다른 비유, 즉 맑고 투명한 마니구슬(摩尼珠)의 비유를 상세하게 고찰할 것이다.

선 전통에 관한 종밀의 해석에 따르면, 진심은 중국의 조사들 가운데서 마음에서 마음으로 밀전되어 오다가 하택신회에 이르러 비로소 양성적으로 드러나게 되었다고 한다. 신회의 '지知라는 한 글자는 모든 묘함의 문이다'(知之一字衆妙之門)라는 말은 밀전의 전통을 깨고 심의 본성, 진심의 체를 말로써 분명히 표현하는 결정적인 계기를 제공했다는 것이다. 종밀에 의하면 신회의 특별한 공헌은 '무위無爲', '무상無相' 등 경전의 부정적인 언사(遮過心辭)들을 넘어서서 심心의 체體를 지知라는 한마디로써 그 핵심을 드러냈다는(現示心體) 데에 있다. 마치 물의 체가 그 혼성濕性에 있는 것처럼 심心의 체體는 지知에 있다는 것이다.[18] 신회의 견해를 종밀은 다음과 같이 설명하고 있다.

하택荷澤의 견해는, 제법諸法이 꿈과 같다는 것은 모든 성인들이 한결같이 설하는 바이다. 고로 망념忘念은 본래 고요하고(寂) 티끌 세계는 본래 비었다(空). 이 공적空寂한 마음은 신령한 앎(靈知)이 있어 어둡지 않다. 이 공적한 마음이 곧 예전에 보리달마에 의해 전해진 청정한 마음이다. 미혹되거나 깨닫거나 마음은 본래 스스로 안다(知). (이 앎은) 조건에 따라 생기지도 않고 외부 경계 때문에 일어나지도 않는다. 미혹될 때는 번뇌가 있지만 앎은 번뇌가 아니며 깨달을 때는 신통神通한 변화가 있으나 앎은 신변神變이 아니다. 그렇지만 지知라는 한 글자는 모든 묘妙함의 근원根源이다.[19]

---

17) 『大正新修大藏經』 권48, 401b.
18) 같은 책, 권48, 406c; 知訥, 『法集別行錄節要幷入私記』(『四集合本』, 703~704쪽).
19) 知訥, 『法集別行錄節要幷入私記』(『四集合本』, 683쪽), "荷澤意者謂, 諸法如夢, 諸聖同說. 故妄念本寂, 塵境本空, 空寂之心, 靈知不昧. 卽此空寂之心, 是前達磨所傳清淨心也. 任迷任悟, 心本自知, 不籍緣生, 不因境起, 迷時煩惱, 知非煩惱, 悟時神變,

지눌도 신회와 종밀의 설을 받아들여 이 진심의 체의 세계를 다음과 같이 말하고 있다.

모든 법은 꿈과 같고 또 허깨비와도 같다. 그러므로 망념은 본래 고요하고(寂) 티끌 세계는 본래 비었다(空). 모든 법이 빈 곳에 신령한 앎이 있어 어둡지 않다. 이 비고 고요하며 신령스럽게 아는 마음(空寂靈知心)이 바로 그대의 본래면목이며 또한 삼세三世의 모든 부처님과 역대 조사들과 천하 선지식들이 서로 비밀스럽게 전한 법인法印이다.[20]

혹은 다음과 같이 말하기도 한다.

제법諸法이 모두 공空한 곳에 영지靈知가 있어 어둡지 않아 지각이 없는 사물들과 같지 않고 그 본성 자체에 신기한 앎이 있다. 이것이 너의 공적하고 영지스러운 청정한 마음의 체體이다. 그리고 이 청정하고 공적한 마음이 삼세의 모든 부처의 뛰어난 깨끗하고 맑은 마음이며 그것이 중생의 본원적 깨달음의 성품이다.[21]

이상과 같은 말들이 뜻하는 바는, 선의 궁극적 실재인 진심眞心의 체體는 공空하고 적寂할 뿐만 아니라 신비스러운 지知(靈知)라는 적극적인 측면이 있어서 무정無情의 상태와는 다르다는 것이다. 그것은 공성空性과 더불어 지知라고 하는 어떤 밝은 성품을 지닌 세계이다. 그것은 중생이 본래적으로

知非神變. 然知之一字, 是衆妙之源."
　　종밀은 설명하기를 '空'은 모든 상이 비었다는 뜻이고, '寂'은 불변하는 實性이며, '知'
　　는 體 자체를 직접적으로 드러내는 말이라고 한다; 知訥, 『法集別行錄節要幷入私記』
　　(『四集合本』, 704쪽) 참조
20) 『普照法語』, 45쪽, "諸法如夢, 亦如幻化. 故妄念本寂, 塵境本空, 諸法皆空之處, 靈
　　知不昧. 卽此空寂靈知之心, 是汝本來面目, 亦是三世諸佛歷代祖師天下善知識密密
　　相傳底法印也."
21) 같은 책, 47쪽, "諸法皆空之處, 靈之不昧, 不同無情, 性自神解. 此是汝空寂靈知淸淨
　　心體, 而此淸淨空寂之心, 是三世諸佛勝淨明心, 亦是衆生本源覺性."

지니고 있는 불성佛性으로서 중생의 '본래면목本來面目'이며 참 자아이다.

지눌은 이 적적寂과 지지知라는 두 측면이 모두 진심의 체體의 세계이지만 양자를 다시 체體와 용用의 관계로 해석한다. 지눌에 의하면 진심의 공적空寂한 측면은 우리의 자성自性에 내재하는 정정이며 영지靈知는 자성의 혜慧에 해당한다. 그리고 정정과 혜慧 사이의 관계는 불가분적 체용의 관계이다.

만일 법法과 그 의義를 베푼다면 진리에 들어가는 천 가지 길이 정정과 혜慧 아님이 없다. 우리가 그 요체를 취한다면 이 둘은 단지 자성상自性上의 체體와 용用이라는 양면이다. 우리가 전에 이른바 공적영지空寂靈知라 부른 것이 이것이다. 정정은 체體요 혜慧는 용用이다. 체에 즉한 용이기에 혜는 정으로부터 떨어져 있지 않다. 정이 곧 혜이기에 적적寂하되 항상 지지知하고, 혜가 곧 정이기에 지지知하나 항상 적적寂하다. 마치 조계曹溪(六祖 慧能)가 "혼란 없는 심지心地가 자성自性의 정정이요 어리석음 없는 심지心地가 자성自性의 혜慧다"라고 한 것과 같다.[22]

지눌이 말하는 공적영지심에서 공적空寂의 개념은 물론 공空 사상에 바탕을 두고 있기에 비교적 쉽게 이해가 가나, 그 용用적 측면인 지知는 보다 세심한 주의와 고찰을 요한다. 지눌은 다음과 같이 말한다.

지금 우리가 말하고 있는 바는, 모든 중생은 어리석거나 지혜롭거나 선하거나 악하거나 혹은 금수의 차별 없이 가진 바 심성心性이 모두 자연히 언제나 환히 알아 목석木石과는 다르다는 것이다. 또 그것은 대상에 따라 분별하는 의식이 아니며 깨달음의 지혜도 아니다. 다만 진여眞如의 자성自性이 무감각한 허공과 달라 본성이 스스로 항시 앎이 있다는 것이다.[23]

---

22) 같은 책, 51쪽, "若說法義, 入理千門, 莫非定慧. 取其綱要, 則但自性上體用二義, 前所謂空寂靈知是也. 定是體, 慧是用. 卽體之用故, 慧不離定, 卽用之體故. 定不離慧. 定則慧故, 寂而常知, 慧則定故, 知而常寂. 如曹溪云, 心地無亂自性定, 心地無癡自性慧."

여기서 지눌은 이 진심 자체가 지니고 있는 앎(知)은 우리가 대상을 분별하는 일상적인 인식이 아니며 또한 '깨달음의 지혜'도 아니라고 한다. 그러나 그것은 분명히 앎이다. 그것은 따라서 앎이 아닌 앎이다.

망령된 마음은 대상과 접할 때 앎을 가지고 안다. 마음에 들거나 거슬리는 대상을 대할 때 탐욕과 노여움의 마음을 내며 그 중간적 대상을 대할 때는 무지의 마음을 낸다. 대상에 접하여 탐욕과 노여움과 무지의 삼독三毒이 일어나면 그것은 망령된 마음임을 알기에 족하다. 한 조사祖師가 이르기를 거슬리는 것과 마음에 드는 것이 서로 싸움이 마음의 병이라 했다. 그런고로 가可하고 가可하지 못한 것을 대하는 것이 망령된 마음임을 알라. 반면에 진심眞心은 앎이 없이 안다. 생각이 평온한 가운데 둥글게 비춰 초목과 다르고 미움과 애착을 내지 않아 망령된 마음과 다르다. 대상에 접할 때 비고 밝아 미움과 애착이 없으니 앎이 없이 아는 것이 진심이다.[24]

한마디로 말해서 지눌은 진심의 체體는 고요하나 앎이 있어, 한편으로는 앎이 있으나 고요하지 않은 보통 사람들의 마음과 다르며 다른 한편으로는 고요하나 앎이 없는 무정無情의 세계와도 다르다는 것이다. 그런데 지눌에 의하면 이 지知가 비록 보통의 인식과도 다르고 깨달음의 지혜와도 다르지만 우리의 모든 인식 활동의 바탕이 되며 깨달음을 얻는 지혜의 근거도 된다고 한다. 여기서 우리는 진심의 체體와 구별되는 진심의 용用에 관한 지눌의 이론에 접하게 된다.

---

23) 知訥, 『法集別行錄節要幷入私記』(『四集合本』, 766쪽), "今所論, 一切衆生, 不揀愚知善惡乃至禽獸所有心性, 皆自然了了常知, 異於木石者. 且不是緣境分別之識, 亦非證悟之知, 直是眞如自性不同頑虛, 性自常知."

24) 『普照法語』, 85쪽, "妄心對境, 有知而知. 於順違境, 起貪嗔心, 又於中容境, 起癡心也. 旣於境上, 起貪嗔痴三毒, 足見是妄心也. 祖師云, 逆順相爭, 是爲心病. 故知對於可不可者, 是妄心也. 若眞心者, 無知而知. 平懷圓照故, 異於草木, 不生憎愛故. 異於妄心. 卽對境虛明, 不憎不愛, 無知而知者, 眞心."

지금 밝힌 바 공적영지는 비록 분별하는 식識도 아니고 깨달음을 증득하는 지혜智慧도 아니지만 식과 지혜를 능히 산출産出해 낼 수 있다. 범부凡夫도 되고 성인聖人도 되며 선善도 짓고 악惡도 짓는다. 마음에 들거나 거슬리거나 하는 작용의 힘이 만 가지로 변한다. 그러한 이유인즉 그 체體가 지知이기 때문이다. 여러 가지 연緣을 대할 때 모든 옳고 그름, 좋고 싫음 등을 능히 구별한다.[25]

이 구절이 우리에게 말해 주는 바는, 고요하고 변하지 않는(不變) 진심의 체가 동시에 우리 일상생활에서 경험하는 모든 차별적 조건에 따라 역동적으로 변하는(隨緣) 측면을 동시에 지니고 있다는 것이다. 우리의 일상적 경험의 세계가 진심과 별도로 존재하는 것이 아니라 바로 진심의 묘용妙用적 측면일 뿐이라는 것이다. 진심의 세계에서는 따라서 생사와 열반, 중생과 부처, 시간과 영원, 생성과 존재의 대립이 극복된다. 화엄 철학의 술어로 말하자면 리사무애理事無碍의 세계인 것이다. 지눌에 의하면, 진심이 이렇게 수연적 성격을 띠는 것은, 다시 말해 진심의 체體가 용用적 측면을 띨 수 있는 이유는 바로 진심의 체 자체가 지니고 있는 지知라는 용적 측면 때문(그 體가 知이기 때문)이라는 것이다. 이것은 지눌의 심성론의 핵심이 되는 부분이다. 모든 차별성과 다양성이 사라진 공적한 진심의 체에서 일상적 세계가 역동적으로 되살아 날 수 있는 것은 진심 자체가 지닌 지知의 측면이 있기 때문이라는 것이다. 이 신비를 우리에게 가장 잘 이해시켜 주는 것은 종밀이 사용한 마니주摩尼珠의 비유이다.

마니주가 오로지 둥글고 깨끗하고 맑아서 일체의 차별적 색상色相을 전혀 가지고 있지 않듯이, 하나의 영적靈的 심성心性은 비고 고요하고 항시 알며 본래 아무런 분별도 없고 일체의 선악도 없다. 그 (마니주의) 체體가 맑기 때문에 바깥

---

25) 知訥, 『法集別行錄節要幷入私記』(『四集合本』, 768쪽), "今之所明, 空寂靈知, 雖非分別之識, 亦非證悟之智, 然亦能生識之與智. 或凡或聖, 造善造惡, 違順之用, 勢變萬端, 所以然者, 以體知故, 對諸緣時, 能分別一切是非好惡等."

의 사물들을 대할 때 일체의 차별적 색상을 나타낼 수 있듯이, (심성의) 체體가 앎(知)이기 때문에 여러 조건들을 대할 때 모든 옳고 그름, 좋고 싫음을 분별할 수 있으며 세간世間과 출세간出世間의 온갖 종류의 일들을 수행하고 만들어 낼 수 있다. 이것이 수연隨緣의 측면이다. 비록 색상 자체는 차별이 있으나 맑은 구슬은 일찍이 변한 일이 없듯이, 비록 어리석음과 지혜, 선과 악 자체는 차별이 있고 걱정과 기쁨, 미움과 사랑 자체는 생기고 사라지는 일이 있지만 아는 마음은 일찍이 그침이 없다. 이것이 불변하는 면이다.[26]

이 비유의 핵심은 마니주가 깨끗할 뿐만 아니라 맑기도 하다(즉, 진심의 체가 寂할 뿐만 아니라 知이기도 하다)는 사실이다. 왜냐하면 바로 이 맑음의 면이 있기 때문에 구슬은 바깥 대상들과 접할 때 여러 가지 색상을 취하여 반영할 수 있기 때문이다. 그러나 물론 이 때 구슬 자체가 대상에 따라 변하는 것은 아니다. 이미 고찰한 바와 같이 지눌은 적寂과 지知(구슬의 깨끗함과 맑음)의 관계를 진심의 체體가 가지고 있는 체體와 용用으로 해석하고 있다. 따라서 진심의 체體 안에 있는 불변의 용用(구슬의 맑음)이 진심의 변하는 용用(구슬 위에 나타나는 여러 가지 색상들)을 일으키는 것이다. 이것이 바로 진심의 지知를 알아야 하는 결정적인 이유이다. 지知야말로 '중묘지문衆妙之門'인 것이다.

이것이 또한 종밀이 그 특유의 예리함을 가지고서 변하지 않는 자성용自性用과 변하는 수연용隨緣用을 구별한 까닭이다.

진심眞心의 본체는 두 종류의 용用을 가지고 있다. 하나는 자성自性의 본래적本來的 용用이요, 다른 하나는 (外的) 연緣에 응하는 용用이다. 동경銅鏡에 비유한

---

26) 知訥, 같은 책(『四集合本』, 695쪽), "如摩尼珠, 唯圓淨明, 都無一切差別色相, 一靈心性, 空寂常知, 本無一切分別, 亦無一切善惡也. 以體明故, 對外物時, 能現一切差別色相, 以體知故, 對諸緣時, 能分別一切是非好惡乃至經營造作世間出世間種種事數. 此是隨緣義也. 色相自有差別, 明珠不曾變易, 愚智善惡自有差別, 憂喜憎愛自有起滅, 能知之心不曾間斷, 此是不變易義."

다면 동동銅의 질질質은 자성自性의 체體요 경鏡의 명明은 자성自性의 용용用이며 그 명明이 나타내는 영상影像들은 연緣에 따르는 용用이다.…… 마찬가지로 마음 의 상적常寂함은 자성自性의 체體요 마음의 상지常知는 자성自性의 용用이며 이 지지知가 능히 말하고 분별하는 (행위들은) 연緣에 따른 용用이다.[27]

종밀은 이와 같은 통찰에 따라 하택종 밖의 여러 선 사상을 평가한다. 그에 의하면 홍주종洪州宗(馬祖道一의)은 상황에 따라 변하는 용用의 면은 잘 알고 있다. 그리하여 홍주종은 일상생활의 모든 활동들을 진眞으로 간 주한다. 진심眞心의 용用(맑은 구슬에 나타나는 색상들)이기 때문이다. 그러나 홍주종은 자성自性의 불변하는 용用, 즉 진심의 체體 가운데 있는 지知의 측면을 잘 모르고 있다. 그들은 색깔 있는 구슬에만 친숙하기 때문에 색깔 있는 구슬과 색깔 없는 맑은 구슬을 잘 구별할 줄 모른다는 것이다. 지눌은 종밀의 이러한 견해에 전적으로 동의하지는 않지만 지知의 측면을 가장 분명하게 드러낸 사람은 역시 신회였다는 데는 동의한다. 다른 한편으로, 신수神秀의 북종北宗은 상황에 따라 변하는 용用의 측면을 전혀 모른다. 따라서 그들은 맑은 구슬 위에 나타나는 다양한 색상들을 보고서 구슬이 정말로 그러한 색상들을 지니고 있다고 생각하여 깨끗한 구슬을 얻기 위 해 열심히 구슬을 닦아 때를 벗기고자 한다. 그런가 하면 우두종牛頭宗은 공空의 측면에 너무 집착해 있기 때문에 구슬 위에 나타나는 여러 색상만 공空하다고 생각할 뿐 아니라 깨끗하고 맑은 구슬 자체까지도 공하다고 한다. 따라서 우두종의 견해는 북종과는 달리 색상의 공空함은 깨닫고 있 지만 진심眞心 자체를 부정하기 때문에 진리를 절반밖에 모른다고 평가한 다. 지눌은 이러한 평가 역시 전적으로 수용하지는 않는다. 그러나 진심의

---

27) 知訥, 같은 책(『四集合本』, 706쪽), "眞心本體, 有二種用, 一者自性本用, 二者隨緣應 用, 猶如銅鏡, 銅之質是自性體, 銅之明是自性用, 明所現影是隨緣用. 以喩心常寂是 自性體, 心常知是自性用, 此知能語言能分別等是隨緣用."

여러 측면들을 명확하게 파악하고 균형 있게 이해하는 데는 신회의 견해가 가장 뛰어남을 인정하여 다음과 같이 결론 짓는다.

> 그런고로 이 말법시대未法時代에 마음을 닦는 사람은 먼저 하택荷澤이 보여 주는 언교言敎에 따라서 자기 마음의 성性과 상相, 체體와 용用을 가리고 택하여 공적에도 빠지지 말고(牛頭宗의 위험) 수연隨緣에도 걸리지 말지라(洪州宗의 위험).[28]

4. 수행론

1) 돈오론

지금까지 살펴본 선의 존재론적 측면, 즉 심성론에 대한 지눌의 논의는 결코 선의 수행 자체를 대체하려는 데에 목적이 있는 것이 아니다. 그것은 다만 '관행觀行을 위한 거울'일 뿐이다. 스스로 관행을 하지도 않고 진심을 안다고 주장하는 것은 남의 재산을 헤아리는 것만큼이나 어리석은 짓이라고 지눌은 말한다.[29] 지눌은 또한 "만일 자신의 마음을 잘 반조返照해 보지도 않고 마음의 공능功能을 안다면 그를 일컬어 명성과 이익만을 좇는 문자법사文字法師라 부른다"라고 경고한다.[30]

특히 지눌은 신회神會가 진심眞心을 아는 열쇠로서 '지知'라는 결정적인 말을 발설함으로써 선禪을 현교화顯敎化한 이후에는, 우리가 언어적 이

---

28) 知訥, 같은 책(『四集合本』, 693쪽), "是故而今末法修心之人, 先以荷澤所示言教, 決擇自心性相體用, 不墮空寂不滯隨緣."
   위에 언급된 종밀의 견해에 관해서는 같은 책(『四集合本』, 694~707쪽) 참조.
29) 知訥, 같은 책(『四集合本』, 747쪽).
30) 김지견 편, 『華嚴論節要』(1972), 451쪽.

132 한국의 사상가 10人 —— 지눌

해로써 선적 경험을 대신하려는 유혹에 빠지기 쉽다고 생각한다. 그리하여 한 가상의 질문자는 지눌에게 신회의 현교화 이후에도 깨달음이 순수한 것일 수 있는지 묻는다. 지눌은 다음과 같이 대답하다.

내가 이미 말하지 않았는가? 만약 몸소 반조返照의 노력 없이 다만 고개만 끄덕이면서, "현재 (나의 이) 아는 주체가 곧 부처의 마음이다"라고 말하는 사람은 심히 잘못된 사람이다.…… 내가 소위 마음을 깨달은 사람이라고 말하는 자는 단지 언설로써 의심을 제거한 사람을 말하는 것이 아니라 직접적으로 공적영지라는 말을 붙들고 반조의 노력을 해서 이 반조의 노력으로 인해 생각을 여읜 마음의 본체를 얻은 사람을 말한 것이다.[31]

여기서 핵심적인 것은 관행에 대해 지눌이 즐겨 쓰는 단어인 '반조返照'라는 말이다. 좀더 정확히 말하자면, '빛을 되돌려 안을 향해 비춘다'(廻光返照)는 말이다. 여기서 '빛'은 우리의 시선이며 비유적으로 우리의 관심의 방향을 말한다. '너의 관심을 내면의 세계로 돌려라'; 이것은 바깥 세계와 명리名利의 추구에 사로잡힌 고려 불교를 향한 지눌의 외침이었다. 천박한 일상적 삶을 탈피하여 궁극적 실재의 신비를 만날 수 있는 깊은 내면의 세계를 추구하라는 외침이었던 것이다. 반조란 외적 상相과 색色에 휘둘리지 않음, 단지 상相만을 좇아 외부 세계를 향해 치닫지 않음을 뜻한다. 반조의 관점에서는 세속적 행위뿐 아니라 종교적 행위들마저도 피상적이고 부차적인 일이 되어 버린다.

부처의 이름을 외우고 경을 읽고 수많은 선행을 하는 것은 승려가 행해야 할 일상적 도리이다. 무슨 방해가 되겠는가? 그러나 그 근본을 캐들어 가지 못하고

---

31) 知訥, 『法集別行錄節要幷入私記』(『四集合本』, 803~804쪽), "前不云乎. 若無親切返照之功, 徒自點頭道, 現今能知是佛心者, 甚非得意.……吾所謂悟心之士者, 非但言說除疑, 直是將空寂靈知之言, 有返照之功, 因返照功, 得離念心體者也."

상相에 집착하여 밖으로 구한다면, 그러한 사람은 지혜로운 자의 비웃음을 사지 않을까 걱정하는 바이다.[32]

그렇다면 빛을 되돌려 안을 향하게 하는 목적은 무엇인가? 그것은 곧 마음을 깨닫는 것(悟心), 즉 돈오頓悟의 체험에 있다. 자기 자신의 본 마음이 바로 부처의 마음이며 자신의 본 성품이 부처의 성품임을 깨닫는 일이다. 돈오는 선행禪行의 종착점이 아니라 출발점이다. 그러면 돈오라는 것은 무엇인가? 그것은 과연 언어로 논의되고 설명될 수 있는 것인가?

지눌은 돈오에 대한 언어적 논의와 설명을 피하지 않는다. 오히려 바로 선禪의 과격한 메시지(깨달음이 긴 수행 후 최종적으로 얻어지는 것이 아니라 바로 禪의 시작이라는) 때문에 언어적 논의는 필수적이라고 여긴다. 지눌은 선禪 수행자들이 깨달음이라는 높은 이상을 추구하여 일생을 보내되 아무것도 얻지 못하고 방황하는 당시 선 불교계의 현실에 깊은 우려를 나타내고 있다. 특히 법의 밀전密傳만을 도道라고 여겨 구체적 방편도 없이 막연히 그것만을 추구하다가 결국 아무것도 건지지 못하고 마는 한심스러운 작태를 지눌은 개탄한다. 바로 그러한 위험을 막기 위해서라도 깨달음에 대한 분명하고 확고한 지적 안내가 필요하다고 지눌은 믿었던 것이다. 그러나 다른 한편으로는 이러한 지적 안내에 대한 대가도 따른다. 즉 지눌은 돈오의 두 종류, 혹은 두 차원을 구별하지 않으면 안 되었다. 지눌에 의하면 (화엄 사상가 澄觀의 견해에 따라) 깨달음에는 해오解悟와 증오證悟가 있다. 전자는 수행 이전에 얻는 깨달음이며 후자는 수행 후에 얻는 깨달음이다.[33] 따라서 지눌이 돈오를 선의 시작으로 제시할 때 그것은 물론 점차적 수행(漸修)이 뒤따라야 하는 해오를 의미한다. 이러한 의미에서 수행 이전의 깨달

---

32) 『普照法語』, 3쪽, "念佛轉經, 萬行施爲, 是沙門主持常法, 豈有妨碍. 然不窮根本, 執相外求, 恐被智人之嗤矣."
33) 같은 책, 119쪽; 知訥, 『法集別行錄節要幷入私記』, 742쪽 · 755쪽.

음인 해오로서의 돈오는 선의 시작일 뿐이다. 그렇다면 왜 지눌은 해오 대신 점수를 선행의 시작으로 채택하지 않았는가 하는 의문이 제기된다. 이에 대한 대답은 지눌이 이해하는 수修의 의미를 다루는 다음 장에서 고찰할 것이다. 돈오가 선禪의 시작이어야 한다는 것은 지눌의 선禪 이해에 있어서 부동의 원칙이다. 이제 이러한 돈오에 대한 지눌의 이해를 살펴보자.

돈오의 내용은 개념화할 때 결국 이미 우리가 살펴본 진심의 체용體用이 된다. 그러나 자신의 본래면목을 되찾는 선행禪行의 시작으로서의 돈오는 단지 어떤 객관적 진리에 대한 통찰이 아니라 자기 자신의 존재와 깊숙이 관련된 깨달음이다. 해오에서의 '해解'는 기본적으로 자기 이해이다. 지눌은 종밀의 말을 빌려 돈오를 다음과 같이 설명한다.

시작도 없이 헤매며 전도되어 사대四大(地·水·火·風)를 몸으로, 망상을 마음으로 인식하며 통틀어 '나'로 알다가, 만약 좋은 벗을 만나 위에서 말한바 불변不變과 수연隨緣, 성性과 상相, 체體와 용用의 이치를 듣고는 홀연히 신령하고 밝은 지견知見이 자기 자신의 진심眞心이며 마음은 본래 항시 공적空寂해서 성性도 상相도 없어 곧 법신法身이며, 몸과 마음이 다르지 않으니 이것이 곧 진아眞我로서 모든 부처와 털끝만치도 다르지 않음을 깨닫기 때문에 '돈頓'이라고 한다. 마치 어떤 대신이 꿈에 감옥에 갇혀 몸에 형틀을 쓰고 갖가지로 괴로워하면서 백방으로 벗어날 길을 찾다가 어떤 사람이 그를 불러일으키면 홀연히 깨어나 비로소 자신이 본래의 자기 집에 있고 안락함과 부귀가 조정의 여러 동료 대신들과 전혀 다르지 않음을 보는 것과 마찬가지이다.[34]

돈오는 자신의 참 자아(眞我), 즉 허망한 꿈과 같은 미혹으로 인해 인지

---

34) 知訥, 『法集別行錄節要幷入私記』(『四集合本』, 708~709쪽), "無始迷倒, 認此四大爲身, 妄想爲心, 通認爲我. 若遇善友, 爲說如上不變隨緣性相體用之義, 忽悟靈明知見是自眞心, 心本恒寂無性無相卽是法身, 心身不二是爲眞我, 卽與諸佛, 分毫不殊, 故云頓也. 如有大官, 夢在牢獄身着枷鎖, 種種憂苦百計救出, 遇人喚起忽然覺悟, 方見自身元在自家, 安樂富貴與諸朝僚, 都無別異也."

하지 못했던 자신의 참 마음(眞心)을 홀연히 발견하게 됨을 의미한다. 미망에서 깨달음으로의 변화, 꿈에서 깨어남이 즉석에서 일어나기 때문에 '돈오', 즉 갑작스러운 깨침이라 부르는 것이다. 돈오는 따라서 점진적인 과정이 아니라 갑자기 일어나는 하나의 정신적 혁명과도 같다. 이러한 자기 본성本性의 발견의 다름아닌 '견성성불見性成佛'이다.[35] 지눌은 여기서 '성性'이란 상相에 대립되는 성性이 아니라 그러한 대립마저 초월하는 (위의 인용문에서 性도 相도 없다는) 성性, 즉 성性(空, 寂)도 아니고 상相(色, 用)도 아니면서 동시에 성상性相인 절대적 성을 의미한다고 한다.[36]

깨달음이 뜻하는 것을 좀더 명확히 하기 위해서 우리는 지눌에 있어서 무엇이 그 반대인 무지와 미망인가를 살펴볼 필요가 있다.

진심眞心은 성인聖人이나 범부凡夫나 본래 똑같다. 그러나 범부는 망령된 마음으로 사물을 인식하여 자신의 깨끗한 본성을 잃어버리기 때문에 (聖人과) 간격이 생기는 것이다. 이러한 까닭에 진심이 나타날 수 없는 것이다. 어둠 속에 있는 나무의 모습이나 땅속에 흐르는 샘물처럼 있지만 다만 알지 못할 뿐이다. 그런고로 경經에 이르기를, "선남자여, 비유하자면 맑고 깨끗한 마니주摩尼珠가 오색을 반영하여 각각 방향에 따라 (색상을) 나타내면 어리석은 자들은 그 마니주에 본래 오색五色이 있다고 생각하는 것과 같다. 선남자여, 원각圓覺의 깨끗한 본성이 몸과 마음을 나타내어 종류에 따라 각각 응하는데, 저 어리석은 자들은 깨끗한 원각에 실제로 이와 같은 몸과 마음의 자성自性이 있다고 말함도 역시 이와 같다" 하였다.[37]

이 비유에 따르면, 미혹의 핵심은 반영물의 참된 성격, 즉 진심眞心의

---

35) 知訥, 같은 책(『四集合本』, 711쪽·787쪽).
36) 知訥, 같은 책(『四集合本』, 787쪽).
37) 『普照法語』, 70쪽, "眞心聖凡本同. 凡夫妄心認物, 失自淨性, 爲此所隔, 所以眞心不得現前. 但如暗中樹影, 地下流泉, 有而不識耳. 故經云, 善男子, 裘如淸淨摩尼寶珠映於五色, 隨方各現, 諸愚痴者, 見彼摩尼, 實有五色. 善男子, 圓覺淨性, 現於心身, 隨類各應, 彼愚痴者, 說淨圓覺, 實有如是, 心身自性, 亦復如是."

용用을 오해하는 데에 있다. 미혹된 마음은 어리석게도 구슬에 반영된 오색이 진심의 작용임을 모르고 실재한다고 여긴다. 그리하여 구슬이 본래 맑은 것임을 모르는 것이다.

이상에서 살펴본 지눌의 돈오론은 종밀에 크게 의존하고 있다. 그러나 지눌의 돈오론에는 종밀과는 다른 새로운 면들이 있다. 지눌은 구도기에 수차례 깨침의 체험을 한 일이 있다. 그 가운데서 지눌의 돈오관에 커다란 영향을 준 것은 『화엄경』과 이통현의 『화엄론』을 읽다가 얻은 깨침의 경험과 『대혜어록』을 통해 얻은 깨침의 경험이었다. 전자는 지눌의 화엄적 돈오론의 배경이 되었고, 후자는 우리가 나중에 고찰할 그의 간화선看話禪, 곧 화두를 통한 깨침의 길인 교외별전적 돈오론의 배경이 되었다. 양자 모두 종밀에게는 찾아볼 수 없는 사상이다.

지눌은 자신이 선사禪師임에도 불구하고 돈오가 결코 선의 전유물이 아님을 깨달았다. 종밀이 선禪과 교敎의 일치를 이론적 혹은 사상적 차원에서 보여 주고자 했다면, 지눌은 한 걸음 더 깊이 들어가서 화엄적 돈오의 체험을 통해 선교일치를 몸소 확인했다. 그는 이 경험을 바탕으로 하여 그의 두 저술, 『화엄론절요』와 『원돈성불론』에서 이 화엄적 돈오의 길을 천명하고자 했다. 이것이 곧 그가 제시한 원돈신해문인 것이다. 이를 통해 지눌은 돈오의 의미를 좀더 분명히 하고 현교화顯敎化시킬 뿐 아니라, 선禪의 관점에서 화엄을 해석함으로써(혹은 화엄의 관점에서 禪을 해석함으로써) 교敎를 선禪 안으로 끌어안았다. 이것은 고려 불교계의 골칫거리였던 선교禪敎의 갈등에 대한 그의 해법이기도 했다. 지면 관계상 본 논문에서는 원돈신해문의 내용적 고찰은 생략하기로 한다.

지금까지 우리는 지눌의 돈오, 즉 견성見性에 대한 이론을 간략히 살펴보았다. 이미 언급한 바와 같이 지눌에 의하면 오悟에는 두 가지가 있다. 하나는 해오解悟이고 다른 하나는 증오證悟이다. 우리가 지금까지 고찰한 것은 해오로서, 여실언교如實言教에 따라 반조의 행위를 통해 얻어지는 깨달음의 체험이다. 다시 한 번 강조되어야 할 점은, 해오라 해도 결코 그것이 단순한 지적 이해가 아니라는 사실이다. 그것은 이해의 주체와 객체가 일치하는 진정한 의미에서의 자기 이해이며 오직 내적 자기 성찰(廻光反照)의 행위를 통해서만 주어지는 깨침의 체험이기 때문이다.

지눌은 '견성見性'을 사람이 자기 눈을 보는 것에 비유한다. 불가능하고 불필요한 일이라는 것이다. 자신의 본성을 대상화하여 보고자 하는 사람은 마치 스스로 자기 눈을 볼 수 없으므로 눈이 없다 하여 보려고 허둥거리는 사람과 같다는 것이다. 자신의 눈을 '보는' 최상의 방법은 자기가 이미 그것을 갖고 있으며, 따라서 새삼 그것을 보려고 애쓸 필요가 없으며 이미 그것으로 사물들을 보고 있다는 사실을 자각하는 길뿐이다. 마찬가지로, 자신의 불성佛性, 자신의 영지靈知를 '보는' 최상의 길은 그것이 바로 자신의 마음이기에 볼 수도 없고, 볼 필요도 없다는 사실을 깨닫는 일이다. 이것이 견성見性이다. 그것은 주체가 주체를 보는 신비한 봄이며 주객일치적主客一致的 앎이요 자각적 앎인 것이다.[38]

2) 점수론

남종선南宗禪에서 전하는 이야기에 의하면, 오조五祖 홍인弘忍의 문하에서 가장 뛰어났던 제자 신수神秀는 자신의 깨달음의 경지를 다음과 같은 시의 구절로 표현했다고 한다.

몸은 보리수이고 마음은 명경대와 같으니,
항시 부지런히 닦아 아무 먼지도 앉지 못하게 하여라.[39]

---

38) 같은 책, 44쪽.
39) "身是菩提樹, 心如明鏡臺. 時時勤拂拭, 勿使惹塵埃."

이에 대해, 혜능慧能은 다음과 같은 시를 지었다고 한다.

보리는 본래 나무가 없고 명경 또한 대가 아니다.
본래 아무것도 없는데 어디에 먼지가 앉겠는가?[40]

현대 선불교 학자들은 대부분 이 이야기가 역사적 사실이 아닌 후대의 창작이라고 생각한다.[41] 그러나 누가 이 이야기를 만들어 냈든 간에, 위의 두 시는 확실히 중국 불교, 특히 선불교 역사상 가장 근본적인 문제 중의 하나를 명확하게 부각시키는 장점을 가지고 있다. 그것은 곧 돈오와 점수의 문제이다. 제기되는 문제는 다음과 같다. 만약 혜능이 말한 것이 진리이며 깨달음(悟)의 체험에 대한 더 적합한 표현이라면, 어떠한 닦음(修)의 행위나 과정도 불필요하다는 말인가?

지눌도 그의 점수에 대한 논의를 이와 유사한 물음으로 시작하고 있다. 왜 돈오 이후에 점수의 과정이 필요한 것인가? 깨달음은 우리에게 일체의 법(선과 악, 깨끗함과 더러움)이 공空이며 진심眞心의 반영 혹은 작용에 지나지 않음을 말해 주지 않는가? 깨달은 자의 눈에도 부지런히 제거해야 할 더러움이 아직 실재한다는 말인가? 이와 같은 의문들이 선돈오후점수先頓悟後漸修를 주장하는 지눌이 해결해야만 하는 문제들이다. 아니 도대체 왜 이런 순서여야만 하는가? 점수漸修 후의 돈오頓悟가 훨씬 더 자연스러운 순서가 아닌가? 우리는 우선 이런 근본적인 문제들에 대한 지눌의 대답을 살펴본 후, 그가 생각하는 점수의 개념, 그 내용 및 방법을 고찰하고자 한다.

위의 질문에 대하여 지눌은 종밀이 사용하는 비유로써 답한다. 예를 들어, 우리는 얼음이 본래 물임을 알고 있으나, 얼음이 실제로 물이 되는 데

---

40) "菩提本無樹, 明鏡亦非臺. 本來無一物, 何處惹塵埃."
41) 이 이야기에 대한 비판적 검토로는, 宇井伯壽, 『禪宗史研究』(東京: 1939), 345~350쪽을 볼 것.

는 얼마 동안 따뜻한 햇빛을 받는 시간이 필요한 것과 같다는 것이다.[42] 혹은 우리는 갓난아기가 태어나자마자 틀림없이 사람임을 알지만, 그 아이가 성인이 될 때까지는 시간과 양육이 필요한 것과도 같다는 것이다.[43] 이런 비유들이 암시하는 것은 인식과 존재 사이에 괴리가 있다는 것이다. 지눌은 이런 괴리를 리理와 사事의 차이로 해석한다.

> 경經(『능엄경』)에 이르듯, 리理는 갑자기 깨닫는 것으로서 깨달음을 얻음과 더불어 (무지는) 사라지지만, 사事는 갑자기 제거되지 않고 단계적으로 없어진다.[44]

중국 불교에서는 적어도 도생道生(430년 卒) 이후 리理는 아무런 상相의 차별이나 등급이 없고 분할될 수 없는 것이기 때문에 한꺼번에 단박 깨달아야 하는 것으로 인정되어 왔다. 리理에 대한 이해는 전부全部 아니면 전무全無이지 단계적 이해란 있을 수 없다는 것이다. 지눌은 이 점에 동의하고 있다. 그러나 차별상과 다양성을 지닌 사事는 대번에 제거될 수 없다고 한다. 그렇다면 우리는 묻지 않을 수 없다. 리理를 떠난 사事(理에 포섭되지 않는 事)라는 것이 별도로 존재한다는 말인가? 리가 항상 사의 리이듯, 사 또한 깨달은 마음에게는 리의 사가 아닌가?

여기서 우리는 지눌의 사고에 어떤 입장 변경 같은 것을 감지한다. 돈오를 이야기할 때는 그는 리와 사 사이의 막힘이나 괴리를 인정하지 않는다. 리理와 사事, 성性과 상相, 혹은 체體와 용用 사이에 아무런 장애가 없다는 것(理事無碍)이야말로 돈오의 핵심 내용이다. 일체의 사事는 공空하며 성性으로부터 일어나는 진심의 묘용이기에 실재성을 결여한 것이며, 애써 제거할 필요조차 없다는 것이다. 그러나 이제 점수론에 이르러서는 지눌은 입

---

42) 『普照法語』, 8쪽 및 42쪽.
43) 같은 책, 44쪽.
44) 같은 책, 42쪽, "如經云, 理卽頓悟, 乘悟倂消, 事非頓除, 因次第盡."

장을 바꾸어 종밀과 더불어 리理와 사事의 괴리를 인정하며 마치 사事가 리理에 독립해서 존재하는 것처럼 점수의 필요성을 강조하는 것이다. 우리는 이런 변화를 어떻게 해석해야 할 것인가?

지눌의 글 속에서 우리는 이 문제에 대한 어떤 명확한 이론적 해결을 찾아보기는 어렵다. 왜냐하면 이론과 실천, 인식과 행위 사이의[45] 괴리에 대한 실존적 경험이야말로 그의 수행론의 기초가 되고 있기 때문이다. 우리가 앞으로 보겠지만, 지눌에게 있어 인식과 행위의 괴리가 절대적인 것은 아니다. 인식은 행위에 대해 깊은 영향을 미친다. 다시 말해서, 오悟는 오悟 후에 오는 수修의 질을 변화시킨다. 그럼에도 지눌은 깨달음이 인간 존재를 일시에 완전히 변화시키지는 못하며 깨달음에도 불구하고 인간은 계속해서 괴로움을 당할 수밖에 없는 존재라는 사실을 외면할 수 없었다. 성인聖人과 범부凡夫, 부처와 중생, 열반과 생사 사이에는 여전히 건너뛰기 어려운 심연이 가로놓여 있는 것이다. 그는 종밀의 결론에 공감한다. "미망으로부터 깨어나는 것은 갑작스러우나 범부로부터 성인이 되는 것은 점차적이다."(從迷而悟卽頓, 轉凡成聖卽漸.)[46]

이러한 현실은 지눌로 하여금 자성청정自性淸淨과 이구청정離垢淸淨을 구별하도록 만들며, 자성해탈自性解脫과 이구해탈離垢解脫을 구별하도록 한다.[47] 지눌이 그의 『계초심학인문戒初心學人門』에서 선을 공부하는 학인들에게 리참理懺(理에 따른, 즉 空觀에 의한 뉘우침)뿐만 아니라 사참事懺(잘못 하나하나에 대하여 구체적으로 뉘우치는 일)도 수행해야 한다고 권고하는 것도 같은 이유에서이다.[48] 원효의 해석에 따르면, 『기신론』 또한 갑자

---

45) 인식과 존재의 괴리는 인식과 행위의 괴리로 인해 생긴다. 事가 空임을 알아도 실제 행위상에서는 事에 얽매이기 때문에 여전히 중생인 것이다.
46) 知訥, 『法集別行錄節要并入私記』(『四集合本』, 708쪽).
47) 知訥, 같은 책(『四集合本』, 754쪽).
48) 『大正新修大藏經』 권48, 1004a.

기 제거될 수 있는 근본무명과 그럴 수 없는 지말무명枝末無明을 구별하는
데,49) 역시 같은 종류의 문제를 인식한 것이다. 마찬가지로『원각경圓覺
經』도 두 종류의 장애를 언급하는데, 하나는 '리理의 장애'이고 다른 하나
는 '사事의 장애'이다.50) 대승의 이제설二諦說로 말할 것 같으면, 진제眞諦
의 차원에서는 생사가 열반이고 열반이 생사이지만, 속제俗諦의 차원에서
는 생사는 여전히 생사이며 열반은 여전히 열반이다. 우리는 이치상(de jure)
으로는 이미 해탈한 부처임에 틀림없지만, 사실상(de facto)으로는 아직 번민
하는 탐욕스러운 중생의 모습 그대로인 것이다. 종밀은 인간 실존의 이러
한 이율배반적 상황을 다음과 같이 생생하게 표현하고 있다.

질문: 탐貪・진瞋・치痴가 모두 공空하다면, 어떤 생각(망념)도 실재하지 않는
다고 할 것이다. 왜 그것들을 제어해야만 하는가?
대답: 만약 그렇다면, 그대가 갑자기 중한 병을 앓아 고통을 당한다고 가정해
보라. 만일 고통이 공하다면 병이 존재하지 않는다고 말할 수 있을 것이다. 왜
그대는 약으로 그것을 치료해야만 하는가? 탐욕과 분노가 공하다 할지라도 업
을 낳을 수 있고, 업이 공하다 해도 고통을 초래할 수 있고, 고통이 공하다 해도
견디어내기 힘든 것임을 그대는 알아야 한다. 그러므로 이전의 도표에서 말하
기를 체體가 공空하나 사事를 낳는다고 한 것이다.51)

필경 지눌은 자신의 수행 경험을 통해 리理와 사事 사이의 괴리를 절감
했을 것이다. 우리는 지눌의 행장을 통해서 그가 비록『육조단경』과『화엄
론』과의 조우를 통해 돈오적 체험을 했음에도 불구하고 그 후 기나긴 수행
의 과정에 몰두했음을 안다. 삶의 구체적 현실 속에서 부딪히는 정신적 유

49) 元曉,『大乘起身論疏』(『大正新修大藏經』 권44, 212쪽). '枝末無明'이란 세 가지 미세
한 번뇌(三細)와 여섯 가지 조악한 번뇌(六麤)를 가리킨다.
50)『大正新修大藏經』 권17, 916b.
51) 같은 책 48, 411c. '도표'란 불교의 근본 진리에 대하여 종밀 자신이 만든 표를 가리킨다.

혹과 갈등을 그는 누구보다도 잘 알고 있었으며 그것이 순간의 깨달음으로 해결될 성질의 문제가 아니라는 것 또한 그는 뼈저리게 느꼈을 것이다. 이것이 아마도 그가 홍주종洪州宗보다는 점수漸修의 중요성을 강조하는 하택종荷澤宗과 종밀의 사상을 선 수행의 지침으로 삼은 이유일 것이다. 현실생활에서 부딪히는 선악시비의 모든 일들을 단지 불성의 작용으로 간주하여 긍정해 버리는 홍주종의 위험에 대한 지눌의 비판은 이 점에서 매우 의미심장하다.

아래 글에 이르기를, 홍주는 항상 말하기를 "탐진貪瞋과 자선慈善이 모두 불성이니 무슨 차별이 있겠는가"라고 한다는 것이다. 이것은 어떤 사람이 (물의) 젖게 하는 성질이 항상 변함없음만을 보고 (물이) 배를 건네기도 하고 전복시키기도 하는 공과功過가 현격하게 다름을 모르는 것과 같다. 그러므로 이 종(홍주종)은 돈오문에는 비록 가까우나 꼭 부합하지는 않고 점수문과는 완전히 어긋난다.[52]

비록 지눌은 종밀이 평하는 홍주종 비판을 무조건 수용하지는 않았지만, 그래도 역시 지눌은 홍주종의 위험성을 간과하지 않았다. 모든 사事가 불성의 작용이라면 애당초 수행이란 필요없는 것이며, 수행에 도움이 되는 사事와 그렇지 못한 사事 사이의 구별은 무의미해지기 때문이다. 끊임없는 수행의 필요성을 절감했던 지눌로서는 사事의 차별적 세계를 보다 진지하게 받아들여야만 했던 것이다.

그러면 인식과 실천 사이에 발견되는 괴리의 원인은 무엇인가? 지눌은 그것을 과거의 오랜 세월에 걸쳐 축적되어 온 무명과 번뇌의 습관적 힘에 돌린다.

---

52) 知訥, 『法集別行錄節要并入私記』(『四集合本』, 690쪽), "下文云, 洪州常云, 貪瞋慈善, 皆是佛性, 有何別者. 如人但觀濕性始終無二, 不知濟舟覆舟功過懸殊. 故彼宗, 於頓悟門雖近而未的, 於漸修門而全乖."

범부들은 시작도 모르는 광대한 겁 이전부터 오늘에 이르기까지 오도五道(人, 天, 畜生, 餓鬼, 地獄)에 윤회하는 가운데, 태어나서 오든 죽어서 가든, '나'라는 상相에 굳게 집착해서 망상전도妄想顚倒와 무명종습無明種習(무지의 씨앗의 습관적 힘)으로써 오랫동안 (자기의) 본성을 이루어 왔다. 비록 금생에 이르러 갑자기 자기의 본성(自性)이 본래 공적하여 부처와 차이가 없음을 깨달아도, 오랜 습관은 갑자기 제거하기 어려우므로 역경과 순경을 만나면 성냄과 기쁨, 옳고 그름이 타오르는 불처럼 일어나고 멸하여 객진번뇌客塵煩惱(마음의 본성 밖에서 온 번뇌)가 (깨닫기) 이전과 다름이 없다. 만약 지혜로써 수고와 노력을 하지 않는다면, 어떻게 무지를 다루어 커다란 안식과 평정의 경지에 이를 수 있겠는가? "비록 돈오는 부처와 마찬가지나 수많은 생을 거친 습관적 힘이 깊어, 바람은 그치되 물결은 여전히 솟고 진리는 나타나되 생각은 오히려 침노한다"고 한 것과 같다.53)

"바람은 그치나 물결은 여전히 솟는다." 이것은 구체적 인간 상황에 대한 지눌의 인식이다. 그가 스스로를 목우자牧牛子라고 부르는 이유가 여기에 있는 것이다. 이 '소를 치는' 행위야말로 인식과 실천의 괴리를 극복하는 유일한 길이기 때문이다.

지눌은 중생이 돈오의 다리를 건너기 위해서는 불필요한 자기 비하를 과감히 떨쳐 버리는 용기와 믿음이 필요하다는 것을 역설한다. 그러나 이번에는 깨달은 인간이라도 현실적으로 부딪힐 수밖에 없는 한계를 의식하면서, 지눌은 돈오로 자족하는 자들의 위험에 대해 경고한다. 그리하여 '자기비하도 말고 자만도 하지 않도록' 지눌은 선禪 수행자들을 권고한다.

나는 높은 뜻을 지닌 마음 닦는 자들이 깊고 자세하게 숙고하기를 청하노라.

---

53) 『普照法語』, 48쪽, "凡夫, 無始曠大劫來至於今日, 流轉五道, 生來死去, 堅執我相, 妄想顚倒, 無明種習, 久與成性. 雖到今生, 頓悟自性, 本來空寂, 與佛無殊, 而此久習, 卒難除斷故, 逢逆順境, 瞋喜是非, 燦然起滅, 客塵煩惱, 與前無異. 若不以般若, 加功着力, 焉能對治無明, 得到大休大歇之地. 如云, 頓悟雖同佛, 多生習氣深, 風停波尚湧, 理現念猶侵."

내가 구구하게 선오후수先悟後修와 본말本末의 이치를 가리는 이유는 초심자로 하여금 스스로 비굴하지도 말고 스스로 높이지도 말아, 스스로 그 (선 수행의) 곡절을 분명히 알아 끝내 혼란이 없게 하려는 것이다. 글에 이르기를, "본래의 마음이 항시 앎(知)임을 갑자기 깨닫는 것은 (물의) 불변하는 젖는 성품을 아는 것과 같다. 마음이 이미 미망이 없어 무지가 아닌 것은 마치 바람이 갑자기 그치는 것과 같다. 깨달음 후에 자연스럽게 반연(여러 일들을 대하는 것)이 점차 쉬는 것은 마치 파랑이 점차 가라앉는 것과 같다"고 하였다. 자신의 몸과 마음을 계戒와 정定과 혜慧로써 돕고 훈습하면 점점 자유롭게 되고 나아가서는 신통력에도 막힘이 없게 되어 많은 중생을 널리 이롭게 하리니, 그러한 자를 부처라고 부른다.[54]

지눌에 의하면 자기 비하가 教교를 공부하는 사람들이 범하기 쉬운 잘못이라면, 자만은 선禪 공부하는 사람들이 쉽게 빠지는 유혹이다.[55] 이런 면에서 보면 지눌의 돈오점수론에는 선과 교의 대립을 지양하려는 의도도 함께 포함되어 있다고 할 수 있다. 여하튼 양쪽의 위험을 피하기 위해서는 자신의 본성을 깨닫는 성문性門과 더불어 부지런히 닦아 나가는 수문修門도 게을리하지 않아야 한다는 것이다. 성문과 수문은 새의 양날개 혹은 수레의 두 바퀴와 같다.[56]

우리는 이상에서 왜 지눌이 돈오頓悟 후에 점수漸修가 있어야 한다고 생각했는지를 살펴보았다. 요컨대, 돈오라는 갑작스러운 정신적 변화에도 불구하고 여전히 존재하는 인식과 실천 사이의 괴리가 완전히 메워지려면 부지런한 점수의 과정이 필요하다는 것이다. 그리고 이 점수의 세계에서는

---

54) 知訥, 『法集別行錄節要并入私記』(『四集合本』, 799~800쪽), "請諸修心高士深細思看. 吾今區區揀辨, 先悟後修, 本末之義者, 要令初心, 不自屈不自高, 了然自見其曲折, 終不混濫也. 文云 今頓悟本心常知, 如識不變之濕性. 心旣無迷卽非無明, 如風頓止. 悟後自然攀緣漸息, 如波浪漸停. 以戒定慧, 資熏身心, 漸漸自在, 乃至神變無碍, 普利群生, 名之爲佛."

55) 知訥, 같은 책(『四集合本』, 710~711쪽).

56) 『普照法語』, 22쪽.

돈오의 세계에서 멈추었던 인과因果의 법칙이 다시 작동하며, 시간도 다시 경과하며, 수修의 정도에 따라 등급과 계위가 다시 등장한다. 그렇다면 이 것은 돈오 이전의 세계로 되돌아가는 것을 의미하는 것인가? 돈오는 그에 뒤따르는 점수와 아무런 관계도 없다는 말인가? 결코 그렇지 않다. 여기서 우리는 왜 지눌이 수후修後의 오悟가 아니라 오후悟後의 수修를 고집하는 지를 살펴보아야 한다.

지눌에 의하면 북종北宗(神秀로 대표되는)은 돈오가 무엇인지 전혀 알지 못한다. 북종은 번뇌가 본래 공함을 깨닫지 못하기 때문에 수修의 요체를 맑은 거울로부터 먼지를 부지런히 털어 내는 과정으로 이해한다. 그들은 생사와 열반이 동일하다는 대승의 근본 가르침을 모르고 진망이견眞妄二 見에 사로잡혀 망심妄心이 진심眞心의 묘용임을 깨닫지 못한다는 것이다. 따라서 그들은 망妄을 없앰으로써 진眞을 구하려 한다. 지눌은 결론짓는 다: "그 오가 철저하지 못한데, 어떻게 그 수修가 참되겠는가?"[57]

지눌에 의하면 오悟 없는 수修는 뿌리를 제거하지 않은 채 돌로 뿌리를 누르는 행위와 같다. 누르면 누를수록 맹렬하게 자랄 뿐이다. 지눌은 다음 과 같이 말한다.

어떤 사람은 선과 악이 공空함을 모르고 굳게 앉아 움직이지 않고 마치 돌로 풀을 누르듯 몸과 마음을 억제하면서 이것이 마음 닦는 것이라 한다. 이는 크게 미혹된 것이다. 그런고로 이르기를 "성문聲聞은 마음마음마다 미혹을 끊으려 하되 끊으려는 마음 자체가 적이 된다"고 했다. 단지 살인, 절도, 간음, 거짓말이 성性으로부터 일어나는 것임을 자세히 관觀하면, 일어남이 곧 일어남이 아니라

---

57) 知訥, 『法集別行錄節要幷入私記』(『四集合本』, 685쪽), "悟卽未徹, 修豈稱眞哉."
우리는 이미 北宗에 대한 이런 관점이 현대의 비판적 학자들에 의해 수용되지 않고 있음을 언급했다. 宇井伯壽의 논문 외에, 北宗에 어떠한 漸修的 입장도 존재하지 않 는다는 훨씬 더 급진적 관점에 대해서는, 關口眞大, 『達磨大師의 研究』(東京: 1969), 213~245쪽, 『禪思想史研究』(東京: 1964), 102~108쪽 참조

그 순간에 단박 고요해지니 어찌 다시 그것들을 끊을 필요가 있겠는가? 고로 이르기를 "생각이 일어나는 것을 두려워하지 말고, 오직 깨달음이 더딜까 두려워하라"고 한 것이다. 또 이르기를 "만일 생각이 일어나면 곧 깨닫고, 깨달으면 곧 없는 것이다"라고 한다.[58]

따라서 돈오의 세례를 받지 않은 점수는 지눌에 의하면 올바른 수행이 될 수 없다. 그것은 단순한 억압(伏捺)일 뿐이고,[59] 처음부터 진 싸움이나 다름없다. 수修에 대한 이러한 억압적 관점은 북종北宗뿐만 아니라 모든 방편적 가르침에서도 발견된다. 지눌은 선禪을 배우는 사람들에게 이런 형태의 수修를 따르지 말고, '닦음이 없는 닦음', 번뇌를 '끊음이 없되 끊는' 진정한 수修를 하라고 촉구한다.

어떤 사람들은 거룩한 가르침 중에서 법의 상相과 관련된 방편적 가르침에 집착하여 스스로 비굴한 마음을 내어 수고로이 점진적 수행을 닦아 성종性宗을 어긴다. 그들은 여래가 말세의 중생을 위해 비밀을 여는 비결을 열어 놓으신 것을 믿지 않고, 종전에 들었던 바를 고집하여 황금을 버리고 삼을 지고 간다. 나는 이런 종류의 사람을 매우 빈번히 만났다. 비록 그들에게 설명을 해주어도 끝내 그들은 믿고 받아들이려 하지 않고 단지 의심과 비방을 더할 뿐이다. 어떻게 그들이, 심성은 원래 깨끗하고 번뇌는 원래 공空한 것임을 모름지기 먼저 믿고 이해하되 그러한 이해에 의거하여 훈수薰修함을 방해받지 않는 사람들과 같을소냐? 외적으로는 (이 후자의 사람들은) 계율戒律과 의례儀禮를 지키되 구속과 집착이 없으며, 내적으로는 고요한 생각(禪, 禪邦)을 닦되 억누르지 않는다. 가히 악을 끊되 끊음이 없는 끊음이요, 선을 닦되 닦음이 없는 닦음이기에 참다운 닦음이요 끊음이라고 말할 수 있는 것이다.[60]

---

58) 『普照法語』, 50쪽, "或者, 不知善惡性空, 堅坐不動, 捺伏身心, 如石壓草, 以爲修心. 是大惑矣. 故云, 聲聞心心斷惑, 能斷之心是賊. 但諦觀殺盜淫妄從性而起, 起卽無起. 當處便寂, 何須更斷. 所以云, 不怕念起, 唯恐覺遲. 又云, 念起卽覺, 覺之卽無."
59) 같은 책, 10쪽, 50쪽.
60) 같은 책, 10쪽, "或有執於聖敎法相方便之說, 自生退屈, 勞修漸行, 違背性宗. 不信有如來, 爲末世衆生, 開秘密之訣, 固執先聞, 擔麻棄金也. 頻遇如此之類, 雖有解說,

우리는 돈오 이후에야 비로소 가능해지는 이러한 진정한 수修를 '역설적 수修'라고 부를 수 있다. 그것은 번뇌가 본래 공하고 중생이 부처와 조금도 다름없다는 통찰에 근거한 닦음이기에 쉽고 가벼운 수修이다. 이것이 돈오가 반드시 점수에 선행해야 하는 이유이고, 이것이 점수에도 불구하고 우리가 결코 돈오 이전의 수행, 즉 억압과 수고로움의 수행으로 다시 회귀하지 않는 이유이다. 지눌은 분명하게 말한다.

비록 후수後修가 있다 해도 이미 먼저 망념이 본래 공하고 심성이 본래 깨끗함을 대번에 깨달았기 때문에, 악을 끊음에 있어서 끊되 끊음이 없고 선을 닦음에 있어서 닦되 닦음이 없으니, 이것이 곧 참된 닦음이요 참된 끊음이다. 그런고로 이르기를 "비록 만 가지 행을 갖추어 닦는다 해도 오직 아무런 생각이 없음(無念)을 근본으로 삼는다"고 한 것이다.61)

여기서 무념無念이란 곧 깨달음의 세계 그 자체, 공적영지의 진심眞心 그 자체이다. 그러나 무념은 동시에 오후悟後의 묘수妙修, 수修 아닌 수修의 비결이다. 실로 무념을 깨닫는 것이야말로 참다운 수修의 비결이다. 결국 지눌에 있어서 수修는 오悟 속으로 흡수된다고까지 말할 수 있다.62) 이것이 오悟가 수修에 미치는 근본적인 영향인 것이다. 그리고 이것이 바로 돈오점수의 순서가 지눌에게는 결코 바뀔 수 없는 까닭이다. 이제 왜 지눌이 돈오점수가 모든 현자와 성인들의 발자취라고 했는지 그 이유가 분명

終不信受, 但加疑謗而已. 何如先須信解, 心性本淨, 煩惱本空, 而不妨依解薰修者也. 外攝律儀而忘拘執, 內修靜慮而非伏捺, 可謂於惡斷, 斷而無斷, 於善修, 修而無修, 爲眞修斷矣."

61) 같은 책, 47쪽, "雖有後修, 已先頓悟妄念本空心性本淨, 於惡斷, 斷而無斷, 於善修, 修而無修, 此乃眞修眞斷矣. 故云, 雖備修萬行, 唯以無念爲宗."

62) 이것이 궁극적으로 胡適이 神會에 의해 시작된 "중국의 禪은 禪(定—samādhi—을 닦는 禪邪—dhyāna—로서의 禪)이 아니다"라고 단정지은 이유이다. 胡適, "Ch'an(Zen) Buddhism in China : Its History and Method", *Philosophy East and West*, III/1 (1953), 7쪽 · 17쪽 참조

해졌다.[63] 점수는 인식과 실천, 리理와 수修 사이의 괴리를 극복하며, 돈오
는 점수를 '무위無爲이되 위爲요 위爲이되 무위無爲'[64]인 묘수妙修로 변화
시키는 것이다.

이제 점수의 구체적 내용과 방법을 살펴볼 차례이지만 자세한 것은 생
략한다. 다만 그 요점만을 말하자면, 지눌은 정定과 혜慧(혹은 惺과 寂, 止와
觀의 균형 있는 닦음을 주장한다. 이른바 정혜쌍수定慧雙修, 성적등지문惺
寂等持門이다. 그러나 이 닦음이 어디까지나 오후悟後의 수修이기 때문에
지눌은 수행에서 자성정혜自性定慧와 수상정혜隨相定慧를 구별한다. 수상
정혜의 정定은 수행자가 그때그때 직면하는 상相과 사事로서의 번뇌에 꾸
준히 대처해 나가는 삼매三昧(samādhi)이며, 혜慧는 제법 하나하나에 대하
여 미혹됨이 없이 그 공空을 관觀하는 반야般若(prajñā)를 말한다. 지눌에
의하면, 이런 수상정혜의 수修는 북종北宗이나 기타 방편적 가르침들에서
행하는 수修의 길로서 결코 최상승선最上乘禪이 아니다. 반면에 자성정혜
란 자신의 본성 안에 이미 내재하고 있는 정과 혜를 의미한다. 이것은 우리
가 이미 본 것처럼 진심眞心의 체體가 지니는 두 측면인 적寂과 지知, 정定
과 혜慧를 가리킨다. 따라서 자성정혜를 닦는다는 것은 이미 우리의 심성
心性 속에 내재해 있는 것을 닦는다는 것을 의미하기에 곧 수修 아닌 수修
인 것이다. 이런 역설적 닦음이야말로 진정한 수修, 곧 무념수無念修이다.
자성정혜란 따라서 일반적 의미의 닦음에 의해 얻어지는 결과라기보다는
돈오에 의해 이미 자신의 현실로서 자각되는 정혜이다. 여기서는 누구도
정定과 혜慧를 이루기 위해 어떤 특별한 노력을 할 필요가 없다. 정과 혜는

---

63) 이런 이유 때문에 漸修頓悟, 漸修漸悟, 頓悟頓修와 같은 다른 모든 대안들은 지눌의
지지를 받지 못한다.(知訥, 『法集別行錄節要幷入私記』, 『四集合本』, 738~745쪽 참조)
또 이 문제에 대한 宗密의 견해를 훌륭하게 다룬 것으로는, 荒木見悟, 『佛敎와 儒敎:
中國思想을 形成하는 것』(京都: 1963), 104~129쪽을 볼 것.
64) 知訥, 『法集別行錄節要幷入私記』(『四集合本』, 794쪽).

이미 우리의 심성心性 속에 내재하고 있기에 다만 자각하기만 하면 되는 것이다. 이러한 자성정혜의 수修에서는 정신집중을 달성하기 위한 노력, 결가부좌結跏趺坐나 호흡조절, 그리고 정신적 혼침昏沈을 막기 위해 성성惺惺함을 유지하려는 노력 등 모든 것이 필요없다. 그리고 자성정혜의 수修에서는 정과 혜 사이에 수행 순서상의 구별도 무의미하다. 진심眞心의 체體의 양면으로서, 정과 혜는 불가분적 통일체를 형성하기 때문이며, 하나를 위해 다른 하나를 먼저 닦아야 할 필요도 없으며 해석도 안 되기 때문이다.[65] 자성정혜의 수修에서는 또한 닦음의 주체와 대상의 구별도 사라진다. 왜냐하면 적적寂과 지知는 수修의 대상인 동시에 자기 자신의 마음의 본성이기 때문이다.[66]

지눌에 의하면, 수修 아닌 수修로서의 자성정혜의 자유로운 수修야말로 돈오 이후의 수修로서 가장 바람직한 수행이다. 그러나 돈오의 능력을 가진 사람들 중에서도 번뇌의 장애가 두터운 사람들이 있기에, 지눌은 그런 사람들에게는 점문漸門의 열등한 능력을 지니고 있는 사람들(漸門劣機)이 따르는 수상정혜隨相定慧를 방편적으로 빌려 닦기를 권하고 있다. 그렇지만 지눌은 강조하기를, 이러한 방편적인 빌림이 결코 전적으로 점기漸機의 소행所行을 좇는 것은 아니라고 한다.[67] 누구나 견성見性 이후에는 수고로움이 필요 없는 자성정혜를 닦아 자연스럽게 도道에 합할 수 있어야 하지만, 실제로 어떤 사람들은 돈오에도 불구하고 방편적으로 수상정혜에 의지해야만 한다. 그러나 이런 방편적인 의존은 돈오문을 아예 모르고 순전히

---

65) 知訥, 같은 책(『四集合本』, 720~722쪽). 이와 같은 생각은 『壇經』에서도 강조되는데, 스즈키 다이세츠(Suzuki Daisetsu)는 慧能의 定慧一如의 사상이 "중국 불교사상사에서 혁명적인 것임"을 강조한다.(Suzuki Daisetsu, "Zen : A Reply to Hu Shih", *Philosophy East and West*, Ⅲ/1 1953, 28쪽 참조) 그의 *Zen Doctrine of No Mind: The Significance of the Sutra of Hui-neng*(New York, 1972)에서는 책 전반에 걸쳐 이 문제를 다루고 있다.

66) 知訥, 『法集別行錄節要幷入私記』(『四集合本』, 720쪽).

67) 『普照法語』, 54~56쪽.

점수문을 따르는 것과는 질적으로 다르다는 것이다. 지눌은 이 오후悟後의 점수를 점원漸圓이 아니라 원점圓漸이라고 부른다.[68] 그렇기 때문에 자성 정혜를 닦든 혹은 방편적으로 수상정혜를 닦든 이제 수修는 더 이상 돈오 에 의한 변화 이전의 수修로 남아 있을 수는 없다. 다만 각자가 자신의 근 기에 알맞은 수행의 길을 선택해야 할 뿐인 것이다.

지눌의 선 수행론은 일반적으로 가장 높은 역량을 지닌 수행자들보다는 그렇지 못한 자들을 겨냥한다. 따라서 지눌이 일반적으로 돈오 후에 해야 할 점수를 말할 때는 징관澄觀이 돈수頓修라고 부르는 직접적이고 자유로 운 자성정혜의 수修보다는 점문漸門의 수상정혜를 방편으로 빌려서 닦는 것을 가리킨다. 후자는 너무 높지도 너무 낮지도 않은 역량을 지닌 수행자 들에게 가장 적합한 형태의 수행이다. 돈오를 감당할 만큼의 근기(頓機)는 있으나 동시에 깨달음 후에도 좀처럼 사라지지 않는 번뇌에 괴로워할 수 밖에 없는 사람들을 위한 수행인 것이다.

지눌의 점수론은 정혜쌍수나 성적등지로 끝나지 않는다. 점수는 자리自 利를 위해서 뿐만 아니라 타리他利, 즉 모든 중생의 복리를 위해서도 필요 하기 때문이다. 지눌에 있어서 오후수悟後修는 두 면을 지니고 있다. 하나 는 인식과 실천의 괴리를 극복하는 정혜의 닦음으로서 지금 우리가 고찰 한 것이다. 다른 하나는 보살행의 실천으로서의 수修이다. 지눌에 따르면, 보살이 지닌 넉과 능력은 견성見性의 순간에 자동적으로 주어지는 것이 아니다. 인식과 실천이 그러하듯, 지혜와 자비도 반드시 같이 가는 것은 아 니다. 지눌은 말한다.

이 오悟 후에 닦는 문은 단순히 오염되지 않은 수修일 뿐만 아니라 만 가지 행위 를 겸하여 익혀서 자신과 타인이 함께 구제되는 문이다. 오늘날 선禪을 하는 사

---

68) 知訥, 『法集別行錄節要幷入私記』(『四集合本』, 730쪽).

람들은 하나같이 말하기를, 다만 불성을 밝게 보기만 하면 그 후 이타利他의 행行과 원願이 저절로 성취된다고 한다. 나 목우자牧牛子는 그렇지 않다고 본다. 불성을 밝히 보면 곧 중생과 부처가 평등하고 저와 나가 차별이 없은즉, 만약 자비의 원을 발하지 않으면 적정寂靜에 걸릴까 두렵다. 『화엄론』에 "지혜는 본성이 적정寂靜한 것이라, 원願으로써 지혜를 보호해야 한다"고 하는 말은 이를 두고 한 말이다. 그런고로 알지니, 깨달음 전에 미혹되어 있을 때는 비록 원에 뜻이 있다 해도 마음의 힘이 어둡고 약해서 원이 서지 않으니, 오해悟解 후에야 차별지로 중생의 고통을 관하여 자비로운 원심을 발해 역량과 분수에 따라 보살도를 행하면 깨달음의 수행이 점차 완전해진다. 어찌 기쁜 일이 아니겠는가?[69]

지눌은 여기서 부처와 중생이 평등함을 깨닫는 오悟, 즉 자기가 곧 부처임을 자각하는 깨침과, 고통 중에 있는 중생을 향한 자비의 서원은 별개의 것이라고 언명하고 있다. 후자는 중생과 부처, 깨달은 자와 무지한 자를 구별하는 차별지差別智에 근거하고 있다. 이 차별지에서는 깨달음으로 인해 용해되었던 부처와 중생, 성인과 범부의 구별이 되살아난다. 그리하여 깨달은 자의 평등적 시각을 버리고 중생의 차별적 시각으로 그들의 번뇌와 고통을 함께 느끼고 동참하려는 자비의 원이 발해지는 것이다.

보살도는 다양한 신통력을 필요로 한다. 지눌에 의하면, 이러한 신통력은 결코 깨달았다고 저절로 얻어지는 것이 아니라 오悟 후의 점수漸修에 의해서만 개발된다. 지눌은 점수 없이 신통력을 추구하는 것은 마치 배를 운행하는 법도 모르면서 강의 구불구불함을 탓하는 것과 같다고 한다.[70] 그리고 만일 우리가 그러한 능력을 가졌다 할지라도, 그러한 것은 단지 '성인의 부차적인 일'에 지나지 않는다고 지눌은 말한다.[71]

---

69) 知訥, 같은 책(『四集合本』, 760쪽), "此悟後修門, 非唯不汚染, 亦有萬行兼熏, 自他兼濟矣. 今時禪者皆云, 但明見佛性然後, 利他行願自然成滿. 牧牛子以謂非然也. 明見佛性則, 生佛平等, 彼我無差, 若不發悲願, 恐滯寂靜. 華嚴論云, 智性寂靜, 以願防智, 是也. 故知, 悟前惑地, 雖有志願, 心力昧略故, 願不成立, 悟解後, 以差別智, 觀衆生苦, 發悲願心, 隨力隨分, 行菩薩道, 覺行漸圓. 豈不慶快哉."
70) 『普照法語』, 9쪽.

3) 간화론

지금까지의 논의만으로 본다면, 지눌의 선은 외견상 매우 지적 성격이 강한 선이라는 인상을 피할 수 없을 것이다. 그러나 이것은 지눌 자신이 의도한 바이다. 지눌은 선 수행자는 실천에 앞서 선에 대한 확실한 지적 이해를 가져야 한다고 굳게 믿었기 때문이다. 여실언교如實言教에 근거하지 않고 암중모색하는 맹목적인 선을 그는 배척했다. 그는 흔히 선불교의 특징으로 일컬어지는 '불립문자不立文字', '교외별전教外別傳'과 같은 것을 무조건 숭상한 선사가 아니었다. 지눌에게는 선은 결코 한정된 소수의 엘리트 사이에서만 은밀하게 전수되는 밀의적인 것이어서는 안 된다는 확고한 신념이 있었다. 교教를 전적으로 도외시하고 불법에 대한 지적 이해를 무조건 배척하는 당시 선불교의 경향, 그 폐단과 병폐를 지눌은 너무나 잘 알고 있었기 때문이다.

그러나 지눌 선의 이러한 지적 성향은 그의 선 전체를 놓고 보면 단지 그 반절에 불과하다. 확실히 선 수행자는 교教 혹은 여실언교에 의거하여 자신의 마음을 반조함으로써 깨달음을 얻을 수 있다. 그러나 교를 통해 선에 들어갔다 하여도 선은 결코 거기서 끝나서는 안 된다. 유명한 뗏목의 비유를 빌려 말한다면, 강 저편 언덕에 다다른 수행자는 타고 간 뗏목을 지체 없이 버려야 한다. 그러나 지눌에 따르면 바로 이 '버림'이 뗏목을 타는 일 못지 않게 어렵고 때로는 그보다 훨씬 더 힘들다는 것이다. 따라서 수행자는 이 '버림'을 위해서 별도의 특별한 방법을 필요로 하며, 그것이 곧 화두話頭 공부, 즉 간화선看話禪이다.

그뿐만 아니라 아주 뛰어난 능력을 지닌 사람들, 이른바 과량지기過量之機의 소유자들은 여실언교에 의존하지 않고서도 처음부터 바로 진심과 하

---

71) 같은 책, 42쪽.

나가 될 수 있다고 한다. 이것이 곧 경절문徑截門으로서, 지름길로 진리에 들어가는 방법이다. 이것 역시 간화선을 통해서만 가능한 것이다.

지눌의 선이 단지 돈오점수에서 끝나고 경절문이라는 새로운 길를 제시하지 않았다면, 그가 일찍이 하택신회를 '지해종사知解宗師'라고 불렀듯 그 자신 또한 똑같은 비판을 면하지 못했을 것이다. 견인불발堅忍不拔의 자기 확신, 일체의 방편과 점진적 과정을 무시하는 갑작스런 비약, 재기발랄한 기지機智와 순진무구한 영적 자유, 도道와의 완벽하고 즉각적인 합일 등 선禪이 자랑하는 이 모든 특성들은 만일 지눌이 대혜大慧의 간화선에 접하지 않았더라면 그에게는 찾아보기 어려운 요소들이었을 것이다. 그러나 지눌은 그의 저술을 통해 원돈신해문과 성적등지문 외에 경절문이라는 별도의 깨달음의 길을 논하고 있으며, 그것에 의해 비로소 열리게 되는 전혀 다른 차원의 깨침의 세계를 논하고 있다. 그것은 교教에서는 도저히 찾아보기 어려운 교외별전적 선만의 비밀스러운 세계이다. 다음의 두 인용문은 경절문이 개시開示하는 진리의 차원이 어떤 것인지를 우리에게 암시해주고 있다.

대혜大慧 선사는 이르기를, 규봉종밀은 그것을 일컬어 '영명한 앎'(靈知)이라 했고, 하택신회는 그것을 일컬어 "앎이라는 한 글자는 온갖 묘한 이치의 문"이라고 했으나 황룡사심黃龍死心은 "앎이라는 한 글자는 온갖 재앙의 문이다"라고 했다. 종밀과 신회의 말은 이해하기 쉽지만 사심의 말은 이해하기 어렵다. 이 경지에 이르러서는 모름지기 한계를 뛰어넘는 안목을 갖추어야 한다. 그것은 남에게 말할 수도 없고 전할 수도 없기 때문이다. 그러므로 운문雲門은 말하기를 "무릇 말을 하려면 문 앞에서 칼을 든 것 같이 해서 한마디 글귀로 반드시 몸이 빼어나 갈 길이 있어야 한다. 그렇지 못하면 그 글귀 아래 죽어 있을 것이다"라고 했다.[72]

---

72) 知訥, 『法集別行錄節要幷入私記』(『四集合本』, 805쪽), "大慧禪師云, 圭峰謂之靈知, 荷澤謂之知之一字衆妙之門, 黃龍死心叟云, 知之一字衆禍之門. 要見圭峰荷澤則易,

육조六祖가 대중에게 말하기를, "한 물건이 있는데, 위로는 하늘을 떠받치고 밑으로는 땅을 지탱하고 있다. 언제나 (우리들이) 활동하는 가운데 있지만 활동 가운데서는 잡을 수가 없구나. 그대들은 그것을 무엇이라 부르겠는가" 했다. 신회가 대중 속에서 나와서 말했다. "모든 부처의 본원이며, 나 신회의 불성입니다." 그러자 육조가 다시 말했다. "내가 그것을 한 물건이라고 불러도 아직 들어맞지 않는데, 그대는 어떻게 그것을 본원 불성이라 하는가? 그대는 이 다음에 설사 띠풀로 머리를 덮는다 하더라도 단지 지해종도知解宗徒(알음알이의 추종자) 밖에는 되지 못할 것이다.[73]

우리는 여기서 지눌의 입장이 급변하여 그가 그토록 존중해 마지않았던 신회와 종밀이 형편없이 폄하되는 것을 본다. "앎이라는 한 글자는 온갖 묘한 이치의 문이다"라는 신회의 유명한 말은 지금까지 신회뿐만 아니라 지눌 자신의 현교적顯教的 심성론心性論과 돈오론頓悟論의 초석이었지만, 이제는 하나의 조롱거리로 전락해 버리고 신회는 한낱 '지해종도知解宗徒'로 낙인 찍히고 만다. 이런 것이 바로 이제부터 논의되는 간화선의 세계이다.

앞서 우리는 지눌이 깨침을 해오解悟와 증오證悟의 두 가지로 구별한다는 점을 언급했다. 해오는 그 지적 성격 때문에 필연적으로 앎과 행위, 인식과 실천 사이에 간극을 드러내기 마련인데, 이것이 곧 '알음알이의 장애'(解碍)이며 그것을 극복하고 증오를 얻기 위해서는 정과 혜의 점수가 요청된다. 그러나 지눌은 증오의 성취를 분명하게 특징짓는 단계나 계기가 어떤 것인지에 관해서는 언급하지 않았다. 단지 '정혜가 원만하고 밝게 되는' 어떤 지점에 이르러 증오가 성취된다고 막연히 말할 뿐이다. 수후修後

요견사심칙난. 到這裏, 須是具超方眼, 說似人不得傳與人不得也. 是以雲門云, 大凡下語, 如當門按劍, 一句之下, 須有出身之路, 若不如是, 死在句下."
73) 知訥, 같은 책(『四集合本』, 805~806쪽), "六祖示衆云, 有一物, 上柱天下柱地, 常在動用中, 動用中收不得. 汝等諸人, 喚作什麼. 神會出衆云, 諸佛之本源, 神會之佛性. 祖曰, 我喚作一物, 尚自不中, 那堪喚作本源佛性. 汝他後, 設有把茅盖頭, 只作得箇知解宗徒."

의 오悟인 증오證悟를 획득하는 어떤 특별한 방법이 있는 것도 아니다. 다만 힘 자라는 데까지 점진적 수행을 계속할 뿐이지 증오의 획득을 확신하는 어떤 특정한 계기나 결정적인 방법이 있는 것은 아니다. 지눌은 이통현의 견해를 인용하면서 문제를 제기한다.

오늘날 범부들의 관행문觀行門에는 듣고 이해하는 어로語路와 의로義路가 존재하므로, 무분별지無分別智를 얻지 못하고 모름지기 견문見聞과 해행解行(이해와 수행)을 경과한 후에야 증득해 들어간다. 증득해 들어가면 역시 선문에서 말하는 무념無念과 상응하기 때문에 논論(『화엄론』)에 이르기를 "먼저 듣고 이해하여 믿어 들어간 후에 무사無思로 (道와) 합치한다"고 말하는 것이다.[74]

이 말의 뜻은, 교에서의 증입證入은 반드시 먼저 듣고 이해하는 말의 길(語路)과 의미의 길(義路)을 통과하기 때문에 후에는 반드시 무사無思로써 완성을 기해야 한다는 것이다. 물론 그런 후에는 선문에서 추구하는 무념無念과 다름이 없다. 문제는 어떻게 해야 "종전의 듣고 이해함을 벗어나 무사無思로 (道와) 합치하는지"[75]에 대한 구체적인 방안이 제시되어 있지 않다는 것이다.

그러나 이제 지눌은 처음부터 아예 말을 듣고 의미를 이해하는 일 없이 곧바로 증입할 수 있는 파격적인 길을 제시한다. 곧 경절문徑截門(지름길로 바로 꺾어 들어가는 문) 화두話頭 참구의 길이다. 이것은 돈오점수 혹은 선오후수先悟後修라는 도식을 거치지 않고도 곧바로 깨달음에 들어가는 증오證悟의 길이며, 여기에는 인식과 실천 사이의 간극 따위는 더 이상 존재하지 않는다. 지눌에 있어서 이 새로운 깨침은 점수상의 막연한 어떤 지점이

---

74) 『普照法語』, 134~135쪽, "於今時凡夫觀行門, 以有聞解語路義路故, 未得無分別智, 須經見聞解行生然後證入矣. 當於證入, 亦於禪門無念相應故, 論云, 先以聞解信入, 後以無思契同." 지눌이 매우 좋아하는 말이다. 124, 131쪽에서도 인용하고 있다.

75) 같은 책, 131쪽.

아니라 점수와는 확연히 구별되는 어떤 계기를 이룬다. 해오解悟가 하나의 뚜렷한 체험이듯이 화두 참구를 통한 증오 역시 하나의 독자적인 체험의 계기를 형성하는 것이다. 지눌의 『간화결의론』은 바로 이러한 화두 참구를 통한 선만이 아는 돈문頓門에 대한 논의이다. 거기서 지눌은 화두선의 특성, 그 수행 방법, 그리고 그것을 통한 깨침이 교가에서 말하는 깨달음과는 어떻게 구별되는지를 논하고 있다. 지눌은 말한다.

지금 논의하는바 선종의 교외별전인 바로 질러 들어가는 문(徑截得入之門)은 보통의 능력을 넘어선 것이다. 그래서 교학자들만 믿기 어렵고 들어가기 어려울 뿐 아니라, 우리 선종에서도 근기가 낮고 지식이 얕은 사람은 아득해서 알지 못한다. 이제 나는 (옛 사람들이) 깨달음에 들어가게 된 인연을 몇 가지 소개함으로써 믿지도 않고 알지도 못하는 사람들로 하여금 선문에 바로 꺾어 들어가는 문(徑截門)이 있어 돈교頓教와도 다르고 원종圓宗(화엄)에서 깨달아 들어가는 자들과도, 교를 의지하느냐 교를 떠나느냐에 따라 (깨달음에) 느리고 빠름이 아주 다르다는 것을 알게 하고자 한다.76)

지눌은 위에서 선의 경절문은 화엄 오교판五教判에서 말하는 네 번째 교인 돈교頓教, 즉 '말과 생각을 떠나'(離言絶慮) 단박에 진리를 깨닫도록 하는 가르침이나, 다섯 번째의 가장 높은 가르침인 원교圓教, 즉 화엄의 가르침과도 전혀 다른 특별한 길로서, 선문에서도 뛰어난 근기의 사람들이 아니면 알 수 없는 길이라고 한다. 『간화결의론』은 간화선을 통한 깨달음이 교를 통한 깨달음, 특히 돈교와 원교의 가르침에서 말하는 깨달음과는 전혀 다른 경지의 것임을 논증하고 있다. 지면상 본 논문에서는 이 부분에 대한 자세한 논의는 피하고, 지눌이 생각하는 이상적인 간화선의 모습이

---

76) 같은 책, 같은 곳, "今所論禪宗教外別傳徑截得入之門, 超越格量故. 非但教學者, 難信難入, 亦乃當宗, 下根淺識, 罔然不知矣. 今略引二三段得入因緣, 令不信不知者, 知有禪門徑截得入, 不同頓教, 亦與圓宗得入者, 依教離教, 遲速逈異也."

어떤 것인지에 초점을 맞추어 지눌의 간화선을 논하고자 한다.

지눌은 명백히 신회를 '지해종사知解宗師'로 단정하면서 육조혜능六祖慧能의 적자가 아니라고 말한다. 지해종사와는 달리 알음알이 없이 진리를 직접 증득하고 전하는 참 선사를 지눌은 '본분종사本分宗師'라 부른다. 지눌은 대혜大慧선사에게서 이러한 본분종사의 모습을 발견하고 다음과 같이 평한다.

그러나 지금 (우리가) 떠받드는 경산대혜徑山大慧 스님은 다름아닌 조계曹溪 직계의 정맥을 이어받은 제17대 본분종사이다. 그가 세운바 경절문에서 말귀를 참구하여 (깨달음에) 들어가는 방법은 (다른 화두선의 이론들과는) 아주 다르다. 왜 그런가? '뜰 앞의 잣나무', '마 세 근', '개는 불성이 없다' 등 종사가 제시한 화두에는 단적으로 드러내는 진리가 전혀 없이 단지 재미없고 잡을 수도 없는 화두를 주고서는 경계하여 말하기를, 정식情識을 부수지 못하면 마음의 불길이 맹렬히 타오르리니 바로 그러한 때에 다만 의심하는 화두를 붙잡아야 한다고 한다.[77]

지눌은 계속해서 대혜가 화두를 드는 법에 대하여 말한 지침을 인용하고 있다.

그것은 개에도 불성이 있습니까 하고 어느 스님이 조주에게 물었던 것과 같다. 조주는 답하기를 '무無'라고 했다. 단지 이것을 붙잡아 깨달으려 하되 왼쪽으로도 되지 않고 오른쪽으로도 되지 않는다. 있다 없다는 생각으로 알려 하지 말고, 참으로 없다는 뜻인가 헤아리려 하지 말며, 도리를 알려고도 하지 말고, 생각으로 헤아리려 하지 말며, (선사가) 눈썹을 치켜 뜨고 눈을 깜박이는 곳을 향해

---

77) 같은 책, 129쪽, "今所宗徑山大慧和尙, 是曹溪直下正脈相傳第十七代本分宗師. 所立徑截門語句參詳得入, 逈異於此. 何者. 宗師所示, 庭前栢樹子, 麻三※斤, 狗子無佛性等話頭, 都無端的所示之法, 但給沒滋味無摸索底話頭然後, 隨而誡之曰, 情識未破則, 心火憎憎地, 正當恁麽時, 但只以所疑底話頭提撕."

헤아리려 하지 말며, 말로써 살 방도를 찾지도 말고, 일없음(無事)의 갑 속에 드높이 있지도 말며, 거擧를 일으키는 곳을 향해 알려고 하지 말며, 문자를 인용하여 증거로 삼지도 말고, 모른다 하여 깨치기를 기다리지도 말라. 모름지기 곧바로 마음쓸 바 없게 할지니, 마음둘 곳이 없을 때에도 공空에 떨어질까 두려워 말라. 그 안이야말로 오히려 좋은 곳이니 늙은 쥐가 갑자기 쇠뿔 안으로 들어가 곧 죽는 것을 보리라.[78]

지눌은 최종적으로 결론을 내린다.

대혜 스님이 이렇게 주해를 붙여 화두를 주었기 때문에 공부하는 자는 하루 24시간, 걷거나 머물러 있거나 앉거나 눕는 모든 행동 속에서 다만 (화두를) 붙잡고 깨달으려 할 뿐이니, 심성의 도리에 관하여 이명절상離名絶相(이름을 떠나고 형상을 끊음)의 알음알이가 전혀 없고 연기무애緣起無碍(모든 것이 조건에 따라 생기는 것이기에 서로 막힘이 없다는 진리)의 알음알이 또한 없다. 불법을 머리로 이해해서 알려는 생각이 조금이라도 있으면, 열 가지 알음알이의 병에 걸리게 된다. 그러므로 모두 내려놓되, 내려놓았다거나 내려놓지 않았다거나 병에 걸렸다거나 병에 걸리지 않았다는 헤아림조차 없다. 홀연히 재미도 없고 붙잡을 수도 없는 화두에서 한 번 단박 깨치면 일심의 법계가 환히 밝아진다. 그러므로 심성에 갖추어져 있던 수백 수천의 삼매와 한량없는 이치의 문이 구하지 않아도 완전하게 얻어진다. 종전의 치우진 뜻과 이치, 그리고 듣고 이해함으로 얻은 것이 없기 때문이다. 이것이 선종 경절문에서 화두를 참구하여 증득해 들어가는 비결이다.[79]

---

78) 같은 책, 같은 곳, "如僧問趙州, 狗子還有佛性也無. 州云無. 只管提撕擧覺, 左來也不是, 右來也不是. 不得作有無會, 不得作眞無之卜度, 不得作道理會, 不得向意根下思量卜度, 不得向揚眉瞬目處垛根, 不得向語路上作活計, 不得颺在無事甲裏, 不得向擧起處承當, 不得文字中引證, 不得將迷待悟. 直須無所用心, 心無所之時, 莫怕落空. 這裏却是好處, 驀然老鼠入牛角, 便見倒斷也."
'擧'란 선사가 선문답을 적어서 보여 주는 말. 중국 풍속에 쥐를 잡기 위해 소뿔 속에 기름덩이를 넣어 두었다고 한다.

79) 같은 책, 129~130쪽, "如是下注脚給話頭故, 學者於十二時中四威儀內, 斷提撕擧覺而已. 其於心性道理, 都無離名絶相之解, 亦無緣起無碍之解. 才有一念佛法之解, 便滯在十種知解之病. 故一一放下, 亦無放下不放下, 滯病不滯病之量. 忽然於沒滋味無摸

『간화결의론』에서 길게 인용한 위 글로부터 우리는 대혜선사와 간화선에 대한 지눌의 견해를 알 수 있다. 지눌이 대혜의 간화선을 채택하면서 우선적으로 관심을 두었던 점은 '알음알이의 병'(知解病)을 어떻게 극복할 것인가 하는 점이었다. 지눌의 저술로만 볼 때, 묵조선默照禪에 대한 대혜선사의 격렬한 비판에 지눌이 동조했다는 흔적은 보이지 않는다. 사실상 지눌이 그 문제를 뚜렷하게 의식하고 있었는지조차 의심스럽다. 오히려 정혜定慧의 닦음을 강조한다는 면에서는 지눌의 선은 묵조선과 유사한 면이 없지 않다. 지눌이 경절문을 세운 것은 순전히 알음알이 병의 제거에 있어서 화두가 지니는 위력을 절감한 그의 개인적 체험에 근거하고 있는 것으로 보인다.

우리의 앎이나 의식이 진리와의 완전한 합일을 방해하며 직접적인 종교적 체험의 순수성을 해친다는 생각은 선에만 국한된 것은 아니다. 모든 신비적 열망의 배후에는 주객主客이 분리되지 않고 의식에 의한 자아의 분열이 없는, 의식 이전의 혹은 의식을 뛰어넘는 원초적 세계에 대한 동경이 깔려 있다. 도道와의 자연스런 합일을 희구하는 도가道家적 신비주의나 범아일여梵我一如를 추구하는 베단타(Vedānta) 신비주의는 그러한 열망의 고전적인 예들이다. 불교 전통 속에서 알음알이라는 장애물을 극복하려는 열망이 가장 잘 표현된 곳은 공空(śūnyatā)의 진리를 설하고 있는 반야바라밀다般若波羅密多(prajñāpāramitā)계의 경전들이다. 특히 『금강경』 같은 데는 진리에 대한 언술과 더불어 생기는 진리의 대상화를 거부하고 언표 자체에 대한 집착을 떨쳐 버리고자 하는 자기 해체적 언술들이 거듭되는 것을 우리는 자주 볼 수 있다. 화두란 이보다 한 걸음 더 나아가서 처음부터 언어의 분별적 작용을 일체 용납하지 않는 '말 아닌 말'이다. 지눌은 이 화두

索底話頭上, 噴地一發則, 一心法界, 洞然明白. 故心性所具百千三昧無量義門, 不求而圓得也. 以無從前一便義理聞解所得故. 是謂禪宗徑截門話頭參詳證入之秘訣也."

참구야말로 모든 분별지와 알음알이의 병을 치유하는 가장 효과적인 수행법이라고 확신했던 것이다.

지눌에 의하면 선 수행자는 선행하는 어떤 문도 거치지 않고 바로 화두를 붙잡을 수도 있고, 아니면 돈오점수의 과정을 거치고 나서 화두선에 들어갈 수도 있다. 지눌은 『간화결의론』에서는 전자에 더 관심을 두고 있는 반면에 『법집별행록절요병입사기』에서는 후자의 길을 권하고 있다. 그러나 이 문제는 궁극적으로 각자의 역량에 따라 결정될 문제이다. 다만 지눌 자신이 그의 구도 역정에서 따랐던 길이 무엇이었는지를 고려해 볼 때, 그는 필경 전자보다는 후자의 길을 더 권장했을 것으로 판단된다. 이러한 의미에서 우리는 경절문을 '선의 완성'이라 해도 좋을 것이다. 그러나 지눌은 특출한 근기의 소유자라면 돈오점수라는 예비적 과정을 거치지 않고도 곧바로 간화선을 시도할 수 있음을 인정하다.

경절문을 통한 깨달음이 여실언교에 기초한 오悟의 완성이라면, 그것은 동시에 오悟에 따르는 수修의 완성이기도 하다. 앎과 행위, 인식과 실천 사이의 괴리를 수반하는 해오解悟와는 달리, 화두라는 비밀스런 문을 통해 얻어지는 증오證悟는 더 이상 그 같은 괴리를 수반하지 않는다. 완전한 깨달음은 완전한 수행을 가져오며, 인식은 자연스럽게 실천으로 옮겨져서 어떠한 어긋남도 존재하지 않는다. 지눌은 이 완전한 형태의 수행을(이것을 아직도 수행이라고 부른다면) '무심無心으로 도道와 하나 되는 문'(無心合道門)이라 부른다.

우리는 이미 돈오에 뒤따르는 수행 형태는 이상적으로 무념수無念修임을 보았다. 그리고 이것은 이미 돈오에 의해 자신의 본성으로 자각된 자성정혜自性定慧(隨相定慧와 구별되는)를 닦는 수修 아닌 수修임을 보았다. 지눌은 그러나 이러한 자성정혜보다도 무심합도문無心合道門을 더 높은 것으로 생각한 듯하다. 지눌은 다음과 같이 말한다.

선문에는 정정定과 혜慧를 닦는 것 외에 다시 무심합도문無心合道門이 있다. 여기 (절요)에 그것을 간략히 기록하여 교학자로 하여금 파격적인(格外) 한 문을 알아 바른 믿음을 내게 하고자 하노니, 『종경록宗鏡錄』에 이르기를 "……그러므로 정과 혜, 이 두 문은 수행의 요체이며 부처와 조사의 큰 뜻이며 경과 논의 공통 된 가르침이다. 그러나 이제 조사의 가르침에 근거한 가장 간결하면서도 핵심 적인 문이 또 하나 있으니 이름하여 무심無心이라 한다. 무슨 뜻인가 하면, 마음 이 있으면 마음이 편하지 못하고 마음이 없으면 스스로 즐겁기 때문이다.…… 그러므로 만일 무심의 뜻을 바로 깨닫지 못하면 아무리 (번뇌를) 다스리고 꺾고 복종시켜도 불안한 모습이 항상 앞에 나타나 있을 것이요, 만일 무심을 깨달으 면 어디를 가나 걸림이 없어 앞을 막는 티끌이 하나도 없을 것이니, 그것을 쓸 어버리려고 무슨 노력이 필요하겠으며, 한 생각의 정情도 생기지 않을 것이니 인연을 잊으려 함을 빌리지 않는다"고 하였다. 그러므로 마땅히 알지니, 조사祖 師나 종사宗師로서 무심無心으로 합도合道한 사람은 정정定과 혜慧에 얽매이지 않는다. 왜 그런가? 정정定을 공부하는 사람은 리理에 맞추어 산란한 마음을 제어 하므로 인연을 잊으려는 노력을 하며, 혜慧를 공부하는 사람은 법을 택하여 공 空을 관觀하기 때문에 번뇌를 썻는 노력을 하기 때문이다. 그러나 지금 곧바로 무심을 깨달아 어디를 가나 걸림이 없는 사람은 장애가 없는 해탈의 지혜가 나 타나므로 한 티끌이나 한 생각이 밖에서 오는 것도 아니오 또 별다른 일도 아닐 것이니, 어찌 헛되이 애씀이 있겠는가? 자성정혜조차도 의미 작용의 자취에 걸 리는데 하물며 번뇌를 떠나는 문(즉 隨相定慧)이 어떻게 이것(無心合道門)에 미 칠 수 있겠는가? 그러므로 석두石頭 스님이 하신 말씀이 바로 그 뜻인 것이다. "내 법문은 부처님이 전해 주기 이전의 것이라 선정禪定과 정진精進 따위는 논 하지 않고 오직 부처의 지견知見에 통달하는 것뿐이다." 이 무심합도無心合道 또한 경절문을 거쳐서 들어갈 수 있는 것이다. 간화看話나 하어下語(화두에 자기 생각을 붙이는 일)의 방편은 오묘하고 비밀스러워서 자세히 설명할 수 없다. 다 만 아는 사람을 만나기가 드물 뿐이다.[80]

80) 知訥, 『法集別行錄節要幷入私記』(『四集合本』, 722~724쪽), "禪門又有修定慧外無心 合道門. 略錄于此, 令學敎者知格外一門, 發正信爾, 如宗鏡錄云……此定慧二門, 修 行之要, 佛祖大旨, 經論同途. 今依祖敎, 更有一門, 最爲省要, 所謂無心, 何者, 若有 心則不安, 無心則自樂……若不直了無心之旨, 雖然對治折伏, 其不安之相, 常現在 前. 若了無心 觸途無滯, 絶一塵而作對, 何勞遣蕩之功, 無一念而生情, 不假忘緣之

무심합도無心合道가 자성정혜自性定慧의 닦음보다도 더 높은 경지라는 것을 지눌은 위에서 분명히 밝히고 있다. 지눌에 따르면 자성정혜는 여전히 '의미 작용의 자취'를 완전히 털어 버리지 못한다. 그러나 무심합도의 경지에서는 구태여 어떤 수행의 방법을 논할 필요조차 없다는 것이다. 그것은 가장 높은 형태의 수행이지만 결국은 아무런 수행도 아닌, 오히려 자유로운 삶 그 자체라 할 만한 것이다. 중요한 점은, 지눌에 의하면 이 최고의 수행이라 할 수 있는 무심합도도 화두라는 격외적格外的 방법을 통해서 비로소 가능하다는 사실이다. 결론적으로 말해, 지눌에 있어서 선행禪行의 세 번째 문인 경절문은 돈오 혹은 원돈신해문의 완성이자 점수 혹은 성적등지문의 완성이라고 할 수 있다. 그 세계에는 알음알이의 걸림돌이 제거되고 인식과 실천의 간극이 해소되며 정과 혜의 구별조차 무의미하게 되어 버려 수행이라 부를 만한 것은 아무것도 없고 단지 무심無心으로 도道와 일치하는 완전한 자유의 경지가 활짝 열리는 것이다.

지눌의 간화선 이론에는 부정할 수 없는 역설이 존재한다. 선에서 지향하는 궁극적 실재가 언어와 사유를 초월하는 것이 사실이라면, 선에 관한 모든 언어는 진리의 왜곡이며 고작해야 방편일 뿐이다. 선에서 언어란 궁극적으로는 말이 필요없다는 것을 보여 주기 위한 말에 지나지 않는다. 서산대사의 표현대로, 교敎가 유언有言에서 무언無言으로 가는 것이라면 선禪은 무언에서 무언으로 가는 것이다. 적어도 순수한 선 그 자체는 그러한 것이며, 이것이 경절문에서 전하는 선의 소식이다. 그러나 현실적으로는, 모든 선사들이 이 선의 규칙을 범하고 있는 것 또한 부정할 수 없는 사실

力. 以是當知 祖宗無心合道者, 不爲定慧所拘也. 何者, 定學者稱理攝散故, 有忘緣之力, 慧學者擇法觀空故, 有遣蕩之功. 今直了無心觸途無滯者 以無障碍解脫智現前故, 一塵一念, 俱非外來, 俱非別事, 何有枉費功力耶. 自性定慧, 尙有滯於義用之迹, 況離垢門, 何詣於此哉. 故石頭和尙云, 悟之法門, 先佛傳授, 不論禪定精進, 唯達佛之知見, 是也. 此無心合道, 亦是徑截門得入也. 其看話下語, 方便妙密, 不可具陳. 但罕遇知音耳."

이다. 지눌도 자신이 불립문자의 세계를 추구하는 선사로서 자기 모순을 범하고 있음을 누구보다도 잘 의식하고 있다. 그의 모든 저술을 통하여 지눌은 언제나 자신의 모든 저술들이 관행하는 사람들을 위한 귀감이요 방편에 지나지 않는 것임을 누누이 강조한다.

이러한 자기 모순은 경절문에 이르러 극치를 보인다. 왜냐하면 경절문의 목적 자체가 바로 언어가 발붙일 수 없으며 일체의 개념적 사고를 초월한 세계를 증득하도록 하려는 데에 있기 때문이다. 화두란 '언어 아닌 언어', 그야말로 말도 안 되는 '언어'이며 말을 끝장내기 위한 말이다. 지눌의 표현대로 어로語路와 의로義路를 떠나서 초언어적 진리와 하나가 되기 위한 마지막 방도인 것이다. 바로 이러한 간화선에 대하여 지눌이 이론적 논의를 전개하고 있으니 그야말로 모순의 극치라 하지 않을 수 없다. 그럼에도 지눌은 이 모순을 피하려 하지 않았다. 그것은 무엇보다도 간화선의 효력을 의심하는 교학자들에게 이 파격적인 선의 세계를 옹호하고 설득하려 했기 때문이다.

사실, 지눌의 이러한 노력은 시기적으로 보아 대혜선사가 중국에서 간화선을 크게 진작한 지 얼마 되지 않은 때였다는 점을 감안하면 쉽게 이해가 간다. 지눌은 실로 한국 불교사에 있어서 간화선의 전통을 세우는 데 결정적인 공헌을 한 사람이다. 비록 그가 어느 선사로부터 특정한 선의 법맥을 친히 전수받은 일 없이 무사독오無師獨悟한 자였지만, 간화선의 확립에 있어 지눌의 공헌은 결정적이었다. 지눌 이후 곧 간화선은 더 이상 이론적 변호를 필요로 하지 않을 정도로 당연시되었다. 이것은 그의 뒤를 이어 수선사를 주도한 진각국사 혜심에게서 이미 분명하게 드러난다. 흔히 지눌의 선 사상을 논할 때 돈오점수론만을 부각시키는 경향이 있지만, 이것은 지눌 선의 일면만을 논하는 것이다. 간화경절문은 그의 선에서 빼놓을 수 없는 길이다. 그것으로써 지눌의 선은 완성되기 때문이다.

이상에서 우리는 지눌 선 사상의 구조를 밝히면서 그 핵심적 내용을 살펴보았다. 지눌 선 사상은 심성론과 수행론으로 대별된다. 심성론이 지눌이 깨달은 바 진심의 세계에 대한 담론이라면, 수행론은 중생이 이 진심의 세계를 자기의 것으로 만드는 방법과 과정에 대한 담론이다. 우리는 이 수행론을 지눌이 종밀 선사로부터 수용한 돈오점수론과 그의 비명碑銘에 언급된 삼문三門, 곧 원돈신해문과 성적등지문과 경절문을 근거로 하여 고찰해 보았다. '문門'이란 말 그대로 어딘가에 들어가기 위해 거치는 것이다. 이 세 가지 문을 통해 우리는 선의 근원인 진심의 세계로 들어간다. 아니, '들어간다'기보다는 근원으로 '되돌아간다'(원효가 즐겨쓰는 歸源)는 표현이 더 적합할 것이다. 돈오가 참된 자신을 자각하는 행위라면 점수는 이렇게 자각된 참된 자아와 현실적 자아 사이의 간극을 메워 나가는 과정이다. 그리고 화두는 이 모든 것에 진정한 자유로움, 곧 무심無心으로 참 자아와 하나되는 비결을 제공한다.

지눌에 있어 선은 단순히 개인의 정신적 자유만을 추구하는 행위는 아니다. 지눌에게 사회적 책임감은 개인적 구도심 못지 않게 그의 삶을 움직이는 동력이었다. 대승의 보살도에 의하면, 인간은 누구나 세계로부터의 자유로움 못지 않게 세계 안에 머무르는 길도 배워야 한다. 문수보살의 지혜智慧뿐만 아니라 보현보살의 행원行願도 함께 지녀야 하는 것이다. 지눌의 종교적 자각 자체가 순진히 개인적인 것이 아니었음을 우리는 그의 『정혜결사문』을 통해서 여실히 볼 수 있다. 학인을 지도하고 수행자들을 위해 틈틈이 저술 활동에 몰두했던 수선사에서의 그의 삶 또한 그에게는 보살도의 실천 그 자체였다. 이 보살행이 지눌을 한 무명의 은자에서 한국 선불교의 흐름을 바꾸어 놓은 역사적 존재로 만든 것이다.

마음의 해석학
— 보조선 사상의 체계와 구조 —

인 경

1. 머리말

지눌知訥의 생애에는 세 번의 깨침의 전기가 있었다. 첫 번째는 25세에 창평昌平 청원사淸源寺에서 혜능慧能(638~713)의 『법보기단경法寶記壇經』을 읽다가 일어났고, 두 번째는 31세에 하가산下柯山 보문사普門寺에서 이통현李通玄(635~730)의 『화엄론』을 읽고 선과 화엄이 하나임을 자각하였고, 세 번째는 41세 때 지리산 상무주암에서 대혜종고大慧宗杲(1088~1163)의 『대혜어록大慧語錄』을 통해서 간화선看話禪을 깨달았다. 이것을 일반적으로 김군수金君綏가 찬한 비명碑銘에 기초하여 성적등지문惺寂等持門, 원돈신해문圓頓信解門, 간화경절문看話徑截門의 삼문三門으로 정리한다.[1] 이렇게 보면 지눌의 삼문 체계는 일시에 이루어진 것이 아니고, 그의 전 생애를 통하여 점진적으로 형성된 것이다. 지눌의 일생은 서로 모순되고

---

1) 「佛日普照國師碑銘」(보조사상연구원 편, 『普照全書』, 420쪽).

대립되기도 하는 선 수행의 중심 문제들을 하나의 체계로 정리해 보려는 고심에 찬 여정이었다고 할 수 있다.

삼문의 각 중심 개념은 성적등지문에서는 정혜定慧이고, 원돈신해문은 화엄의 성기性起이며, 간화경절문은 간화看話이다. 그의 많은 저술 가운데 성적등지문은 『권수정혜결사문勸修定慧結社文』과 돈오점수頓悟漸修의 뜻을 밝힌 『수심결修心訣』에서 언급하고 있고, 원돈신해문은 『원돈성불론圓頓成佛論』이나 『화엄절요華嚴節要』에서 논술하고 있으며, 간화경절문은 『간화결의론看話決疑論』에서 밝히고 있다. 그리고 이 삼문을 하나의 체계로 통합하려는 노력은 『법집별행록절요병입사기法集別行錄節要並入私記』(이하 『절요사기』로 약칭)에서 이루어졌다고 할 수 있다.

오늘날 보조선의 종합이라고 할 수 있는 『절요사기』에 대한 평가는 양분되어 있다. "『절요사기』는 지눌의 최후 저술로 그의 사상을 종합하고 있는 대표작이다. 그 구성은 논리와 체계가 정연하다"[2]는 긍정적인 평가가 있는가 하면, "자신의 사상을 구성하는 다양한 측면들의 상관 관계를 밝히는 종합적인 성찰이 보이지 않는다"[3]라는 비판적인 시각도 있다.

이런 평가는 그만큼 많은 연구자들이 지눌의 삼문을 일관된 하나의 체계 속에서 이해하고자 하는 노력의 반증이기도 하다. 사실 김군수의 비명碑銘 이후, 지눌의 선 사상을 삼문에 의해서 이해하려는 시각은 오늘날까지 매우 일반화된 경향으로 자리잡고 있다. 그런데 문제는 역사적으로 보면, 일정한 기간을 두고 이루어진 보조의 삼문을 하나의 일관된 체계로 이해할 수 있는가 하는 것이다.

물론 지눌 자신도 그 자신의 생애 속에서 깨닫고 체험한 다양한 선 사상

---

2) 강건기, 「『法集別行錄節要幷入私記』를 통해서 본 지눌의 사상」, 『녹원스님고희기념 학술논총: 한국불교의 좌표』(녹원스님고희기념학술논총간행위원회, 1997), 189쪽.
3) 길희성, 「지눌 선 사상의 구조」, 『지눌의 사상과 현대적 의미』(한국정신문화연구원, 1996), 63~119쪽.

을, 『절요사기』에서 공시적인 하나의 체계로 이해하려고 노력했다고 보여진다. 그렇지만 지눌 자신은 삼문의 관계에 관하여 분명한 자각을 가지고 체계적으로 기술하는 저술은 없다. 서로 모순되고 갈등을 보이는 다양한 선사상을 종합하고 회통하고자 하는 일생의 노력은 있었지만, 자신의 사상을 일관된 체계나 구조를 가지고 논리를 따라 전개하고 있지 않다는 것이다. 그렇기 때문에 만약 일관된 사상 구조를 구성하려 한다면, 그것은 결국은 연구자의 주관적인 의견이 개입될 수밖에 없다. 그래서 보조지눌의 텍스트를 연구하는 해석자는 다음과 같은 두 가지의 방식 가운데 하나를 선택할 수밖에 없다. 하나는 삼문을 각각 따로 혹은 시기적인 차제의 관계로 이해하든지, 아니면 삼문을 재구성하여 하나의 단일한 구조를 구성하는 일이다.

그런데 삼문에 대한 전자에 대한 이해는 지금까지 많은 연구가 진행되어 온, 매우 보편적이고 실증적인 해석 방식이다. 그러나 후자의 경우는 텍스트보다는 해석자의 권한이 강조된 창조적인 해석학적 방법론이다. 본고의 입장은 실증적인 방법에 기초하되, 오히려 해석자의 권한을 존중하는 후자의 방식을 취한다. 그러므로 보조선 사상이 무엇인가를 '객관적으로 밝히는' 일보다는 오히려 보조선 사상에 대한 '해석자의 창조적인 이해'를 강조한다.

2. 보조선 연구사와 문제제기

보조선을 연구하는데 있어 일단 해석자의 권한을 강조하는 방향으로 진행된다면, 그러면 어떻게 텍스트에 접근하고, 이해하는 길이 효과적일까 하는 문제가 제기된다. 본고는 어떤 텍스트이든지, 그것은 하나의 체계이며, 각 관계의 단위들은 상호 긴밀한 관계를 가지면서 통합되어 하나의 구조를 가진다고 전제한다. 이 때 '체계는 부분과 전체가 유기적인 관계를 가진 구조'라고 정의할 수 있다. 여기서 '체계'란 외형으로 드러난 표면적 의미라면, '구조'는 텍스트 내면에 숨어 있는, 어쩌면 저자 자신도 인식하지 못한 심층적 의미이다. 이런 점에서 본고의 접근 방법론은 텍스트에서 구조를 찾고 그것의 의미를 해석하는 **'구조적構造的 해석학解釋學'**이라고 부를 수 있다. 다시 말하면 김군수의 비명에서 말하는 삼문 체계가 구체적으로 『절요사기』와 같은 보조의 저술 등에서 구현되었거나 표출되었다면, 이것은 '표면에 드러난 외적 체계'에 불과하고, 실제적인 과제는 '삼문이 가지는 내적인 관계로서의 구조'를 구성하는 일이라고 본다. 다시 말하면 본고의 방법론이 함축하는 해석자(독자)의 권한이란 삼문 체계의 심층적인 관계를 발견하고, 그것을 하나의 일관된 구조로 드러내는 작업이라는 점이다. 특히 선전禪典의 사상 체계에 관한 연구의 시작은 이런 표면적인 현상을 넘어서 심층에 존재하는 내면적인 관계와 그 체계에 대한 방법론적인 자각[4]으로부터 시작된다고 해도 과언이 아니다. 이런 관점에서 보조지눌 선 사상 체계에 관한 지금까지 학계의 연구 성과를 비판적으로 정리해 보면, 아래와 같은 세 가지의 입장이 있다.

먼저 가장 일반적인 견해로 『절요사기』의 삼문은 선禪의 교판教判이라 이해되고, 수행의 세 가지 방법이라는 입장이다. 교판은 교상판석教相判釋의 준말로, 다양한 경론經論의 교설들을 자신의 종파적인 입장에 따라 체계화시키는 과정에서 발전된 형태이다. 이런 관점에서 삼문도 수행의 점차적인 과정이나 근기에 따른 다양한 교육적 과목으로 해석한다. 대표적인 경우는 삼문을 교판으로 이해하는 고 이종익 박사[5]의 논문이 여기에 속하

---

4) 길희성, 「知訥禪 사상의 구조」, 『지눌의 사상과 그 현대적 의미』(한국정신문화연구원, 1996), 70쪽. 이 점에 관하여 길희성 교수는 '해석학적 방법론'이라고 부르고 다음과 같이 말한다. "체계란 우리가 발견해야 하는 혹은 구성해야 하는 체계일 수밖에 없다."
5) 이종익, 「普照國師의 思想體系」, 『故李鐘益博士論文集』(법운이종익박사논문집간행위원회, 1994), 70쪽.

고, 삼문을 수행의 점차적 과정으로 지눌 사상의 전기·후기로 이해하는 대표적인 경우는 성철스님의 『선문정로禪門正路』이다.[6] 또 이와 같은 단계적인 교판敎判의 관점에서 지눌 선 사상의 연구사를 정리한 논문은 심재룡 교수의 「보조선을 보는 시각의 변천사」[7]이다. 이 논문은 보조 이후 현대까지 보조선을 보는 시각의 변천을 다섯 가지로 나누어서 설명한다.

그러나 이러한 교판론적인 이해는 삼문에 대한 하나의 일관된 내적 체계가 아니다. 그것은 개인의 역사 속에서 순서대로 발생한 교화의 방편으로 이해된다. 이것은 전통적이고 고전적인 이해 방식이라고 할 수 있다. 이런 관점은 사상 체계라고 말하지만 '여러 측면을 단지 병렬적으로 고찰할 뿐, 그 상호 연관성이나 구조성에는 별다른 주의를 기울이지 않는다.'[8] 설사 관계를 설정한다고 하여도 그것은 시간적인 전후나 수행의 우열로 해석하지, 체계 자체의 공시적共時的 실재성에 대한 관계를 언급하지 않고 있다는 점에서 본고의 관점과 다르다.

두 번째는, 삼문을 하나의 일관된 체계 속에서 이해하려는 태도이다. 여기에서 체계란 단순하게 나열이 아니라 요소나 부분들이 상호 유기적 관계로 만들어진 하나의 내적 관계망이다. 이런 태도는 체계에 대한 분명한 자각을 가지고 그것을 발견하고 구성하고자 한다는 데 있다. 예를 들면 대표적인 경우가 강건기 교수와 길희성 교수이다. 이 경우 『절요사기』의 사

---

6) 성철, 『禪門正路』(불광출판사, 1981), 204쪽.
7) 심재룡, 「보조선을 보는 시각의 변천사」, 『普照思想』 1집(보조사상연구원, 1987), 77~90쪽. 그는 다음과 같이 다섯 가지로 분류하고 있다. (1) 지눌 자신이 분류한 '체중현體中玄, 구중현句中玄, 현중현玄中玄'의 삼문. (2) 13세기 김군수의 '성적등지문, 원돈신해문, 경절문'의 삼문. (3) 18세기 진허팔개가 『삼문직지三門直指』에서 분류한 '염불문念佛門, 원돈문圓頓門, 경절문徑截門'의 삼문. (4) 19세기 이능화와 조명기의 '염불문, 참선문參禪門, 간경문看經門'의 삼문. (5) 20세기 이종익의 '성적등지문, 원돈신해문, 경절문, 무심합도문無心合道門, 염불문'의 오문五門.
8) 길희성, 「知訥禪 사상의 구조」, 『지눌의 사상과 그 현대적 의미』(한국정신문화연구원, 1996) 71쪽.

상 체계를 각각 '진리관과 실천론' 혹은 '심성론과 수행론'이라는 구조로 파악하고, 비명의 삼문을 모두 실천론이나 수행론으로서 돈오점수의 체계 속에서 이해한다.

강건기 교수는 원돈신해문을 돈오에 배대시키고, 성적등지문과 경절문을 점수로 배대시킨다.[9] 그리고 돈오점수의 돈오를 해오解悟로 보고, 돈오 이후의 지해知解를 털어 버리는 수행으로 화두話頭를 드는 경절문을 수용한 것으로 이해한다. 반면에 길희성 교수는 돈오에 원돈신해문을, 점수에 성적등지문을 배치한 점에서는 강건기 교수와 입장을 같이한다. 그러나 경절문을 점수문漸修門에 배치하지 않고 돈오문頓悟門에 두되, 해오가 아닌 증오證悟를 성취하는 특유의 길로서 이해한다.[10]

그러나 이 같은 관점은 체계와 구조를 지향하고 있다지만, 모두를 수행문 혹은 실천론에 배대함으로써 진리관이나 심성론은 제외된 결과를 가져왔다. 또한 전체의 사상을 수행의 과정인 돈오점수의 관계로 이해하는 접근법으로, 실제로는 삼문이 가지는 내적인 관계를 여전히 말하지 못하고 있다.

세 번째는 성적등지문이나 원돈신해문에 대해서 상대적으로 간화경절문을 독립시켜 지눌 선의 사상적 체계 내에 모순이 없는 일관성을 확보하려는 노력이다. 이 경우는 버스웰(R. Buswell) 교수와 권기종 교수가 대표적이다. 버스웰 교수는 간화경절문을 다루는 지눌의 태도에 의심을 던진다.

> 지눌은 『절요사기』에서 간화선을 두 가지 측면에서 다루고 있다. 즉 첫째는 비록 망설이고는 있지만 돈오점수에 편입될 수 있으며, 수증론의 돈오점수와는 전혀 관계가 없는 독특한 수행법으로서 다룬다.[11]

9) 강건기, 「『法集別行錄節要并入私記』를 통해서 본 지눌의 사상」, 『녹원스님고희기념 학술논총: 한국불교의 좌표』(녹원스님고희기념학술논총간행위원회, 1997), 168~192쪽.
10) 길희성, 「知訥禪 사상의 구조」, 『지눌의 사상과 그 현대적 의미』(한국정신문화연구원, 1996) 74쪽.
11) R. Buswell, "CHINUL's Ambivalent Critique of Radical Subitism", 『普照思想』 2집(보조사상

그는 지눌이 간화경절문에 대해서 애매한 양면적인 태도(ambivalence)를 취했다고 본다. 『절요사기』에서 간화선을 기존의 돈오점수 체계에 편입시키는 것과 기존의 수증론과는 전혀 다른 독특한 수행법으로 이해하는 양가적兩價的 태도를 취하였고, 마침내 『간화결의론』에 이르러서 비로소 간화선을 증오로 해석함으로써 해결했다는 것이다.

반대로 권기종 교수는 간화선을 지눌의 선 사상적 특징의 하나로 보는 기존의 시각에 비판적으로 문제를 제기한다. 그는 지눌의 삼문 체계 속에서 선교일원禪敎─元과 교외별전敎外別傳의 모순에 주목하고, 『간화결의론』이 지눌의 저작이 아닐 수 있음을 들어서, 간화선을 독립시켜 지눌의 제자인 혜심慧諶적 요소로 분리시키려는 경향을 보여 준다.[12] 이것은 간화선을 지눌 선의 돈오점수, 정혜쌍수, 선교일치의 사상 체계에 융합될 수 없는 요소로 보기 때문이다. 『간화결의론』의 진위眞僞 문제를 제기하여 제3문인 경절문을 절단해 버림으로써, 지눌 선을 하나의 체계로서 내적 무모순성無矛盾性을 확보하고자 하는 의도로 보여진다.

이러한 삼문과 지눌 선의 체계 문제를 둘러싼 해석상의 논의는 주로 1987년에 설립된 보조사상연구원의 연구발표를 중심으로 이루어진 것으로, 여기에는 몇 가지 중요한 과제를 제시하고 있다.

먼저 텍스트와 해석자와의 관계에 대한 인식을 새롭게 한다는 점이다. 이것은 서구적 전통에서 시작된 해석학과 유사한 인문학적인 논의가 별도로 자생적으로 발생된 것으로 평가되지만, 여전히 우리 학계는 해방 이후에 뿌리내린 자연과학적, 실증적인 방법론에서 벗어나지 못하고 있음을 보여 준 것이기도 하다. 첫 번째의 교상판석적 접근은 삼문을 평면적으로 나열하였지만, 이것은 다양한 중생의 근기와 선적 텍스트에 깊고 옅음이 있

연구원, 1988), 68쪽, 한글: 87쪽.
12) 권기종, 「혜심의 간화선 사상연구」, 『普照思想』 7집(보조사상연구원, 1994), 21〜25쪽.

172 한국의 사상가 10人 ── 지눌

다고 전제한다. 그만큼 해석자의 권리보다는 텍스트의 권한을 존중하는 태도라고 보여진다. 말하자면 사상적 체계를 해석하는 데 있어 엄격하게 자료를 검토하고, '텍스트 의도'에 충실한 실증적인 태도를 중시한다. 반면에 두 번째와 세 번째의 접근은 상대적으로 해석자의 권한이 보다 강조된다. 아마도 이런 점은 문학 작품이 아닌 선 텍스트에서도 '무엇이 적절한 텍스트의 해석법인가'라는 논의를 제공한 의미 있는 일로 받아들여진다.

다음은 '삼문은 상호 어떤 관계를 가지는가'에 지눌 선의 중심 문제가 놓여 있음을 다시금 확인시킨다는 점이다. 이것은 결국 텍스트 중심 내용의 체계와 구조에 관한 논쟁을 유발시킨 것이다. 그럼으로써 기존의 이해에 다음과 같은 문제가 있음을 노출시키고 있다고 보여진다.

체계나 구조가 의미를 가지려면, 먼저 체계를 구성하는 각 요소들이 상호 유기적인 관계를 가져야 하며, 다음으로는 각 요소들 간에 모순이 없이 합리적으로 통합되어 전체적 구조를 이루어야 한다는 것이다. 그런데『절요사기』의 사상 구조를 진리관眞理觀(心性論)과 실천론實踐論(修行論)으로 이분시켜 삼문을 모두 실천론에만 배대시키고, 심성론에서는 배제시킨다는 것은 보조선의 특질을 잘 보여 준 점이 있지만, 반대로 각 삼문에 함축된 진리관이나 심성론과의 독자적인 성격은 도외시한 경향이 있다.

또 각 삼문을 돈오점수의 체계만으로 이해한 점은 보조선을 일관된 하나의 체계를 구성한다는 장점도 있지만, 여전히 삼문의 각 요소가 가지는 특수성과 그 내적 관계를 분명하게 밝히고 있지 않다. 돈오와 점수라는 두 측면으로 삼문을 해석함으로 말미암아, 삼문의 각 요소가 어떻게 결합되고 통합되어 전체 구조를 이루는지를 효과적으로 보여 주지 않고 있다. 돈오점수의 체계는 수행의 '과정'을 내포할 뿐이지, 요소로서의 삼문이 상호 작용하여 이루어진 전체의 '구조'는 아니라는 점이다. 말하자면 진정한 의미에서 아직 우리는 삼문에 의해서 이루어진, 부분과 전체의 유기적 체계를 구성하지 못하고 있다고 평가된다.

마지막으로, 삼문 체계 내에서 간화경절문을 어떻게 이해하고 처리해야 하는가 하는 문제가 여전히 그대로 남아 있다는 점이다. 간화선 체계는 지눌의 선 사상 체계 내에서 전체적 질서를 깨뜨리는 이단자와 같고, 또 소화할 수 없는 뜨거운 감자다. 이를테면 강건기 교수는 간화선을 돈오점수의 체계에서 점수漸修로 배치하고, 길희성 교수는 증오證悟로 보며, 권기종 교수는 체계 내에서 모순적인 요소인 까닭에 혜심적 요소로 잘라내고, 버스웰 교수는 보조선의 양가적 태도로 이해한다.

그렇다면 무엇이 올바른 해석을 결정하는가? 보조선의 삼문체계三門體系에서 성적등지문惺寂等持門과 원돈신해문圓頓信解門에 대한 이해는 어느 정도 공감대를 형성하고 있지만, 제3문인 간화경절문看話徑截門에 오면 각기 다른 해석을 하고 있다. 결국 지눌의 선 사상 체계에서 경절문을 어떻게 이해하는가 하는 문제가 '체계'로서 그의 선 사상을 이해하는 결정적인 단서가 되고 있음을 알 수 있다.

3. 마음의 해석학

1) 삼문의 성격

삼문을, 혹은 지눌의 사상 체계를 해석하는 지금까지 가장 널리 알려진 모형은 돈오점수의 체계이다. 즉 돈오점수를 대표적인 지눌 선 사상으로 파악하고 있다는 것이다. 그러나 앞에서 지적했듯이, 돈오점수의 체계에 의한 해석은 삼문이 가지는 내적 관계의 전체적인 구조를 '그 자체로' 충분히 설명하지 못하고, 특히 간화선을 적절하게 다루지 못하고 있다.

그렇다면 대안은 없는가? 그것이 체계라면, 체계로서의 삼문이 가지는 상호 유기적인 관계를 드러내야 하고, 단순한 표면적인 나열이 아니라 각 부분과 요소들이 만나 구성되는 '전체적 구조'를 보여 주어야 한다. 바로 이 같은 의미에서 지눌의 선 사상을 온전히 드러내는 해석틀을 마련해야 하는 것이다.

필자의 이해에 의하면, 지눌 선 사상의 핵심이 되는 한결같은 과제는 바로 마음(心)이다. 지눌은 전 생애를 통하여 '마음을 어떻게 이해하고 실천할 것인가'라는 문제로 고심하였다. 마음의 문제는 그의 모든 저술에서 일관되게 나타나는 주제이다.『권수정혜결사문』에서는 "미혹과 깨달음이 다르지만 그것(要)은 모두 일심一心에서 비롯된다"[13]고 하고,『수심결』에서는 "부처를 구하고자 한다면 부처는 바로 이 마음이다. 어찌 마음을 멀리서 찾을 것인가?"[14]라고 하고,『절요사기』에서도 "근원을 알지 못한다면 어떻게 자기 마음으로 돌아갈 수 있겠는가?"[15]라고 말하고 있다.

이와 같이 지눌의 관심은 바로 마음 자체이며, 마음을 어떻게 이해하고 실천할 것인가 하는 물음이다. 이러한 물음에 대한 응답이 지눌에게 있어서는 삼문이라는 형식으로 나타났다는 것이다. 이 점이야말로 삼문의 내적 관계를 찾고 구성하는 가장 중요한 요점이라고 본다. 다시 말하면 기본적으로 삼문은 '마음의 해석학'이라고 이해할 수 있다는 것이다. 만약 삼문에 상호 의미 있는 유기적인 내적 구조가 존재한다면, 이 삼문의 체계는 바로 '마음을 해석하는 마음의 구조'일 수밖에 없다. 삼문을 이해하는 출발점은 곧 바로 마음에서 찾아야 한다는 것을 의미한다. 선 사상이란 것도 결국 마음을 드러내고 실천하는 해석의 형태이다. 만약 종교를 '궁극적 관

---

13) 知訥,『勸修定慧結社文』(『한국불교전서』 4책, 698쪽 上), "迷悟雖殊, 而要由一心."
14) 知訥,『牧牛子修心訣』(『한국불교전서』 4책, 708쪽 中), "若欲求佛, 佛卽是心, 心何遠覓."
15) 知訥,『法集別行錄節要并入私記』(『한국불교전서』 4책, 741쪽 上), "若未先得其原, 則於諸宗旨, 隨其言迹, 妄生取捨之心, 何能融會歸就自心也."

심'(Ultimate Concern)이라고 정의한다면,16) 그것은 바로 '마음'이며, 마음에 관한 '이해와 실천'인 것이다.

그래서 우리는 다음과 같이 질문할 수 있다.

(1) 도대체 마음이란 무엇인가?
(2) 마음은 자아와 세계에 어떻게 나타나는가?
(3) 마음을 어떻게 실천할 것인가?

이 질문들은 일심을 구성하는 세 요소로서 곧 마음의 존재, 양태(혹은 현상), 작용이라는 세 측면을 나타낸다. 이와 같은 마음의 세 측면에 대한 이해와 해석이 바로 삼문의 의미라고 생각된다.

첫 번째의 '마음이란 무엇인가'라는 질문은 외형적으로 나타나는 마음의 현상이 아니라 마음 그 본질적 측면을 가리킨다. 이것은 언어로 표현할 수 없는, 언어 이전의 마음 자체를 의미한다. 이는 삼문의 체계에서 보면, 바로 『간화결의문』에서 제시된 경절문徑截門에 해당된다. '경절徑截'이란 '곧바로 가로질러 간다'는 의미이다. 경절문은 논리적 이해나 번뇌를 단박 끊어내고 마음 자체의 본래적 바탕으로 즉각 들어가는 방식에 의해서 이름지어진 것이다. '활등처럼 돌아가는 길이 아니라 활줄처럼 곧장 들어가는데',17) 머뭇거림이 없다는 것이다. '이 뭣고'(是甚麽)라는 화두는 바로 첫 번째의 '마음이란 무엇인가'라는 질문과 통한다. 이것은 바로 마음 자체에 대한 의심이나 깨달음을 포함한다.

두 번째의 '마음은 자아와 세계 속에 어떻게 나타나는가'라는 질문은 깨달음이나 이해의 대상(所悟)으로서 마음의 양태나 현상을 가리킨다. 삼문

---

16) P. Tillich, *Systematic Theology* I, Chicago: Chicago University Press, 1951, 11~12쪽.
_____, *What is religion?*, New York, Harper and Row, 1973, 28쪽.
17) 西山大師, 『禪家龜鑑』(『한국불교전서』 7책, 636쪽 上), "諸佛說弓, 祖師說絃."

으로 보면, 깨달음이 세계에 드러난 화엄의 성기설性起設이나, 법계연기설法界緣起說에 기초한 원돈신해문圓頓信解門에 해당된다.『절요사기』에서는 종밀의 심성론인 공적영지심空寂靈知心에 기초하여 제종의 심천득실深淺得失을 분석하고 비판적으로 수용하고 있는데, 지눌은 다음과 같이 이야기하고 있다.

깨달음의 대상(所悟法)에 대해서 다음과 같은 견해가 있다. 즉 "마음의 본체는 생각을 떠났고, 근본 성품은 청정하여 나지도 않고 멸하지도 않는다"라고 하는데, 이것은 점문漸門을 주장하는 사람이요 혹은 "머무름이 없어 공적한 앎은 모양을 떠난다"거나 혹은 "마음이 곧 부처"라거나 "마음도 아니요 부처도 아니다"라고 말하는 사람이 있는데, 이들은 돈문頓門을 많이 주장하는 사람이다. 그러나 이런 주장들은 모두 마음의 성상性相을 떠나지 않는다.[18]

위에서 말하는 견해들이란 중국선을『절요사기』에서 '마음(性相)을 어떻게 이해하는가'에 따라 분류한 북종北宗・하택종荷澤宗・홍주종洪州宗의 입장을 순서대로 말하고 있다. 이것은 깨달음의 대상으로서 마음을 해석하는 입장에 따라 분류한 것으로, 북종은 마음의 본체本體를 청정성淸淨性으로 파악하고 망념으로부터 떠남(離念)을 강조하므로 점종漸宗이 된다. 마음의 본래적인 청정성(性)과 번뇌의 존재(相)를 동시에 인정하고, 번뇌를 없애 청정심만을 존재케 하는 것으로 수행을 삼는다. 하택종은 다만 '지知' 일자一字를 중요시하고 마음의 본체를 공적영지로서 이해한다. 번뇌는 미혹했을 때만 번뇌이지, 알고(知) 보면 그 자체는 공적空寂하고 신령스럽다(靈知)는 입장이다. 홍주종은 마조馬祖의 가르침을 의미하는데, 마조는 '마음이 곧 부처'(卽心卽佛)라고 하기도 하고, '마음도 아니요 부처도 아니다'(非心非佛)라고도 말한다.

---

18) 知訥,『法集別行錄節要幷入私記』(『한국불교전서』 4책, 747쪽 中), "然其所悟, 或言心體離念, 本性淸淨, 不生不滅, 多約漸也. 或云無住空寂, 眞知絶相, 或卽心卽佛, 非心非佛, 多屬頓門, 然皆不離, 心之性相, 並可通用."

그렇지만 이들은 결국은 모두 '마음을 해석하는 성상性相에 지나지 않다'고 보조는 말한다. 바로 그것은 마음이 자아와 세계에 나타내는 양식인 것이다. 이런 논의는 그의 『원돈성불론』에서도 이루어진다. 『원돈성불론』에서는 이통현의 화엄론적 해석에 기초하여 "법계의 일체가, 중생의 무명분별을 포함하여 비록 보잘것없는 티끌이라 할지라도, 인연을 따라 나투는 그것이 바로 근본적인 온 법계의 빛나는 지혜(根本普光明智)"[19]라고 하고, "부처와 중생의 차별이란 근본보광명지의 상용相用인 것이다. 그러므로 이것은 본래 하나이지만 일으키는 작용이 다양하게 거듭되므로 성기문性起門이다"[20]라고 말한다. 여기에 의하면 중생의 자아(理)와 법계의 세계(事)는 상호 다른 내용이 아니다. 그것은 근본보광명지의 상용이며, 리사무애理事無碍이며, 자아와 세계는 부처의 출현, 곧 성기性起로서 이해된다. 결국 원돈신해문의 과제는 깨달음과 이해의 대상으로서 자아를 포함하여 세계(法界)의 본질(性)과 모습(相)을 어떻게 볼 것인가 하는 진리관이나 심성론을 포함한다.

마지막으로, '마음을 어떻게 닦을 것인가'라는 세 번째의 문제는 깨닫고 실천하는 주체(能悟)로서 마음의 작용을 가리킨다. 곧 어떤 마음이 깨닫는가 하는 물음에 대한 답변을 포함한다. 이것은 삼문으로 말하면, 깨닫는 마음을 정혜定慧로 이해하는 바로 성적등지문惺寂等持門의 과제이다. 이는 깨달음의 대상적인 출현이 강조되는 원돈신해문과 같은 마음이겠지만, 여기서는 그 주체적인 입장으로서의 마음, 곧 정혜가 강조된다. 『절요사기』에서는 깨달음의 주체로서의 마음(能悟)에 대해서 다음과 같이 말한다.

깨달음의 주체(能悟)를 밝히려면 들어가는 문이 수천 가지가 있으나, 그것은 다

---

19) 知訥, 『圓頓成佛論』(『한국불교전서』 4책, 729쪽 下), "以衆生煩惱無明種種幻化, 皆從如來普光明智之所生起故."

20) 知訥, 같은 책(『한국불교전서』 4책, 725쪽 下), "本來根本普光明智性海幻現故, 生佛相用似有差殊, 全是根本普光明智之相用也. 故本是一體而起用重重, 此當性起門也."

정혜定慧를 떠나지 않는다. 왜냐하면 마음은 물과 같아 물결이 흔들리면 그림자가 부서지고, 물이 맑고 고요하면 그 작용이 완전해질 것이다. 선정禪定과 지혜智慧가 동시에 없으면, 그는 미치광이요 미련한 사람이다. 두 가지를 함께 고요히 운용하면, 완전한 부처가 될 것이다. 혹자는 마음을 일으키지 않는 것으로서 생각이나 닦음도 없으며 자취를 떨쳐 버리고 이치를 드러낸다고 하는데, 이것들은 다 선정으로 문을 삼는 것이요, 또 마음을 살피고 마음의 공적함을 알고 생각 없음을 알고 본다고 하는 것들은 다 지혜로 문을 삼는 것이다.[21]

이것은 지눌이 실천의 주체로서 마음을 '정혜定慧'로 파악하고, 중국선中國禪의 북종·하택종·홍주종·우두종牛頭宗 4종파宗派의 수증론修證論 혹은 실천론實踐論을 각각 정혜로써 분류하고 있는 것이다. 지눌은 정혜가 함께 존재하는 경우는 하택종으로 보고, 상대적으로 정정이 강조되는 경우는 북종, 혜慧가 보다 강조되는 경우는 홍주종으로 간주하는 듯하다. 정혜를 이와 같이 네 가지 형태로 분류한 것은 『권수정혜결사문』에서도 채택했던 분류 방식이다. 『권수정혜결사문』에서는 일숙각一宿覺 영가스님의 어록을 인용하여 정혜라는 용어 대신에 '적적성성寂寂惺惺'이라는 용어를 사용하여 '혼침에 빠져 있는 적적불성성寂寂不惺惺, 망상에 사로잡혀 있는 성성부적적惺惺不寂寂, 망상과 혼침으로 부적적불성성不寂寂不惺惺, 고요한 가운데 참으로 깨어 있는 역적적역성성亦寂寂亦惺惺'의 네 가지로 분류한다.[22] 『수심결』에서는 『육조단경六祖壇經』의 자성정혜自性定慧[23]

---

21) 知訥, 『法集別行錄節要幷入私記』(『한국불교전서』 4책, 747쪽 中), "若明能悟, 入法千門, 不離定慧故. 何者, 夫心猶, 水火, 澄之聚之, 其用, 卽全, 攪之散之, 其用, 卽薄. 故, 波搖影碎, 水濁影昏, 淸明止澄, 巨細斯鑑, 無定無慧, 是狂是愚, 偏修一門, 是漸是近. 若並運雙寂, 方爲正門, 成兩足尊, 非此不可. 若言不起心, 爲修道, 定爲門也. 若云看心觀心, 求心融心, 慧爲門也. 若云無念無修, 拂迹顯理, 定爲門也. 若云知心空寂, 知見無念, 慧爲門也. 若云寂照, 或知無念, 則雙明定慧. 若云揚眉瞬目, 皆稱爲道, 卽此名修, 此通二義, 一令知其觸目爲道, 卽慧門也. 二令心無所當, 卽定門也. 餘可類知, 不出定慧."

22) 知訥, 『勸修定慧結社文』(『한국불교전서』 4책, 701쪽 下); 『永嘉集』(『大正新修大藏經』 권48, 390쪽 中), "一宿覺云, 寂寂謂不念外境善惡等事, 惺惺謂不生昏住無記等相.

를 그대로 인용하여 돈오점수를 자성정혜自性定慧와 수상정혜隨相定慧로 설명하고,『절요사기』에서는 돈종頓宗의 자성정혜와 점종漸宗의 이구정혜 離垢定慧[24])와 구별한다.

이상과 같이 결국 '삼문은 각각 마음에 대한 지눌의 해석학'인데, 그것은 마음의 실존적 존재를 묻는 경절문, 마음의 성기적 양태에 관한 원돈신해문, 마음의 주체적인 측면에 관한 성적등지문으로 분류하여 이해할 수 있다. 현대 철학적 해석틀로 표현하면, 각각 '존재론, 현상론, 실천론'에 해당된다고 할 수 있다.[25]) 물론 이 해석틀은 매우 유용한 시사점을 던지기는 하지만, 잘못하면 각각 다른 세 가지 별개의 내용으로 실체화시키는 위험을 안고 있다. 그렇기 때문에 '한 마음의 세 현상으로' 이해하기보다는 이들 각 요소가 지눌의 텍스트에서 서로 어떤 관계로 묶여서 하나의 구조를 이루고 있는지를 보여 주어야 한다. 다시 말하면 삼문은 구체적으로 상호 어떤 관계에 있는가 하는 질문이다.

필자는 일단 간화경절문이 실존적인 자기 의심이라는 마음의 존재성에 관계된다면, 원돈신해문은 그 깨닫는 마음의 외현인 성상性相에 관한 논의를 다루는 해석틀이며, 성적등지문은 깨닫는 마음의 주체적인 측면인 정혜定慧에 관계된 논의라고 이해한다.

若寂寂不惺惺, 此乃昏住, 惺惺不寂寂, 此乃緣慮, 不寂寂不惺惺, 此乃非但緣慮. 亦乃入昏而住, 亦寂寂, 亦惺惺, 非唯歷歷, 兼復寂寂, 此乃還源之妙性也."

23) 『壇經』 43항; 駒澤大學禪宗史硏究會, 『慧能硏究』(東京: 大修館書店, 1978), 338쪽, "心地不非自性戒, 心地無癡自性慧, 心地無亂自性定."
知訥,『修心訣』(『한국불교전서』 4책, 711쪽 下), "如曹溪云, 心地無亂自性定, 心地無癡自性慧."

24) 知訥,『法集別行錄節要并入私記』(『한국불교전서』 4책, 747쪽 下), "屬於漸宗, 離垢定慧……離能所觀, 名頓宗自性定慧."

25) 최근 지눌의 선 사상을 기존의 '심성론(眞理觀)과 수증론(實踐論)'이라는 이분법二分法의 해석틀로 이해하는 대신에, 김종명 박사는 지눌의 선 사상을 '존재론, 현상론, 구원론'이라는 삼분법의 해석틀을 제시한다.
김종명,「지눌의 『法集別行錄節要并入私記』에 미친 초기 선종서의 사상적 영향」,『普照思想』 11집(1998. 2), 159쪽.

이를테면 '마음을 깨닫는다'거나 '성품을 본다'고 할 때, 여기서 '깨닫는다'(覺)거나 '본다'(見)고 하는 행위는 행위의 주체적인 작용을 의미한다. 그리고 깨닫고 보는 대상은 바로 분별된 '마음'(相) 혹은 그 자체의 '성품'(性)이 된다. 이렇게 보면 '마음을 깨닫는다'고 할 때는, 깨달음의 대상으로서 소오 所悟와 주체로서 능오能悟가 있을 수 있다. 지눌은 이들 두 용어 이외에도 마음의 두 가지 측면을 『절요사기』에서는 '이해(解)/ 실천(行)', '세계(法)/ 인간 (人) 혹은 자아(我)'라는 용어를 사용하여 분류한다. 성적등지문이 역사적으로 정혜결사운동을 주도하는 행위로서의 행行, 주체로서의 인人, 깨달음의 작용으로서의 능오能悟의 측면이라면, 그 깨닫는 결과를 외현으로 드러내는 원돈신해문은 '이해(解)에 관계되고, 자아(我)와 세계(法)에 해당되며, 깨달음의 대상(所悟)이 되는' 마음이라고 할 수 있다. 즉 성적등지문과 원돈신해문은 인식이나 깨달음의 정신 현상에서 주/객의 관계로 이해할 수 있다.

그렇기 때문에 성적등지문이 주체적인 작용이라면, 상대적으로 원돈신해문은 깨달음의 외현으로서 현상론으로 이해된다. 그런데 이 때 자기 존재의 본질을 묻는 간화경절문은 성적등지문과 원돈신해문 사이에서 중요한 역할을 담당한다고 본다. 하나는 실존적 자기 의심에 의한 주객의 발생을 설명하는 방식이고, 다른 하나는 그 결과로서 주·객을 모두 소멸시키는 방식이다. 실존적인 질문에 의한 마음의 발생과 소멸의 역동적인 관계가 바로 보조선의 구조를 이룬다는 것이다. 물론 이런 점에 대한 정확한 해석이 가능하려면, 지눌의 텍스트에서 삼문이 어떻게 유기적으로 결합되어 있는가 하는 모델을 찾아보아야 한다. 이것은 결국 보조선의 체계와 구조를 구성하는 일로, 그의 마음에 관한 해석학의 일단을 발견하는 일이다. 그렇지만 여기서 먼저 보조의 삼문이 함축하는 교학적인 기초가 어디에 근거하는지를 검토하고 넘어갈 필요가 있다.

2) 삼문의 『대승기신론』적 이해

동북아시아 불교의 공통된 특징은 '마음'을 이해(解)하고 실천(行)하는 문제를 중심 과제로 삼는다는 점이다. 이것은 바로『화엄경華嚴經』이나 『대승기신론大乘起信論』적 패러다임에서 비롯된 것으로 지눌에게 있어서도 마찬가지이다. 임영숙 씨의 조사에 의하면,26) 지눌은 자신의 전 저술을 통하여 약 42권에 달하는 문헌들을 인용하고 있다. 그 가운데『화엄경』계통이 가장 많다. 다음으로는『기신론』인데 전체적으로 약 22회 가량 인용되고 있으며, 저술별로는『절요사기』에서 4회,『권수정혜결사문』에서 6회, 『진심직설』에서 6회,『간화결의론』에서 1회,『원돈성불론』에서 5회이다. 그만큼 지눌이 마음을 분석하는 도구로서『화엄경』과『기신론』에 깊은 영향을 받았음을 보여 준다. 지금까지 지눌의 화엄 사상은 이통현 장자의 『화엄론』, 선교일치나 돈오점수는 종밀의『선원제전집도서禪源諸詮集都序』나『법집별행록法集別行錄』, 돈오와 정혜등지定慧等持는 혜능의『육조단경』, 간화선은 대혜종고大慧宗杲의『어록語錄』등과의 영향 관계를 연구했지『기신론』과 지눌 선 사상과의 관계를 다루는 연구는 전혀 없는 실정이다. 이것은 김군수가 찬한「보조국사비명普照國師碑銘」에서『기신론』과의 관계를 언급하지 않았기 때문이 아닌가 한다. 필자는 지눌의 삼문 체계, 특히 개별적 성격이 아니라 그 내적 관계는『기신론』의 일심이문삼대一心二門三大에 기초하여 해석해야 더 잘 설명된다고 본다.

마음을 분석하는『기신론』의 가장 큰 해석틀은 일심一心을 생멸문生滅門과 진여문眞如門으로 분류하고 다시 그것을 체상용體相用 삼대三大로 구별하는, 이른바 '일심이문삼대'의 분류법이다.『기신론』은 이런 마음의 분석틀

---

26) 임영숙,「知訥의 撰述禪書와 그 所依典籍에 관한 硏究」,『서지학연구』 창간호(서지학회, 1986).

을 통해서 '여래의 광대하고 심오한 법의 의미를 총체적으로'27) 통합하여 체계화시키고자 한다. 지눌은 『절요사기』의 서문에서 "마명馬鳴조사도 말하기를 '이른바 법法이란 곧 중생衆生의 마음이다'고 하였으니, 어찌 사람을 속였겠는가"28)라고 하고, 사종선四宗禪의 비판적 수용, 정혜와 돈오점수의 의미에 관한 논의를 끝내고 후반부의 경절문을 소개하기에 앞서 '전수문全收門과 전간문全揀門'을 논하는 자리에서, "이른바 법法이라고 하는 것은 중생의 마음이다. 이 마음이 곧 '진여문과 생멸문'의 이문二門과 (體相用의) 삼대三大의 근원이다"29)라고 하여, 다시 한 번 마음에 관한 『기신론』의 이해의 이란을 드러낸다. 이러한 마음에 관한 『기신론』의 분류법은 『절요사기』뿐만 아니라 그의 모든 중요한 저술에 깊게 영향을 주고 있다.

그러면 우선 『기신론』에서 말하는 '일심이문삼대'의 의미에 관하여 검토해 보자.

대승이란 총괄하여 두 가지가 있다. 무엇이 두 가지인가. 하나는 법法이요, 둘째는 의義이다. 법이라고 하는 것은 중생의 마음을 말한다. 이 마음은 일체의 세간법과 출세간법을 포괄하며, 이 마음에 의해서 대승의 뜻을 나타낸다. 왜냐하면 마음의 진여상이 곧 대승의 체를 나타내고, 생멸生滅의 인연상이 대승 자체自體와 상相과 용用(摩訶衍自體相用)을 제시하기 때문이다. 의義라고 하는 것은 세 가지 종류가 있다. 첫째는 일심一心 자체의 체대體大로 일체법一切法이 평등하여 증가하지 않고 감소하지 않기 때문이며, 둘째는 일심의 모습인 상대相大로 여래장如來藏에 한량없는 성공덕性功德을 구족한 까닭이요, 세 번째는 일심의 작용인 용대用大로 일체 세간世間과 출세간出世間의 착한 인과因果를 낼 수 있기 때문이다. 일체의 모든 부처가 본래 가르친 바이며, 일체의 모든 보살이 여

---

27) 馬鳴, 『大乘起信論』(『大正新修大藏經』 권32, 575쪽 下), "總攝如來廣大深法無邊義."
28) 知訥, 『法集別行錄節要并入私記』(『한국불교전서』 4책, 741쪽 中), "馬鳴祖師云, 所言法者, 謂衆生心, 豈欺人哉."
29) 知訥, 『法集別行錄節要并入私記』(『한국불교전서』 4책, 760쪽 下), "所言法者, 謂衆生心也. 是心, 卽是眞如生滅二門三大之源."

기에 의지해서 여래지如來地에 이르기 때문이다.30)

먼저 이문과 삼대의 관계를 먼저 살펴보면, 여기에는 해석상의 논란이 있다. 삼대(體大·相大·用大)가 모두 생멸문에 속하는가, 아니면 체대는 진여문에 속하고 상·용대만이 생멸문에 속하는가 하는 문제이다. 그것은 번역의 문제로 연결되는데, '생멸生滅의 인연상因緣相이 대승 자체自體와 상相과 용用을 제시하기 때문'(是心生滅因緣相, 能示摩訶衍自體相用故)이라는 부분을, 위에서처럼 '대승 자체와 상과 용'으로 해석하여 삼대를 모두 생멸문에 소속시킬 것인가, 아니면 상대와 용대만을 생멸문에 배치하여 '대승 자체의 상과 용'으로 해석할 것인가의 문제이다. 충분한 검토가 있어야겠지만, 양자는 의미상의 차이보다도 해석자의 권한이 강조된 경우로, 그 관점에 따라서 달리 번역된다. 원효는 『대승기신론·별기』에서 체상용 삼대를 모두 생멸문에 배대하여 해석한다.31)

지눌은 이 문제를 직접 언급하지 않았지만, 「육조법보기단경발六祖法寶記壇經跋」의 성상융회性相融會32)나 그의 체용 논리에 기초한다면, 화엄적 입장에서 체대는 진여문으로 상·용대는 생멸문으로 배대하리라 여겨진다.

깨달음의 대상(所悟)으로서 생각을 떠난 마음의 본체(體)는 모든 법의 성품으로 온갖 묘함(衆妙)을 포함하고 있다. 이것은 또한 언사를 초월한 까닭에 마음을 잊어 단박 증득한 문(頓證門)에 계합한다. 여기에는 온갖 묘함을 포함하기 때문에

---

30) 馬鳴, 『大乘起信論』(『大正新修大藏經』 권32, 575쪽 下), "摩訶衍者, 總說二種. 云何謂二. 一者法, 二者義. 所言法者, 謂衆生心, 是心卽攝一切世間法出世間法 依於此心, 顯示摩訶衍義. 何以故, 是心眞如相, 卽是摩訶衍體故, 是心生滅因緣相, 能是摩訶衍自體相用故. 所言義者, 則有三種. 云何爲三, 一者體大, 謂一切法眞如平等不增減故, 二者相大, 謂如來藏具足無量性功德故, 三者用大, 能生一切世間出世間善因果故, 一切諸佛本所乘故, 一切菩薩, 皆乘此法到如來地故."

31) 元曉, 『大乘起信論·別記』(『大正新修大藏經』 권44, 227쪽 下), "何故眞如門中, 但示摩訶衍體, 生滅門中, 通示自體相用."

32) 知訥, 『六祖法寶記壇經跋』(『한국불교전서』 4책, 739쪽 下), "以生二見, 非性相融會者也."

속성(相)과 작용(用)이 왕성하게 일어나는 뜻(義)이 있다.33)

지눌의 『절요사기』에서 보이는 이 인용문은 『기신론』의 삼대에 관한 정의와 매우 유사하다. 전체적인 맥락상의 의미는 마음의 본체(體)가 속성(相)과 작용(用)을 포함한다는 내용이므로, 이런 해석은 지눌이 진여문에 체대를, 생멸문에 상대와 용대를 소속시킬 수 있음을 시사한다. 이것은 '마음의 진여문은 법의 체體이고, 마음의 생멸문은 상相과 용用'34)으로 보는 종밀의 해석과 상통하는데, 다분히 진여문을 성이나 체로, 생멸문을 상이나 용으로 배대시키는 화엄적 성상性相 혹은 체용體用 구조로 파악하고 있음을 보여 준다.

다음으로 삼대는 일심一心이 가지는 세 가지의 특징인데, '대大'라고 하는 것은 대승의 마음을 나타내기 때문이다. 체대는 증가하거나 감소하지 않는 평등한 마음 자체를 가리킨다. 바로 생각을 떠난 마음 바탕을 나타낸다. 상대는 여래장의 한량없는 공덕功德으로, 용대는 일체 세간과 출세간의 착한 인과因果로 정의된다. 『기신론』의 형성에 관한 문헌적 자료론적 연구에 의하면,35) 삼대는 문헌적으로 보았을 때 『성유식론成唯識論』, 『섭대승론攝大乘論』, 『보성론寶性論』 등과 같은 맥락에서 인도 불교사상사로부터 형성된 개념으로 보여진다. 『기신론』의 체상용 삼대와 유사한 개념이 『성유식론』에서는 '실유實有・유덕有德・유능有能'으로 표현되고,36) 『섭대승론』의 용어는 현장玄奘의 번역에 의하면 '실유성實有性・공덕성功德

---

33) 知訥, 『法集別行錄節要幷入私記』(『韓國佛教全書』, 759쪽 上), "所悟離念心體, 卽諸法之性, 包含衆妙, 亦超言辭, 超言辭故, 合忘心頓證之門, 含衆妙故. 有相用繁興之義."
34) 宗密, 『禪源諸詮集都序』, "依於此心, 顯示摩訶衍義, 心眞如是法體, 心生滅是相用."
35) 柏木弘雄, 『大乘起信論の研究: 大乘起信論の成立に關する資料論的研究』(東京: 春秋社, 1972), 480~489쪽. 이하는 이 연구에 많은 도움을 받아 거듭 다시 논의하였다.
36) 『成唯識論』 권6(『大正新修大藏經』 권31, 200쪽 下), "一信實有, 謂於諸法實事理中, 深信忍故. 二信有德, 謂於三寶, 眞淨德中, 深信樂故. 三信有能, 謂於一切世出世善, 深信有力,能得能成起希望故."

性·감능성堪能性'으로 이해되며,37) 진제眞諦의 번역으로는 '실유實有·가득可得·공덕功德'이 된다.38)

실유는 '제법에는 참다운 이치가 있고, 자성이 불성임'(實有自性住佛性)을 믿는 것이고, 공덕은 '일체가 다 불성으로부터 나온 것'(引出佛性)임을 믿는 것이며, 감능은 '수행의 결과로서 불성에 이른다'(至果佛性)는 것을 의미한다. 『보성론實性論』에서 보면39) 체대는 진여의 실유적實有的인 측면으로 깨달음(bodhi)을 나타내고, 상대는 여래장의 공덕성功德性을 의미하는 속성(guna)으로, 용대는 여래지如來地에 이를 수 있는 가능성(因地)으로서의 행위(karman)로 해석된다.

이상의 논서들의 정의에 기초하여 볼 때, 체대는 불성의 존재, 상대는 불성에서 흘러나온 공덕, 용대는 불성에 이를 수 있는 가능성으로서의 행위를 가리킨다. 즉 체대는 존재론에, 상대는 현상론에, 용대는 실천론에 배대된다.

지눌의 경우는 일심삼대一心三大에 대해서 인용을 하지만 구체적으로 삼대만을 정의하지는 않고 있다. 그러나 위의 『절요사기』에서 보듯이, 『기신론』을 인용하는 그 맥락을 살펴보면 마음의 존재·공덕·행위라는 『기신론』의 개념과 유사한 내용이 발견된다.

첫째 체대體大는 지눌의 이해에 의하면, 마음의 본래적인 측면으로 '온갖 묘함을 머금었고' '언사言辭를 초월해 있다'. 그래서 '단박 증득하는 문門에 합치한다'고 말한다. 이것은 진여의 실유성을 깨달음으로 드러내는 간화경 절문의 관점과 통한다. 『간화결의론』에서 제시하는 경절문의 특징은 '화두

---

37) 玄奘 譯, 『攝大乘論』(『大正新修大藏經』 권31, 350쪽 中), "眞實有性, 具功德性, 有堪能性, 深生信解, 是名爲信."

38) 眞諦 譯, 『攝論世親譯』 권7(『大正新修大藏經』 권31, 200쪽 下), "此有何義, 謂信及樂. 信有三處, 一信實有, 二信可得, 三信無窮功德. 信實有者, 信實有自性住佛性, 信可得者, 信引出佛性, 信有無窮功德者, 信至果佛性, 起三信已."

39) 柏木弘雄, 『大乘起信論の研究: 大乘起信論の成立に關する資料論的研究』(東京: 春秋社, 1972).
高崎直道, 『寶性論』(東京: 講談社, 1989), 1~11쪽.

를 참구하여 곧장 깨달음으로 들어가는' 것으로 교학적인 이해를 '사람들에게 알음알이를 내기 때문에 하나씩 일일이 가려낸다'[40]는 점이다. 지눌은 『간화결의론』에서 『기신론』을 단 한 번 인용한다. 그것은 아래와 같다.

심진여心眞如는 곧 일법계대총상법문一法界大總相法門의 체體이니, 이른바 마음의 성품性品에는 생멸生滅이 없다. 일체의 모든 법法은 오직 망념妄念에 의해서 차별이 일어날 뿐이다. 만약 마음의 생각을 떠나기만 하면, 곧 모든 경계의 상相이 사라진다. 모든 법은 본래부터 언설言說을 떠났으며 문자文字를 떠났고 마음의 걱정을 떠나 필경에는 평등하여 변화가 없고 가히 파괴하지 못한다. 오직 일심一心이므로 진여眞如라 이름한다. 물음: 만약 이와 같다면 모든 중생들은 어떻게 수순隨順하여 능히 득입할 수 있습니까? 대답: 만약 모든 법을 알면 비록 설한다고 할지라도 설하는 주체(能說)나 설하는 대상(可說)도 없으며, 비록 생각한다고 하여도 생각하는 주체(能念)나 생각하는 대상(可念)이 없다. 이를 수순隨順이라고 한다.[41]

위 부분은 『기신론』에서는 「해석분」에서 진여심을 설명하는 부분[42]이고, 『간화결의론』에서는 교학教學에서도 '말을 떠나고 걱정을 끊어 들어가는 뜻'(離言絶慮之義)이 있음을 인용하는 대목이다. 이와 같이 지눌은 진여의 이치와 성품이 말을 떠나고 생각이 끊어진 자리임을 인정한다. 설하는 주체(能說)와 설해지는 대상(可說)도 없으며, 생각하는 주체(能念)와 생각의 대상(可念)도 없는 것을 수순隨順이라고 정의할 때, 이것은 화두선話頭禪의 정신과 상통한다. 다만 '이름과 모양에 집착하여 심오하게 깨닫지 못하기

---

40) 知訥, 『看話決疑論』(『한국불교전서』 4책, 733쪽 上), "圓頓信解, 如實言敎, 如河沙數, 謂之死句."
41) 知訥, 같은 책(『한국불교전서』 4책, 734쪽 中·下), "如論云, 心眞如者, 則是一法界大摠相法門體, 所謂心性, 不生不滅. 一切諸法, 唯依妄念, 而有差別. 若離心念, 則無一切境界之相. 是故一切法, 從本以來, 離言說相, 離名者相, 離心緣相, 畢竟平等, 無有變異, 不可破壞. 唯是一心, 故名眞如. 問曰若如是義者, 諸衆生等, 云何隨順, 而能得入. 答曰若知一切法, 雖說無有能說可說, 雖念, 亦無能念可念, 是名隨順."
42) 馬鳴, 『大乘起信論』(『大正新修大藏經』 권32, 576쪽 上).

때문에 부처님께서는 선과 악, 더러움과 깨끗함, 세간과 출세간 구별을 모두 타파한다'[43]고 말하고, 나아가서 지눌은 '설하는 주체와 대상, 생각하는 주체와 대상이 없음을 이해한 연후에 이러한 이해와 생각마저도 떠나 진여문에 들어감을 이치에 증득한 성불(證理成佛)'[44]이라고 부른다. 이런 점에서 '생각을 떠남'(離念)으로 정의되는 『기신론』의 체대는 경절문의 교학적 이해로 자리매김할 수 있다고 보여진다.

그런데 여기에 주의할 점이 있는데, 일심을 어떻게 이해하느냐에 따라 생각 떠남(離念)은 전혀 다르게 해석된다는 것이다. 이를테면 원효는 일심이문삼대에 의해서 중관中觀의 반야적般若的 입장과 유식唯識의 삼성설三性說을 종합·회통하고자 한다. 즉 체대는 중관적인 입장으로 일체의 언설과 생각이 끊어진 반야로서 이해되고, 다시 '변계소집성徧計所執性·의타기성依他起性·원성실성圓成實性'의 『섭대승론』의 유식삼성설唯識三性說에 기초하여 체상용 삼대 모두 생멸문에 배대한다.[45] 『기신론』의 '생각을 떠남'(離念)을, 만약 『간화결의론』에서 보여 주는 파병破病의 의미로 이해한다면, 지눌의 경절문은 중관론적 입장을 반영한 것이다. 이런 경우 '생각을 떠남'(離念)을 점수의 체계로 이해하는 북종 신수神秀와는 전혀 다른 이해가 된다.[46] 그러나 지눌의 해석에 의하면 『기신론』의 이념離念은 '점차 닦아가는 문'(漸修門)이 아니라, '단박 증득하는 문'(頓證門)에 합치한다.

---

43) 知訥, 『看話決疑論』(『한국불교전서』 4책, 734쪽 中·下), "但爲一類衆生, 執虛妄名相, 難得玄悟故. 佛且不揀善惡染淨世出世間, 一切具破."
44) 知訥, 같은 책(『한국불교전서』 4책, 734쪽 中·下), "此教者, 隨順平等無相之理, 作無能說可說能念可念之解然後, 離此解此念得, 入眞如門故. 但名證理成佛."
45) 元曉, 『大乘起信論·別記』(『大正新修大藏經』 권44, 227쪽 下), "眞如門, 是泯相以顯理……如攝論說, 三性相望, 不異非不異, 應如是說. 若能解此三性, 不一不異義者, 百家之諍, 無所不和也."
46) 柳田聖山, 『禪思想의 성립』, 추만호·안영길 옮김, 『선의 사상과 역사』(민족사, 1989), 99~104쪽. 柳田聖山은 위 저술에서 북종이 '거울을 털어 낸다'고 할 때, 이것은 『起信論』의 離念을 이해하는 북종의 방식이라고 지적한다.

둘째의 상대相大는 '진여가 포함하고 있는 온갖 묘함(衆妙)'이라는 부분으로서 곧 여래장如來藏의 한량없는 공덕, 속성을 의미한다. 이것을 법계의 일체가 여래의 출현(性起)이거나 여래로부터 흘러나온 양태라고 이해한다면, 이것은 원돈신해문에 적합하다. 물론 여기에는 『기신론』의 여래장 사상을 원돈신해문의 화엄적 법계연기法界緣起와 관계시킬 수 있는가라는 심각한 질문이 제기된다. 곧 이것은 화엄적 해석인 원돈신해문을 유식적唯識的 냄새가 나는 『기신론』의 상대로 이해하는 것은 무리가 아닌가 하는 반론이다. 그러나 이 점은 지눌 자신이 『원돈성불론』에서 스스로 논증하고 있기 때문에 충분하다고 본다.

현대에 이르기까지 『기신론』의 '일심이문삼대'를 둘러싼 해석상의 많은 논쟁이 있었다. 그 대표적인 하나의 예가 원효와 법장의 해석이다. 원효는 『기신론』의 여래장 사상을 유식적인 입장에서 해석하려 하고, 반대로 법장은 가급적이면 원효의 해석을 배격하고 여래장을 화엄 사상과 연결시키려고 노력한다.[47]

지눌이 이 논쟁에 끼여든다면 어떤 입장을 취할까? 결론부터 말한다면 지눌은 법장의 화엄적 해석뿐만 아니라 원효의 유식적 입장까지도 모두 일심이문삼대로 수용·회통시킨다. 지눌은 '『기신론』에서 말하는 일심一心의 일법계대총상법문체一法界大總相法門體를 화엄의 해인삼매海印三昧로 해석하는' 법장의 견해,[48] '시각始覺과 본각本覺을 언급하는' 『기신론』의 내용,[49] '중생과 부처가 서로 융합하고 원인(始覺)과 결과(本覺)가 동시임을 주장하는' 이통현 장자의 『화엄론』,[50] 그리고 '부처께서 출현한 이유

---

47) 박태원, 『大乘起信論思想硏究』1(민족사, 1994), 113~154쪽.

48) 知訥, 『圓頓成佛論』(『한국불교전서』 4책, 727쪽), "賢首國師云, 言一法者, 所謂一心也. 是心卽一切世間出世間法, 卽是一法界, 大摠相法門體……若離妄念, 唯一眞如, 故言海印三昧也. 海印者, 眞如本覺也."

49) 知訥, 『圓頓成佛論』(『한국불교전서』 4책, 727쪽), "若但論於一衆生心中, 具明三大收同, 始本不二之義, 則如起信論所明."

를 설하는' 『화엄경』의 「여래출현품如來出現品」 내용51)들을 차례로 인용
하면서, '일심, 부처, 그리고 중생이 서로 다르지 않음'을 논증해 보려고 한
다. 그런 다음에 다음과 같이 결론을 내린다.

> 위의 이치를 다 살펴보면, 『화엄론』과 『기신론』에서 논한 일심삼대의 의미이
> 다. 자세하고 간략하고 열고 닫음(廣略開合)이 중생의 근기에 따라 다르지마는
> 다 이것은 현재 범부의 마음(現今凡夫心)에 포섭된 의미이다. 다만 언교言教에
> 따라서 날마다 논쟁만 하면서 교만과 승부심으로 세월을 허송하고, 마음을 비
> 추어 보아 깨끗한 행行을 부지런히 닦을 줄 모르니, 어찌 부끄럽지 않는가?52)

여기서 지눌은 법장과 이통현을 인용하면서 『기신론』과 『화엄론』의 중
심 의미를 일심에서 찾고, 그것을 체상용 삼대로 정리한다. 그래서 『기신
론』과 『화엄론』의 차별성을 '현재의 중생심'(現今凡夫心) 곧 일심으로 회통
시켜 논쟁을 멈추고 마음을 관觀하는 실천의 중요성을 강조하고 있다. 마
찬가지로 지눌은 계속하여 중생심과 부처는 서로 다르지 않기 때문에, "이
미 과지果地를 이룬 노사나불盧舍那佛이 중생의 생멸生滅하는 팔식八識
안에 있고 중생도 역시 부처의 지혜 안에 있다"53)고 말함으로써, 『기신론』
에 대한 유식적 해석을 화엄과 융회하고 있다. 뿐만 아니라 『절요사기』에
서도 "의상義湘법사의 '일중일체다중일一中一切多中一, 일즉일체다즉일一
卽一切多卽一'로 대변되는 화엄의 진성연기眞性緣起를 언급한"54) 다음에,

---

50) 知訥, 『圓頓成佛論』(『한국불교전서』 4책, 727쪽), "若論於一衆生心中, 具明生佛相融,
　　因果同時之義, 則如華嚴論主所明, 佛是衆生心裏佛."
51) 知訥, 『圓頓成佛論』(『한국불교전서』 4책, 727쪽), "又如出現品偈云, 佛智亦如是, 偏
　　在衆生心, 妄想之所纏……令其除妄想, 如是乃出現饒益諸菩薩, 此是一一衆生心中,
　　生佛相融恒然之義也."
52) 知訥, 『圓頓成佛論』(『한국불교전서』 4책, 727쪽), "審如上之義, 華嚴起信所論, 一心
　　三大之義, 廣略開合, 務機歧異, 皆是現今凡夫心中, 合攝之義. 但隨言教, 終日爭論,
　　增長我慢勝負之心, 空過一生, 不解返照, 勤修梵行, 可不慚愧乎."
53) 知訥, 『圓頓成佛論』(『한국불교전서』 4책, 725쪽), "他處所論, 生佛互融之義, 旣成果
　　智, 盧舍那佛, 在衆生生滅八識中, 衆生亦在佛智之中者, 是不異理之一事."

"유심唯心이나 유식唯識도 다 화엄성기華嚴性起에 기초한 전수문全收門에 속한다"[55]고 말하고 있다. 이것은 지눌이 유식, 여래장, 화엄의 갈등을 일심의 입장에서 제종파의 대립을 회통시키고 있음을 보여 준다. 각 학파의 이러한 교설적 차이점은 깨달음의 대상으로서의 마음을 이해하는 방식과 시각에서 비롯된 바이다. 그러므로 결국 팔식, 여래장, 법계연기라고 하는 공덕과 속성은 바로 일심에서 흘러나온 상과 용으로, 말하자면 진리 현상론에 관계된다고 할 수 있다.

그런데 지눌이 일심으로 『기신론』과 화엄 사상을 통합할 수 있는 구체적인 기초는 화엄의 보광명지普光明智와 『기신론』의 「해석분」에서 말하는 체대의 성격인 대지혜광명大智慧光明이다.[56] 대지혜광명은 분명히 여래장으로부터 흘러나오는 공덕이기보다는 청정심淸淨心으로서 여래장 자체의 성품이다. 그렇기 때문에 이것은 상대보다는 체대에 소속된다. 그렇다면 성기性起 사상이 중핵을 이루는 원돈신해문은 대지혜광명의 체대에 배대시켜야 하지 않는가 하는 반문이 있을 수 있다. 필자는 이것도 해석의 한 방법으로 공감한다. 이것은 원돈신해문을 심성론(頓悟)에, 성적등지문을 실천론(漸修)에 배대시키는 기존의 이분법적 분류 방식에 의한 해석이다. 그러나 이것은 삼문 가운데 간화경절문의 입장을 배제한 설명이다. 지눌 사상의 전체적인 체계와 구조라는 입장에서 볼 때 원돈신해문이 분명히 『기신론』적 체대의 의미를 가지고 있기는 하지만, 그것은 앞서 지적했듯이

---

54) 知訥, 『法集別行錄節要幷入私記』(『한국불교전서』 4책, 759쪽 下), "如義湘法師偈云.……此則先明眞性離名絶相, 次明眞性緣起無碍故."

55) 知訥, 같은 책(『한국불교전서』), "緣起卽性起, 乃名全收.……然凡言唯心唯識, 皆屬全收門."

56) 知訥, 『圓頓成佛論』(『한국불교전서』 4책, 728쪽 下~729쪽 上), 지눌은 화엄과 기신론을 일심의 입장에서 통합하는 데 있어 賢首法藏의 『修華嚴奧旨妄盡還源觀』(『大正新修大藏經』 권45, 637~638쪽)을 인용하여 논증한다. "起信論云, 眞如自性, 有大智慧光明義故.……起信論云, 無量功德藏, 法性眞如海, 所以名爲海印三昧也. 二者, 法界圓明自在用, 是華嚴三昧也."

'이치의 길과 들어서 아는 지견知見의 병'이 있기에 경절문의 입장에서 보면 '원돈문圓頓門은 참의參義'로서 참다운 의미에서 체대가 되지 못한다. 다시 말하면 오직 '경절문의 활구'에 의해서만 『화엄경』의 보광명지와 『기신론』의 대지혜광명이 온전히 실현된다는 것이다. 다시 말하면 불성의 존재에 대한 믿음은 잘못하면 경험의 영역을 벗어나서, 관념적으로 이해에 떨어져서 실체화시키는 위험이 있다. 이런 점에서 필자는 원돈신해문을 『기신론』에서 말하는 공덕으로서 상대에 배치하고, 불성의 언설적인 이해를 거절하는 경절문을 체대에 소속시킨다. 지눌은 『원돈성불론』에서 다음과 같이 말하고 있다.

> 화엄의 교학敎學이 이치를 다 설명하지 못하였기 때문이 아니라, 다만 배우는 이들이 언교言敎와 의리義理에 걸리어 뜻을 잊고 마음을 깨달아 보리菩提를 빨리 증득하지 못하는 까닭에 문자를 세우지 않고 마음을 마음으로 전한다. 선문禪門에서는 집착을 부수고 종지宗旨를 나타낸 것만을 귀중히 여기고, 번거로운 말로 뜻을 나열해 놓은 것을 중히 여기지 않는다.57)

위 인용문은 선종禪宗에 서서 화엄을 이해하는 지눌의 입장을 잘 보여주고 있는데, 단순하게 나열된 이론 체계는 결코 중요하게 여기지 않는다는 것이다. 그는 이론이 아니라 '말을 잊고 뜻을 얻으며, 다시 뜻을 잊고 마음을 요달하는',58) 이른바 '법계法界를 단박 증득한 자리'(頓證法界處)59)를 중요시한다. 여기서 법계가 원돈문이라면, 그것을 단박 증득한 자리란

---

57) 知訥, 같은 책(『한국불교전서』 4책, 728쪽 中), "非謂華嚴敎門, 說理未盡, 但學者, 滯在言敎義理分際, 未能忘義了心, 速證菩提, 所以達磨西來, 欲令知月不在指, 法是我心故, 不立文字, 以心傳心耳. 是以禪門, 只貴破執現宗, 不貴繁辭義理施設故."

58) 知訥, 같은 책(『한국불교전서』 4책, 724쪽 中), "窮其旨趣, 唯忘言了義, 忘義了心者, 可以仰信矣."

59) 知訥, 같은 책(『한국불교전서』 4책, 728쪽 下), "故云, 得意忘言道易親, 是謂頓證法界處也."

다름 아닌 경절문이다. 이 점을 필자는 바로 보조선에 있어서 화엄과 간화선의 위치에 관한 매우 중요한 해석의 갈림길이라고 본다.

마지막 세 번째 용대用大는 "마음에 온갖 묘함이 있기에, 상용相用이 왕성하게 일어난다"고 하는 대목에서 엿볼 수 있는데, 『기신론』에서 말하는 '교화敎化의 착한 인과'이고, 『섭대승론』에서 말하는 '여래지에 도달할 수 있는 업業, 행위行爲'를 가리킨다. 이것은 수행의 주체적인 측면을 말하는 성적등지문에 해당된다. 수행론에 관한 『권수정혜결사문』의 논의에서 『기신론』을 직접 인용한 경우는 4회이다. 그것은 아래와 같다.

만약 어떤 사람이 이 법을 듣고도 두려운 생각을 내지 않는다면, 마땅히 알라. 이 사람은 바로 부처의 종자를 이어 반드시 제불의 수기를 받으리라.[60]

말하지 않았던가. 모든 대승의 경전을 간단하게 요약한다면 『기신론』에서 "이른바 법法이란 중생심이다. 이 마음이 세간과 출세간 법을 다 포섭한다. 이 마음에 의거하여 대승의 뜻을 드러낸다"고 했다. 이것은 오직 중생이 자기 마음의 영묘자재靈妙自在함을 알지 못하고 밖으로 찾을까를 염려한 까닭이다.[61]

소위 깨달음의 의미란 마음의 바탕이 생각을 떠났고, 생각을 떠난 것은 허공과 같아 두루 미치지 않는 바가 없다. 이 법계의 일상一相은 곧 여래의 평등한 법신法身이다. 만약 중생이 능히 생각 없음을 관한다면, 곧 부처의 지혜를 향하리라.[62]

『기신론』에서 보지 못했는가. 행행이라고 하는 것은 항상 지혜로 관찰함이지 이 분별하는 마음으로 하지 말라. 사된 견해에 떨어져도 항상 정념을 닦고 취하거나 집착하지 말라. 가르침이 이와 같거늘 어찌 마음을 등지고 부처의 깨달을 구하고자 하는가?[63]

---

60) 知訥, 『勸修定慧結社文』(『한국불교전서』 4책, 701쪽 上).
61) 知訥, 같은 책(『한국불교전서』 4책, 701쪽 下).
62) 知訥, 같은 책(『한국불교전서』 4책, 702쪽 中).
63) 知訥, 같은 책(『한국불교전서』 4책, 706쪽 中·下).

첫 번째의 인용에서 '대승의 가르침에 대한 두려움을 내지 말라'고 하는
것은 믿음과 수행의 공덕을 말하는 대목이며, 두 번째 인용문의 '중생심이
대승의 뜻이니' 하는 것은 수행에 대한 올바른 이해를 나타내고 있으며,
세 번째는『기신론』에서 '법계가 곧 여래의 평등한 법신임을 알아 지혜로
써 지관수행止觀修行하라'는 수행의 구체적인 방법을 제시하는「입의분」
에서 인용한 바로 그것은 정혜와 동류인 지관止觀이고, 마지막으로 '사된
견해에 대치對治하는 법'은 수행의 길에서 만날 수 있는 오류를 지적한 것
이다. 이것들은 한결같이 선법善法을 발하고 여래지에 이르는 행위로서 용
대의 뜻을 거듭 강조한 것이다.『기신론』을 인용하는 방식도「입의분」의 중
생심을 중심으로 대부분 수행을 권하는「수행신심분修行信心分」이나「권
수이익분勸修利益分」에서 인용하여 성적등지문의 성격과 충분히 통한다.
　이상으로 지눌의 삼문을『대승기신론』의 일심이문삼대와의 관계 속에서
고찰하여 보았는데, 지금까지의 논의를 정리하면 아래와 같다.

```
            ┌ 실유實有 ― 체대體大 ― 간화경절문看話徑截門 ― 존재론
일심一心 ├ 공덕功德 ― 상대相大 ― 원돈신해문圓頓信解門 ― 현상론
            └ 감능堪能 ― 용대用大 ― 성적등지문惺寂等持門 ― 실천론
```

　이것은 일심을 세 가지의 특질로 분류하되 체대와 경절문은 불성의 존
재성에 기초하고, 상대와 원돈신해문은 여래장의 공덕과 법계의 연기를 나
타내며, 용대와 성적등지문은 불지佛地에 이를 수 있는 지관이나 정혜를
가리킨다. 여기서 경절문은 기존의 이해 방식으로는 실천론에 해당된다.
그래서 경절문이 불성의 존재를 전제한 질문이기는 해도 불성을 깨닫는
방법인 까닭에, 실천론에 배대시키는 것이 옳지 않을까 하는 반론이 있을
수 있다. 그렇다면 경절문뿐만 아니라, 다른 두 문인 원돈문이나 성적문도
결국은 동일한 실천론으로 이해된다. 그렇게 되면 마음의 존재론과 현상론

은 제외되고, 그 결과로 실천론 역시 온당한 설명이 불가능하게 된다. 물론 화두는 방법론적인 성격을 지니고 있음을 부정하지 않는다. **그러나 활구活 句로서의 화두는 단순하게 수단이나 방법이라는 의미를 넘어서, 그 자체로 존재 이며 목적으로 이해된다.** 만약 그렇지 못하다면, 그것은 사량분별의 사구死 句이지 결코 살아 있는 지금 여기의 활구活句가 아니다.

4. 삼문의 유기적 관계

위에서는 보조선의 삼문이란 '마음의 해석학'이라는 전제 아래 그것의 교학적 기초를 『기신론』의 일심이문삼대의 구조에서 찾아보았다. 만약 이 같은 해석이 가능하다면, 『기신론』의 「해석분」에서 보여 주듯이 '진여문 의 체대'로부터 '생멸문의 상대와 용대'가 흘러나오고 반대로 '생멸문의 상대와 용대'는 '진여문의 체대'에 의해서 통합되는, 두 가지의 회통 방식 이 존재한다. 원효는 일심에서 제종의 종지宗旨에로 나가는 전자의 방식을 '연다'(開)고 하고, 다양한 종지에서 하나의 핵심(要), 한 맛으로 돌아오는 후자의 방식을 '닫는다'(合)라고 표현한다.[64]

이와 유사한 방식이 지눌에게서도 발견된다. 삼문이 상호 관계하여 만 들어 내는 내적 구조에는 두 가지 방향이 있는데, 하나는 경절문으로부터 인식의 주체와 대상이 되는 성적등지문과 원돈신해문으로 나아가는(廣) 형 태이고, 다른 하나는 인식의 주체와 대상으로서의 성적등지문과 원돈신해 문이 경절문에 의해서 동시에 부정되어 통합(略) 내지 회통되는 방식이다.

---

64) 元曉, 『大乘起信論疏』(『한국불교전서』 1책, 698c), "開則無量無邊之義爲宗, 合則 二 門一心之法爲要. 二門之內, 容萬義而不亂, 無邊之義, 同一心而混融. 是以開合自 在, 立破無碍, 開而不繁, 合而不狹, 立而無得, 破而無失. 是爲馬鳴之妙術起信之宗 體也."

『절요사기』의 용어로 표현한다면, 전자의 방식은 전수문全收門이고 후자의 방식은 전간문이다. 저술로는 전자는『수심결』에서 찾을 수 있고, 후자는 전간문全揀門으로『절요사기』나『간화결의문』의 방식이다.

물론 이 두 구조는 지눌 스스로가 언급하지는 않았지만, 그의 텍스트 심층에 흐르는 무의식으로 실재한다고 필자는 이해한다. 바로 이 점이 본고의 핵심된 해석자(독자)로서의 권한 행사이다.

1)『수심결』의 전수문全收門

지눌과『기신론』의 근본적인 질문은 '모든 사물의 근원, 혹은 부처와 조사의 본질로서 마음은 무엇인가'라는 것이다. 이 질문은 동북아시아 불교의 중심 과제로 마음을 생멸문과 진여문으로 분류하는『기신론』적 패러다임에 기초하지만, 지눌에게 있어서 이것은 단순한 지식의 문제가 아니라 매우 절박한 실존의 문제였다. 지눌 텍스트의 서문에서 자주 나오는 바로 이 점을 간과한다면 지눌의 참된 모습을 놓칠 위험이 있다. 그리고 지눌에게 있어 평생을 고심하고 심열을 기울였던 '마음이란 무엇인가'라는 문제의식은 결국 '이 뭣고'와 같은 화두라는 형식으로 귀결된다.

지눌에게 있어 마음의 그 자체로서 '마음이란 무엇인가'라는 문제의식이 화두라는 형식으로 처음 나타난 저술은『수심결』이다.『수심결』의 중심 과제는 바로 근원적인 마음바탕의 자리(一心體大)를 깨닫는 것이었다.

【질문】불성이 몸에 있다면, 어찌하여 저는 지금 불성을 보지 못합니까?
【대답】그대의 몸 안에 있는데도 그대 스스로 보지 못할 뿐이다. 온종일 그대가 배고프고 목마를 줄 알며 춥고 더운 줄 알며 성내고 기뻐하는데, **끝내 이것은 무슨 물건인가?**(竟是何物) 육신은 지·수·화·풍 네 가지 인연이 모여서 된 것으로 그 바탕이 완고하여 감정이 없거늘, 어떻게 보고 듣고 느끼고 분별하겠는

가? 보고 듣고 느끼고 아는 그것이 바로 그대의 불성이다.…… 옛 성인이 도에 들어가는 인연은 이와 같이 명백하고 간단하여 수고를 덜기에 도움이 될 것이다. **이 공안으로 말미암아(因此公案) 믿음과 앎이 생긴다면(若有信解處),** 그는 곧 옛 성인과 손을 잡고 함께 갈 것이다.[65]

이 인용문은『수심결』에서 첫 번째 질문에 대해 답변한 대목이다. 여기서 화두의 형식은 '끝내 이것은 무슨 물건인가?'(竟是何物)라는 부분이다. 같은 단락 끝에 가서는, 성인들이 도에 들어가는 두 가지의 인연(이견왕과 바라제 존자의 대화, 어떤 스님과 귀종화상의 대화)을 들고, '도에 들어가는 인연'을 공안이라고 정의한다. 여기서 말하는 공안이란 바로 화두를 의미한다. '끝내 이것은 무슨 물건인가?'(竟是何物)라는 화두는 화두의 전형적인 형태 가운데 하나인 '이것은 무엇인가'(是甚麽)와 같은 종류이다. 지눌의 정의에 의하면, 화두는 '도에 들어가는 인연'이다. 우리는 화두라는 인연을 통하여 '도道'에 들어간다. 화두 곧 '이것은 무엇인가'라는 질문이나 의심이 없다면 마음에 관한 인식(解)뿐만 아니라 깨달음(悟)과 닦음(修)도 없다. 그래서 공안으로 말미암아 믿음과 앎의 자리(信解處)가 생긴다고 한 것이다. 여기에 근거한다면 간화경절문의 공안, 즉 보고 듣고 느끼고 아는 이것은 필경 무슨 물건인가라는 질문에 의해서, 믿음과 앎의 자리(信解)로서의 원돈신해문과 정혜와 돈오점수에 의한 성적등지의 실천문實踐門이 성립됨을 알 수 있다.

이 점은『수심결』의 전체 내용이 어떻게 구성되어 있는가를 조사해 보아도 알 수가 있는데,『수심결』은 총 9개의 질문에 의해서 구성되었고, 그

---

65) 知訥,『修心訣』(『한국불교전서』4책, 708쪽 下~709쪽 上), "問若言佛性, 現在此身, 既在身中, 不離凡夫, 因何我今不見佛性. 更爲消釋. 悉令開悟. 答在汝身中, 汝自不見. 汝於十二時中. 知飢知渴, 知寒知熱, 或瞋或喜, 竟是何物. 且色身是地, 水火風四緣所集, 其質頑而無情, 豈能見聞覺知, 能見聞覺知者, 必是汝佛性.……上來所舉古, 聖入道因緣, 明白簡易, 不妨省力. 因此公案, 若有信解處, 卽與古聖, 把手共行."

것의 중심 내용을 삼문과 대조하여 나누어 보면 아래 표와 같다.

碑銘의 三門	『修心訣』의 科目
간화경절문	序文. 心何遠覓 問 1. 入道因緣公案
성적등지문(頓悟漸修)	問 2. 頓悟漸修大意 問 3. 頓悟漸修無妨害詳說
원돈신해문(頓悟)	問 4. 自心一念廻光 問 5. 空寂靈知 問 6. 入道一門 —— 返聞汝聞性
성적등지문(漸修)	問 7. 漸修要義, 無修而修 問 8. 定慧等持 問 9. 自性定慧與 隨相定慧　結論

위의 표는 『수심결』의 논의가 간화경절문에 의해서 원돈신해문과 성적등지문이 발생하고 있음을 보여 주고 있다. 이것을 혹자는 『수심결』의 중심 사상은 돈오점수의 체계이며, 돈오는 원돈신해문에 해당되고 점수는 성적등지문에 해당된다고 해석할 수도 있다. 물론 이것도 『수심결』을 읽는 해석의 한 방법이다. 그러나 필자는 『수심결』에서 보조가 대혜종고大慧宗杲를 인용하고 있는 것으로 보아서, 『수심결』은 간화경절문에 대한 인식이 확립된 지리산 상무주암 이후에 좀더 구체적으로 보면, 수선사修禪社에 주석한 시기의 저술로 보고 싶다.

그렇기 때문에 필자는 위 표에서 보여 주는 『수심결』의 과목이 함축하는 일차적인 의미는 '마음이란 무엇인가'라는 간화선看話禪적인 문제의식에서 원돈신해문과 성적등지문이 성립된다고 본다. 보고 듣고 느끼고 아는, '이것은 도대체 무엇인가'라는 공안으로 말미암아 마침내 보고 듣고 느끼고 아는 것이 곧 그대로 불성이라는 깨달음이 발생한다는 것이다. '보고 듣고 느끼고 아는' 중생심이 그대로 부처의 성품이라고 한 점은 바로 『기신론』에서 강조한 내용이다. 인식의 주체와 인식의 대상이 따로 나누어져 있는 것이 아니라, 양자는 다만 하나의 작용이다. 다시 말하면 성적등지문과 원돈신해문, 돈오와 점수는 동일한 마음이다. 그래서 깨달음의 내용으로서 '보고 듣고 하는 작용'이 그대로 '불성 곧 여래의 출현'이 되는 것이다. 즉 인식 주체로서의 '작용'(見·用大)이 그대로 인식 '대상'(性·眞如相)이 되고, 반대로 깨달음의 대상인 '공적영지의 마음'(性·相大)이 그대로 '보고 듣고 느끼고 아는 작용'(見·用大)이라는 말이다. 이것을 표로 정리하면 아래와 같다.

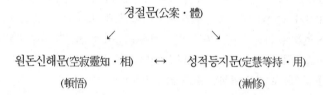

경절문(公案·體)

원돈신해문(空寂靈知·相)   ↔   성적등지문(定慧等持·用)
(頓悟)   (漸修)

위에서 →표는 발생의 방향을 표시하고, ↔표는 상호 동일한 관계를 표시한다. 곧 경절문의 '존재'에서 원돈신해문의 '공덕'과 성적등지문의 '행위'가 흘러나옴을 의미하고, 공덕과 행위는 상호 일치의 관계에 있음을 말한다. 만약 미혹된 상태라면 아는 자와 알려지는 대상이 대립되어 있겠지만, 깨닫는 순간 주객主客은 일치한다. 원돈신해문과 성적등지문은 결국 마음의 서로 다른 두 측면일 뿐 별개의 실체는 결코 아니라는 점이다. 보는 것(見分)이 곧 그대로 성품(性相分)인 것이다. 양자는 결국 같은 마음이다. 이것이 돈오이다. 이 때 원돈신해문과 성적등지문은 대립 관계가 아니라 상즉상입相卽相入의 관계가 된다. 인식은 곧 대상이 되고, 대상은 그대로 인식과 하나이다. 분별된 양자는 '이뭣고' 하는 공안에 의해서 하나로 통합된다. 그래서 돈오와 점수는 바로 간화선에서 흘러나온다고 할 수 있다. 여기에 또 경절문의 방법으로 '도에 들어가는 좋은 인연'에 관한『修心訣』問 6) 하나의 예가 있다.

"제 분수에 맞춘다면, 어떤 것이 공적영지의 마음입니까?" "그대가 지금 묻는 그것이 바로 그대의 공적영지하는 마음인데, 왜 돌이켜보지(廻光返照) 않고 밖으로만 찾는가? 내 이제 그대의 분수에 따라 바로 본심을 가리켜(直指本心) 깨닫게 할 테니, 그대는 마음을 비우고 내 말을 들으라. 아침부터 저녁에 이르도록 보고 들으며 웃고 말하고 성내고 기뻐하며 옳고 그른 온갖 행위를 한다. **말하라. 필경 누가 그렇게 온갖 행위를 하는가?**…… "이치에 들어가는 문은 많으나 그대에게 한 문을 가리켜 근원으로 들어가게 하리라. 그대는 까마귀 울고 까치 지저귀는 소리를 듣는가?" "네, 듣습니다." "**그대는 그대의 듣는 성품을 돌이켜 들어 보라.** 얼마나 많은 소리가 있는가?" "이 속에 이르러 어떤 소리도 어떤 분별도 얻을 수 없습니다." "그렇다면 그것은 허공이 아닌가?" "본래 허무하지 않으므로 환히 밝아 어둡지 않습니다." "어떤 것이 허무하지 않는 실체인가?" "모양이 없으므로 말로 표현할 수도 없습니다."66)

여기서도 지눌은 간화경절문에 대한 분명한 자각이 있음을 알 수 있다. 공안을 '도에 들어가는 인연'이라고 할 때, 그것은 바로 선문답 같은 대화로서의 인연이다. 대화 가운데 의심과 분발심을 촉구하는 결정구가 있다. 그것은 바로, '말하라. 필경 누가 그렇게 온갖 행위를 하는가?'라는 질문이다. 이 절박한 질문에 의해서 먼저 온갖 분별을 떠난, 공적하고 신령스런 밝음에 계합하는 것이다. 바로 웃고 성내고 시비하는 온갖 행위의 작용(用)이 바로 공적영지의 마음(心性)이라는 자각에 이른다. 이런 자각은 바로 대화 속의 질문, '그대가 듣는 성품을 돌이켜보라'는 회광반조廻光返照에 의해서 가능한 내용이다. 그래서 마침내 '묻는 그것이 바로 영지靈知'이고, '인식(解)과 실천(行)', '자아(人)와 세계(法)', '주체(能悟)와 객체(所悟)'가 서로 다

---

66) 知訥, 같은 책(『한국불교전서』 4책, 710쪽 中).

르지 않은, '본래적 의미(體大)의 마음자리'에 계합한다. 이것은 원돈신해문에서 말하는 중생과 부처가 다르지 않는 보광명지의 경험이다. 이렇게 보면『수심결』에서 제시하는 깨달음의 발생 과정은 '경절문(看話)→돈오(空寂靈知)→점수(定慧)'의 순서임을 알 수 있다.

2)『절요사기』의 전간문全揀門

『절요사기』는 보조의 만년의 저술로 가장 오랫동안 고심한 끝에, 바로 입적하기 전해(1209년)에 발표되었다. 이것은 종밀의 저술에 대해서 사기私記를 한 주석서의 성격을 가지고 있어, 보조 자신의 독창적인 새로운 내용을 담고 있지는 않다. 그렇지만, 서로 융합할 수 없는 선 사상을 하나의 체계 속에서 이해하려는 노력의 결과라고 보고 싶다. 서문에서 그 주요 내용을 다음과 같이 언급하고 있다.

목우자牧牛子는 말한다. 하택신회는 지해종사知解宗師로 조계의 적자가 되지 못하였다. 그러나 깨닫고 이해한 바가 높고 밝아서 수행을 결택하고 이치를 분별하는 일이 분명하였다.…… 그래서 지금 교教에 의해 마음을 깨달으려는 사람을 위해 번거로운 말을 버리고 가르침의 요점만을 가려 뽑아서 관행觀行의 귀감으로 삼고자 한다. 내가 보기에 요즘의 수심하는 사람들은 문자가 돌아가는 취지에 의하지 않고 바로 비밀한 뜻을 전한 것만을 도道라 하면서, 혼침 속에 앉아 졸기도 하고 정신이 산란하여 어지럽기도 한다. 그러므로 오직 여실如實한 가르침에 의지하여 수행의 근본과 지말을 분명히 결택하여 자기의 마음을 비춰 보아 항상 관조觀照하는 공부에 그릇됨이 없게 하노이다.…… 지금 (제종의 深淺을 다루는) 초초鈔에서 하택종荷澤宗을 먼저 둔 것은 관행하는 사람으로 하여금 먼저 자신의 마음이 미혹하거나 깨닫거나 영지靈知가 어둡지 않아 본성품이 변하는 일이 없음을 깨달은 뒤에 모든 종을 두루 살펴보면, 그 근본 뜻이 다 사람들을 위한 선교방편이 있음을 알게 하고자 함이다.…… 또 관행하는 사람이 비고 신령하다는 생각을 버리지 못하고 의리에 걸릴까 걱정하기 때문에 끝에 본분종사本分宗師의 경절문徑截門 언구言句를 간략히 끌어와 지견知見의 병을 씻어 버리고 몸을 빼어 살 길이 있음을 알게 하였다.[67]

이 서문은 다음과 같이 세 가지로 요약된다.

첫째는 제종諸宗을 융회融會하려는 시도이다. 여러 종파가 있지만 그 근본 뜻은 다 사람들을 위한 방편의 문임을 알게 한다는 융회가 그것이다. 그리고 동시에 지눌은 회통에 있어, 왜 하필 하택종을 기준점으로 선택하고 있는가 하는 점을 밝힌다. 일반적으로 하택신회荷澤神會는 혜능의 적자嫡子가 되지 못한 지해知解의 종도로 중국 후기의 선종사禪宗史에서 평가되고 있다.[68] 그러나 지눌은 하택종을 깨달음과 이해가 높고 밝으며 수행의 결택이 분명하다고 재평가하면서 후학들이 마음의 근원을 알지 못한 채 각 종파의 언적言迹만을 따라 잘못된 이해를 낼까 경계하여 하택종을 맨 처음에다 내건다고 말한다. 이것은 지눌이 하택종의 입장을 '방편적'으로 수용하고 있음을 보여 주는 대목이다. 그럼으로써 지눌은 근원의 일심

---

67) 知訥, 『法集別行錄節要並入私記』(『한국불교전서』 권4, 741쪽 上·中), "牧牛子曰荷澤神會, 是知解宗師 雖未爲曹溪嫡子. 然悟解高明, 決擇了然, 密郎宗承其旨故, 於此錄中伸而明之. 豁然可見今家因教悟心之者, 除去繁詞, 鈔出綱要, 以爲觀行龜鑑. 予觀今時, 修心人 不依文字指歸直以密意相傳處, 爲道則溟溟然徒勞坐睡, 或於觀行, 失心錯亂故. 須依如實言教, 決擇悟修之本末, 以鏡自心卽於時中觀照, 不枉用功爾. 又錄中所載, 神秀等諸宗, 在前者, 辨明得失, 從淺至深故也. 今鈔, 荷澤宗, 在初者, 要令觀行人, 先悟自心, 任迷任悟, 靈知不昧, 性無更改然後, 歷覽諸宗, 知其旨趣, 皆於爲人門中, 深有善巧故也. 若未先得其源, 則於諸宗旨, 隨其言迹, 妄生取捨之心何能融會 歸就自心耶. 恐觀行者, 未能忘懷虛朗, 滯於義理故, 末後略引本分宗師, 徑截門言句, 要令滌除知見之病, 知有出身活路爾."

68) 졸고, 「보조 인용문을 통해서 본 『法寶記壇經』의 성격」, 『普照思想』 11집(보조사상연구원, 1998), 213쪽. 이 논문에 의하면, 아마도 神會를 知解宗徒라고 평가하는 부분은 『景德傳燈錄』(1004년) 이후에 편집하면서 첨가한 것 같다. 시기적으로 보면, 952년에 편집된 『祖堂』에는 위에서 인용한 '慧能과 神會와의 대화'가 아예 없기 때문에, 『祖堂集』이후 즉 『景德傳燈錄』에 와서 慧能과 神會의 대화 내용이 첨가되었다. 그리고 知解宗徒라는 평가 부분은 1056년에 편집된 契嵩本 『壇經』에 와서 다시 첨가되었다. 그러므로 이것은 편집하는 과정에서 계속적인 첨가가 이루어졌고, 마침내 1056년에 편집된 契嵩本 『壇經』에 와서 완결되었다고 할 수 있다.

一心을 알지 못한 채 잘못된 견해로 취사取捨의 쟁론만을 일삼는 제종파의 견해를 융회시키는 길을 모색하고 있는 것이다.

둘째는 선교일치의 사상을 표방한다는 점이다. 교를 의지해 깨달음에 들어가는 이들이 번거로운 말을 버리고 가르침의 핵심으로써 관행觀行의 귀감으로 삼고자 함이며, 금일 문자에 의지하지 않고 단지 비밀로 전하는 곳만을 도道로 삼으면서도 실제로는 혼침 속에 앉아서 졸고만 있는 이들이 여실한 가르침(如實言敎)을 의지함으로써 깨달음과 닦음의 공부가 잘못되지 않도록 하기 위함이다. 이는 선禪과 교敎를 양변兩邊으로 삼아서 상호 비방하고 마음의 근원을 잃어 버리는 현실을 비판하고 있다. 이 같은 견해는 지눌의 일관된 입장으로『권수정혜결사문』에서도 '다만 침묵만 지키고 있는 치선자癡禪者나 오직 문자에만 매달리는 광혜자狂慧者'[69]를 비판하면서 정혜쌍운定慧雙運을 언급하고 있다.

셋째는 간화경절문의 방식을 제시한다. 지눌은 본분종사本分宗師의 언구言句를 지견의 병을 씻는 출신활로出身活路라고 본다. 곧 관행하는 이들이 생각을 잊고 마음을 비워 밝게 하지 못하고, 개념적인 이해나 이치들(義理)에 머무를까 걱정하기 때문에 간화선을 제시한다고 말한다. 여기서 말하는 '본분종사의 언구'란 언어의 길(語路)과 뜻의 길(義路)이 끊어진 무분별지無分別智의 활구活句이고, '개념적인 이해나 이치들'(義理)이란『간화결의론』에서 자주 말하는 '원돈신해문의 사구死句'를 가리킨다.

이와 같이 서문의 내용은 제종융회諸宗融會, 선교일치, 간화경절문으로 정리되는데, 그 특징은 종합과 회통성이라고 규정할 수 있을 것이다. 물론 이 세 가지의 편집 방향은 그대로『절요사기』의 내용에 반영되어 있다. 『절요사기』의 주요 내용은 (1) 사종선四宗禪의 비판과 수용, (2) 정혜定慧와

---

69) 知訥,『勸修定慧結社文』(『한국불교전서』 4책, 700쪽), "若能如是定慧雙運, 萬行齊修則, 豈比夫空守默之痴禪, 但尋文之狂慧者."

돈오점수의 의미, (3) 전수문전간문全收門全揀門, (4) 경절활구徑截活句의
부분으로 구성되어 있는데, 상세하게 분류하면 아래와 같이 열 가지로 나
눌 수가 있다.

구분	三門	『節要私記』 科目
節要와 私記	원돈신해문 (四宗禪受容과 批判)	1. 總序 2. 諸宗의 大義總判 3. 諸宗의 深淺得失
	성적등지문 (頓悟漸修義)	4. 頓悟와 漸修 5. 頓敎와 漸敎 6. 悟後漸修
	(全收全揀門)	7. 對治邪見 8. 全揀門全收門
附記	간화경절문 (看話徑截門)	9. 徑截活句 10. 總結

위 표에서 보듯이, 『절요사기』의 전체 과목科目은 역시 삼문으로 구성
할 수 있다.[70] 이는 간화경절문에 의해서 심성론과 수증론을 논의되는 『수
심결』의 논의 방식과는 달리, 『절요사기』는 원돈신해문의 심성론과 성적
등지문의 수증론을 먼저 언급한 이후에 간화경절문을 제시하고 있음을 보
여 준다. 그런데 왜 지눌은 종밀이 부기附記하지 않았던 경절문을 부기할

---

70) 여기에 이의를 제기하는 경우도 있다. 김종명, 앞의 논문, 『普照思想』 11집(1998. 2)에서
그는 우선 김군수 자신이 인정하다시피 불교를 잘 이해하지 못하는 유학자라는 점과
비문에는 지눌의 대표적인 저술인 『법집별행록절요병입사기』를 비롯한 많은 저술들이
누락되고, 또 그의 중요한 사상 체계인 돈오점수라는 용어가 보이지 않는 점이다. 이런
허술한 점으로 말미암아 지눌의 제자인 혜심(1178~1234) 등이 지눌의 행장을 갖추어 왕
께 아뢴 후 왕명에 의해서 지어진 것이기에 시사성이 있다고는 하지만(김호성, 「慧諶
禪思想에서 敎學이 차지하는 위치」, 『普照思想』 7집, 1993. 10), 액면 그대로 인정하
는 것은 그만한 한계가 있다는 것이다. 그래서 비명에서 제공하는 해석틀을 의심하고,
지눌 사상의 핵심을 파악하는 데는 대표작이며 최후작인 『법집별행록절요병입사기』를
통한 접근을 선호한다. 곧 비명의 삼문 체계와 『법집별행록절요병입사기』의 사상 구조
를 분명하게 다른 것으로 구별하는 경향이 있다.

필요가 있었을까? 이 점에 대해서 지눌은 다음과 같이 말한다.

위에서 든 법문은 모두 말에 의해 이해하고 깨달아 들어가는 이를 위해서 법法
에는 수연隨緣과 불변不變의 두 가지 이치가 있고, 사람에게는 돈오頓悟와 점수
漸修의 두 가지 문이 있음을 자세히 분별한 것이다.…… 그러나 말에 의해서만
이해하고 몸을 바꾸는 길을 알지 못하면, 아무리 온종일 관찰하여도 지해知解
의 속박을 받아 쉴 때가 없을 것이다. 그러므로 말을 떠나 지해를 아주 버리는
사람을 위해 종밀스님이 숭상한 바는 아니지만 경절徑截의 언구言句를 간단히
인용하여 몸을 빼어 낼 한 가닥 활로活路를 알게 하려는 것이다.[71]

이 말에 의하면 깨달아 들어가는 데는 두 가지가 있다. 하나는 말을 따
라 들어가는 '뜻길'(義路)이요, 다른 하나는 아예 말을 떠나 몸으로 깨달아
들어가는 '몸길'(出身活路)이다. 경절문의 입장에서 보면 법계연기의 세계
(法)를 가리키는 원돈신해문이나 실천의 주체가 되는 성적등지문은 한갓
뜻길로만 들어가는 까닭에 여전히 지해知解의 속박이 남아 있을 가능성이
있다. 즉 그것은 살아 있는 몸길이 아니라 '죽음의 길'(死句)이다. 그래서
위 표에서 보듯이, 지눌은 원돈신해문과 성적등지문의 논의를 끝낸 다음 잘
못하여 말길이나 뜻길에 떨어지는 경우를 대치對治하고 간택揀하고자 다시금
종밀스님이 숭상한 바는 아니지만, 경절문을 다시 언급한다고 한 것이다.

그렇다면 경절문은 원돈신해문과 성적등지문을 포기하는 것인가? 삼문
의 관계 속에서 경절문은 어떻게 이해해야 하는가? 필자가 보기에는 지눌
이 오히려 경절문을 도입한 것은 원돈신해문과 성적등지문에 더욱 철저하
게 증입하여 회통시키려는 노력으로 보인다.

만일 성품(性)과 모양(相)에 걸림이 없으려면, 반드시 한 마음을 단박 깨달아야 할
것이요, 만약 단박 깨달으려면 반드시 의해義解에서 걸리지 않아야 한다.…… 그

---

71) 知訥, 『法集別行錄節要幷入私記』(『한국불교전서』 4책, 764쪽 上).

러므로 본체를 밝혀 영지靈知를 가리키는 것은 완전히 가려내는 문(全揀門)에 있다. 그런 까닭에 본분 종사들이 단련하는 깨달음의 문에는 영지마저 없애는 것이 가장 묘하다.…… 만약 의해에서 철저히 벗어나 한 마음을 단박 깨달았으면 비로소 그 마음은 온갖 이치를 포함하면서 언사를 초월하여 완전히 수용하고(全收門) 완전히 배제함(全揀門)에 자재하여 걸림이 없을 것이다.72)

공적영지의 원돈신해문(法)에 걸림이 없으려면, 성적등지문의 주체적 측면(人)에 반드시 돈오가 요청된다. 또 돈오가 참다운 돈오가 되기 위해서는 깨달음의 대상에 대한 의해義解가 남아 있어서는 안 된다. 그러므로 돈오는 깨달음의 세계(法)와 깨닫는 주인(人)을 하나로 '체험하는 현상'이다. 법계연기(法)는 단박 깨닫는 주체로서의 돈오를 요청하고, 깨닫는 주인(人)은 말길이나 뜻길을 완전하게 벗어나 세계와 일체됨을 필요로 한다. 그러나 이것은 『수심결』에서 말하는 '인식의 주체와 객체가 하나됨'의 의미로서의 돈오이다.

『절요사기』의 돈오는 이와는 달리 '인식의 주관과 대상(能所)을 떠남'(離能所觀)73)을 의미한다. 『절요사기』에서는 『수심결』에서 언급한 공적영지마저 없애야 하고, '자성정혜自性定慧까지도 뜻길의 흔적이 남기에'(自性定慧 尙有滯於義用之迹)74) 온전히 가려내어야 한다고 말한다. 만약 온전히 가려내지 못한다면, "이미 마음을 깨달았다고는 하나 깊이 들어가지 못하고, 온종일 마음을 비추어 보지만 항상 깨끗함에 구애를 받고, 한 물건이 공함을 관觀하면서도 언제나 경계에 속박을 받는다."75) 그러므로 『절요사기』의 방식은 경절문을 통하여 원돈신해문과 성적등지문을 온전히 가려냄(全揀門)으로써 양자를 철저하게 통합하여 회통하는 것이다. 이것은 '중관적中觀的 부정否定76)'의 방식으로서 『금강경金剛經』의 즉비卽非 논리77)

72) 知訥, 같은 책(『한국불교전서』 4책, 758쪽 下).
73) 知訥, 같은 책(『한국불교전서』 권4, 747쪽 下·748쪽 中).
74) 知訥, 같은 책(『한국불교전서』 권4, 749쪽 上).
75) 知訥, 같은 책(『한국불교전서』 4책, 759쪽 上).
76) 中觀派의 否定은 八不中道로 널리 알려져 있다. 그러나 지눌은 中論的인 否定의 方

에 기초한다. 공적영지나 정혜는 공적영지나 정혜의 의해가 없을 때, 곧 공적영지와 정혜를 부정함으로써 바로 공적영지와 정혜가 드러남이 되는 것이다. 이것이 바로『절요사기』말미에 부기附記한 '경절문의 회통 방식이고 존재 이유'이다.

그럼으로써 끝내는『절요사기』서문에서 말한 '자기의 근원적인 마음'으로 돌아갈 수 있는 것이다. 자기 근원의 본래적인 '일심으로 회귀回歸하기' 위해서는 철저하게 자기 마음의 근원을 깨달아야 하고, 그것은 반드시 의해에 걸리지 않은 채 근원된 마음자리로 잘 복귀해야 한다.

선문禪門의 경절문은 '처음부터 들어서 아는 것', '말길'이나 '뜻길'에 해당되지 않으므로 곧바로 의미없는 화두로써 다만 들어가다가, 홀연히 화두가 확 하고 한 번 터져 나면 앞에서 논한 일심의 법계가 훤하고 뚜렷하게 밝아지리니.[78]

여기서 말하는 '일심법계一心法界'란 다름아닌『기신론』과『화엄경』에서 말하는 마음의 근원으로서의 중생심이다. 그것을 펼치면 '체상용 삼대'의 의미가 된다. '생각을 떠난' 체대는 '온갖 묘한 이치를 포함한' 상대와 '언사를 초월한 깨달음의 작용'으로서 용대의 의미를 가진다. 이들은 서로 다른 마음이 아니다. 앞장에서 살펴보았듯이 '온갖 묘한 이치를 포함한' 상대는 원돈신해문의 법계연기나 공적영지에 해당되고, '언사를 초월한 깨달

法에 대해서 만족하지 않고 있다. 그 이유는 '모양과 마음을 모두 없앰으로써 반드시 참된 성품을 따로 취하기(旣毀相, 泯心故, 必取眞性) 때문이다.(지눌,『法集別行錄節要并入私記』,『한국불교전서』, 4책, 760쪽 上) 그러나 모양과 마음을 모두 없앰으로써 반드시 참된 성품을 따로 취한다고 하는 지눌의 中觀學에 대한 평가는 필자가 보기에는 中論의 教說을 오해하고 있다고 보여진다. 왜냐하면 부정의 정신은 끝내 반야의 성취에 있지 어떤 대상을 인식하거나 취하는 것이 아니기 때문이다.

77)『金剛經』의 '般若波羅蜜은 곧 般若波羅蜜이 아니라 이름해서 般若波羅蜜이다'는 어법을 卽非論理라고 부른 이는 鈴木大拙이다. 곧 A는 A가 아님과 동일하다(A=非A). 자신을 부정함으로써 자신의 실체를 드러내는 방식이다. 이것에 대한 비판도 있지만, 필자는『金剛經』의 어법에 공감한다.

78) 知訥,『看話決疑論』(『한국불교전서』4책, 736쪽 中).

음의 작용'으로서 용대는 성적등지문의 돈오나 정혜에 상응한다. 이 양자는 서로 별개가 아닌, '상즉相卽 혹은 상입相入'의 연기緣起 관계로 결합되어 있다. 다시 말하면 돈오와 정혜의 성적등지문은 공적영지와 법계연기를 그 대상으로 하고, 원돈신해문의 공적영지와 법계연기는 돈오와 정혜에 의해서 주체화된다. 그러나 이 양자간의 통합에 지해의 흔적이 남아 있다면 그것은 일심법계의 체대를 말할지라도 차별상差別相이 있는 상대에 머물 뿐, 말길과 뜻길로부터 초탈하여 본래적 의미의 체대로 돌아올 수 없다. 그러므로 이렇게 요청된 경절문의 화두는 원돈신해문과 성적등지문을 부정하고 온전히 간택해 감으로써 '홀연히 확 하고 한 번 터져 나면서', 그것들을 하나로 훤하게 회통시켜 '바로 드러내는' 방식이 된다.

이 때의 경절문은 인식적 실천으로 해석하기보다는 오히려 존재 그 자체라고 해야 옳다고 본다. 인식이나 실천이라는 노력이 있으면 그것은 지해이지 화두가 아니다. 화두는 실천이나 인식으로써 불지佛地에 나아가는 가능성의 행위가 아니다. 화두는 곧 불지의 존재 자체이다. 그래서 화두는 참구자에게 '화두가 밥을 먹고 옷을 입고, 화두가 오고 화두가 가는' 방식으로 경험된다. 이런 의미에서 특히 『절요사기』나 『간화결의론』의 경절문은 불지에 나아가는 용대의 실천문보다는 체대의 존재론에 배대된다고 본다.

이상의 논의를 표로 나타내면 다음과 같다.

경절문(公案・體)
(廣・開) ↗   ↘ (全收門)
원돈신해문(空寂靈知・相) ←→ 성적등지문(定慧等持・用)
(略・合) ↘   ↗ (全揀門)
경절문(公案・體)

위 표에서 '←→'표는 대립 관계나 상즉상입의 관계를 나타내고, '→'표는 넓히고 열거나 닫아 통합하는 방향을 가리킨다. 『수심결』의 방식은 경절문의 공안으로부터 원돈신해문과 성적등지문에로 나아가고(廣·開), 다시 온전히 거두어들이는(全收)의 길이다. 그러나 『절요사기』의 방식은 다양한 차별을 하나로 모으고(略·合), 잘못된 이해를 온전히 가려내는(全揀) 길이다. 그래서 지눌의 삼문이 가지는 내적인 관계는 일심으로부터 출발하여 온전히 다시 일심으로 회귀하는 구조를 보여 주고 있다. 이 구조는 일심의 발생과 소멸의 역동적인 내적 관계를 보여주는 것으로, **'일심의 체상용 구조'** 혹은 삼문에서 간화선이 그 중심적인 위치를 차지하고 있는 까닭에 **'간화선 체계'**라고 부를 수 있겠다. 이는 원돈신해문과 성적등지문과의 관계를 잘 설명하는 돈오점수 체계가 가지는 의해義解의 흔적을 철저하게 가려냄으로써, 오히려 돈오점수 체계를 포섭하고 통한다고 할 수 있다.

여기서 『수심결』의 공안과 『절요사기』나 특히 『간화결의론』의 화두의 의미에는 차이가 있다. 공안의 본질은 질문하는 사람과 질문의 대상이 일치한다는 점이다. '이것이 무엇인가'라고 질문할 때, 일반적인 질문은 '이것'이 가리키는 대상이 질문하는 '사람'으로부터 독립되어 있다. 그러나 화두로써 '이것이 무엇인가'라고 할 때는 전혀 다르다. '이것'이란 바로 자기 자신의 심성心性을 가리킨다. 질문하는 자도 바로 자신의 마음의 일부이다. 그러므로 화두의 인식은 결국 '자기 인식'이다. 자기에 관한 인식 자체가 그대로 실천 행위(頓悟)임을 보여 준다. 그것은 '마음이 마음을 묻고', '스스로가 스스로를 보는 것'이다. 대상과 주체가 사라지고 오직 깨어 있는 순수 직관, 반야(prajna)만이 존재하게 된다. 이 '깨어 있는 순수 직관'이란 것이 바로 『수심결』의 '회광반조'이다.

【질문】 어떤 방편을 써야 한 생각을 돌려 문득 제 성품을 깨닫습니까?
【대답】 다만 그대 자신의 마음인데, 다시 무슨 방편을 쓰겠는가? 이미 제 눈인

데 왜 다시 알려고 하는가? 만약 알려고 하면 더욱 얻을 수 없다. 다만 알 수 없는 것임을 알면, 그것이 곧 성품을 보는 것이다.[79]

공안은 밖으로부터 근원적인 자기에게로 회광반조이고 인식의 대상이 존재하지 않는 자기 인식이기 때문에, 그것은 알려고 하면 더욱 알 수가 없다. 그래서 그것은 '알지 못함의 앎'(無知而知)이고, '알았으나 알지 못함'(知而無知)으로 표현된다. 이렇게 『수심결』에서 제시하는 화두의 의미는 성적등지문(能悟)과 원돈신해문(所悟)을 하나로 통합하는 전수문의 의미를 가진다. 이 때의 마음은 진여 그 자체이기 때문에 주객主客·생사生死·자아自我와 세계가 분별되기 이전, 마음의 근본 자리를 가리킨다. 그러나 『절요사기』나 『간화결의론』의 화두는 '인식'이 그대로 '실천'인 『수심결』의 발생론적인 의미의 화두와는 다르다. 그것은 주객과 객관의 일치만 가지고는 부족하다. 그것은 생각의 주체도 없고 객체도 없다고 하는 것까지도 부족하다. '쓸어 버리는 것까지도 쓸어 내는' 그것은 일체를 부정하고 간택揀擇하여, 화두 자체만 존재해야 하는 화두이다.

만일 경절의 이치를 알려고 한다면 반드시 한 생각을 막았다가 '한 번 확 터뜨려야'(爆地一破) 비로소 생사를 알 수 있고 그래야 깨달아 들어갔다고 할 수 있다.[80]

무자화두는 한 덩이 불과 같으니 가까이 가면 얼굴을 태워 버린다. 여기에 불법佛法의 지해知解가 붙을 자리가 없다. 그런 까닭에 이 무자화두는 알음알이를 깨뜨리는 도구(器仗)이다. 만약 깨뜨리는 주체와 대상, 취함과 버림을 간택하는 견해가 있다면, 어찌 온전히 다만 화두 드는 사람이라 하겠는가?[81]

---

79) 知訥, 『修心訣』(『한국불교전서』 4책, 710쪽 上), "問作何方便, 一念廻機, 便悟自性. 答只汝自心, 更作什麼方便, 若作方便, 更求解會. 比如有人不見自眼, 以謂無眼, 更欲求見. 旣是自眼, 如何更見. 若知不失, 卽爲見眼, 更無求見之心. 豈有不見之想, 自己靈知, 亦復如是. 旣是自心, 何更求會. 若欲求會, 便會不得, 但知不會, 是卽見性."
80) 知訥, 『法集別行錄節要幷入私記』(『한국불교전서』 4책, 765쪽 中).

『절요사기』나『간화결의』에서 제시하는 화두는『수심결』에서 제시하는 공안이 가지고 있는 인식론적인 의미가 없다. 그것은 그 자체로 '한 덩이의 불'이며, 잘못된 견해를 무너뜨리는 '칼날의 도구'(器仗)이며, 다만 그 '살아 있는 구句'이다. 그래서 일체의 인식과 인식의 대상을 부정하여 가려내는 전간문이다.『수심결』의 공안은 회광반조를 생명으로 한다. 그러나『절요사기』나『간화결의론』에서 제시하는 화두의 생명은 의심 덩어리다. 그래서 그것은 '한 번 땅이 확 하고 폭발하는 것'(爆地一破) 같은 화두이다. 보다 철저하게 자아自我의 식정識精을 폭파하여 그 자체로 일심법계一心法界가 된다.

그러면 화두를 중심으로 한『수심결』의 전수문과『절요사기』의 전간문은 어떤 관계를 가지는가? 지눌은 성품을 깨닫지 못하고 "완전히 가려내기만 하는 것은 '말을 떠난 견해'에 걸리고, 일체를 수용하기만 하는 것은 '원융圓融하다는 견해'에 걸린다"[82]고 한다. 그러므로 양자는 상호 보완적인 관계를 가져야 한다.

> 완전히 가려내는 문(全揀門)이란 다만 본체를 밝혀 마음의 성품은 본래 항상 공적하여 모든 대상을 뛰어넘었음을 바로 가리킬 뿐이요 취하거나 버리지 않으니, 이것은 완전히 거두는 가운데 완전히 가려내는 것(全收中全揀)이다.[83]

전수문은 모든 것을 불성의 드러남이나 작용으로 수용하는 것은 좋지만, 상견常見이나 일상성의 말길이나 뜻길에 떨어질 위험이 있다. 반대로 전간문은 일체를 가려내고 부정하기 때문에 극단으로 밀고 가면, 단멸斷滅이나 무기공無記空이나 형식적인 의례에 떨어질 염려가 있다. 양자는 상보성의 원리에 의해서 통합되어야 한다. 의해를 가려내는 가운데 일체의 현상과

---

81) 知訥,『看話決疑論』(『한국불교전서』 4책, 733쪽 上).
82) 知訥,「法集別行錄節要幷入私記」(『한국불교전서』 4책, 759쪽 中).
83) 知訥, 같은 책(『한국불교전서』 4책, 760쪽 上).

작용을 수용하고(全揀中全收), 일체의 현상과 작용을 수용하는 가운데 온전히 가려내는 문(全收中全揀)을 함께 세워야 한다. 그 때야 비로소 지눌의 간화선은 다음과 같이 노래할 수 있을 것이다.

> 그 눈빛 온 우주를 덮어 버리고
> 콧구멍 속에는 백 억의 몸을 감추었네.
> 우리 모두 장부라, 누구에게 굴복하리.
> 이 푸른 하늘 아래 사람을 속이지 말라.[84]

5. 결론

본고의 주요 내용은 다음과 같이 세 가지로 요약할 수 있다.

첫째, 텍스트를 읽는다고 하는 것은 각 의미 단위들이 만나서 이루는 내적 구조를 발견하는 일이다. 지눌의 텍스트를 해석하는 데는 다양한 접근 방법이 있겠지만, 본고에서는 지눌 선 사상의 전체적인 체계와 구조라는 관점에서 읽고자 했다. 체계란 전체를 이루는 각 부분과 요소가 관계를 가지며 만들어 내는 구조라고 정의할 수 있다. 체계는 밖으로 드러난 표면적인 모습이라면, 구조는 외형의 모습을 결정하는 내적 관계망이라고 할 수 있다. 이 때 각 요소는 독립되어 존재할 수가 없다. 그것들은 전체적인 구조와 관련 속에서 의미를 가진다. 굴뚝·집·울타리는 독립된 의미를 가지겠지만, 그것들은 전체적으로 외적 형태뿐만 아니라 각 요소가 결합되어 있는 방식에 의해서 각자의 역할과 의미가 분명해진다. 이와 같이 지눌의 텍스트를 읽는 데 있어서 본고는 텍스트가 지니는 각 의미 단위가 상호 어

---

84) 慧諶, 「出山相讚」, 석지현 엮음, 『선시감상사전』(민족사, 1997), 146쪽.

떻게 만나 전체적 구조를 형성하는지에 관심을 둔다. 그런데 구조는 밖으로 드러나 있지 않기 때문에 해석자에 의해서 발견되고 구성되어야 할 성격이다. 이런 점에서 텍스트는 해석자의 발길을 기다리는 '열린 공간'이라고 할 수 있다.

지눌의 사상 체계와 구조를 해석하는 지금까지 가장 널리 알려진 유형은 돈오점수의 체계이다. 즉 돈오점수를 대표적인 지눌 선 사상으로 파악하고 있다는 것이다. 그러나 돈오점수의 체계에 의한 해석은 다음과 같은 몇 가지 약점을 가지고 있다. 우선 삼문을 오직 실천론적 과정으로만 파악하기 때문에 현상론에 관한 입장은 소홀하게 다룰 수밖에 없는데, 돈오점수에 의한 삼문의 해석은 삼문 자체의 상호 작용에 의해서 구성된 전체가 아니다. 특히 돈오점수의 체계로는 간화선이 야기시키는 모순과 갈등을 구성 요소로서의 삼문과의 관련 속에서 충분히 설명하지 못한다.

두 번째, 지눌 텍스트를 구성하는 성적등지문, 원돈신해문, 경절문의 중심 내용은 공안·심성·정혜인데, 이것은 마음의 '존재·양태·작용' 세 가지 측면에 상응한다. 체계란 요소들에 의해서 만들어진 관계 구조이다. 지눌에게 있어 요소를 구성하는 가장 중요한 원천은 바로 '마음'이다. 그의 텍스트는 기본적으로 마음에 관한 해석이다. 지눌은 평생 '마음을 어떻게 이해하고 실천할 것인가'라는 문제로 고심하였다. 이런 까닭에 그의 선 사상은 '마음의 해석학'이라고 할 수 있다.

지눌은 마음을 해석하는 데 있어 『기신론』의 일심이문삼대에 깊은 영향을 받았다. 그는 자신의 철학적 중심 문제를 일심에 두고, 마음을 진여문과 생멸문의 구조(體用 혹은 性相)로 분석하거나 마음을 존재·양태·작용이라는 세 가지 성격에 의거하여 설명하려 했다. 마음의 존재·양태·작용이라는 삼대는 경절문·원돈신해문·성적등지문라는 삼문의 형식으로 드러나는데, 이 점은 그의 모든 저술을 통괄하는 체계라고 할 수 있다. 경절문은 언어로 표현할 수 없는 근본적 마음자리로 곧장 들어가는 깨달음(Bodhi)으로서의 체대이고, 원돈신해문은 깨달음이 드러난 양태와 공덕功德(Guna)인 상대로서 그것은 일진법계가 그대로 부처의 출현이라고 이해되며, 성적등지문은 용대로서 깨닫는 주체의 실천 작용과 행위(Karman)로 정의된다. 물론 여기서 원돈신해문의 근본보광명지나『기신론』의 대지혜광명은 체대라고 할 수 있다. 그러나 이 같은 원돈문은 지견知見의 병病을 가질 수 있기에 오직 경절문에 의해서만 언사言辭를 초월한 체대의 진정한 모습이 드러난다고 본다. 그러므로 경절문은 체대에, 원돈신해문은 상대에 배치한다.

세 번째, 위 삼문이 가지는 상호 유기적 관계는 두 유형이 있다. 삼문은 지눌의 텍스트 속에서 상호 관계를 가지면서 유기적으로 변형된 구조를 만들어 낸다. 하나는『수심결』의 방식이고, 다른 하나는『절요사기』나『간화결의론』의 방식이다.

『수심결』의 방식은 전수문이라고 할 수 있는데, 그것은 마음의 온갖 공덕과 작용을 다 수용하고 허용하기 때문이다. 원돈신해문과 성적등지문은 깨닫기 전에는 인식의 대상과 주체로 상호 대립 관계에 놓여 있다. 그러나 '이것이 무엇인고'라는 경절문의 공안에 의해 인식과 대상이 하나로 됨으로써 양자는 하나로 통합된다. '이 뭣고'라고 질문함으로써 인식하는 자아가 그대로 법계가 되고, 그 세계는 바로 근본 마음자리의 출현임을 경험한다. 이것이 돈오이다. 이 때 원돈신해문과 성적등지문은 대립 관계가 아니라 상즉상입相卽相入의 관계가 된다. 즉 돈오와 점수는 바로 간화선에서 흘러나온다.

『절요사기』나『간화결의론』의 방식은 일체를 모두 잘라내는 전간문의 형식을 보여 준다. 여기서는 일체의 말길과 뜻길을 의해로서 부정한다. 『수심결』에서 말하는 원돈신해문의 공적영지도 없애며, 성적등지문의 자성정혜까지도 철저하지 못하다고 비판한다. 인식과 대상을 모두 간할 뿐만 아니라 오직 불덩이 같은 화두가 확 터지는 일파一破를 중시한다. 그러나 이것은 『수심결』의 입장이 변화된 것을 의미하지 않는다. 부정함으로써 더욱 철저하게 일심의 법계에로 회귀하기 위함이다.

그러므로 삼문이 상호 작용하여 만들어 내는 두 가지 형태의 관계 구조는 상보적 관계를 가져야 한다. 일체의 현상과 작용을 수용한 가운데 온전히 가려내고(全收中全揀), 말길과 뜻길의 의해를 온통 가려내는 가운데 일체의 현상과 작용을 수용한다(全揀中全收). 삼문이 만나서 만들어 내는 이 두 방식의 구조에서, '넓히고(開‧全收) 통합하는(合‧全揀)' 주도적인 역할을 수행하는 것이 바로 경절문의 공안이다. 그러므로 결국 필자는 지눌 선사상의 체계와 구조를 일심에 바탕을 둔 '간화선 체계'라고 이해한다. 간화선 체계는 원돈신해문과 성적등지문과의 관계를 잘 설명하는 돈오점수 체계의 의해를 초극하여 보다 넓은 입장에서 포섭‧회통한다고 할 수 있다.

제2부

지눌 선 사상의 돈오와 점수에 대하여

돈오점수의 새로운 해석
— 돈오를 중심으로 —

김 호 성

1. 머리말

1) 문제제기

"어떻게 깨닫고 어떻게 닦을 것인가?"

이 문제는 오늘날 구도자만의 문제가 아니라 전 불교사상사를 통틀어서 언제나 문제가 되어 왔고 쟁론의 대상이 되어 왔다. 일찍이 초기 불교에 있어서도 사제四諦를 하나하나 닦아 가야 하는가(漸現觀: 北傳 阿含) 아니면 한꺼번에 이루어야 하는가(頓現觀: 南傳 니카야) 하는 문제가 제기되었다.[1] 선禪과 관련한 본격 논쟁으로는 8세기 말(781~792) 티벳의 삼예(dSam-yas) 사원에서 인도 후기 중관파의 대가인 카말라실라(Kamalaśila, 蓮華戒, 700~750경)와 중국의 마하연摩訶衍화상 사이의 돈오頓悟·점오漸悟

---

1) 최봉수, 「初期佛敎의 緣起思想 硏究」(동국대학교 박사학위논문, 1989), 68~69쪽 참조

논쟁과, 혜능慧能과 신수神秀 사이에 벌어진 남돈북점南頓北漸의 논쟁이 있다. 전자의 경우는 점오파인 카말라실라의 승리로 티벳에서 선불교가 사라지게 된 계기가 되었으며,[2] 후자의 경우에는 남종南宗이 선종의 정통으로 자리하게 되었다.

그런데 현재 한국 불교계에서는 돈오와 점오의 논쟁이 아니라 돈오돈수頓悟頓修와 돈오점수頓悟漸修의 사상적·실천적 논쟁이 조용히 내연하고 있다. 그것은 조계종 종정이신 성철性徹스님이 1981년에 『선문정로禪門正路』를 발표하면서부터 비롯되었다. 『선문정로』의 서문은 그 저술 동기를 다음과 같이 말하고 있다.

정법상전正法相傳이 세구년심歲久年深하여 종종이설種種異說이 횡행橫行하여 조정祖庭을 황폐케 함을 걱정하여 선문禪門의 정로正路를 지시코자 한다.[3]

정로를 지시할 필요가 있다는 것은 사로邪路의 존재를 전제로 한다. 조사의 문정門庭을 황폐케 하는 이단사설異端邪說의 대표로서 『선문정로』는 보조지눌(1158~1210)의 돈오점수설을 지적한다.

무릇 이 사설 중의 일례는 돈오점수이다. 선문의 돈오점수 원조는 하택荷澤이며, 규봉圭峰이 계승하고, 보조普照가 역설한 바이다. 그러나 돈오점수의 대종大宗인 보조도 돈오점수를 상술한 그의 『절요節要』 벽두에서 하택은 지해종사知解宗師니 비조계적자非曹溪嫡子라고 단언하였다. 이는 보조의 독단獨斷이 아니요 육조六祖가 수기授記하고 총림叢林이 공인한 바이다. 따라서 돈오점수 사상을 신봉하는 자는 전부 지해종도知解宗徒이다.[4]

---

2) 上山大峻은 양측이 각각 한 번씩 이겼다는 假說을 세우고 있다.
   김영호, 「중국과 티벳에서의 頓漸論爭에서 본 普照의 頓悟漸修」, 『普照思想』 2집(보조사상연구원, 1988), 102쪽 참조.
3) 성철, 『禪門正路』(불광출판사, 1981), 1쪽.
4) 성철, 같은 책, 3쪽.

『선문정로』는 근 팔백 년 동안 한국 선불교 조계종의 종조[5] 내지 중흥조로 운위되어 오면서 절대적인 권위를 누려 오던 보조선普照禪에 대한 최초의 본격적 비판이라고 할 수 있다. 그런 측면에서 교계와 학계에 대단한 충격을 주었음이 사실이다.

그러나 그러한 엄청난 충격을 제시한 『선문정로』에 대하여 본격적이고 직접적인 검토나 논구가 이루어진 적은 없었던 것 같다.[6] 돈점 문제와 같은 선학상禪學上의 가장 핵심적인 문제에 대한 이론이 제기된 터에 아무런 검토가 없다는 것은 관련 학계의 태만이라고 할 수 있을 것이다. 이것은 아마도 저자가 선사이며 교계의 최고 지도자이기 때문인지도 알 수 없다. 그러나 비록 저자가 선사라고 하더라도 『선문정로』는 격외법담格外法談이나 상단법어上壇法語가 아니라 학술적 견해를 표명한 학문적 저작으로 볼 수 있다. 그렇다면 비록 선의 문제를 다루고 있다 하더라도 저술인 이상 교敎의 차원에서 학문적 검토와 비판 또는 검증의 대상이 되지 않을 수 없을 것이다. 보조의 저술에 담긴 사상이 비판되듯이 『선문정로』의 사상 역시 비판될 수도 있는 것이 아닐까 한다. 학문의 세계는 열린 세계이며 평등하기 때문이다.

거대한 종교 집단으로 현존하는 불교계에서 혹시라도 이 같은 견해를

---

5) 조계종의 법통설에 대해서도 普照法統說과 太古法統說이 대립적으로 논의되고 있다. 성철스님은 태고법통설을 주장하고 있는데, 어떤 법통설을 주장하든지 실천적 意識과 결부되어 있다는 점만을 지적해 두고자 한다.

6) 지난 1990년 10월 13~14 양일간 송광사에서 개최되는 보조사상연구원 주최의 「불교사상에 있어서 깨달음과 닦음: 頓漸問題를 중심으로」라는 주제의 국제불교학술회의는 그런 점에서도 대단히 의의 깊은 것으로 생각된다. 불교사상사 속에 제기된 돈점 문제를 전반적으로 토론한 이 학술회의에는 『선문정로』를 지지하는 학자와 비판하는 학자들이 모두 참여하여 본격적인 검토와 토론을 하게 되었다. 본고의 草稿가 기초된 것은 1990년 8월의 일이었다. 『한국불교학』 15집에 제출하기 전에 보조 사상 국제불교학술회의가 있었지만, 본고에서는 그 결과는 최소 한도로 참조한다. 논지의 변동이 없을 뿐만 아니라 당시에 행해졌던 토론에 대한 필자의 견해는 「頓悟頓修的 漸修說의 문제점」, 『김지견박사화갑기념논총: 東과 西의 사유 세계』(강건기 · 김호성 공편, 『깨달음, 돈오점수인가 돈오돈수인가』, 민족사, 1992, 재수록)에서 밝혔기 때문이다.

갖는 학자들에 대해서 편견을 갖는 일이 있다면, 학문이나 종교 모두 퇴보의 중세로 돌아가게 될 것이다. 철학[7]이 신학의 시녀 노릇을 했던 서양의 중세로 말이다. 물론 어떠한 집단이 신앙하는 이론을 대변하려고 하는 곡학曲學 역시 마땅히 타기되어야 할 것임은 두말할 나위 없다. 오직 학문적 양심 위에서만 논의되어야 할 것이다. 또한 이 같은 일이 무익한 분열이나 쟁사諍事로 인식되어서는 결코 아니 되며, 내일의 선, 내일의 한국 불교를 위한 뜻 있는 토론으로 이해되어야 할 것이다.

과연 돈오점수는 선문의 이단이고 사설인가? 진정 보조는 한국 선불교의 중흥조가 아니라 오히려 황폐화시킨 장본인인가? 돈오점수의 진정한 의미는 무엇이며 돈오돈수의 의미는 무엇인가? 한국 불교, 한국의 선은 장차 어떠한 방향으로 전개되어야 하는 것인가? 이 같은 문제를 다룸에 있어서 본고에서는 깨달음(頓悟)과 관련한 가장 핵심적인 몇 가지 문제들을 살펴보고, 닦음(漸修)의 문제에 대한 논의는 다음 기회로 미루고자 한다.

2) 『선문정로』 이후 논쟁의 전개

『선문정로』에 대하여 행해진 비판으로 우선 다음과 같은 이종익 박사의 견해를 들 수 있다. 앞에서 인용한 『선문정로』 서문의 내용에 대한 비판이다.

여기에서 가장 우스운 것은, 그는 겨우 『법집별행록절요法集別行錄節要』의 첫머리 몇 줄만 보고 그 『절요사기節要私記』 전문을 다 읽어 보지도 못하였고, 또 보조의 저著 『원돈성불론圓頓成佛論』이나 『간화결의看話決疑』도 읽어 보지 못했다는 점이다. 그가 간화선을 하면서 한국 간화선맥의 유래를 모르는 박식자

---

7) 인도의 종교와 철학에 있어서 철학과 종교는 본래 不二하지만 본고에서는 아무래도 철학의 입장에 서서 좀더 자유롭게 필자의 견해를 정리하고자 한다. 보조선을 비롯 선을 연구하는 입장에서는 『禪門正路』의 돈오점수 비판에 대해서 긍정하든지 부정하든지 화해시키든지 하지 않을 수 없는 것이다.

薄識者라는 것에 크게 놀라게 된다. 보조가 삼세불조三世佛祖의 오수悟修의 대원칙에 의하여 돈오점수를 주장하였지만 그것은 만인 공통의 대경대법大經大法을 말함이고, 대심범부大心凡夫를 위하여서는 돈오원수頓悟圓修 일생성불一生成佛을, 그리고 숙세연숙자宿世緣熟者에게는 돈오돈수를 그 근성根性에 따라 논증하였는데, 어찌하여 겨우 보조가 오직 돈오점수 일문一門밖에 모르는 줄 알았던가. 그것이 억설망단臆說妄斷이 아닌가.[8]

여기서 이 박사는 (다소 감정적인 용어도 보이긴 하나) 보조가 돈오점수만을 설한 것이 아니라 돈오돈수도 설했으므로『선문정로』의 비판은 그릇되었다고 반론하고 있다.

그 다음 닦음은 깨달음으로 끝나는 것이 아니라 계속되어야 하며, 점수는 이타적 보살행임을 주장한 법정法頂스님의 비판을 들 수 있다. 법정스님은 1987년 보조사상연구원의 논문집인『보조사상』제1집의 권두언에서『선문정로』의 입장을 총체적으로 반박하고 있다.

교단 일각에서는 고정 관념에 사로잡혀 아직도 보조의 돈오점수 사상을 가지고 왈가왈부하는 의견이 없지 않지만, 종교의 근본은 공허한 말끝에 있지 않고 투철한 체험과 실지 행에 있음을 우리는 분명히 알아야 한다. 불타 석가모니의 경우 보리수 아래서의 깨달음은 돈오이고, 45년간의 교화 활동으로 무수한 중생을 제도한 일은 점수에 해당된다. 이것이 또한 불교의 두 날개인 지혜와 자비의 길이다. 깨달은 다음의 수행은 오염을 막을 뿐 아니라 온갖 행을 두루 닦아 자신과 이웃을 함께 구제하는 일이다. 보조스님은『절요사기』에서 다음과 같이 말하고 있다.
"요즘 선을 안다고 하는 사람들 중에는 흔히 말하기를 불성을 바로 깨달으면 이타의 행원이 저절로 가득 채워진다고 하지만, 나는 결코 그렇게 생각하지 않는다. 불성을 바로 깨달으면 중생과 부처가 평등하여 나와 너의 차이가 없어진다. 이 때 비원悲願을 발하지 않으면 적정寂靜에 갇힐 염려가 있다. 그러므로

8) 이종익, 「普照禪과 華嚴」,『한국화엄사상연구』(동국대학교 출판부, 1986), 237쪽.

『화엄론華嚴論』에 이르기를 지성智性은 적정하므로 원願으로써 이를 극복해야 한다고 말한 것이다. 깨닫기 전에는 비록 뜻은 있어도 역량이 달려 그 원이 이루어지기 어렵지만, 깨달은 다음에는 차별지差別智로써 중생의 괴로움을 보고 대비원大悲願을 발하여 힘과 분수를 따라 보살도菩薩道를 닦으면 깨달음과 행이 가득 채워질 것이니 어찌 기쁜 일이 아닌가."

여기에서 우리는 돈오점수를 자신의 형성과 중생의 구제로 풀이할 수 있다. 그리고 바로 알아야 바로 행할 수 있고, 그런 행의 완성이야말로 온전한 해탈이요 열반이라고 할 수 있다. 중생계衆生界가 끝이 없는데 자기 혼자서 돈오돈수로 그친다면, 그것은 올바른 수행도 아니고 지혜와 자비를 생명으로 삼는 대승보살大乘菩薩이 아니다.9)

한편 목정배 교수는 "보조국사가 고려 시대에 조계선曹溪禪을 중흥하는데 그 공로가 지대하더라도 원증돈오圓證頓悟와 거리가 있다면 수정되어야 하는 것이다"10)라고 하면서『선문정로』의 입장을 지지하고 있다.

그렇다면 과연 돈오점수의 입장은 무엇이며, 돈오점수에 대한『선문정로』의 비판은 타당한 것인가? 보다 본격적으로『선문정로』의 입장을 살펴볼 필요가 있다는 느낌이다. 이하에서 구체적으로 필자의 견해를 제시하고자 한다.

2. 깨달음에 대하여

1) 해오와 증오

돈오점수의 '돈오'와 돈오돈수의 '돈오'는 그 차원이 다른 것으로 이해

---

9) 법정, 「卷頭言」,『普照思想』 1집(보조사상연구원, 1987), 4~5쪽.
10) 목정배, 「禪門正路의 頓悟觀」,『修多羅』 3집(해인사, 1988), 145쪽.
_____, 「현대 한국 禪의 위치와 전망」,『한국선사상연구』(동국대학교 출판부, 1984) 참조

된다. 돈오점수의 돈오는 해오解悟[11]이며, 돈오돈수의 돈오는 증오證悟라고 한다.[12] 그래서 돈오점수는 흔히 해오점수解悟漸修라고 비판되고 있으며[13] '해오+점수=증오'의 공식으로 말해지기도 한다. 돈오점수의 돈오가 궁극적 깨달음이 아닌 반면, 돈오돈수의 깨달음은 궁극적 깨달음(究竟覺)이라고 한다. 따라서 궁극적이지 못한 돈오점수의 돈오는 진정한 깨달음이라고 할 수 없고, 돈오돈수만이 진정한 깨달음이라고 돈오점수를 비판하는 것이다.

돈오돈수에 대하여 보조는 "頓悟頓修, 是最上根機得入也"[14]라고 할 뿐 자세한 언급은 하지 않고 있다. 다만 과거 전생에까지 비추어서 볼 때 의오이수依悟而修한 것이 틀림없으므로 돈오돈수 역시 돈오점수라고 회통會通하고 있다.[15] 어쩌면 그 필요성을 느끼지 못한 것도 같다. 보조는 돈오돈수라고 하는 것을 몰랐던 것이 아니라 돈오돈수 역시 청량淸凉이나 규봉圭峰(780~841)에게서 고려된 것인 줄 알았다. 그러면서도 돈오점수를 선택하고 있는데, 우선 청량소淸凉疏를 인용하여 돈오돈수에 세 가지 범주가 있다고 하면서 각각에 해당하는 깨달음과 닦음을 분석하고 있다.[16] 이들 내용을 정리하면 다음과 같다.

① 선오후수先悟後修: 해오解悟와 임운수任運修
② 선수후오先修後悟: 증오證悟
③ 수오일시修悟一時: 오통해증悟通解證

---

11) 보조사상연구원 편, 『普照全書』(불일출판사, 1989), 123쪽, "頓悟漸修, 此約解悟."
12) 성철, 『禪門正路』(불광출판사, 1981), 28~29쪽 참조
13) 성철, 같은 책, 154쪽.
   규봉이나 보조 스스로도 돈오점수의 돈오를 해오라고 하고 있으나 『禪門正路』에서와 같이 부정적으로 인식하고 있는 것이 아님은 주목되어야 한다.
14) 知訥, 『修心訣』(『普照全書』, 33쪽).
15) 知訥, 같은 책, 같은 곳, "若推過去, 已是多生, 依悟而修, 漸熏而來, 至于今生, 聞卽開悟, 一時頓畢, 以實而論, 是亦先悟後修之機也." 선오후수가 곧 돈오점수이다.
16) 知訥, 같은 책(『普照全書』, 124쪽) 참조

"실지로 깨친 사람은 구경각을 증득證得하였으므로 절대로 더 닦을 필요가 없기 때문에 돈수頓修라 한다"[17)는 돈오돈수는, 오후수悟後修를 필요로 하지 않는다는 측면에서 보조가 청량을 통하여 인식한 돈오돈수의 세 범주 중 ②의 선수후오와 ③의 수오일시에 가까운 것 같다.[18)

이처럼 돈오돈수에 대한 나름대로의 견해를 지녔던 보조스님은 왜 하필 돈오점수를 선택하여 평생 부르짖게 되었을까? 이에 대하여 필자는 그 이유를 두 가지로 생각한다.

첫째, 그는 최상승最上乘의 근기보다도 중中·하下의 근기를 더욱 의식하고 지향해 간 선지식이라는 점이다.[19) 사실 최상승근기는 얼마나 될 것인가? 일문천오一聞千悟하고 일초직입여래지一超直入如來地하는 최상승근기는 인류 중생의 몇 퍼센트나 될 것인가? 또한 최상승 근기의 중생이라고 한다면 남을 의지할 필요가 있겠는가? 남을 의지할 필요가 있다면 최상승근기라고 할 수는 없을 것이기 때문이다. 근기론적 입장에서 보조는 그의 종교적 삶을 중·하근에 대한 교육과 계몽에 두고 있었던 것이 분명하며, 그런 측면에서 대원칙으로서 돈오점수를 설하고 있는 것이다.

둘째, 과연 궁극적인 깨달음은 실재하겠는가? 궁극적 깨달음이 존재론적으로 실재하는 것이라고 한다면 더 이상 닦음이 필요하지 않는 경지를 어느 순간에 얻을 수가 있을 것이다. 그러나 궁극적 깨달음이 실재하는 것이 아니라고 한다면 깨달음의 획득이라는 것도 실재가 아니라 그저 이름

---

17) 圓澤, 「頓悟頓修와 頓悟漸修」, 『修多羅』(해인사, 1988), 112쪽.
   性徹 스님의 법문 녹음 테이프를 정리한 것이라 한다.
18) 졸고, 「普照의 二門定慧에 대한 思想史的 考察」, 『한국불교학』 14집(한국불교학회, 1989), 421쪽.
19) 보조가 根機論에 입각하여 그의 法門을 施設하였다는 점은 제대로 인식되지 못했다고 생각된다. 졸고, 「普照의 淨土受容에 대한 再考察」, 『유병덕박사화갑기념논총: 한국철학종교사상사』, 원광대학교 종교문제연구소, 1990), 16~20쪽 참조. 또 보조의 종교의식이 中·下根을 지향하고 있었다는 점은 졸고, 「普照의 二門定慧에 대한 思想史的 考察」, 『한국불교학』 14집(한국불교학회, 1989), 432쪽 참조.

일 뿐(唯名)이다. 필자는 여기서 후자의 유명론의 입장을 취하면서 불교는 기본적으로 유명론이라고 생각한다. 화엄이나 여타 교학에서는 중생에서 붓다에게 이르는 계위階位를 52위로 나누고 있으나 깨달음의 차원이, 예컨 대 높이 몇 미터라고 하는 식으로 상정될 수 있을 것인가? 51위의 등각等覺 과 52위의 묘각妙覺의 거리는 얼마나 될 것인가? 돈오돈수를 옹호하는 사 람들이나 돈오점수를 주장하는 사람들이나 은연중에 깨달음에는 궁극적 종착점이 있다고 생각하는 것 같다.

『선문정로』에서 설해져 있는 궁극적 깨달음은 놀랍게도 유식唯識에서 설하는 제8 아뢰야식의 활동인 미세망념微細妄念이 단진斷盡된 경계라고 한다. 흔히 돈오돈수는 깨달음과 닦음을 즉시에, 그리고 동시에 완성하는 것으로 이해할 수 있는데, 이 같은 『선문정로』의 이론에 의하면 깨달음을 얻기까지 수행은 끝없이 계속되어야 한다는 것으로 이해할 수 있다. 돈오 돈수설은 깨달음의 높이를 해오보다도 상대적으로 높은 곳에 위치시키고 있으나 목표 지점을 조건 지워서 구체적으로 지정하고 있다는 점[20]이 우 선 지적될 수 있겠다.

다음의 문제는 선교禪敎를 철저하게 분리시키는 『선문정로』의 기본 입 장을 생각할 때, 유식에 의거하여 깨달음을 설명하고 있는 점은 보조의 선 교겸수禪敎兼修를 비판하고 있는 입장과 모순이라고 하겠다. 유식에서는 제8 아뢰야식의 단진斷盡을 성불이라고 함으로써 3아승지 겁이라는, 가히 영원이라고 할 수 있는 시간 동안 수행해야 한다고 하는데, 이는 점수 내지 는 점수돈오漸修頓悟라고 생각되기 때문이다.[21]

보조의 돈오점수가 점수와 다른 점은 아무런 깨달음의 체험도 없이 그

---

20) 성철, 『禪門正路』(불광출판사, 1981), 11~20쪽 참조.
21) 길희성 교수도 필자와 견해를 같이하고 있음을 알게 되었다.
길희성, 「Chinul's Ambivalent Critique of Kanhwa Son and Its Implication for Sudden Awakening/Sudden Cultivation에 대한 논평」, 『普照思想』 4집(보조사상연구원, 1990), 467쪽.

저 수행하는 것이 아니라 올바른 불지견佛知見을 깨친 바탕 위에서 닦아 가는 것이기 때문에, 오후悟後의 점수가 가히 영원한 닦음이라고 할 수 있 더라도 유식의 깨치기 전의 닦음과는 다른 것이다.

그럴진대 오히려 깨달음에는 끝이 없는 것이 아닐까? 만약 깨달음에 끝 이 있다고 한다면, 깨닫고 나면 곧 부처일 것이다. 불교가 성불成佛을 목표 로 하는 종교인 한 실제로 부처가 될 수 있고, 또 배출되어야 할 것이다.[22] 그러나 어느 정도의 조건과 단계 내지는 목표를 정해 놓고 성불 여부를 판 단한다면 우리는 스스로 깨달았다고 하는 대망어자大妄語者를 종종 만나 게 될 것이며, 돈오돈수 뒤에 다시 더 닦을 필요가 없으므로 막행막식莫行 莫食의 무애행각無碍行脚으로 수행을 포기하는 사례를 보게 될 수도 있을 것이다.[23]

이 점을 염려해서인지 『금강경』에서 "無有定法, 名阿耨多羅三藐三菩提, 亦無有定法, 如來可說"[24]이라고 했으며, 반야부 경전의 도처에서 공역부공 空亦復空을 말하고 있는 것이다. 실제로 공空(śūnya)을 체인體認하는 것을 깨달음이라고 할 수 있다면, 공을 깨달은 공 또한 다시금 부정되어야 할 것이다. 깨달음은 끊임없는 자기부정의 저편에 존재하는 것이라고 할 수 있을 것이다.

인간이 가까이 가면 갈수록 깨달음 역시 한 걸음씩 멀어져 간다는 차원 에서 보면 깨달음은 차라리 존재存在(實在)가 아니라고 해야 할 것 같다. 불교를 포함하여 동양철학 일반에서 궁극적 진리를 공空·무無 등과 같이 부정적으로 언표하고 있는 것도 진리의 언표 불가능성과 함께 그 비실재

---

22) 성철, 『禪門正路』(불광출판사, 1981) 21쪽.
   『禪門正路』에서는 見性卽佛이라고 한다.
23) 돈오돈수의 見性이 無心·無念·無爲·無事의 경지라고 하므로(목정배, 「禪門正路의 頓悟觀」, 『修多羅』 3집, 해인사, 1988, 142쪽 참조) 이론적으로는 그럴 것 같지가 않으나, 실제로는 그와 같이 오해되고 있는 경우가 많은 것 같다.
24) 無得無說分 제7.

성을 말하는 것이다. 시간에 다함이 없는 것처럼 자기부정(자기초월)의 저편 역시 한없이 뒷걸음질칠 것이고 그와 같이 깨달음에도 다함이 없게 된다. 어찌 종착이 있을 수 있겠는가? 52위니 증오니 하는 말도 관념적 상정想定일 뿐 끝이 실제로 있는 것은 아니라고 이해해야 한다. 닦음에는 닦음이 수단으로 봉사해야 할 하등의 초월적 목적이나 목표가 별도로 존재할 수 없다[25]는 관점에서 보면 깨달음은 존재하지 않는다고 할 수 있으리라.

불도무상서원성佛道無上誓願成에서의 무상한 불도佛道는 상대적 세계에서의 최상의 무상無上이 아니라, 절대적 차원에서의 지붕도 없고 천장도 없고 정상頂上도 없는 본래무정상本來無頂上의 무상을 의미하는 것으로 생각된다. 그러한 무상불도를 영원히 추구하겠다는 것은 끝없는 깨달음을 위해서 영원한 닦음을 계속하겠다는 서원誓願 이외에 다른 것이 아니다.

2) 해오와 지해

해오解悟라고 하는 것은 지해知解와 동일한 것인가? 『선문정로』에서는 "돈오점수를 내용으로 하는 원돈신해圓頓信解가 선문禪門의 최대 금기인 지해知解"[26]라고 하면서 해오와 지해를 동일시하고 있다. 또 『절요사기』의 모두冒頭에서 "牧牛子曰: 荷澤是知解宗師, 雖未爲曹溪嫡子"라고 한 보조의 말을 인용하여[27] "이는 보조의 독단獨斷이 아니요 육조六祖가 수기授記하고 총림叢林이 공인公認한 바이다"[28]라고 하면서, 보조 스스로도 하택荷澤(668~760)이 지해종도知解宗徒임을 말했기에 하택과 보조가 주장하는 돈오점수는 해오점수[29]이며 해오는 지해라는 것으로 서술하고 있다.

25) 신오현, 『철학의 철학』(문학과지성사, 1989), 190쪽.
   原書에서는 '修行'이라고 했으나 필자가 '닦음'으로 바꾸었다.
26) 성철, 『禪門正路』(불광출판사, 1981), 209쪽.
27) 성철, 같은 책, 3쪽·201쪽, 『普照全書』, 103쪽.
28) 성철, 같은 책, 3쪽.

해오가 과연 지해인지에 대하여는 후술하기로 하고, 여기서는 우선 목우자가 하택을 지해종도라고 했다는 문제부터 따져 보자. 보조가 『절요사기』에서 "牧牛子曰: 一"이라 했다 하나, 이는 육조가 처음 말했던 것으로 전해져서 총림에 다 공인되다시피 한 것을 보조가 글의 실마리로 삼았던 것일 뿐이다. 실제로 육조가 하택을 지해종도라고 했는지도 의심스럽다. 『단경』의 제본諸本 중 최고본最古本인 『돈황본敦煌本 단경』에는 그 같은 기사가 보이지 않고 덕이본德異本과 종보본宗寶本에 보일 뿐이다.[30] 더 나아가서 『단경』은 하나의 문학 작품으로서의 '혜능 이야기'에 지나지 않는다[31]고 하여 『단경』이 전하고 있는 역사적 사건에 대해서 재검토를 요구받고 있는 상황이다. 따라서 신회는 지해종도라고 하는 기사를 인용함으로써 보조가 그 같은 전래의 견해를 수용하거나 맹신하려는 것이 아니라, 그러한 이야기가 있음에도 불구하고 자기는 그렇게 보지 않는다고 말하고자 한 것으로 필자는 평가하고 싶다. 따라서 도입부에서 종래의 견해를 실마리로 삼은 것을 가지고서 보조 역시 하택을 지해종사로 보았다고 단정하는 것은 타당성은 없는 것으로 생각된다.

다음, 보조의 돈오점수에서 돈오가 지해인지를 확인하기 위해서 돈오에 대한 정의를 살펴보자.

돈오는, 범부가 깨닫지 못했을 때에는 사대四大로 몸을 삼고 망상으로 마음을 삼아서 자성이 참다운 법신이며 자기의 영지靈知가 참다운 부처인 줄 모르고

---

29) 성철, 같은 책, 200~202쪽 참조
30) 『慧能研究』(駒澤大學校禪宗史硏究會 編, 東京; 大修館書店, 昭和 53), 366쪽 참조
   중국 선종사를 전공하신 性本스님에 의하면, "慧能은 神會의 純熟을 인지하고 가만히 密語를 내렸다"(鄭性本, 「荷澤神會」, 『禪師新論』, 우리출판사, 1989, 85쪽)고 한다. 실제로 六祖가 神會를 지해종도라고 했다면 다시 밀어를 내렸겠는가? 여기서 밀어는 인가라는 의미가 있다고 생각된다.
31) 鄭性本, 「『六祖壇經』의 成立과 諸問題」, 『六祖壇經의 世界』(민족사, 1989), 265~271쪽 참조

마음 밖에서 부처를 찾아 이리저리 쫓아 다녔으나, 선지식의 지시에 힘입어 한 생각에 빛을 돌이켜 스스로의 본성本性을 보는 것이다. 이 성품은 본래 번뇌가 없고 무루無漏의 지혜가 구족되어 여러 부처와 조금도 다르지 않으므로 돈頓이라고 한다.[32]

또 『절요사기』에서는 다음과 같이 설하고 있다.

돈오는, 비롯함이 없는 옛날부터 어리석고 뒤바뀐 생각 때문에 사대四大로 몸을 삼고 망상으로 마음을 삼아 그것들을 나라고 알았으나, 선지식을 만나서 위에서 설한 바와 같은 불변不變과 수연隨緣, 성性과 상相, 체體와 용用의 뜻을 듣고서 영명靈明한 성품(知見)이 자기의 마음임을 홀연히 깨닫는 것이다. 이 마음이 항상 고요하며 가없고 상相이 없는 법신法身이며, 참나(眞我)는 심신心身이 둘이 아니어서 여러 부처와 조금도 다르지 않으므로 돈頓이라고 한다.[33]

해解라고 하는 문자를 부득이 쓰고 있으나, 그것은 단순한 알음알이나 사량계교思量計較가 아닌 체험적 각성 내지는 몸과 마음의 동시적 차원의 깨침이라고 할 수 있다. 일념회광一念廻光하여 견자본성見自本性하는 것을 어찌 알음알이라고 할 수 있단 말인가? 본성에는 계급이 없으므로 당연히 견자본성이란 말은 견성으로 이해해야 한다. 또 홀오영명지견忽悟靈明知見하여 시위진아是爲眞我라고 깨닫는 것을 어찌 단순한 알음알이라고 할 수 있겠는가? 그것은 지해와 동일한 것일 수 없다.

---

32) 知訥, 『修心訣』(『普照全書』, 34쪽), "頓悟者, 凡夫迷時, 四大爲身, 妄想爲心, 不知自性是眞法身; 不知自己靈知是眞佛, 心外覓佛, 波波浪走, 忽被善知識指示入路, 一念廻光, 見自本性. 而此性地, 原無煩惱, 無漏智性, 本自具足, 卽與諸佛, 分毫不殊, 故云頓也."

33) 知訥, 『法集別行錄節要幷入私記』(『普照全書』, 116쪽), "頓悟者, 謂無時迷倒, 認此四大爲身, 妄想爲心, 通認爲我, 若遇善友, 爲說如上不變隨緣性相體用之義, 忽悟靈明知見, 是自眞心. 心本恒寂, 無邊無相, 卽是法身, 心身不二, 是爲眞我, 卽與諸佛, 分毫不殊, 故云頓也."

'해오解悟'에서의 액센트는 '해解'에 있는 것이 아니라 '오悟'에 있다. 따라서 목 교수가 이해하고 있는 바와 같이 해오는 '처음 이해하게 되는 듯한 내용을 가진' 것이 아니며, '이론적으로 이해된 지식'[34]이라고도 할 수 없다. 『선문정로』를 지지하는 사람들은 '해오=지해=교敎'라고 하는 등식 속에서 논리를 진행시켜 가고 있다. 뿐만 아니라 보조의 저술을 영역한 로버트 버스웰(Robert Buswell) 역시 'understanding-awakening'으로 옮기고 있는데,[35] 이런 측면에서 적절한 어휘 선택이 아니라고 하겠다. 해오와 증오는 서로 깨달아 가는 양식(悟相)의 차이이지 '해'와 '증'이 지해와 깨달음으로 갈라지는 것은 아니다.

돈오점수의 돈오(解悟)는 깨달음의 세계에 대한 단순한 배움(學·解)이 아니다. '미지의 세계를 처음 답사하여 참으로 굉장한 세계가 있구나 하고 감탄하는'[36] 것도 아니다. 미지의 세계를 완연하게 지실知悉한 것이며, 다만 남은 것은 그 세계를 불화엄佛華嚴하는 길이다. 그를 위해서 행하는 자리이타自利利他의 육도만행六度萬行이 점수이다.

해오는 그저 '아! 그렇구나'라고 관념적으로 아는 것이 아니라 본성의 깨달음인바, 그것은 단순한 지각이나 이성의 차원에서만 얻어지는 일이 아니고 심신불이心身不二[37]의 차원에서 얻어진 전인적全人的 전회轉回이다. 그러한 전인적 전회를 어찌 깨달음이라고 할 수 없겠는가? 그것은 깨달음이라고 해야 한다. 물론 보조가 해오를 깨달음이라고 했다 해서 깨달음이 실재하는 것이라고 하였다는 것은 아니다. 오히려 돈오점수를 주장한 그가

---

34) 목정배, 「禪門正路의 頓悟觀」, 『修多羅』 3집(해인사, 1988), 141쪽.

35) Robert Buswell trans., *The Korean Approach to Zen; The Collected Works of Chinul*, Honolulu; The University of Hawaii Press, 1983, 283쪽.

36) 목정배, 「禪門正路의 頓悟觀」, 『修多羅』 3집(해인사, 1988), 141쪽.

37) 필자는 보조선의 한 특성으로 身心不二를 들고자 한다. 졸고, 「普照의 淨土受容에 대한 再考察」, 『한국철학종교사상사』(원광대학교 종교문제연구소, 1995), 448쪽 참조 이에 대한 상론은 졸고, 「普照禪의 實在論的 傾向과 그 克服」, 『동서철학연구』 7집 (한국동서철학연구회, 1990), 참조

생각한 깨달음은 돈오돈수의 증오보다도 더 멀리 더 위에 있으며, 그것은 가히 끝없는 것이라고 할 수 있음은 앞서 말하였다. 그렇기 때문에 돈오점수의 돈오는 아직 궁극적 깨달음이 아닌 것을 궁극적 깨달음으로 망상하는 대망어大妄語가 아니며 증상만增上慢의 병적인 착각도 아니다. 오히려 가장 겸손한 구도행求道行의 시작이며 출발점인 것이다.

보조가 선수후오인 증오보다도 선오후수인 해오를 더 높이 평가하고 돈오점수설을 선택한 것은 깨달음을 얻은 뒤 끝없는 닦음을 향해서 나아가야 하기 때문이다. 해오가 없이 그저 닦기만 한다고 참된 수행일 수는 없다.[38] 그것은 모래를 쪄서 밥을 지으려는 것과 같다.

3) 돈점과 선교

한국 불교가 낳은 대표적 선사로 흔히 보조와 서산西山을 꼽는다. 그런데『선문정로』는 보조가 선사가 아닌 교가教家라고 한다.『선문정로』의 논리는 크게 다음의 두 가지로 나누어 볼 수 있다.

첫째, 돈오점수의 돈오는 해오이며, 해오는 지해라고 한다. 그러므로 돈오점수는 교가의 수행 방편이며, 보조는 선사가 아니라 교가라는 것이다.

둘째, 보조는 원돈신해문圓頓信解門을 세우고『원돈성불론』을 짓기도 하였는데, 그것은 화엄 사상에 입각한 교가의 사상이지 선문이라 할 수 없다는 것이다. 오직 선사로서의 면목이 드러나는 것은 간화선을 설한『절요사기』의 말미 부분과『간화결의론』뿐이라는 것이다.

이 중 첫 번째는 앞에서 해오가 지해가 아님을 밝힘으로써 이미 부정되었다고 생각된다. 두 번째 문제는 보조가 경절문徑截門을 세우고 간화선을

---

38) 知訥,『修心訣』(『普照全書』, 42쪽), "修在悟前, 非眞修也."
___ ,『法集別行錄節要并入私記』(『普照全書』, 117쪽), "若無解悟處, 修豈稱眞哉."

받아들인 것이 과연 돈오점수 사상의 부정인가 하는 문제와 맞물려 있다. 그런 측면에서 후술할 '돈점과 경절'에서 필자의 논리가 보강되리라 믿는다. 다만 여기서는 보조의 선교관禪敎觀과 관련한 돈점의 문제만 살펴보기로 한다.

우선 선과 화엄 즉 보조선의 체계 내에서 원돈신해문의 위치를 살펴볼 필요가 있다. 보조에게서 원돈신해의 사상은『정혜결사문』의 초기 저술에서부터 말년에『원돈성불론』을 짓기까지 평생을 걸쳐서 일관한 사상이다. 사실 회통론자會通論者[39]인 보조가 가장 힘을 쏟았던 것이 선과 화엄의 융회融會에 있었던 것이다.

『선문정로』는 보조가 비록 초년에 원돈신해·돈오점수를 설했으나 말년에는 그것을 버리고 선의 경절문으로 돌아왔다고 한다.[40] 그런데 이 논리가 타당하려면 보조 말년의 저술 속에 원돈신해문의 사상이 나타나면 아니 되고 오직 부정되기만 해야 할 것이다. 그런데 여전히 원돈신해의 사상은 나타나는 것이다.[41] 이 모순을 해결하기 위해서 보조는 결국 정통 선으로 귀향歸鄕하여 선사가 되지 못하고 화엄선華嚴禪에 머무르고 말았다고 다음과 같이 비판한다.

---

39) 필자는 불교사상사가 敎判論과 會通論의 대립과 상호 작용의 역사라고 생각한다. 이 중 보다 높은 평가를 받아야 하는 것은 회통론자 쪽이어야 할 것이다. 한국 불교의 전통은 회통 불교이다. 심재룡 교수는 會通性이 사이비 理念化되었다고 하면서 비판하고 있는데(심재룡,「현대사회에 있어서 한국불교」,『한국학의 세계화』, 한국정신문화연구원, 1990, 철-1-3-6쪽) 그러한 측면이 있다면 시정되어야 하겠으나 원래의 회통성은 부정될 수 없는 전통이고 긍정적 의미가 있는 것으로 생각된다. 필자가 볼 때 보조는 회통론에『선문정로』는 교판론에 각각 입각하고 있는 것 같다.

40) 성철,『禪門正路』(불광출판사, 1981), 208~209쪽 참조

41) Buswell은 경절문을 설하고도 있는『法集別行錄節要幷入私記』가 "초기 저술인『勸修定慧結社文』과『修心訣』로 되돌아가는 것이며, 실천(praxis)에 대한 선종의 방편을 옹호하고 돈오점수의 修證論으로서의 우수성을 증명하려 하였다"고 하였다.
Robert Buswell, 졸역,「頓悟頓修에 대한 知訥의 兩價的 批判」,『普照思想』, 2집(보조사상연구원, 1988), 87쪽.

그러나 보조는 규봉의 해오 사상을 지해라고 비판하면서도『절요사기』·『원돈
성불론』 등에서 해오 사상을 연연하여 버리지 못하고 항상 이를 고쳐하였다.
그러니 보조가 만년에 원돈신해가 선문禪門이 아님을 분명히 하였으나 시종 원
돈 사상을 고수하였으니, 보조는 선문의 표적인 직지단전直指單傳의 본분종사
本分宗師가 아니요, 그 사상의 주체는 화엄선華嚴禪이다.[42]

이 같은 논리에 문제가 있음은『선문정로』의 입장을 지지하고 있는 목
교수 역시 지적하고 있는 바이다.

그런데 성철스님은 보조를 화엄선의 실천가였다고 하니 전후의 논리가 수순隨
順치 못하다. 앞에서는 경절적徑截的 선가禪家에 들어왔다고 해 놓고, 종국에는
보조가 화엄적 선禪으로 회귀하고 있다 하니 한국 선의 거맥巨脈을 이와 같은
논리로 본다면 또 다른 혼란이 오지 아니할까 한다.[43]

이어 목 교수는 "한국 불교가 통불교적 융섭融攝을 배제하지 못하는 입
장에서 순수선純粹禪을 찾아내기란 어려운 것이다. 보조에게 화엄교관적
華嚴敎觀的 사상이 내재하고 있는 것은 사실이다"[44]라고 하였다. 보조가
비록 회통론자였다고 하더라도 무원칙한 선교의 혼합이 아니라 선을 주로
하고 교를 종으로 하여 선교의 융회를 추구한 주선종교主禪從敎[45]의 선사
였음을 이미 학계에서는 공인하고 있기 때문에 그 같은 논리에 문제가 있
다고 지적한 것으로 생각된다.
　　보조는 기본적으로 선사이면서 화엄을 포섭한 것이다. 다만 그 같은 점
에서 중국의 여타 선이나 돈오돈수의 선과 다른 특색을 찾을 수 있을 것이
며, 또 그것이 그의 선을 '보조선'이라고 부르는 소이가 된 것이다. 그러나

---

42) Robert Buswell, 졸역, 같은 책, 같은 곳.
43) 목정배,「현대 한국 禪의 위치와 전개」,『한국선사상연구』(동국대학교출판부, 1984), 572쪽.
44) 목정배, 같은 책, 572~573쪽.
45) 권기종,「高麗後期佛敎와 普照思想」,『普照思想』 3집(보조사상연구원, 1989), 33쪽.

그렇기 때문에 세계적으로 자랑할 우리 민족의 불교인으로 원효와 함께 보조가 운위되는 것이라고 생각된다. 그런데도 불구하고 선이 아니라 교라고 비판하는 것은 적서嫡庶를 부단히 가르는 교판론敎判論[46]적 분리신화分離神話[47]에 지나지 않는다고 생각하는데, 그 점에서 보조와 『선문정로』는 각기 입각하고 있는 실천적 철학의 차이를 보여 주는 것일 뿐, 결코 정사正邪 내지 당부當否를 판단할 수는 없는 것이다.

그 다음, 보조가 말년에 이르러서는 '원돈신해문은 선문이 아니다'라고 했다 하나 오히려 그 반대이다. 보조는 원돈문을 선으로 파악하는 문증文證을 그의 저서에서 분명히 제시하고 있기 때문이다. 보조는 원돈신해문을 단순한 교로서 파악하지 않고 선문에 포함시키고 있다. 바로 경절선지徑截禪旨를 상술한 『간화결의론』에서 원돈문을 선문 내의 문제로 파악하고 있음을 보여 주고 있다.

선문에도 다양한 근기들이 있으니 그 들어가는 문은 조금씩 다르다. 어떤 사람은 유심유식唯心唯識의 이치에 의지하여 체중현體中玄에 들어간다. 이 초현문初玄門은 원교圓敎의 사사무애事事無碍를 나타내는 것이다.[48]

선문 속에 삼현문三玄門이 있으며, 그것의 첫째가 원교圓敎의 사사무애관事事無碍觀이라는 것이다. 여기서 보조는 우선 선문에 다양한 근기가 있

---

46) 敎判論은 자기 종파의 입장이 최고·최선이라는 것으로서 교설을 체계적으로 이해하고자 한 의의는 있으나 오늘날의 학문적 연구 성과에 의하면 절대적 진리성은 인정하기 어렵다. 大乘非佛說論은 바로 교판론의 부정에 지나지 않는다. 교판론적 입장에서 주장하는 자기 절대성은 언제나 他에 대해서는 상대적 가치밖에 없는 것이다. 그리고 이러한 교판론은 언제나 그 이면에 性理學的 道統觀과 같은 法統 의식을 깔고 있음이 주목되어야 할 것이다.

47) 分離神話는 "한 개인과 집단의 正體性(srlf-identity)을 타자와 자아를 분리하는 것에서 확보하는 것을 말한다. 이러한 분리는 자기의 우월성과 자기가 헌신하는 信念 體系의 絶對性을 강조하는 방향으로 진행된다."(윤이흠, 『한국종교연구』1, 집문당, 1986, 215쪽)

48) 知訥, 『看話決疑論』『普照全書』, 95쪽), "禪門亦有多種根機, 入門稍異. 或有, 依唯心唯識道理, 入體中玄. 此初玄門, 有圓敎事事無碍之詮也."

다고 하면서 그에 따른 법문도 다양해야 할 것임을 말하고 있다. 다양한 선문의 첫째로 원돈圓頓의 법문法門을 포섭하고 있는 것이다. 보조는『대혜어록大慧語錄』을 통해서 임제종臨濟宗의 간화선을 받아들였지만 그 이전의 선 사상과 지도 체계를 다 부정하면서 간화경절만을 선이라고 생각하지는 않았다.

> 선종禪宗에서도 어떤 사람은 삼계유심三界唯心, 만법유식萬法唯識 사사원융事事圓融으로 관문觀門을 삼는다.[49]

선종에서는 사사원융事事圓融(無碍)을 관문觀門으로 받아들이기도 한다는 것이다. 보조 스스로『간화결의론』에서 분명히 원돈문도 선임을 말하고 있다.『간화결의론』으로부터 인용한『선문정로』의 많은 인용구는 같은 선문 내에는 원돈문을 초월한 경절문도 있다고 하면서 경절문을 수행해야 할 근기나 그 살림살이를 말한 것으로 이해되어야 하며, 전자를 敎教라고 하면서 부정하고 경절문만을 닦아야 한다는 것으로 이해해서는 아니 된다.
　이 기회에 다시 생각해 보아야 할 것은 '선'과 '교'의 거리다. 흔히 '불어 佛語가 교이고 불심佛心이 선'[50]이라고 한다. 마음과 말이 어찌 둘이겠는가? 마음을 떠난 언어가 없으며, 언어를 빌리지 않고서 마음을 드러낼 수 없다.[51] 말과 마음이 정녕 둘이 아니라면 언어나 문자를 의지한다고 해서 무조건 물어 볼 것도 없이 교라고 할 수는 없을 것이다.

---

49) 知訥, 같은 책(『普照全書』, 101쪽), "禪宗, 或有, 以三界唯心, 萬法唯識, 事事圓融爲 觀門."
50) 청허,『禪家龜鑑』(『한국불교전서』 7책, 835쪽 中).
51) 언어와 진리 그 자체의 관계에 대해서는 다음과 같은 한 분석철학자의 발언이 적절한 설명이 될 것으로 생각한다. "인간은 언어를 통해 세계를 만난다. 언어는 인간과 세계를 연결시켜 주는 중간 세계이다. 언어는 인간과 세계를 만나는 해후의 장소이다. 말없는 존재인 세계는 언어를 통해 자신을 드러내 보인다. 인간은 언어 속에 담겨진 논리의 틀을 통해 세계를 본다."(이명현,『理性과 言語』, 문학과지성사, 1987, 22쪽)

언어나 문자를 의지한다고 해서 전부 교인 것은 아니다. 언어나 문자를 의지한다고 하더라도 마음과 상호 관련을 맺으면서 마음에 반조返照할 수 있다면 그것은 이미 선이라고 할 수 있는 것으로 생각된다. 인교오심지자 因敎悟心之者라고 하더라도 오심悟心의 순간에는 사교捨敎이므로 하등 문제될 것이 없다고 생각한다. 교로 인하여 심心을 깨달을 수 있고 입선入禪할 수 있다면, 이 때의 교는 간화선에서의 화두나 현중현玄中玄의 양구良久·봉봉棒·할喝과 하등 다를 바 없다고 생각된다. 실제로 문경오도聞經悟道한 선사들은 많이 있는 것이다. 문제는 경經이나 교敎에 있는 것이 아니라 사람에게 있다.

교敎도 밀密도 정淨도 모두 선으로 포섭될 수 있으며, 선과 하나가 될 수 있다. 선과 교는 하나이다. 많은 고승들이 선과 교의 차별은 사람에게 있는 것일 뿐 법法에 있는 것은 아니라고 강조한다. 그래서 "말에서 잃으면 염화미소가 교적敎迹이 되고, 마음에서 얻으면 세간잡담도 선지禪旨가 된다. 교를 떠나서 선이 없고, 선을 떠나서 교가 없다"[52]는 것이다. 즉 선교가 근본에 있어서 다를 것이 없다고 설하는 것이다. 교는 단순한 교가 아니라 선과 하나인 교이고, 선은 교와 하나인 선을 수행해 왔다고 하는 것(禪敎一致, 禪敎兼修)이 한국 불교의 전통이다.[53]

이렇게 볼 때 일찍이 보조가 교에 집착하는 심문지광혜尋文之狂慧와 선에 집착하는 수묵지치선守默之痴禪 둘 다를 비판[54]하면서 교판론을 극복

---

52) 청허, 『禪家龜鑑』(『한국불교전서』 7책, 835쪽 中·下).
   조선조 선사들의 不二한 禪敎觀에 대해서는 宗梵, 「講院敎育에 끼친 普照思想」, 『보조사상』 3집(보조사상연구원, 1989), 89~93쪽에서 잘 정리되어 있다.
53) 보조선이나 조선조 불교가 捨敎入禪이냐 禪敎兼修냐 하는 논쟁이 있었다(『普照思想』 3집, 130~134쪽 참조). 필자의 견해로는 사교입선은 수행자 개인의 깨달음의 分上과 과정을 말하는 것이고, 지도 체계나 교육 이념은 선교겸수라고 본다. 그리고 선교겸수는 主禪從敎의 선교겸수가 보다 올바르다고 생각한다. 왜냐하면 불교의 불교다운 특징은 선에서 찾아볼 수 있기 때문이다.
54) 知訥, 『勸修定慧結社文』(『普照全書』, 13쪽), "若能如是, 定慧雙運, 萬行齊修, 則豈比夫空守默之痴禪, 但尋文之狂慧."

했음을 상기할 필요가 있다.

4) 돈점과 경절

『선문정로』에서는 보조가 만년에 돈오점수를 버리고 경절문을 열어서 돈오돈수를 설하고 있다는 주장을 하고 있다. 보조는 『정혜결사문』이나 『수심결』 등 초기 저술에서 주장한 돈오점수 사상을 만년에는 스스로 부정하고 『절요사기』 후반이나 『간화결의론』 등에서 돈오돈수 사상으로 나아갔다는 것이다. 버스웰 교수 역시 그와 비슷하게 보조는 만년에 이르러 돈오점수와 돈오돈수 사이에서 양가적兩價的 내지는 양자택일兩者擇一적 관점을 갖고 있었다는 견해를 피력하고 있다.[55]

그러나 필자가 보는 한, 보조의 초기 저술과 말년 저술 사이에는 사상적 변동이나 전환의 문제가 일어나지 않는다. 보조 사상의 중핵이자 기간이며 중심은 바로 정혜쌍수이며 돈오점수인 것이다. 그런 차원에서 이종익 박사는 '돈오점수는 대경대법大經大法'이라고 한 것으로 생각된다.

경절문에로의 사상적 전환의 문제는 우선 삼종문의 상호 관계 속에서 이해될 수 있다. 보조선의 체계를 흔히 삼종문으로 정리하고 있는데, 정혜쌍수와 돈오점수는 성적등지문惺寂等持門에 해당하는 것으로서 육조로부터 받아들인 자성문정혜自性門定慧의 사상에서 이루어진 것이다. 이후 원돈신해문과 경절문은 각기 정혜쌍수의 전개와 확산으로 이해되어야 한다. 성적등지문에서 원돈신해문으로, 원돈신해문에서 경절문으로 그 전단계前段階를 부정하고서 계차적階次的으로 발전해 간 것이 아니다. 김군수金

---

55) Robert Buswell, 졸역, 「頓悟頓修에 대한 知訥의 兩價的 批判」, 『普照思想』 2집(보조사상연구원, 1988), 86쪽.
Buswell은 돈오돈수를 내포하는 간화선에 대하여 보조가 親和性을 갖고 있었음에도 불구하고 여전히 돈오점수를 주장한 것이 ambivalent한 것이었다고 보는 입장이다.

君綏가 찬술한 비명碑銘[56]에서처럼 후자의 이문二門은 정혜쌍수의 전개에 있어서 서로 보완(羽翼)이 되었을 뿐이다.

그 단적인 증거로서, 보조의 말년에도 경절문만이 아니라 계속적으로 원돈신해문 사상이 나타나고 있다. 오히려 말년에 이르러 보조의 사상적 폭이 넓어짐으로써 경절문까지 시설施設하기에 이른 것으로 평가해야 한다. 사상적 전향은 전기 사상에 대한 부정이 없으면 전향이라고 할 수 없다.[57] 『선문정로』에서도 인정하듯이 만년까지 버리지 아니했는데, 어찌 보조 스스로 전기의 사상을 부정했다고 할 수 있겠는가? 보조는 결코 양가적(ambivalent)이지 않다. 그는 이질적인 것처럼 보이는 다양한 사상을 하나로 포섭하고 통일한 회통론자였다.

보조가 돈오점수를 버리고 경절문으로 나아갔다는 문증文證으로서 『선문정로』는 다음과 같은 『절요사기』의 구절을 인용하고 있다.(懸吐 생략)

上來所擧法門, 竝是爲依言生解悟入者, 委辨法有隨緣不變二義. 人有頓悟漸修兩門然. 若依言生解, 不知轉身之路, 雖終日觀察, 轉爲知解所縛, 未有休歇時. 故 更爲今時衲僧門下, 離言得入, 頓忘知解之者, 雖非密師所尙. 略引祖師善知識, 以徑截方便, 提接學者, 所有言句, 係於此後, 令參禪峻流, 知有出身一條活路矣.[58]

이같이 인용하고 나서 『선문정로』는 다음과 같은 평석評釋의 말을 붙이고 있다.

---

56) 『普照全書』, 420쪽, "其勸人誦持, 常以金剛經; 立法演義, 意必六祖壇經; 申以華嚴李論·大慧語錄, 相羽翼. 開門, 有三種: 曰惺寂等持門, 曰圓頓信解門, 曰徑截門."

57) 만약 보조가 그 스스로 初年의 사상이 잘못이었음을 만년에 인식했다고 한다면, 보조의 성품으로 미루어 보아서 만년의 저술 속에서 明示的으로 '내가 잘못 생각했다'고 고백했을 것으로 생각된다. 그는 그런 求道者이기 때문이다. 또 우리는 哲學史에 있어서 후기 사상에서 전기 사상을 가장 분명하게 비판하면서 전향한 철학자로서 비트겐슈타인을 들 수 있을 것이다.(이명현, 『理性과 言語』, 문학과지성사, 1987, 85쪽, 88쪽 참조) 전기의 그림언어관을 전면적으로 비판하고 부정한 비트겐슈타인의 사상적 전환을 생각하면 보조의 경우는 전향이라고 할 수 없음이 더욱 분명해질 것이다.

58) 성철, 『禪門正路』(불광출판사, 1981), 202~203쪽.

이는 『절요』의 결미이다. 전편全篇을 통하여 돈오점수를 상설詳說하였으나, 이는 의언생해依言生解하는 지해知解를 조장할 뿐이므로 이언득입離言得入하여 돈망지해頓忘知解하는 참선준류參禪峻流의 경절문이 있어서 지해대병知解大病을 제거하는 전신지로轉身之路를 소개한다 함이다. ―결사문과 『수심결』에서는 하택·규봉의 돈오점수를 달마정전達磨正傳이라고 역설하다가, 『절요』에 와서는 하택·규봉은 지해종도로서 조계적통曹溪嫡統이 아님과 동시에 그의 사상인 돈오점수는 의언생해하는 교가敎家요 이언망해離言忘解하는 선문禪門이 아님을 분명히 말하였으니, 이는 사상의 전환이다.59)

우선 필자는 『선문정로』가 『절요사기』를 인용함에 있어서 원문을 충실히 옮기지 않았음을 지적해 두고자 한다. 물론 저자의 편의에 따라서 축약해서 옮길 수는 있으나(그 사실을 밝히지 않고 있다), 이처럼 중차대한 문제를 다룸에 있어서 자의적인 축약은 내용에 대한 왜곡된 해석을 가져오기 쉬운 법이며 실제로 이 경우 보조의 의도와는 달리 해석되고 있는 것이다. 다소 길고 중복되기도 하지만, 『절요사기』에서 원문을 그대로 옮겨 보면 다음과 같다.(번호는 필자가 후술할 설명의 편의를 위해서 임시로 붙이는 것임)

① 上來所擧法門, 竝是爲依言生解悟入者, 爲辨法有隨緣不變二義, 人有頓悟漸修兩門. ② 以二義, 知一藏經論之指歸, 是自心之性相, 以兩門, 見一切賢聖之軌轍, 是自行之始終. 如是揀辨本末了然, 令人不迷, 遷權就實, 速證菩提. ③ 然, 若一向依言生解, 不知轉身之路, 雖終日觀察, 轉爲知解所縛, 未有休歇時. ④ 故, 更爲今時衲僧門下, 離言得入, 頓忘知解之者, 雖非密師所尙, 略引祖師善知識, 以徑截方便, 提接學者, 所有言句, 係於此後, 令參禪峻流, 知有出身活路矣.60)

②의 부분이 생략됨으로 해서 그 의미가 전연 달리 들리게 된 것이다. 이 구절의 의미를 정리해 보면 다음과 같이 될 것이다.

59) 성철, 같은 책, 203~204쪽.
60) 『普照全書』, 159쪽.

① 『절요사기』의 이 부분 앞에서 돈오점수를 설했는데, 그것은 의언생해오입자依言生解悟入者를 위해서 설한 것이다.

② 돈오점수는 현성賢聖의 궤철軌轍이다. 그래서 여실如實하게 간변揀辨하고 본말本末을 잘 요해了解하여 미迷하지 말고 천권취실遷權就實하고 속히 깨달음을 얻으라. 돈오점수는 그러한 의도에서 설해졌다.

③ 그런데 오직 의언생해依言生解만 하며 오입悟入하지 못하여서 지해에 얽매이는 바가 되어서 휴헐休歇하지 못하는 사람(법이 지해를 낳지는 않으나 사람이 지해에 계박繫縛될 수는 있다)이 있게 된다.

④ 그 같은 사람을 위해서 조사들의 경절방편徑截方便이 필요하게 된다.

이제 필자의 이 같은 이해(보조의 의도와 틀림이 없다고 생각된다) 및 『선문정로』의 이해와 그 차이를 살펴볼 순서이다. 『선문정로』에서는 "전편을 통해서 돈오점수를 상술했으나, 이는 의언생해하는 지해를 조장할 뿐이므로 지해를 제거하기 위한 전신활로轉身活路를 소개한다"고 함으로써 마치 보조가 그렇게 명언明言한 것 같은 인상을 준다.

그러나 보조는 오히려 『선문정로』에서 축약(생략?)한 ②에서 돈오점수만 잘 수행하면(如實하게 揀辨하고 本末을 잘 了解하면) 그것으로 현성賢聖이 될 수 있다고 말한다. ①에서 의언생해오입자를 위해서 돈오점수를 설했다고 했을 때, 의언생해를 거쳤더라도 오입悟入하면 지해가 아니다. 앞에서 살펴본 바와 같이, 지식이 곧 지해는 아니기 때문이다. 그 때는 이미 사교捨敎이며 사지해捨知解이다. 그러나 달을 보지 못하고 손가락만 보는 중생도 있을 것이다. 그렇게 지해에 계박繫縛되어서 전신轉身(의언생해에서 오입으로 전환함, 즉 捨敎入禪)의 길을 모른다면, 그러한 중생을 위해서 경절문이 다시 시설施設된다는 것이다.

보조는 모든 사람이 다 돈오점수만을 해야 한다거나, 모든 사람이 다 돈오점수는 버리고 경절문으로 들어가야 한다고 주장한 것이 아니다. 일부 지해에 계박된 사람을 위해서 경절문을 시설한다는 것이므로 보조선의 체계에서는 어디까지나 돈오점수가 근본이며, 경절문은 돈오점수와의 보완관계(羽翼)에서 회통된다고 보아야 한다.

김군수가 성적등지문을 중심에 놓고 원돈문(華嚴李論)과 경절문(大慧語錄)으로서 서로 우익羽翼케 한다고 이해한 것은 보조선의 왜곡[61]이 아니라 올바른 이해인 것이다. 돈오점수를 부정하고 경절문(돈오돈수)으로 간 것도 아니고, 그 양자 사이에 혼동(兩價的)을 보인 것도 아니다.

3. 맺음말

보조와 『선문정로』의 사상적 분기점에 대하여 필자는, 육조와의 관계 속에서 육조만을 받아들이지 아니하고 육조와 대립되는 사상가로 평가되던 신수까지도 받아들여 회통시켰는가(普照), 아니면 오직 육조만을 받아들이고 있는가(『선문정로』) 하는 점에서도 볼 수 있다고 하였다.[62]

차이가 반드시 정사正邪나 당부當否로 나뉘어야 하는 것은 아니다. 차이에도 불구하고 다함께 공존할 수도 있어야 하며, 뭔가 만날 수 있는 접점도 열려야 한다고 생각한다. 보조도 분명 돈오돈수는 최상승근기가 행할 바라고 하면서 그 의의와 위상을 인정하고 있다. 그런데 만약 서로의 차이를 정사와 당부 또는 적서嫡庶의 개념에 의해서 분리하게 된다면 만남이나 화해는 불가능하게 된다. 서로의 존재 의의를 정확히 인식하고 조화를 이룰 수 있기 위해서는 서로에 대한 정확한 이해가 전제되어야 할 것이다. 그런

---

61) 심재룡, 「普照禪을 보는 視覺의 變遷史」, 『普照思想』 1집(보조사상연구원, 1987), 80쪽. 여기에서 심재룡 교수는 김군수의 오류라고 주장한다.
   이에 대한 상세한 反論은 졸고, 「普照의 二門定慧에 대한 思想史的 考察」, 『한국불교학』, 14집(한국불교학회, 1989) 참조
62) 졸고, 「普照의 二門定慧에 대한 思想史的 考察」, 『한국불교학』, 14집(한국불교학회, 1989) 참조

측면에서 『선문정로』를 검토해 볼 때 보조의 돈오점수 사상에 대해서 많은 오해가 있었다고 생각된다. 이에 『선문정로』의 돈오점수에 대한 비판을 해명한 본고의 논지를 다시 한 번 정리해 둔다.

첫째, 『선문정로』는 돈오점수의 돈오는 해오로서 깨달음으로 인정할 수 없다고 한다. 돈오점수의 돈오는 해오인바, 보조가 해오를 궁극적 깨달음으로 보았던 것은 진정한 수행의 출발점으로 삼고자 해서였다. 따라서 해오를 절대로 깨달음(見性)으로 볼 수 없다고 하는 『선문정로』의 비판은 문제가 되지 않는다고 할 것이다.

둘째, 『선문정로』는 해오를 지해라고 보고 있다. 그러나 해오는 지해가 아니다. 해오는 결코 이론이나 이성에 의한 예비적 지식이 아니다. 그것은 '본자원성本自圓成, 본자구족本自具足, 본래성불本來成佛'의 존재임을 체험적으로 자각自覺하여 '참나'를 이루는 것이다. 이를 지해나 지식으로 볼 수 없다. 다만 당사자의 근기에 따라서 지해가 될 수도 있다고 보조는 경계하고 있을 뿐이며, 그런 중생을 위해서 경절문을 시설한 것이다.

셋째, 『선문정로』는 돈오점수가 해오점수이며, 해오는 지해이므로 보조는 선사가 아니라 교가教家라고 비판한다. 여기서 우리는 교판론에 입각한 분리신화分離神話의 절정을 보게 되거니와 보조는 기본적으로 선사이며 선을 주로 하여 교를 포섭하고 있는 회통론자일 뿐이다. 보조 스스로 『간화결의론』에서 원돈신해가 선문임을 명언明言하고 있다. 『선문정로』에서 제시한 많은 문증文證들은 경절문에 해당하는 법문들이지 원돈문이 교教라고 하는 의미는 아니다.

넷째, 『선문정로』는 보조가 만년에 초기 사상인 돈오점수를 부정하고 간화선(돈오돈수)으로 나아갔다고 한다. (그러면서도 끝내 버리지 않았다는 모순된 주장을 하지만) 그러나 그 같은 사상적 전환은 결코 일어나지 않고 있다. 보조 사상의 근본은 돈오점수와 정혜쌍수이며, 경절문은 그 보완으로서 시설된 것일 뿐이다. 그리고 깨달음은 끝이 없는 비실재非實在라고 생각된다. 따라서 깨달음의 궁극적 조건이란 없다는 필자 나름의 새로운 해석을 제시해 보았다. 공역부공空亦復空인 한, 깨달음에 대한 집착조차도 계속적으로 버려져야 하기 때문이다. 그러므로 깨달음은 무슨 정해진 목표나 단계 또는 경지일 수가 없다. 이를 위한 영원한 구도행, 부단한 접근으로서의 영원한 닦음이 점수행이라고 생각된다.

객관적 진리에 한 걸음이라도 더 가까이 가기 위해서는 대화와 토론이 요청된다고 생각한다. 그리고 그러한 대화와 토론은 사상을 문제로 삼는 학문의 영역에 속하는 문제이므로 학문적 언어만이 교환되어야 할 것이다.[63] 그런 뜻에서 본고가 자연인의 인격이나 도를 문제로 삼는 것이 아님을 다시 한 번 밝히며 학문 외적으로 오해받는 일이 없었으면 한다.

---

63) 필자는 사상과 사람은 다르다고 본다. 따라서 누구는 돈오돈수했느냐는 식의 질문이나 누구는 마구니라는 말 등은 모두 실천적이고 신앙적인 차원에서는 용납될 수 있는 언어인지는 몰라도 학문이라는 언어 게임의 用度 의미에는 전혀 해당되지 않는다는 점을 다시 한 번 밝힘으로써 필자의 작업은 학문적 동기 이외의 다른 어떤 것도 없음을 다시 한 번 분명히 하고자 한다.

보조스님은 證悟를 부정했던가?
— 김호성 교수의 이른바 '돈오의 새로운 해석'[1]에 대하여 —

박 성 배

　필자는 보조스님을 한 사상가로 본다. 선불교禪佛敎 수행修行에서 일어
나는 여러 가지 문제를 아주 조직적으로 체계적으로 설명해 보려고 애쓰
신 분이 바로 보조스님이다. 한국 불교의 역사상 선사禪師는 많았다. 그러
나 사상가는 드물었다. 보조스님의 수제자라고 일컬어지고 있는 진각스님
도 스승의 사상가적인 면을 발전시키지 못했다. 이것은 애석한 일이요 불

---

1) 김호성 교수가 최근에 발표한 여러 편의 논문들이 모두 그의 이른바 새로운 頓悟 해
　석과 관계가 깊으므로 필자의 논문도 거기에 초점을 맞추었다. 이번에 필자가 참고한
　김호성 교수의 논문은 다음과 같다.
　① 「보조의 삼문정혜에 대한 사상사적 고찰」, 『한국불교학』 제14집(한국불교학회, 1989.
　　 12) 405~432쪽.
　② 「보조의 정토수용에 대한 재고찰」, 『여산류병덕박사화갑기념논문집: 한국철학종교사
　　 상사』(원광대학교 종교문제연구소, 1990. 9), 441~461쪽.
　③ 「보조선의 실재론적 경향과 그 극복」, 『한국동서철학연구』 제7집(한국동서철학연구
　　 회, 1990. 11), 111~131쪽.
　④ 「돈오점수의 새로운 해석: 돈오를 중심으로」, 『한국불교학』 제15집(한국불교학회,
　　 1990), 423~446쪽.
　⑤ 「돈오돈수적 점수설의 문제점」, 『장봉김지견박사화갑기념사우록: 동과 서의 사유세
　　 계』(장봉김지견박사화갑기념사우록간행회, 1991), 459~479쪽.

행한 일이었다.

요즈음 선禪에 치우친 사람들은 말끝마다 가섭만을 높이고 아난을 헐뜯지만 사실 아난 없는 불교의 역사를 생각해 본 적이 있는지 모르겠다. 아난이 부처님의 말씀을 후학들에게 전해 주지 않았더라면 후학들이 어떻게 팔만대장경을 집대성할 수 있었으며, 팔만대장경 없는 불교가 어찌 불교노릇을 제대로 할 수 있었을까? 가섭이 훌륭하지 않다는 말도 아니고 아난이 가섭보다 더 훌륭하다는 말도 아니다. 어느 쪽으로 치우치든 치우치는 것은 진실을 바로 아는 데에 도움이 되지 않는다는 말이다. 보조스님이 어느 쪽에도 치우치지 않았던 것처럼 보조스님의 제자들도 보조스님만큼 치우치지 않았었더라면 하는 아쉬움을 이기지 못해 하는 소리이다.

보조스님을 사상가로 이해하는 한 오늘날 보조스님의 사상적 측면에 대한 접근은 무엇보다 필요하리라 생각된다. 다행히도 근래에 들어서 보조사상에 대한 새로운 해석들이 여기저기서 제기되고 있다. 그런데 이 가운데에는 결코 흔쾌히 동의할 수 없는 억설에 가까운 해석도 있는 듯하여 필자로서는 이 시점에서 한마디하지 않을 수 없다.

우리들이 보조 사상을 새롭게 해석하는 마당에 명심해야 할 것이 있다. 첫째는 보조스님이 평생 추구했던 것이 무엇이었던가를 분명히 하는 일이다. 이런 작업은 그가 평생 비판했던 것이 무엇이었던가를 밝히는 일과 동시에 수행되어야 한다. 보조 사상을 새롭게 해석한다면서 보조스님을 행여나 그가 평생 타기해 마지않았던 문자법사文字法師나 암증선사暗證禪師로 만들어서는 안 될 것이다. 보조스님은 분명히 문자가 창피를 당하는 경지를 가지고 있었다. 그래서 당신이 만들어 놓은 이론과 체계를 당신 스스로 무너뜨려 버릴 수 있는 분이 다름아닌 보조스님이었다. 문자, 이론, 체계 등등에 어찌할 수 없이 의존하는 우리의 작업은 이러한 대목에 각별한 주의를 기울여야 할 것이다.

둘째로 우리는 보조스님을 비인간화非人間化하는 잘못을 저질러서는 안 될 것이다. 종교계에서 흔히 일어나는 일이지만 스승을 존경한 나머지 미화와 성화가 지나쳐 스승을 이 세상에 일찍이 존재하지도 않았던 하나님처럼 만들어 놓는 경우를 본다. 이러한 짓은 보조스님의 진가를 드러내는 데 장애물 이상의 아무것도 아님을 우리는 알아야 한다.

그러나, 셋째로, 우리는 보조스님을 한 사람의 인간으로 부각시키려고 애쓴 나머지 보조스님의 독특한 점을 간과해서는 안 될 것이다. 보조스님은 보통 선사들과는 달리 경전 공부와 언교言教의 중요성에 눈을 뜬 분이다. 말하자면 체體와 용用의 논리에서 용用의 중요성을 잘 아신 분이었다. 그러나 그가 아무리 언교의 중요성에 눈뜨고 경전공부의 중요성을 강조하고 나아가서는 선禪과 교教의 조화를 시도했다하더라도 그에게 체적 차원이 없는 것처럼 생각한다면 이는 보조 사상의 가지와 잎사귀만 보고 그 뿌리는 보지 못한 잘못을 저지르고 있다고 말하지 않을 수 없다.

1. 『원돈성불론』에 나타난 보조스님의 悟觀

김호성 교수가 발표한 보조 사상에 대한 일련의 논문을 읽고 필자는 적잖이 놀라지 않을 수 없었다. 김 교수의 돈오頓悟 해석은 너무도 뜻밖이었기 때문이다. 김 교수의 글 가운데서 문제되는 대목을 몇 개 뽑아 보자.

점수漸修 이후에 증오證悟가 다시 없는 것은 해오解悟와 증오가 다른 차원임을 나타내는 것과 함께 해오의 절대성과 완전성을 의미하고……2)

2) 김호성, 「돈오돈수적 점수설의 문제점」, 『장봉김지견박사화갑기념사우록: 동과 서의 사유세계』(장봉김지견박사화갑기념사우록간행회, 1991), 469쪽.
이 논문은 한 마디로 말해서 필자가 보조스님의 해오를 지해로 오해하고 있다는 전제하에서 쓰여진 것 같다. 김 교수가 이 논문에서 제기한 여러 가지 문제에 대해서는 일

보조가 증오를 문제삼지 않고 해오만으로 충분하다고 생각한 하나의 문증文證을 우리는『원돈성불론圓頓成佛論』에서 살펴볼 수 있다.[3]

궁극적인 깨달음이 실재實在하는 것이 아니라고 한다면 깨달음의 획득이라는 것도 실재가 아니라 그저 이름일 뿐(唯名)이다.[4]

김 교수의 이러한 말들은 '이것이 과연 보조스님의 어록을 두고 하는 말인지' 의심이 날 정도로 파격적이다. 여러 가지 인연으로 필자는 오랫동안『보조어록』을 옆에 놓고 가까이 지내왔다. 처음에는 배우기 위해서, 다음에는 가르치기 위해서, 그 다음에는 비판하기 위해서, 그리고 요즈음에는 비판을 다시 비판하기 위해서『보조어록』을 다시 읽고 있다. 그러나 단 한 번도 김 교수가 주장한 것처럼 '보조스님이 해오만으로 충분하다고 생각했었다거나 또는 그가 증오를 문제삼지 않았었다'고 생각해 본 적은 없다. 물론 이 세상에 증오를 부정하는 사람은 부지기수로 많다. 불교인이라고 해서 다 증오를 인정하는 것은 아니다. 심지어는 화두를 들고 참선방에서 용맹정진하는 도중에도 증오가 정말 있는 것인지 믿어지지 않아서 머리를 흔들고 있는 스님들이 있다는 사실을 아는 사람은 다 알 것이다. 그러나 보조스님 자신의 사상 속에 이미 그런 요소가 있었다는 주장은 일찍이 들어보지 못했다. 이것은 분명히 일종의 충격이 아닐 수 없다.

김 교수의 논문을 읽어 본 사람이면 누구나 그가 보조 사상을 새롭게 해석해 보려고 무척 애쓰고 있다는 것을 곧 느낄 수 있을 것이다. 그리고

일이 다 답변할 도리가 없지만 대강 중요하다고 생각되는 것들에 대해서는 본 논문의 끝 부분에서 간단히 응답하였다.
3) 김호성, 같은책, 471쪽.
4) 김호성, 「돈오점수의 새로운 해석: 돈오를 중심으로」, 『한국불교학』 제15집(한국불교학회, 1990), 430쪽. 1990년에 발표된 이 논문의 悟觀은 그 다음해에 발표한 「돈오돈수적 점수설의 문제점」이라는 논문에 큰 영향을 주고 있다. 그러한 의미에서 깨달음에 대한 김 교수의 관점을 이해하기 위해서는 꼭 읽어야 할 논문이라고 생각한다.

필자의 '돈오점수적頓悟漸修的 점수설漸修說'이 김 교수의 이른바 '돈오頓悟의 새로운 해석'과 적잖이 충돌을 일으키고 있다는 사실도 쉽게 발견할 수 있을 것이다.[5] 시대가 바뀌고 세상이 변했으니 역사를 보는 눈도 바뀌고 따라서 고전에 대한 새로운 해석이 시급히 요청되고 있는 것도 사실이다. 이러한 의미에서 김 교수의 노력은 높이 평가되어야 할 것이다.

김 교수는 최근에 발표한 「돈오돈수적 점수설의 문제점」[6]이라는 논문 가운데서 다음과 같이 말했다.

> 보조가 증오를 문제삼지 않고 해오만으로 충분하다고 생각한 하나의 문증文證을 우리는 『원돈성불론』에서 살펴볼 수 있다.
> "초심범부初心凡夫가 연緣을 만나 바야흐로 자기 마음의 근본보광명지根本普光明智를 요해了解하는 것이요, 점수로 인하여 공功이 이른 연후에 깨치는 것이 아니다."(初心凡夫會緣 方了自心根本普光明智 非由漸修功至然後悟也.[7])

위에 인용된 『원돈성불론』 어디에 '보조스님이 해오만으로 충분하다고 생각했다'든가 '그가 증오를 문제삼지 않았다'라는 말이 있는가? 보조스님은 여기에서 초심범부初心凡夫가 갖는 해오解悟의 성격을 분명히 하고 있을 뿐이다. 그렇다면 김 교수는 우리들이 보지 못한 것을 보고 있고, 우리들이 읽지 못하고 있는 것을 읽고 있는 것일까?

보조스님이 『원돈성불론圓頓成佛論』을 저술한 목적은 선禪과 교敎가 둘이 아님을 논증하자는 데에 있었다. 생사윤회를 되풀이하고 있는 번뇌에

---

5) 우선 김 교수는 필자가 보조스님의 해오를 지해로 오해하고 있다고 단정하고 있으며, 나아가 그는 보조 사상에는 해오만 있고 증오는 없다고 생각하고 있다. 그렇기 때문에 김 교수의 해석은 비단 필자의 돈오돈수적 점수설뿐만 아니라 성철스님의 돈오돈수설을 포함한 모든 종류의 돈오돈수적 표현들과 심한 충돌 현상을 보이고 있다.

6) 김호성, 「돈오돈수적 점수설의 문제점」, 『장봉김지견박사화갑기념사우록: 동과 서의 사유세계』(장봉김지견박사화갑기념사우록간행회, 1991), 471쪽.

7) 이 글은 김 교수가 위 논문의 주) 45에서 밝힌 것처럼 『普照全書』(보조사상연구소, 1989), 84쪽에 있다.

묶인 무명중생無明衆生이 지금 당장 이 자리에서 견성성불見性成佛할 수 있다는 선가禪家의 주장은 그 당시의 교가敎家적인 상식으로는 선뜻 받아들일 수 없는 것이었기 때문에, 보조스님은 이통현李通玄의 성기적性起的인 화엄 사상을 가지고 선가의 주장을 보통 사람들이 알아들을 수 있게끔 설명해 보려고 애쓰고 있다.

『원돈성불론』을 읽을 때 주의해야 할 것은 이 책의 초점이 '신해信解'라는 두 글자에 맞추어져 있다는 사실을 잊지 않는 일이다. 보조 사상의 체계적인 전개를 꾀할 때, 삼문三門을 나열하고 그 가운데 원돈신해문圓頓信解門을 포함시키는 것도 수행 중심의 보조 사상 속에서 '신해'가 차지하는 중요성 때문일 것이다. 화엄적인 신해의 핵심은 깨친 이의 증언을 그대로 받아들이는 것이다. 깨친 이의 증언은 구경각究竟覺을 떠나서 따로 있을 수 없다. 그러므로 『원돈성불론』은 처음부터 깨친 이의 증언에 근거한 증오證悟 사상에 입각하여 쓰여졌다고 말할 수 있을 것이다. 스승의 증오라는 체험을 인정하지 않고서는 신해라는 말은 설자리를 잃고 말기 때문이다. 스승의 증오는 인정하면서 나의 증오 가능성을 부정한다면 대신심大信心과 대분심大憤心을 강조하는 수행 중심의 불교 이론이라고 말할 수 없을 것이다. 그러므로 만일 증오라는 두 글자를 빼버리면 보조스님의 『원돈성불론』은 알맹이 없는 빈 껍질이 되고 말 것이다.

『원돈성불론』은 다섯 개의 질문과 답변으로 되어 있다. 이 가운데 어느 것 하나도 초심범부의 해오와 불조佛祖가 증득한 구경각의 관계를 다루지 않고 있는 것은 없다. 그리고 그러한 관계를 밝히는 열쇠는 초심자가 지녀야 할 '신해信解'의 성격을 밝히는 데에 있다. 김 교수가 보조 사상에서의 '해오解悟의 절대성과 증오무용론證悟無用論'의 근거로 내세우는 문장은 『원돈성불론』의 마지막 다섯 번째 질문에 대한 답변 가운데에 들어 있다. 그럼 먼저 그 질문부터 살펴보자.

問: 今日凡夫 悟心成佛者 是究竟耶 未究竟耶 若是究竟 何名初心 若未究竟 何名正覺.8)

질문: 오늘날 (선종에서) 범부들이 마음을 깨달아 부처님이 된다고 말할 때, 이 깨달음이 구경의 깨달음인가 또는 아직 구경에는 미치지 못한 것인가? 만약 그것이 구경의 깨달음이라면 어째서 초심자의 깨달음이라 이름 붙이며, 만약 구경이 아니라면 어째서 그것을 올바른 깨달음이라 부르는가?(필자의 意譯)

『원돈성불론』의 다섯 가지 질문들이 모두 그러하듯이 여기서도 질문의 초점은 선종에서 말하는 초심범부들의 깨달음이 과연 어떤 것인가를 밝히는 일에 맞추어져 있다. 다시 말하자면 질문의 핵심은 '해오란 무엇인가'를 분명히 해달라는 것이다. 보통 사람들의 상식으로 말하면 초심범부들이 얻을 수 있는 깨달음과 불교 수행의 궁극적인 목표인 구경각 사이의 거리는 엄청나게 먼 거리임에 틀림없다. 교종에서는 흔히들 삼아승지겁三阿僧祇劫이라는 천문학적인 숫자로 표현되는 길고도 긴 세월을 두고 세세생생 오래오래 닦아야만 구경각에 이를 수 있다고 말하기 때문에 이러한 질문은 응당 제기될 수밖에 없는 질문이다. 그러므로 이 질문에는 분명히 지금 우리들이 문제삼고 있는 해오와 증오의 관계를 밝히라는 요구가 들어 있다고 말해도 좋을 것이다.

"초심범부의 깨달음이 왜 구경각과 조금도 다르지 않단 말이냐?", "초심범부의 깨달음이 만일 구경각과 조금도 다르지 않다면 어째서 깨달은 다음에도 여전히 닦아야 하는가?" 이러한 의문들은 『원돈성불론』이 처음부터 끝까지 항상 전제하고 있는 의문들이다. 불교 수행의 신해행증信解行證적인 구조를 이통현의 성기적性起的 입장과 징관澄觀의 연기적緣起的 입장으로 번갈아 조명해 가면서 때로는 원융문圓融門과 항포문行布門으로 나누어 함께 조명해 보는 『원돈성불론』은 선교합일禪敎合一을 말할 때 반

---

8) 『普照全書』, 83쪽.

드시 읽어야 할 명저라고 말할 수 있을 것이다.

이에 대하여 보조스님은 어떻게 답변했는가? 김 교수가 말한 것처럼 "해오만으로 충분하다. 증오는 필요없다. 증오는 이름뿐이다"라고 답변했는가? 만일 보조스님이 그렇게 답변했다면 보조스님은 당신이 평생 쌓아 올린 학문의 탑을 스스로 무너뜨리는 것이 될 것이요, 뿐만 아니라 당신이 몸으로 살아 온 평생의 수행을 스스로 부정하는 것밖엔 안 될 것이다. 필자가 이 문제를 가지고 이처럼 강하게 말하는 이유는 간단하다. 그것은 선불교의 증오 사상은 부처님의 정각에 연원을 둔 수행 중심의 불교 사상이기 때문이다. 그러므로 보조 사상에서 증오를 부정하는 것은 보조 사상의 근본을 부정하는 것이 된다. 과연 김 교수가 주장하듯 보조스님에게 증오가 이름뿐이라는 생각이 추호라도 있었는지를 그가 인용한 글귀가 들어 있는 전후 문장 전부를 다음에 인용하여 철저하게 분석해 보자.

是知 此一乘圓頓門假者 十信心初得根本智果海 非由十千劫歷修然後至十信滿心明矣 論中 但明一生功終 本無十千劫之門也 但初心凡夫會緣 方了自心根本普光明智 非由漸修功至然後悟也 故 理智雖現 而多生習氣念念猶侵 有爲有作色心未殄 是謂十信凡夫爲解碍處也.[9]

이상의 증언으로 이제 분명히 알겠노라. 이 일승원돈문―乘圓頓門에 의지하여 수도하는 사람은 십신심十信心의 처음에 근본지根本智라는 과해果海를 얻는 것이요, 절대로 십천겁이라는 긴 세월을 닦은 다음에 십신심이 원만해지는 경지에 이르는 것이 아니라는 것을. (이통현의)『화엄론』가운데에도 다만 사람의 한 평생 안에 공부를 마친다는 것만을 밝혔을 뿐, 십천겁을 닦아야 한다는 따위의 말은 아예 없었다. 초심범부라도 인연만 닿으면 곧장 자기의 마음이 보광명지임을 깨닫는 것이지 절대로 오랜 공력을 들인 점수漸修 때문에 비로소 깨닫는 것이 아니다. 그러므로 해오라는 경험을 통해 리지理智가 비록 나타났다 할지라도 이 경지에서는 다생多生의 습기習氣 때문에 순간순간 잡념이 침범하여

---

[9] 『普照全書』, 84쪽, 5행부터 9행까지.

인위도 조작도 여전하고 색심 또한 없어지지 않는다. 이를 가리켜 십신범부의 해애解碍라 말하는 것이다.(필자의 의역)

위에 인용한 문단은 네 개의 문장으로 구성되어 있다. 이를 알아보기 쉽게 다시 배열하면 다음과 같이 된다.

(1) 是知 此一乘圓頓門假者 十信心初得根本智果海 非由十千劫歷修緣後至十信滿心 明矣.
(2) 論中 但明一生功終 本無十千劫之門也.
(3) 但初心凡夫會緣 方了自心根本普光明智 非由漸修功至然後悟也.
(4) 故 理智雖現 而多生習氣念念猶侵 有爲有作 色心未殄 是謂十信凡夫爲解碍處也.

이상 네 개의 문장은 그 의미상 다시 크게 둘로 나뉜다. (1)과 (2)는 한 덩어리가 되어 삼승三乘의 십천겁 수행 사상을 부정하면서 일승원돈문에서는 십신의 초위初位에서 깨달음을 얻을 수 있다는 것을 밝힌다. 그리고 (3)과 (4)도 또한 한 덩어리가 되어 십신의 초에 얻는 깨달음의 성격을 밝힌다. (1)과 (2)의 관계는 한 '주장'과 그 주장을 밑받침해 주는 '경증經證'의 관계요, (3)과 (4)의 관계는 한 '주장'과 그 주장에 대한 오해를 막기 위한 '보충설명'의 관계라고 말할 수 있다. 따라서 (1)과 (2)도 따로 분리해서 읽어서는 안 되고 (3)과 (4)도 서로 분리해서 읽어서는 안 된다. 그러나 김 교수는 이상 네 개의 문장 가운데서 문장 (3)만을 따로 떼어 내서 자기의 '해오절대 증오무용론'의 문증으로 내세웠다. 과연 보조스님의 글을 이렇게 읽어도 되는가? 해애解碍라는 가시밭(4) 속에서 피어난 한 송이의 꽃이 해오(3)라면, 가시밭을 일구지(漸修) 않고, 잘 가꾸어진 꽃밭(증오)을 전제하지 않는 사상 체계가 보조 사상일 수 있을까?

앞에서도 밝힌 바와 마찬가지로 문장 (3)은 '해오'의 성격을 분명히 하는 데에 그 목적이 있었다. '자기의 마음이 곧 근본보광명지根本普光明智'라는 진리는 초심범부라 할지라도 인연만 닿으면 누구나 곧장 알 수 있는 것이다. 이것이 해오의 근본적인 성격이다. 이러한 해오는 점수의 공을 들인 다음에 얻는 증오가 아니다. 해오와 증오를 혼동해서는 안 된다. 따라서 문장 (3)은 그 다음에 따라오는 보충 문장인 문장 (4)와 함께 읽어야 그 뜻이 더욱 분명해진다. 문장 (4)는 다음과 같다. "그러므로 해오라는 경험을 통해 리지理智가 비록 나타났다 할지라도 이 경지에서는 다생多生의 습기習氣 때문에 순간순간 잡념이 침범하여 인위도 조작도 여전하고 색심 또한 없어지지 않는다. 이를 가리켜 십신범부의 해애라 말하는 것이다."

해오解悟를 말하면서 해애解碍를 말하지 않으면 보조 사상이 아니다. 해애를 말하지 않고서는 보조스님이 평생 강조한 점수의 불가피성과 필수성을 강조할 근거가 없어지고 말기 때문이다. 해오의 깨달음과 증오의 깨달음이 두 가지의 다른 깨달음일 수는 없다. 그럼에도 불구하고 하나에는 해解자가 붙고 하나에는 증證자가 붙는 것은 순전히 사람 때문에 생기는 일이다. 수행자의 근기가 다르기 때문에 해오의 경지에서는 해애가 있기 마련이고 해애를 극복해야 증오의 경지가 나타나는 것이다. 따라서 해오를 말하는 마당에 문장 (3)만을 이야기하고 해애를 말하는 문장 (4)를 떼어내어 버린다면 이는 완전한 문장을 절름발이로 만드는 단장절구斷章絶句의 행위라고 말할 수밖에 없다. 김 교수가 인용한 보조스님의 글은 그가 주장한 것처럼 '해오만으로 충분하다'라고 읽는 것보다는 오히려 '해오만으로는 안 된다'라고 읽는 것이 훨씬 더 보조스님의 뜻에 가까울 것이다.

우리는 김 교수의 보조 해석을 다음과 같은 비유로 설명할 수 있을 것이다. 가령 여기에 갑이라는 사람이 있어 '사랑에 빠진 일'과 '아이를 낳는 일'의 관계를 다음과 같이 설명했다고 치자. "사람이 마음에 드는 이성을 만나면 사랑에 빠지는 것은 사람의 마음속에 원래 충만해 있는 사랑의 감정 때문이지, 애써 노력을 하고 결혼식을 올리고 아이를 낳고자 하기 때문은 아니다." 그런데 을이라는 사람이 있어 이에 대해 "갑은 사랑에 빠진 것만으로 충분하다고 말했으며, 아이를 낳는 것은 문제로도 삼지 않았으며 필요하지도 않았다"고 말한다면, 갑의 말을 올바로 해석했다고 할 수 있을 까? 이러한 해석에는 두 가지의 오류가 있다. 첫째는 문제의 앞과 뒤를 모 두 다루는 것이 아니라 뒤의 절반은 잘라내 버리고 앞부분만을 다루고 있 는 오류라고 말할 수 있고, 둘째는 갑이 여기서 아직 아이 낳는 일을 말하 지 않았다 하여 갑은 아예 아이 낳는 일을 문제삼지 않았다고 무리하게 확 대 해석하는 오류라고 말할 수 있다. 다시 말하면 '사랑에 빠지는 일'과 '아 이를 낳는 일'의 관계를 논하는 마당에서 뒤의 '아이를 낳는 일'은 잘라내 버리고 앞의 '사랑에 빠지는 일'만을 다루는 것은 잘못이라는 말이다.

다시 김 교수의 『원돈성불론』 해석으로 돌아가서 생각해 보자. 김 교수가 인용한 문장 속에서 보조스님이 비록 초심범부의 해오解悟만을 이야기하고 있다 할지라도 그것을 가지고 그가 증오證悟를 문제삼지 않았다고 주장하는 것은 마치 '사랑에 빠지는 일'만을 이야기하고 있다 하여 '아이를 낳는 일'은 문제삼지도 원하지도 않았다고 주장하는 것이나 다름없다. 보조스님이 이 문장에서 증오를 본격적으로 문제삼지 않고 있는 것은 사실이지만, 이것이 곧 보조스님의 사상 체계 속에는 증오의 문제가 없다는 뜻으로 비약되어서 는 안 될 것이다. 보조스님이 해오를 말하면서 이것은 점수의 공을 들인 다 음에 얻는 오悟가 아니라고 거듭 강조하는 데에는 해오의 내용이 가지고 있 는 보편적이고도 대중적인 성격을 강조함과 동시에 그런 해오를 증오와 혼 동하면 안 된다는 경계의 뜻도 내포되어 있다고 말할 수 있을 것이다.

보조스님은 김 교수가 주장한 것과는 반대로 『원돈성불론』의 도처에서 증오를 너무 당연한 것으로 전제하고 있다. 너무 당연한 것으로 전제하고 있는 것을 문제삼지 않았다고 말하는 것은 매우 부정확한 표현이며, 일종 의 비약이라고밖엔 말할 수 없다. 보조스님이 증오를 당연한 것으로 전제

했었다는 증거를 하나 인용해 보자. 증거는 멀리 갈 것도 없이 우리가 앞에서 검토한 문장의 바로 뒤에 있다.

然 以悟自無明本神本眞 無功大用恒然之法故 自修十信中 方便止觀 任運功成 定慧圓明 便名發心住 梵行品云 初發心時 卽得阿耨菩提者 當此位也 入十住之後 以普光明智 恒處世間 隨根普應 敎化衆生 而無染著 悲智漸明 功行漸增 畢竟成普賢行 因滿果終 報得無量相好 無量莊嚴 如光如影 恒遍十方 非有非無非常非斷 以大願大智自在用故 如是大用自在 不離初悟根本普光明智中恒然之行 以智體圓故 時亦不移智亦不異 於中鍊治習氣 悲智漸圓 昇進階級非無 然 從初發心 以入無時智門故 雖至究竟位 初無易亦也 如王寶印一印文成 無前後也.[10]

그러나 (해오를 터득한 사람은) 자기의 무명이 본래 신령스럽고 본래 참되어 공을 들이지 않아도 위대하게 활동하고 또한 변함없이 항상 그렇다는 진리를 깨달았기 때문에 그들이 비록 십신의 단계에 있으면서도 방편으로 지관止觀을 스스로 닦아서 모르는 가운데 공功이 이루어져 정혜定慧가 뚜렷하게 밝아지는 것이다. (이러한 경지를) '발심주發心住'라고 부르는 것이니 『화엄경』의 「범행품」에서 '처음 발심할 때 바로 최고의 지혜를 얻는다'고 말하는 것이 이 '발심주'에 해당하는 것이다. (수행자가) 십주十住의 단계에 들어간 다음, (자기 자신의) 보광명지를 가지고 항상 세간에서 살면서 사람들의 근기에 맞추어 두루 원만하게 행동하고 일체 중생을 교화하되 조금도 세상에 물들지 않는다면 지혜와 자비는 더욱 빛나고 부처님다운 행동이 더욱 늘어나 마침내는 보현보살의 행원을 원만하게 성취하게 될 것이다. 부처님 되는 원인이 만족스럽게 갖추어지고 부처님 되는 열매가 완전하게 무르익으면 (수행자는) 부처님이 갖추는 한량없는 상호와 한량없는 장엄을 모두 다 갖추게 되고 햇빛처럼 그림자처럼 항상 시방세계 모든 곳에 있지 않는 곳이 없게 될 것이니 (이런 경지는) 있다거나 없다거나 하는 차원을 넘어선 경지일 것이다. 이런 경지는 부처님의 큰 소원과 큰 지혜가 자유자재하게 활동하는 경지이기 때문이다. 부처님의 위대한 능력에서 나오는 이와 같은 자유자재도 (초심범부가) 처음 깨달았을 때 문득 자기 자신 속에서 발견한 근본보광명지의 변함없이 항상 그러한 활동을 떠나 따로 있는 것이 아

10) 『普照全書』, 84~85쪽.

니다. (부처님의 근본이 되는 우주적인 광명이라) 지혜의 몸은 정말로 완전한 것이기 때문에 흐르는 세월도 이를 변하게 못하며 어떠한 경우에도 이 지혜는 변하지 않는 것이다. 그러는 가운데 (수행자가) 자기의 묵은 습기를 다스리면 자비와 지혜는 점점 뚜렷해(圓)지는 것이니 (이로 보면) 단계의 성숙이 없지 않는 것이다. 그러나 (수행자는) 애당초 처음 발심할 때부터 바로 시간을 초월한 (부처님의 근본이 되는 우주적 광명의) 지혜에 들어가 있기 때문에 (같은 수행자가) 비록 구경의 지위에 올라갔다 할지라도 하나도 변한 것이 없는 것이다. 이는 마치 임금이 도장을 찍을 때 한 번 눌러 전체 문장이 일시에 완성되는 것이요, 먼저 이루어지고 뒤에 이루어지고 하는 시간적인 차이가 없는 것과 같은 이치이다.(필자의 해설적인 번역)

의사소통이 중요하다고 생각하여 해설적인 번역을 했기 때문에 한문으로 된 보조스님의 원문은 그다지 길지 않으나 필자의 번역은 상당히 길어지고 말았다. 인용문의 요점은 비교적 간단하고 명료하다. 해오를 얻은 사람은 수행을 통하여 '발심주'라는 일종의 증오를 얻고 마침내는 구경의 지위에 오를 수 있다는 것이다. 우리는 이제까지의 인용문을 통해서 보조스님이 십신초심과 발심주와 구경위라는 계급階級과 승진昇進을 인정하고 있다는 사실을 알았다. 그럼에도 불구하고 김 교수는 그의 「돈오돈수적 점수설의 문제점」이라는 논문에서 필자의 이 비슷한 발언을 두고 다음과 같이 평하였다.

보조 저술의 그 어디에서고 박 교수가 정리하고 있듯이 '돈오점수설…해오-점수: 만행겸수-증오'의 공식은 나오지 않는다.[11]

앞의 인용문에서 본 것과 같은 보조스님의 '해오-점수-증오'라는 사상적인 구조를 김 교수는 어떻게 간과할 수 있는지 필자는 이해할 길이 없

11) 김호성, 「돈오돈수적 점수설의 문제점」, 『장봉김지견박사화갑기념사우록: 동과 서의 사유세계』(장봉김지견박사화갑기념사우록간행회, 1991), 469쪽.

다. 보조스님의 이러한 단계의 성숙 개념은 입장에 따라 가지가지로 해석될 수 있다. 소승적으로 해석할 수도 있고 화엄학적으로 해석할 수도 있고 격외선 도리로 말할 수도 있다. 그리고 보조스님은 어느 입장에 더 가깝느냐는 이론도 얼마든지 다양하게 전개될 수 있다. 그러나 김 교수처럼 보조스님은 아예 그런 말을 한 적이 없다고 잘라 말한다면, 위에 본 바와 같은 예문을 설명할 길이 없다.

지금까지의 인용문에서 초보자들을 가장 곤란하게 만드는 것은 첫 출발인 십신十信의 초심初心과 마지막의 구경위究境位의 관계라고 말할 수 있을 것이다. 해오解悟와 구경위가 근본적으로 둘일 수 없다는 점에서는 양자가 조금도 다르지 않다고 강조해야 할 것이고, 해애解碍가 있고 없는 차이를 두고 말하면 같다고만 말할 수도 없게 되어 있기 때문이다.

성철스님이 '해오 가지고는 안 된다'고 강조하는 것이나 김 교수가 '해오면 된다'고 강조하는 것이나 모두 나름대로의 근거가 있다. 성철스님은 해오가 십신의 지위에서 얻는 경험이고 그렇기 때문에 거기엔 해애가 없을 수 없으므로 해오 가지고는 안 된다고 강조하는 것이고, 김 교수는 아마도 해오가 본질상 구경위와 통하는 면만을 보고 해오만으로 충분하다고 주장하기에 이른 것이 아닌가 생각한다. 아무튼 김 교수는 성철스님에 반대한다는 것이 결국 보조스님에 반대하는 것이 되고 만 것 같다. 적어도 '해오 가지고는 안 된다'고 강조한다는 점에서는 보조스님과 성철스님의 주장이 일치하기 때문이다. 보조스님은 바로 그 다음 문장에서 다음과 같이 이 문제를 회통하고 있다.

任一切衆生 隨根同別 以六相義 會通可見 昧者 約根本智 該收五位論 則不許漸修之行 是但知摠相者也 若約行解昇進階位漸次論 則不許時不移 智不異 如王寶印 一印文成 無前後之旨 是但信別相者也 皆由未離情見 理智不圓故也.[12]

12) 『普照全書』, 85쪽.

일체 중생은 그들의 근기에 따라 같기도 하고 다르기도 한데, (항상 화엄 철학에 나오는) '육상六相의 이론'을 가지고 회통해 보면 (범부의 초심과 구경위의 관계는) 곧 알 수 있을 것이다. (이런 이치를 깨닫지 못한) 어리석은 사람은 간혹 근본지根本智만을 강조하여 그 속에 오위五位를 모두 집어넣어 말하기 때문에 결국 점수漸修라는 수행을 인정하지 않게 된다. 이들은 (六相 가운데서) 오직 총상總相만을 아는 자들이다. 만약 (어떤 사람이) 수행자의 수행과 승진을 강조하여 점차적인 계위만을 말하면 결국 그들은 시간조차 초월하는 영원한 지혜가 있다는 것을 인정하지 않게 된다. 이는 마치 임금님의 도장이 찍힐 때 한 번 눌러 모든 문양이 일시에 이루어지는 것이요, 거기에 결코 먼저 이루어진 문양과 나중에 이루어지는 문양의 차이가 있을 수 없는 것과 같은 것이다. 이들은 오직 별상別相만을 믿는 자들이다. 이러한 현상은 모두 정견情見을 극복하지 못하고 리지理智가 뚜렷하지 못한 데서 생겨나는 것이다.(필자의 의역)

보조스님은 여기서 분명히 어느 한 쪽만을 강조한 자들을 어두운 자들이라 힐책하고 있다. 이들은 아직도 감정적인 견해에 사로잡혀 있고 아직도 리지理智가 완전히 드러나지 않았다는 것이다. 리지 자체에 완전과 불완전의 구별이 있는 것은 아니지만, 사람에게는 정견이 있고 없고에 따라 그러한 차이가 나타나는 것이다. 어쨌든 이 문장에서도 김 교수가 주장하는 것처럼 보조스님이 해오만으로 충분하다고 생각했다거나 증오는 존재하지 않는다고 주장한 흔적은 하나도 찾아볼 수 없다.

거듭 강조하는 바이지만 보조스님의 『원돈성불론』은 그 밑바닥에 증오 證悟 사상을 깔고 있다고 말해도 조금도 과언이 아닐 것이다. '원돈圓頓'이라는 말 자체가 일승一乘의 대명사요, 일승교一乘敎는 삼승교三乘敎의 허점을 찌르고 나온 사상이다. 여기서 삼승의 허점이란 십천겁을 닦은 다음에야 깨달을 수 있다는 것이며, 이에 대한 일승의 대안은 깨침은 즉시 가능하다는 것이다. 더구나 김 교수가 생각한 것처럼 해오만 가능하다는 말이 아니라 증오가 가능하다는 말이다. 다시 한 번 보조스님이 인용한 이통현의 증언을 상기해 보자. "論中 但明一生功終 本無十千劫之文也."(『화엄론』
가운데 오직 일생에 공부가 끝난다는 것만을 밝혔고 아예 십천겁이란 말은 없
다.)[13] 증오 사상을 이해함이 없이 어떻게 여기에 나온 '一生功終'이라는
말을 이해할 수 있는지 모르겠다.

2. 『간화결의론』 속에 나타난 보조스님의 悟觀

보조스님의 증오 사상이 결정적으로 나타나 있는 곳은 역시 그의 『간화
결의론』이라고 말할 수 있을 줄 안다. 『원돈성불론』이 보조삼문普照三門
가운데 원돈신해문圓頓信解文의 이론적인 근거를 제시하고 있듯이 『간화
결의론』[14]은 경절문徑截門의 근거가 되어 있다.

『간화결의론』은 다음과 같은 질문과 답변으로 시작된다.

或問牧牛子 華嚴敎 旣明法界 無碍緣起 無所取捨 何故 禪門揀十種病 而看話耶 答
近來汎學輩 不知禪門 話頭參祥 妙密旨趣 多有此義.[15]

어떤 사람이 목우자(보조스님)에게 물었다. "화엄교華嚴敎에서도 이미 이 세상
온갖 것들이 모두 가지가지 인연因緣으로 생겨나 서로서로 걸림이 없어 무엇
하나도 버리고 말고 할 것이 없다고 가르쳤는데 어째서 선문禪門에서는 열 가

---

13) 『普照全書』, 84쪽.
14) 『圓頓成佛論』과 『看話決疑論』이 보조 입적 후 제자 진각스님에 의하여 발간되었다
하여 두 책의 普照眞著說을 의심하는 사람도 있지만 이 책들이 다루고 있는 문제나
문제를 다루는 논리의 전개 방식이나 또는 글투가 전부 보조스님의 그것들과 다르지
않고, 뿐만 아니라 진각스님에겐 그런 면이 없었으니 이 두 책의 내용을 보조스님의
주장으로 보아도 무방할 줄 안다.
『원돈성불론』과 『간화결의론』은 상호보완 관계를 유지하면서도 때로는 서로서로 날카
롭게 대립하는 글귀들이 간혹 튀어나오기 때문에 보조 사상의 체계적인 파악을 소홀히
하는 사람에게는 한 책이 다른 책을 부정하는 것처럼 보일 수도 있게 되어 있다. 그
대목을 잠깐 정리해 보자.
15) 『普照全書』, 91쪽.

지의 병통을 가려내는 (취사선택을 하면서) 화두참선을 합니까?" 그래서 나는 대답하였다. "요즈음에 어설프게 공부하는 무리들이 선문에서 화두를 들고 참선할 때의 '말로 할 수 없는 묘한 뜻'을 모르기 때문에 이런 의심을 많이 품고 있다."(필자의 의역)

『간화결의론』은 그 첫 줄부터 『원돈성불론』이 미처 다 다루지 못한 문제를 다루려는 결의를 뚜렷하게 보이고 있다. 말하자면 첫 대목부터 『원돈성불론』과 『간화결의론』의 차이를 단적으로 드러내고 있는 것이다. 『원돈성불론』의 주제는 '신해信解'인데 비해, 『간화결의론』의 주요 관심사는 '행증行證'이다. 그러므로 『원돈성불론』에서는 스승의 경지를 바로 나의 경지로 받아들이는 '불이不二'가 논리의 주축을 이루지만 『간화결의론』에서는 '증證'이 그 궁극의 목표이기 때문에 스승과 다른 점을 냉정하게 지적하고 '어디가 다른가', '왜 다른가', '어떻게 하면 이 차이를 극복할 수 있는가'를 철저히 따지고 있다. 그러므로 『간화결의론』에서는 취사선택적으로 보이는 반불이反不二의 분위기가 강하게 풍긴다. 여기서 우리는 화엄학에서도 하지 않는 취사선택을 왜 선문에서 구태여 하고 있는지 그 이유를 뚜렷이 알 수 있다. 보조스님은 『원돈성불론』에서 화엄의 교리를 많이 인용했지만 『간화결의론』에서는 노골적으로 화엄학의 허점을 찌른다. 한 예를 들어보자.

然 此義理 雖最圓妙 摠是識情聞解思想邊量 故 於禪門話頭參詳 徑截悟入之門 ― 全揀佛法知解之病也.[16]

그러나 (敎家들의) 이러한 이치가 비록 아무리 완전하고 절묘하다 할지라도 모두 다 지식과 감정에 결부되어 있을 뿐만 아니라, 남들이 하는 소리를 듣고 이해하여 생각하고 생각한 끝에 얻어 낸 헤아림에 불과하다. 그렇기 때문에 선문

---

16) 『普照全書』, 91쪽.

에서 화두를 참상하여 똑바로 깨달아 들어가는 공부를 하는 마당에서는 불법을 지해로 처리하는 병통을 하나하나 철저하게 가려내는 것이다.(필자의 의역)

보조스님의 지해知解에 대한 힐책은 실로 준엄하다. 그러나 김 교수는 해오가 지해가 아니라는 것을 확신하는 분이므로 보조스님의 그러한 꾸지람은 우리와 아무런 관계도 없다고 말할지도 모른다. 그러나 해오를 얻은 사람은 과연 보조스님의 꾸지람 밖에 있다고 자신있게 말할 수 있을까? 『원돈성불론』에서 보조스님이 "故 理智雖現 而多生習氣念念猶侵 有爲有作 色心未殄 是謂十信凡夫爲解碍處也"(그러므로 理智가 비록 나타났다 할지라도 다생의 습기 때문에 잡념은 생각마다 여전히 침범하고 매사가 인위적이고 조작적이어서 바깥 것에 끄달리는 마음이 없어지지 않는다. 이를 가리켜 십신 범부의 解碍라고 말하는 것이다)라고 말할 때의 해애解碍는 문맥으로 보아서 '리지理智가 비록 나타났다 할지라도'라고 말할 때의 '리지현理智現'이 해오解悟를 가리키고 있으므로 분명 해오 이후의 일이다.

그렇다면 우리들이 위에 인용한 『간화결의론』의 '불법지해지병佛法知解之病'과 방금 말한 『원돈성불론』의 '해애解碍'의 관계를 살펴볼 필요가 있다. 결론을 말하면 지해가 바로 해애이다. 그렇다면 해오를 절대적인 것으로 보는 김 교수의 논리는 무엇으로 정당화할 수 있을까? 길이 있다면, 『원돈성불론』의 서론적인 공식으로 돌아가 구경각에서 얻을 수 있는 부처님의 과해果海가 십신초심의 해오에 완전히 갖추어져 있으므로 양자는 조금도 다름이 없다는 말만 내세우는 길밖엔 없을 것이다. 그러나 그것은 우리들이 이제까지 살펴본 바와 마찬가지로 『원돈성불론』의 근본 정신에도 맞지 않고 『간화결의론』의 저술 목적에도 위배된다. 다시 말하면 그것은 보조 사상이 아니라는 말이다. 『간화결의론』은 그런 서론적인 단계를 벗어나자는 데에 그 저술 동기가 있기 때문이다. '신해信解'를 문제삼는 원돈문圓頓門에서 일반론으로 했던 말을 지금 '행증行證'을 문제삼는 경절문徑截

門에서 되풀이하고 있으면 보조스님으로부터 "어설피 공부하는 무리들"이란 꾸지람을 듣지 않을 수 없을 것이다. 우리는 『원돈성불론』과 『간화결의론』의 분위기가 크게 바꾸어져 있다는 사실을 잊어서는 안 될 것이다.

물론 필자의 이러한 논리에 대해 김 교수는 '화두경절문話頭徑截門은 근기根機가 하열下劣한 사람들에게 시설한 일시적인 방편문方便門'이라는 주장으로 대응할 수 있을 것이다. 그러나 보조스님이 그렇게 생각했다고 주장하기 위해서는 경전적經典的인 근거根據를 제시해야 한다. 우리는 보조스님이 김 교수의 주장에 동의하지 아니한 증거는 무수히 발견할 수 있어도 김 교수의 주장을 밑받침해 주는 증거는 발견할 수가 없다. 먼저 김 교수의 주장부터 들어보자. 김 교수는 그의 「돈오돈수적 점수설의 문제점」이라는 논문에서 다음과 같이 주장하고 있다.

> 보조는 언제나 일률적으로 '해오解悟 가지고는 안 된다. 지견知見의 병통을 털어 버리기 위해서는 화두話頭를 들고 용맹정진해야 한다'고 강조한 것이라고는 볼 수 없다. 지견에 걸리고 의리義理에 걸리는 병통을 깨뜨리기 위해서 화두에 의한 선인 간화선看話禪을 보조가 강조한 것은 사실이나, 그것이 누구에게나 권유되었던 것이 아니요 보조선의 마지막 종착역(究竟)으로서 간화선이 자리하는 것도 아니다. 보조선의 체계에 있어서는 기본적으로 돈오점수頓悟漸修만으로도 충분하였다. 그러나 근기가 하열한 중생들은—화두선을 하는 사람이 근기가 낮은 것으로 이해된다—의리에 체체滯하므로 이를 타파하는 약藥으로써 간화선이 보완적으로 시설된 것이다. 이렇게 볼 때 간화선이 오히려 하열중생下劣衆生에게 제시된 약藥인 것이다.[17]

김 교수의 주장과는 상이相異한 보조스님의 말씀을 인용하기 전에 우리는 먼저 김 교수의 보조관普照觀에 대해서 잠깐 주의할 필요가 있다. 김

---

17) 김호성, 「돈오돈수적 점수설의 문제점」, 『장봉김지견박사화갑기념사우록: 동과 서의 사유세계』(장봉김지견박사화갑기념사우록간행회, 1991), 471쪽.

교수는 간화선을 돈오점수설 밖에다 놓고 있다. 김 교수는 다른 곳에서도 비슷한 발언을 몇 번 한 적이 있다. 가령 「돈오점수의 새로운 해석」[18]이라는 논문에서도 그는 정혜쌍수定慧雙修나 성적등지惺寂等持를 그대로 돈오점수설이라고 주장하면서 원돈신해문이나 경절문은 보조적인 역할밖엔 않는다고 말하였다. 원돈신해와 간화경절을 빼버린 돈오점수설을 보조스님의 사상이라고 말할 수 있을까? 천성千聖의 궤철軌轍이라고 높이 평가했고 초년부터 열반 직전까지 평생을 주장했던 보조스님의 돈오점수설이 원돈신해도 간화경절도 없이 존재할 수는 없다. 신해信解도 간화看話도 증오證悟도 모두 다 빼버린 돈오점수설, 이것이 보조 사상일 수는 없다. 김 교수는 간화선看話禪을 의리에 체체滯한, 근기가 하열下劣한 중생들에게 제시된 약藥이라고 주장하지만, 이 세상에 의리에 체체滯하지 않는 사람, '나는 근기가 하열한 중생이 아니다'고 말할 수 있는 사람이 얼마나 있겠는가? 필자가 이해하는 한 보조스님도 그런 사람을 만나 본 적이 없는 것 같으며, 그런 사람을 상대하지도 않았다. 결국 우리는 누구나 의리에 체체滯하고 누구나 근기가 하열하므로 누구나 참선해야 한다고 말할 수밖에 없다. 좀 역설적이지만 자기의 근기가 정말 하근기임을 깨달았다면 그 사람은 정말 상근기라고 말해야 할 것이다. 이 말은 사람이면 누구나 상근기가 될 수 있다는 말도 된다. 보조 사상에서는 사람의 근기가 상근기上根機냐 하근기下根機냐 하는 말은 그다지 큰 의미가 없다. 때로는 교육적인 격려의 뜻으로 상근기라 칭찬하기도 하고 때로는 겸허를 촉구하고 분발시키기 위해서 하근기라 꾸짖기도 하나 그 말을 상근기와 하근기가 따로 구별되어 객관적으로 존재하는 것처럼 생각해서는 안 될 것이다. 보조스님의 참뜻은 거기에 있지 않기 때문이다.

---

18) 김호성, 「돈오점수의 새로운 해석: 돈오를 중심으로」, 『한국불교학』 제15집(한국불교학회, 1990), 446쪽.

'신해행증信解行證'은 불교를 하나의 '도道 닦는 이론'으로 정리할 때 누구나 무리 없이 받아들일 수 있는 말이다. 먼저 믿고, 그리고 나서 자기의 믿음을 올바로 이해하고, 믿는 사람답게 살고, 이리하여 마침내 믿음이 증명되면 이를 일러 불제자다운 삶이라 말할 수 있을 것이다. 그런데 문제는 이러한 이론을 소상하게 잘 알고 있으면서도 사실은 믿지도 않고 여전히 의심이 많으며, 따라서 행하지도 않는 사람이 의외로 많다는 데에 문제의 심각성이 있다. 그래서 선승禪僧들은 신해행증信解行證이라는 격식格式을 아예 부정해 버린다. 그리고서 자기들의 길을 격식 밖의 도리를 걷는 격외선格外禪이라 부른다. 격식 같은 것은 아무리 잘 알아 보았자 아무 짝에도 쓸모가 없다고 여기니 격외선 도리가 그들의 마음에 와 닿는 것이다.

『원돈성불론』에서 증證의 세계를 신해信解의 차원에서 아무리 잘 설명해 보아도 해애를 극복하지 못하는 한 증證의 세계는 그림의 떡일 뿐 모처럼의 신해도 풍전등화風前燈火나 다를 바 없다. 『간화결의론』은 이런 고민을 가진 사람들을 위해서 쓰여진 책이다. 상근기니 하근기니 하는 구별은 문제 밖의 이야기다.

『간화결의론』의 마지막 부분에서 보조스님은 이 문제를 다음과 같이 정리하였다.

禪宗或有源派俱別之論曰 法別門別機別 此義不然 但言初從縛地位 徑截得入門別機別 豈可言大菩薩 親證一心法界 亦別耶.[19]

선종에서 어떤 사람들은 근원적인 것과 파생적인 것은 전적으로 다르다고 주장하면서 결국 의지하는 법이 다르고, 들어가는 문이 다르고, 사람의 근기가 다르다고 (결정론적으로 말)한다. 그러나 이치란 그럴 수가 없는 것이다. 다만 처음 박지범부의 지위에서 마지막 똑바로 꺾어 증득해 들어가기까지 (그때그때마다) 들어가는 문이 다르고 (문 따라 거기에 알맞은) 능력이 다르다고 말할 수는 있

을지언정 어찌 대보살이 친히 증득하는 '한 마음의 법계'에도 또한 그런 구별이 있다고 말할 수 있겠는가?(필자의 의역)

사람이 태어날 때부터 어떤 특별한 약만을 먹도록 정해져 있는 것은 아니다. 누구나 어떤 병을 앓을 때는 그에 맞는 약을 먹어야 하는 것이다. 보조스님은 수행자의 종교적 성장과 발전 과정을 인정하였고, 또한 거기에 따른 능력과 경지의 차이를 무시하지 않았다. 그러나 그것이 타고난 근기에 차이가 있다고 말하는 것은 아니다. 그렇다고 차이 없는 것에 집착하여 성장 발전을 볼 줄 모른다면 결국엔 공부가 잘 되어 가는지 잘못되어 가는지조차 구별할 줄 모르는 멍청이가 되고 말 것이다.

『간화결의론』을 보면 보조스님이 얼마나 수행자의 경지에 대해서 세심한 주의를 기울이고 있는가를 알 수 있다. 첫째, 그는 교가의 원돈신해 사상이 제아무리 현묘하고 수승하다 하더라도 공부를 성취하는 데 있어서 선가의 간화경절문에 비할 바가 아니라고 단호하게 말하고 있다. 그 이유는 교가의 길이 수도자의 해애解碍를 제거해 주지 못하기 때문이라고 한다.

故 論云 先以聞解信入 後以無思契同 禪門徑截得入者 初無法義 聞解當情 直以無滋味話頭 但提撕擧覺而已 故 無語路義路 心識思惟之處 亦無見聞解行生等 時分前後 忽然話頭噴地一發 則如前所論 一心法界 洞然圓明故 與圓敎觀行者 比於禪門一發者 敎內敎外 迥然不同 故 時分遲速亦不同 居然可知矣 故云 敎外別傳 迥出敎乘 非淺識者 所能堪任.[20]

그러므로 『화엄론』에서는 '먼저 (스승의) 법문을 듣고 이해함으로써 믿음을 갖게 되고, 그 다음에 아무 생각이 없는 경지에 들어감으로써 (부처님과) 하나가 된다'고 말하였다. 그러나 선문에서 똑바로 가로질러 들어온 사람은 애당초부터 듣고, 알고, 느끼고 할 만한 법法이니 의義니 하는 것이 아예 없으므로 곧장 아무런 느낌도 주지 않는 화두 (하나만을) 가지고 그저 정신 바짝 차리고 열심

20) 『普照全書』, 100쪽.

히 공부할 뿐이다. 그러므로 (선문에서는 교가에서와는 달리) 언어, 의미, 의식의 사유 영역조차 없으며, 또한 보고, 듣고, 알고, 행동하고 할 때의 시간상의 전후조차 없는 세계이다. 홀연히 화두가 한 번 크게 터지면 앞에서 교가의 이론으로 밝힌 바와 같은 일심의 법계가 아무런 걸림 없이 완전하게 밝아지는 것이다. 따라서 (화엄경을 앞세우는) 원교에 의지하여 공부하는 사람들과 (지금 말하는) 선문으로 한 번 크게 터진 사람들을 비교하면 안과 밖(즉 교리 안에서 공부하는 敎家와 교리 밖에서 공부하는 禪家)은 너무나도 크게 차이가 나는 것이다. 그러므로 (양자는 공부를 성취하는) 시간에 있어서도 하나는 더디고 하나는 빠르다는 차이가 있다는 것을 있는 그대로 분명히 알 수 있다. 그렇기 때문에 언교言敎 밖에 따로 전해내려 온 선종이 교종보다 월등하게 훌륭하다는 것을 천박한 지식으로는 도저히 바로 알 수 없다고 하는 것이다.(필자의 의역)

『원돈성불론』이 이통현 장자의 신해 사상을 중심으로 해오 사상을 고취하여 선과 교의 공통점을 드러내는 데에 주력한 책이라면, 『간화결의론』은 대혜大慧선사의 간화선 사상을 중심으로 증오 사상을 고취하여 선과 교의 차이점을 분명히 한 책이라고 말할 수 있을 것이다. 보조스님은 교敎도 버리지 않았고 선禪도 버리지 않았다. 따라서 그는 해오도 버리지 않았고 증오도 버리지 않았다. 그러나 그는 선과 교를 혼동하지 않았고 해오와 증오를 혼동하지 않았다. 선과 교, 또는 해오와 증오의 역할 분담과 각자가 있어야 할 자리를 분명히 하였다. 보조스님은 참선이 무엇인가를 분명히 하기 위해서 같은 선문 안에서도 아직도 교가적인 냄새를 풍기는 참의문參意門과 이를 깨끗이 벗어난 참구문參句門을 구별하였다. 참의參意란 숨은 뜻을 캐낸다는 말이요, 참구參句란 알 수 없는 한 마디의 화두에 몸으로 부딪친다는 말이다. '참의'와 '참구'는 또 다시 하늘과 땅의 차이라고 한다. '참의'는 그것이 아무리 현묘하고 수승하다 할지라도 원돈신해의 한계를 극복하지 못하므로 정말 경절이라는 이름에 합당한 길은 '참구'의 길 하나뿐이라고 한다.

然 禪門此等 如實言句 若比敎門 雖是省略 若比徑截門話頭 則以有佛法知解 故 未脫十種病 所以云 夫參學者 須參活句 莫參死句 活句下薦得 永劫不忘 死句下薦得 自救不了.21)

그러나 선문禪門에서 말하는 이러한 참다운 말씀들은 만약 교문敎門에서 말하는 그 비슷한 글귀들에 비교하면 비록 훨씬 더 간결하고 야무진 바가 없지 않지만, 만약 이를 같은 선문 안의 경철문에 속하는 화두참선하는 법에 비교하면 여기에도 여전히 불법을 지해로 처리하는 병통이 남아 있다. 그러므로 참선 공부를 할 때 생기는 열 가지 병통을 벗어 버리지 못하는 것이다. 무릇 공부하는 사람이라면 반드시 활구活句를 참구할 것이요, 사구死句를 참구하지 말아야 한다. 활구에서 깨치면 영원토록 다시 어두워지는 법이 없지만 사구에서 깨달으면 자기 자신도 구제하지 못하는 법이다.(필자의 의역)

참선參禪에서 참의參意와 참구參句의 구별과 사구死句와 활구活句의 구별은 매우 중요한 일이다. 참선의 정사正邪와 사활死活이 여기에 걸려 있다고 말해도 과언이 아닐 것이다. 보조스님의 『간화결의론』은 이 점을 분명히 하는 것으로써 그 정점을 삼고 있다. 이제까지 우리들이 살펴본 바와 마찬가지로 수행자가 자기 꾀에 속지 말고 자기의 경지가 지금 어디에 속하며 어디로 가고 있는가에 대해서 날카로운 반성을 하면서 공부의 정사와 사활을 똑바로 알 때에 보조스님의 증오 사상은 비로소 심각하게 문제되기 시작한다. 김호성 교수의 '해오의 절대성과 증오무용론'과는 반대로, 『간화결의론』의 마지막 문장은 보조스님의 철저하고도 간절한 증오 사상의 천명으로 볼 수 있을 것이다.

此證智現前者 今時 罕見罕聞 故 今時 但貴依話頭參意門 發明正知見耳 以此人見處 比於依敎觀行 未離情識者 天地懸隔故也 伏望 觀行出世之人 參詳禪門活句 速證菩提 幸甚幸甚.22)

---

21) 『普照全書』, 102쪽.
22) 『普照全書』, 102쪽.

이렇게 참구문參句門으로 (疑團-의심의 덩어리-이 크게 터져) 증지證智가 뚜렷하게 드러난 사람을 요즈음엔 정말 보기도 드물고 소문조차 듣기 어렵다. 따라서 요즈음엔 화두를 참의參意하는 문에 의지하여 올바른 지견을 내어 밝히는 것만을 귀히 여기고 있을 뿐이다. (그러나 위에서 밝힌 바와 같이 證智가 현전한) 이 사람이 도달한 경지境地는 교가敎家의 관행법觀行法에 의지하여 공부했음에도 불구하고 아직 자기의 감정이나 지식의 속박을 벗어나지 못한 사람들의 경지에 비교하면 하늘과 땅 사이만큼이나 크게 차이가 난다. 그러므로 제발 엎드려 바라옵나니, 도를 닦기 위해 세상을 뛰쳐나온 사람들은 선문의 활구를 참구하여 속히 보리를 증득하도록 해주소서. 그렇게만 되면 얼마나 다행스럽고 얼마나 다행스러울지 모르겠다.(필자의 의역)

위 문장은 보조스님의 『간화결의론』에서 마지막 판결문과도 같은 중요한 문장이다. 이 문장을 어떻게 읽느냐에 따라서 판결은 잘못된 오판誤判이 될 수도 있고 훌륭한 명판名判이 될 수도 있다. 그래서 필자는 지루함을 무릅쓰고 그 동안의 대표적인 번역을 몇 개만 골라 그 오판 여부를 점검해 보고자 한다. 이러한 작업은 보조 사상을 제대로 이해하는 데 필수 불가결한 작업이기 때문이다.

첫째, 탄허스님의 번역을 보자.

이 증證한 지智가 현전한 자를 금시에 보기 드물고 듣기 드묾이니 고로 금시에 다만 화두의 참의문을 의지하여 정지견正知見을 발명함이 귀貴한지라 이 사람의 견처見處로써 교敎를 의지해 관행하여 정식을 여의지 못한 자에게 비하면 천지가 현격한 연고니 엎드려 바라건대 관행해 세상에 뛰어나는 사람은 선문활구를 참상하여 속히 보리를 증하면 다행함이 심하고 다행함이 심하도다.[23]

탄허스님의 번역은 분명한 오판이다. 하늘과 땅의 사이만큼의 커다란 차이가 누구와 누구 사이의 차이라는 것이 분명하게 드러나 있지 않다. 그 결

---

23) 김탄허 역, 『普照法語』(법보원, 1963), 137쪽 뒤편.

과로 어떤 독자는 마치 참의문으로 참선한 사람이 하늘에 비유된 것처럼 착각하기 쉽게 되어 있다. 그리고 탄허스님의 번역에는 보조스님이 말씀하신 '귀貴하게 여긴다'는 말의 참뜻이 드러나 있지 않다. 여기서 보조스님의 뜻은 "요즈음 사람들이 참선을 한다면서 그 따위 '참의문' 공부만을 귀하게 여기고 있다니 정말 한심스럽구나!"라는 기막힌 세태 한탄의 뜻이 들어 있음에도 불구하고 탄허스님의 번역은 이 점을 분명하게 하지 않았다. 모름지기 번역자는 핵심적인 메시지를 꼭딱스럽게 지적해 주어야 한다.

만일 어떤 종교인이 자본주의 사회의 폐단을 지적하면서 "세상 사람들이 온통 돈만을 귀히 여긴다"고 한탄했을 때 이 경우의 '귀할 귀貴' 자를 어떻게 읽을 것인가? 이것이 명백한 세태 비판임을 왜 못 볼까. 탄허 번역의 이러한 애매모호함은 결국 독자로 하여금 "그래도 참의문 참선은 교가의 참선보다는 월등하게 낫다"는 착각을 일으키게 하고 있다. 뿐만 아니라 본 문장의 첫 대목에 나오는 '드물 한罕' 자의 이해에까지 악영향을 미치고 있다. 참구문參句門 활구참선活句參禪으로 깨친 사람을 내 눈으로 보지 못했고 내 귀로 듣지 못했다는 보조스님의 말씀을 어떻게 읽어야 옳은가? 만에 하나라도 어떤 독자가 보조스님의 말씀을 "그렇게 잘 안 되는 참구문 참선일랑 아예 그만두고, 잘 되는 참의문參意門 사구참선死句參禪이나 하라"는 뜻으로 오해한다면 이 일을 어떻게 할 것인가.

공자가 "자기는 천하의 별 어려운 일들을 다 잘할 자신이 있지만 중용中庸만은 불가능不可能이라"고 고백했을 때, 만일 어떤 독자가 공자는 제자들에게 "안 되는 중용일랑 아예 할 생각 말라"는 뜻으로 이해하고 있다면 어떻게 할 것인가? 기독교 구약성경에서 선지자가 "눈을 씻고 보아도 의인이 없다"고 한탄하는 대목을 읽고서 "그러니까 우리는 의인 될 생각 말자"고 말한다면 어떻게 될 것인가? 종교적인 메시지가 담긴 종교적인 표현을 그런 식으로 풀이한다면 이 세상은 어떻게 될 것인가? 보나마나 마침내 종교는 빈 껍질만 남고 말 것이다.

보조스님의 '드물 한쪽' 자는 역공법을 이용한 강세 어법임을 알아야 한다. 다시 말하면 "천하가 다 실패한다 해도 길은 참구문, 이 길밖엔 없다"는 것이 보조스님의 메시지라는 말이다. 그러므로 여기서 '하늘과 땅의 차이'란 '참의문과 교가 관행의 차이'가 아니라 '참구문과 교가 관행의 차이'를 두고 말하는 것이다. 우리는 보조스님이 만년에 커다란 사상적인 전환을 일으키고 있다는 사실에 주의해야 할 것이다.

둘째, 김달진의 번역을 보자.

이런 증득한 지혜가 앞에 나타나는 이를, 요즈음은 보기도 드물고 듣기도 드물다. 그러므로 요즈음에는 다만 화두의 참의문에 의하여 바른 지견을 밝히는 것을 귀히 여길 뿐이다. 그런 사람이 본 바와 같은 교문에 의해 관행하여 알음알이를 떠나지 못한 이에게 비하면, 하늘과 땅의 차이가 있다. 그러므로 삼가 바라노니, 관행으로 세상에서 뛰어나려 하는 이는 선문의 활구를 참구하여 빨리 보리를 증득하면 매우 다행한 일이라 하겠다.[24]

김달진 선생의 번역은 탄허스님의 번역에 비해서 훨씬 더 읽기가 쉽다. 그러나 필자가 지금 제기하고 있는 여러 문제들을 밝혀 내는 데에는 아무런 도움도 주지 못하고 있다. 필자는 사상적인 쟁점을 밝혀내 주지 못하는 번역을 높이 평가할 수 없다. 번역하는 사람은 항상 있을지도 모르는 오독을 미연에 방지하기 위하여 최대한의 노력을 경주해야 한다.

셋째, 로버트 버스웰의 번역을 보자.

Those who have manifested such realization-wisdom are seldom seen and seldom heard of nowadays. Consequently, these days we should value the approach which investigates

---

24) 김달진 역주, 『보조국사전서』(서울: 고려원, 1987), 209쪽; 동국역경원, 한글대장경 『보조국사집』(1995년), 253쪽.

the idea of the hwadu and thereby produces right knowledge and vision. If such a person's understanding is compared with that of one who meditates while relying on the teachings but has not discarded the affective consciousnesses, they are as far apart as heaven and earth.

I humbly hope that those who are intent on transcending the world through meditation will carefully investigate the live word of the Son approach and swiftly realize bodhi. What good fortune this would be![25]

버스웰 교수의 번역에는 탄허스님이나 김달진 선생의 번역이 가지고 있는 애매모호함을 극복하려고 애쓴 흔적이 뚜렷하다. 그러나 그는 보조스님의 의도를 철두철미 왜곡오도歪曲誤導하는 방향으로 나가고 말았다. 앞에서 다룬 바 있는 '귀할 귀貴' 자를 "We should value …"라고 번역함으로써 마치 보조스님이 참구문을 집어던져 버리고 참의문을 강조한 것처럼 만들어 놓았다. 오판인가 명판인가를 가르는 기준은 아주 간단하고 명료하다. 여기서 보조스님이 참의문을 권장하고 있는지 아니면 참구문을 권장하고 있는지를 분명히 하면 된다. 이 문장을 읽고 보조스님이 참의문을 권장했다고 말할 사람은 아무도 없을 것이다. 보조스님의 『간화결의론』전체를 정독하지 않았거나 읽기는 읽었으나 아직 참의문과 참구문이라는 말의 뜻을 잘 모르는 사람이라면 몰라도 그렇지 않다면 마지막의 '참상선문활구'(활구 참선하라!)라는 여섯 글자를 어찌 잘못 읽을 수 있단 말인가?

그러나 불행히도 위에 소개한 세 가지 번역은 모두 이 점을 분명하게 하지 않았다. 그 결과로 사람들 가운데는 보조스님이 마치 중생제도는커녕 자기 자신마저도 망쳐 버린다는 사구死句인 참의문參意門을 권장한 것처럼 오해하는 사람이 나오게 되었고, 증오는 필요없고 해오면 된다는 주장까지 나오게 된 것이다.[26]

---

25) Robert Buswell, *The Korean Approach to Zen: The Collected Works of Chinul*, Honolulu: University of Hawaii Press, 1983, 253쪽.

약간의 중복감이 없지 않지만 한 가지만 더 짚고 넘어가자. 위의 인용문 가운데 '차인此人'이란 말이 나오는데 이 '차인(이 사람)'이 과연 누구를 가리키는가? 두 가지 답변이 가능하다. 하나는 맨 앞의 '차증지현전자此證智現前者'로 보는 것이고, 다른 하나는 바로 앞의 '발명정지견發明正知見'한 사람들로 보는 것이다. 필자는 전자로 보아야한다고 생각한다. 이를 후자로 보면 그 결과는 『간화결의론』 전체의 사상을 온통 뒤죽박죽으로 만들어 버리고 만다. 불행히도 위 세분의 번역이 모두 이 점을 분명하게 하지 않았다.[27) 아무튼 보조스님은 『간화결의론』에서 간화경절문 특히 활구참선법을 매우 강조했다고 말해야 할 것이며, 이 책에 유난히 많이 나오는 '증證'이라는 글자가 이를 충분히 증명해 주고 있다고 말할 수 있을 것이다. 증오 사상과 활구참선하는 간화경절 사상은 서로 떨어질 수 없는 사상이기 때문이다.

3. '돈오돈수적 점수설'에 대한 반론과 재반론

이상에서 살펴본 바와 같이 보조 사상 속에 너무나도 분명한 증오 사상과 간화경절 사상을 김호성 교수는 무슨 이유로 부정하고 격하하려 하는 것일까? 여기에서 우리는 잠깐 김 교수가 오悟를 어떻게 이해하고 있는지 구체적으로 따져 보아야 하겠다. 김 교수는 그의 「돈오돈수적 점수설의 문

---

26) 로버트 버스웰의 같은 책, 260~261쪽에 나오는 주 56)을 보면 그는 확신을 가지고 해오와 참의문 강조가 보조 사상이라고 외치고 있다는 것을 알 수 있다. 우리는 여기서 김호성 교수의 선구를 볼 수 있다.

27) '此人'을 參句參禪者로 보지 않고 參意參禪者로 보면 바로 그 다음 문장의 '禪門의 活句를 參究하여 速證菩提해 달라'는 보조국사의 간절한 부탁과 모순이 되어 버릴 뿐만 아니라 보조스님은 『간화결의론』의 도처에서 '解悟는 解碍다', '참의문은 死句이고 참구문만이 活句다', '사구를 하지 말고 활구를 하라'고 외치고 있는데 왜 그런 스님의 외침을 외면하는지 그 까닭을 알 수가 없다.

제점」이라는 논문에서 깨달음과 닦음에 대한 그의 이해를 다음과 같이 말하였다.

보조는 먼저 깨닫고 나중에 닦는다고 하는 수증론(先悟後修)에서의 깨달음을 해오로 보고 먼저 닦고 나중에 깨닫는 수증론(先修後悟)에서의 깨달음을 증오라고한다. 비록 해오와 증오는 다른 차원에 속하는 개념이라고 하더라도 보조는 해오를 더 높이 평가하고 있는데 그러한 점은 닦음과 관련하여 알 수 있다. 보조는 해오를 초시간적, 무차별적인 깨달음인 선오후수로 보고 있으며, 증오를 시간적, 차별적인 깨달음인 선수후오로 보고 있음은 앞에서 살핀 바 있다. 보조에게 있어서 증오의 修 즉 선수후오先修後悟는 오전수悟前修로서 이는 진수眞修로 평가되지 않는다. 따라서 시간적인 범주가 아닌 논리적인 범주에서 먼저 깨닫고 나서 닦아야 진수眞修로 인정하고 그러한 의미의 깨달음을 법칙으로 삼았던 것이다. 이오위칙以悟爲則이란 말도 이와 같이 이해되어야 한다.[28]

위의 문장에는 간과할 수 없는 다음과 같은 문제들이 있다. 첫째, 김 교수는 선오후수先悟後修의 오悟와 선수후오先修後悟의 오悟에 대해 각각 해오解悟와 증오證悟라고 일률적인 정의를 내렸다. 보조스님의 '오悟' 사상을 이런 식으로 정리해도 상관없을까? 그러나 우리는 선불교의 용어 사용에 각별한 주의를 기울여야 할 줄 안다. 해오니 증오니 하는 선불교의 전문 용어는 그 말이 쓰여지는 경우에 따라서 그 의미나 내용이 달라지기 때문이다. 먼저 해오의 경우를 한 번 살펴보자. 크게 나누어 두 가지의 경우를 생각할 수 있다. 하나는 진리 쪽에서 진리를 우리에게 보여 주는 면이다. '내 마음이 원래 부처님'이라든가 또는 '내 마음이 근본부동지불과根本不動智佛果'라는 표현이 모두 해오의 이런 면을 말해 주고 있다. 이 면은 우리의 노력이나 준비 여하에 관계없이 부처님이 우리 쪽으로 내려오는 면이라 말할 수

---

28) 김호성, 「돈오돈수적 점수설의 문제점」, 『장봉김지견박사화갑기념사우록: 동과 서의 사유세계』(장봉김지견박사화갑기념사우록간행회, 1991), 470쪽.

있다. 해오가 가진 또 하나의 면은 사람이 진리 쪽으로 올라가려고 애쓰는 면이다. 수도자의 구도자다운 태도, 정신적인 자세, 마음의 준비, 또는 사람들이 가진 숙세의 업보 등의 인연이 얼마만큼 진리를 수용하고 발현할 수 있도록 잘 성숙해 있느냐 하는 것 등등이 모두 이 면에 속한다.

해오라는 경험은 이상의 두 가지가 함께 만났을 때 생기는 현상이다. 이통현 장자가 『신화엄론』을 짓고 신해 사상을 고취한 것이나 김호성 교수가 해오의 절대성과 완전성을 강조하는 것은 해오가 가지는 전자의 면을 고려하면서 하는 말이라고 할 수 있다. 반면에 보조스님이 해오를 말하면서 반드시 인연과 해애解碍를 거론하고 해애에 대한 경각심을 일깨우는 것은 해오가 가지는 후자의 면을 들여다보면서 하는 말이다. 해오의 이러한 두 가지 면들은 서로서로 어떤 관계를 가지고 있는가? 물론 전자가 더 근본적이고 논리적으로 더 본질적임은 말할 나위도 없다. 이것 없이는 신해라는 말도 있을 수 없다. 그러나 이것만으로 만사가 다 되는 것은 아니다. 불교철학에서 '법法'을 말할 때 꼭 '인人'을 함께 거론하듯이 진리를 말할 때 꼭 사람을 함께 이야기하고, 부처님이 우리에게로 내려오심을 이야기할 때 꼭 우리들이 부처님에게로 올라가고자 하는 면을 함께 이야기하는 것은 후자의 중요성 때문이다. 이렇게 양자를 함께 볼 줄 아는 것이 중도의 가르침을 몸에 익힌 불제자다운 사고방식이라 말할 수 있을 것이다. 물론 불교에서는 이를 단순한 사고방식이 아니라 '있음'(存在)의 '있음(存在)다운' 모습이라 가르친다. 여기서 우리는 김 교수가 해오의 두 가지 면 가운데서 전자만을 말하고 후자를 언급하지 않았다는 것을 지적하지 않을 수 없다.

다음으로 증오의 경우를 생각해 보자. 김 교수는 보조스님의 『법집별행록절요法集別行錄節要』에 인용된 징관澄觀의 도식적인 오상悟相 설명에 덧붙여 '오悟가 먼저고 수修가 뒤따르면 해오解悟요, 수修가 먼저고 오悟가 뒤따르면 증오證悟'라는 공식으로 증오를 처리하였다. 그 결과 김 교수에게 있어서 증오는 해오만도 못한 것으로 전락하고 말았다. 보조스님이 『절요』에서 해오 이전의 수修는 진수眞修가 아니라고 말씀하신 것은 사실이다. 그러나 보조스님의 증오는 해오 이전의 증오가 아니라 항상 해오 이후의 증오였다. 보조 사상의 경우 해오 이전의 증오는 특별한 의미가 없으므로 논의할 가치가 없었다. 보조스님의 수행은 해오에서 출발하고 있기 때문이다. 해오 이후의 수행은 보조스님이 항상 강조하는 선오후수에 속하며 그 결과로 증오를 얻는 것이다. 우리들은 앞서 『간화결의론』의 구절들을 분석할 때 이를 충분히 느낄 수 있었다. 그런데 김 교수는 여기에서도 증오가 가진 무의미한 전자의 경우만을 이야기하고 소중한 후자의 경우는 없는 듯이 언급하지 않았다. 그 이유는 모두 위에서 살펴본 것처럼 해오의 경우나 증오의 경우나 똑같이 여러 가지 면 가운데 한 가지만을 말했기 때문이라 생각한다.

둘째, 김 교수는 해오와 증오를 다른 차원에 속한다고 거듭 강조하였다. 그 이유는 해오가 초시간적 무차별적인 데 반하여, 증오는 시간적 차별적이기 때문이라 한다. 이 문제도 해오와 증오의 여러 면들을 대각선으로 단순 비교하는 데서 비롯한 결과라고 말할 수 있을 것이다. 가령 서양과 동양을 비교한다면서 사람들은 간혹 서양은 물질적이고 동양은 정신적이라고 말하는 경우를 본다. 동양 문화에도 물질적인 면과 정신적인 면이 다 있었고 서양 문화 또한 마찬가지이나, 어떤 사람들은 서양에서는 물질적인 면만 뽑고 동양에서는 정신적인 면만을 뽑아 단순 비교하여 그렇게 말하는 것이다. 해오에도 증오에도 둘 다 똑같이 법法과 인人의 양면이 있다. 그러므로 법法의 면을 보면 해오도 증오도 둘 다 똑같이 초시간적 무차별적인 데 반하여, 인人의 면을 보면 둘 다 똑같이 시간적이고 차별적인 면이 있음을 곧 알 수 있다.

셋째, 김 교수는 여기에서 보조스님은 해오를 더 높이 평가하고 있다고 주장한다. 그러나 이러한 주장도 역시 김 교수가 둘을 다 보지 않고 하나만을 보고 성급히 단정적인 결론을 내리는 데서 비롯한 현상으로 보인다. 초심범부의 최초입신最初入信을 이야기할 때는 해오를 강조해도 『간화결의론』처럼 해애解碍 극복克服에 초점을 맞출 때는 궁극적인 목표로 증오를 높이 내세우지 않을 수 없는 것이다. 이것이 보조스님의 가풍家風이다. 우리는 이 점을 『간화결의론』에서 싫도록 보았다. 아무런 배경 설명도 없이 무조건 증오보다는 해오를 더 높이 평가하는 경우는 없다.

넷째, 김 교수는 여기에서 보조스님이 증오를 가져오는 수修는 오전수悟前修이기 때문에 진수眞修가 아니라고 말한 점을 지적하고 있다. 보조스님은 수의 진가眞假를 따지면서 해오 이전의 수는 진수가 아니라고 말한 것은 사실이다.[29] 그러나 해오 이후의 진수를 통해서 이룩하는 것이 바로 증오라는 점도 간과해서는 안 된다. 다시 말하면 김 교수는 수에도 두 가지가 있음을 간과한 것이다. 하나는 해오 이전의 수요, 다른 하나는 있어야 할 증오 이전의 수다. 보조 사상의 구조 속에서는 증오 이전의 수가 바로 해오 이후의 수에 해당된다. 수는 이와 같이 해오 이전의 수와 해오 이후의 수로 말할 수도 있고, 또는 증오 이전의 수와 증오 이후의 수로 말할 수도 있다. 이런 경우, 각각의 수가 가지는 고유의 뜻을 무시하고 막연하게 오전悟前의 수修는 모두 진수眞修가 아니라고 하는 것이 보조스님의 생각이었다고 일률적으로 말해 버린다면 정밀하고 철저한 보조 철학을 애매모호하게 만들어 버릴 위험성이 있다.

다섯째, 김 교수는 여기에서 보조스님이 시간적 범주가 아닌 논리적 범주에서 먼저 깨닫고 나서 닦아야 진수眞修로 인정한다고 말하고 있다. 보조 사상에서는 해오 이후의 닦음이라야 진수였다. 그렇다면 김 교수가 말하는 '논리적 범주에서 깨닫는 것'이란 곧 김 교수가 항상 강조하는 해오

---

29) 『절요』에 나오는 다음과 같은 말들이다.
　　"北宗但是漸修 全無頓悟故 修亦比眞"(『普照全書』, 107쪽).
　　"若未悟而修 比眞修也"(『普照全書』, 130쪽).

에 해당하는 셈이다. 그런데 김 교수는 그의 여러 논문에서 누누이 해오는 지해知解가 아니라고 강조하였다. 여기에서 의문이 생긴다. 논리적 범주에서 깨닫는다는 것이 지해인가 아닌가? 물론 지해이어서는 안 될 것이다. 그렇다면 '논리적 범주에서 깨닫는 것'이 지해가 아니라는 증명을 해야 할 것이다. 그러나 논리적 범주란 원래 지해상의 개념이다. 도대체 논리적 범주에서 깨닫는다는 게 뭔가? 그 정체를 밝혀야 할 것이다.

김 교수는 그의 「돈오돈수적 점수설의 문제점」이라는 논문에서 필자의 해오 이해를 다음과 같이 비판하였다.

> 구체적으로 박 교수가 보조의 해오를 어떻게 이해하고 있는지 살펴보자. "보조 스님은 불경을 읽음으로써 깨칠 수 있다고 믿었다. 물론 그는 그것이 궁극적인 깨침 즉 증오라고 주장하지는 않았다. 불경을 읽고서 얻는 깨침을 궁극적인 증오와 구별하기 위해서 종밀은 해오라는 다른 이름을 붙였다. 아직도 지해적知解的인 요소가 남아 있다는 뜻이다." 이러한 이야기는 보조 자신의 진술이 아니라 박 교수의 비량比量(anumāna)임은 두말할 나위가 없다. — 논문의 도처에서 보조 저술에 근거한 성언량聖言量(śabda)과 자신의 비량比量을 분명하게 구별하여 밝혀두지 않아서 이해에 어려움이 많다. 위의 인용구를 통하여 볼 때 해오를 불경을 읽음으로써 얻는 '지적인' 깨달음으로 이해하고 있음을 알 수 있다.[30]

'보조스님은 불경을 읽음으로써 깨칠 수 있다고 믿었다'는 것과 '그런 깨달음을 그는 증오라고 주장하지 않았다'는 것은 너무도 당연한 말이다. 보조스님의 비명에 적혀 있는 세 번의 깨달음이 모두 불경을 읽음으로써 얻은 깨달음들이었다. 그리고 그의 저술에는 두 권의 중요한 『절요』가 있다. 왜 그런 책을 냈는가? 읽고 깨닫자는 것이다. 그밖에도 보조스님은 불경을 수도 없이 인용하면서 그렇게 인용된 대목대목에서 깨닫는 바가 있

---

30) 김호성, 「돈오돈수적 점수설의 문제점」, 『장봉김지견박사화갑기념사우록: 동과 서의 사유세계』(장봉김지견박사화갑기념사우록간행회, 1991), 466쪽.

어야 한다고 강조한다. 그 다음 그런 깨달음이 궁극적인 것이 아니라 해오라는 말도 무수히 나온다. 보조스님 자신이 여러 번 깨친 다음에도 증오를 얻지 못해 마치 원수와 함께 사는 듯했었다고 고백한 것은 너무나 유명한 이야기이다. 해오에 지해적인 요소가 남아 있어 점수가 필요하다는 것은 보조 논리의 정석에 속한다.

그런데 위에 인용한 김 교수의 글에는 필자의 글에 대한 심각한 오해가 있다. 먼저 문제된 김 교수의 말을 다시 적어 보자. "위의 인용구를 통하여 볼 때 해오를 불경을 읽음으로써 얻는 '지적인' 깨달음으로 이해하고 있음을 알 수 있다." 필자는 필자가 쓴 글을 다시 읽어 보았지만 이런 오해를 받을 만한 흔적도 없고, 그렇게 말한 기억도 없고, 보조 사상을 그렇게 이해한 적도 없다. 문제는 김 교수가 필자의 문장을 자기식으로 약간 고친 데서 비롯한 것 같다. 필자는 해오를 불경을 읽음으로써 얻는 깨달음이라고 말했는데, 김 교수는 그것을 불경을 읽음으로써 얻는 '지적인' 깨달음으로 말을 바꿔 버렸다. '지적인'이라는 한정사를 붙이고 안 붙이고의 차이는 적지 않다. 붙이면 지해知解로 전락하지만 안 붙이면 해오다. 필자의 주제는 해오였는데, 김 교수는 자기 멋대로 '지적인'이란 형용사를 삽입하여 남의 주제를 지해로 바꿔 버린 다음 필자가 보조스님을 오해했다고 정죄定罪하고 있는 것이다.

김 교수는 '필자가 보조스님의 해오를 지해로 오해하고 있다'고 단정하고 줄기찬 공격을 계속하였다. 사실 김 교수와 필자는 해오에 대해 서로 상당히 달리 이해하고 있다. 어떻게 다른가 검토해 보자.

박 교수는 1993년에 발표한 논문 「오悟의 문제」에서 『절요節要』의 "私曰 於此 不生怯弱 的信自心 略借廻光 親嘗法味者 是謂修心人 解悟處也. 若無親切返照之功 徒自點頭道 現今了了能知 是佛心者 甚非得意者也"라는 문장을 인용하고서 "그러므로 알았다고 고개만 끄덕인다면 이는 오悟가 아니다. 목우자는 이들에 대해서 '식오識悟'라는 말을 쓴다"라고 하였는데, 이 때에도 해오를 누구의 설명을 듣고 고개를 끄덕이는 앎 정도로 이해하고 있음을 보여 준다. 그러나 위의 문장은 불즉시심佛卽是心을 믿지 못하는 대소승의 방편설(法相) 및 인천교人天敎 등 착상지인着相之人의 소견에 대해서 종밀이 비판함에 대하여 오히려 종밀처럼 불즉시심佛卽是心이라고 깨닫기만 하면 되는 것이 아니라 해오 이후 친절반조지공親切返照之功 즉 점수漸修를 해야 한다는 것이다.[31]

김 교수는 여기에서도 필자가 해오를 누구의 설명을 듣고 고개를 끄덕이는 앎 정도의 것으로 오해하고 있다고 힐난하고 있다. 그러나 필자는 바로 앞줄에서 '알았다고 고개를 끄덕인다면 오가 아니다'라고 말했을 뿐 오를 '고개를 끄덕이는 앎'이라고 말한 적은 없다. 무엇인가 의사소통이 잘 안 되고 있는 듯하다. 그리고 또한 김 교수는 '해오 이후 점수하라'는 것이 보조스님의 뜻인 것처럼 결론짓고 있다. '해오 이후 점수해야 한다'는 것은 보조 사상의 기본 공식이다. 그러나 이 공식을 여기에 마구 적용하면 보조 스님의 뜻을 그르치게 된다. 왜 그런가를 한 번 밝혀 보자.

문제는 김 교수가 위 문장의 '친절반조지공親切返照之功'을 그대로 일반적인 '오후悟後의 점수漸修'로 속단한 데서 비롯한다. 보조스님은 여기에서 '친절반조지공'이 없는 깨달음은 깨달음이 아니라는 것을 강조하고 있는데, 김 교수는 보조스님의 뜻과는 반대로 '친절반조지공' 이전에 이미 해오가 있고, 그런 해오를 얻은 다음에 '친절반조지공'이라는 오후의 점수를 해야 한다는 식으로 이해하고 있다. 다시 말하면 필자는 '친절반조지공'을 해오의 조건으로 보는 데 반하여 김 교수는 이를 해오 이후의 점수로 보고 있다. 괴롭지만 우리는 또 여기에서 보조스님의 글을 먼저 인용하고 분석해 보지 않을 수 없다.

---

31) 김호성, 「돈오돈수적 점수설의 문제점」, 『장봉김지견박사화갑기념사우록: 동과 서의 사유세계』(장봉김지견박사화갑기념사우록간행회, 1991), 467~468쪽.

私曰 於此不生怯弱 的信自心 略借廻光 親嘗法味者 是謂修心人 解悟處也. 若無親切返照之功 徒自點頭道 現今了了能知 是佛心者 甚非得意者也.[32]

나(목우자)는 말하겠다. 여기서 겁내지 않고 자기의 마음을 똑바로 믿어 잠깐이라도 생각을 돌려 몸소 진리를 맛본다면 이런 경지를 마음 닦는 사람의 깨달은 경지라고 한다. 그러나 만약 몸소 반조하는 공을 들이지 않고 한갓 머리를 끄덕이면서 내가 지금 능히 소소영령하게 아는 이 놈이 바로 부처님의 마음이라고 말한다면 이는 대단히 잘못 알고 있는 것이다.(필자의 의역)

보조스님은 몸소 반조하는 공도 없이 아는 척하는 것을 '대단히 잘못 알고 있는 것'이라고 비판하고 있기 때문에 필자는 '친절반조지공'을 해오의 조건이라 말했던 것이다. 그러나 거듭 독자의 주의를 촉구하는 바이지만 이것은 항상 그렇다는 말이 아니라 적어도 본 문장에서는 그렇다는 말이다. '친절반조지공'이란 말은 어떤 때는 해오 이후의 점수를 가리키고, 어떤 때는 지금처럼 해오의 조건으로 쓰여 일정치 않다. 본 문장에서는 '약차회광略借廻光 친상법미親嘗法味'라는 말이 '친절반조지공'과 똑같이 해오의 조건으로 딱 버티고 있음을 알 수 있다. 이와 비슷한 문장이 『절요』의 뒷부분에 가서 다시 나오는데, 여기에서는 아주 분명하게 '반조返照의 공功'이 '깨달음의 조건'임을 선언하고 있다.

前不云乎 若無親切返照之功 徒自點頭道 現今能知 是佛心者 甚非得意 豈可認目前鑑覺 爲空寂靈知不辯眞妄者 爲悟心之士耶 當知 吾所謂悟心之士者 非但言說除疑 直是將空寂靈知之言 有返照之功 因返照功得離念心體者也.[33]

앞에서 말하지 않았던가? 만약 몸소 돌이켜 비추어 보는 공도 없이 (제법 무엇이나 깨달은 듯이) 한갓 스스로 머리만 끄덕이면서 지금 (내 속에서) 모든 것을 능히 아는 이 것이 바로 부처님의 마음이라고 말한다면 이는 대단히 잘못된 것

---

32) 『普照全書』, 111쪽.
33) 『普照全書』, 159쪽.

이라고 어리석게도 '당장 눈앞에서 보고 느끼는 것'을 그대로 '텅 비어 고요하기 짝이 없으면서도 신령스럽게 모든 것을 다 아는 부처님'이라 생각하면서 사실은 참과 거짓의 구별도 할 줄 모르는 사람을 내가 어찌 깨달은 사람이라 하겠는가?(다시 말하면 '친절반조지공'이 없는 사람은 깨달은 사람이 아니라는 말이다.) 마땅히 알지니라. 내가 어떤 사람을 가리켜 깨달은 사람이라고 말할 때에는 단순히 언설의 차원에서 의심이 풀린 사람을 말하는 것이 아니고, 똑바로 '텅 비어 고요하기 짝이 없으면서 신령스럽게 모든 것을 다 안다'는 말씀을 인연으로 반조의 공을 들이고, 또한 그 반조의 공으로 말미암아 생각을 여읜 마음의 체體를 깨달아 얻는 사람을 가리키는 것이다.(필자의 해설적 번역)

보조스님은 여기서 깨달음이 언설의 차원이 아니라 몸으로 체험함(親證)의 차원임을 분명히 하고 있다. 그러면서도 동시에 '공적영지空寂靈知' 같은 선지식의 말씀이 어떻게 초보자들에게 깨달음의 인연으로 작용하는가를 밝히고 있다. 『보조어록』을 읽는 사람은 이 두 가지를 다 알아듣는 것이 중요하다. 이것이 보조 사상의 본래면목이기 때문이다. 그런데도 김 교수는 점수가 해오의 다음에 하는 일이라는 일반 공식을 여기에 그대로 적용하려 했기 때문에 보조스님의 뜻을 흐리게 해버렸다고 말할 수 있을 것이다. 보조스님의 참뜻은 위에서도 분명한 것처럼 가짜 해오를 적발해 내는 데에 있다. 참다운 보조철학은 국사가 자주 언급하는 '회광반조廻光返照'가 과연 어떤 것인지, 그리고 언설의 차원이 아닌 친증親證의 차원에서 참과 거짓을 가려낼 줄 안다는 말이 무슨 뜻인지를 밝혀 내는 일에서부터 착실히 시작되어야 할 것이다. 다시 말하면 깨달음과 닦음의 문제를 다루는 보조 사상에 대한 연구는 체험 분석적인 논리 전개가 불가피하다는 말이다. 보조스님이 '아무런 닦음의 공을 들이지 않아도 얻을 수 있다'는 해오의 일반적인 정의를 흔들면서까지 '반조의 공을 들여야 하고 그런 공으로 말미암아 생각을 여읜 심체를 얻은 사람이라야 깨달은 사람'이라고 강조한 것은 보조스님 스스로가 항상 언설의 차원보다는 친증親證의 차원을 강조하는 선문에 속했기 때문이라고 생각된다.

보조스님의 『절요』는 이 문장 바로 다음부터 이제까지의 토론을 끝맺고 새로운 장을 여는 유명한 '경절문서설徑截門序說'을 펼친 다음, 끝까지 경절문 이야기로 일관하고 있다. 그런데 김 교수는 이 유명한 '경절문서설'을 가지고 그의 여러 논문에서 성철스님을 비판하고 있다. 김 교수는 보조스님의 간화경절문이 근기가 하열한 사람들에게 시설된 것이라는 말을 누누이 강조하고 나서 다음과 같이 말하였다.

이 문제에 대해서는 필자(김 교수)의 전게 졸고에서 상세히 해명했으나─『선문정로』에서도 같은 오해를 하고 있으며, 『절요』 원문의 축약이 보이는 곳이라고 지적했다─중차대한 문제이므로 여기서 다시 한 번 상술하고자 한다.[34]

여기서 '전게 졸고'란 『한국불교학』 제15집에 실린 김 교수의 「돈오점수의 새로운 해석」이라는 논문을 가리키는데, 김 교수의 두 논문이 모두 똑같은 인용문을 가지고 똑 같은 결론을 내리고 있다. 결론의 요점은 성철스님도 필자도 모두 보조스님을 오해하고 있다는 것이다. 그의 주장은 다음과 같다.

우선 필자(김 교수)는 『선문정로』가 『절요』를 인용함에 있어서 원문을 충실히 옮기지 않았음을 지적해 두고자 한다. 물론 저자의 편의에 따라서 축약해서 옮길 수는 있으나……그 사실을 밝히지 않고 있다.……이처럼 중차대한 문제를 다룸에 있어서 자의적인 축약은 내용에 대한 왜곡된 해석을 가져오기 쉬운 법이며 실체로 이 경우, 보조의 의도와는 달리 해석되고 있는 것이다.[35]

---

34) 김호성, 「돈오돈수적 점수설의 문제점」, 『장봉김지견박사화갑기념사우록: 동과 서의 사유세계』(장봉김지견박사화갑기념사우록간행회, 1991), 471쪽.
35) 김호성, 「돈오점수의 새로운 해석: 돈오를 중심으로」, 『한국불교학』 제15집(한국불교학회, 1990), 443쪽.

김 교수가 지적한 '보조스님의 의도와는 달리 해석되고 있는 부분'이 구체적으로 무엇이며, 올바른 해석이 무엇인지 다시 보조스님의 원문으로 돌아가 보자. 먼저 원문이 무엇인 줄 알아야 이에 대한 두 해석의 차이도 제대로 드러날 수 있을 것이다.

(1) 然 上來所擧法門 幷是 爲依言生解悟入者 委辨法有隨緣不變二義 人有頓悟漸修 兩門.
(2) 以二義 知一藏經論之指歸 是自心之性相 以兩門見一切賢聖之軌轍 是自行之始終 如是揀辨 本末了然 令人不迷 遷權就實 速證菩提.
(3) 然 若一向 依言生解 不知轉身之路 雖終日觀察 轉爲知解所縛 未有休歇時.
(4) 故 更爲今時納僧門下 離言得入 頓亡知解之者. 雖非密師所尙 略引祖師善知識 以徑截方便 提接學者 所有言句 係於此後 令參禪峻流 知有出身一 條活路耳.36)

(1) 그러나 이제까지 열거한 법문들은 모두가 다 (불조의) 말씀에 의지하여 리해理解가 생겨 깨달아 들어간 사람들을 위해서 법법法法에는 수연隨緣과 불변不變이라는 두 이치가 있고 사람에는 돈오와 점수라는 두 문이 있다는 것을 자상하게 밝힌 것이었다.
(2) 두 이치로써 일장 경론의 지귀指歸가 바로 자심의 성상性相임을 알게 하고, 두 문으로써 일체 현성賢聖의 궤철軌轍이 바로 자기 수행의 시종始終임을 보게 한 것이다. 이와 같이 근본과 지말을 분명하게 분간(揀辨)함으로써 사람들이 미혹되지 않게 하고, 일시적인 권도를 버리고 여실한 가르침으로 돌아가 속히 보리를 증득하게 하고자 한 것이다.
(3) 그러나 만약 어떤 사람이 한결같이 말에만 의지하여 이해할 뿐 자기 자신을 바꾸는(轉身) 길을 모른다면, 비록 종일토록 이치를 관찰한다 할지라도 도리에 지해에 속박만 되어 쉴 때가 없을 것이다.
(4) 그러므로 이제 또 다시 수행자들 가운데 말을 여읜 깨달음을 얻어 바로 그 자리에서 지해를 극복할 사람들을 위해서, 비록 종밀스님이 숭상한 바는 아니었지만, 조사 선지식들이 경절방편으로 학자들을 상대할 때 쓰신 말씀들을 간략하게 이 뒤에 붙이는 것은 참선하는 뛰어난 무리들로 하여금 속박을 벗어날

36) 『普照全書』, 159쪽.

한 가닥의 활로活路가 있다는 것을 알게끔 하기 위한 것이다.(필자의 의역)

문단의 구별과 번호매김은 김 교수의 방식을 그대로 따랐다. 이 문단은 보조스님이 그의 『법집별행록절요』에서 계속 돈오점수설을 중심으로 이야기해 내려오다가 방향을 전환하여 경절문 이야기로 들어가면서 앞뒤를 회통시키기 위해 쓰신 글이다. 그러므로 우리는 글의 주제를 바꾸는 이 문단에 특별한 주의를 기울일 필요가 있다. 이 문단은 구조적으로 앞뒤 둘로 나눌 수 있다. 앞의 것은 지금까지 논의한 것을 결론짓는 내용이고, 뒤의 것은 새 주제의 핵심을 밝히는 내용이다. 둘 다 각각 핵심적인 사상을 가지고 있다. 전자의 그것은 간변揀辨 사상이고, 후자의 그것은 전신轉身 사상이라고 말할 수 있을 것이다.

간변 사상이란 사람들이 어리석었을 때는 일장경론이 가리킨 바와 일체현성이 걸었던 길이 나의 외부에 따로 있는 것인 줄 알았는데, 수연불변과 돈오점수의 가르침을 통해서 이것들이 모두 자심自心의 성상性相이요 자행自行의 시종始終임을 아는 것을 말한다. 밖의 것이 안의 것으로 되었다고도 말할 수 있고, 생명 없는 것들이 생명 있는 것으로 되살아 나왔다고도 말할 수 있다. 바로 앞의 문장에서 보조스님이 보여 준 '언설의 차원을 극복하고, 친증親證의 차원으로 넘어가려는 간절함'이 여기서 마지막 용틀임을 치고 있는 것이다. 필자는 이것을 한마디로 간변 사상이라 부르고 싶다.

그러면 전신 사상이란 무엇인가? 전신은 마지막의 출신出身과 같은 말이다. 그래서 보조스님은 전신지로轉身之路니 출신활로出身活路니 하는 말을 쓴 것이다. 전후 문맥으로 보아서 전신의 길은 간화경절문임이 분명하다. 그러나 전신 사상은 간변으로부터 생겨난 해애解碍를 극복하기 위한 것이다. '지해소박知解所縛'이란 말이 바로 해애를 가리키는 말이다. 궁하지 않으면 통하지 않듯이 해애 없이는 전신이 요청되지 않는다. 결국 간변의 필연적인 산물로서 해애가 생겨나고, 해애는 다시 전신을 요청하는 것이 글의 주제 전환을 꾀하고 있는 '경절문서설'에 나타난 보조 사상의 구조라고 생각한다.

김 교수는 '경절문서설'을 인용하면서 성철스님이 『선문정로』에서 '이이의以二義……'로 시작되는 두 번째 문장을 빼버렸다는 사실을 지적하였다. 사실을 지적한 것까지는 좋았지만 여기에서 중대한 문제가 있다는 말만 자꾸 되풀이할 뿐, 문장 구조의 분석과 문맥 분석을 통해 왜 이것이 중차대한가를 논증하지 않았다. 이러한 분석의 결핍으로 말미암아 김 교수의 결론은 보조스님의 뜻과는 아주 먼 것이 되고 말았다. 김 교수는 다음과 같이 결론 맺는다.

> 오히려 보조는 『선문정로』에서 생략한 둘째 문장에서 돈오점수만 잘 수행하면 여실하게 간변하고 본말을 잘 요해하면 그것으로 성현이 될 수 있다는 것이다.[37)

『선문정로』가 생략해 버린 두 번째 문장 속에 과연 김 교수의 주장이 들어 있는가? 다시 한 번 보조스님의 원문을 들여다보자.

> 以二義 知一藏經論之指歸 是自心之性相 以兩門見一切賢聖之軌轍 是自行之始終.
>
> 두 이치로써 일장경론이 가리키는 것들이 모두 자기 마음의 성(性)과 상(相)임을 알게 하고, 두 문을 통해 일체 현성들이 걸어갔던 길들이 모두 자기 수행의 출발점과 종착점임을 보게 하기 위한 것이다.

여기서 필자가 문제삼고 싶은 것은 보조스님이 이 문장을 통해서 말하고자 하는 것과 '돈오점수만 잘 수행하면 그것으로 성현이 될 수 있다'는

---

37) 김호성, 「돈오점수의 새로운 해석: 돈오를 중심으로」, 『한국불교학』 제15집(한국불교학회, 1990), 444쪽.

김 교수의 이해 사이에 가로놓인 거리이다. 김 교수의 이해가 보조 사상 속에 없다는 말이 아니다. 다만 보조스님이 '지금 여기서' 말하고자 하는 것은 그것이 아니지 않느냐는 말이다. 생략된 두 번째 문장은 필자의 분석에 의하면 간변장揀辨章의 중요한 구절이었다. 간변의 주역은 지해이다. 다시 말하면 이의二義(불변·수연)와 양문兩門(돈오·점수)의 뜻을 보고 바로 견성하여 해오를 성취한 사람도 있을 수 있고, 돈오돈수해서 일생의 참선 공부를 한꺼번에 해버리는 상근기의 사람도 있을 수 있다. 그러나 그것은 지금 이 문장이 문제삼고 있는 것은 아니다. 우리들이 지금 문제삼고 있는 이 문장은 크게는 『절요』라는 책의 전체적인 맥락 속에서, 작게는 '경절문서설' 속에서 수행하고 있는 특수한 사명이 있다. 그것은 지해를 주무기로 하는 간변 사상이라는 것이다. 김 교수는 지해라는 말만 나오면 보조스님의 해오를 오해했다고 비판하는데, 이것은 『선문정로』를 지나치게 의식한 때문인 듯하다. 그러나 보조 사상을 논하면서 지해를 과소평가해서는 안 된다. 거듭 말하지만 둘째 문장은 사람이면 누구나 가지고 있는 지해知解로 읽어야 하고 그래야 보조스님의 본뜻이 드러난다고 생각한다.

김 교수는 또한 보조스님의 체계에서는 어디까지나 돈오점수가 근본이고 원돈신해문과 간화경절문은 보완적인 성격밖엔 없다고 주장하고 있다. 그 근거로 그는 보조스님의 비명에 나오는 글을 내 세운다. 그러나 비명[38]을 자세히 뜯어보면 그 뜻은 김 교수의 주장과 상당히 다르다는 것을 곧 알 수 있다.

비명에는, 보조스님은 사람들에게 불교책을 권(勸人誦持)할 때, 『금강경金剛經』을 바탕으로 하고 『육조단경六祖壇經』의 정신에 입각하되 이통현의 『신화엄경론』과 대혜스님의 어록을 항상 새의 두 날개처럼 요긴하게 사용하였다는 내용이 있을 뿐이다. 이 말은 『금강경』과 『육조단경』의 정

---

38) 『普照全書』, 420쪽.

신을 실천해 나가는 데 있어서『이통현李通玄의 화엄론華嚴論』과『대혜어록大慧語錄』둘 다 필수적이었다는 말이다. 그래서 그 다음에 개문開門을 말할 때도 삼문三門을 똑같이 말할 뿐 원돈신해문과 경절문이 돈오점수를 보완하는 관계라고는 말하지 않았다. 김 교수는 '권인송지勸人誦持'의 경우와 '개문開門'의 경우를 혼동해서는 안 될 것이다. 그런데 김 교수의 이러한 일련의 발언들을 종합해 보면 어떤 일관된 흐름이 나타나는 것 같다. 김 교수로 하여금 보조 해석을 그렇게 새롭게(?) 하게 하는 가장 큰 동기는 그가 원래 증오에 대해서 부정적인 사상을 가진 사람이라는 사실에서 시작하는 것 같다. 증오를 부정하면 연쇄적으로 생기는 현상이 간화경절 사상의 평가절하 현상이다. 증오를 전제하지 않으면 경절문이 있을 자리가 없기 때문이다. 필자는 김 교수의 그러한 사상적인 경향을 비난하지는 않는다. 역사적으로나 현실적으로나 간화선을 비난하는 사람은 한두 사람이 아니다. 그러나 김 교수가 과연 보조스님도 그랬었다고 주장하면 문제가 달라진다. 김 교수는 성철스님의 주장을 부정하려다가 많은 곳에서 보조스님의 주장을 부정하는 결과를 가져오고 만 것 같다.

4. 전치수 · 김호성 교수에 대한 총괄적 평가

1990년 10월 14일, 순천 송광사의 보조사상 국제회의에서 발표한「성철스님의 돈오점수설 비판에 대하여」라는 논문의 결론 부분에서 필자는 보조스님의 돈오점수설을 '돈오돈수적頓悟頓修的 점수설漸修說'로 발전시켜 나가야 한다고 주장하였다.[39] 이에 대하여 그 날 논평자로 나온 전치수 교수는 필자의 주장을 "보조스님의 돈오점수설과 다를 바 없다"고 평하였었

---

39)「普照思想」제4집(보조사상연구원, 1991), 527~528쪽, 同 별쇄본, 44쪽 참조

다. 그러나 김호성 교수는 최근에 발표한 그의 「돈오돈수적 점수설의 문제점」이라는 논문에서 필자의 주장을 성철스님의 돈오돈수설을 그대로 수용한 데서 비롯한 것처럼 평하였다. 하나의 논문을 놓고 두 가지의 상반된 평이 나온 셈이다. 이것은 조금도 이상할 것이 없다. 보는 관점이 다르면 사물은 달리 보이게 마련이다. 문제는 어떤 관점에서 보아야 보다 타당한가에 있을 것이다. 전 교수와 김 교수는 각각 어떤 관점에서 필자를 보았을까? 얼핏 보기에 전 교수는 성철스님의 돈오돈수설에 입각하여 필자를 본 것 같고,[40] 김 교수는 보조스님의 돈오점수설에 입각한 것처럼 보인다.

그러나 필자가 '돈오돈수적 점수설'을 요즈음의 돈점 논쟁에 대한 하나의 대안으로 내놓았을 때, 필자에게는 '어느 쪽을 편든다'는 생각도 물론 없었다. 결과적으로 그것은 회통會通이었다고 제삼자가 평하는 것을 막을 길은 없지만, 필자 자신이 처음부터 계획적으로 회통을 시도하지는 않았다는 말이다. 필자는 김호성 교수가 사용하는 의미에서의 회통을 불교의 회통이라고 생각하지 않는다. 파사현정破邪顯正이라야 회통이요 헌것은 죽고 새것이 태어나야 회통이지, 아무개는 교판론자이고 나는 회통론자이고 하는 식의 회통은 회통이 아니라고 생각한다. 철저한 부정, 철저한 양부정兩否定, 쌍차雙遮, 전간全揀, 살인검殺人劍 등등…… 이런 것 없이 무슨 부활이 있으며, 새것의 탄생이 있을 수 있을까? 그러므로 진정한 회통에는 반드시 그 전에 또는 동시에 아니면 그 뒤에 부정의 실천으로서의 교판 작업이 있기 마련이다. 그런 의미에서 필자의 '돈오돈수적 점수설'이라는 말 속에 현실부정적인 요소가 내포되어 있었다는 것을 숨길 필요는 없을 것 같다.

보조스님의 돈오점수설을 그대로 주장하지 않고 구태여 '돈오'를 '돈오돈수적'이란 말로 바꾼 데에는 그럴 만한 이유가 있었다. 깨침도 아닌 것을 깨침이라 주장하고 다니는 사람들의 발호를 막아야 한다고 믿었기 때문에

---

40) 전치수 교수의 評에 대한 나의 반론은 「미주현대불교」(뉴욕: 1991?)라는 지방지에 실렸다.

깨침의 기준을 명시할 필요가 있다고 생각되었던 것이다. 성철스님의 '돈오돈수설'을 그대로 주장하지 않고 '점수'란 말을 구태여 첨가한 것도 비슷한 이유 때문이었다. 돈오돈수만을 내세우고 아무것도 하지 않는 것은 변명할 길 없는 '망종亡宗의 폐풍弊風'이라고 믿었기 때문이다.

보조스님이 해오 사상을 널리 보급하여 신해의 의미를 분명히 하고 또 당시의 불교계를 '신信의 불교'에서 '오悟의 불교'로 발전시킨 것은 보조스님의 큰 공헌이었다. 그러나 거기에서 결과적으로 김호성 교수의 경우에서도 나타났듯이 수행문修行門 안에서 오悟가 수행해야 할 날카로운 면이 둔화되고 오히려 오의 격하 현상이 생기고 말았다. 그래서 해애 덩어리의 거짓 도인이 횡행하고, 이러한 자칭 도인들은 해애를 부끄러워할 줄도 몰랐고, 따라서 아무런 괴로움도 없는 듯이 보였던 것이다. 화두를 들기는커녕 경절문 자체를 과소평가하는 풍조가 생겼다. 이것은 분명히 보조스님의 본의가 아니었다. 오히려 그가 가장 경계했던 것이다. 그러므로 우리는 보조스님의 참뜻을 살리기 위해서 '오悟'의 기준을 해오에서 증오로 높임으로써 오에 대한 오해 또는 선禪의 저질화 현상을 막아야 한다고 생각하기에 이른 것이다.

그리고 보조스님의 보현행원 사상을 그가 강조하는 점수의 본질로 부각하여 그의 점수 사상에 나타난 점수란 말을 단순히 깨치기 위한 점수로 오해함이 없도록 해야 한다고 생각한 것이다. 그러므로 전치수 교수가 필자를 돈오점수파로 낙인찍은 것은 적평이 못 된다고 생각한다. 동시에 필자를 돈오돈수파로 몰아붙인 김호성 교수의 평도 필자가 본 논문에서 밝힌 여러 가지 이유로 역시 받아들일 수 없다. 두 평이 모두 일면적인 사실을 지적하고 있다는 것은 인정한다. 그러나 두 평이 모두 필자가 돈오점수설과 돈오돈수설의 장점에 동의하는 부분만을 지적했을 뿐, 두 학설의 단점에 동의하지 않는 부분을 지적하지 않았다고 생각한다. 여기서 앞으로의 대화를 위해 제기하고 싶은 것은 필자의 돈오돈수적 점수설이 갖는 양부정兩否定적인 면에 대해서 좀더 깊이 파고들어 가도록 노력하자는 것이다. 이것은 물론 필자 자신이 돈오돈수적 점수설을 하나의 대안으로 언급했지만 그 언급은 시사하는 정도에 그치고 그 이상은 나가지 않았기 때문에 평자로서는 어찌할 수 없는 일이었을 것이라 생각된다.

필자가 항상 다행스럽게 생각하는 것은 여러 스승의 가르침에 힘입어 조금이라도 '깨침의 소중함을 알게 되었다'는 것이다. 따라서 필자는 항상 깨치지도 못한 사람이 깨쳤다고 주장하는 폐풍에 비교적 민감한 편이었다. 필자는 보조스님도 이 폐풍을 바로잡기 위해서 많은 말씀을 하셨고, 성철스님 또한 이 폐풍 때문에 『선문정로』를 쓰신 것으로 안다. 돈오돈수를 내세우면서 "이제는 더 닦을 필요 없다"고 공언하는 무리들을 보조스님이 힐책한 것은 사실이다. 그러나 그것을 바로 성철스님의 돈오돈수설에 대한 비판과 같은 것으로 직결하는 것은 위험한 속단이라고 생각한다. 사실 불교의 역사상 많은 선지식들이 "이제는 더 닦을 필요 없다"고 발언하였다. 그러나 그렇게 말한 사람들 가운데 실제로 수행을 그만둔 사람은 없었으리라 생각한다. 만일 있었다면 그 선지식은 진정한 선지식이 아니었을 것이다. 그러므로 '돈오돈수'라는 말이 지니는 본질적인 의미를 잡지 못하고 "이제는 더 닦을 필요 없다"는 말만을 글자 그대로 해석하여 시비를 가리려 하는 것은 분명 한로축괴韓盧逐塊의 태도라고밖에 말할 수 없다. 돈오돈수 같은 선불교인들이 사용하는 전문용어를 선불교권 밖의 일반적인 경험에다 견강부회한 잘못된 선불교 사전을 가지고 공부하는 무리들이 "나는 이제 해오를 얻었으니 앞으로 점수만 하면 된다"고 말하고 다닌다 하여 그것을 보조스님의 돈오점수설 때문이라고 단정해서도 안 될 것이다. 어느쪽이건 아류는 있게 마련이다. 따라서 근원에서 멀어질수록 별별 오해와 왜곡이 불어나게 마련이다. 여기에서 선지식의 파사현정이 등장하는 것이다. 선지식이란 사이비를 고발할 줄 아는 사람이다. 또한 선지식은 사이비의 발호를 막기 위해 앞장 선 사람이다. 『보조어록』도 『선문정로』도 모두 파사현정의 글들이다. 그리고 이들은 모두 공부 않는 사람을 다시 공부하게 만들었다. 돈오점수설 때문에 공부 않던 사람이 다시 공부하게 될 수도 있고 돈오돈수설 때문에 그럴 수도 있다. 우리는 이 점을 높이 사야 한다.

요즈음엔 사이비를 가릴 기준조차 없어져 버린 것 같고 사이비를 적발해 내는 선지식도 사라져 버린 것 같다. 필자는 평소에 궁극적인 깨침이란 무엇인가에 대해서 지대한 관심을 가져왔다. 그것을 뭐라고 부르건 이름 같은 것은 상관없다. 구경각이면 어떻고 초견성初見性이면 어떤가. 증오라도 좋고 해오라도 좋다. 문제는 무엇을 가지고 그렇게 부르느냐에 있다. 증오니 구경각이니 하고 거창한 말을 쓰고 거드름을 피우지만 말하는 사람의 관심사가 밤낮 자기의 이해 관계나 인기 관리 같은 것에 쏠려 있다면 대단할 것 하나도 없고, 반대로 초발심初發心이니 또는 해애解碍니 하고 답답한 문제만 들고 나오더라도 그 속에서 가장 궁극적인 것을 드러내고 있다면 고개 숙이지 않을 수 없다. 다시 말하지만 이름은 문제가 아니다. 경지가 문제다. 그러므로 예로부터 우리의 선지식들은 궁극적인 깨침이 아닌 것을 깨침이라 내세우는 '미증위증죄未證謂證罪'를 부모 죽인 죄보다도 더 엄하게 다루었다. 깨침은 상징적인 의미에서 일종의 구제론적인 개념이다. 구제받지 못한 자가 "나는 이미 구제받았노라"고 공언하고 다닌다면, 그러고 다니는 한 그 사람은 구제 받을 길이 없는 것이다. 필자가 증오를 철저히 따지는 이유도 여기에 있다. 김호성 교수가 해오의 절대성과 완전성을 강조할 때, 그 속에 증오證悟의 차원을 내포하고서 그렇게 말했다면 필자는 더 이상 아무 말도 안 했을 것이다. 김 교수가 기독교의 유명론唯名論까지 동원하면서 증오의 경지를 부정하고 있기 때문에 이렇게 말이 많아진 것이다. 이왕 말이 나왔으니 말은 분명해야 한다고 믿기 때문이다.

필자는 궁극적인 경우를 우리말로 '깨침'이라 부르고 아직 거기에 이르지 못한 경우는 '깨달음'이라 부르고 있다. 말의 세계에서는 양자를 구별해야 하기 때문이다. 보조스님의 경우는 해오가 깨달음이고 증오는 깨침이다. 증오를 '깨침'이라 부르는 이유는 깨침이 '깨짐'에서 나왔다고 느껴졌기 때문이다. 해오를 가리키는 '깨달음'은 깨짐이 없어도 되지만 증오를 가리키는 깨침은 반드시 깨짐을 거쳐야 한다. 깨짐이 없는 깨침은 깨침이 아니다. 깨짐과 깨침은 둘 다 '깨다'라는 동사에서 나왔다. 이 말은 '판을 깬다'든가 또는 '병을 깬다'는 말처럼 깨짐을 의미하기도 하고 '잠을 깬다' 또는 '국문을 깬다'는 말처럼 깨침을 의미하기도 한다. 불도를 닦는 경우, 무엇이 깨지는가? 깨지는 것은 자아다. 잘못된 자아가 깨질 때 참다운 자아가 잠에서 깨어나듯 깨어난다. 이것을 깨침이라 부른다. '깨지다'와 '깨치다'는 원래 같은 어원에서 나왔다. 깨짐과 깨침은 동시에 이루어진다. 깨침과 깨달음의 차이를 밝히는 것은 수증修證을 다루는 불교학의 중요한 사명이다. 만일 이 구별을 엄격히 할 줄 모르면 불교 사상이 큰 혼란에 빠지고 만다고 생각한다.[41] 필자는 또한 불교인의 평소의 삶은, 깨쳤거나 못 깨쳤거나 그런 것에 관계없이 보현행普賢行을 실천하는 것이어야 한다고 생각해 왔다. 이러한 인연으로 내 삶의 구호는 "보현행자로서 살자"는 것이었다. 그리고 그 보현행은 깨침을 체體로 하는 용用과 같은 것이다. 그러므로 깨침은 보현행의 근본이다. 실로 보현행은 깨침을 원동력으로 하여 처음 시작을 할 수 있고, 계속될 수 있으며, 또한 마지막에 원만하게 마무리지어질 수 있는 것이다.[42] 필자는 그러한 의미로 '돈오돈수적 점수설'이

---

41) 필자는 이 문제를 필자의 *Buddhist Faith and Sudden Enlightenment*(Albany, New York: SUNY Press, 1983)에서도 다루었다. 특히 123~132쪽에 있는 15장의 Kkaech'im: The experience of Brokenness와 16장의 Revolution of Basis 참조.

42) 필자가 여기에서 말하는 보현행이란 般若三藏이 번역한 『40卷華嚴經』,「普賢行願品」에 나오는 보현행원 사상을 말한다. 필자는 보현보살의 열 가지 큰 소원(十大願)을 모두 깨침이라는 體에서 나온 用으로 보고 있다. 이것은 여래의 경우에서도 그렇고 초심

라는 말을 사용했던 것이다. 다시 말하면 깨침의 가장 철저한 의미를 성철 스님의 돈오돈수 사상에서 보았고, 보현행의 구체적인 전개를 보조스님의 점수사상에서 보았었다는 말이다. 그래서 감히 그러한 새 말을 만들어 낸 것이다. 그러나 모든 말이 다 그렇듯이 '돈오돈수적 점수설'의 경우도 새로운(?) 말을 하나 만들어 냄으로써 일이 끝난 것이 아니라 실천을 통해서 그 말을 검증해야 할 것으로 믿는다.

다음은 김 교수의 논문 가운데서 의심나는 대목, 동의할 수 없는 대목, 또는 문제삼을 만한 대목들을 모은 것이다. 대목대목마다 '응답'이라는 이름으로 간단하게 필자의 의견을 붙여 놓았다. 모두 후일의 보다 나은 대화를 위해서이다. 김 교수가 이번 논문을 통해서 제기한 여러 가지 문제들 가운데서 가장 중요한 문제는 역시 보조국사의 깨달음에 대한 그의 색다른 해석이라고 말할 수 있을 것이다. 만약 우리들이 깨달음과 깨침의 문제에 대해서 허심탄회하게 의견을 나누고 서로 합의하는 바가 있다면 여기에 모은 잡다한 문제들은 그리 큰 걱정거리가 될 수 없으리라고 생각한다. 표시된 페이지는 김 교수의 「돈오돈수적 점수론의 문제점」이 수록된 『김지견박사화갑기념논문집』(민족사, 1991)의 페이지를 가리킨다.

【문제 1】 (459쪽 중간) 오늘날 (한국의) 돈오점수와 돈오돈수의 논쟁은 인도·티베트·중국의 경우와는 달리 같은 돈문頓門(頓宗) 안에서의 깨달음과 닦음의 결합 양식에 대한 대립적 인식을 문제삼고 있는 것이다.
【응답】 '깨달음과 닦음의 결합 양식'이라니? 왜 하필이면 수학이나 형식논리학에서 쓰는 '결합 양식'이라는 말을 썼을까? 잘 이해가 가지 않는다. 선지식들의 대립이 두 단어의 결합 양식 때문이었다고는 생각되지 않는다. 깨달음과 닦음의 관계를 이러한 표현으로 정리하는 김 교수의 깨달음과 닦음의 관계에 대한

범부의 경우에서도 그렇다고 생각한다. 필자가 즐겨 사용한 우리말 「보현행원품」은 다음과 같다. 耘虛 스님 역, 『보현행원품』(東國譯經院, 1966); 光德 스님 역, 『지송보현행원품』(佛光出版部, 1991); 法頂 스님 역, 『나누는 기쁨: 보현행원품』(佛日出版社, 1984).

이해는 선지식들의 그것과 크게 다를 것 같다. 철저한 분석이 있어야 할 것으로 생각된다.

【문제 2】 (459쪽 하단, 주 2) 현재의 돈오점수설에 대한 비판들은 모두 '돈오돈수=돈오, 돈오점수=점수'의 구조로 이해하고 행해진 것으로 생각된다. 박성배 교수 역시 예외는 아니다. 이 점은 후술할 것이다.
【응답】 현재의 돈오점수설에 대한 비판들을 이렇게 모두 일반화시킬 수 있을지 의문이다. 우선 필자의 경우에도 해당되지 않는다고 생각한다. 이 문제를 '후술한다' 했으나 어디서 후술했는지 발견할 수 없었다. 여기에서도 김 교수가 이해하는 돈오점수설에 대한 비판들과 실제의 비판들 사이에 거리가 있는 것 같다. 이 점 또한 더 깊이 따져 들어가야 할 대목이라 생각된다.

【문제 3】 (461쪽 상단) 교판론敎判論과 회통론會通論의 상호 대립과 상호 작용의 역사로 불교사를 이해하면서, 그 중에서 회통론의 흐름이 보다 주류이며 정당한 것으로 보는 필자(김 교수)의 사관에 비추어 보더라도 돈오점수설과 돈오돈수설의 조화, 회통을 시도하는 박 교수의 그 같은 노력은 대단히 뜻있는 것임에 틀림없다.
【응답】 본문에서도 언급했지만 필자는 그러한 회통을 시도한 적이 없다. 그러나 평자의 눈에 그렇게 보였다면 그것 또한 어찌할 수 없는 일이다. 김 교수가 불교사를 회통론의 상호 관계로 이해하려 한다는 것은 재미있는 착상이라 생각된다. 그러나 회통과 교판을 도식적으로 대립시킬 때 양자는 그 본래적인 의미를 상실하고 역사가들이 흔히 도전과 응수를 역사 발전의 공식으로 이용하듯 그렇게 잘못 이용될 위험성이 있다. 불교인의 회통과 교판은 그런 것이 아니었다고 생각한다. 불교의 회통은 반드시 교판으로 나타났고, 교판은 또한 회통을 전제했었다. 불교 역사상 위대한 회통론자치고 교판을 하지 않았던 분이 있었던가? 위대한 교판론자치고 회통을 하지 않은 자 있었던가? 중국 불교사에서 대표적인 교판론자로 소문이 난 천태지의 대사의 경우를 보자. 그의 실제 공헌은 교판보다는 명상瞑想의 이론을 심화시킬 대로 심화시킨 지관법이나 일념삼천의 사상일 것이다. 천태의 이런 면을 김 교수는 교판이라 부를 것인가? 아니면 회통이라 부를 것인가? 한국 불교사에서는 원효대사를 회통의 대표로 꼽는

다. 그러나 그의 방대한 저술을 통해서 그가 빼놓지 않고 하고 있는 일은 철저한 교판 작업이다. 교판에 아전인수의 치우침이 없지 않았고 회통에 제설혼합 諸說混合의 흠이 없지 않았지만 그것은 잘못된 경우이고 그것들의 본래 사명은 어디까지나 '교판을 회통으로 그리고 회통을 또다시 교판으로' 접목하고 맥을 통하게 하여 죽은 것을 살려내는 데에 있었다고 생각된다.

【문제 4】 (461쪽 상단) 그러나 아무리 회통이 요청된다고 하더라도 '일종의 혼합설'이 되지 않기 위해서는 논리의 내적 정합성을 띠지 않으면 아니 된다. 그런 입장에서 박 교수의 '돈오돈수적 점수설'은 몇 가지 문제가 있다고 여겨진다.
【응답】 다시 김 교수가 생각하고 있는 회통이 도대체 어떤 것이냐 하는 문제로 돌아가야 한다고 생각한다. 회통을 교판과 대립되는 것으로 보는 한 거기에는 회통을 혼합 이상의 것으로 꿰뚫어볼 안광이 있을 수 없을 것이라는 생각이 든다. 다시 말하면 모든 회통은 혼합으로밖에는 보이지 않을 것이라는 말이다. 서양인들에게는 동양인의 회통이라는 경험을 담을 개념이 없었다. 그래서 그들은 동양의 회통을 싱크래틱(syncretic)한 것이라고 말했다. 일종의 혼합이라는 것이다. 겉만 보고 속을 못 보면 이럴 수밖에 없을 것이다. 미국의 신학교에는 한국 학생들이 많다. 교수들이 가장 골치를 앓는 것은 한국 신학생들의 성경 이해는 엉뚱할 때가 많다고 한다. 그 원인은 성경을 한국말로 이해하는 데서 비롯한 것으로 풀이되고 있다. 한국말로 번역된 성경의 단어들은 모두 동양 사상 속에서 성장한 말들이다. 그러므로 이스라엘 사람들의 종교 문헌인 기독교 성경을 읽고도 읽은 다음 독자의 마음속에서 성장하고 있는 것은 동양 사상인 경우가 있다는 것이다. 이것이 말의 마술적인 성격이다. 반대로 서양 사람들이 영어로 번역된 동양의 불경을 읽고 나서는 그들이 마음속에서 자라는 것은 동양이 아니고 서양인 경우가 있다. 그 좋은 예가 회통을 싱크래틱으로 이해하는 경우이다. 김 교수는 그의 논문 도처에서 불교적인 경험을 담은 말을 서양의 풍토에서 발생하고 형성된 서양적인 개념으로 바꾸어 쓰고 있었다. 필자는 김 교수가 변증법이라는 말을 쓸 때마다 어리둥절해질 때가 많았다. 김 교수가 필자의 논문을 회통론으로 분류해 놓고 결국 그 속에서 회통의 천적인 '혼합' 밖에 보지 못했다면 그는 처음부터 이를 회통론이라 부르지 말았어야 했다.

【문제 5】 (461쪽 중간) 첫째, 박 교수는……임제와 종밀이 상호 모순하고 있기 때문에 문제가 있다고 본다. 과연 그럴까? 종밀선과 임제선은 하나로 조화되거나 회통될 수 없는가?

【응답】 필자가 그렇게 본 것이 아니라 성철스님이 그렇게 본 것이다. 필자는 이 문제를 '성철스님은 왜 돈오점수설을 비판했는가'를 설명하는 논문의 첫 장에서 언급하였다. 이 장의 이름으로 보나 전후 문맥으로 보나 이것이 성철스님의 주장이라는 것은 명백한데 어째서 이를 필자의 주장으로 단정하기에 이르렀는지 이해가 가지 않는다. 김 교수는 여기서 종밀과 임제의 회통을 제의해 놓고서 실제로는 증오를 부정하고 간화경절문을 폄하貶下했었다. 그러고도 양자의 회통이 가능할까?

【문제 6】 (461쪽 하단) 둘째, 보조의 돈오점수설에 대한 『선문정로禪門正路』의 비판 이론은 다음과 같은 삼단논법으로 정리할 수 있으리라 생각된다.
대전제: 보조의 돈오점수의 돈오는 해오이다.
소전제: 해오는 지해이며 지해는 교이다.
결론: 그러므로 돈오점수는 선이 아니라 교이다.
따라서 보조는 선사가 아니라 교가, 구체적으로는 화엄선이다.

【응답】 김 교수는 눈에 안 보이는 속보다는 눈에 보이는 겉을 문제삼고 따라서 말이 의미하는 내용보다는 말 자체의 형식을 따지는 데에 더 깊은 관심이 있는 것처럼 보인다. 왜 필자가 이렇게 느끼느냐 하면 아리스토텔레스의 형식논리학에 나오는 삼단논법으로 『선문정로』의 비판 논리를 담을 수 있다고 생각하는 김 교수의 사고 방식 때문이다. 삼단논법이란 '전체에 관하여 참인 것은 부분에 관하여서도 참이다'라는 아리스토텔레스의 편유편무遍有遍無의 법칙에 의거하여 보편적인 원리로부터 부분에 관한 지식을 이끌어내고 일반으로부터 특수를 추정하는 일종의 연역적인 추리 방법에 불과하다. 선이란 원래 이러한 연역추리의 허를 찌르고 나온 사상이다. 성철스님이 『선문정로』에서 돈오점수설을 교가의 학설이라 낙인찍고 보조선을 화엄선이라 부르며 보조국사를 교가라고 말한 것은 사실이다. 김 교수는 성철스님의 이러한 주장을 동원된 삼단논법의 결론으로 이끌어내기 위해서 대전제와 소전제를 만들어 넣었다. 여기서 대개념大概念은 지해智解요 매개념媒概念은 해오解悟요 소개념小概念은 돈오頓悟로 되

어 있다. 그러므로 이 경우엔 '모든 해오는 지해이다'라는 말이 하나의 보편적인 원리 노릇을 하고 있어 사실상 대전제로 되어 있고 '돈오점수의 돈오는 해오이다'라는 말이 소전제가 되고 결론은 '그러므로 돈오는 지해이다'가 되는 셈이다. 이것은 필자가 김 교수의 삼단논법을 아리스토텔레스의 표준형으로 재구성한 것이다. 문제는 대전제이다. 과연 모든 해오는 지해인가? 누구나 이것을 보편적인 원리로 받아들일 수 있는가? 여기에서 연역추리의 허점이 여실히 드러나고 만다. 어떤 경우는 해오가 지해일 수도 있지만 어떤 경우는 아닐 수도 있다. 그것은 해오를 어떻게 정의하고 어떻게 이해하느냐에 따라 달라진다. 그것은 또한 해오를 성취한 개개인을 하나하나 점검해 보지 않고서는 일률적으로 말할 수 없다. 그러므로 해오를 지해라고 주장하는 것이나 아니라고 주장하는 것이나 피장파장이 되고 마는 것이므로 결국 이러한 삼단논법은 여기서 하나도 참을 드러내 주지 못하고 있는 것이다. 그렇다면『선문정로』의 비판 논리를 김 교수처럼 삼단논법으로 정리하는 것이 과연 정당한가 하는 문제를 제기하지 않을 수 없다. 다시 백보를 양보해서,『선문정로』에서의 돈오점수설 비판은 겉으로 나타난 외형적인 부정 작업이었다. 그런 외적 비판의 내부에는 항상 돈오돈수설이라는 긍정 작업이 있다. 다시 말하면 돈오점수설 비판과 돈오돈수설 주장은 내외의 관계를 가지고 있다는 말이다. 이 관계를 성철스님의 주장에 따라 파사破邪와 현정顯正의 관계로 바꾸어 말할 수도 있다. 성철스님에게 있어서 돈오점수 비판은 파사요 돈오돈수 주장은 현정이다. 그러므로 양자는 반드시 함께 다루어야 한다. 겉만 다루고 속을 다루지 않으면 절름발이이다. 그러나 김 교수는『선문정로』의 비판 논리라고 말하면서 파사인 겉만 다루고 현정인 속을 언급하지 않았다. 이러한 이유로 필자는 김 교수의 관심사가 겉을 다루는 데에 있다는 인상을 받았던 것이다.

【문제 7】(461쪽 하단에서 462쪽 상단까지) 박 교수는 이러한 삼단논법에서 대전제와 소전제를 받아들이고 있다. 대전제는 보조 스스로도 명언한 바이므로 문제가 되지 않는다. 그러나 소전제 즉 돈오점수의 돈오 즉 해오는 과연 지해인가? 필자(김 교수)의 견해로는 해오는 지해가 아니라고 본다. 대전제와 소전제를 긍정하고 나면 필연적으로 그 결과까지 긍정해야 하는데, 박 교수는 위의 소전제는 받아들이면서도 그 결론은 받아들이지 않으려고 하므로 모순에 빠지고 있다.

【응답】바로 앞의 응답에서도 밝혔듯이, 아리스토텔레스의 삼단논법을 여기에 끌어들이는 것은 성철스님이 제기한 문제 즉 깨침이란 과연 무엇인가를 밝히는 데에 조금도 도움을 주지 못할 뿐만 아니라 오히려 문제의 초점을 흐리게 할 뿐이라고 생각한다. 김 교수는 필자가 '해오는 지해'임을 받아들이면서도 성철 스님의 보조 평에 동의하지 않아 모순에 빠졌다고 말했다. 본문에서도 필자가 누차 밝혔지만 보조국사는 해오를 지해라고 말하지 않았다. 다만 그는 해오의 경지에서는 지해의 영향인 지애가 없어지지 않는다고 말했을 뿐이다. 그러므로 보조 사상을 말하는 한 이것이 필자의 입장이다. 필자는 '해오는 지해'라는 전 제 자체를 인정하지 않는다. 그러니 무슨 모순에 빠지고 말고 할 것이 있겠는 가? 필자가 이해하는 바로는 선이냐 교냐를 따지는 따위는 보조국사의 관심사 가 아니었다. 선사禪師면 어떻고 교가敎家면 어떻단 말인가? 그런 것을 따지고 앉아 있는 한 보조국사의 진의는 전달될 수 없을 것 같다.

【문제 8】(461쪽 상단) (박 교수가) 지해의 수용을 상황논리에 의해서 정당화하 고자 하나 설득력이 약하다.

【응답】김 교수와 필자는 서로서로 관심사가 다른 것 같다. 말은 같은 말을 쓰 지만 서로서로 가리키는 바가 달라서 의사소통에 어려움이 많다. 보조 사상을 올바로 이해하기 위해서는 지해知解의 역할을 제대로 이해하는 것이 매우 중요 하다고 필자는 생각한다. 필자의 논문에서 지해를 거론할 때마다 문제의 초점 은 거기에 있었다. 그러므로 김 교수는 필자가 지해를 중심으로 무엇을 말하고 자 하는가를 먼저 살폈어야 했었다. 김 교수는 필자가 무엇을 정당화하고자 한 다고 생각했기에 말을 이렇게 심하게 할까 하는 의심이 생긴다. 필자는 분명히 '해오는 지해'임을 정당화하려고 하지 않았다. 필자가 무엇을 밝히고자 하는지 도 모르면서 설득력이 약하다고 말한다면 이것 또한 공평치 못한 일인 것 같다. 김 교수는 466쪽 상단에서도 필자에 대해서 똑같은 평을 되풀이하고 있다. 이에 대한 필자의 응답은 지금과 똑같다.

【문제 9】(462쪽 중간) 과연 돈오면 돈수인가? 돈오는 반드시 돈수와만 조합組 合이 가능한가? 돈오와 돈수의 조합에 문제는 없는가?

【응답】왜 김 교수는 여기에 또 '조합'이란 말을 썼을까? 조합이란 말이 돈오와

돈수의 관계를 제대로 표현하는 적당한 말이라고는 생각되지 않는다. 양자는 두 개의 딴 물건이 아니기 때문이다. 문제는 돈수를 어떻게 이해하느냐에 달려 있는 것 같다. 많은 돈오돈수 반대자들은 돈수를 이 세상에 존재하지도 않는 해괴한 것으로 생각하고 노발대발한다. 보조국사는 돈오돈수를 돈오점수의 종착점으로 보았고, 성철스님은 돈오점수를 돈오돈수로 가는 길이 아니라고 말하였다. 누가 옳고 누가 그른가를 성급히 단정적으로 판단하려 말고 우리 모두 돈수의 정체를 먼저 파악해야 할 것이다.

【문제 10】 (462쪽 중간) 「한국 선의 현실에 대한 비평」에서 박 교수는 어디까지가 『선문정로』의 견해이고 어디까지가 박 교수 자신의 견해인지를 구별하지 아니하고 언급하고 있는데…….
【응답】 이 문장은 필자의 논문 가운데 첫 장인 '1. 성철스님은 왜 돈오점수설을 비판했는가'에 나오므로 성철스님의 주장을 필자가 해석적으로 소개하고 있는 것은 거의 자명하다고 생각한다. 뿐만 아니라 여기에 나온 필자의 글투에서도 '……안 맞는다는 것이다' 또는 '……안 된다는 것이다' 등등의 표현이 자주 나오는 것으로 보아서도 이것은 자기의 말이 아니라 남의 말을 소개하고 있다는 것이 명백하다.

【문제 11】 (465쪽 상단) 하나로 회통된 한국 선의 이론과 실천의 전통 속에서 유독 『선문정로』에서 처음으로 겉 다르고 속 다른 병리라고 보고 있는 것일 뿐이다.
【응답】 '겉 다르고 속 다른 것'이 병이란 데에 대해서는 아무도 이의가 없을 것이다. 정도의 차이는 있을지언정 이 병을 가지고 있지 않는 종교인은 거의 없을 것이기 때문이다. 이 병은 시대에 따라 사회에 따라 다르게 나타난다. 요즈음의 경우를 보면 겉으로는 불교적 수행을 하면서 속은 기독교 사상을 가지고 있는 사람도 있고 반대로 기독교인이면서 속엔 불교 사상을 가지고 있는 사람도 있다. 이러면서도 자기가 지금 무엇을 하고 있는 줄도 모른다면 이는 입으로는 동으로 간다고 말하면서 몸은 서쪽으로 향해 걸어가고 있는 격이 되고 말 것이다. 이것은 의심할 바 없는 일종의 병리적인 형상임에 틀림없다. '겉은 임제요 속은 종밀'이란 말은 이런 말이다. 실제로 필자는 이러한 사람들을 무수히 보았다. 이것은 추상적인 일반론이 아니다. 순간순간 개개인의 마음 단속을 위해 던

져진 경책의 몽둥이 같은 말이다. '하나로 회통된 한국 선의 이론과 실천의 전통 속에서……' 운운하는 김 교수는 그 말투로 볼 때 나라의 나쁜 점은 안 보고 좋은 점만을 이야기하는 낙관론자와 비슷하다.

【문제 12】 (465쪽 중간) 따라서 종밀식과 임제식 중에서 어느 것 하나를 택하라고 하는 돈오돈수설의 견해는 올바른 불교사 이해가 아닐 뿐더러 그러한 논리를 수용하고 있는 박 교수의 견해에도 결코 동의할 수 없다.…… 한국 선을 화엄선과 임제선의 혼돈으로 보는 역사 의식은 지양되어야 할 것이다.

【응답】 '하나를 택하라'는 성철스님의 말씀은 실제로 화두를 들고 수행하는 사람들에게 겉 다르고 속 다르면 공부에 해롭다고 경계하는 말씀이고 김 교수가 '올바른 불교사의 이해'를 운운하는 것은 역사를 놓고 학문을 논하는 마당에서 하는 말이기 때문에 양자는 따로따로 떼어서 따져 나가야 할 것이다. 이처럼 두 개의 다른 문제를 혼동하여 말하면 대화는 미궁에 빠지고 말 것이다. 김 교수가 "한국 선을 화엄선과 임제선의 혼돈으로 보는 역사 의식은 지양되어야 한다"고 주장하는 것도 앞의 경우와 똑같이 두 개의 다른 문제가 합쳐져 혼선을 일으키고 있다고 말할 수 있을 것이다. 김 교수가 한국 선을 보는 역사 의식을 문제삼는 것과 성철스님이 요즈음 참선하는 사람들의 병통을 지적하는 것을 따로 떼어서 따져나가야 할 것이다.

【문제 13】 (466쪽 중간) 구체적으로 박 교수가 보조의 해오를 어떻게 이해하고 있는지 살펴보자. "보조국사는 불경을 읽음으로써 깨칠 수 있다고 믿었다. 물론 그는 그것이 궁극적인 깨침, 즉 증오라고 주장하지는 않았다. 불경을 읽고서 얻는 깨침을 궁극적인 증오와 구별하기 위해서 종밀은 해오라는 다른 이름을 붙였다. 아직도 지해적인 요소가 남아 있다는 뜻이다." 이러한 이야기는 보조 자신의 진술이 아니라 박 교수의 비량比量(anumāna)임은 두말할 나위가 없다─논문의 도처에서 보조 저술에 근거한 성언량聖言量(śabda)과 자신의 비량을 분명하게 구별하여 밝혀 두지 않아서 이해에 어려움이 많다. 위의 인용구를 통하여 볼 때 해오를 '불경을 읽음으로써 얻는 지적인 깨달음'으로 이해하고 있음을 알 수 있다.

【응답】 따옴표로 표시된 필자의 글은 김 교수가 그의 주 24)에서 밝힌 것처럼 1991년 10월 14일 송광사에서 배부한 필자의 논문, 별쇄본(8쪽)에서 인용한 것

이다. 위의 인용문에는 두 가지의 문제가 있다. 첫째는, 필자가 논문의 도처에서 보조국사의 저술에 근거하여 성언량聖言量과 필자 자신의 비량比量을 분명하게 구별해 놓지 않아서 이해에 어려움이 많다고 말한 대목이다. 김 교수의 이해 곤란이 어디서 연유하는지 모르겠다. 김 교수는 필자의 글을 인용한 다음, "이러한 이야기는 보조 자신의 진술이 아니라 박 교수의 비량임은 두말할 나위가 없다"고 말했다. 두말할 나위도 없이 명백한 것이 그 다음 문장에서는 "양자가 구별이 안 되어 어려움이 많다"는 투로 바뀐다. 왜 이랬다 저랬다 할까? 필자의 글에는 네 개의 문장이 있다. 처음 세 문장의 주어는 모두 보조국사로 되어 있다. 문장의 형식으로 보아서도 이것은 보조국사가 한 말이 아니라 필자가 보조국사를 소개한 말이라는 것이 분명하다. 그러므로 두말할 나위도 없이 명백하다는 김 교수의 첫 발언은 맞다. 짐작컨대 여기서 김 교수가 하고 싶은 말은 성언량과 비량을 구별하는 일이 아니라 "보조국사는 불경을 읽음으로써 깨칠 수 있다고 믿었다"는 필자의 말에 이의를 제기하고 싶은 것이 아닌가 싶다. 다시 말하면 '보조국사는 불경을 읽음으로써 깨칠 수 있다고 믿지 않았다'든가 또는 '그런 깨침은 증오가 아니라고 주장하는 필자의 보조 이해는 틀렸다'든가 그런 말을 하고 싶은 것이라 짐작된다. 만일 그렇다면 아예 처음부터 문제를 그렇게 깨끗하게 제기해야지 왜 불필요한 성언량이니 비량이니 하고 빙빙 도는 것일까? 무엇보다도 필자는 왜 김 교수가 이 자리에 불필요한 인도논리학의 전문 용어인 성언량과 비량이라는 개념을 그것도 범어까지 동원하면서 갖다 써야 하는지 이해할 수가 없다. 보조국사가 불경을 읽음으로써 깨달을 수 있다고 믿었으며 그런 깨달음은 아직 구경각이 아니라는 데에 대해서는 본문에서 직접 다루었으므로 여기서는 되풀이할 필요가 없을 것 같다.

【문제 14】 (466쪽 하단) 그러나 보조는 해오 즉 돈오점수의 돈오를 지해가 아닌 견성(見自本性)으로 보고 있다.
【응답】 '해오는 지해가 아니다'라는 말은 김 교수가 그의 논문에서 처음부터 끝까지 적지 않은 시간을 할애하면서 일관되게 주장하고 있는 말이다. 그러나 우리의 문제는 해오가 지해냐 아니냐를 경전상의 정의를 가지고 따지는 데에서 풀리는 것이 아니라 당사자들의 실제 경지에서 판가름이 나는 것이라고 생각한다. 필자가 이렇게 말하면 학자가 스님 같은 소리를 하고 앉아 있다고 답답해

하실 분도 없지 않겠지만 사실 이 문제는 누군가가 지금 깨달았는데 그 깨달음이 진짜냐 가짜냐 하는 실존적인 의심에서부터 비롯해 나온 것이다. 그러므로 해오와 지해의 실제 내용을 드러내 보임이 없이 아무리 해오는 지해가 아니라고 주장해 보았자 헛바퀴가 돌듯 공허하기만 할 것이다. 여기에서도 김 교수는 이왕 '견성'이란 말이 나왔으면 견성의 상징적인 의미를 체험적인 차원에서 따져야 하고 특히 보조국사와 성철스님 사이에 나타난 개념 사용상의 현저한 차이를 계속 추궁해 나가야 함에도 불구하고 그 일은 하지 않고 '해오는 지해가 아닌 견성이다'라는 말만을 계속 되풀이하고 있다. 보조국사의 견성은 해오를 가리키고 성철스님의 견성은 증오를 가리킨다. 말은 똑같은 견성이지만 그 말이 가리키는 바는 현저히 다른 두 개의 딴 것이다. 뿐만 아니라 보조 사상의 근본 전제가 '해오의 경지에서는 해애解碍를 극복 못한다'는 것인데 김 교수는 거기에 대해서 일언반구의 언급도 없다. 김 교수는 여기에서 『수심결修心訣』과 『절요』에 나오는 돈오의 정의를 가지고 돈오점수의 돈오는 지해가 아닌 깨달음이라고 주장하고 있지만 사실 우리의 문제는 그러한 말의 정의에 있지 않고 그러한 깨달음을 얻었다고 자부하는 사람들의 '삶' 자체에 있다고 생각한다. 가령 여기에 갑과 을이라는 두 사람의 수행자가 있다고 치자. 그리고 갑과 을이 똑같이 '나는 해오를 얻었노라'고 주장하면서 김 교수가 인용한 『수심결』과 『절요』의 돈오 정의를 가리켜 이것이 바로 나의 체험한 바라고 주장한다고 가정하자. 이 때에 갑과 을이 둘 다 진짜일 수도 있다. 그런데 진짜는 별로 말이 없는데 가짜가 기승을 부리면서 『보조어록』을 한 글자도 틀림없이 다 외우고 '나의 체험은 지해가 아니라 견성이라'고 주장한다면 우리는 무엇으로 이 자者가 가짜임을 증명할 것인가? 김 교수가 여러 편의 논문을 통해서 해오는 지해가 아니라고 주장했는데 아직 해오를 얻지 못하고 여전히 알음알이로 인생을 사는 사람이 김 교수와 똑같은 주장을 못 할 것 같은가? 이러한 경우에 우리는 무엇으로 해오는 그런 것이 아니라고 말해 줄 수 있을 것인가? 보조국사도 성철스님도 그리고 천하의 선지식인들이 모두 이 점을 걱정하신 것이다. 실제의 삶 자체에는 해오 다음에도 여전히 해애解碍가 남아 있다는 이 무서운 현실을 외면할 수는 없지 않은가? 이 문제는 다른 누구의 문제가 아니라 보조국사 자신의 문제이었고 지금 우리들의 문제이다. 보조국사의 문제였으며 우리의 문제인 '해애解碍의 문제'를 외면하는 모든 돈점 논의는 문제의 핵심에서 벗어나간 일종의 부실

공사 같은 것이라고 말해도 과언이 아닐 것이다.

【문제 15】(469쪽 중간) 그런데 박 교수는…… (그의) *Buddhist Faith and Sudden Enlightenment*라는 저술에서 해오를 성숙하지 못한 깨달음이라고도 하지만 해오=삼매로도 이해하고 있다. 그러나 해오를 삼매로 보는 것은 돈오선의 역사에 대한 오해에서 기인한 것이다.…… 해오=삼매로 이해하는 것은 타당하지도 않고 보조의 저술 어디에도 그렇게 나오지 않는다.

【응답】정혜쌍수定慧雙修와 성적등지惺寂等持는 보조 사상의 핵심이다. 이 점은 김 교수 자신도 누차 강조했던 바였다. 해오가 혜慧라면 삼매는 정定이다. 해오가 성惺이라면 삼매는 적寂이다. 양자는 체體와 용用의 관계처럼 서로 떨어질 수 없기 때문에 성적등지·정혜쌍수라는 사상이 나온 것이다. 정혜쌍수라는 말을 잘 생각해 보자. 오悟면 혜慧고 정定이면 삼매三昧가 아닌가. 해오 없는 삼매 없고, 삼매 없는 해오 없다. 이 문제는 신회神會 이전의 북종선北宗禪의 공식으로 풀려고 해서는 안 될 것이다. 김 교수도 강조한 바 있는 수상정혜隨相定慧로 풀려 해서도 안 되고 자성정혜自性定慧로 풀어야 할 것이다. 해오에서 삼매를 빼내 버리면 무엇이 남으며 삼매에서 해오를 빼내 버리면 무엇이 남을까? 해오를 삼매로 보는 것을 그르다고 말하는 김 교수의 해오란 과연 어떤 것인가 궁금해진다. 김 교수의 이러한 경향은 본문에서도 밝혔듯이 그가 반조지공返照之功을 해오 이후로만 보고 해오 이전에 붙이면 틀렸다고 말하는 것과 일맥상통하는 것 같다. 성숙하지 못한 깨달음이라는 말은 해오를 얻은 다음, 증오에 이르기까지 무수한 단계가 있기 때문에 하는 말이었다. 김 교수는 또 여기서 역사의 문제와 오늘날 수행자기 지금 이 자리에서 순간순간 당면하고 있는 실존적인 문제를 혼동함으로써 일종의 혼선 현상을 일으키고 있는 것 같다. 김 교수는 또한 보조의 저술 어디에도 없다는 그 말은 사상의 원형이란 형태로 거기에 엄연히 있었다. 또 뭔가 의사소통이 잘 안 되고 있는 것 같다. 필자가 한 말이 한 획도 틀림없이 그대로『보조어록』에 있어야 한다고 김 교수가 주장한다면 김 교수의 평은 맞다. 그러나 필자의 뜻하는 바가 보조국사의 뜻에 계합한가를 따진다면 김 교수의 표현은 정확하다고 말할 수 없을 것이다. 보조 사상을 자기의 삶 속에 용해하고 이를 현실에서 철학적으로 전재하려 할 때에는 원문을 그대로 인용하고 그 다음에 자기의 주석을 다는 식의 주석학적인 공식을 답습할 필요는 없다고 생각한다.

【문제 16】 (469쪽 하단) 이러한 해오의 절대성·완전성, 즉 해오가 깨달음이라는 것은 동소同疏에서 "若約解悟 是性具門 非功行頓畢也 約證悟 則始是現行門頓修辨事也[43]"라고 했다는 데에서도 분명하다 하겠다.…… 따라서 해오는 단순한 지해가 아니라 깨달음이다.

【응답】 여기서 동소同疏란 청량스님의 『정원소貞元疏』를 가리킨다. 그러나 인용된 문장은 청량스님의 말이 아니고 보조국사의 해설인 것 같다. 원문의 뜻을 전후로 잘 살펴보면 보조국사의 뜻은 김 교수의 주장과 일치하지 않으니 좀더 철저한 분석이 요청된다고 본다.

【문제 17】 (469쪽 하단, 주 34) 해오와 증오를 동일차원으로 이해하는 것은 박 교수만이 아니라 전치수 선생의 논평에서도 같은 범주 착오가 행해지고 있다.

【응답】 김교수는 이와 비슷한 말을 본문에서도 몇 번인가 했었다. 여기서 범주착오라는 죄명에 해당되는 죄행은 구체적으로 무엇일까? 34라는 번호가 붙어 있는 본문을 보니 '해오한 다음에 점수하고 그 다음에 증오한다'는 도식에 관계되는 곳이었다. 김 교수는 이를 두고 '보조 저술의 그 어디에도 없다'는 죄목 하나를 더 붙여 놓았다. 보조 저술의 도처에 나타나 있는 보조 사상의 기본 골격을 왜 이렇게 단죄하는지 모르겠다. 그리고 필자의 '해오-점수-증오'라는 도식이 왜 해오와 증오를 동일 차원으로 이해하는 것이 되는지도 잘 모르겠다. 좀더 자상한 설명을 해주었으면 좋겠다. 범주착오 운운은 필자가 이미 본문에서 밝혔듯이 김 교수가 해오는 초시간적이고 증오는 시간적이라고 자기류의 일방적인 정의를 내려놓았기 때문에 발생한 평지풍파 현상인 것 같다. 그러나 이것은 김 교수가 해오의 가능 근거인 성구문性具門이 초시간적인 것을 해오가 초시간적이라고 속단한 데서 비롯한 것이 아닌가 생각한다. 그리고 또한 김 교수는 증오가 이루어지는 현장이 현행문이고 현행문은 시간상의 일이기 때문에 증오는 시간적이라고 속단한 것 같다. 그러나 김 교수는 수행자가 증오의 경지에서 성구문에서 말하는 초시간적인 것과 하나가 된다는 점을 간과해서는 안 될 것이다.

【문제 18】 (474쪽 상단) 보조의 돈오점수의 돈오는 해오이므로 철저한 깨달음인 돈오돈수(=돈오)를 받아들이고 『선문정로』의 돈오돈수는 닦음 이론이 없으

---

43) 『普照全書』, 127쪽.

므로 보조의 돈오점수(=점수)를 받아들여 변증법적인 종합을 통해서 돈오돈수적 점수설로 발전시켜야 한다는 것이다. 돈오와 점수의 종합을 돈오점수라고 하지 않고 돈오돈수적 점수설이라고 한 것도 돈오돈수를 강조하기 위한 것으로 생각된다.

【응답】 김 교수는 460쪽에서 필자의 돈오돈수적 점수설을 회통會通설이라 불렀는데 여기서는 변증법적인 종합이라는 표현을 쓰고 있다. 그러나 필자에게는 이것 역시 정확한 표현이라고 생각되지 않는다. 그리고 또한 김 교수는 필자가 돈오돈수를 강조하기 위해서 이렇게 명명한 것이라고 말했는데 그것도 사실과는 매우 거리가 먼 말이다. 그러한 입장은 바로 그와 정반대의 입장을 가능하게 하는 것이라고 생각한다. 가령 전치수 교수와 비슷한 입장을 가진 사람들은 필자가 돈오돈수라 말하지 않고 돈오돈수적 점수설이라고 뒤에 점수를 갖다 붙인 것은 돈오점수설을 강조하기 위한 것이라고 말할 것이기 때문이다. 필자의 체계에서는 돈오돈수란 증오를 가리키고 점수는 보현행을 말하므로 증오 사상에 입각한 보현행원사상이 돈오돈수적 점수설의 정체라고 말할 수 있을 것이다. 증오와 보현행의 관계는 체와 용의 관계이므로 양설의 종합이라는 표현은 정확치 못한 것이며 더구나 변증법적인 종합이라는 표현은 더 거리가 먼 것 같다. 다만 후일에 변증법적인 사고방식에 젖은 어떤 문 밖의 역사가가 돈오점수파와 돈오돈수파라는 두 물줄기가 변증법적인 종합을 통해 돈오돈수적 점수설로 발전해 나갔다고 서술할 가능성은 얼마든지 있다. 그러나 문 안에서 모든 사정을 훤히 아는 사람은 돈오돈수적 점수설이 증오와 보현행의 관계라는 것을 알기 때문에 이를 변증법적인 종합이라고 말하지는 않을 것이다.

【문제 19】 (474쪽 하단) 그러나 보조에게는 이론과 현실의 괴리가 없다. 필자(김 교수)가 이해하는 바로는 그의 사상은 체계적 이해가 가능하고 또 그 스스로도 회통론자이기 때문에 자신 안의 이론적 모순이나 이론과 실천의 괴리가 있다면 반드시 회통의 노력을 기울이고 있는 것이다. 따라서 부끄럽지만 말이 좀 안 되어도 좋으니 현실에 더 충실하기로 결심하여 돈오점수를 주장한 것이 아니라 말도 되고 현실과도 가장 잘 부응하는 이론으로서 돈오점수를 확신을 가지고 제시하였던 것이다.

【응답】 보조국사는 여러 차례의 깨달음을 얻고 난 다음에도 자기의 심경을 '여수동소如讐同所'라는 말로 표현한 적이 있었다.[44] 원수와 함께 사는 듯했다는 말이다. 이 말은 우리에게 무엇을 가르쳐 주는가? 이론과 현실의 괴리가 없다는 말은 이론적인 차원에서 하는 소리이다. 아무런 괴리도 모순도 없는 이론이 빛을 잃고 배가 난파당하듯 부서지는 곳이 현실이다. 보조국사는 이런 경우까지도 항상 고려에 넣고 있기 때문에 필자는 이 무서운 현실의 대명사로서의 인간을 문제삼고 이를 보조 사상 속에 끌어들였고, 나아가서는 '부끄러움'과 '말 안 됨'의 문제까지도 우리의 논의 속에 포함시켜 이야기하려 했던 것이다. 보조국사의 주요 관심사는 그의 이론을 수미일관 아무런 모순 없이 잘 만드는 데에 있지 않았다. 그런 것보다는 이 무서운 현실을 하나도 보태지도 않고 빼지도 않고 과대평가하지도 않고 과소평가하지도 않고 있는 그대로 잘 드러내려고 평생 애쓰신 분이 우리의 보조국사였다고 생각한다. 설시사오說時似悟 대경각미對境却迷. 즉 '말로는 아무 데도 막히지 않는데 현실에서는 갑자기 캄캄해져 버린다'는 말은 우리를 충분히 긴장케 한다. 이론적인 차원에서의 모순 없음이 그대로 현실에서도 모순 없는 것으로 생각하는 김 교수는 분명히 낙관론자이거나 아니면 불교 철학자들이 항상 골치를 앓는 '기機의 문제'를 간과하고 있는 것 같다.

---

44) 『한국불교전서』, 420쪽.

지눌 선 사상에 있어서 돈오의 함의
― 혜능 선 사상의 돈오와의 관계를 중심으로 ―

이 덕 진

1. 들어가는 말

중국 선종은 불교 역사상 가장 혁명적인 불교라고 회자된다. 그 이유는
다름아니라 선불교禪佛敎가 멀게는 붓다의 초기 불교를, 가깝게는 전통적
인 중국의 교학敎學 불교를 '마음의 종교'로 변화시켰기 때문이다. 즉 선불
교의 개혁성은 마음(自心·自性)에 대한 은폐를 풀어서 마음을 현시顯示했
다는 점에 있다. 하지만 마음이라 해도 시대에 따라서, 선사禪師에 따라서
그 함의가 달라지며, 그 점이 선불교에 대한 이해를 어렵게 만드는 요인이
기도 하다. 그렇다고 하더라도 중국 선종이 성종性宗이라는 점은 모든 담
론談論과 수행修行이 마음자리를 중심으로 하여 전개되기 때문에 변하지
않는 고유한 특징이다.

보리달마菩提達磨(?~528)로부터 시작되었다고 하는 중국 선종은, 오조五
祖 홍인弘忍(601~678)의 제자인 대통신수大通神秀(606~706)와 육조六祖 혜

능慧能(638~713)의 시대가 되면서 신수神秀가 점오漸悟를 주장하고 혜능은 돈오頓悟를 제창함으로써 그 색깔이 확연하게 달라진다. 후에 혜능의 남종선南宗禪이 신수의 북종선北宗禪을 대체하여 중국 선종의 주류를 형성하게 되면서부터 혜능을 선종의 실질적인 창시자라고 하기도 한다. 하지만 혜능이 주장하는 것은 단순한 신수의 북종선 비판이 아니다. 혜능은 북종선을 빗대어 종래의 좌선坐禪과 입정入定의 방편을 중시하는 정태적靜態的 선법禪法을 비판하고 있는 것이다.[1] 이런 점을 감안한다면 『단경壇經』[2]이 신회神會와 그 추종자에 의해서 북종선을 배격하고 남종선을 선종의 정통으로 내세우기 위한 의도에서 창안되고, 이후 중층적重層的으로 발전하여 온 남종선 운동의 최종 성과라고 보는 것은 올바른 평가라고 할 수 없다. 오히려 좀더 넓은 시각, 즉 선에 대한 본질적 이해의 전환과 새로운 패러다임의 구축이라는 설명이 더 설득력을 가지게 될 것이다.[3]

고려의 보조국사普照國師 지눌知訥(1158~1210)은 혜능의 선 사상에 자신의 사유 체계의 많은 부분을 빚지고 있다. 또한 지눌 선 사상의 사유 체

---

1) 김영욱, 『『壇經』禪思想의 硏究』(고려대학교 박사학위논문, 1993), 54쪽.
2) 『壇經』이 과연 혜능의 설법 그대로인가 하는 것에 대한 많은 논의가 있다. 김영욱에 의하면 神會는 『壇經』의 성립에 간여하였거나, 적어도 『壇經』의 사상과 상통하는 禪法으로 혜능의 사상을 계승하였다고 한다. 하지만 神會를 포함하여 많은 선사들이 혜능을 假託하였다 하더라도 그것은 남종선의 사상적 특징을 보여 준다는 점에서 부정적으로 볼 필요는 없다고 생각된다. 또한 김영욱은 『神會語錄』과 『壇經』에서 神秀를 慧用보다는 定體에 중심을 두는 인물이라고 비판하는 것은 衡平性을 잃은 것이라 한다. 즉 남종선의 종파적 의도가 내포되어 있다는 것이다. 다시 말해서 남종선의 속성인 慧用을 강조하기 위하여, 神秀는 과소 평가되고 약간 변조되어지며, 혜능의 사상은 시대를 더하면서 보강되어진다는 것이다.(김영욱, 『『壇經』禪思想의 硏究』, 고려대학교 박사학위논문, 1993, 8~10쪽)
   상기한 연구는 우리에게 많은 시사점을 준다. 그렇지만 연구자는 『壇經』에 대하여 문헌학적으로 접근하여, '역사적인 혜능'을 논구하고자 하는 것을 목적으로 하는 것이 아니라, '역사화된 혜능'의 돈오 사상과 지눌의 돈오 사상과의 함수관계를 논구하는 것을 그 목적으로 한다. 그렇기 때문에 『壇經』을 일단 혜능의 說法으로 간주하고 논지를 펼치고자 한다.
3) 柳田聖山, 『語錄의 歷史』(京都: 『東方學報』 57冊 拔刷, 1985), 200쪽.

계를 제대로 이해하기 위해서 혜능의 선법禪法에 대한 선이해先理解는 반드시 필요한 부분이기도 하다. 지눌 사후 김군수金君綏가 찬撰한 비명碑銘에 의하면, 지눌은 25세(1182년) 되던 해에 승선僧選에 합격하였고, 얼마 안 되어 남으로 유행하여 창평昌平 청원사淸源寺에 이르러 거기에서 머물렀다 한다. 그곳에서 『단경』을 열람하다가 "진여眞如의 성품性品이 생각을 일으키므로 비록 육근六根이 보고 듣고 지각知覺하더라도 만상萬象에 물들지 않고 진여의 본성本性은 항상 자재自在하다"는 구절에 이르러, 이에 "놀라고 기뻐하며 일찍이 겪어 보지 못했던 것을 얻었고", 이에 곧 일어나 불전佛殿을 돌고 외우며 생각하시면서 스스로 그 뜻을 얻었다고 한다.[4] 즉 지눌 선 사상 체계에 있어서 혜능이 가지고 있는 의미는 그 누구보다도 크다고 할 수 있다.

하지만 논자는 표면적으로 보이는 지눌이 의미하는 바의 '진여자성眞如自性'에 대하여 주의를 기울일 필요가 있다고 본다. 그것은 다른 것이 아니라 지눌의 의미하는 바의 진여자성이 혜능이 의미하는 바의 진여자성과 같은 의미를 가지고 있는 것인가, 아니면 그렇지 않은가 하는 것이다. 또한 더 나아가서 혜능과 지눌에게 있어서 돈오란 어떤 의미를 가지고 있는가 하는 점도 진여자성의 문제와 연계하여 논구될 필요가 있다고 본다.

이런 의문들을 해결하기 위하여 논자는 이 글에서 먼저 혜능 선법禪法의 주요한 특성인 돈오견성頓悟見性과 대경혜용對境慧用을 논구하고, 그 다음으로 지눌 선법의 주요한 특성인 돈오와 공적영지空寂靈知를 논의하겠다. 그리고 마지막으로는 지눌과 혜능의 선 사상 사이의 동이同異를 논하려 한다. 그 과정에서 지눌에 끼친 혜능의 영향과 지눌의 독자성, 그리고

---

4) 「昇平府曹溪山修禪社佛日普照國師碑銘」(보조사상연구원 편, 『普照全書』, 불일출판사, 1989, 149쪽 右), "二十五, 以大定二十二年壬寅, 擧僧選中之, 未幾南遊, 抵昌平淸源寺, 住錫焉. 偶一日, 於學寮, 閱六祖壇經, 至曰 '眞如自性起念, 六根雖見聞覺知, 不染萬像, 而眞性常自在'. 乃驚喜, 得未曾有, 起繞佛殿, 頌而思之, 意自得也."

지눌과 혜능 선 사상의 동처同處와 부동처不同處가 소략하나마 드러나리라 생각한다.

2. 혜능의 돈오 사상

1) 돈오견성

혜능에 의하면 진여자성인 인간의 성품은 항상 자재自在하다. 비록 우리의 감관感官이 보고 듣고 말하지만 그렇다고 해서 진성眞性이 생멸生滅하는 것은 아니다. 진성은 항상恒常하지만 단지 우리가 모르고 있을 뿐이다.[5] 또한 부처의 지견知見이란 우리의 마음이지 딴 것이 아니기 때문에 우리는 자심自心에서 부처의 지견을 열어야 한다. 경전에서는 분명하게 스스로의 부처에게 귀의하라고 했지, 다른 사람인 부처에게 귀의하라 하지 않았다. 자성自性이 바로 부처이기 때문에 자성에 귀의하지 않는다면 의지할 데가 없다.[6] 그렇기 때문에 우리는 마음 밖에서 법상法相을 찾는, 혹시나 하는 근거 없는 기대를 버려야 한다. 마음이 부처가 되기 위한 유일한 공부 방법이다. 하지만 마음이 그대로 부처인 것은 아니다.[7] 그렇기 때문에 혜능은 마음을 가지고 있는 중생이 부처가 되는 방법을 설파한다. 그것은 깨닫지 못한다면 부처조차도 중생이요, 한 생각에 깨달으면 중생이라

---

5) 『法海集記』, 「南宗頓教最上大乘摩訶般若波羅蜜經六祖惠能大師於韶州大梵寺施法壇經」(『大正新修大藏經』 권48, 338쪽 下), "眞如是念之體, 念是眞如之用, 性起念, 雖卽見聞覺知不染萬境而尙自在."(이하 敦煌本 『壇經』)

6) 같은 책(『大正新修大藏經』 권48, 339쪽 下), "經中只卽言自歸依佛, 不言歸他佛. 自性不歸無所處."

7) 宗寶 編, 『六祖大師法寶壇經』(『大正新修大藏經』 권48, 356쪽 下), "汝觀自本心, 莫著外法相. 法無四乘, 人心自有等差."(이하 宗寶本 『壇經』)

할지라도 부처라는 것이다. 즉 혜능에 있어서 부처됨이란 다른 것이 아니다. 그것은 한 생각에 중생이 부처라는 것을 깨닫는 것(頓悟)이다.8)

혜능의 생각은 자성의 발견으로 일관되어 있다. 『단경』 전편에 흐르는 이야기는 자기 본성을 깨치라는 것이다. 그리고 이것은 특정한 사람에게만 있는 것이 아니라 인간이면 모두 갖추고 있는 마음(體)이면서, 동시에 구체적인 이 현실에 있는 존재자 각자의 마음(用)이다. 따라서 부처나 중생 모두가 개체적 주체의 다른 경계이지 결코 또 하나의 다른 주체가 있어 부처라 이름하는 것은 아니다. 일체의 상相은 모두 사람의 마음에서 나타난 것에 불과하다.

혜능의 중심 되는 사상은 즉심시불卽心是佛로서 일체중생一切衆生과 제불諸佛은, 천진자연天眞自然이 가지고 있다고 하는 추상적인 우주적 자심自心이 아닐 뿐 아니라 더 나아가서 다른 사람인 부처의 마음도 아니다. 모든 것은 인간의 자심으로 귀결된다. 그렇기 때문에 혜능이 여기에서 말하는 '마음'은 본체론적인 의미에서의 추상적인 마음이 아니라 현실적이고 구체적인 살아 있는 현실 세계에서의 인간의 마음이다.

혜능은 마음의 깨침을 중시한다. '도道는 오직 마음을 깨침'(道由心悟)으로만 증득證得된다고 주장하고, '수행修行의 계위階位를 거치지 않고 곧바로 심지心地를 증오證悟함'(頓悟見性)을 말하면서, '마음이 곧 부처'(心卽佛)이고, '일체중생이 모두 불성佛性을 갖추고 있음'(一切衆生悉有佛性)을 설파한다.

상기한 표면적인 주장 속에 놓여 있는 혜능의 중국사상사에 대한 기여 가운데 가장 위대한 점은 중국 전통 불교의 추상적인 본체本體로서의 성격을 구체적이고 현실적인 인심人心으로 재해석한 점에 있다고 할 수 있

---

8) 같은 책(『大正新修大藏經』, 권48, 340쪽 中~340쪽 下), "故知不悟卽是佛是衆生, 一念若悟卽衆生是佛,……識心見性, 自成佛道."

다. 즉 중국 전통 불교가 그 때까지 가지고 있던 외재적 종교로서의 특징을 내재적인 종교로 변성變性시킴과 아울러 부처에 대한 숭배를 자심에 대한 숭배로 질적인 변화를 만들어 냈다는 것이다.[9] 다시 말해서 본체로서의 우주적 자성自性을 탐구하는데 집착하지 않고, 실천적 의미를 지닌 인간 해석을 통하여 인간을 본체로부터 해방시킨 것이다. 혜능의 경우에는 생생하게 살아 있는 인간의 생명만이 유일하게 무상無上의 자리를 차지하게 된다. 그가 일체중생실유불성一切衆生悉有佛性을 말할 때, 그 일체중생에는 무정중생無情衆生은 들어가지 않는다. 즉 무정중생의 불성에 대한 언급이 없다. 그는 오직 유정중생有情衆生의 불성만을 언급한다. 다시 말해서 그는 자연自然에는 별로 관심이 없고, 오로지 인간 자성自性의 선善만을 중시하며, 일체를 자심자성自心自性에 귀일歸一시킨다.[10] 결국 혜능에 의하면 미망번뇌迷妄煩惱와 대혜해탈大慧解脫도 역시 동일한 주체의 다른 활동이며 결코 이 번뇌의 주인공인 인간을 떠나 따로 보리菩提가 있는 것은 아니다. 즉 혜능이 말하는 바의 깨달음은 '인간의 자성'을 '몰록 발견'(頓見)하는 것이다.

혜능은 자심과 자성의 관계를 자심이 자성에 귀의歸依하는 관계로 본다. 즉 자심은 자성을 둘러싼 심성心城의 역할을 하고 있다. 모든 존재는 자성自性 가운데에 있고 지혜智慧 그 자체는 항상 밝기 때문에, 만약 선지식善知識을 만나서 바른 가르침을 받고 스스로 그 미망迷妄을 떨쳐 버리면 자성 가운데 모든 존재가 함께 모습을 나타내게 된다. 청정법신불淸淨法身佛이란 자심을 가진 우리가 자성에 귀의한다는 것이고, 그것은 곧 참 부처에 귀의하는 것이 된다.[11] 그렇기 때문에 혜능은 일단 직심直心을 우리에게

---

9) 賴永海, 『佛學与儒學』(浙江城: 浙江人民出版社, 1992), 56~63쪽.
10) 敦煌本 『壇經』(『大正新修大藏經』 권48, 340쪽 下), "故知, 一切萬法盡在自身心中. 何不從於自心頓現眞如本姓. 菩薩戒經云. 我本願自姓淸淨. 識心見性. 自成佛道. 卽時豁然. 還得本心."

전제로 요구한다. 일행삼매一行三昧란 걷거나 서거나 앉거나 눕거나에 있어서 집착이 없는 곧은 마음이다.[12] 따라서 이런 곧은 마음이 있다면 한 번 듣고 대오大悟하여서 몰록 진여본성眞如本性을 볼 수 있다. 따라서 곧은 마음으로 도道를 배우는 자는 보리菩提를 돈오하게 되고, 이것은 곧 자심 가운데에 있는 자기의 본성을 돈오하는 것이다.[13]

그렇다고 하더라도 북종선과, 더 나아가서 북종선이라는 언명言明으로 대표되는 달마達磨 이래 동산법문東山法門의 선법과, 남종선이 가지고 있는 바의 선禪에 대한 대전제가 다른 것 같지는 않다. 다시 말해서 그들은 모두 사람마다 가지고 있는 바의 본래적 불성은 번뇌에 의해 가리어져 있고, 이것은 반드시 수행을 통하여만 번뇌를 제거하고 불성을 발현하여 성불成佛할 수 있다고 생각한다. 그러나 어떻게 번뇌를 제거하고 수행할 것인가를 가리는 문제에 들어가면 대답이 달라진다.

신수神秀로 대표되는 북종선은 사람들은 모두 불성을 가지고 있지만 밖이 먼지에 의해 가리어져 있기 때문에 계속해서 불식시키고 부단히 수습修習을 해야 성불할 수 있다고 생각하였다. 다시 말해 북종선의 선법은 망념을 없애고 마음을 닦는 점진적인 방법을 선호하기 때문에 비교적 규범화·형식화를 중시한다고 할 수 있다. 그러나 혜능으로 대표되는 남종선은 심성心性은 본래 청정淸淨하고 본래불本來佛이기 때문에 반드시 번잡한 형식의 수습을 통하여 부처의 경계로 들어갈 수 있는 것이 아니라고 주장

---

11) 日本興聖寺藏宋本 『壇經』(『中國佛教叢書』「禪宗」 1책, 105~106쪽), "何名淸淨法身. 世人性本淸淨, 萬法從自性生. 思量一切惡事, 卽生惡行, 思量一切善事, 卽生善行. 如是諸法, 在自性中……智慧常明, 於外着境, 被妄念浮雲蓋覆, 自性不得明朗. 若遇善知識, 聞眞正法, 自除迷妄, 內外明徹, 於自性中, 萬法皆現. 見性之人, 亦復如是. 此名淸淨法身佛. 善知識, 自心歸依自性, 是歸依眞佛."

12) 敦煌本 『壇經』(『大正新修大藏經』, 권48, 338쪽 中), "一行三昧者, 於一切時中, 行住坐臥, 常眞直心是,……但行直心, 於一切法上, 無有執著, 名一行三昧."

13) 같은 책(『大正新修大藏經』, 권48, 340쪽 下), "我於忍和尙處, 一聞言下便悟, 頓見眞如本性, 是以將此敎法遊行, 會學道者, 頓悟菩提, 各自觀心, 自見本性."

하였다. 즉 남종선은 전체 수행 과정을 모두 돈오에 귀결시키고 있는 것이다. 물론 북종선도 일반적인 돈오를 반대하지는 않았다. 그러나 북종선은 돈오를 전체 수행 중 하나의 고리라 하고, 이러한 고리는 반드시 장기간의 축적을 조건으로 삼는다고 보았다. 이에 비해 남종선은 돈오의 필요성과 가능성을 극력 주장하였고, 그것을 수행의 유일한 고리로 파악하였다.[14] 그래서 남종선은 불교 수행을 활발하고 생동적이며 정신에 구애되지 않는 길로 인도하여 일상 생활과 결부시켰다. 다시 말해서 돈頓이든 점漸이든 자신의 본심本心을 알고 자신의 본성本性을 보는 데 차별이 있을 수는 없다. 임시로 돈이니 점이니 라고 말할 뿐이다. 그러나 현실에서는 자신의 본성을 보는 데 주안점을 둔 남종선과 수행의 과정을 중시하는 북종선 사이에 자연히 돈점頓漸의 차이가 생긴 것은 부인할 수가 없다.[15]

2) 대경혜용

혜능이 말하는 바의 자성自性을 돈오한다는 것은 상기한 의미말고도 더 나아가서 또 하나의 다른 함의를 포함한다. 다음을 보자.

어떤 스님이 와륜선사臥輪禪師의 게偈를 들어 말했다. "와륜은 기량伎倆이 있어 능히 온갖 생각을 다 끊었네. 경계를 대하고도 마음이 일어나지 않으니(心不起) 깨달음(菩提)이 나날이 자라네." 혜능이 그 게를 듣고, 이 게는 심지心地를 아직 밝히지 못했으니 만약 이 게에 의하여 행하면 계박繫縛을 덧붙이게 된다고 하면서, 그에 대하여 게 하나를 제시하였다. "혜능은 기량伎倆이 없어 온갖 생각을 끊지 못했네. 경계를 대하면 마음이 자주 일어나니(心數起) 깨달음(菩提)이 어찌 자라겠는가."[16]

---

14) 勞思光,『中國哲學史』Ⅱ(台北: 三民書局, 中華民國 71), 328~332쪽.
15) 古田紹欽・田中良昭 공저,『慧能』(東京: 東京大藏出版株式會社, 1982), 223~225쪽.
16) 宗寶本『壇經』(『大正新修大藏經』권48, 358쪽 上~358쪽 中), "有僧擧臥輪禪師偈曰,

혜능은 경계境界를 대하여 마음이 일어나지 않는 심불기心不起는 아무런 의미가 없다고 본다. 다시 말해서 '경계에 대하여 마음을 일으키는'(心數起) 것이 중요하다고 본다. 즉 깨친다는 것은 '다시 마음을 일으킴이 없는' 자성의 정체定體가 아니라 무여열반無餘涅槃에 들더라도 '다시 마음을 일으키는' 대경對境에서의 혜용慧用이라는 것이다. 혜능은 돈오견성頓悟見性한다는 것은 다른 것이 아니라고 한다. 그것은 만법萬法에 모두 통하고 만행萬行을 모두 갖추어 일체를 떠나지 않고, 다만 법상法相을 떠나서 무소득無所得을 짓는 것이다.[17] 불법佛法은 이 세상에 있는 것이기 때문에 이 세상을 떠나서 깨닫는 것이 아니다. 그렇기 때문에 이 세상을 떠나서 깨달음을 찾는 것은 마치 토끼의 뿔을 구하는 것과 같다.[18] 이것은 결국 일체의 모습(相)에 대한 집착 없이 일체의 모습 그 가운데서 온갖 존재자들과 막힘 없이 교섭하는 것을 말하는 것이 된다. 즉 돈오는 대상경계對象境界 속에서 자성의 활용함을 지향하는 '대경혜용對境慧用'을 의미하기 때문에, 무소득無所得 혹은 돈오무심頓悟無心이라고 불리는 돈오의 경지는 결국 대경혜용을 강조함에 지나지 않는다. 왜냐하면 심불기心不起의 수정修定을 위주로 하는 선법은 경계에 대한 적극적인 활용이 없기 때문이다. 결국 혜능의 선법은 단지 자성의 의미로서 정혜定慧의 평등성平等性을 깨닫는 것뿐만이 아니고 대상경계 속에서 그것을 활용함을 지향하는 대경혜용의 사상이다. 그렇기 때문에 좌선坐禪을 통하여 청정한 본심을 관찰하고자 하는 응심입정凝心入定의 방법은 '청정함에 속박된 것'에 불과하게 된

'臥輪有伎倆, 能斷百思想, 對境心不起, 菩提日日長.' 師聞之曰, 此偈未明心地. 若依而行之, 是加繫縛, 因示一偈曰, '惠能沒伎倆, 不斷百思想, 對境心數起, 菩提作麼長.'"

17) 敦煌本『壇經』(『大正新修大藏經』권48, 343쪽 上), "萬法盡通, 萬行具備, 一切無離, 但離法相, 作無所得, 是最上乘禪."

18) 宗寶本『壇經』(『大正新修大藏經』권48, 351쪽 下), "佛法在世間, 不離世間覺, 離世覓菩提, 恰如求兔覺."

다.19) 즉 북종선이 '관조觀照'를 중시한다면 혜능을 대표로 한 남종선은 '활용活用'을 중시하는 것이다.

한마디로 북종선이 수정견성修定見性을 특징으로 한다면, 혜능의 남종선은 돈오견성頓悟見性을 특징으로 한다고 할 수 있다. 따라서 남종선이라는 새로운 선 사상의 출현을 북종선과의 단절이라는 시각에서 보아서는 안 된다. 남종선은 그 때까지의 전통적인 선법을 북종선이라는 언명에 함의하고 이를 비판적으로 계승한 것이기 때문에, 우리는 중국 선禪의 흐름이라는 시각에서 그 연결 고리를 찾아야 한다. 그것은 본체를 작용보다 중시하는 것에 대한 비판이며, 더 나아가서는 본체가 잠식한 작용의 영토를 회복하려는 문화 운동이라고 할 수 있다. 즉 한마디로 '수정적修定的 선법禪法의 약화와 혜용적慧用的 선법禪法의 강화'이다.20)

3. 지눌의 돈오 사상

1) 자심과 자성

지눌은 자심自心 밖에 부처가 있음을 믿지 않는다. 자심은 불법佛法을 수용하는 심성心城이다.21) 그렇기 때문에 '부처됨'이란 자심 그 자체의 확장, 즉 자심을 깨달아 묘용妙用을 일으키는 것 이외의 다른 것을 말하는 것이 아니다.22) 지눌이 보기에는 우리가 만일 자심 밖에 부처가 있고 자성

---

19) 김영욱, 『『壇經』 禪思想의 硏究』(고려대학교 박사학위논문, 1993), 66~67쪽.

20) 김영욱, 같은 책, 106쪽.

21) 知訥, 『勸修定慧結社文』(『普照全書』, 10쪽 中), "守護心城, 增長觀照, 寂爾有歸, 恬然無間."

22) 知訥, 같은 책(『普照全書』, 7쪽 右), "迷一心而起無邊煩惱者, 衆生也. 悟一心而起無邊妙用者, 諸佛也."

自性 밖에 불법이 있다고 고집하여 부처의 도道를 구한다면 그것은 아무 의미가 없다. 다만 우리가 자심만 제대로 안다면 갠지즈 강가의 모래알처럼 많은 법문法門과 한량없는 묘妙한 이치는 구하지 않아도 저절로 얻어지게 된다.[23] 부처는 중생의 마음속의 부처이지 다른 것이 아니고, 자기 근기根機가 감당함일 뿐 다른 물건物件이 있을 수 없다. 따라서 일체 제불의 근원을 알고자 하거든 자기의 무명無明이 본래 부처인줄 깨달아야 한다.[24] 여기서 우리는 지눌이 말하는 자심이 초월적이고 절대적인 본체와 연루되지 않는다는 것을 알 수 있다. 그렇지만 다른 한편으로는 지눌이 말하는 자심은 만일 우리가 그것을 알기만 한다면 묘의妙義가 저절로 체득體得되는 현상계 내에서 주재자로서의 역할을 수행하는 모습을 가지고 있다. 지눌에 의하면 중생이란 한마음을 미혹迷惑되게 하여 끝이 없는 번뇌를 일으키는 자이고, 부처란 한 마음을 깨달아 한없는 묘용妙用을 일으키는 자일 뿐이다. 즉 부처란 마음을 깨친 자에 불과하다. 하지만 그 마음이 바로 한없는 묘용을 불러일으키는 능력을 가지고 있다. 그렇기 때문에 지눌에게 있어서 마음이 가지는 중요성은 너무나도 크다. 왜냐하면 오로지 마음만이 경험 세계 내에서 우리를 유일하게 주재할 수 있으며 동시에 우리를 유일하게 부처에게 인도하는 매개자이다. 또한 깨친 이후의 마음은 그 자체가 바로 부처이다.

그렇지만 자심은 다른 한편으로는 자성을 둘러싸고 있는 하나의 심성心城에 불과하다. 지눌은 말한다.

---

23) 知訥, 『修心訣』(『普照全書』, 31쪽 中), "若言心外有佛, 性外有法, 堅執此情, 欲求佛道者, 縱經塵劫, 燒身煉臂, 敲骨出髓, 刺血寫經, 長坐不臥, 一食卯齋, 乃至, 轉讀一大藏敎, 修種種苦行, 如蒸沙作飯, 只益自勞爾. 但識自心, 恒沙法門, 無量妙義, 不求而得."
24) 知訥, 『圓頓成佛論』(『普照全書』, 74쪽 左), "又論主頌云, '佛是衆生心裏佛, 隨自根堪無異物, 欲知一切諸佛源, 悟自無明本是佛.'"

이와 같은 허망虛妄한 모든 경계에서 그 근본 원인을 살펴서, 치우쳐 움직이지 말고 온몸은 정질定質하고 마음의 성城(心城)을 수호하여 관조觀照를 기르면, 고요한 데 돌아가게 되고 편안하여 사이가 없게 될 것이다.[25]

바라건대 모든 수도修道하는 사람들은 결코 밖에서 구하지 말라. 심성心性은 물듦이 없어서 본래부터 스스로 원만圓滿히 이루어진 것이니 다만 망령된 반연攀緣을 여의면 곧 여여불如如佛이다.[26]

지눌에 의하면 우리는 누구나 자심을 갖추고 있다. 그렇다고 해서 자심 그 자체가 바로 자성인 것은 아니다. 하지만 자성은 자심을 벗어나서 존재할 수는 없다. 따라서 인간이 아닌 무정無情에는 자심이 없으니, 자성도 없다.[27] 자성이 없으니 불성佛性도 불법佛法도 없다. 또한 불법은 바로 우리의 자성이다. 그렇기 때문에 불법의 정체正體를 안다는 것을 자성의 정체를 아는 것이고, 자성의 정체를 안다는 것은 불법의 정체를 아는 것이다. 다시 말해서 사실은 우리의 자심이 그대로 부처가 되는 것이 아니다. 자심은 단지 우리의 자성을 둘러싸고 있는 심성心城이며, 중생들 각각이 현재 가지고 있는 것에 불과하다. 하지만 우리의 자심이라는 심성 내부에 자성이 본래부터 스스로 원만히 이루어져 있다. 즉 자성은 본성本性이다. 그렇기 때문에 지눌은 모든 수도修道하는 사람들은 결코 밖에서 구해서는 안 된다고 한다. 심성心性은 물듦이 없어서 본래부터 스스로 원만히 이루어진 것이니 다만 자심 공부를 통해서 망령된 반연攀緣을 여의기만 하면 곧 여여불如如佛이 된다.

지눌이 설파하는 바 자성의 모습은 독특하다. 왜냐하면 한편으로는 자

---

25) 知訥, 『勸修定慧結社文』(『普照全書』, 10쪽 中), "如是虛妄自他境界, 察其根由, 不隨傾動, 全身定質, 守護心城, 增長觀照, 寂爾有歸, 恬然無間."
26) 知訥, 『修心訣』(『普照全書』, 31쪽 左), "願諸修道之人, 切莫外求. 心性無染, 本自圓成, 但離妄緣, 卽如如佛."
27) 知訥, 같은 책(『普照全書』, 36쪽 左), "諸法皆空之處, 靈知不昧, 不同無情, 性自神解."

320 한국의 사상가 10人 —— 지눌

성에 대하여 자심을 가지고 있는 중생 누구에게나 존재하는 본성이라는 주장을 하면서도, 또 다른 한편으로는 그 불성으로서의 자성에 대한 보호자나 주재자인 초월적 존재자를 자심 밖에서 요청하지 않기 때문이다.

2) 자성의 공적영지

지눌에 의하면, 마음의 성품은 본래 청정하고 번뇌가 공空[28]할 뿐 만 아니라 더 나아가서 공적영지空寂靈知가 본래 갖추어져 있으며, 이것은 과거·현재·미래 모든 부처님의 깨끗하고 밝은 마음이기도 하고 또한 중생의 본 바탕인 깨친 성품이다. 부처와 조사는 보통사람과 다르지 않기도 하고 다르기도 하다. 다르지 않은 것은 마음을 우리와 똑같이 가지고 있다는 것이고, 다른 것은 그 마음을 잘 보호한다는 것이다. 마음의 본래 모습은 비고 고요하면서도(空寂) 동시에 신령스럽게 알고(靈知), 절대불변絶對不變하면서도 환경에 따라 가지가지의 작용을 다툰다. 그리고 이러한 마음은 과거·현재·미래 모든 부처님의 바탕이며 동시에 우리의 바탕이기도 하다.[29] 단지 부처는 이 마음을 밝게 안 사람이며 우리는 그것에 어두울 뿐이다. 그리고 이 마음을 밝게 아는 방법은 '자기가 곧 부처'라는 믿음이 그 토대가 된다. 즉 부처가 되기 위해서는 약간의 조건이 필요하다. 그것은 다름이 아니라 우선 자기가 곧 부처라는 믿음을 가지고, 그 다음으로는 그 마음을 잘 보호하는 것이다.[30] 이 때 '마음을 잘 보호한다'고 말할 때의 '마음'이란 마음이 가지고 있는 아주 적극적인 작용, 즉 공적영지空寂靈知의 활발발活潑發함을 의미한다. 지눌에 의하면 그대로 작용하는 마음이 그대

---

28) 知訥, 『勤修定慧結社文』(『普照全書』, 13쪽 左), "心性本淨, 煩惱本空之義."

29) 知訥, 『修心訣』(『普照全書』, 36쪽 左~37쪽 右), "諸法皆空之處, 靈知不昧, 不同無情, 性自神解, 此是 汝空寂靈知, 清淨心體. 而此清淨空寂之心, 是三世諸佛, 勝淨明心, 亦是衆生本源覺性."

30) 知訥, 같은 책(『普照全書』, 37쪽 中), "佛祖奚以異於人, 而所以異於人者, 能自護心念耳."

로 부처인 것이 아니라 공적영지의 마음이 부처인 것이다. 지눌은 말한다.

> 그대가 지금 나에게 묻고 있는 것이 바로 우리의 공적영지한 마음인데, 어찌하
> 여 돌이켜서 비추어 보지 않고 도리어 밖에서 찾는 것인가? 네가 지금 그대의
> 입장에 의거하여 곧바로 본심本心을 가리켜서 그대를 곧 깨닫게 하겠으니, 그
> 대는 모름지기 깨끗한 마음으로 나의 말을 들으라. 아침부터 저녁까지 보고 듣
> 고 웃고 말하고 화내고 기뻐하고 옳다 하고 그르다 하고 가지가지의 행위와 움
> 직임을 하니, 말하라 마침내 누가 능히 이렇게 움직이고 행동하는 것인가?[31]

즉 우리가 가지고 있는 평상의 마음이 곧 부처가 되기 위한 전제 조건이
므로 그것이 없어서는 아니 되고, 그러나 그렇다고 하지만 그 마음이 곧
부처인 것은 아니라는 것이다. "그대는 돌이켜 까마귀 울고 까치 지저귀는
소리를 듣는가?"[32]라는 지눌의 말에서도 알 수 있듯이 일상의 집착된 분별
상分別相을 곧 불성이라고 할 수는 없다. 지눌이 보기엔 성품은 본래적으
로 견문각지見聞覺知하나 만상萬象(對象)에 물들지 않는다.

지눌에게 있어서는 우리 눈앞에 있는 현상 세계는 그대로 불佛이 펼쳐
진 세계이다. 불법佛法은 걸어다니고 서고 앉고 눕는 곳, 차를 마시고 밥을
먹는 곳, 말하고 서고 묻고 대답하는 곳에 있다. 그렇기 때문에 다니는 것
도 선禪이고 앉아 있는 것도 선이며, 말하거나 침묵을 지키거나 움직이거
나 가만히 있는 것이 모두 선이 된다. 곧 현상의 세계에서 생활하는 낱낱의
일상 생활이 곧 그대로 불성의 작용이 되는 것이다. 또한 부처가 되었다
하더라도 별로 달라지는 것이 없다. 그렇기 때문에 신통변화를 따로 설정
해 놓고 이야기하는 것은 자기를 그르칠 뿐 아니라 남까지도 그르치게 만

---

31) 知訥, 같은 책(『普照全書』, 35쪽 左), "汝今問我者, 是汝空寂靈知之心, 何不返照, 猶
爲外覓. 我今據汝分上, 直指本心, 令汝便悟, 汝須淨心, 聽我言說. 從朝至暮, 十二
時中, 或見或聞, 或笑或語, 或瞋或喜, 或是或非, 種種施爲運轉. 且道 畢竟 是誰 能
伊麼運轉施爲耶."
32) 知訥, 같은 책(『普照全書』, 36쪽 右), "汝還聞鴉鳴鵲噪之聲麼."

드는 것으로서 부정된다.[33] 굳이 신통변화를 말한다면, 물을 운반하고 나무를 나르는 것이 신통변화이다.[34] 또한 마음 밖에 부처가 있다고 믿는 것은 잘못된 견해이며,[35] 그렇기 때문에 현실 세계를 배제하고는 부처의 경지를 논할 수가 없다.

지눌에 의하면 중생이 무명無明에 가려져 있다 할지라도 중생의 참된 성품은 다름아닌 불성이다. 그리고 이 때 불성인 자성自性의 묘용妙用과 본체本體의 관계는 분리되어 나타나는 것이 아니다. 자성의 체體는 비고 고요하지만(空寂), 그 공적空寂한 가운데 신령스럽게 밝은 용用(靈知)이 숨어 있는 것이다. 또한 신령스럽게 밝은 용(靈知) 가운데 자성의 비고 고요한 체體(空寂)가 있는 것이다. 즉 '체이면서 용'이고, '용이면서 체'이다.[36]

다시 말해서 중생이 자기 마음 안의 근본보광명지로써 일체중생을 비추면, 중생의 상相이 곧 여래의 상이 되고 중생의 말이 곧 여래의 말이 되며 중생의 마음이 곧 여래의 마음이 된다. 하지만 중생이 자기의 업業을 따라서 스스로 속아서 분별상分別相을 내면 곧 그 때부터 고통의 바다가 앞에 펼쳐진다. 따라서 중생은 끊임없이 용맹심勇猛心을 내어서 자기무명自己無明의 본래 신기롭고 본래 참되어 공空 없는 큰 작용이 항상 그러한 줄 깨달으면, 바로 그러한 마음이 곧 모든 부처의 부동지不動智가 되는 것이다. 지눌에게서는 눈앞의 현상 세계에 대한 무한한 긍정과, 그리고 그 현상 세계에 존재하는 존재자인 인간이 가지고 있는 마음의 주체적인 능력(靈知)에 대한 무한한 신뢰가 엿보인다.

---

33) 知訥, 같은 책(『普照全書』, 33쪽 左~34쪽 右), "況事上神通, 於達人分上, 猶爲妖怪之事, 亦是聖末邊事, 雖或現之, 不可要用. 今時迷癡輩, 妄謂一念悟時, 卽隨現無量妙用神通變化. 若作是解, 所謂不知先後亦不分本末也. 旣不知先後本末, 欲求佛道, 如將方木逗圓孔也. 豈非大錯."
34) 知訥, 같은 책(『普照全書』, 36쪽 右), "神通幷妙用, 運水及搬柴."
35) 知訥, 『圓頓成佛論』(『普照全書』, 86쪽 左), "心外有佛, 不名爲信, 名爲大邪見人也."
36) 知訥, 『眞心直說』(『普照全書』, 58쪽 右), "謂做功夫時, 雖冥合眞體, 一味空寂, 而於中, 內隱靈明, 乃體卽用也. 靈明中, 內隱空寂, 用卽體也."

3) 돈오

지눌은 우리가 어떻게 불성으로서의 자성을 증득할 수 있다고 보는가. 지눌에 의하면 우리 인간은 누구나 자심自心 속에 불성 혹은 여래장如來藏으로서의 자성自性을 무시이래無始以來로 가지고 있다. 그리고 인간의 자심은 자기 자신 내부에 있는 불성으로서의 자성의 존재를, 인간 한 사람한 사람이 본래적으로 가지고 있는, 자성의 공적영지에 의한 직관直觀에 의하여, 직접적으로 회광반조廻光返照할 수 있다는 것이다. 다음을 보자.

> 하물며 요즈음 큰마음의 범부凡夫가 좋은 벗의 열어 보임을 만나서 능히 빛을 돌이켜 (마음을) 비추면(廻光返照), 아득한 옛 겁劫부터의 무명無明이 머무는 곳에서 번뇌가 곧 제불諸佛의 보광명지普光明智로 되는 것이 아니겠는가. 그것은 중생衆生의 번뇌무명의 갖가지 허깨비가 다 여래如來의 보광명지로부터 일어난 것이기 때문이다. 금일의 돌이켜 비침(返照)이 완전히 자체自體이고 본래 외물外物이 아니다. 마치 맑은 물이 물결을 일으킴에 그 물결이 전부 물인 것과 같고, 꽃이 허공虛空에 나타냄에 꽃이 전부가 허공인 것과 같다.…… 이와 같이 자심自心의 근본보광명지를 깨달으면 초심初心이 정각불正覺佛이라는 것이다.[37]

지눌에 의하면 범부凡夫란 미혹迷惑했을 때에 사대四大로 몸을 삼고 망상妄想으로 마음을 삼아 자성이 참 법신法身인줄 모르며 자기의 공적영지가 참 부처인줄 모른다. 왜냐하면 자심의 불성으로서의 자성은 가장 신비하고 묘하여 알기가 어려우며 말로 나타내기가 어렵기 때문이다. 즉 자성은 본질적으로 공적하고 어떤 존재자(物)도 거기에 끼여들 수 없다. 또한

---

37) 知訥, 『圓頓成佛論』(『普照全書』, 83쪽 右), "況今時, 大心凡夫, 遇善友開示, 能迴光返照, 則曠劫已來無明住地煩惱, 便爲諸佛普光明智. 以衆生煩惱, 無明種種幻化, 皆從如來普光明智之所生起故. 今日返照, 全是自體, 本非外物, 如湛水生波, 波全是水, 花生空界, 花全是空.……如是開悟, 自心根本普光明智, 則是謂初心正覺佛也."

공적한 자성은 우리(중생)의 본질로서의 마음으로 본 세상인 법계法界 내에서 온갖 사물에 대하여 관여關與하고 또 온갖 사물을 지배하고 있지만, 은폐된 지가 너무나 오래되고 아득하여 우리는 자성을 느낄 수가 없다. 그래서 마음 밖의 부처를 찾아 이리저리 무의미하게 달린다. 그러다가 어느 순간에 홀연히 선지식의 가르침을 만나 일념회광一念廻光에 이 자성을 보면, 이 성품의 바탕에는 본래부터 번뇌가 없고 무루지성無漏智性이 저절로 갖추어져 있어서 모든 부처님과 조금도 다르지 않는 것을 깨닫는 것이다.[38]

지눌에 의하면 자성의 본질은 근본보광명지이며 부동지不動智이고 공적영지의 마음이며, 이것은 곧 법신法身이고 지체智體이며 부처이다. 하지만 눈앞에 현전現前하고 있는 자심은 자성의 심성心城이기는 하지만, 사대四大로 몸을 삼고 망념으로 마음을 삼은 지 너무 오래되어 오히려 불성佛性인 자성을 은폐하고 있는 구실을 하고 있을 뿐이다. 또한 우리 자신도 자심이 자성을 은폐하고 있다는 사실에 너무 익숙하여, 무명의 어리석음이 자성의 공적영지를 가두고 있다는 것을 믿으려 하지 않는다. 즉 중생이 자기의 업業을 따라 스스로 속아서 범성凡聖·자타自他·염정染淨·인과因果·성상性相을 보고 구별을 내어서 스스로 물러나는 것이다. 결국 자심과 자성은 본래부터 하나의 체體이지만 미망迷妄에 헤매는 중생들은 자성을 알지 못한다.

그렇기 때문에 자심이 자오自悟되는 경지에 이르기 위해서는 자심은 무시이래 자기에게 본래적으로 깃들여 있는 불성으로서의 자성에 대하여 한 생각에(一念) 빛을 돌이켜서(廻光) 자심을 비추는(返照) 회심回心이 필요하다. 자심이 바로 자성이 되는 회광반조廻光返照의 찰나, 화장세계華藏世界

---

38) 知訥, 『修心訣』(『普照全書』, 34쪽 中), "頓悟者, 凡夫迷時, 四大爲身, 妄想爲心, 不知自性是眞法身, 不知自己靈知時眞佛, 心外覓佛, 波波浪走, 忽被善知識, 指示入路, 一念廻光, 見自本性. 而此性地, 元無煩惱, 無漏智性, 本自具足, 卽與諸佛, 分毫不殊, 故 云頓悟也."

에서는 이 공적영지한 근본지根本智가 바로 노사나불盧舍那佛이 되고, 금색세계金色世界에서는 부동지불不動智佛이 되며, 대심중생大心衆生이 돌이켜 비추어 나타난 것으로 부르면 보광명지불普光明智佛이 된다.[39] 결국 지눌이 말하는 바의 회광반조는 결국 자심이 자성과 한 몸이 되는 그 순간을 말한다.

자성은 자심과는 다른 초월적 존재자가 아니다. 하지만 자성은 공적하고 무물無物하기 때문에 무성無性으로 여겨지기도 한다. 그런 의미에서 자성은 공空하다. 이처럼 이 무성의 자성은 공적하지만 동시에 영지靈知를 구비하고 있는 존재이다. 그래서 자성은 비어 있고 고요하면서 동시에 신령스러운 앎을 지녔다. 진심眞心(自性)으로서의 자심은 무無(空)이면서 존재인 그런 자성을 닮는다. 없다고 하려 하지만 진심(自性)이 영지를 가지고 있기 때문에 비무非無이고, 있다고 하려 하지만 진심이 공적하기 때문에 비유非有이다.[40] 즉 진심인 본체本體로서의 자성은 공이지만, 그 진심인 본체로서의 자성은 모든 것을 통찰하는 묘지妙知를 내부적으로 가지고 있다. 그렇기 때문에 진심으로서의 자성은 한편으로는 물物(存在)에 집착하는 망심妄心을 다스릴 수 있으며, 또 다른 한편으로는 묘용妙用을 가질 수 있다.

중생의 자심은 다른 한편으로는 중생 안에 있는 불성인 자성이다. 왜냐하면 자성은 중생 모두의 바탕이라고 여겨지는 법신法身 그 자체이기 때문이다. 그러나 자심은 존재하고 있는 중생에게는 모양으로 나타나 분별分

---

39) 知訥, 『圓頓成佛論』(『普照全書』, 71쪽 右), "然, 審論文所示之義, 所言不動智, 亦是根本普光明智, 當此根本智, 名之爲諸佛果智也. 此根本智, 是理事性相生佛自他染淨因果之體性, 故 非單取隨染流轉中, 不失性淨之理也. 若約花藏世界主爲名, 則此根本智, 爲盧舍那佛. 若約金色世界主爲名, 則此根本智, 爲不動智佛. 若約大心衆生返照發現處爲名, 則此根本智, 爲自心普光明智佛, 亦是自心不動智佛, 亦是自心盧舍那佛. 隨擧一名, 皆具三身十身等."

40) 知訥, 『眞心直說』(『普照全書』, 65쪽 左), "若是眞心, 居有無, 而不落有無, 常處中道. 故, 祖師云, '不逐有緣, 勿住空忍, 一種平懷, 泯然自盡.'"

別되므로(相) 망심으로도 진심으로도 나타난다. 우리 인간은 누구나 우리의 자심 속에 불성 혹은 여래장으로서의 자성을 가지고 있다. 현상現象의 모습으로는 결코 인지認知되지 않는 그 자성은 한편으로는 공적하면서 다른 한편으로는 영지하다. 인간의 자심은 자기 자신 내부에 있는 불성으로서의 자성의 존재를 깨닫는다. 그 깨달음은 인간 개개인이 본래적으로 가지고 있는 공적영지에 의하여 직관된다. 그리하여 진정眞正으로 바뀌지 않고 변하지 않으며 무명無明으로 인한 번뇌가 있지도 않다는 것을 깨달아 본래의 마음으로 되돌아가는 것을 돈오頓悟라고 하는 것이다. 이 때 돈오란 개별자인 자심이 가지고 있는 자성이 여러 부처와 더불어서 조금도 다르지 않은 것을 홀연히 깨닫는 것을 의미한다.

돈오란 한 생각(一念)에 빛을 돌이켜서(廻光) 자심을 비추는(返照)것이다. 다시 말해서 나 자신과 부처가 동체同體인 것을 깨치는 것은 수행修行을 따라 되는 것이 아니라 몰록 이루어진다는 의미에서 '돈오'라는 것이다. 이것은 해가 비추어 만법萬法을 단박에 밝게 하는 것과 같다. 따라서 지눌이 말하는 바의 돈오는 해오解悟[41]인 것을 알 수 있다.[42]

---

41) 지눌, 『法集別行錄節要幷入私記』(『普照全書』, 123쪽 右), "若云 頓悟漸修, 此約解悟 謂豁了心性, 後漸修學, 令其契合. 卽悟如日照, 頓朗萬法, 修如拂鏡, 漸瑩漸明."

42) 解悟(頓悟)라는 표현은 논란의 여지가 있다. 頓悟(解悟)를 知解, 즉 개념적 이해라고 보는 견해도 있다. 하지만 지눌의 頓悟(解悟)는 知解가 아니다. 그의 경우 解悟는 단순한 知覺이나 理性의 차원에서 얻어지는 것이 아니다. 그것은 本性에 대한 깨달음이기 때문에 心身不二의 차원에서 얻어진 全人的 轉回이며, 述語的 人格이 아니라 主語的 人格으로서의 覺性이다.
박성배, 「性徹스님의 頓悟漸修說 批判에 대하여」, 강건기 · 김호성 공편, 『깨달음, 돈오점수인가 돈오돈수인가』(민족사 1992), 238~269쪽.
김호성, 「頓悟漸修의 새로운 해석」, 강건기 · 김호성 공편, 『깨달음, 돈오점수인가 돈오돈수인가』(민족사, 1992), 215~237쪽.
졸고, 「깨달음의 방법에 관한 논쟁」, 『논쟁으로 보는 불교철학』(예문서원, 1998), 262~287쪽 등에서 자세하게 살펴볼 수 있다.

4. 지눌과 혜능 선 사상의 비교

주지하다시피 지눌에게 제일 먼저 사상적 세례를 준 사람은 혜능이다. 그렇기 때문에 표면적으로는 지눌은 혜능의 입장을 수용하는 것처럼 보인다. 그러나 내밀히 들여다보면 꼭 그런 것이 아니다. 지눌이 인용한 바 있는 혜능의 말을 들어보자.

육조六祖는 대중大衆에게 말하였다. "한 물건이 있는데 위로는 하늘을 떠받고 밑으로는 땅을 떠받쳐, 언제나 활동하는 가운데 있지마는 활동하는 가운데 잡을 수가 없구나. 너희들은 그것을 무엇이라 부르는가"? 신회神會가 대중大衆 가운데에서 나와 말하였다, "모든 부처의 근원根源이며, 신회의 불성佛性입니다." 육조가 말씀하시길, "내가 한 물건이라 하였지마는 그 말도 맞지 않는데, 너는 어쩌서 부처의 본원本源이요 불성이라고 말하는가? 너는 이 다음에 띠풀로 머리를 덮더라도 다만 지해知解의 종도宗徒밖에 되지 못할 것이다."[43]

조계曹溪 스님이 말하였다. "나는 일체의 법이 자성自性을 떠나지 않는다고 말한다. 체體를 떠나 법을 말하면 네 성품에 미혹한 것이다. 내 마음자리에 그름이 없는 것이 자성의 계戒이고, 마음자리에 어리석음이 없는 것이 자성의 혜慧이며, 마음자리에 어지러움이 없는 것이 자성의 정定이니, 도道를 배우는 사람은 뜻을 내기를 먼저 정에 들어간 이후에 혜를 낸다거나 먼저 혜에 들어간 이후에 정을 낸다고 말하지 말라. 만일 이와 같은 견해를 가지면 곧 법에 두 가지 상相이 있게 된다."[44]

---

43) 知訥, 『法集別行錄節要幷入私記』(『普照全書』, 160쪽 右), "六祖示衆云, '有一物, 上柱天, 下柱地, 常在動用中, 動用中收不得. 汝等諸人, 喚作什麼. 神會, 出衆云, 諸佛之本源, 神會之佛性. 祖曰, 我喚作一物, 尙自不中, 那堪喚作本源佛性, 汝他後, 設有把茅蓋頭, 只作得介知解宗徒.'"

44) 知訥, 같은 책(『普照全書』, 121쪽 中), "曹溪云, '吾說一切法, 不離自性, 離體說法, 迷却汝性, 吾心地無非自性戒, 心地無癡自性慧, 心地無亂自性定, 學道之人作意, 莫言先定發慧, 先慧發定, 作此見者, 法有二相.'"

조계 스님께서 말하신 바, "자성이 세 가지 불신佛身을 갖추고 있으니, 밝게 드러내면 네 가지 지혜智慧를 이루어서 보고 듣는 인연因緣을 떠나지 않고 초연히 부처의 땅에 이른다"고 한 것이 이것이다.[45]

육조가 말씀하신, "세 가지 몸이 원래 나의 몸이고, 네 가지 지혜智慧가 본래 마음 밝음이라"는 뜻과 같아서 또한 (깨친) 이후에 닦아 과보果報를 얻는 것에도 방해롭지 않는 바이다.[46]

상기의 인용문들은 『보조전서普照全書』 전체에서 지눌의 자성에 대한 혜능 인용을 열거한 것들이다. 우리는 위의 인용문 전체에서 지눌이 혜능에게 영향을 받아 자성의 중요성을 강조하는 점을 볼 수 있다. 하지만 미묘한 부분이 있다. 그것은 지눌의 혜능 인용이 자성의 동적動的인 측면이 아니라 자성의 정적靜的인 측면에만 기울어져 있다는 것이다. 자성에 대한 혜능의 입장은 두 가지이다. 그것은 먼저 심수기心數起라는 특징이다. 그리고 다음으로는 진여본성眞如本性의 측면에서의 자성이다. 우리가 이미 앞에서 보았듯이 혜능은 마음이 정태적靜態的인 모습으로 해석되는 것을 우려하여 동태적動態的인 모습을 강조한다. 그렇다면 지눌은 왜 자성의 심수기心數起(對境慧用)적인 동적인 부분은 인용하지 않고, 진여본성眞如本性으로서의 자성의 측면인 정적인 부분에 대해서만 인용하는 것일까. 그것은 다름 아니라 지눌이 자성을 혜능과는 약간 다르게 보기 때문이다.

이 문제는 자세히 논구할 필요가 있다. 다음을 보자.

몰록 깨침(頓悟)이란, 범부凡夫가 미迷했을 때에 네 가지 물질적 요소로 몸을 삼

---

45) 知訥, 『看話決疑論』(『普照全書』, 93쪽 右), "如曹溪祖師所謂, '自性具三身, 發明成四智, 不離見聞緣, 超然登佛地'是也."
46) 知訥, 『圓頓成佛論』(『普照全書』, 88쪽 右), "如六祖所說. 故云, '三身元我體, 四智本心明.' 亦不妨後修報得也."

고 망상妄想으로 마음을 삼아, 자성이 참 법신法身인 줄 모르며 자기自己의 신
령스럽게 아는 지知(靈知)가 참 부처인 줄 모른다. 그래서 마음 밖의 부처를 찾
아 이리저리 달리다가 홀연히 선지식善知識의 가르침을 만나 한 생각에 광명光
明을 돌려(一念廻光) 자기 본성本性을 보면, 이 성품性品의 바탕에는 본래부터
번뇌가 없고 무루지성無漏智性이 저절로 갖추어져 있어서 모든 부처님과 조금
도 다르지 않는 것을 깨닫는 것이다. 그러므로 돈오頓悟라 한다.[47]

지눌은 돈오에 대해서 말하기를, "선지식의 가르침을 만나 한 생각에 광
명光明을 돌려 자기 본성을 보면, 이 성품의 바탕에는 본래부터 번뇌가 없
고 무루지성無漏智性이 저절로 갖추어져 있어서 모든 부처님과 조금도 다
르지 않는 것을 깨닫는 것이다"라고 한다. 혜능과 표면적으로는 달라 보이
지 않는다. 하지만 "범부가 미迷했을 때에 네 가지 물질적 요소로 몸을 삼
고 망상으로 마음을 삼아 자성이 참 법신法身인 줄 모르며 자기의 신령스
럽게 아는 지知(靈知)가 참 부처인 줄 모른다"라는 데에 이르면 혜능의 입
장과 차이가 난다.

지눌은 마음에는 본래적인 특징이 있다고 한다. 그것은 우리의 본래적
면목面目인 공적영지이다. 마음은 공적한 본체本體(空寂)이기도 하면서, 동
시에 신령스럽게 아는 작용作用(靈知)을 가지고 있다. 즉 지눌은 혜능과는
달리 자심自心의 영지靈知, 즉 '지知'를 중심으로 돈오를 이해하고 있다.
체용體用의 상즉相卽이라는 입장에서 본다면 견見과 성性의 관계는 상즉
이다. 견見의 배후에는 또 다른 무엇이 있으면 안 된다. 그런 의미에서 지
눌은 방편이 필요 없다고 이야기한다. 만일 방편을 써서 앎을 구한다면, 그
것은 마치 어떤 사람이 자기 눈을 보지 못한다 하여 눈이 없다고 하면서

---

47) 知訥, 『修心訣』(『普照全書』, 34쪽 中), "頓悟者, 凡夫迷時, 四大爲身, 妄想爲心, 不
知自性是眞法身, 不知自己靈知時眞佛, 心外覓佛, 波波浪走, 忽被善知識, 指示入
路, 一念廻光, 見自本性. 而此性地, 元無煩惱, 無漏智性, 本自具足, 卽與諸佛, 分毫
不殊, 故 云頓悟也."

눈을 찾아보려는 것과 같다. 즉 지눌이 방편이 필요없다고 하는 것은 자기의 영지靈知와 자심 간의 관계에 대한 인식의 문제이다. 왜냐하면 자심이 곧 자기의 공적영지이기 때문이다. 그렇기 때문에 만일 알려 하면 얻을 수 없음을 알게 되니, 다만 알 수 없는 것임을 알면 그것이 곧 견성見性이라고 하는 것이다.[48]

혜능 이전의 돈오가 점수를 기초로 한다면 혜능의 돈오에 관한 입장은 수습修習을 통하지 않고 바로 대오大悟를 체증體證하는 것이다. 이 문제에 관해서는 혜능과 지눌의 차이점을 발견할 수 없다. 왜냐하면 지눌도 혜능의 돈오를 이치는 나눌 수 없는 것이기 때문에 깨달음은 곧 완전한 깨달음이지 어떤 단계를 허용하는 것이 아니라는 의미로 이해하기 때문이다. 즉 일숙一宿에 각覺할 수가 있다는 것이다.[49] 그러나 지눌은 성품을 보는 것은 점차적인 방법이 아니라 돈오라고 하여 혜능의 입장을 수용하면서, 다른 한편으로는 견성성불見性成佛의 심성心性은 곧 공적영지라고 한다. 그렇기 때문에 혜능의 마음에 관한 견해가 '견성성불'이라면, 지눌의 마음에 관한 견해는 자심이 갖추고 있는 '공적영지에 의한 일념회광一念廻光을 통한 견자본성'이다.

따라서 여기에서 우리는 두 가지를 인지할 수 있다. 그 하나는 지눌이 그의 사상 체계를 구축함에 있어서 혜능의 자심에 대한 사상을 원용援用하였다는 것이다. 하지만 다른 하나는 혜능 사상의 전체가 아니라 한 쪽

---

48) 知訥, 같은 책(『普照全書』, 34쪽 左~35쪽 右), "問, 作何方便, 一念廻機, 便悟自性. 答, 只汝自心, 更作什麼方便. 若作方便, 更求解會, 比如有人, 不見自眼, 以謂無眼, 更欲求見, 旣是自眼, 如何更見.……自己靈知, 亦復如是, 旣是自心 何更求會. 若欲求會, 便會不得, 但知不會, 是卽見性."

49) 知訥, 『看話決疑論』(『普照全書』, 98쪽 中), "祖曰, '夫沙門, 須具三千威儀, 八萬細行. 大德, 自何方來, 生大我慢.' 眞覺曰, '生死事大, 無常迅速.」 祖曰, 「何不體取無生, 了無速乎.' 眞覺曰, '體卽無生, 了本無速.' 祖曰, '如是如是.' 眞覺 須臾告辭. 祖曰. '返大速乎.' 眞覺曰, '本自非動 豈有速耶.' 祖曰, '誰知非動.' 眞覺曰, '仁者, 自生分別.' 祖曰, '汝善得無生之意, 小留一宿.'"

측면만을 수용하였다는 것이다. 혜능의 돈오는 '대상경계對象境界 속에서 자성의 활용을 지향'하는 '대경혜용對境慧用'이다. 하지만 지눌은 혜능의 입장 가운데에서 '자성의 활용을 지향'하는 점은 강조하지만, '대상경계'의 면은 강조함이 미진하다. 지눌은 그 대신에 자성이 가지고 있는 공적영지의 면을 강조한다. 즉 자성의 활용을 강조하는 '자성혜용自性慧用'의 면을 강조하고 있는 것이다.

지눌과 혜능의 입장 차이를 좀더 명확하게 하기 위해서는 혜능의 '무념無念'과 지눌의 '무심無心'을 비교할 필요가 있다. 다음을 보자.

㉠『단경壇經』: 이 교문教門은 무념無念을 세워 종宗으로 삼는다. 세인世人들은 견해를 떠나고(離見) 염念을 일으키지 않는다. 만약 염이 없다면 무념도 역시 세울 수 없다. (그렇다면) 무념에서 무無란 무엇이 없다는 것이며, 염이란 무엇을 염한다는 것인가. 무란 이상二相과 번뇌들을 떠난다는 것이다. 진여眞如는 염의 체體요 염은 진여의 용用이다. 따라서 무념이란 자성에서 염이 일어나 비록 견문각지見聞覺知가 발생해도 온갖 경계에 물들지 않고 자성은 항상 자재自在로움을 가리킨다.[50]

㉡『단경壇經』: 무념법無念法이란 일체법一切法을 보면서도 일체법에 불착不著하며, 일체처一切處에 두루하면서도 일체처에 불착한다. 항상 자성을 청정하게 해서 육적六賊으로 하여금 육문六門을 나오게 하여 육진六塵 경계 가운데 있더라도 (그 경계를) 떠나지도 않고 물들지도 않아서 거래去來가 자유로우니, 이것이 곧 반야삼매般若三昧요 자재해탈自在解脫이며 이름하여 무념행無念行이라 한다. 어떠한 것도 생각하지 않아서(百物不思) 염을 끊어지게 하지 말라. 그것은 법法에 속박되는 것(法縛)이니 변견邊見이라 한다. 무념법을 깨달은 자는 만법萬法에 모두 통하고, 무념법을 깨달은 자는 제불諸佛의 경계를 보며, 무념돈법無念頓法을 깨달은 자는 불지위佛地位에 이른다.[51]

50) 敦煌本『壇經』(『大正新修大藏經』권48, 338쪽 下), "然此教門, 立無念爲宗. 世人離見, 不起於念. 若無有念, 無念亦不立. 無者無何事, 念者何物. 無者離二相諸塵勞, 眞如是念之體, 念是眞如之用, 性起念, 雖卽見聞覺知, 不染萬鏡, 而常自在."

ⓒ 지눌: 누가 묻기를; "만일 사람에게 마음이 없다면 곧 초목草木과 같으니 무심無心이란 말은 무엇을 뜻하는지 말씀해 달라." 답하기를, "지금 말한 무심이란 마음의 체體(心體)가 없다고 하는 무심이 아니다. 다만 마음 가운데 물物이 없음을 이름하여 무심이라 한 것이다. 마치 빈 병瓶이라 할 때 병 속에 물건(物件)이 없는 것을 이름하여 빈 병이라 하고, 병 자체가 없는 것을 빈 병이라 하지 않는 것과 같다.52)

혜능이 인용문 ㉠에서 말하는 세인리견世人離見의 세인世人은 북종의 선법을 하는 자들을 말한다. 즉 혜능이 이견離見(離念)을 힐난하는 것은 북종선에서 말한다고 여겨지는 바의 '생각을 떠난다는' 주장을 비판하는 것이다. 혜능에 의하면 진정한 선법은 모든 대상에 있어서 마음이 물들지 않는 것을 의미한다. 그러므로 만약 북종선에서 이야기하는 바의 이념離念(離見) 즉 염念이 없다면, 그것은 곧 무념無念도 역시 세울 수 없다고 말한다. 그렇기 때문에 무념의 무無는 마음(念)의 작용이 전혀 없는 상태인 심불기心不起가 아니라 심수기心數起이다. 즉 무란 이상二相과 번뇌들을 떠난다는 것이다. 따라서 심心의 작용이 하나도 없는 불기不起의 상태가 아니라 심이 활발하게 작용하는 기념起念의 상태이기 때문에, 무념이란 자성에서 염이 일어나 비록 견문각지見聞覺知가 발생해도 온갖 경계에 물들지 않고 자성은 항상 자재로움을 가리키는 것을 의미하게 된다.

인용문 ㉡에서 무념법이란 일체법을 보면서도 일체법에 집착하지 않으며, 일체처에 두루하면서도 일체처에 집착하지 않는 법을 말한다. 또 무념

---

51) 같은 책(『大正新修大藏經』, 권48, 340쪽 下), "無念法者, 見一切法, 不著一切法, 遍一切處, 不著一切處, 常淨自性, 使六賊從六門走出, 於六塵中, 不離不染, 來去自由, 卽是般若三昧, 自在解脫, 名無念行. 莫百物不思, 當令念絶, 卽是法傳, 卽名邊見. 悟無念法者, 萬法盡通, 悟無念法者, 見諸佛境界, 悟無念頓法者, 至佛位地."

52) 知訥, 『眞心直說』(『普照全書』, 55쪽 中), "或曰, 人若無心, 便同草木, 無心之說, 請施方便. 曰 今云無心, 非無心體, 名無心也. 但心中無物, 名曰無心. 如言空瓶, 瓶中無物, 名曰空瓶, 非瓶體無, 名空瓶也."

법을 깨달은 자는 만법萬法에 모두 통하고, 무념법을 깨달은 자는 제불의 경계를 보며, 무념돈법無念頓法을 깨달은 자는 불지위佛地位에 이른다. 즉 혜능은 무념을 구체적인 일상경계(萬法)와 자유롭게 만나는(去來) 직심直心의 의미로 사용하고 있다. 다시 말해서 무념은 모든 존재 상황과 교섭되는 주체의 행위를 전제로 하는 것이다. 그렇기 때문에 어떠한 것도 생각하지 않는 백물불사百物不思는 반야의 지혜가 발휘되지 않는 염의 단절로서 불착不著의 무념행無念行과 어긋나게 된다. 왜냐하면 백물불사는 법에 속박되기 때문이다.[53]

인용문 ㉢에서 지눌이 말하는 바의 무심無心이란 마음의 체體(自性)가 없다고 하는 무심이 아니라 다만 마음 가운데 잘못된 생각(妄心 · 物)이 없음이다. 마치 빈 병瓶이라 할 때 병 속에 물건이 없는 것을 이름하여 빈 병이라 하고 병 자체가 없는 것을 빈 병이라 하지 않는 것과 같다. 지눌의 무심법無心法은 전체적으로 자신의 망념妄念을 돌이켜 보아서 자기를 제어制御하는 공부 방법이다.

혜능의 무념이 궁극적으로 추구하는 것은 반야지般若智의 '대경혜용'이다. 혜능이 줄곧 설파하는 것은 이미 우리가 앞에서도 논의했듯이 '부동不動에 대한 집착'을 비판함을 통해 동적인 세계에서 견문각지가 활발하게 작용하는 반야지의 혜용慧用이다. 그렇기 때문에 혜능의 무념은 자성의 혜용을 중시하는 자성혜용自性慧用의 의미는 약하다. 그가 줄곧 주창하는 것은 경계 속에서의, 다시 말해서 구체적인 일상경계(萬法)와 자유롭게 만나는(去來) 직심直心의 의미를 가진, 대경혜용하는 무념이다.

혜능의 무념이 심불기心不起가 아닌 심수기心數起를 통한 대경혜용을 이야기한다면, 지눌의 무심은 자성으로 자신의 망념을 돌이켜 보아서 자기를 제어하는 것을 언명한다. 지눌에 의하면 중생의 참된 성품은 불성佛性

---

53) 김영욱, 『壇經』禪思想의 研究』(고려대학교 박사학위논문, 1993), 189~197쪽.

으로서의 진심眞心(自性)이다. 진심의 체는 공적하고 진심의 용은 영지하다. 그리고 이 때 진심의 체와 용의 관계는 상즉相卽이다. 즉 '체이면서 용'이고, '용이면서 체'이다. 체와 용은 구분되는 것이 아니기 때문에, 그대로 대번에 무심無心의 경지로 뛰어드는 공부가 바로 '체와 용을 뛰어넘어 망념을 없애는 공부'이다. 그리하여 털끝만큼의 빈틈도 없이 온몸을 한 덩어리로 두드려 만든 것같이 해서 온몸에 꿰맨 틈이 없고 위와 아래가 둥근한 덩어리로 되어 버리는 것이다.[54]

혜능의 무념에 비하여 지눌의 무심은 상대적으로 '제어하는 마음'을 강조한다. 즉 대경혜용의 측면이 상대적으로 약하다고 할 수 있다. 그 이유는 지눌이 말하는 바의 무심은 자성이 본래부터 가지고 있는 공적영지(根本普光明智)에서 유래하기 때문이다. 그리고 이 점은 혜능과 구별되는 지눌 사상만의 특징이라고 말할 수 있다.

5. 나가는 말

지금까지 논의한 것을 간략히 정리함으로서 결론을 대신하고자 한다.

지눌과 혜능은 돈오에 대하여 기본적으로 같은 인식을 가지고 있다. 첫째 진여자성眞如自性을 현실 세계에서의 인간의 자성으로 이해하는 점이 그러하다. 우리가 이미 보았듯이 혜능과 지눌은 중생의 자성이 가지고 있는 불성佛性을 무정중생無情衆生이나 우주자연으로 확장하지 않는다. 즉 지눌과 혜능의 경우 깨달음은 인간의 자성을 유일한 근거로 한다. 둘째 자성을 돈오함에 있어서 어떤 단계를 허용하지 않는 점도 같다. 지눌과 혜능

---

54) 知訥, 『眞心直說』(『普照全書』, 58쪽 中), "只作一箇大解脫門, 圓陀陀地, 體用不分, 無分毫滲漏, 通身打成一片, 其妄何處得起. 古人云, '通身無縫罅. 上下試團圞.' 是 乃透出體用滅妄功夫也."

의 경우 돈오란 점수를 기초로 하여 돈오를 증득證得하는 것이 아니라, 수습修習을 통하지 않고 바로 대오大悟를 체증體證함을 특징으로 한다.

그러나 지눌과 혜능은 중요한 차이가 있다. 첫째 돈오함에 있어 지눌은 혜능에게서는 고려되지 않았던 진여자성의 본래적인 특질로서의 공적영지를 주장한다. 즉 자성과 공적영지를 뗄 수 없는 관계로 간주한다. 지눌은 한편으로는 혜능의 자심과 돈오견성頓悟見性을 수용하면서, 다른 한편으로는 자심의 영지를 중심으로 하여 혜능의 자심과 돈오견성을 이해하고 있는 것이다. 둘째 혜능은 고려하지 않았던 자성의 공적영지를 전제로 하기 때문에, 지눌 돈오 사상의 전체 체계는 경계 속에서의 활용을 주장하는 대경혜용의 면보다 자성이 본래적으로 가지고 있는 (공적)영지의 활용을 주장하는 자성혜용自性慧用의 면이 강하게 드러난다. 셋째 그 결과 회광반조라는 독특한 깨침의 틀이 마련된다.55)

지눌에 의하면 깨닫기 위해서 필요한 요소는 세 가지이다. 진심인 자성自性과, 자성을 둘러싸고 있는 심성心城으로서의 자심自心, 그리고 일념회

---

55) 지눌과 혜능의 頓悟에 대한 입장의 차이는 또 있다. 혜능은 깨달은 자의 눈으로 세상을 본다. 그렇기 때문에 自性만 바로 알면 妄念은 더 이상 妄念이 아니다. 다만 自性일 뿐이다. 그러므로 없애야 할 妄念이 따로 있는 것이 아니다. 즉 혜능은 漸修를 고려하지 않는다. 그러나 지눌은 한편으로는 깨달은 자의 눈으로 세상을 보지만, 다른 한편으로는 衆生의 입장에서 세상을 본다. 지눌은 주장하기를 道에 들어가는 門은 많지만 요점을 들어보면 頓悟와 漸修 두 門에 지나지 않는다고 한다. 그는 일단 頓悟頓修가 最上根機의 들어감이라는 것은 인정한다. 이 점은 혜능과 다르지 않다. 하지만, 먼저 깨닫고 나서 뒤에 닦는 根機가 있다는 것을 말하며, 頓과 漸의 兩門을 모든 성인들의 정해진 길이라고 보고, 예전부터 모든 성인들이 먼저 깨닫고 뒤에 닦지 않은 이가 없다는 것을 주장함으로서 頓悟漸修를 千聖의 軌轍이라고 한다. 즉 悟後修로서의 漸修에 대한 그의 주장은 衆生의 입장을 고려하는 문제 의식의 표출이지 다른 것이 아니다. 그러나 이 논문에서의 우리의 주제는 頓悟이다. 따라서 悟後修의 문제에 대해서는 다음 기회에 언급하고자 한다.

知訥, 『修心訣』(『普照全書』, 33b), "夫入道多門, 以要言之, 不出頓悟漸修兩門耳. 雖曰 頓悟頓修, 是最上根機得入也. 若推過去, 已是多生, 依悟而修, 漸熏而來, 至于今生, 聞卽開悟 一時頓畢. 以實而論, 是亦先悟後修之機也. 則而此頓漸兩門, 是千聖軌轍也. 則從上諸聖, 莫不先悟後修, 因修乃證."

광一念廻光이다. 지눌에 의하면 일념회광은 자심自心이 자성自性을 부르는 빛(光)이다. 우리 인간은 누구나 개별자인 인간의 마음속에 불성佛性으로서의 자성을 가지고 있다. 그리고 인간의 자심은 자기 자신 내부에 있는 불성으로서의 자성의 존재를, 인간 개개인이 본래적으로 가지고 있는 공적영지에 의한 직관直觀에 의하여 직접적으로, 다시 말해서 돈오하여서 회광반조할 수 있다. 그리하여 진정眞正으로 바뀌지 않고 변하지 않으며 무명無明으로 인한 번뇌가 있지도 않다는 것을 깨달아 본래의 마음으로 되돌아가는 것을 돈오라고 하는 것이다. 이 때 돈오는 개별자인 자심이 가지고 있는 자성이 여러 부처와 더불어 조금도 다르지 않은 것을 홀연히 깨닫는 것인데, 일념一念으로 자기의 본분本分을 돌이켜 보아(廻光返照) 나 자신과 부처가 동체同體인 것을 깨치는 것은 수행修行을 따라 되는 것이 아니라 몰록 이루어진다는 의미에서 돈오라는 것이다. 즉 지눌에게 있어서 깨침은 공부에 들어가는 첫 단계에서 자기 마음이 곧 참된 부처임을 바로 믿는 데 있는 것이다. 따라서 지눌이 말하는 바의 깨침은 본각적本覺的 돈오라기보다는 시각적始覺的 돈오인 것을 알 수 있다.

제3부

지눌 선 사상과 간화선과의 함수관계

혜심의 선 사상 연구

─ 지눌의 선 사상과 비교하면서 ─

권 기 종

1. 서론

고려의 진각혜심眞覺慧諶(1178~1234)은 보조지눌普照知訥(1158~1210)의
뒤를 이은 전법제자傳法弟子요, 수선사修禪社 제2세로서 간화선看話禪을
대진大振했다는 것은 이미 주지의 사실이다.[1] 그러나 혜심이 대진했다고
하는 간화선 사상이 과연 어떤 것인가는 밝혀진 바가 거의 없다. 혜심은
『선문염송禪門拈頌』을 편찬했고, 『구자무불성화간병론拘子無佛性話揀病
論』을 저술했는데, 다만 그의 『어록語錄』의 내용이 간화선을 선양했다는
측면에서만 고찰됐을 뿐 혜심의 선 사상에 대한 구체적인 연구는 극히 부
분적인 한두 편의 논문에 불과하다.[2] 그것은 그의 스승인 지눌의 그늘에

---

1) 고익진, 「高麗佛敎思想의 護國的 展開」 II, 『불교학보』 14집(동국대학교 불교문화연구원.
   1977), 38쪽·41쪽.
2) 고형곤, 「海東曹溪宗에서의 存在現前: 知訥과 慧諶의 禪旨를 중심으로」, 『禪의 世
   界』(대학사, 1971), 307쪽.
   졸고, 「看話禪과 '無字'公案考」, 『동국대논문집』 20집(동국대학교 대학원, 1981), 1쪽.

가려 오직 지눌의 간화선 사상을 계승 진작시키는 데 공헌했다고만 논급되어 있기 때문에 더 이상 혜심 자신에 대한 진실한 모습을 볼 수 없었던 것이 아닌가 한다. 물론 혜심의 저술 경향이나 논지가 간화선 사상의 주창을 일관一貫하고 있음은 틀림없는 사실이다. 그러나 그의 스승인 지눌과는 많은 점에서 사상적 견해를 달리하고 있다. 이렇게 상이한 견해3)를 가지고 있으면서도 지눌의 견해를 부정·반대하려는 적극적인 의사나 표현은 거의 찾아볼 수 없으며, 다만 그 나름대로 자신의 논지를 전개하고 있음을 알 수 있다.

이처럼 혜심과 지눌의 사상적 관계는 불일치의 일류一流, 상이相異의 조화라고나 이름할 수 있는 관계를 유지하면서도, 인간적 관계는 대단히 밀접하였다. 단순히 수선사 제1세와 제2세의 관계라든가 전법제자라는 의례적이며 형식적 관계를 넘어 지눌이 다하지 못한 일을 혜심이 끝을 맺는 일종의 지눌 사상의 결론적 역할을 하였음은 지눌과 혜심의 선 사상을 논급함에 있어서 주목하지 않을 수 없는 일이다.

본 논문의 주된 취지가 혜심의 선 사상을 고찰하는 것이기는 하지만, 지눌과의 관계 속에서 살피지 않을 수 없는 이유가 또한 여기에 있다. 이미 졸고 「간화선看話禪과 무자공안고無字公案考」4)에서 혜심과 지눌의 관계 가운데 간화선경절문看話禪徑截門에 대한 의문을 제기한 바 있으나, 본고에서는 역사적 사실 위에 사상적 접근을 시도하여 간화선 사상의 연원을 추구하고자 하며, 아울러 지눌의 선 사상 일반을 혜심의 선 사상과 비교해 혜심의 주된 선 사상이 어떤 것인가를 구명하고자 한다.

---

3) 慧諶의 禪思想에는 知訥의 頓悟漸修, 定慧雙修, 三種法門(性寂等持·圓頓信解·看話徑截) 등 중요 사상이 거론되지 않을 뿐만 아니라 그 견해를 달리하고 있으며, 오직 간화일문만이 강조되고 있기 때문이다. 이러한 分析은 본문 참조
4) 졸고, 「看話禪과 '無字'公案考」, 『동국대논문집』 20집(동국대학교 대학원, 1981), 4쪽.

2. 혜심과 지눌의 관계

혜심과 지눌의 관계는 시간적으로 그리 길지 않다. 혜심의 출가出家가 고려 신종神宗 5년 임술년壬戌年(1202)[5]이고 지눌의 입적은 희종熙宗 6년 경오년庚午年(1210)이므로 대략 그 기간은 8년 정도이다. 그러나 이 8년간 같은 처소處所에서 동거수행同居修行한 것은 결코 아니다. "을축년乙丑年 가을, 보조국사께서 억보산億寶山에 계실 때 혜심이 선자禪者 몇 사람과 함께 찾아뵈었다"[6]고 한 것으로 보아 을축년, 즉 1205년 이전에도 주처住 處를 함께한 것은 아니며, 1208년에도 지리산을 떠나 수년을 지냈다고 하 였으니[7] 혜심과 지눌의 시간적 유대 관계는 수년에 불과할 뿐이다.

이러한 짧은 기간에 수선사 1세와 2세의 사자師資 관계로 맺어진 것은 지눌이 혜심의 오처悟處를 간득看得한 데서 기인된 것이다. 진각眞覺의 비 명碑銘에 의하면, 을축년(1205) 가을 이후로부터 무진년戊辰年(1208) 사이에 이미 상계相契가 있었던 것을 알 수 있다.

乙丑秋, 國師在億寶山, 師與禪者數人, 方往謁憩山上, 距庵千餘步, 遙聞國師在庵中, 喚侍者聲作偈. 其略云, 呼兒響落松蘿霧, 煮茗香傳石逕風. 及參禮與此話, 國師領之, 以手中扇授之. 師呈偈曰, 昔在師翁手裏, 今來弟子掌中……[8]

이라고, 부채를 주고받으면서 오고 간 게송偈頌이나 대혜大慧의 십종병十 種病에 대해 문답하는 가운데서

5) 이규보 찬, 「曹溪山第二世故斷俗寺主持修禪社主贈諡眞覺國師碑銘幷序」(『眞覺國師 語錄』 98장 後), "承安六年辛酉, 擧司馬試……明年母卽世……師徑造參禮, 請營齋 薦母, 因乞剃度, 國師許之."

6) 이규보 찬, 같은 글(『眞覺國師語錄』, 99장 前), "乙丑 秋, 國師在億寶山, 師與禪者數 人方往謁……."

7) 이규보 찬, 같은 글(『眞覺國師語錄』, 99장 前·後), "泰和戊辰, 欲命師嗣席, 卽退安 圭峰, 師固辭遂去智異山, 絶迹減影者數載."

8) 이규보 찬, 같은 글(『眞覺國師語錄』, 99장 前).

國師曰, 三種病人向什麼處出氣, 師以手打窓一下, 國師呵呵大笑, 及歸方丈, 更密召
與話. 乃嘉曰, 吾旣得汝, 死無恨矣. 汝當以佛法自任, 不替本願也.9)

라고 한 것은 지눌의 심중에 이미 혜심을 인가한 것이며, 수선사 제2세의
책임자로 결심한 것이라고 보여진다. 특히 '吾旣得汝, 死無恨矣'라고 한 것
은 모두 수선사의 책임을 혜심에게 넘기겠다는 강한 의지를 내포한 전부
가업傳付家業의 표현이요, 단순한 오증悟證을 인가하는 수행 점검의 태도
를 넘어선 발언으로 보여진다.

그러나 수행의 실제에 있어서 혜심이 스승인 지눌에게서 무엇을 배웠는
지, 또한 어떤 공안公案을 받았으며 어떻게 수행했는지에 대해서는 기록으
로 전하는 바가 없다. 다만 태화泰和 무진년戊辰年(1208) 즉 지눌의 입적 2
년 전에 사석嗣席하고자 했으나 혜심은 극구 사양하여 지리산을 떠나 수년
동안 자취를 감추기까지 했었고,10) 그후 대안大安 경오년庚午年(1210) 즉
지눌 입적 후 입원개당入院開堂했었다.11) 이 때의 입원개당도 명命을 받고
부득이 자리에 오른 것으로 '승칙계주承勅繼住, 사불획이師不獲已, 입원대
당入院開堂'이라고 그의 비명에 기재되었으므로, 이에 의하면 혜심이 적극
적인 자세로 수선사 2세를 추구했던 것은 절대 아니었음을 알 수 있다.

따라서 이러한 몇 가지 사례는 지눌과 혜심의 관계에 있어서 혜심의 접
근도接近度보다는 지눌 측이 더 가까이 하고자 하였음을 알 수 있다. 이는
제자가 스승을 구했다는 편보다 스승이 제자를 찾았으며, 또한 이 점은 혜
심에게는 남다른 장처長處가 있었음을 암시하기도 한다.

이상은 지눌 생존시 혜심과의 관계를 주로 함께한 기간과 법사法嗣의

---

9) 이규보 찬, 같은 글(『眞覺國師語錄』, 99장 前).
10) 이규보 찬, 같은 책(『眞覺國師語錄』, 99장 前).
11) 이규보 찬, 같은 글(『眞覺國師語錄』, 99장 前), "大安庚午, 國師入寂, 門徒開于上, 承
勅繼住, 師不獲已, 入院開堂."

측면에서 본 것이며, 수학과 수행의 방면에서 둘의 관계를 특기할 만한 현존 자료는 발견할 수 없다.

그러나 지눌 입적 후 혜심의 주선에 의해서 지눌의 비碑가 건립되고, 5년 후인 1215년에 그의 저술인『원돈성불론圓頓成佛論』과『간화결의론看話決疑論』의 유고遺稿가 발견되어 혜심의『구자무불성화간병론』과 함께 합간본合刊本으로 출간되었다.[12] 이는 또한 혜심과 지눌의 생존시 관계가 아닌 사후의 관계이기도 하며, 이 두 책의 유고는 지눌의 선 사상 체계에 있어서 없어서는 안 되는 결론적 저술이 된다. 따라서 최후의 저술이라고 할 수 있는『법집별행록절요병입사기法集別行錄節要并入私記』에서도 논급치 못한 지눌의 선 사상 체계가 이 유고를 통해서 성립되었으므로 지눌의 선 사상을 이해하는 데 있어서 혜심은 간과할 수 없는 존재가 된다.

그러므로 혜심의 선 사상이 어떠한 것인가를 고찰하면서 지눌의 선 사상과 비추어 볼 필요를 느끼게 되는 것이며, 지눌의 저술을 이분二分하여 생존시의 출간본과 유고본遺稿本의 사상을 비교함으로써 더욱 명확한 지눌의 선 사상과 혜심의 선 사상을 알 수 있을 것이다. 이는 지눌과 혜심의 선 사상을 이해하는 데 중요한 관건이 될 수 있기 때문이다.

3. 지눌의 선 사상과 혜심

지눌의 선 사상에 대해서는 여러 학자들에 의해서 다각도로 연구된 바 있다. 물론 이 같은 연구 성과는 주로 지눌의 저술을 토대로 하여 얻어진 것이며, 또한 저술을 의지하지 않고 그의 사상을 논한다는 것은 있을 수 없는 일이다. 그러므로 지눌의 사상을 이해함에 있어서 지눌의 저술은 절

---

12) 慧諶,『看話決疑論跋文』(『普照全集』, 427쪽).

대적인 자료가 될 뿐만 아니라 자료의 잘못된 취급은 그의 사상을 오인誤認케 할 것이다.

앞장에서 이미 언급한 바와 같이 지눌의 저술 중에는 그의 제자인 혜심과 밀접한 관계를 가진 저술이 있고, 순수한 지눌의 저술도 있다. 따라서 순전한 지눌의 저술을 통해서 본 지눌의 사상과 혜심에 의해서 출간된 유고를 통해서 본 지눌의 사상을 구분하여 비교·고찰한다면 또 다른 사상적 국면을 발견할 수 있을 것이다.

1) 지눌의 선 사상

지눌의 사상을 논급한 대개의 논문은 앞에서 살핀 바와 같은 자료의 구분을 하지 않고 그 논지가 전개되었다. 이러한 논문들의 논지에 의하면 지눌의 선 사상은 다음과 같이 요약된다.[13]

(1) 돈오점수頓悟漸修와 정혜쌍수定慧雙修
 ① 돈오점수
 ② 정혜쌍수

(2) 삼종법문三種法門
 ① 성적등지문惺寂等持門
 ② 원돈신해문圓頓信解門
 ③ 경절문徑截門(無心合道)

(3) 선교관禪敎觀
 ① 선교일원禪敎一元

---

13) 김잉석, 「佛日普照國師」, 『불교학보』 2집(동국대학교 불교문화연구원, 1964), 3쪽.
 이종익, 「普照國師의 禪敎觀」, 『불교학보』 9집(동국대학교 불교문화연구원, 1972), 67쪽.

이에 대한 구체적 의취義趣는 이미 선학들에 의해서 연구 발표된 바 있으며, 그 대개의 논지는 삼종법문을 높이 평가하고 있다. 이 중에서도 경절문經截門 사상은 지눌의 선 사상을 대표하는 법문으로 평가되었다.[14]

또한 지눌의 오증悟證을 3전기轉機로 구분하기도 하는데, 제1전기는 『육조단경六祖壇經』에 의해서이고, 제2전기는 이통현李通玄의 『화엄론華嚴論』에 의해서이며, 제3전기는 『대혜어록大慧語錄』에 의해서라고 한다.[15] 그리고 이러한 3전기에 의해서 지눌은 자기수증自己修證과 이타행원利他行願의 지도 체계를 정립하였다고 하여, 이 제1전기에 의해 정혜결사를 이룩하고 정혜쌍수와 성적등지의 일반적 수행문修行門을 열었으며, 제2전기에 의해 『원돈성불론』을 지어 원돈신해문을 세웠고, 제3전기에 의해 『간화결의론』을 지어 경절활구선徑截活句禪을 주창하였다고 본다.[16] 이 견해에서는 지눌의 수행 과정이나 지도 체계의 핵심적 기초를 『원돈성불론』과 『간화결의론』에 두고 있음을 알 수 있다. 뿐만 아니라 『정혜결사문定慧結社文』과 『수심결修心訣』은 성적등지문惺寂等持門(行)을 구명하였고, 『원돈성불론』은 원돈신해문(信解)을 천명하였으며, 『간화결의론』은 경절직입문(證)을 거론하였고, 『법집별행록절요병입사기』는 이상의 삼문을 통론通論한 것으로 보아야 한다[17]는 견해 역시 『원돈성불론』과 『간화결의론』이 지눌 선 사상의 기본이 되는 원돈신해문과 경절문의 소거논서所據論書라고 본 것이다.

그러나 『원돈성불론』에 의거한 원돈신해문은 지눌의 선 사상에 있어서 구경의 법문이 되지 못하며 한 걸음 더 나아가 경절문에 이르러야 한다고 『간화결의론』에서는 주장하고 있다.[18] 다시 말해서 돈오점수頓悟漸修는

---

14) 김잉석, 「佛日普照國師」, 『불교학보』 2집(동국대학교 불교문화연구원, 1964), 34쪽.
15) 이종익, 「普照國師의 禪敎觀」, 『불교학보』 9집(동국대학교 불교문화연구원, 1972), 80쪽.
16) 이종익, 같은 글, 같은 책, 81쪽.
17) 김잉석, 「佛日普照國師」, 『불교학보』 2집(동국대학교 불교문화연구원, 1964), 10쪽.

천성千聖의 궤철軌轍이라고 하면서도[19] 이 돈오점수와 정혜쌍수를 보조선普照禪의 전체로 보지 않았고,[20] 다시 화엄 사상에 입각한 원돈신해문을 세웠으나 원돈신해문도 어로語路·의로義路·신해信解를 벗어나지 못한 것이라고 지적했다.[21] 또한 원돈신해문은 "수행인修行人, 자심自心의 무명無明·분별分別이 제불諸佛의 부동명지不動明智임을 신해한 후에 의성수선依性修禪하면 묘妙가 된다"[22]고 함으로써 수선修禪의 한 과정으로 파악되었다. 그러나 『화엄론절요華嚴論節要』에서는 "화엄華嚴과 선禪이 결코 다른 것이 아니다"[23]라는 입장을 설명하고 있지만 결국은 원돈신해까지도 하나의 방편으로 간주되었고, 『간화결의론』에 의한 경절문만이 선의 본래 면목이며[24] 화엄의 원돈관圓頓觀의 해득解得까지도 극복되어야 하는 선의 극치이다.[25] 그러므로 『간화결의론』에서는

원돈신해문圓頓信解門에서 보면 십종지해병十種知解病 역시 진성연기眞性緣起의 일환이므로 취사取捨가 없으나 어로語路·의로義路·문해사상聞解思想이 있기 때문에 초심학자初心學者가 신수봉지信受奉持하지만, 만일 경절문에 있어서는 어로·의로가 없고 문해사상을 용납하지 않으므로 비록 법계法界의 무애

---

18) 知訥, 『看話決疑論』(김탄허 역, 『普照法語』, 회상사, 1973, 122장 後~123장 前).
___, 같은 책(『普照法語』, 134장 後), "禪門徑截得入者, 初無法義聞解當情, 直以無滋味話頭, 但提撕擧覺而已. 故無語路義路, 心識思惟之處, 亦無見聞解行生等時分前後. 忽然話頭, 噴地一發則如前所論一心法界. 洞然圓明故, 與圓敎觀行者, 比於禪門一發者, 敎內敎外逈然不同故, 時分遲速亦不同, 居然可知矣. 故云, 敎外別傳, 逈出敎乘, 非淺識者, 所能堪任."
19) 知訥, 『修心訣』(『普照法語』, 41장 後).
20) 고익진, 「高麗佛敎思想의 護國的 展開」 II, 『불교학보』 14집(동국대학교 불교문화연구원, 1977), 37쪽.
21) 知訥, 『看話決疑論』(『普照法語』, 122장 後~123장 前).
22) 知訥, 『圓頓成佛論』(『普照法語』, 91장 前), "今時修心之人, 先以自心日用分別之種, 便爲諸佛不動智. 然後, 依性修禪方爲妙覺."
23) 知訥, 「華嚴論節要序」(『普照全書』, 불일출판사, 1989, 174쪽).
24) 김잉석, 「佛日普照國師」, 『불교학보』 2집(동국대학교 불교문화연구원, 1964), 34쪽 참조.
25) 고익진, 「高麗佛敎思想의 護國的 展開」 II, 『불교학보』 14집(동국대학교 불교문화연구원, 1977), 41쪽.

연기無碍緣起의 도리마저 도리어 설해說解의 장애를 이루니, 만일 상근대지上根大智가 아니면 어찌 능히 밝히며 깨닫겠는가? 그러므로 범학배泛學輩는 도리어 의심과 비방을 하게 된다.26)

고 하였다. 다음은 선교일원에 대한 지눌의 사상으로 『화엄론절요』와 서문에서

世尊說之於口卽爲敎, 祖師傳之於心卽爲禪, 佛祖心口, 必不相違, 豈不可窮根源. 而各安所習, 妄興諍論, 虛喪天日耶.27)

라고 명백하게 밝힌 바 있다. 그러나 이러한 선교일원의 원리는 우연히 깨닫게 된 것이 아니라 상당한 기간과 많은 노력을 통해서 깨닫게 되었음을 그의 「화엄론절요서華嚴論節要序」를 통해서 잘 알 수 있다. 대정大定 을사乙巳(1185) 추추秋 하가산下柯山 보문사普門寺에서 대장경大藏經을 열람하면서 불어佛語가 심종心宗(禪宗)에 계합契合하는 것을 구하기 3년이나 되어서28) 『화엄경』, 「출현품出現品」을 열람하는 중에

擧一塵, 含大千經卷之喩, 後合之. 如來智慧, 亦復如是, 具足在於衆生身中. 但諸凡愚, 不知不覺.29)

이라는 구절에 이르러 장경藏經을 머리에 이고 눈물을 흘렸다(予頂載經卷, 不覺殞涕)고 자술하고 있기 때문이다. 따라서 지눌의 사상적 체계의 근본은 선교일원에 서서 선禪·교敎를 융합하므로 서로가 이해하고 자조資助

26) 知訥, 『看話決疑論』(『普照法語』, 122장 後~123장 前).
27) 知訥, 「華嚴論節要序」(『普照典書』, 173~174쪽).
28) 知訥, 같은 글(『普照典書』, 173쪽), "大定乙巳秋月……余始隱居下柯山普門寺……退歸山中, 坐閱大藏經, 求佛語之契心宗者, 凡三周寒暑."
29) 知訥, 같은 글(『普照全書』, 173쪽).

하는 데 있다고 할 수 있으나 결국은 회교명종會教明宗이 그 근본이라고 밝혔고, 이러한 일반적 지도 체계 위에 특수한 근기根機를 위하여 본분종 사本分宗師의 출신활로出身活路로서 리로理路 · 어로語路 · 정식情識 · 사량思量을 뛰어넘은 교외별전教外別傳의 활구선지活句禪旨를 수립했다고 보았다.30)

2) 지눌 사상의 문제점

지눌의 선 사상에 대한 이 같은 견해는 몇 가지 문제가 수반된다. 우선 논리적으로 전후가 모순되고 있으니, 그것은 선교일원의 원리를 절실하게 추구하여 "擧一塵含大千經卷"에 이르러서 눈물을 흘릴 정도로 감격한 것 과는 반대로 교외별전의 경절문을 구경究竟의 지향으로 삼고 있기 때문이 다. 선禪이 곧 교教요 교가 또한 선이므로 '불조심구佛祖心口, 필불상위必 不相違'를 주장했으면서 어찌하여 교외별전, 즉 교教 밖에 별전別傳의 선 禪이 있다고 할 수 있겠는가? 이것은 전후 뜻이 통하지 않는 모순이 아닐 수 없다.

그러나 선교일원을 주장한『화엄론절요서』와 교외별전의 경절문활구를 강조한『간화결의론』은 그 저술 연대가 동일하지 않다. 비록 동일인의 사 상이라 하더라도 사상의 추이推移와 발전은 가능한 것이므로 앞의 사상이 수정되고 새로운 다른 사상으로 발전할 수도 있을 것이다. 이렇게 추정해 보더라도 확연치 못한 채로 남아 있게 되는데,『화엄론절요서』의 저술 연 대는 지눌이 50세 때(丁卯正月八日, 1207)31)이며, 사상적 흐름으로 미루어 보아『간화결의론』은 50세 이후의 저술이어야 옳을 것이다. 그러나『간화

---

30) 이종익, 「普照國師의 禪教観」, 『불교학보』 9집(동국대학교 불교문화연구원, 1972), 87쪽 · 91쪽.
31) 知訥, 「華嚴論節要序」(『普照全書』, 174쪽).

결의론』의 저술 연대는 알 수 없고, 오직 제자 혜심에 의하여 유고로 발견되어 1215년에 상재上梓된 것이며, 지눌은 이에 앞서 이미 5년 전인 1210년에 입적하였다. 그러므로『간화결의론』의 저술 연대는 1207년 정월 이후에서 1210년 3월 20일 이전 사이가 되어야 할 것이다. 그러나 이 기간중인 1209년(大安元年 乙巳 여름)에『법집별행록절요병입사기』가 저술되었으니, 즉 지눌의 입적 7·8개월 전이다. 따라서 이는 문헌을 통해서 알 수 있는 지눌의 최후 저술이 된다.

여기에서 지눌의 사상적 체계와 그의 저술을 연관해서 살핀다면, 『간화결의론』은 또『법집별행록절요병입사기』보다는 후기의 저술이라고 생각하지 않을 수 없다. 만일 위의 가정을 받아들인다면『간화결의론』은 1209년 8월 이후 1210년 3월 이전의 저술이 될 것이다. 그러나 또한『원돈성불론』의 저술 연대가 미상이며, 이는 사상 체계상『간화결의론』이전의 저술이어야 할 것이므로 앞에서 제기된 선교일원과 교외별전의 모순 속에 다시 유고의 저술에 대한 진위眞僞의 문제를 추가케 한다.

지눌의 저술과 관계 문헌을 저술 연대별로 정리하면 다음과 같다.

1190년(33才時)『정혜결사문』
1205년(48才時)『계초심학인문誡初心學人文』, 『진심직설』(?)
1207년(50才時)『화엄론절요』 절록節錄
1209년(52才時)『법집별행록절요병입사기』
1210년(53才時) 입적
1211년　　　　「보조국사비명普照國師碑銘」 찬撰
1215년　　　　『간화결의론』(말년 작), 『원돈성불론』 유고 출간

위에서『진심직설』의 저술 연대를 48세라고 하여 의문부호를 붙이고, 『간화결의론』은 괄호 속에 말년 작이라는 단서를 붙였으나[32] 본고에서는

확실한 저술 연대를 알 수 없기 때문에 『간화결의론』의 확실한 출간 연대인 1215년에 배당시켰다. 이상의 저술 외에도 『상당록上堂錄』·『법어가송法語歌頌』 등의 실전분失傳分과 『염불요문念佛要門』 등 많은 지눌의 저술 및 관계 문헌이 있지만,33) 본 논지와는 깊은 관계가 없으므로 취급치 않았다.

이상 지눌 저술과 그의 사상을 연결 지어 살펴보면, 돈오점수와 정혜쌍수, 성적등지, 선교일원은 그의 생존시 저술에 의거한 것임이 틀림없으나, 삼종법문 중에서 『원돈성불론』에 의한 원돈신해문과 『간화결의론』에 의거한 경절문 사상은 그의 생존시에 출간된 저술에 의해서 설명되기 곤란한 점들이 많다. 물론 『법집별행록절요병입사기』에서 경절문활구의 사상이 언급되고는 있지만, 지눌의 적극적 의지가 아닌 인용으로서 표현되고 있을 뿐이다.34)

유고인 『간화결의론』·『원돈성불론』과 혜심의 『구자무불성화간병론』을 합간하면서 쓴 혜심의 발문에 의하면, "『원돈성불론』과 『간화결의론』의 유초遺草가 상자 속에 있는 것을 근간에 찾았다"35)고 하였으니, 이 발문에서 근간이란 어느 시기를 의미함인지는 알 수 없지만 지눌의 생존시에는 발견되지 않았음이 확실하다. 그렇다면 삼종법문 중 원돈신해문과 경절문 사상의 이종법문은 유고의 발견을 통해서 그 이후에 완성된 법문이 될 것이며, 유고의 발견자인 혜심과는 무관한 법문으로 생각할 수 없을 것이다. 더구나 삼종법문이란 어휘가 지눌의 입적 후 혜심의 주선에 의해36) 쓰여진 김군수金君綏의 찬撰 「보조국사비명」에서 나타난다는 사실37) 또

---

32) 이종익, 「普照國師의 禪敎觀」, 『불교학보』 9집(동국대학교 불교문화원, 1972), 81쪽.

33) 고익진, 『韓國佛敎撰述文獻目錄』, 108~120쪽.
   김잉석, 「佛日普照國師」, 『불교학보』 2집(동국대학교 불교문화연구원, 1964), 9쪽.

34) 知訥, 「法集別行錄節要幷入私記」(법륜사, 1957), 133~137쪽.

35) 慧諶, 「看話決疑論跋文」(『普照全集』, 427쪽), "乃著圓頓成佛論, 看話決疑論, 遺草在箱篋間近乃得之, 傳示大衆."

36) 『金石總覽』 권下, 951쪽, "師, 沒之明年, 嗣法沙門慧諶等, 具師之行狀. 以聞曰願賜, 所以示後世者, 上曰兪, 乃命小臣, 文其碑."

한 간과할 수 없는 일이다.

더구나 혜심의 발문에는,

噫 近古以來, 佛法衰廢之甚, 或宗禪而斥教. 或崇教而毁禪, 殊不知禪是佛心, 教是佛語, 教爲禪綱, 禪爲教綱, 遂乃禪教兩家, 永作怨讐之見, 法義二學, 返爲矛盾之宗, 終不入於無諍門, 履一實道, 所以先師哀之. 乃著圓頓成佛論看話決疑論.[38]

라고 하였으니, 이는 『원돈성불론』과 『간화결의론』의 저술 의도가 마치 선교의 대립을 불식시키려는 데 있는 듯 표현되고 있다. 그러나 혜심 자신의 저술이 아닌, 제3자인 지눌의 저술 의도를 정확히 이해했는가에 대해서는 의심스러운 점이 없지 않다. 『간화결의론』은 엄밀한 의미에서 선교의 대립을 없애기 위한 내용이기보다는 오히려 교외별전의 간화경절문을 주장한 내용으로, 교의 편에서 본다면 선 우위가 강조된 것으로 더욱 대립을 조장시키는 내용이 될 뿐 선교의 시비를 불식시키기 위해서 저술되었다고는 생각되지 않는다.

그럼에도 불구하고 혜심은 "法義二學, 返爲矛盾之宗, 終不入於無諍門, 履一實道"를 애통히 여겨 저술된 것이라고 하였으니, 이는 혜심의 입장에서 지눌의 저술 의도를 쓰는 데서 오는 다소간의 모순이라고 생각하지 않을 수 없으며, 또한 이러한 모순은 지눌과 혜심 사이에서 이루어진 저술이 가지는 석연치 못한 점이기도 하다.

따라서 혜심과 관계가 있는 지눌의 저술, 즉 『원돈성불론』, 『간화결의론』, 「보조국사비명」 등을 통해서 본 지눌의 사상과 순수한 지눌 생존시의 저술에 의한 지눌 사상 사이에는 많은 모순점을 발견할 수 있다. 그렇다고 『원돈성불론』과 『간화결의론』이 지눌의 저술이 아닌 혜심의 저술이라고

---

37) 같은 책, 950쪽, "開門有三種, 曰惺寂等持門, 曰圓頓信解門, 曰徑截門, 依而修行."

38) 慧諶, 「看話決疑論跋文」(『普照全書』, 426쪽~427쪽).

단언할 수 있는 논거는 없지만, 지눌 사상 속의 혜심적 요소라고는 추리할 수 있을 것이다. 이런 의미에서 과연 혜심의 선 사상이 어떤 것인가를 고찰하고 순수 지눌 사상과 혜심이 관계한 지눌의 저술을 통한 사상을 비교해 본다면 앞에서 언급된 모순점은 다소라도 해결될 것이다.

4. 혜심의 저술과 선 사상

1) 혜심의 저술

혜심의 저술 경향을 지눌과 비교해 본다면 완연히 다르다는 것을 알 수 있다. 우선 혜심의 저술에는 지눌에서 볼 수 있는 절요류節要類의 편찬이 없을 뿐 아니라 선일변禪一邊에 관한 찬술만이 있다. 1226년(정우 14년 丙戌)에 편찬된『선문염송』30권과 함께 그 저술 연대를 알 수 없는『구자무불성화간병론』과『조계진각국사어록曹溪眞覺國師語錄』과『무의자시집無衣子詩集』39)이 현존하고 있다.

이 중『선문염송』은 무려 1125칙則의 고화古話를 채집하고 제사諸師의 염송을 이끌어 성록成錄한 것으로 30권이나 되는 방대한 책이다. 후에 그의 제자로 알려진 각운覺雲은 다시 이『선문염송』에서 요어要語를 뽑아 설화를 붙인『선문염송설화禪門拈頌說話』30권을 저술하였고, 이는 현존하고 있다. 혜심의『선문염송』은『구자무불성화간병론』과 함께 후대 한국 불교 선종에 미친 영향은 대단히 컸다고 생각된다.『선문염송』은 한국 불

---

39)『無衣子詩集』은 日本駒澤大學圖書館에서 발견된 筆寫本으로 편집자나 편찬 연대는 알 수 없다. 총42장으로 權相老 편,『曹溪眞覺國師語錄』의 부록 부분도 이 詩集에 수록되었고, 이외에「常住寶記」·「圓覺經讚」등과 함께 원효의「法華經宗要序」(月坡本松廣寺板)를 끝에 싣고 있다.

교 교육의 교과 과정 중 수의과隨意科에 포함되고 있음은 말할 것도 없거니와『선문염송』을 읽지 않는 선사禪師는 거의 없을 정도로 선문필독禪門必讀의 서로 유행했기 때문이다.

『구자무불성화간병론』또한 한국 선 사상에 큰 변화를 가져다주었으니, 그것은 곧 구자무불성화狗子無佛性話가 선문 제일 공안公案으로 대두되어 공안하면 곧 구자무불성화인 것처럼 유행하게 하는 데 큰 작용을 하였다.[40] 비록 혜심은 많은 저술을 남기지는 않았지만 그의 어록을 통해서 간화선 사상의 일관된 주장을 알 수 있으며, 이러한 혜심의 저술과 간화선 사상은 지눌의 저술 경향과는 서로 다른 점이 될 것이다.

2) 혜심의 선 사상

(1) 간화일문론看話一門論

혜심도 지눌과 같이[41] 수행의 요점은 일단 지止와 관觀, 정定과 혜慧라고 보았으며, 제법諸法의 공함을 비추어 보는 것을 관이라 하고, 모든 분별을 쉬는 것을 지止라고 했다. 또 경계를 대해서 움직이지 않음(不動)이 정定이며, 성품을 보아 미迷함이 없음을 혜慧라고 했다. 그러나 억지로 마음을 써서(用心) '지'하려거나 '관'하려는 것은 옳지 않으며, 또한 정혜에 있어서도 힘의 제지를 통해서 부동不動(定)한다거나 불미不迷(慧)해서는 안 된다. 그러나 자신이 수행의 득력과 부득력을 검토하여 그 정도를 알 때에는 가可하다. 그런데 이외에 간화일문이 있으니 이것이 가장 빠른 길이며(最爲徑截), 지관·정혜도 모두 이 속에 포함된다고 했다.

---

40) 졸고,「看話禪과 '無字'公案考」,『동국대논문집』20집(동국대학교 대학원, 1981), 9~17쪽.
41) 知訥,『定慧結社文』참조.

修行之要, 不出止觀定慧, 照諸法空曰觀, 息諸分別曰止. 止者, 悟妄而止, 不在用心抑絶. 觀者, 見妄而悟, 不在用心考察, 對境不動是定, 非力制之, 見性不迷是慧 非力求之. 雖然, 自檢工夫得力不得力消息知時, 乃可耳. 此外, 有看話一門, 最爲徑截, 止觀定慧自然在其中.42)

이는 간화일문看話一門에 지관정혜止觀定慧가 다 포함되어 있다는 논지일 뿐만 아니라 정혜쌍수의 구체적 방법을 제시한 것이다. 정혜쌍수를 닦아야 한다고 하지만 수행의 실제에 있어서 과연 어떻게 닦는 것인지는 명시된 바 없다. 그러나 앞에서 살핀 바와 같이 정혜쌍수의 수행 방법을 명백히 했다. 혜심이 정혜쌍수를 수행의 요要로 본 것은 지눌과 동일한 견해이지만, 지관정혜가 간화일문에 포함된다고 함은 혜심의 독특한 견해이며, 이에 의해 지눌의 정혜쌍수는 혜심의 간화일문에서 그 의미를 잃게 되고 오직 간화일문 속에 용해되고 만다.

또한 혜심은 선교일원이나 선교합일이 아닌 선 우위의 사상을 고취했다. 그가 비록 『간화결의론』 발문에서

殊不知禪是佛心, 敎是佛語, 敎爲禪綱, 禪爲敎綱.

라는 표현을 하고 있지만, 이 글은 지눌의 저술 의도를 대변하는 말이며, 이 글은 그 내용 자체가 전후의 모순을 빚고 있으므로 표현대로 이해하기에는 다소의 문제가 있다고 앞장에서 논급한 바 있다. 만일 이 발문의 내용을 그대로 받아들인다면 『원돈성불론』과 『간화결의론』이 선교의 대립을 무마시키기 위한 논술이어야 할 것이나 사실은 그 내용이 선교합일과는 무관하다.

실제로 혜심을 전후한 시대에 있어서 불교계의 선교 대립은 심했으며,

---

42) 「孫侍郞求語」(이종욱 편, 『曹溪眞覺國師語錄』, 月精寺 刊, 1940, 72장 後).

이 대립의 모순을 극복하기 위한 지눌의 노력 또한 컸다는 것은 주지의 사실이다. 그러나 혜심은 지눌과는 달리 한결같이 간화선만을 주장했고 선문일변禪門一邊의 저술과 법어法語를 설했을 뿐이다. 혜심이 최상서崔尙書 우우에게 답하는 글에는

夫敎外別傳直截根源一着子, 只要當機覷面, 言下便薦, 豁然心開則, 一大藏敎, 盡是注脚, 亦乃熱椀鳴聲. 若於一言下不薦, 更廻頭轉腦, 擧目揚眉, 擬議思量, 開口動舌則, 便是生死根本也.43)

라고 함으로써 선교합일과는 거리가 먼 교외별전을 주장하고 '일대장교一大藏敎가 다 주각注脚이며 열받은 그릇의 트는 소리'라고 혹평하면서 '직절근원直截根源의 일착자一着子'를 내세웠다.

이러한 혜심의 입장은 비단 선과 교라는 상대적 의미에서 교를 배제시킬 뿐만 아니라 선 안에서도 이론적인 선론禪論은 옳지 못한 것이라고 힐척詰斥하는 것이다. 그는 만약 수행자가 분지일발噴地一發하지 못하고 일대장교를 병에서 물 붓듯이 외운다거나 강경강론講經講論과 설선설도說禪說道를 통해 많은 감명을 준다 해도 이것은 자기 본분사에는 아무런 도움되는 일이 아니라 하고, 또한 이는 의통선義通禪이므로 삼갈 것을 주장하였다.44)

또한 "竪拂拈槌, 猶是醉中之作, 論佛論祖, 還他夢裡之談, 去此二途"45)라고 함으로써, 언설로 논불논조論佛論祖하는 것이나 행위로 견불념추竪拂拈槌하는 것조차 '꿈속의 이야기'요 '취중의 행동'이라 했으니, 오직 간화

---

43) 같은 글(『曹溪眞覺國師語錄』, 38장 後).
44) 「示中正上座」(『曹溪眞覺國師語錄』, 57장 前・後), "……若向者裏, 噴地一發, 許你參學事畢, 其或未然, 直饒誦得一大藏敎, 如甁瀉水, 有甚用處, 假使講經講論, 說禪說道, 直得天花落地, 郡石點頭也. 是咬蚤之義, 於自己本分事上, 了沒交涉, 聽吾偈曰, 莫學義通禪, 義通非道眼, 猶如水母兒, 我食借蝦眼……."
45) 「孤山庵慶讚」(『曹溪眞覺國師語錄』, 22장 後).

일문의 실수實修만이 요긴한 것으로 주장되었다. 또

현묘玄妙한 도道는 의식意識을 통해서 찾으려고 하면, 이미 목전目前을 지나가 버린 것이니 무엇을 왈가왈부할 것인가 하는 뜻으로, 두견새가 목에서 피가 나도록 운들 무슨 용처用處가 있으며, 차라리 입을 다물고 남은 봄을 지내는 것만 같지 못하다.[46]

라고 비유를 통해서 설명하였으니, 혜심의 선 사상은 오직 간화일문에 입각하고 있음을 알 수 있다. 그러므로 이 간화일문의 주장은 지눌의 돈오점수·정혜쌍수나 선교일원의 사상과는 전혀 그 관점을 달리하고 있다.

혜심이 종민상인宗敏上人에게 보내는 글에 의하면,

선요경禪要經에 이르기를, 기제개보살棄諸蓋菩薩이 부처님께 여쭙기를, "선문禪門의 비요秘要가 일문一門입니까 다문多門입니까. 만약 다문이라면 법法이 둘이요, 일문이라면 무량중생無量衆生을 어떻게 수용할 수 있겠습니까" 하였다. 이 질문에 부처님께서 답하셨다. "이 선요문禪要門은 일문도 다문도 아니다. 일체중생의 성품은 허공虛空과 같다. 비록 허공과 같으나 그 각각의 신심身心이 다 선문인데 그것을 닦지 않는구나. 그 이유는 식구불언息口不言하면 리理에 명합冥合하니 입이 선문이요, 안분별眼分別을 섭섭攝攝하면 혼합무이混合無異하여 안안眼이 선문…… 내지 신의身意도 또한 그와 같다."[47]

고 한 경문을 인용하고, 이어서 혜심 자신의 견해를 다음과 같이 밝혔다.

無衣子曰, 此是釋迦老子, 指出老婆禪底說話也. 然若善得意則可, 或若錯承此意, 一向凝心歛念, 攝事歸空, 才有念起, 旋旋破除, 細想才生. 卽便遏捺, 冥冥漠漠, 無覺無知則, 便是魂不散底死人, 落空亡底外道.[48]

---

46) 같은 글(『曹溪眞覺國師語錄』, 23장 前).
47) 「示宗敏上人」(『曹溪眞覺國師語錄』, 48장 後).

이 얼마나 명확한 간화일문에 대한 소신인가? 전술한 선요경禪要經의 교설教說은 석가늙은이(釋迦老子)의 노파심에서 나온 화설話說이니 잘 이해하면 가可하지만, 잘못 이해한다면 혼魂이 나가지 않은 죽은 사람(살아 있어도 죽은 것과 다름없다는 뜻)이며, 외도外道에 떨어진다고까지 하였다. 이어서 자신의 견해를 밝히기를, 과거 지리산 상무주암上無住庵에서 지은 게송偈頌과 함께 귀종선사歸宗禪師의 사례를 들었다.

山僧, 往年, 在智異山上無住庵, 作坐禪偈曰, 坐坐坐非坐, 禪禪禪不禪, 欲知坐禪旨, 看取火中蓮, 只此意也. 若假寄名言, 緩緩指陳則, 不妨如此, 若也當機直指則, 遠之遠之, 如有僧辭歸宗. 宗云, 往甚處去. 僧云, 諸方學五味禪去. 宗云, 諸方有五味禪, 我者裏, 只是一味禪. 僧云, 如何是一味禪, 宗便打. 僧云, 會也會也. 宗云, 速道速道, 僧擬開口, 宗又打, 黃檗聞云. 馬師門下, 出八十四人善知識, 問着, 介介屙漉漉地, 唯有歸宗, 較些子, 者箇便是本宗師, 當機覿面, 倒腸傾腸, 徹困爲人底樣子也. 宗敏道人, 但依此參, 若也於此不契則, 更向十二時中四威儀內, 看箇話頭, 僧問趙州狗子還有佛性也無……[49]

위의 글에서 보는 바와 같이 혜심은 선禪은 어쩔 수 없이 설명을 하지만 설명으로 밝혀지는 것이 아니며, 여러 가지 선이란 있을 수 없는 것으로 간화일문만이 핵심이며 절실히 요구되는 것임을 거듭 강조했다. 따라서 선 수행의 실제에 있어서도 이 간화일문에 의거하여 각종 수행 방법이 전개되고 있다.

(2) 간화수행론看話修行論

① 신방편信方便

혜심의 선 수행이란 오직 간화선 수행을 의미한다. 따라서 혜심의 선 수

---

48) 같은 글『曹溪眞覺國師語錄』, 48장 後).

49) 「示宗敏上人」『曹溪眞覺國師語錄』, 49장 前).

행도修行道에는 간화참구看話參究만이 최선의 수행 방법이다. 그러나 혜심은 간화선 수행에 필요한 몇 가지 방안과 주의해야 할 점들을 분명하게 밝혔으니, 먼저 갈학사葛學士 남성南城에게 한 법문에서,

일념一念의 청정淸淨한 믿음(信)을 일으키는 자는 백천무량항하사겁百千無量恒河沙劫의 일체고난一切苦難을 뛰어넘어 악취惡趣에 태어나지도 않으며 미구未久에 곧 무상보리를 얻는다. 그러므로 요심了心은 무작無作하여 곧 업業의 공空함을 깨닫고 업의 공함을 깨달을 때를 득도得道라고 이름하며, 도道가 나타나면 지혜智慧가 밝아지고 심지心智가 밝아지면 행주좌와行住坐臥 사위의四威儀가 자연히 자리이타自利利他의 행行이 된다.

라고 한 『인왕경仁王經』의 말씀을 인용하고는, 이러한 것도 간화 앞에서는 불필요한 것이니 버려야 한다고 하였다.[50] 이것은 오직 청정심淸淨心을 일으키는 것만으로 수행이 될 수 없다는 혜심의 입장을 밝힌 적절한 예증이며, 간화가 수반되지 않는 신信은 신의 의미를 잃은 것으로 신은 반드시 간화와 연결돼야 함을 밝혔다.

依上古敎, 深信上聖下凡, 同一眞心, 同一正位. 然後, 看个話頭.[51]

라고 함으로써, 신심信心은 간화의 방편이며 간화의 전제로서 요구된다. 「안찰사중랑선대유청按察使中郎鮮大有請」에는 "오직 신심信心만이 필요하며 별다른 방편은 없다"[52]고 하였으며, 「답정상서방보答鄭尙書邦甫」에서는 "이 도道를 배우고자 하면 신信이 처음이 된다"[53]고 하였다. 또 요연

---

50) 「示葛學士南城」(『曹溪眞覺國師語錄』, 68장 後), "仁王經云, 能起一念淸淨信者, 是人超過百劫千劫……. 知是般事, 拈放一邊, 轉頭回來看个話頭……."
51) 「示善安道人」(『曹溪眞覺國師語錄』, 65장 前).
52) 「按察使中郎鮮大有請」(『曹溪眞覺國師語錄』, 22장 前), "唯在信心, 別無方便."
53) 「答鄭尙書邦甫」(『曹溪眞覺國師語錄』, 43장 後), "夫欲學此道, 以信爲初."

불료연了然不了然을 징사심사澄思深思한 후에 견문응연처見聞應緣處에서 안배按配하지 말고 조작하지도 말며, 사량思量·분별分別·계교計較하지도 말고 태연하게 무주무의無住無依하며, 자긍자도自肯自到하면 자연히 편지遍知가 응용應用되고 시방을 명통冥通하게 되니, 이것이 일체시一切時에 심주心珠를 불매不昧케 하는 선교방편이 된다. 그러나 이러한 심신深信의 선교방편 외에 덕산德山이 봉봉棒한 이유나 임제臨濟가 할갈喝한 이유를 참구하면 반드시 일조활로一條活路가 있음을 알게 될 것이니 믿어 달라고 하였다.[54]

이것은 지눌의 원돈신해문이 혜심에게서는 독립된 일법문一法門이기보다는 반드시 간화의 대전제로서 취급되었으며, 간화가 따르지 않는 신해信解는 수행상 조도助道의 역할을 할 수 없는 것으로 간주했다. 그러므로 혜심의 선수행은 간화일문의 실참실오實參實悟를 한결같이 강조하였고,[55] 신信은 간화를 위한 방편이며 신 자체로서는 큰 의미를 갖지 못한다.

② 수묵守默·의통義通의 경계

'수묵守默의 치선痴禪'과 '심문尋文의 광혜狂慧'를 경계한 문구는 규봉의 『선원제전집도서禪源諸詮集都序』에서 언급되었고, 지눌의 『정혜결사문』에도 인용되고 있다. 그러나 지눌의 논지는 수묵守墨은 교를 알지 못하는 선자禪者를 가리켰고, 심문尋文은 선을 알지 못하는 교자教者를 뜻하였으며, 선교의 편견을 없애고 선교합일의 이론으로 수묵치선守默痴禪과 심문광혜尋文狂慧를 힐책했다.[56] 그런데 혜심은 공안公案을 갖지 않고 참구하는 것을 수묵치선이라 보고 문자에만 끌려 다니는 것을 심문광혜라고 지적하여 이 두 가지를 함께 배격했다.[57] 따라서 혜심이 본 수묵·광혜는

---

54) 「答襄陽公」(『曹溪眞覺國師語錄』, 37장 後~38장 前).
55) 「答盧尚書」(『曹溪眞覺國師語錄』, 42장 後).
56) 이종익, 「普照國師의 禪教觀」, 『불교학보』 9집(동국대학교 불교문화연구원, 1972), 90쪽.

선교의 관계이기보다는 묵조선默照禪과 의통선義通禪을 가리킨 것이다.

설사 심문지광혜라는 문구가 선을 모르는 교가敎家를 지적한 것이라 하더라도 수묵치선은 교를 이해하지 못하는 선가禪家를 가리킨 것으로 볼 수 없다. 왜냐하면 수묵이 교에 대한 이해 부족에서 오는 침묵이 아니라 공안을 갖지 않은 묵조선을 가리키고 있음이 분명하기 때문이다.[58] 이러한 그의 일관된 논지는 교를 알고 수선을 해야 한다는 입장이기보다는 공안을 간구看究해야 한다는 간화선의 주장에 있음을 알 수 있다. 따라서 혜심의 선 사상에는 사교입선捨敎入禪이나 회교귀선會敎歸禪적인 논지는 거의 나타나지 않는다. 그러므로 혜심의 법어에는 수묵守默을 배격함과 동시에 광심도 쉬라고 경계하였으니, "광심狂心을 쉬는 것이 곧 보리菩提이다"[59]라고 하면서 문자와 의리에 의지한 의통선까지도 경계했다.[60]

이러한 점에서 보면 혜심은 지눌에 비해 선리禪理를 논한 저술이 거의 없으며, 오직 선 수행 실제에 필요한 『구자무불성화간병론』만을 저술한 것도 혜심적 선관禪觀, 즉 묵조默照와 의리義理를 함께 배격하고 간화에 의한 수선修禪을 주장한 그의 의도와 일치하는 점이라고 하겠다.

③ 실참실오實參實悟

간화수행론에서 실참실오란 최선의 방법과 최고의 오처悟處를 뜻한다. 그러므로 혜심은 무엇이 실참실오인가를 밝힘과 동시에 수행자는 반드시 실참실오할 것을 당부했다. 물론 실참실오를 위해서는 십종병十種病을 여

---

57) 「太守侍郎請於法林寺」(『曹溪眞覺國師語錄』, 28장 後), "悲夫, 空守默之痴禪, 磨甎作鏡, 但尋文之狂慧, 入海算沙, 殊不知活脫眞機, 縱橫妙用."

58) 「示淸遠道人」(『曹溪眞覺國師語錄』, 52장 前), "亦莫見伊麼道, 一向閉眉合眼, 空空寂寂, 向黑山下鬼窟裏, 坐地待悟."

59) 「上堂三則」(『曹溪眞覺國師語錄』, 16장 後).
「四月西原府思惱寺夏安居」(『曹溪眞覺國師語錄』, 18장 前), "狂心歇處, 卽是菩提, 一切智通, 無障礙."

60) 주 44) 「示中正上座」 참고

의는 일이 우선일 수 있으나,『구자무불성화간병론』에서 설한 십종병에 대한 '혜심의 치병론治病論'에 관한 연구는 고稿를 달리하여 밝히고자 하므로 본론에서는 오직 십종병을 피해야 한다는 전제만을 언급하고 십종병의 구체적인 항목을 생략한다.

수선자修禪者가 모든 망념을 버리고 순일純一한 마음으로 간화참구할 수 있다면 최선의 수선 방법이 될 수 있을 것이다. 만일 이렇게 일체망념一切妄念을 제거한 상태라면 구태여 간화수선看話修禪을 해야 할 필요도 없을 것이다. 그러나 간화참구는 망념을 버리고 일념의 상태에서 참구하는 것이 아니라 "망념을 버리기 위해서 간화참구를 하게 되는 것이다. 그러므로 혜심은 망상을 버리고자 하면 간화만한 것이 없다"[61]고 하였다. 이는 모든 망상을 버리고 화두話頭를 간구하는 것이 아니라 간화를 통해서 망상이 제거되는 것이므로 "망상을 버리고자 하면 화두만한 것이 없다"고 밝힌 것이다. 그러므로 간화선은 간화의 실수가 최요관문最要關門이 되지만, 굳이 간화 이전에 선결되어야 할 문제는 "부처와 중생이 동일한 진심眞心이며, 동일한 정위正位임을 확신한 후에 간화해야 한다"[62]는 철저한 믿음이 요구된다. 만일 상성하범上聖下凡이 동일진심同一眞心이요 동일정위同一正位임을 확신하지 않고 간화선을 실수한다면, 이는 실참실오의 결과를 얻을 수 없다고 본 것이다.

또한 지눌의 사상에서는 무심합도無心合道가 곧 경절문이라고 이해되어[63] 경절문에 들어 밀계를 친증親證하니 어로의로語路義路가 있을 수 없고 문해사상聞解思想도 용납하지 않는 무심합도이며 이심전심以心傳心이

---

61) 「示正見道人」(『曹溪眞覺國師語錄』, 66장 前), "欲離妄想, 莫如看話."
62) 「示善安道人」(『曹溪眞覺國師語錄』, 65장 前), "衣上古教, 深信上聖下凡, 同一眞心, 同一正位. 然後, 看个話頭." 참조
63) 知訥, 『法集別行錄節要幷入私記』, 44~45쪽, "……更有一門, 最爲省要, 所謂無心…… 此無心合道, 亦是徑截門得入也……"

며 지지단전旨指單傳이라 했다.[64] 그러나 혜심의 경우는 "무심無心이 최위성요最爲省要이며 무심이 진심이다. 그러나 무심이라는 생각까지도 없어져야 진무심眞無心이다"[65]라고 한 덕산德山의 법어를 인용하면서, 마음에 조금이라도 명구지의名句之義에 걸림이 있으면 도리어 연려緣慮가 되므로 이런 것은 알아서 한쪽에 버리고 십이시중十二時中 사위의내四威儀內에 간개화두看箇話頭할 것이며, 이것이 실참실오의 모습이니 이같이 참구할 것을 가르쳤다.

> 然若以此名句文義, 掛在心頭, 又却不是, 所以道, 微言滯於心首, 飜爲緣慮之場, 實際居於目前, 盡是名相之境, 知是般事, 撥置一邊. 但向十二時四威儀內, 看箇話頭.…… 此是古今實參實悟底樣子也. 請陛下, 依此樣子參.[66]

이와 같이 무심한 후에도 간화를 해야 하며, 또한 간화를 통하지 않고는 무심할 수 없다. 그러므로 실참실오란 곧 간화일문임을 알 수 있다. 그러므로 실참실오란 과거 좌선을 통해서 얻은 것이나 경전을 통해서, 또는 고인의 어록에서나 종사宗師의 법어를 통해서 얻은 요긴한 것이라고 생각되는 모든 것을 다 버리고 간화에 열중하는 것이다. 따라서 혜심은 다허多虛가 소실少實만 같지 못하니 본분本分에 의지해 참상參詳할 것을 가르쳤다.

> 若要實參實悟, 須是從前坐禪處得底, 經敎上得底, 古人語錄上得底, 宗師口頭下得底, 有滋味實惜處, 一時掃向他方世界, 好好細看, 雪竇示衆云. 喝下承當, 崖州萬里, 棒下薦, 別有條章, 作麼生, 是衲僧本分事. 自代云, 啞, 但參此話, 休於言下覓, 莫向意中求, 想公, 讀至此, 必發一笑.…… 多虛不如少實, 請依本分參詳.[67]

---

64) 김잉석, 「佛日普照國師」, 『불교학보』 2집(동국대학교 불교문화연구원, 1964), 28쪽.
65) 「上康宗大王心要」(『曹溪眞覺國師語錄』, 47장 前).
66) 같은 글(『曹溪眞覺國師語錄』, 47장 前·後).
67) 「答盧尙書」(『曹溪眞覺國師語錄』, 42장).

이러한 점에서 본다면, 망념은 간화를 통해서 제멸除滅되고 무심도 간화참구가 따라야 한다. 뿐만 아니라 여타의 방법으로 얻어진 모든 귀중한 것들도 다 버리고, "오직 간화수행에만 열중하는 것이 실참실오이며, 혜심의 선수행도禪修行道이다. 그러므로 혜심은 참수실참參須實參, 오수실오悟須實悟"[68]를 적극 주장했던 것이다.

5. 결론

혜심의 선 사상을 구명함에 있어서 지눌의 선 사상과 비교하게 된 것은 지눌의 저술인 『간화결의론』과 『원돈성불론』의 유고가 혜심에 의해서 출간되었기 때문이다. 이 중 『간화결의론』의 요지는 간화선 사상인데, 『간화결의론』을 제외한 지눌의 모든 저술에서 간화선 사상은 거의 나타나지 않고 있다. 뿐만 아니라 지눌의 일반적인 선 사상을 『간화결의론』에 의한 간화선 사상과 비교해 보면 오히려 상충되는 점도 발견되고 있기 때문이다.

지눌의 사상을 돈오점수, 정혜쌍수, 선교합일, 삼종법문 즉 성적등지·원돈신해·경절문이라고 요약한다면, 『간화결의론』의 요지는 오직 간화 경절문만이 강조되고 있다. 따라서 『간화결의론』의 논지에 의하면 정혜쌍수는 간화일문에 포함되고, 교외별전의 간화경절문은 선교합일과 그 뜻이 일치하지 않으며, 원돈신해문까지도 버려야 간화경절문에 득입得入하므로 원돈신해까지도 부정된다.

이와 마찬가지로 혜심의 선 사상, 또한 그 전반적인 요지가 간화일문을 주장하고, 간화일문에 의한 간화수행도를 실수할 것을 제시했다. 교외의 선이요, 정혜를 포함한 간화이며, 신信은 오직 방편이라고 하였다. 또한 수

---

68) 같은 글(『曹溪眞覺國師語錄』, 42장).

묵치선의 묵조와 심문광혜의 의통을 경계하였으니, 이는 수묵을 선, 심문을 교로 본 것이 아니라 오직 선 수행에 있어서 묵조默照와 의리義理를 배격하고 간화선 수행을 강조한 것이다.

이렇게 볼 때, 『간화결의론』의 사상은 지눌의 일반적인 선 사상보다 혜심의 선 사상과 상통하고 있음을 알 수 있다. 『간화결의론』은 비록 지눌의 저술이라 하더라도 혜심에 의해서 지눌의 입적 5년 후 그 유고가 세상에 알려졌다. 그러므로 간화선의 한국적 수용은 지눌이라고 하더라도 간화선의 전개에는 혜심의 역할이 컸음을 알 수 있다.

또한 혜심은 간화일문이 실참실오이며, 간화에 의해서 망상을 치유하고, 무심도 간화참구가 수반되어야 하며, 다허多虛가 소실小實만 못한 것이므로 오직 참수실참, 오수실오의 중요성을 강조하였다. 따라서 간화선의 주장이 지눌에 의해서라고만 생각되었던 일부의 견해와는 달리 혜심의 간화선적 입장을 재인식해야 할 것이다.

간화선의 '구자무불성'에 대한 일고찰

― 대혜종고 · 보조지눌 · 진각혜심을 중심으로 ―

이 덕 진

1. 들어가는 말

주지하듯이 간화선看話禪은 중국 임제종臨濟宗 양기파楊岐派인 대혜종고大慧宗杲(1089~1163)가 송대宋代 선禪의 분위기를 일대 혁신하고자 내세운 선법이다. 그는 당대唐代 조사선祖師禪이 이후 새로운 선적 발전을 가져오지 못한 채 이전의 형식만을 답습하면서 문자선화文字禪化하여 현성공안現成公案의 의미를 상실하는 것을 개탄한다. 그렇기 때문에 정당한 공안선公案禪으로서의 간화선을 제시하여 선 본래의 전등傳燈을 계승하고자 한다.

간화선은 수선사修禪社 제1세 보조국사普照國師 지눌知訥(1158~1210)에 의해서 처음으로 우리 나라에 도입되며, 이후 지눌에게 많은 영향을 끼친다.[1] 그렇기 때문에 한편으로는 지눌이 초창기의 돈오점수 선법이 가지고

---

1) 이덕진, 「慧諶의 禪思想에 대한 연구」, 『철학연구』 20집(고려대학교 철학연구소, 1997), 115~116쪽.

있는 오류를 간화선을 받아들이면서 반성하고 수정하였다고 말할 수도 있다. 만일 우리가 지눌 선법의 특징을 간화선으로 간주한다면 간화선을 수용한 후기 선 사상과 초기 선 사상은 상충한다고 여겨질 수도 있다. 하지만 다른 한편으로는 지눌이 간화선을 그의 선 사상을 보강하는 것으로 원용했다고 볼 수도 있다. 즉 지눌의 선 사상을 대표하는 언명을 돈오점수頓悟漸修로 보고, 그가 궁극적으로 추구하고자 하는 것은 선禪과 교敎(華嚴)를 함께 아우르고자 하는 것이었으며, 간화선은 선교일치를 강화하는 하나의 방편이라고 간주하는 것이다. 이렇게 본다면 대혜의 간화선 사상의, 지눌의 선 사상 안에서의, 자리매김이 문제가 될 수도 있다.

진각국사眞覺國師 혜심慧諶(1178~1210)은 지눌의 법을 이은 수선사 제2세이며,[2] 간화선은 그에 의해서 크게 선양된다. 만일 지눌이 간화선을 접한 이후에 그의 전반기 사상을 수정하였다면, 혜심은 지눌의 간화선을 이어받은 것이 된다. 그러나 지눌이 단지 간화선을 소개하는 것에 그쳤고 간화선 도입 전후에 걸쳐서 지눌 선 사상 전체의 본질적인 내용에 변함이 없다면, 한국 간화선의 실질적인 효시는 혜심이 된다.

간화선은 어떤 의미에서는 현재 한국의 선을 대표한다고 볼 수도 있다. 그렇기 때문에 대혜 간화선과 지눌, 그리고 혜심의 선법 사이의 함수 관계는 현재 한국 불교계에서 가장 논란이 되는 부분 중의 하나이다. 대혜는 '무자無字'로 회자되는 '구자무불성狗子無佛性'을 대표적인 화두로 하여 그의 선 사상을 전개한다. 정도의 차이는 있지만 이 점은 지눌도 혜심도 예외가 아니다. 따라서 연구자는 이 점에 착안하여 '구자무불성'을 논의의 중심 자리에 놓고 대혜와 지눌 더 나아가서 혜심의 선 사상을 고찰하고자 한다.

---

2) 이덕진, 같은 책, 117쪽.

2. 조주종심과 구자무불성

구자狗子의 불성佛性을 주제로 한 공안公案은 당의 조주종심趙州從諗
(778~897)에서 비롯된다. 다음을 보자.

㉠ (한 스님이) 물었다. "개에게도 불성이 있습니까?" 대사가 말했다. "없다." 학
인學人이 (다시) 물었다. "위로는 모든 부처님으로부터 아래로는 개미에 이르기
까지 모두 불성이 있는데 개에게는 어찌하여 없습니까?" 대사가 말하였다. "그
것은 업식성業識性이 있기 때문이다."3)

㉡ (한 스님이) 물었다. "개에게도 불성이 있습니까?" 대사가 말했다. "집집마다
그 문전에는 장안으로 통하는 길이 있다."4)

질문한 승僧에 의하면 구자, 즉 개는 인간이 아니다. 그렇지만 대승불교
의 전통에서는 일체중생실유불성一切衆生悉有佛性이라고 한다. 그렇다면
인간이 아닌 미천한 존재인 개가 불성을 가질 수 있느냐는 것이다. 또 가질
수 있다면 그것은 무엇 때문이고, 가질 수 없다면 그것은 또 무엇 때문이냐
는 것이다. 질문은 교학적인 논의의 범주를 벗어나지 않는다. 그러나 조주
의 대답이 범상하지가 않다. 즉 논쟁의 불씨를 가지고 있는 것이다.

조주는 인용문 ㉠에서 개에게는 업식성이 있기 때문에 불성이 없다고
대답한다. 그러나 인용문 ㉡에서는 "집집마다 그 문전에는 장안으로 통하
는 길이 있다"는 긍정 형식의 표현을 사용한다. 이는 모든 사람들의 마음
에 깨달음의 길이 있다는 식으로 해석이 되고, 결국은 불성의 편재성遍在

---

3) 『古尊宿語錄』 권13, 「趙州語錄」(『卍續藏經』 권118, 314쪽 上), "問. 狗子還有佛性也
無. 師云, 無. 學人云, 上至諸佛, 下至螻子. 皆有佛性, 狗子爲什麼無. 師云, 爲伊有
業識性在."
4) 같은 책(『卍續藏經』, 권118, 324쪽 上), "問, 狗子還有佛性也無. 師云, 家家門前通長
安."

性을 암시하는 듯하다. 즉 불성의 존재를 긍정하는 표현으로 받아들여 질 수도 있는 것이다. 다시 말해서 구자불성狗子佛性의 유有·무無에 대한 조주의 입장은 서로 충돌하는 것처럼 보인다.

조주의 대답은 크게 두 가지로 해석이 가능하다. 첫째, 조주의 '없다'는 인간으로 태어나지 못하고 미천한 존재로서 태어날 수밖에 없는 업식성을 강조한 언명일 수가 있다. 즉 원래는 불성을 가지고 있지만, 현재 오염되어 있는 현상을 강조하기 위하여 '없다'라는 대답을 했다는 것이다. 이 표현은 개뿐만 아니라 인간을 포함하여 업식성을 벗지 못하는 모든 중생은 불성이 없다는 뜻일 수도 있다. 그 다음에 조주가 '있다'라고 한 것은 인간으로 태어난 것이 아니라 개로 태어날 수밖에 없는 업식성을 가지고 있기는 하지만, 넓은 의미에서 중생이라는 차원에서 불성이 '있다'고 했을 수도 있을 것이다. 이 경우는 오염되어 있는 현상 밑에 있는 본래면목本來面目에 주목하는 관점이 된다. 결과적으로 '없다'와 '있다'는 서로 모순되는 언명이 아니다. 업식에 가린 자는 그가 개든 인간이든 불성을 자각할 수 없지만, 그러나 그것이 중생에게 불성이 없다는 의미는 아니며, 우리가 만일 업식을 벗어 던질 수만 있다면 불성을 자각할 수 있게 된다. 이 입장은 일체중생은 모두 불성을 가지고 있다는 대승불교의 교학 정신에 보다 가까운 이해가 된다.

둘째, 조주가 '있다'와 '없다'라는 상호 모순되는 대답에서 노리는 것은 언어 외적인 것일 수도 있다. 질문한 승은 전해 듣거나 스스로 습득한 관념을 의식의 배경에 두고 질문한다. 그는 진리에 대한 생각을 가지고 있고 그 사고 체계에 닫혀 있다. 닫혀 있다는 말은 단단하다는 말이고, 자기 이외의 것을 배척한다는 말이며, 새로운 것을 받아들일 수 없다는 말이 되기도 한다. 그렇기 때문에 조주는 질문한 승려를 뒤흔들고자 한다. 그것이 선입견이라고 설명되든 편견이라고 표현되든 집착이라고 말해지든 간에 그 승려를 둘러싸고 있는 모든 것을 일단 흩트려 놓고자 하는 것이다. 즉 조주가 '없다'라는 언명을 통해 노리는 것은 불성이 있는가 없는가의 양단적인 물음에 대한 어느 한편을 펀드는 것으로서의 없다는 의미가 아니라 질문하는 승려의 문자에 대한 집착을 파괴하는 기능을 가진 '없다'인 것이다. 이렇게 본다면 '있다'라는 표현도 불성이 '있다'라는 식으로 해석한다면 역시 죽은 말이 된다. 질문하는 승려는 유·무와 중생·부처 등의 관념에 얽매여 있다. 조주는 이것을 깨기 위하여, 질문자의 고집스러운 일변을 전제한 질문에 대하여 답변 하나가 모두 화두의 기능을 충실하게 할 수 있도록 하기 위해 교묘하게 답변하고 있는 것이 된다. 즉 조주의 답변은 승려의 의문에 대하여 예상했던 해결의 방향을 제시하기보다는 막연히 가지고 있었던 해답의 실마리마저 끊어 버림으로써 질문자에게 명백한 해답을 제시하는 것이 아니라 반대로 의심의 상태를 만들어 주는 것이다.

언어를 본분의 작용을 어떤 상황에서나 열어 보이는 목적에 응용되는 수단으로 사용하는 불교는 조사선祖師禪의 특징이다. 즉 언어문자에 대한 조사선의 입장은 언어문자를 한편으로는 긍정적으로 평가하면서 다른 한편으로는 속박으로 작용할 수 있다는 점에 항상 주의를 기울이는 것이다. 그렇기 때문에 조사선의 입장에서 본다면 조주의 유·무는 답이 하나의 정해진 해답으로 굳어지는 것을 방비한 장치가 된다. 즉 의심의 뭉치를 고의로 만들어서 공부의 틀을 만들어 주고자 하는 것이다.[5] 즉 조주가 '있다'와 '없다'라는 상호 모순되는 대답에서 노리는 것은 언어 외적인 것으로서 질문한 승려에게 의단疑團을 만들어 주기 위한 것이라고 해석될 수도 있다. 이렇게 해석한다면 이 입장은 조사선의 불교 정신에 보다 가까운 해석이 된다.

우리는 이 짧은 문답에서 조주가 무엇을 노렸는지 정확히 알 수는 없다.

---

5) 김영욱, 「祖師禪의 언어형식」, 『가산학보』 7호, 159~170쪽.

하지만 대혜종고가 조주의 '무자공안無字公案(狗子無佛性)'을 중심어로 해서 간화선을 선양하고 보조지눌과 진각혜심이 구자무불성을 중요시한 데에는 남다른 목적이 있었을 것이다.

3. 대혜종고와 구자무불성

대혜에 의하면 참마음을 체증體證함은 어렵다. 참마음을 알아차리는 길은 너무나 지난해서 자칫하면 속기 쉽다. 따라서 무섭게 치고 들어가야 하는데, 이 때 반야지般若智의 물로 오염된 때를 씻어 내고 온갖 망념을 발밑에서부터 단칼에 두 동강이를 내어서 두 번 다시 상속심을 일으키지 않도록 해야 한다. 이 때 따로 깨닫는 사람이 있거나 따로 깨달은 법法이 있거나 하는 생각은 사마외도邪魔外道의 견해에 불과하게 된다.[6] 반드시 이 한 생각을 단박에 타파해 버려야 비로소 깨달았다고 이름 붙일 수 있다. 그러므로 마음을 둔 채 타파하기를 기다려서는 절대 안 되고, 오로지 망상妄想으로 전도顚倒된 마음, 사량분별思量分別하는 마음, 생생을 좋아하고 죽음을 싫어하는 마음, 지견知見으로 이해하려는 마음, 고요한 걸 좋아하고 시끄러운 걸 싫어하는 마음과 같은, 이 모든 걸 일시에 내리누르고 그 내리누른 곳에서 오로지 화두만을 보아야 한다.[7] 대혜는 말한다.

---

6) 『大慧普覺禪師語錄』권25(『大正新修大藏經』권47, 916쪽 下), "但知虛幻, 非究竟法, 能回心此箇門中, 以般若智水, 滌除垢染之穢, 清淨自居, 從脚下去, 一刀兩斷, 更不起相續心, 足矣. 不必思前念後念也……若別有人有法, 則是邪魔外道見解也."(이하 『書狀』으로 표기)

7) 같은 책, 권26(『大正新修大藏經』권47, 921쪽 下), "若要徑截理會, 須得這一念子嚗地一破, 方了得生死, 方名悟入. 然切不可存心待破. 若存心在破處,……一時按下, 只就按下處, 看箇話頭."

곧바로 심지心地를 경절徑截하여 탁 트이고자 한다면, 다만 능能하고 능하지 못함, 이해하고 이해하지 못함, 같고 같지 않음, 다르고 다르지 않음을 이와 같이 생각하고 이와 같이 헤아리는 것 따위는 저쪽 세계로 쓸어 버려야 한다.8)

경절徑截이란 돌아가지 않는다는 뜻과 곧장 가로질러 간다는 의미를 동시에 가지고 있다. 돌아가는 방법이 사량분별에 의한 논리적인 설명 방식이라면, 돌아가지 않고 곧장 가로질러 간다는 언명은 사량분별이나 돌아가서 무엇을 얻고자 하는 마음을 잘라 내고 탁 트인 심지心地를 곧바로 직관直觀하여 드러냄을 뜻한다.9) 이 때 그 심지를 곧바로 직관하여 드러내는 것은, 대혜에 의하면 조주의 '구자무불성'을 화두로 들고 참구하는 선적 방법에 의해서 가능해진다. 다음을 보자.

한 승려가 조주에게 "개에게도 불성이 있습니까 없습니까?" 하고 물으니 조주는 "없다"고 대답했다. 이 무無 한 글자야말로 허다한 나쁜 지견知見과 나쁜 앎을 꺾는 무기이다. (이 無字話頭를 참구할 때는) ① 유有다 무無다 하는 알음알이를 짓지 말고, ② 도리道理의 알음알이를 짓지 말며, ③ 의근意根 속에서 사량분별思量分別하지 말고, ④ 눈썹을 치뜨고 눈을 깜박이는 곳에서 뿌리 박지 않아야 하며, ⑤ 언어言語의 길에서 살림살이를 짓지 말고, ⑥ 모든 것을 날려 버리고 일없는 경계에 틀어박혀 있지도 말며, ⑦ (화두를) 드는 것만으로 알아차리려 하지도 말며, ⑧ 문자에서 인용해 증거삼지 말아야 한다.10)

인용문에서 대혜가 주장하는 구자무불성이라는 무자화두는 방법론적 자각自覺이다. 그렇기 때문에 공부를 함에 있어서 우리가 조심할 것은 때

---

8) 같은 책, 권30(『大正新修大藏經』 권47, 942쪽 中), "要得徑截心地谿如, 但將能與不能, 解與不解, 同與不同, 別與不別, 能如是思量, 如是卜度者, 掃向他方世界."
9) 인경, 「大慧 看話禪의 特質」, 『普照思想』 13집(보조사상연구원, 2000), 243쪽.
10) 『書狀』 권26(『大正新修大藏經』 권47, 921쪽 下), "僧問趙州, 狗子還有佛性也無. 州云無. 此一字子, 乃是摧許多惡知惡覺底器仗也. 不得作有無會, 不得作道理會, 不得向意根下思量卜度, 不得向揚眉瞬目處垛根, 不得向語路上作活計, 不得颺在無事甲裏, 不得向擧起處承當, 不得向文字中引證."

와 장소를 가려서는 안 되며, 다만 하루종일의 행주좌와行住坐臥 속에서 '개에게도 불성이 있습니까?'라는 화두를 순간순간 잡아들고 순간순간 주시해야만 한다는 것이다. 만약 일상 생활을 떠나 따로 나갈 곳이 있다면 이는 파도를 떠나 물을 구하는 것이 된다.[11] 이 때 주의할 것은 일상 생활 속에서 화두를 들어 문득 힘이 덜어지는 걸 깨달을 때, 이 때 멈추지 말고 극한까지 밀고 나가야 한다는 것이다.[12] 즉 앞뒤를 재거나 생각할 필요도 없으며, 번뇌는 곧 장애가 되니 번뇌를 일으킬 필요도 없다. 오직 발 밑을 끝까지 추궁해 벼랑 끝까지 나가서 한 번 죽어야 한다는 것이다.[13] 대혜에 의하면 이렇게 해야 진실로 생사를 벗어난 자유인이 될 수 있다.[14]

대혜는 묵묵히 앉아 좌선만 하는 대오선待悟禪을 고목枯木의 선禪이라고 본다. 그리고 고목의 선에 빠지게 되는 문제는 간화라는 방법론적 자각을 통하여 해결할 수 있다고 본다. 그 방법으로 대혜는 먼저 의단疑團, 즉 핵심이 되는 언구言句에 대한 의심을 출발점으로 삼는다. 그리고 이 때 의심의 대상으로서의 언구는 구자무불성 일구一句이다. 이 일구인 화두를 통해서 모든 알음알이를 단칼에 잘라 내고 곧바로 꺾어 깨달아 알고자 하는 것이다. 대혜는 말한다.

㉠ 천 가지 의심이든 만 가지 의심이든 다만 하나의 의심일 뿐이다. 화두 위에서 의심이 타파되면 천 가지 의심이든 만 가지 의심이든 일시에 부서진다. 화두를 타파하지 못했다 하더라도 다시 그 화두로 나아가서 (의심과) 더불어 겨루어 가라.[15]

---

11) 같은 책, 권26(『大正新修大藏經』 권47, 921쪽 下), "但向十二時中, 四威儀內, 時時提撕, 時時擧覺, 狗子還有佛性也無, 云無. 不離日用, 試如此做工夫看. 月十(之)日便自見得也. 一郡千里之事, 都不相妨. 古人云, 我這裏是活底祖師意, 有甚麽物能拘執他. 若離日用別有趣向, 則是離波求水, 離器求金, 求之愈遠矣."
12) 같은 책, 권27(『大正新修大藏經』 권47, 929쪽 上), "做得工夫漸熟, 則日用二六時中便覺省力矣. 覺得省力時, 不要放緩. 只就省力處崖將去."
13) 같은 책, 권26(『大正新修大藏經』 권47, 924쪽 中), "但從脚下崖將去死便休. 不要念後思前, 亦不要生煩惱. 煩惱則障道也."
14) 같은 책, 권29(『大正新修大藏經』 권47, 934쪽 中), "果欲出生死作快活漢, 須是一刀兩斷."

ⓛ 만약 화두를 버리고, 도리어 따로 문자 상의 의심을 일으킨다거나, 경전의 가르침에 대해 의심을 일으킨다거나, 고인古人(祖師)들의 (천 칠백) 공안에 대해 의심을 일으킨다거나, 일상의 번뇌 속에서 의심을 일으키는 것은 모두 사마邪魔의 무리이다.16)

인용문 ㉠을 보자. 여기서 대혜는 '천 가지 의심이든 만 가지 의심이든 다만 하나의 의심일 뿐이다. 화두 위에서 의심이 타파되면 천 가지 의심이든 만 가지 의심이든 일시에 부서진다'라고 하는데, 이는 대혜의 의도를 단적으로 보여 준다. 대혜는 천만의 의심은 단지 하나의 의심으로 귀결된다고 본다. 따라서 대혜에게 화두란 딴 것을 의미하는 것이 아니라 하나의 집중된 의심 덩어리(疑團)를 의미한다. 여기서 하나의 집중된 의심 덩어리란 개인의 가슴에 내재된 일구이다. 그렇기 때문에 대혜는 그것을 무자화두라고 했지만, 사실상 그것은 무자화두가 아니어도 상관이 없는 것이다. 왜냐하면 대혜가 궁극적으로 보고자(看話) 하는 것은 형이상학적인 본체本體로서의 실체實體나 불성佛性이 아니기 때문이다. 대혜가 진실로 추구하는 것은 의심이라는 방법적 자각을 통해서 자기 내부에서 살아서 자기를 끊임없이 환기시키는, 존재자의 자기 존재에 대한 자각으로서의 불성이다. 대혜가 조주의 구자무불성에서 발견한 것은 다른 의미가 아니라 실존하는 개인이 밤과 낮을 공부하면서 뚫고 지나가야 하는, 살아서 움직이는 인간의 삶 자체에 대한 방법론적인 자각으로서의 무자화두인 것이다. 다시 말해서 깨친다는 것은 인간들이 무시 이래로 끊임없이 추구해 온 실체론적이고 본체론적인 의미에서의 불성을 체득體得하거나 우주론적인 보편성으로서의 리理를 증득證得하는 것이 아니다. 그것은 다른 것이 아니라 지

---

15) 같은 책, 권28『大正新修大藏經』 권47, 930쪽 上), "千疑萬疑, 只是一疑. 話頭上疑破, 則千疑萬疑 一時破. 話頭不破, 則且就上面與之廝崖."

16) 같은 책, 권28『大正新修大藏經』 권47, 930쪽 上), "若棄了話頭, 却去別文字上起疑, 經敎上起疑, 古人公案上起疑, 日用塵勞中起疑, 皆是邪魔眷屬."

금 여기에서 살아가는 인간들이 삶의 순간순간마다에서 만들어 가는 의미에서의 불성이고 부처다움인 것이다. 그렇기 때문에 구자무불성은 방법론적인 의심으로서 우리를 더 이상 회피할 수 없는 자리까지 막다른 골목으로 밀고 나가는 수단이요 방편인 것이다.

따라서 그 결과 인용문 ㉡에서 말하는 것처럼 화두는 의심과 더불어 밀고 나가는 수행의 가장 중요한 하나의 양식이 된다. 대혜는 비록 의심을 타파하지 못했다고 하더라도 그 화두를 팽개쳐 버리고 문자나 경전의 가르침이나 조사의 공안에 대한 의심을 하는 것은 사마邪魔의 권속이라고 한다. 즉 화두만을 의심과 더불어 수행의 방법으로 밀고 나갈 것을 강변하고 있는 것이다. 그렇기 때문에 간화선은, 다시 말해서 간화선의 구체적인 언명으로서의 무자화두는 일종의 수행 방법으로서의 프로그램(用)이 된다.

그러나 구자무불성으로 언표되는 의단은 방법론적인 자각으로서의 수행 방법인 것만은 아니다. 다음을 보자.

이곳에 도달하면 선禪도 없고 도道도 없으며, 마음도 없고 성품도 없고, 현玄도 없고 묘妙도 없다. 본래면목本來面目이 숨김없이 알몸 그대로 드러나 있으나 잡을 수단이 전혀 없다.[17]

숨김없이 드러남이란 벌거벗은 적나라한 모습이다. 입은 옷이 없으니 알몸으로 드러나 있기는 하지만 잡을 방법이 없다. 이와 같이 본래면목은 가는 곳마다 드러나 자기의 모습을 열어 놓고 있으나 그것을 일정한 인식의 틀로 이해할 수가 없다.[18] 인식의 틀로 이해하려고 들면 오히려 왜곡되기 시작한다. 따라서 선禪·도道·마음·성품性品·현玄·묘妙 등은 무의

---

17) 같은 책, 권9『大正新修大藏經』권47, 846쪽 下~874쪽 上), "到這裏, 也無禪也無道, 也無心也無性, 也無玄無妙, 露裸裸, 赤灑灑, 沒可把."
18) 김영욱, 「祖師禪의 언어형식」, 『가산학보』 7호, 151쪽.

미하고 무자미한 언어가 된다. 오직 의단만이 남아서 활보하고 있다. 그렇기 때문에 부처다움은 불성을 긍정하기보다는 오히려 불성을 끊임없이 부정함으로써 가능해진다. 즉 '없다'는 '있다'보다 한 단계 높은 '있음'이다. 왜냐하면 '없다'야말로 우리를 끊임없이 쇄신시키기 때문이다. '있다'가 모든 가능성으로부터 우리를 닫게 만든다면 '없다'는 모든 가능성에로 우리를 열어 놓게 한다.

대혜가 의미하는 바의 무자화두는 존재자가 그 자신을 실체(그것이 물질이든 정신이든)에 연루시키고자 하는 허망하고 근거 없는 기대에 끊임없이 반하여 그 자신을 존재의 중앙에 올려놓는 무자화두이다. 이 때 우리가 공안을 의심함에 의해서 객관적인 대상으로 우리 앞에 서 있던 공안은 비로소 개인의 존재 문제로 다가와서 우리에게 체증된다. 그러므로 중요한 것은 공안이 아니라 그 이야기(話)를 지켜보는 것(看)에 있다. 따라서 간화선의 진정한 의의는 공안보다는 간화에 있는 것이다. 왜냐하면 조사들의 남겨진 고칙古則으로서의 공안은 수행하는 납자의 가슴에서 화두로 자리잡을 때에 비로소 그 진정한 의미가 생겨나기 때문이다.

다시 말해서 대혜는 인간이 가지고 있는 본래의 정신 세계의 활발함을 환기시키는 방법으로써 무자화두를 사용하고 있다. 그렇기 때문에 구자무불성은 존재자인 인간이 그가 주인공임을 깨닫는 계기로서 작용을 하게 된다. 즉 손님을 주인으로 알고 손님에게 내주었던 방을 주인이 도로 되찾는 계기가 되는 것이다. 따라서 이제까지 술어적 인격으로서 살고 있던 존재자는 비로소 술어적 인격이 아닌 주어적 인격을 체증하는 자각을 하게 된다. 즉 의단은 '열림의 계기'가 되기도 하고, 그 자체가 '열림'을 이루기도 한다. 불성佛性은 의단과 혼융混融되어 끊임없이 확장되는 것이다. 그렇기 때문에 대혜의 구자무불성은 '용用'(방법론적 자각)의 모습을 뛰어넘어서 불성 그 자체를 끊임없이 열어 놓는 '체體'의 성질을 가지게 된다.

연구자는 이미 앞에서 조주의 답변이 가지고 있는 두 가지의 가능성에 대해 논변한 적이 있다. 그 가운데에서 대혜의 입장은 후자가 된다. 왜냐하면 대혜의 간화선법은 조주의 구자무불성을 불성보다는 의심에 무게중심을 두고 이해하고, 의심을 제외하고는 모든 실체實體를 해체하기 때문이다. 만일 조주의 답변이 승의 의문에 대하여 예상했던 해결의 방향을 제시하기보다는 막연히 가지고 있었던 해답의 실마리마저 끊어 버리고, 질문한 승에게 해답을 제시하기보다는 반대로 의심의 상태를 만들어 주는 것이라고 이해된다면, 대혜 또한 그렇기 때문에, 대혜의 간화선은 중국 조사선의 연장선상에 있다고 할 수 있다.

4. 보조지눌과 구자무불성

지눌은 구자무불성을 대혜의 간화선을 대표하는 언명으로 본다. 지눌이 대혜의 구자무불성의 전문을 구체적으로 인용하고 있는 곳은 『법집별행록절요병입사기法集別行錄節要并入私記』(이하 『절요사기』로 표기)와 『간화결의론看話決疑論』 두 군데이다. 구자무불성을 대하는 지눌의 표면적 태도는 대혜의 8가지의 무자화두를 10가지로 나누어 설명하는 것 이외에는 대혜와 별로 다르지 않기 때문에 그 변별점을 찾아내기가 쉽지 않다. 우선 『절요사기』에서의 지눌의 입장을 보자.

㉠ 한 승려가 조주에게 '개에게도 불성이 있습니까?' 하고 물으니 조주는 '없다'고 대답했다. 이 (無) 한 글자야말로 허다한 나쁜 지견과 나쁜 앎을 꺾는 무기이다. (이 무자화두를 참구할 때는) ① 유有다 무無다 하는 알음알이를 짓지 말고, ② 도리道理의 알음알이를 짓지 말며, ③ 의근意根 속에서 사량분별思量分別하지 말고, ④ 눈썹을 치뜨고 눈을 깜박이는 곳에서 뿌리 박지 않아야 하며, ⑤

언어의 길에서 살림살이를 짓지 말고, ⑥ 모든 것을 날려 버리고 일없는 경계에 들어 박혀 있지도 말며, ⑦ (화두를) 드는 것만으로 알아차리려 하지도 말며, ⑧ 문자에서 인용해 증거삼지 말아야 한다. 다만 열두 시각 동안 (하루종일) 항상 이끌고 항상 들되 '개도 불성이 있습니까?'와 '없다'를 일상 생활에서 떠나지 않고 공부해야 한다. 목우자牧牛子는 말한다. (대혜의) 이 법어法語는 다만 8가지 병만을 밝힌 것이다. 만약 앞뒤의 말을 검토해 보면 ⑨ 참된 무無의 무가 있다고 생각하는 것과 ⑩ 미혹된 상태에서 깨달음의 시기를 기다린다 는 두 가지이니, 그러므로 모두 합하여 10가지 병이 되는 것이다.[19]

ⓛ 먼저 여실한 지해知解로 자심自心의 진실眞實과 허망虛妄과 생사生死를 가려서 본말本末을 환히 가리어 결정決定하고, 그 다음에 못을 자르고 쇠를 끊는 말(話頭)로써 세밀細密하고 자세히 참구參究하여 몸을 빼어 낼 곳을 얻게 되면, 이른바 네 모퉁이로 땅에 꼭 붙어 있는 것과 같아서 흔들어도 움직이지 않을 것이고, 생生으로 나오거나 죽음으로 들어가거나 큰 자유를 얻은 사람이 된다.[20]

ⓒ 관행觀行하는 사람이 집착執着을 비워 마음을 밝게 하지 못하고 의리義理에 걸려 있을까 걱정하기 때문에 맨 끝에 본분종사本分宗師의 경절문徑截門의 언구言句(話頭)를 간략히 끌어와 지견知見의 병病을 씻어 버리고 몸을 빼어 낼 살길이 있음을 알게 하였다.[21]

인용문 ㉠은 지눌이 대혜의 구자무불성을 인용한 것이다. 우리가 이미 앞에서 보았듯이 『서장書狀』의 내용과 다름이 없다. 그러나 구자무불성을

---

19) 知訥, 『法集別行錄節要幷入私記』(『普照全書』, 163쪽 中), "僧問趙州, 狗子還有佛性也無, 州云無. 此一字者, 乃是摧許多惡知惡覺底器仗也. 不得作有無會, 不得作道理會, 不得向意根下思量卜度, 不得向揚眉瞬目處垜根, 不得向語路上作活計, 不得颺在無事甲裏, 不得向擧起處承當, 不得向文字中引證, 但向十二時中四威儀內, 時時提撕, 時時擧覺, 狗子還有佛性也無, 云無. 不離日用, 試如此做工夫. 牧牛子曰, 此法語, 但彰八種病, 若檢前後所說, 有眞無之無, 將迷待悟等二種, 故合成十種病也."

20) 知訥, 같은 책(『普照全書』, 164쪽 左), "先以如實知解, 決擇自心眞妄生死, 本末了然, 次以斬釘截鐵之言, 密密地, 仔細叅詳, 而有出身之處, 則可謂四稜著地, 掀掣不動, 出生入死, 得大自在者也."

21) 知訥, 같은 책(『普照全書』, 103쪽 左), "又恐觀行者, 未能忘懷虛朗, 滯於義理, 故末後略引本分宗師, 徑截門言句, 要令滌除知見之病, 知有出身活路爾."

누가 어떻게 공부해야 하느냐 하는 문제에 이르면 의견이 다르다. 지눌은 학인들을 근기에 따라 두 가지 문으로 나눈다. 그 양문은 한편으로는 상근기에게 해당하는 돈오의 문이고, 다른 한편으로는 말에 의지하여 해오할 수밖에 없는 중·하근기에 해당하는 점수의 문이다.[22] 여기에서의 지눌의 돈오는 구경각을 증득하여 오후수悟後修가 필요 없는 절대적 의미이다. 그에 반해 점수는 해오 이후에 오후수가 필요한 의리義理와 말의 흔적이 아직 남아 있는 상태이다.

그렇기 때문에 지눌은 인용문 ⓛ에서 중·하근기에 대해서 먼저 여실如實한 지해知解로 자심自心의 진실眞實과 허망虛妄과 생사生死를 가려서 본말本末을 환히 가리어 결정할 것을 언표한다. 즉 공부하는 이의 최초의 깨침으로써 돈오(解悟)를 주장한다. 그리고 화두 공부는 '돈오 이후의 점수漸修'와, 즉 '해오解悟 후의 수修'와 같은 의미로 제시된다. 즉 최초의 돈오 이후에 못을 자르고 쇠를 끊는 말(話頭)로써 세밀하고 자세히 참구하여 몸을 빼어 낼 곳을 얻을 것으로서 간화경절문이 주장된다. 다시 말해서 간화선은 돈오점수라는 수행법 안에서 돈오가 아니라 점수를 제대로 하는 방편으로서 제시된다.

하지만 다른 한편으로 상근기에 대해서는 인용문 ⓒ에서 지눌은 공부하는 사람이 의리와 말의 흔적에 걸려 있을까 걱정하여 『절요사기』의 뒷부분에 본분종사本分宗師들의 화두를 끌어와 지견知見의 병을 씻어 버리고 몸을 빼어 낼 활로가 있음을 알게 하였다고 한다. 즉 돈오점수 선법 이외에 또 하나의 별도의 지름길로서의 공부 방법인 간화선법看話禪法이 있음을 천명한다. 그렇기 때문에 지눌은, 지해를 단박에 없앨 수 있는 능력을 가진 학인들을 위해서, 종밀스님이 숭상한 바는 아니지만 경절의 방편을 주어서

---

22) 知訥, 같은 책(『普照全書』, 159쪽 中), "爲依言生解悟入者, 委辨法有隨緣不變二義, 人有頓悟漸修兩門. 以二義, 知一藏經論之旨歸, 是自心之性相, 以兩門, 見一切賢聖之軌轍, 是自行之始終."

참선하는 이들로 하여금 한 가닥의 활로를 알게 하고자 한다.[23]

결국 지눌에 의하면 구자무불성은 두 가지의 도구적 용도를 가지고 있다. 그 하나는 돈오라고 표현되지만 사실은 해오의 상태인 돈오 이후에 점수를 제대로 하기 위한 방편이고, 나머지 다른 하나는 지해를 단박에 없앨 수 있는 능력을 가진 상근기를 위한 방편인 돈오이다. 이 때 그 두 가지의 용도가 모두 깨침을 증득하기 위한 방법론이라는 점에 지눌이 대혜의 간화선을 받아들이는 특징이 있다. 즉 지눌은 방법론적으로는 대혜의 간화선을 수용하지만, 그 실질적인 내용에 있어서는 대혜가 지해를 단박에 없앨 수 있는 방법으로서의 간화선만을 주장하는 데 비하여, 학인들의 근기에 대하여 대기여법의 입장에서 오후悟後의 수修로서의 구자무불성과 지해를 단박에 없애는 활로로서의 구자무불성, 두 가지로 나누어 주장하는 면모를 보이고 있다.

덧붙여서 지눌과 대혜의 선법 사이에는 간과해서 넘어갈 수 없는 특징이 하나 더 있다. 대혜에게 있어서 구자무불성이라는 의단이 체體이자 용用이라면, 지눌에게 있어서 구자무불성은 용이다. 왜냐하면 대혜의 경우 의심은 그의 선법 그 자체이지만, 지눌의 경우 의심은 그의 선법을 보강해 주는 방편이 되기 때문이다.

다음으로 구자무불성에 대한 『간화결의론』에서의 지눌의 해석을 보자.

정식情識(망상분별)이 아직 깨뜨려지지 않았으면 마음의 불이 활활 타오를 것이니, 바로 이러한 때를 당하게 되면 단지 의심하는 바 화두를 든다. 예컨대 어느 스님이 조주스님에게 묻기를 '개에게도 불성이 있습니까?' 하자 조주스님이 답하기를 '무無'라고 하였으니, 다만 이 화두를 들고 의식에서 놓치지 않는 데만 몰두한다. 즉 왼쪽이라고 해도 옳지 않고, 오른쪽이라고 해도 옳지 않다. ① 유

---

23) 知訥, 같은 책(『普照全書』, 159쪽 中), "故, 更爲今時衲僧門下, 離言得入, 頓亡知解之者. 雖非密師所尙, 略引祖師善知識, 以徑截方便, 提接學者, 所有言句, 係於此後, 令衆禪峻流, 知有出身一條活路耳."

有다 무無다 하는 알음알이를 짓지 말고, ② 참된 무無의 무라고 이해하지 말며, ③ 도리道理의 알음알이를 짓지 말고, ④ 의근意根 속에서 사량분별하지 말며, ⑤ 눈썹을 치뜨고 눈을 깜박이는 곳에서 뿌리박지 않아야 하며, ⑥ 언어의 길에서 살길을 짓지도 말며, ⑦ 모든 것을 날려 버리고 일없는 경계에 틀어박혀 있지도 말고, ⑧ (화두를) 드는 것만으로 알아차리려 하지도 말며, ⑨ 문자에서 인용해 증거삼지 말고, ⑩ 미혹된 상태에서 깨달음의 시기를 기다리지도 말아야 한다. (화두를 들다가) 마음을 쓸 여지가 전혀 없고 마음이 어디로도 갈 곳이 없어졌을 바로 그 때 허무(空)에 떨어지지 않을까 두려워하지 말라. 이 경계가 오히려 화두를 공부하기 좋은 상태인 것이다. 갑자기 쥐가 소뿔로 만든 쥐틀에 들어가 오도 가도 못하는 것과 같아서 모든 망상분별(倒)이 끊어지게 될 것이기 때문이다.[24)

대혜의 구자무불성을 수용하는 지눌의 입장은 상기의 인용문을 보아서는 『절요사기』와 표면적으로는 달라 보이지 않는다. 그렇지만 지눌은 『절요사기』에서와는 달리 『간화결의론』에서는 간화경절문의 수행법을 중심으로 해서 간화선을 제외한 일반 선법과 원교圓教(華嚴宗)의 교학을 한편으로는 수용하고, 다른 한편으로는 비판한다. 우선 수용하는 것을 보자.

㉠ 근래 어설피 배우는 무리가 선문의 화두를 참상하는 묘하고 비밀한 이치를 알지 못한 채 이러한 의심을 갖는다. 만일 진성眞性이 연기緣起하는(性起) 이치와 분제分齊를 논하건대, 곧 선을 배우는 사람들이 어찌 이러한 열 가지 선병禪病이 화엄華嚴의 법계연기法界緣起와 같은 줄을 알지 못하겠는가.…… 따라서 마음이 일어나는(性起) 덕을 온전히 밝히는 것이다.[25)

---

24) 知訥, 『看話決疑論』(『普照全書』, 96쪽 左~97쪽 右), "情識未破, 則心火熠熠地, 正當恁麼時, 但只以所疑底話頭提撕, 如僧問趙州, 狗子還有佛性也無, 州云無. 只管提撕擧覺, 左來也不是, 右來也不是, 不得作有無會, 不得作眞無之無卜度, 不得作道理會, 不得向意根下思量卜度, 不得向揚眉瞬目處瞠眼, 不得向語路上作活計, 不得颺在無事甲裏, 不得向擧起處承當, 不得文字中引證, 不得將迷待悟, 直須無所用心, 心無所之時, 莫怕落空, 這裏却是好處, 驀然老鼠入牛角, 便見倒斷也."

25) 知訥, 같은 책(『普照全書』, 91쪽 右), "近來汎學輩, 不知禪門話頭參詳妙密旨趣, 多有此疑. 若論眞性緣起義理分齊, 則禪學者, 豈不知此十種禪病, 如華嚴法界緣起

ⓒ 선문에도 또한 비밀히 전하는 법을 감당하기 어려운 사람, 즉 교를 빌려서 (선을) 깨닫는 사람에게는, 진성眞性의 연기緣起인 현상現象과 현상이 서로 걸림없는 사사무애事事無碍의 법法을 설명하기도 한다. 마치 삼현문三玄門 가운데 첫 근기의 중생들이 들어오는 체중현體中玄의 도리를 밝혔음과 같다.…… 선문 중에도 이러한 원돈신해문圓頓信解門의 여실한 말은 갠지즈 강의 모래알처럼 많다고 하더라도, 이것을 사구死句라 하니, 그것은 사람들로 하여금 알음알이를 내게 하기 때문이다. 아울러 이러한 것들은 초심자들이 경절문徑截門의 활구活句에 대해 참상하지 못하기 때문이다. 그래서 성품에 부합하는 원돈圓頓의 가르침을 나타내 보여서 그들로 하여금 물러나지 않게 하려는 것이다. 만약 상근기로서 비밀리에 전해진 가르침을 지니고 집착의 함정에서 벗어날 수 있는 자라면, 문득 경절문徑截門의 재미없는 화두를 듣자마자 지해知解의 병에 막히지 않고 그 귀착점을 알 것이다. 이러한 사람을 가리켜 한 번 듣고 천 가지를 깨달아 큰 총지摠持를 얻는 사람이라 한다.[26]

ⓒ 화두에는 참의參意와 참구參句의 두 가지 의미가 있다. 요즈음 의심을 깨뜨리는 사람은 대개 참의만 했을 뿐 아직 참구는 얻지 못했기 때문에, 원돈문圓頓門에서 올바로 신행하고 발명發明하는 자와 한 가지이다. 이와 같은 사람의 관행에 마음씀에도 또한 견문見聞과 해행解行의 공이 있지만, 그것은 단지 요즈음의 문자법사文字法師가 관행觀行을 하는 것보다 수준이 높다. 즉 문자법사文字法師는 관행을 닦는다 해도 안으로는 마음이 있다고 분별하고, 바깥으로는 모든 이치를 구하여 이치를 구할수록 그 이치는 더욱 미세해지고, 결국에는 바깥 모습만을 취하는 병이 있다. 그러하니 어찌 참구문參句門에서 의심을 깨뜨려서 일심一心을 친親히 증득證得하고 반야般若의 지혜智慧를 발휘하여 널리 베푸는 사람과 같다고 말할 수 있겠는가. 이러한 증지證智를 현전現前하는 자는 요즘은 보기 드물며 듣기 드문 것이다. 그러므로 요즘은 단지 화두의 참의문參意門을

耶,……此全明性起之德."

26) 知訥, 같은 책(『普照全書』, 91쪽 左~92쪽 右), "禪門亦有爲密付難堪, 借敎悟宗之者, 說眞性緣起, 事事無碍之法. 如三玄門, 初機得入體中玄所明云.…… 禪門中, 此等圓頓信解, 如實言敎, 如河沙數, 謂之死句, 以令人生解碍故. 竝是爲初心學者, 於徑截門活句, 未能參詳, 故 示以稱性圓談, 令其信解不退轉故. 若是上根之士, 堪任密傳脫略窠臼者, 縱聞徑截門無味之談, 不滯知解之病, 便知落處, 是謂一聞千悟, 得大摠持者也."

의지하여 올바른 지견知見을 밝히는 것만을 귀히 여기는 것이니, 이러한 경지의 사람의 견처見處는 교教에 의지해서 관행을 닦았지만, 아직 정식情識을 벗어나지 못한 사람과 비교하면 하늘과 땅만큼 차이가 나기 때문이다.[27]

인용문 ㉠에서 지눌은 선과 화엄이 같은 성기性起의 공덕임을 주장한다. 어설피 배우는 무리인 화엄교학자들은 선문의 화두를 참상하는 묘하고 비밀한 이치를 알지 못한 채 이미 화엄에서 연기의 이치를 밝혔는데, 무엇 때문에 선이 필요한가에 대하여 의심을 갖는다. 하지만 지눌에 의하면 진성眞性이 연기緣起(性起)하는 이치와 영역을 논설해 본다면, 곧 선의 이치와 화엄의 법계연기가 같다. 다만 선을 참상하는 이들은 화엄교학이 이론적으로만 성불을 논하기 때문에 실천적인 수행을 하지 못하는 것을 알고, 동일한 심성론적 토대인 '자성自性의 연기緣起'라는 성기性起를 실천적인 실수행實修行의 입장에서 증득하고자 한다. 즉 지눌은 선과 화엄에 대하여 두 가지 견해를 밝히고 있다. 그 하나는 선과 화엄교학이 같은 심성론적 토대로서의 마음을 가지고 있다는 것이고, 나머지 하나는 선은 화엄의 결격 사유인 수행의 측면을 보완해 준다는 것이다.

인용문 ㉡에 오면 지눌은 선문에도 단계적인 수행법이 있음을 말한다. 이것은 선에서 삼현문三玄門 가운데 근기가 낮은 학인들에게 체중현體中玄의 도리를 빌려서 설명하는 것만을 보아도 알 수 있다는 것이다. 즉 최상의 근기가 아닌, 교를 빌려서 구경각을 깨닫는 사람들(解悟)에게 적용되는 선적 방법과 최상근기의 선적 방법(頓悟)은 다르다. 그러나 화엄교학은 근기가 낮은 자들이 경절문의 활구에 대해 참상하지 못하기 때문에, 또 근기

---

27) 知訥, 같은 책(『普照全書』, 102쪽 左), "據此義 則話頭, 有叅意叅句二義. 今時疑破者, 多分叅意, 未得叅句, 故 與圓頓門正解發明者, 一般矣. 如是之人, 觀行用心, 亦有見聞解行之功, 但不如今時文字法師, 於觀行門中, 內計有心, 外求諸理, 求理彌細, 轉取外相之病耳. 豈可與叅句門疑破, 親證一心, 發揮般若, 廣大流通者同論耶. 此證智現前者, 今時, 罕見罕聞, 故, 今時, 但貴依話頭叅意門, 發明正知見耳. 以此人見處, 比於依教觀行, 未離情識者, 天地懸隔故也."

에 부합하는 원돈의 가르침을 나타내 보여서 그들로 하여금 물러나지 않게 하려는 마음을 내기 위한 것이기 때문에, 화엄교학의 성기설은 간화경절문의 입장에서 본다면 사구死句이다. 왜냐하면 그것은 사람들로 하여금 알음알이를 내게 하기 때문이다. 즉 지눌은 화엄교학이 잘못되었다는 것이 아니라 알음알이를 내는 사람들에게 문제가 있다고 생각한다. 만약 상근기의 학인이 비밀히 전하는 바 둥우리를 벗어나는 법을 감당할 수 있다면, 그에게는 간화경절문을 추천할 수가 있다는 것이다. 즉 법에는 우열이 없으나 사람들에게는 근기의 차이가 있다는 기본적인 시각을 지눌은 가지고 있다. 그리고 이러한 시각이 간화경절문을 받아들이는 근본적인 사유의 토대로 작용하는 것이다. 결과적으로 지눌은 화엄교학과, 그리고 화엄교학이라는 이론적 교리에서 계기를 얻어 단계적 수행을 하는 선의 방법을 함께 인정한다. 동시에 지름길로서의 간화선의 방법도 인정한다. 그리고 근기가 낮은 자에게는 삼현문에서의 체중현에서부터 시작하는 선적 공부의 단계적 방법을 채용할 것을 권유한다. 하지만 사구라는 언명에서도 보여지듯이 간화경절문보다는 그것을 낮은 단계에 있는 방법으로 여긴다.

인용문 ⓒ에서 지눌은 일단 교학인 원돈문圓頓門과 화두 중의 참의문參意門을 주장하는 일반 선법을 같다고 본다. 그 이유는 참의문을 주장하는 선사들이 참구문參句門(간화경절문)을 얻지 못해서가 아니라 지해를 일으키기 때문이다. 하지만 그 다음에는 화두 중의 참의문의 방법으로써 공부하는 일반적인 선법을 주장하는 선사들을 일단 교학의 관행보다는 우수한 것으로 설명한다. 왜냐하면 비록 견문과 해행의 공이 남아 있을지라도, 문자법사文字法師가 안으로는 마음이 있다고 분별하고 바깥으로는 모든 이치를 구함으로써 그 이치가 더욱 미세해져서 결국에는 바깥 모습만을 취하는 병이 있는 것에 비하면 발전된 면이 있기 때문이다. 이처럼 참의문이 원돈문보다 발전된 면이 있기는 하지만, 의심을 깨뜨려 일심一心을 친히 증득하고 반야의 지혜를 발휘하여 널리 베푸는 참구문의 사람과는 같지 못하다. 따라서 화두의 참의문을 의지하여 올바른 지견知見을 밝히는 것만을 귀히 여기는 사람의 견처見處는 화두의 참구문을 닦는 자와 하늘과 땅만큼 차이가 난다. 즉 화두의 참구문(看話禪)과 참의문(일반적인 禪法), 그리고 교학의 원돈문(華嚴)을 수평이 아니라 수직의 시각에서 본다. 다시 말해서 간화선이 아닌 일반적인 선법을 구경각을 증득하는 방법론적인 면에서 의리와 흔적의 모습이 많이 없어졌다는 점에서는 인정할 수 있지만, 그러나 일심을 증득하고 반야를 널리 베풀지 못하기 때문에 참구문보다는 열등한 방법이라는 것이다. 여기에서도 논의의 제일 초점은 화엄교학과 간화선 사이의 방법론적인 우열에 대한 것이다. 그리고 제이 초점은 간화선과 일반적인 선법 사이의 방법론적인 우열에 대한 것이다. 즉 간화경절문은 방법론적인 면에서 교학이나 선을 포함한 모든 방법 중에서 제일 우수하다는 것을 주장한다. 그러면서도 무조건 일반 선법을 비판하지 않는, 다시 말해서 참의문을 일단은 인정하는 점이 지눌의 특징이다.

지눌은 또 다른 한편에서는 간화선을 제외한 일반 선법의 수행법과 원교(華嚴宗)를 비판한다. 지눌은 말한다.

㉠ 선종의 상근기들이 들어가는 것은 돈교頓敎 중에서 말 끊어진 이치를 나타내서 다만 생각을 여읜 기틀을 삼는 것과는 관계가 없음이 분명하다.[28]

㉡ 만약 경절문徑截門의 차원에서라면 곧 마땅히 친親히 비밀한 깨달음을 증득證得하여 말의 길과 뜻의 길이 없으며 듣고 아는 것이나 생각으로 헤아리는 것을 용납하지 않을 것이므로, 비록 법계法界의 걸림 없는 연기緣起의 이치를 설한다고 하더라도 도리어 말로 이해하는 장애가 될 것이다. 상근기의 크게 지혜 있는 사람이 아니라면 어찌 능히 밝게 얻을 것이며, 어찌 능히 꿰뚫을 수 있겠

---

28) 知訥, 같은 책(『普照全書』, 98쪽 中), "禪宗上根得入, 不關頓敎中, 但詮言絶之理, 但爲離念之機 明矣."

는가. 그러므로 보통의 배우는 사람들은 오히려 의심하거나 비방할 것이니 이치가 진실로 그런 것이다.29)

ⓒ 교학자가 선법을 의심하고 비방하는 것은 단지 이러한 의심을 해결하지 못해서이다. 선학에서 뜻을 얻지 못한 자는 반드시 화두를 파병破病이라고 하거나 전제全提라고 하거나 구내句內라고 하거나 구외句外라고 하지만, 모두 사어死語로 인정되고 올가미가 되어서 모두 삼구三句의 부림이 되는 것이라, 열 가지 병에 걸려 있음이니 어찌 활구活句를 참상하는 자라 하겠는가. 선학에 오롯이 정진하는 자도 이와 같거늘 하물며 교학자가 어찌 의심이 없을 수 있겠는가.30)

ⓔ 선문의 종사宗師가 보이는바 걸림 없는 법문은 오직 원교圓敎와 같으면서도 언구言句가 생략되어 있으므로 증입證入의 문에는 지극히 가까운 것이다. 그러나 선문의 이러한 여실한 언교言敎를 만약 교문에 비한다면 비록 생략되었다고 하겠지만, 만약 경절문徑截門의 화두에 비하면 곧 불법에 대한 지해가 있으므로 열 가지 병을 벗어나지 못하게 된다. 그러므로 "대저 참학자參學者는 모름지기 활구活句를 참구할지언정 사구死句를 참구해서는 아니 된다. 활구에서 얻으면 영겁토록 잊지 않을 것이지만 사구 아래 얻으면 스스로의 구원함도 다 마치지 못하는 것이다"라고 하였다.31)

인용문 ㉠에서 지눌은 선종의 상근기들이 경절득입徑截得入하는 것은 교학자들의 견문見聞이 생生하고 해행解行이 생함을 거친 뒤에야 말 끊어진 이치를 나타내서 다만 생각을 여읜 기틀을 삼는 것과는 관계가 없다고

29) 知訥, 같은 책(『普照全書』, 92쪽 中), "若約徑截門, 則當於親證密契, 無有語路義路, 未容開解思想, 故 雖法界無碍緣起之理, 翻成說解之碍. 若非上根大智, 焉能明得 焉能透得耶. 以故 汎學輩, 翻成疑謗, 理固然矣."
30) 知訥, 같은 책(『普照全書』, 94쪽 中), "敎學者 疑謗禪法, 只爲此疑未決. 禪學不得意 者, 必以話頭, 爲破病 爲全提, 爲句內 爲句外等, 皆認定死語, 成於絡索, 竝爲三句所 使, 滯在十種病, 豈爲參詳活句者耶. 專精禪學者, 尙如是, 況敎學者, 豈無疑念耶."
31) 知訥, 같은 책(『普照全書』, 101쪽), "禪門宗師, 所示無碍法門, 雖同圓敎, 而言句省略, 故 於證入之門, 切近耳. 然 禪門此等, 如實言句, 若比敎門, 雖是省略, 若比徑截門 話頭, 則以有佛法知解, 故 未脫十種病. 所以云, '未參學者, 須參活句, 莫參死句, 活句下薦得, 永劫不忘, 死句下薦得, 自救不了.'"

한다. 즉 화엄교학은 간화경절문에 비해서 열등하다는 것이다.

그렇기 때문에 인용문 ㉡에서 화엄교학의 연기의 이치는, 간화경절문에 비교하여 본다면 오히려 말로 이해하는 장애가 될 것이라고 한다. 그렇기 때문에 친히 비밀한 깨달음을 증득하여 말의 길과 뜻의 길이 없으며 듣고 아는 것이나 생각으로 헤아리는 것을 용납하지 않는 상근기가 필요하다는 것이다. 하지만 보통의 배우는 사람들은 간화선법을 오히려 의심하거나 비방한다. 즉 선과 교가 모두 언어를 떠나고 망념을 떠나서 상응하는데 어떻게 화엄교학만 편벽되고 선법은 옳은가 하고 생각한다는 것이다. 그래서 지눌은 교학자가 선법을 의심하고 비방하는 것에 대해서 대답한다.

일단 인용문 ㉢에서 선문에서도 오롯이 정진하는 자라 할지라도 간화선법을 모르는 자는 화두를 파병破病이라고 하거나 전제全提라고 하거나[32] 구내句內라고 하거나 구외句外라고 하지만 오히려 그들에게는 사어死語가 되고 올가미가 되어서 모두가 유有·무無·중中 삼구三句에 걸려서 열 가지 병에 걸려 있는데, 교학자가 의심이 있는 게 당연하다는 것이다.

그 다음에 인용문 ㉣에서 지눌은 간화선법이 화엄교학과 일반 선법에 비하여 우월함을 설파한다. 그에 의하면 일반 선법은 원교와 같다고 볼 수 있다. 그러나 일반 선법은 화엄교학에 비해 언구가 생략되어 있으므로 말의 길과 뜻의 길에 구애받지 않기 때문에 증입證入의 문에는 보다 가깝다. 하지만 일반 선법의 이러한 여실한 언교言教도 경절문의 화두에 비하면 곧 불법에 대한 지해가 있으므로 열 가지 병을 벗어나지 못하게 된다는 것이다. 즉 간화경절문은 활구活句요, 간화경절문이 아닌 일반 선법과 화엄교학은 사구死句라는 것이다. 만일 활구에서 얻으면 영원토록 잊지 않을

---

32) 話頭에는 두 가지 뜻이 있다. 그 하나는 全提之語(眞理를 온전히 提示하는 이야기)이며, 나머지 하나는 破病之談(眞理 아닌 것을 깨뜨리는 이야기)이다.
知訥, 같은 책(『普照全書』, 92쪽 左), "又禪宗學語者, 論此話頭有二義. 一全提之語. 二破病之談."

것이지만 사구에서 얻으면 스스로의 구제도 다 마치지 못하는 것이기 때문에, 활구인 간화경절문은 절대적으로 우월한 문이라는 것이다. 왜냐하면 상근기를 가진 자가 화두를 참상하여 미묘한 뜻까지 잘 아는 자는 열 가지 알음알이를 내는 병에 걸리지 않기 때문에 말을 여의고 생각이 끊어졌다고 하겠으니, 홀연히 '확' 하면서 한 번 발하면 곧 법계가 환하게 밝아서 자연히 원융해지고 덕을 갖추게 된다는 것이다. 그리고 이것이 혜능이 말한 바 증득의 경지와 같다는 것이다.

이 때 법계란 마음으로 본 세계를 말하기 때문에, 지눌이 말하는 바 홀연히 '확' 하면서 발하는 것은 결국 마음이 발하는 것이고 환하게 밝아진다는 것은 마음으로 본 세계가 그렇다는 것이다. 이는 마음에 번뇌망상의 찌꺼기가 완전히 없어진 상태에서 세상의 본래면목을 바라보는 것을 말한다.[33] 그렇다면 이러한 경지는 결국 이론적인 공부에 천착하는 것보다는 실천 수행의 결과로 얻어질 것이기 때문에 화엄교학은 선법에 비하여 그 함의가 축소될 수밖에 없을 것이다. 동시에 정식情識이 아직 깨뜨려지지 않았으면 마음의 불이 활활 타오를 것이기 때문에, 같은 선법이라 하더라도 마음에 말의 찌꺼기, 의리義理의 찌꺼기를 남기는 선법은 들어설 자리가 없게 되는 것이다. 따라서 그저 의미도 없고 헤아려 잡을 수도 없는 찌꺼기를 남기지 않는 화두가 필연적으로 요구된다. 그렇기 때문에 지눌은 대혜 간화선의 무자화두(구자무불성)를 방법론적으로 제시하는 것이다.

앞에서 지눌은 간화경절문은 방법론적인 면에서 교학이나 선법을 포함한 모든 방법 중에서 제일 우수하다고 주장하면서도, 무조건 화엄교학이나 일반 선법을 비판하지 않는다. 그러나 지눌은 여기에서는 화엄교학을 열등한 것으로 비판하고, 간화선법이 아닌 일반 선법도 비판한다. 지눌의 의도

---

33) 知訥, 같은 책(『普照全書』, 93쪽 右), "禪宗過量之機, 話頭參詳, 善知微者, 不生十種知解之病, 故, 亦可謂離言絶慮. 忽然噴地一發, 則法界洞明, 自然圓融具德. 如曹溪祖師所謂, '自性具三身, 發明成四智, 不離見聞緣, 超然登佛地'是也."

는 무엇일까?

주지하듯이 지눌은 교학 중에서 화엄을 제일로 친다. 동시에 지눌이 보기에는 자성自性의 연기緣起(性起)를 주장하는 점에서 화엄교학과 성종性宗인 선법은 다를 바 없다. 단지 화엄은 이론에 천착할 가능성이 많고, 또 실제로도 이론에 번잡하게 몰두한다. 즉 실천의 면이 부족한 것이다. 다시 말해서 화엄이나 선법이나 그 자체가 문제가 되지는 않는다. 단지 우리에게 근기의 차이가 있기 때문에, 화엄교학에서 우리는 좀더 글이나 말에 걸릴 가능성이 많은 것뿐이다. 지눌에 의하면 화두 공부는 깨달음을 구하는 마음이 근본이 된다.34) 그렇기 때문에 대혜 간화선의 '구자무불성' 즉 무자화두는 성기性起의 덕을 온전히 밝히는 것을 가로막는 나쁜 알음알이를 깨뜨리는 도구의 성격을 가진다.35) 즉 지눌은 화엄의 성불론을 주장하면서도, 그 화엄교학의 성불론이 구체적 수행법의 제시라는 점에서 많은 결격 사유를 가지고 있기 때문에, 구체적인 수행법이라는 장점을 가지고 있는 선법을 제시할 수밖에 없는 것이다. 동시에 같은 선법이라 하더라도 간화선을 특별히 강조한 것은 당시의 일반 선법의 도구적 효용에 대한 방법론적인 반성이라고 볼 수 있다.

결과적으로 『절요사기』에서는 돈오점수에 약간 무게 중심을 더 두고 있기는 하지만 간화경절문과 돈오점수는 대체로 병렬적 의미를 지닌다. 하지만 자세히 보면 『절요사기』에서는 간화경절문이 돈오(解悟) 이후의 점수(悟後修)를 제대로 하기 위한 방편으로 제시되기도 하고, 동시에 상근기가 돈오를 체득體得하기 위한 방편으로 제시되기도 한다. 따라서 단순화시킨다면 지눌이 『절요사기』에서 취하고 있는 입장은 돈오점수의 수행법을 주로 채택하고 간화선을 별도의 수행법으로 채택한다.

---

34) 知訥, 같은 책(『普照全書』, 91쪽 中), "所言十種病, 以求證悟之心爲本."
35) 知訥, 같은 책(『普照全書』, 91쪽 左), "所以云, '此無字, 破惡知惡解底器仗也.'"

그러나 『간화결의론』에서는 한편으로는 간화선의 수행법을 주로 하고 화엄교학과 간화선이 아닌 선법을 종으로 하여 간화선 사상을 수용하며, 또 다른 한편에서는 간화선의 수행법을 기준으로 하여 화엄교학과 간화선이 아닌 선법을 비판하고 있다. 또한 특기할 만한 사실은 『간화결의론』에서는 화엄의 원돈수행문과 단계적 수행법으로서의 선법을 거의 구분하지 않은 채 같은 맥락에서 논의하고 있다. 오히려 논의의 주 초점은 일반적인 선법과 간화경절문 선법 사이의 우열에 대해서가 아니라, 간화경절문과 화엄교학이 성기설性起說이라는 입장에서 같은 심성론적 토대를 가지고 있지만, 단지 방법론적인 면에서 간화경절문이 우위를 차지하고 있다는 점에 있다. 우리는 여기에서 지눌이 선과 화엄을 근본적으로는 동일하게 취급하는 것을 알 수 있다. 단지 구자무불성으로 대표되는 간화선은 좀더 유용한 도구일 뿐이다.

지눌이 이해한 불법은 깨달음을 구하는 마음이 근본이다. 그리고 그 토대 위에서 구자무불성이란 화두를 도구로 하여 성기性起의 덕을 온전히 밝히는 것을 가로막는 지해知解를 깨뜨리는 것이다. 그렇기 때문에 지눌은 조주의 구자무불성을, 대혜가 의심에다 무게 중심을 두고 불성을 이해하는 것과는 달리 불성 쪽에 좀더 무게 중심을 두고 의심을 이해한다고 볼 수 있다. 그리고 이러한 지눌의 입장은 불성의 유·무에 대한 학인의 입장을 끊임없이 털어 버림으로써 마침내는 불성마저도 해체해 버리고, 마지막에 의문 하나만 동그마니 남겨 놓는 대혜 간화선, 더 나아가서 조사선의 입장과 거리가 가깝다고 볼 수는 없다. 즉 대혜의 선법은 처음부터 끝까지 의심으로 일관한다. 구자무불성이라는 언명으로 대표되는 의심은 용用이면서도 체體의 위치를 차지한다. 하지만 지눌은 다르다. 구자무불성이라는 언명으로 대표되는 의심은 용(방편)이며, 체는 불성佛性이기 때문이다. 다음을 보자.

몰록 깨침(頓悟)이란, 범부가 미迷했을 때에 네 가지 물질적 요소로 몸을 삼고 망상으로 마음을 삼아 자성自性이 참 법신法身인 줄 모르며, 자기의 신령神靈스럽게 아는 지知(靈知)가 참 부처인줄 모른다. 그래서 마음 밖의 부처를 찾아 이리저리 달리다가 홀연히 선지식의 가르침을 만나 한 생각에 광명光明을 돌려(一念廻光) 자기 본성을 보면, 이 성품의 바탕에는 본래부터 번뇌가 없고 무루지성이 저절로 갖추어져 있어서 모든 부처님과 조금도 다르지 않는 것을 깨닫는 것이다. 그러므로 돈오頓悟라 한다.[36)]

인용문에서 보듯이, 지눌 사유 체계 전체를 일관하는 정신은 '자성自性의 공적영지空寂靈知'이다. 즉 불성佛性으로서의 자성과 그 자성을 둘러싼 심성心城인 자심自心에 대한 탐구가 지눌 선 사상의 거대 담론이다. 그가 평생을 통하여 설파한 것은 공적영지한 자성을 회광반조廻光返照함으로써 당대의 모든 난문제를 풀어야 한다는 것이다. 그렇기 때문에 지눌의 대혜를 보는 입장도 자성의 공적영지를 보다 빠르게 실천적으로 얻기 위한 방법론적인 자각으로서의 간화경절문이다.[37)] 즉 지눌의 경우에 구자무불성이란 무자화두는 불성인 자성의 공적영지를 회광반조하기 위한 지눌 거대 담론의 하부 구조이다.

그렇기 때문에 연구자는 지눌이 한편에서는 돈오점수를 천성의 궤철이라고 하면서, 다른 한편에서는 몸을 빼어 낼 활로로서 간화선을 강조한 것이 서로 배반되지 않는다고 본다. 왜냐하면 범주가 다르기 때문이다. 돈오점수는 지눌 이론의 큰 담론이고, 간화경절문은 그 큰 담론의 구체적인 수

---

36) 知訥, 『修心訣』(『普照全書』, 34쪽 中), "頓悟者, 凡夫迷時, 四大爲身, 妄想爲心, 不知自性是眞法身, 不知自己靈知時眞佛, 心外覓佛, 波波浪走, 忽被善知識, 指示入路, 一念廻光, 見自本性. 而此性地, 元無煩惱, 無漏智性, 本自具足, 卽與諸佛, 分毫不殊, 故 云頓悟也."
37) 연구자는 지눌이 교학인 李通玄의 화엄을 통하여 추구한 것도 根本普光明智로서의 自性이고, 慧能과 神會를 공부하는 방법도 이 自性의 空寂靈知를 어떻게 證得하느냐는 것과 연관한 이해였다고 생각한다. 자세한 것을 다음을 참조
이덕진, 『普照知訥의 禪思想 硏究』(고려대학교 박사학위논문, 1999).

행 방편으로서의 작은 담론으로 어떤 때는 돈오를 제대로 하기 위한 방법론적인 자각으로, 어떤 때는 돈오 이후에 오후수를 제대로 하기 위한 방법론적인 자각으로 제시된다. 이런 점에서 본다면 지눌은 대혜가 간화선에서 구자무불성을 통하여 주장하고 있는 것을 그대로 수용했다고 볼 수 없다. 지눌의 대혜 수용은 방법론적인 자각이라는 점에서 그친다. 그렇기 때문에 대혜의 구자무불성을 중심어로 한 간화선은 지눌의 보조선법 체계를 방법론적으로 강화시켜 주는 역할을 한다. 하지만 그것은 어디까지나 방법론상에서의 수용이다. 지눌 선 사상 체계는 대혜를 수용함에 의해서 좀더 튼튼해지기는 하지만, 그 내용이 바뀌거나 그 틀이 개조되는 것은 아니기 때문이다. 결과적으로 지눌은 중국 조사선의 전통을 시원으로 하는 대혜 간화선을 그대로 받아들이고 있다고 볼 수 없다. 대혜의 간화선은 지눌의 보조선普照禪에 부분적으로 수용되고 있을 뿐이다.

5. 진각혜심과 구자무불성

주지하듯이 혜심은 지눌에 의해서 수용된 간화선을 크게 진작振作한 선사이다. 그러나 혜심은 지눌이 수많은 저작물을 가지고 있는 것과는 달리 저작물이 거의 없다. 현재 우리가 볼 수 있는 것으로는 그의 상당법어上堂法語 등을 담은 어록을 모은 『진각국사어록眞覺國師語錄』, 시집인 『무의자시집無衣子詩集』, 아주 짧은 논문의 형식인 「구자무불성화간병론狗子無佛性話揀病論」(이하 「揀病論」으로 표기), 그리고 편찬집으로서 『선문염송집禪門拈頌集』 30권이 있다. 따라서 그의 사상을 체계적으로 보여 주는 저작물을 찾기가 무척 어렵다. 단지 우리는 그의 『어록』과 『선문염송집』, 그리고 「간병론揀病論」을 통하여, 그의 사상을 추론해 나가는 작업을 하여야 된다.

간화선에 대한 혜심의 입장은『진각국사어록』을 통해서도 파악할 수 있다. 그렇지만 혜심의 간화선에 대한 구체적인 입장은 무엇보다도 그의 간화선에 대한 유일한 체계적 논문인「간병론」에서 잘 나타난다. 연구자는『진각국사어록』이 간화선에 대한 혜심의 태도를 간접적으로 보여 준다면, 이에 비해서「간병론」이야말로 그의 간화선에 대한 태도를 가감 없이 직접적으로 보여 주는 글이라고 생각한다. 그럼에도 불구하고 지금까지 학계에서는「간병론」에 대한 연구가 거의 없었다. 그 결과 혜심의 간화선에 대한 이해는 겉도는 감이 없지 않았다. 그렇기 때문에 연구자는「간병론」에 나타난 혜심의 간화선에 대한 입장을 밝힘으로써 지금까지 우리가 논의한 대혜와 지눌의 간화선과의 관계가 명료하게 드러날 것이라고 생각한다.

혜심의「간병론」에는, 지눌(10종병)과 대혜(8종병)가 각각의 병에 대한 구체적 언급이 없이 전체를 뭉뚱그려 간揀하는 것과는 달리 각각의 병에 대한 간揀이 구체적으로 딸려 있다. 즉「간병론」은 화두를 참구하는 구체적인 방법론이라고 할 수 있다. 하지만 혜심의「간병론」속에는 그의 선 사상에 대한 근본적인 견해도 숨어 있다. 이 문제는「간병론」을 상세하게 논구하는 가운데 저절로 드러나게 될 것이다.

「간병론」의 체제는 다음과 같이 4부분으로 나누어져 있다.

1. 擧話: 趙州從諗(778~897)의 狗子無佛性話
2. 조주의 견해를 잘 드러내는 선사들의 게송 2-1. 天童正覺(1091~1157)의 게송(과 혜심의 論) 2-2. 五祖法演(? ~1104)의 게송(과 혜심의 論) 2-3. 眞淨克文(1025~1102)의 게송(과 혜심의 論)
3. 혜심의 看話十種病에 대한 揀함 3-1. 10종병 각각을 揀함 3-2. 10종병을 4병으로 줄여서 揀함 3-3. 4병을 다시 2병으로 줄여서 揀함 3-4. 結揀
4. 혜심의 맺음말

우선 혜심이 천동정각天童正覺의 거화擧話에서 조주의 구자무불성을 인용하는 것과 조주의 견해를 잘 드러낸다고 여겨서 혜심이 인용한 선사들의 게송을 보자.

㉠ 천동정각天童正覺이 들었다. 승이 조주에게 물었다. "개에게도 (역시) 불성이 있습니까?" 조주가 유有라고 답하였다. 승은 말했다. "어째서 저 가죽부대 속에 들어가 있습니까?" 조주가 말했다. "그(개)는 알면서도 고의로 범했다." 또 승이 조주에게 물었다. "개에게도 (역시) 불성이 있습니까?" 조주가 무無라고 답하였다. 승이 말했다. "일체중생은 모두 불성을 가지고 있다고 하는데, 어째서 개는 도리어 없습니까?" 조주가 말했다. "그에게 업식業識이 있기 때문이다."[38]

㉡ 스승(天童正覺)이 말했다. "조주가 있다고도 없다고도 말하니, 개의 불성을 천하 사람 분별하네. 얼굴 붉은 것이 말 곧은 것만 못하니, 마음이 곧거든 말 거친 것 허물 말라. 칠백七百 갑자를 산 늙은 선사가 나귀 똥으로 남을 만나서 눈알을 바꿔 주네." (혜심은 말한다.) 대충 공부하는 도인道人과 속인俗人의 무리들은 이 화두의 시종 문답을 보고서 말을 따라서 뜻을 정하여 유무有無의 무無라고 결정決定지어 생각한다.

㉢ (혜심이 보기에 위와 같이 생각하는 자들은) 오조五祖 법연화상이, "조주가 칼끝을 드러내니, 찬 서리와 같은 빛이 번득인다. 어떠한가를 또 다시 물으려 하면, 몸을 나누어 두 토막을 내리라"고 한 게송과 (또) 진정화상이 "업식業識이 있다고 말하는구나! 누가 그 뜻이 깊지 않다고 말하겠는가. 바다가 마르면 종내 바닥이 보이지만, 사람은 죽어도 마음을 알지 못하는 법이다"라고 한 게송의 뜻을 전혀 모르는 탓이라 하겠다.[39]

---

38) 慧諶, 「狗子無佛性話揀病論」(『한국불교전서』 6책, 69쪽 中), "天童擧僧問趙州. 狗子還有佛性也無? 州云有. 僧云爲什麽, 撞入這箇皮俗? 州云他知而故犯. 又僧問趙州. 狗子還有佛性也無? 州云無. 僧云一切衆生皆有佛性, 爲什麽, 狗子却無? 州云爲他有業識在."

39) 慧諶, 같은 책(『한국불교전서』 6책, 69쪽 中), "師云 趙州道有, 趙州道無, 狗子佛性, 天下分疎. 面赤不如語直, 心眞莫怪言麤. 七百甲子老禪伯. 驢糞逢人換眼珠. 汎衆道

혜심은 조주의 구자무불성에 대한 인용문 ㉠을 인용문 ㉡과 ㉢으로 푼
다. 우선 인용문 ㉡을 보자. 혜심이 보기에는 조주가 개에게 불성이 있다고
도 없다고도 말한 것을 가지고 천하 사람들이 개의 불성을 분별하는 것은
잘못이다. 왜냐하면 어디에도 물들지 않고 제한되지도 않는 불성을 오염되
고 한계가 뚜렷한 자신의 유有의 세계 안으로 끌어들이기 때문이다. 그렇
기 때문에 120세를 산 늙은 조주가 나귀 똥과 같은 천한 것, 즉 유무有無를
분별하는 것과 같은 안목으로 우리의 눈알을 바꿔 준다는 것이다. 곧 말은
거칠지만 마음이 곧다. 그렇기 때문에 혜심은 이 화두의 시종문답을 보고
서 유무라는 말을 따라서 유무의 뜻을 정하여 유무의 무無라고 결정지어
생각하는 이들을 조주 문답의 껍데기만 보는 자라고 힐난한다. 결국 혜심
에 의하면, 조주의 구자불성에 대한 전후의 상반된 언명을 가지고 구자불
성의 유와 무 중 어느 한편으로 단정하려 하는 자는 제대로 공부의 길을
열지 못하는 도속道俗이 된다. 왜냐하면 혜심이 이해하기에 조주의 의도는
불성에 있는 것이 아니다. 조주는 유와 무를 통하여 우리를 흩트려 놓고자
한다고 여긴다.

혜심의 이런 안목은 인용문 ㉢에서 여전하다. 구자불성의 무에 대해서
는 오조 법연화상의 게송을 인용한다. 즉 조주의 칼끝은 활인검活人劍이
아니라 살인검殺人劒이라는 것이다. 이 때 살인검은 무無를 말함에 지나지
않는다. 구자불성의 유에 대해서는 진정극문의 게송을 인용한다. 조주가
업식業識이 있다고 말하지만, 조주의 업식이 있다는 언급이 가지고 있는
숨겨진 의미를 알아차린다면 조주의 말이 단지 유有로 단정한 평범한 답
변이라고 이해하겠는가 하는 것이다. 즉 불성의 유와 무에 천착하는 자들
은 오조법연이나 진정극문의 게송의 뜻을 전혀 모르는 자들일 뿐 아니라

俗, 看此話始終問答, 隨言定旨, 決定作有無之無. 殊不知, 五祖演和尙頌云, 趙州露
刃劒, 寒霜光焰焰. 擬欲問如何, 分身作兩段. 眞淨和尙頌云, 言有業識在. 誰云意不
深. 海枯終見底, 人死不知心. 如是等頌, 不可勝數."

조주의 구자불성의 함의를 파악하지 못하는 자들이라는 것이다.

혜심은 조주가 유有·무無라는 언어를 사용한 것은 본분의 작용을 어떤 상황에서나 열어 보이고자 하기 때문이라고 생각한다. 즉 언어는 수단이다. 그렇기 때문에 언어 자체에 천착하면 언어의 효용은 상실된다. 따라서 혜심의 경우 언어를 해체함은 그 자체가 혜심 선법의 거대 담론이 된다. 그리고 이러한 사유 형태는 우리가 이미 살펴보았듯이 대혜 간화선의 선법과 그 맥락을 같이하며, 근원적으로는 조사선祖師禪과 만난다. 다음을 보자.

> 모든 길이 끊어져 말과 생각이 통하지 않는 경지는 어떤 것입니까? 아직 계단 아래 머물러 있는 놈에 불과하다.[40]

인용문에서 보듯이 승僧은 궁극의 깨달음은 말과 생각이 끊어진 경지라는 관념을 가지고 물음을 던진다. 조사祖師의 계단 아래에 있다는 답변은 승僧이 말과 생각이 끊어진 경지에 집착하여 말과 생각의 활발한 작용을 상실하고 있음을 비판한 것이다. 즉 조사선의 특징은 빗장이 없이 어느 곳으로도 열려 있는 것이 된다. 그렇기 때문에 모든 길이 끊어져 말과 생각이 통하지 않는 경지는 동시에 모든 말과 생각이 통하는 경지가 된다.[41] 조사선의 경우 언어를 해체함은 일체의 존재를 향하여 열리는 것이다. 그렇기 때문에 '언어의 해체'라는 문제는 조사선의 경우 거대 담론이 된다. 즉 혜심의 선법은 지눌을 향하여 열려 있기보다는 중국 조사선의 전통을 공유하면서 대혜를 향해서 열려 있는 것이다.

혜심은 「간병론」의 초두에서 조주의 구자불성의 본래적 의미를 설명하

---

40) 『景德傳燈錄』 권20, 「廣利容章」(『大正新修大藏經』 권51, 364쪽 下), "問, 千途路絶, 語思不通時, 如何. 師曰, 猶是階下漢."
41) 김영욱, 「祖師禪의 언어형식」, 『가산학보』 7호, 165쪽.

고 나서, 간화십종병看話十種病에 대해서 상세하게 간병揀病한다. 그것은 다음과 같다. 먼저 ① 유무有無의 무無를 짓지 말라고 간병한다.

① ㉠ 혹자或者가 말하였다. "저 승이 스스로 생각하기를 '(자기 자신이) 어린아이와 같이 되어서 사람들을 보면 뜻 없이 웃고 물物을 배롱挨弄하면서도 그 이름을 모른다. 또한 마치 개가 몽롱하고 어리석게 절뚝거리면서 단지 물과 먹이만을 생각하기 때문에 다른 것에 분별이 없어서 이것을 가지고 좋은 소식이라 생각하지만, 그러나 아직 작가作家의 마음이 이와 같은지 어떤지 모르고 있기 때문에 저 승은 개를 대상으로 빌려서 질문을 만들어 자신의 생각을 펼쳐 보였던 것이다.' 그런 까닭에 조주가 말하기를 '설령 이렇다 하더라도 아직 확실하지 못하다' 한 것이다. 조주가 '없다'라고 답한 것은 가령 경에 이르기를, '유정은 불성이 없고 무정은 불성이 있다'라고 말했는데, 황벽黃檗은 '부처님의 경지를 직접 올라가 보니까 무정에 불성이 있더라. 부처님의 경지를 경험해 보지 못했을 때는 유정에는 불성이 없더라'고 말한 것과 또 혜랑선사惠朗禪師가 석두石頭에게 묻기를, '불성은 어떻습니까?', 석두가 말하기를, '너는 불성이 없다.' 혜랑선사가 말하기를, '꾸물거리는 곤충은 어떻습니까?' 석두가 말하기를, '꾸물거리는 곤충까지도 불성이 있다.' 혜랑선사가 말하기를, '나는 어째서 없습니까?' 석두가 말하길, '그대는 승당承當한다는 것을 수긍하지 못하기 때문이다' 등의 뜻이다. 저 승은 비록 본의는 아니지만 개의 입장에서 들어서 다시 묻기를, '일체중생은 모두 불성이 있다는데 어째서 개에는 없습니까?'라고 하였고, 조주 또한 개를 들고서 답하기를, '그(개)는 업식業識이 있기 때문이다'라고 했다. (조주의) 말은 승의 뜻을 따르는 듯하지만 뜻은 여기에 있는 것이 아니다." ㉡ 혹자는 말한다. "그 자체로 좋은 개를 불성佛性 두 글자로써 오염시키면 안 된다. 왜 그런가. 서시西施는 분을 바를 필요가 없다고 하는 것과 같은 것이다. 가령 (그것은) '산을 보고 산이라 하고, 물을 보고 물이라 하며, 주장자를 보고 다만 주장자라고 부르고, 집을 보고 다만 집이라 부르는 것'과 같다. 개를 보고 단지 개라고 부르는데 무슨 걸림이 있겠는가. 그러므로 조주가 무라고 한 것이다." ㉢ 이와 같은 등의 사된 견해는 이루 셀 수가 없다. 그러므로 대혜가 간병하기를 '유무有無의 무無'를 짓지 말라'고 한 것이다.[42]

인용문 ㉠을 보자. 혹자는 조주에게 질문한 승을 어린아이나 배가 고프고 목이 마른 개로 본다. 혹자에 의하면 어린아이는 사람들을 보면 뜻 없이 웃고 物物을 배弄하지만, 그것은 단지 흉내에 불과하다. 마치 앵무새와 같은 것이다. 또한 배가 고프고 목이 마른 개도 단지 물과 먹이(=話頭)만을 생각하면서 몽롱하고 어리석게 절뚝거린다. 개와 어린아이는 다른 것에 분별이 없어서 단지 그들에게 절박한 것, 즉 흉내만 내는 말이나 물과 먹이만을 가지고 좋은 소식이라 생각한다. 그러나 승은 아직 작가作家인 조주趙州의 마음이 이와 같은지 어떤지 모른다. 그래서 승은 개를 빌려서 질문을 만들어 개나 어린아이와 같은 자신의 생각을 펼쳐 보인다. 혹자에 의하면 조주가 '없다'라고 답한 의미는 다음과 같다는 것이다. 즉 황벽黃檗이, '부처님의 경지를 직접 올라가 보니까 무정에 불성이 있더라. 부처님의 경지를 경험해 보지 못했을 때는 유정에는 불성이 없더라'고 말한 것과, 또 석두石頭가 혜랑선사惠朗禪師에게 말한 '꾸물거리는 곤충까지도 불성이 있지만, 혜랑선사는 승당承當한다는 것을 수긍하지 못하기 때문에 불성이 없다'는 것과 같다는 것이다. 즉 혹자는 조주의 대답을 중생은 모두 본체론적으로 불성을 가지고 있지만, 그러나 현상론적으로는 업식이 있기 때문에 '없다'라고 했다는 것이다.

---

42) 慧諶, 「狗子無佛性話揀病論」(『한국불교전서』 6책, 69쪽 中・下), "或云, '這僧, 自謂<得似孩兒, 見人空解笑, 弄物不知名. 又如狗子蒙蒙瞳瞳, 跛跛挈挈, 但念水草, 餘無分別, 以此爲好消息. 然未知作家之鑒 可不如何, 故(這僧)借狗子, 設問呈似> 所以趙州謂, <直饒伊麽, 未徹在.> (趙州)答云, <無者.> 如經云, <有情無佛性, 無情有佛性.> 黃檗云, <始踏佛階梯, 無情有佛性, 未踏佛階梯, 有情無佛性.> 又如惠朗禪師問石頭, <如何是佛性.> 頭云, <如無佛性.> (惠朗禪師)云, <蠢動含靈, 又作麽生.> (頭)曰, <蠢動含靈, 却有佛性.> (惠朗禪師)云, <某甲 爲什麽却無.> (頭)曰 <爲汝不肯承當等之意也. 這僧雖非本意, 且擧狗子分上.> (這僧)更問云 <一切衆生, 皆有佛性, 爲什麽狗子却無.> 趙州亦擧狗子. 答云, <爲他有業識在> 言似隨他, 意不在此.' 或云 '好箇狗子上, 不可用佛性二字汚染, 何故, 西施不用添脂粉也. 如云, <見山是山, 見水是水, 見柱杖, 但喚作柱杖, 見屋喚作屋.> 何妨見狗子, 但喚作狗子, 故州云無." 如此等邪解, 不可勝數, 故大慧揀, '不得作有無之無.'"

인용문 ⓛ을 보자. 혹자는 조주에게 질문한 승의 말은 군더더기로서 그
것은 마치 서시西施가 분을 바르는 것과 같다고 생각한다. 왜냐하면 만물
의 차별상 중 하나인 개는 그 자체로 온전하기 때문이라는 것이다. 불성
따위의 말조차도 불성 두 글자로써 오염시키면 안 된다는 것이다. 그것은
우리가 산을 보고 산이라 하고, 물을 보고 물이라 하며, 주장자를 보고 다
만 주장자라고 부르고, 집을 보고 다만 집이라 부르는 것과 같다는 것이다.
그러므로 조주는 개에게 불성이 '없다'고 하였다는 것이다.

인용문 ⓒ에서 혜심은 이와 같은 사된 견해는 이루 셀 수가 없다고 혹자
들의 견해를 힐난한다. 왜냐하면 인용문 ⓖ의 혹자는 어디에도 물들지 않
고 제한되지 않은 불성을 유有로 물들이고, 인용문 ⓛ의 혹자는 어디에도
물들지 않고 제한되지 않은 불성을 무無로 물들이기 때문이다. 즉 혜심은
구자무불성을 이해함에 불성에 무게 중심을 두고 해석하는 것을 사된 견
해라고 본다. 조주가 말한 무無의 본래적 의미에 충실해야 한다. 조주의 의
도는 중생을 깨달음으로 유도하기 위하여 그때그때 조건에 따라 유有라고
도 하고 무無라고도 함으로써 유有와 무無, 혹은 중생과 부처의 분별을 흩
트려 놓는 것이다. 그러므로 대혜가 간병하기를 있다, 없다 하는 대립적 유
무의 무라고 이해해서는 안 된다고 하였다는 것이다.

다음으로 혜심은 ② 진무眞無의 무無라고 사량思量해서는 안 되고, ③
도리道理의 알음알이를 지어서도 안 되며, 또 ④ 의근意根 속에서 사량분
별思量分別해서도 안 된다고 한다. 다음을 보자.

② 이미 이와 같이 확정하는 것을 허용하지 않았거늘, 또 잘못 계고計考해서
말하기를 "유무有無에 떨어지지 않는 진무眞無의 무無가 있다. 『금강삼매경金
剛三昧經(論)』에서 '만약 무無를 떠나서 유有를 취하는 것과 같이, 유有를 버리
고 공空을 좇으면 진무가 아니다' 하였다. 지금 비록 유를 떠나도 공을 보존하
는 것이 아니다. 이와 같은 것이 모든 법의 진무를 터득하는 것이다." 이와 같이

차배差排할까 근심스러워서 간병하기를 '진무의 무라고 사량思量하지 말라' 한 것이다. ③ 이미 이와 같이 확정하는 것을 허용하지 않았거늘, 또 현묘한 도리가 있다는 알음알이를 짓는다. 그러므로 간병하기를 '도리道理의 알음알이를 짓지 말라' 한 것이다. ④ 이미 이와 같이 확정하는 것을 허용하지 않았거늘, 또 고개를 숙이고 냉좌冷坐하여 생각을 붙이고 모색한다. 그러므로 간병하기를 '의근意根 속에서 사량분별思量分別하지 말라' 한 것이다.[43]

즉 『금강삼매경金剛三昧經(論)』의 "만약 무無를 떠나서 유有를 취하는 것과 같이 유有를 버리고 공空을 좇으면 (이는 妄空이지) 진무眞無가 아니다"라는 언구를 보고 오해하여, 비록 유를 떠나도 공을 보존하는 것이 아니다 하고 생각한다는 것이다. 그렇기 때문에 일체의 망집을 떠나 사량분별을 끊은 그 곳에 유에도 무에도 떨어지지 않는 '참된 무의 무'가 있다 생각하여서 참된 무의 무를 실체實體로 여기는 함정에 빠진다는 것이다. 그러므로 간병하기를 '참된 무의 무라고 사량하지 말라' 하였다는 것이다. 또 이미 참된 무의 무라는 함정에 빠져서는 안 된다고 하였는데, 다시 관념의 조작에 의하여 화두를 일정한 틀 속에 갖추어 놓고 현묘한 도리가 있다는 알음알이를 짓기도 하고, 고개를 숙이고 좌선坐禪하여 의근意根 속에 참된 무의 무가 있다고 사량분별한다는 것이다. 그렇기 때문에 이어서 현묘한 도리가 있다는 알음알이를 지어서도 안 되고, 의근意根 속에서 사량분별해서도 안 된다고 간병하였다는 것이다.

다음으로 혜심은 ⑤ 눈썹을 치뜨고 눈을 깜박이는 곳에서 뿌리를 박아서도 안 되고, ⑥ 말길에서 살림살이를 지어서도 안 된다고 한다. 다음을 보자.

---

43) 慧諶, 같은 책(『한국불교전서』 6책, 69쪽 下~70쪽 上), "旣不許伊麼定, 又錯計云, '不落有無, 是眞無之無. 如金剛三昧經云, <若離無取有, 捨有從空而非眞無> 今雖離有而不存空. 如是乃得諸法眞無.' 恐如此差排, 故(揀)云, '不得作眞無之無卜度'旣不許伊麼定. 又作玄妙道理會, 故揀云, '不得作道理會'旣不許伊麼定. 又低頭冷坐, 着意搜尋, 故揀云, '不得向意根下思量卜度.'"

⑤ 앞에서 이미 유무有無·진무眞無의 알음알이를 허용하지 아니하고, 도리道理로 사량思量을 확정하는 것을 허용하지 아니하였지만, 또 눈을 깜박이며 생각하는 것을 인정하여 분별로 얻지 못하는 것이 바로 옳다고 생각하고 옛 사람의 다음의 말을 인용하여 말한다. "눈을 깜박이고 눈썹을 치뜨는 곳에 아주 분명한 불조佛祖의 기틀이 있다." 또 묻기를 '서래의西來意'라고 물으면, 답하여 말하길 "마땅히 빈틈없는 작용을 관찰해야 한다"라고 하고, 또 "무엇이 밀작용密作用인가?"라고 물으면, 눈을 뜨고 감으면서 보는 것 등으로서 근거로 삼는다. 그래서 이를 간병하여 '눈썹을 치뜨고 눈 깜박이는 곳에 뿌리를 박지 말라' 하였다. ⑥ 앞에서 이미 이치의 길과 뜻의 길을 허용하지 않았고, 또 작용作用을 인정하고 취해서 그 뜻을 확정하는 것을 허용하지 않고, 아무 맛이 없는 언구를 향하여 의심을 일으키라고 하였거늘, 원오圓悟가 한 말을 인용해서 "언구를 의심하지 않으면 이는 큰 병이다"라고 하므로, 간병해서 '말길에서 살림살이를 짓지 말라'고 한 것이다.[44]

즉 옛 선사의 '눈을 깜박이고 눈썹을 치뜨는 곳에 아주 분명한 불조佛祖의 기틀이 있다'는 언구를 잘못 이해하여 분별로 얻지 못하는 것이 바로 옳다 라고 생각한다. 그래서 '무엇이 조사가 서쪽에서 온 본래의 뜻인가', '무엇이 밀작용인가'라고 불법의 대의를 물으면, 분별로 얻지 못하는 것이 바로 옳다고 생각하여 눈썹을 치뜨고 눈을 깜박이는 마음의 미세한 움직임이 있는 곳에 뿌리를 박아서 알아내려고 해서 '마땅히 빈틈없는 작용을 관찰해야 한다'라고 하거나, 눈을 뜨고 감으면서 보는 것으로 근거를 삼는다는 것이다. 또 앞에서 이미 이치의 길과 뜻의 길을 허용하지 않았는데, '언구言句를 의심하지 않으면 이는 큰 병이다'라고 한 것을 잘못 이해하여, 아무 맛이 없는 화두를 향하여 의심을 일으킨다는 것이다. 그렇기 때문에

---

44) 慧諶, 같은 책(『한국불교전서』 6책, 70쪽 上), "前旣不許有無眞無會, 又不許作道理思量定, 又認着眼貶眨, 理會不得低爲是, 便引古德云. '瞬目揚眉處, 明明佛祖機.' 又有'西來意', 答云, '當觀密作用'云'如何是密作用', 以目開合示之等爲據. 故揀云, '不得揚眉瞬目處垛根'審前不許理路義路, 又不許愛取作用定, 向沒滋味底言句上起疑, 便引圓悟云, '不疑言句是爲大病', 故揀云'不得向語路上作活計.'"

이를 간병해서 분별로 얻지 못하는 것이 바로 옳다고 생각하여 눈썹을 치뜨고 눈을 깜박이는 마음의 미세한 움직임이 있는 곳에 근거를 두고 알아내려 해서도 안 되고, 언어 상에서 살길을 모색해서도 안 된다고 한 것이다.

다음으로 혜심은 ⑦ 모든 것을 날려 버리고 일없는 경계에 틀어박혀 있지도 말며, ⑧ (화두를) 드는 것만으로 알아차리려 하지도 말며, ⑨ 문자에서 인용해 증거로 삼지도 말아야 한다고 한다.

⑦ 이미 이와 같이 확정하는 것을 허용하지 않았거늘 또 계고計考해서 말하길 "이치의 길과 뜻의 길을 이미 전혀 허용하지 않았는데, 바로 이와 같은 경계에서 마음을 쓰니 일이 없는 것 같지 못하다. 가령 덕산德山이 말한바 '일에 마음이 없고 마음에 일을 두지 않으며, 비었으나 신령한 활동이 있고 공이지만 묘한 작용이 있다'" 등을 근거로 삼기 때문에 '모든 것을 날려 버리고 일없는 경계에 틀어박혀 있지도 말라'고 한 것이다. ⑧ 이미 말길에서 살림살이를 지음을 허용하지 않았고, 또 모든 것을 날려 버리고 일없는 경계에 틀어박혀 있음을 확정함을 허용하지 않았다. 이르기를 "들려고 하나 들어지지 않을 때가 바로 좋은 소식이 있을 때라고 생각한다. 가령 불안佛眼이 말한 바 '생각하고자 하나 생각이 일어나지 않는 경계에 몸소 들어가 보았을 때 만리에 그림이 걷히고 만상이 항상 드러나게 된다'" 등을 근거로 삼아 견고하게 집착하고 버리지 않으므로 간병하여 말하길 '(화두를) 드는 것만으로 알아차리려 하지도 말라' 하였다. ⑨ 또 간병하여 말하길, '문자에서 인용해 증거로 삼지 말아야 한다'고 하였다. 인증引證은 위에서의 모든 병에 통한다.[45]

즉 덕산德山이 말한 바 '일에 마음이 없고 마음에 일을 두지 않으며, 비었으나 신령한 활동이 있고 공이지만 묘한 작용이 있다' 등을 오해하여 그

45) 慧諶, 같은 책(『한국불교전서』 6책, 70쪽 上~70쪽 中), "旣不許伊麼定, 又計云, '理路義路, 旣不揔許, 却向伊麼處用心, 不如無事, 如德山云, <無心於事, 無事於心, 虛而靈空而妙>'等爲據, 故揀云, '不得㯮在無事匣裏'旣不許語路上作活計. 又不許㯮在無事匣裏定, 謂'欲擧未擧時, 正是好消息也. 如佛眼云, <擬思量, 何劫悟, 不思量, 終莽鹵, 欲思不思, 踏破時萬里無雲常現露>'爲據, 堅執不捨, 故揀云, '不得向擧起處承當'又(揀云). '不得文字中引證'引證, 通上諸病."

것을 근거로 삼아서 모든 것을 날려 버리고 아무 일 없는 경계 속에 우두
커니 있어서도 안 된다는 것이다. 즉 무심無心·무사無事가 일이 전혀 없
는 것이라 오해하고 궁극적인 안락처로 여겨 집착하는 자들을 비판한다.
또 불안佛眼이 말한 바 '생각하고자 하나 생각이 일어나지 않는 경계에 몸
소 들어가 보았을 때 만리에 그름이 걷히고 만상이 항상 드러나게 된다'
는 것을 오해하여, 그것을 근거로 삼아 화두의 숨은 뜻을 궁구하지 않고
단지 화두를 드는 그 자체로 들어 일으키는 곳을 향하여 해결하려 해서도
안 되고, 경전이나 어록 등의 문자를 인용해 증거로 삼지도 말아야 한다.
특히 경전이나 어록 등의 문자를 인용해서 증거로 삼으려 함은 위의 모든
병에 통한다는 것이다.

　마지막으로 혜심은 ⑩ 미혹한 상태에서 깨달음의 시기를 기다리지도 말
라고 간병한다.

> ⑩ 이미 이와 같이 허용하지 않았거늘 어떻게 해 볼 도리가 전혀 없을 때에 어
> 렵다는 생각을 일으켜서 말하길 "지금 미혹하니 언제 깨닫겠는가" 하며 미혹함
> 에 집착하여 대오待悟하니, 간병하여 말하길 '미혹한 상태에서 깨달음의 시기
> 를 기다리지도 말라' 하였다.[46]

　즉 미혹한 현재 상태에서 언제 깨달을 날이 올까 하고 깨닫기를 기다리
지도 말아야 한다. 닭이 알을 품듯, 배고픈 어린아이가 어머니의 젖을 그리
워하듯이 해야 한다. 만약 의도적인 마음으로 깨달음을 기다린다면 도리어
미혹만 가중시킨다. 다만 화두를 끝까지 추궁해 벼랑 끝까지 나가야 한다.
　혜심은 화두를 공부하는 데 있어서 10가지 피해야 할 병을 이야기 한
다음에 마지막으로 총정리한다. 다음을 보자.

---

46) 慧諶, 같은 책(『한국불교전서』 6책, 70쪽 中), "旣不許伊麼, 決定無可奈何, 自生難想,
　謂'卽今迷, 幾時悟得'執迷待悟, 故揀云, '不得將迷待悟.'"

위의 제병諸病가운데 ⑤ 양미순목揚眉瞬目부터 ⑩ 장미대오將迷待悟까지가 요즘 사람 사람들이 벗어나지 못하는 병이다. 넓게 말하면 십종병十種病이 있지만 간략하게 말하면 유심有心·무심無心·언어言語·적묵寂默을 벗어나지 않는다. 그렇기 때문에 옛 사람이 말하길 "유심에서 구하지 말고, 무심에서 얻지 말며, 언어로 짓지 말고, 적묵으로 통하지 말라"고 한 것이다. (더) 간략하게 말하면 사의思義·불사의不思義를 벗어나지 않는 것이다. (그렇기에 대혜가) '왼쪽으로 오는 것도 옳지 않고 오른쪽으로 오는 것도 옳지 않다', 또 '이래도 안 되고, 이와 같이 않은 것도 안 되며, 이와 같은 것 이와 같지 않은 것 모두가 안 된다'고 명명하게 간파하고 명명하게 현시한 것이다. 영리한 자라면 이와 같이 해 주는 말을 듣고서 눈썹이 뽑혀 날아갈 정도로 곧장 행하며, 끝내 돌아가지 않는다. 그렇지 않다면 병이 있다 병이 없다, 자미가 있다 자미가 없다, (화두 공부하는 데) 힘을 얻었다 얻지 못했다는 것에 관계하지 말고 이 무슨 도리인가를 순간순간 잡아들고만 있어라.[47]

혜심에 의하면 이상의 10가지 병통 가운데에서 가장 벗어나기 어려운 병을 ⑤ 눈썹을 치뜨고 눈을 깜박이는 곳에서 뿌리를 박는 병, ⑥ 말길에서 살림살이를 짓는 병, ⑦ 모든 것을 날려 버리고 일없는 경계에 틀어박혀 있는 병, ⑧ 화두를 드는 것만으로 알아차리려 하는 병, ⑨ 문자에서 인용해 증거로 삼는 병, ⑩ 미혹한 상태에서 깨달음의 시기를 기다리는 병이라고 한다. 즉 구체적으로 실수實修하는 것의 어려움을 말하고 있다. 그렇지만 10종병은 간략하게 말해서 유심有心·무심無心·언어言語·적묵寂默의 4종병을 벗어나지 않는다고 한다. 즉 유심으로도 구할 수 없고, 무심으로도 얻을 수 없으며, 언어를 통해 다가갈 수도 없고, 침묵만 지킨다고 해

---

47) 慧諶, 같은 책, 같은 곳, "如上諸病中, 從揚眉瞬目, 至將迷待悟, 是時人難離之病. 廣而言之, 則有十種病, 略而言之, 則不出有心·無心·言語·寂默. 故古人云, '不可以有心求, 不可以無心得, 不可以言語造, 不可以寂默通' 略而言之, 則不出思議·不思議. (大慧)所以道, '左來也不是. 右來也不是' 又道, '伊麼也不得, 不伊麼也不得, 伊麼不伊麼揔不得' 明明也揀破, 明明也現示. 若是靈利漢, 聊聞擧着, 剔起眉毛便行, 終不打之遶, 旣或未然. 莫管有病無病, 莫管有滋味無滋味, 莫管得力不得力, 但提撕看是箇什麼道理."

서 통할 수도 있는 것이 아니라는 것을 알아야 한다는 것이다. 하지만 혜심에 의하면 4종병은 더 줄이면 사의思義·불사의不思義의 2종병을 벗어나지 않는다. 즉 평상시에 자신의 의식을 지배했던 것들을 제거하여 결코 허용하지 않아서 사고와 논리로 따져 들어갈 여지가 전혀 없는 경계, 마음으로 헤아릴 길이 아주 끊어진 경계, 전혀 맛을 느낄 수 없는 경계에까지 나아가야 하는 것이 간화선의 요체이다.

결론적으로 혜심은, 영리한 자라면 이와 같이 해 주는 말을 듣고서 눈썹이 뽑혀 날아갈 정도로 곧장 행하며, 그것을 활용하여 자기화自己化하여서 끝내 돌아가지 않는 도리를 얻을 것이라고 한다. 그러나 만일 그렇지 못한 자가 있다면, 화두 공부하는 데 '병이 있다 없다. 자미가 있다 없다. 힘을 얻었다 얻지 못했다'를 관계하지 말고 이 무슨 도리인가를 시시로 들고 항상 깨어 있어야 한다고 한다.

지금까지 우리가 보았듯이 혜심이 「간병론」에서 표방하는 내용은 크게 두 가지이다. 그 하나는 간화선에 대한 이론적인 선적 토대이며, 나머지 다른 하나는 간화 십종병을 통해서 표방되는 구체적인 수행 방법론이다. 혜심의 선적 태도는 「간병론」 전반부에서 선사들의 게송을 인용함을 통해서 극명하게 드러난다. 혜심의 선적 태도는 「간병론」 후반부에서도 한편으로는 구체적인 수행 방법을 설파하지만, 다른 한편에서는 화두를 의심하는 방식으로 표명된다.

그렇기 때문에 연구자는 간화선사로서의 혜심의 특징은, 그가 『간병론』 후반부에서 10종병에 대해서 대혜나 지눌보다 상세하게 간택揀擇한 부분이 십종병에 대해서 합리적인 해답을 제시해 주는 분별적인 친절함을 가지고 있기 때문이라고 생각하지 않는다. 혜심에 의하면 불성의 유와 무에 천착하는 자들은 조주의 구자불성의 함의를 파악하지 못한 자들이다. 왜냐하면 조주가 유와 무라는 언어를 사용함은 본분의 작용을 어떤 상황에서나 열어 보이고자 하기 때문이다. 그렇기 때문에 혜심이 표방하는 바의 10종병은 사실상 하나로 귀일된다. 그것은 의심하라는 것이다. 물론 혜심의 경우 유와 무와 언어와 경론은 그 자체가 부정되는 것은 아니다. 하지만 그것들은 본래면목이 하나의 정해진 해답으로 굳혀지는 것을 방지하는 장치에 불과하며, 본래면목을 현전現前시키는 도구이다. 다시 말해서 유와 무와 언어와 경론은 깨달음의 세계로 나아가기 위한 도구에 불과하기 때문에 도구적 기능을 다함으로써 그것들의 시효는 끝이 난다. 결국 혜심 선의 요체는 10종병에 대한 구체적인 수행법에 있는 것이 아니라 십종병 하나하나에 대하여 또 다시 화두를 의심하는 방식으로 제시하고 있다는 점에 있다.

혜심의 의단疑團을 주요한 방법으로 하는 간화선적看話禪的인 견해에 의하면, 비록 선사의 언구라 할지라도 깨침을 무분별하고 무책임하게 수용하는 태도는 사마외도邪魔外道가 된다. 사실 한국 선불교에서 의심을 혜심만큼 선의 중요한 방법으로 간주했던 이가 이전까지는 없었기 때문에, 의심을 무자화두와 연계해서 화두의 중요한 핵심으로 파악하고 이후 공부법으로 정착되게 만든 것은 혜심의 공이 크다. 즉 그가 「간병론」에서 간화 십종병에 대해서 친절하게 주각註脚을 달아 주었기 때문에 혜심이 간화선자인 것이 아니라, 의단을 끊임없이 환기시켜 준 데에 그의 간화선사로서의 특징이 있는 것이다.

6. 나오는 말

지금까지 논구한 것을 간략하게 정리함으로써 나오는 말을 대신하고자 한다. 대혜의 경우에는 구자무불성은 깨침으로 나아가기 위한 용用(방법론적 자각)이자 체體이다. 의단은 깨침(불성)을 여는 계기가 되기도 하고, 깨침(불성) 그 자체이기도 하다. 그는 의단을 제외한 모든 것을 해체함으로써 진정한 의미의 불성을 체증體證할 수 있다고 생각한다. 즉 대혜의 선법은 처음부터 끝까지 의심으로 일관한다.

지눌의 경우에는 구자무불성은 깨침으로 나아가기 위한 용이다. 지눌이 이해한 불법은 깨달음을 구하는 마음이 근본이다. 그리고 그 토대 위에서 구자무불성이란 의단을 도구로 하여 성기性起의 덕을 온전히 밝히는 것을 가로막는 지해知解를 깨뜨리고자 한다. 즉 불성佛性으로서의 자성自性과 그 자성自性을 둘러싼 심성心城인 자심自心에 대한 탐구가 지눌 선 사상의 거대 담론이다. 그렇기 때문에 구자무불성이란 언명으로 대표되는 의심은 회광반조廻光返照를 도와주는 용(방편)이며, 체는 불성으로서의 자성이 된다.

혜심에 의하면 간화 10종병은 사실상 하나로 귀일된다. 그것은 의심이다. 혜심 선의 요체는 10종병에 대한 구체적인 수행법에 있는 것이 아니라 십종병 하나 하나에 대하여 또 다시 화두를 의심하는 방식으로 제시하고 있다는 점에 있다. 즉 구자무불성은 혜심에게 있어서는 체인 동시에 용이 된다.

연구자는 대혜의 간화선을 조사선의 연장선상에 있는 선법으로 본다. 또 혜심의 선법은 대혜의 간화선을 전체적으로 수용한 것이라고 생각한다. 그렇기 때문에 혜심은 대혜의 간화선뿐만 아니라 조사선의 정신에도 아주 가까운 사람으로 생각된다. 하지만 이에 비해서 지눌의 선법은 조사선의 선법과는 상대적으로 거리가 멀다. 그러므로 대혜 간화선의 맥락은 지눌보다는 오히려 혜심에게로 이어진다고 생각한다.

만일 우리가 한국 선불교와 중국 선불교를 하나의 동일한 전통에 있다고 여기고 그 매체를 간화선으로 본다면 혜심은 한국 선의 정통에 서 있다. 왜냐하면 혜심은 지눌보다 간화선의 정신에 더 많이 경도되어 있으며, 우리는 혜심에게서 간화선의 소개가 아니라 본격적인 시작을 알리는 여러 가지 징후를 발견할 수 있기 때문이다. 즉 혜심은 한국 간화선의 실질적인 창시자인 것이다.

그렇지만 우리가 한국 선불교를 중국 선불교에 종속되어 있는 사유 형태가 아니라 독자적인 선법으로 보고자 한다면 혜심은 중국 불교의 지류支流가 되고, 지눌은 한국 선 불교사상사에 있어서 독자적인 선법을 일으킨 독보적인 존재가 된다. 사실 지눌은 간화선 일변으로 정리될 수 있는 사상가가 아니다. 그는 보다 더 종합적이며 독창적이어서 한국 불교사상사에서 중국의 영향을 벗어나 독자적인 선 사상을 일으킨 거의 유일한 존재이다.

연구자는 지눌의 선 사상 체계를 중국 불교의 지류支流가 아닌 독자적 안목으로 본다. 그렇기 때문에 지눌의 선은 '보조선普照禪'이라는 독립적인 용어로 부르는 것이 합당하다고 여긴다. 이렇게 본다면 혜심의 보다 중국적인 불교 정신에 접근하고 있는 선법은 독보적이고 종합적인 지눌 보조선법의 물길을 간화선 일변으로만 협애하게 돌린 선법으로 비판받을 여지가 있다.

제4부

지눌 선 사상의 교학적 근거

보조의 『화엄신론』 이해

최 성 렬

1. 서언

선禪은 불립문자不立文字를 기본으로 한다. 그리하여 대부분의 선승들이 언어·문자에 초연했던 것이 사실이다. 설사 그들의 선어록禪語錄이 전해 온다 해도 그것은 제자들의 뜻에 의한 것이었지 본인의 의사와는 무관한 경우가 대부분이다. 그러나 보조지눌普照知訥(1158~1210)의 경우는 남다르다. 그는 한 시대를 풍미한 위대한 선의 걸승傑僧이었음에도 보기 드물게 많은 저서를 남겨 선禪·교教를 융섭하였기 때문이다.

이를테면 그의『권수정혜결사문勸修定慧結社文』·『수심결修心訣』·『진심직설眞心直說』·『원돈성불론圓頓成佛論』·『간화결의론看話決疑論』·『법집별행록절요병입사기法集別行錄節要幷入私記』·『계초심학인문誡初心學人文』·『화엄론절요華嚴論節要』등의 저서 중에서 『수심결』·『진심직설』은 일찍이 중국에 유전流傳되어 북장北藏과 용장龍藏, 경산장徑山藏에 입장入藏되었는가 하면, 『대정신수대장경大正新修大藏經』에도 수록되어 선서禪書의 백미라 일컬어진다. 『간화결의론』은 우리 나라에서 간화선看話禪의 선구적인 지침서가 되었고, 『계초심학인문』이나 『법집별행록절요병입사기』는 강원講院의 이력과목履歷科目으로 지금도 교육되는 것들이다. 『계초심학인문』을 빼고는 다 한국 선불교 연구에 필수적 저술들이다.

본 논문에서는 그의 선 사상의 한 특징인 선교일치禪敎一致가 주로 『화엄경』이나 『화엄신론華嚴新論』에 바탕을 두고 있는 점에 착안하여 그가 이를 어떻게 이해했는가를 살피고자 하였다. 그런 의미에서 논제를 '보조의 『화엄신론』 이해'라고 하였던 것이다. 이의 연구를 위해서는 『원돈성불론』과 『화엄론절요』, 그리고 이의 저본이라 할 수 있는 『화엄신론』 등에 대한 연구가 선행되어야 함은 물론이다. 그래서 필자는 이들에 관한 몇 편의 논문을 발표하였으나 전체적인 체계를 이해하는 정도에 그친 것에 불과하였다. 다행히 『화엄신론』은 탄허呑虛 스님이 번연한 『신화엄경론新華嚴經論』이 있어 원전의 이해에 별다른 어려움이 없었고, 『화엄론절요』는 오래 전부터 필자가 역주譯註 작업을 시작하여 이제 거의 마무리 단계에 있어 본고를 작성하는 데 많은 도움이 되었다.

본 논문의 체제는 보조의 화엄 전적 열람, 그를 통해 이해한 화엄 사상, 그리고 이를 바탕으로 한 전통 화엄의 비판을 연구의 골간으로 삼아 간략히 정리하였지만 '불지佛智가 중생衆生의 마음에 있음'과 '생生 · 불佛의 호융互融'에 중점을 두었음을 밝혀 둔다.

2. 보조의 화엄 전적 열람

보조가 화엄 전적典籍을 열람하게 된 경위는 김군수金君綏가 쓴 보조의 비문碑文[1]과 보조의 『화엄론절요』 서序[2]에 잘 나타나 있다. 이 두 가지 자료에 의하면 『화엄경』과 이통현李通玄 장자의 『화엄신론』을 만나면서 그의 선 사상 체계가 확립되고 있음을 알 수 있다.

이 장에서는 우선 이들 문헌을 통하여 그가 화엄 전적을 만나게 된 경위를 통해 거기에서 얻은 바가 무엇인가를 살펴보기로 한다.

1) 『화엄경』

보조의 비문에 의하면 그가 『화엄경』을 접하게 된 경위는 "25세 때인 대정大定 22년(명종 12, 1182, 壬寅)에 승선僧選에 합격한 후 얼마 되지 않아 창평昌平 청원사淸源寺에 머물면서 『육조단경六祖壇經』을 열람하다가 미증유未曾有를 얻고, 이어서 28세 때인 대정 25년(명종 15, 1185, 乙巳) 지금의 경북 예천 하가산下柯山 보문사普門寺에 우거寓居하면서였다."3) 이 때의 자세한 사정을 『화엄론절요』 서에는 이렇게 기록하고 있다.

> 대정大定 을사년乙巳年 가을, 나는 하가산下柯山 보문사普門寺에 은거隱居하고 있었다. 항상 선문禪門의 '마음이 부처'(卽心卽佛)라는 말을 깊이 생각하며 '이 문을 만나지 못하면 다겁多劫 동안 헛수고만 할 뿐 성인의 경지에는 이르지 못할 것'이라고 하였다. 그러다가 '화엄교에서는 어떻게 오입悟入하는가'를 의심하다가 마침내 강자講者를 찾아가 물어 보니 "마땅히 사사무애事事無碍의 도리를 관하라"고 하면서 "만일 자기의 마음만 관하고 사사무애의 도리를 관하지 않으면 불과佛果의 원덕圓德을 잃을 것"이라고 하였다. 나는 대답을 않고 '마음으로 사事(현상)를 관하면 현상에는 장애가 있어 오히려 내 마음만 시끄러울 뿐 어떻게 깨달을 때가 있겠는가. 다만 마음이 밝고 지혜가 청정하면 곧 모찰毛刹의 용융容融함이 필시 바깥의 대상이 아닐 것'이라고 생각하였다.4)

---

1) 보조사상연구원 편, 『普照全書』(불일출판사, 1989), 419쪽.
2) 같은 책, 173~174쪽.
3) 『普照法語』(도서출판 敎林, 1982), 278쪽, "以大定二十二年壬寅, 擧僧選中之未幾, 南遊抵昌平, 淸源寺住錫焉. 偶一日, 於學寮閱六祖壇經……乃驚喜, 得未曾有……越大定二十五年乙巳, 遊下柯山, 寓普門寺."

즉심즉불卽心卽佛을 화두로 지니던 보조가 화엄교의 오입문오入門이 궁금했던 것은 의외일지도 모른다. 당시 그만큼 화엄교가 성盛했다는 방증傍證으로 본다면 『화엄경』에서 그 열쇠를 찾자는 의도로 볼 수 있다. 그리하여 『화엄경』 강자講者를 찾아갔지만, 그가 일러준 '사사무애의 도리를 관하라'는 말을 수긍할 수 없었던 보조는 스스로 이 문제를 해결하기로 결심한다. 이미 청원사에서 『육조단경』에 의해 '진성眞性은 항상 자재自在함'을 알고 있었던 터라 그러한 판단은 충분히 가능했을 것이다. 대장경의 열람을 통해서 심종心宗과 계합하는 부처님의 말씀을 찾는 일은 3년간이나 계속되었다. 드디어 『화엄경』 「여래출현품如來出現品」의 '일진함대천경권지유一塵含大千經卷之喩'를 보고 해답을 찾아내는데, 그 대강은 이렇다.[5]

불자야, 여래의 지혜는 이르지 않는 곳이 없다. 왜냐하면 한 중생도 여래의 지혜를 갖추지 않은 사람이 없지만 허망한 생각과 뒤바뀐 집착으로 증득하지 못하기 때문이다. 만일 허망한 생각을 여의면 온갖 지혜(一切智)와 저절로 생기는 지혜(自然智)와 걸림 없는 지혜(無碍智)가 곧 앞에 나게 되리라.

불자야, 비유하면 삼천대천 세계와 같은 큰 경책經冊이 있어 삼천대천 세계의 일을 다 기록하고 있다고 하자. 이른바 큰 철위산 가운데 일을 적은 것은 그 분량이 철위산만하고…… 이 큰 경책의 분량이 비록 대천 세계와 같지만 전체가 하나의 작은 티끌 속에 있으며, 그 하나의 작은 티끌과 마찬가지로 모든 작은 티끌도 역시 그러하다.

불자야, 여래의 지혜도 그와 같아서 한량이 없고 걸림이 없어서 일체중생을 두

---

4) 『普照全書』, 173쪽, "大定乙巳秋月, 余始隱居下柯山. 常以禪門卽心卽佛, 冥心以謂, 非遇其門, 徒勞多劫, 莫臻聖域矣. 然終疑, 華嚴教中悟入之門果如何耳. 遂往問講者, 對曰, 當觀事事無碍, 隨而誡之曰, 汝若但觀自心, 不觀事事無碍, 卽失佛果圓德. 余不對, 默自念言, 將心觀事事, 卽有碍, 徒擾自心, 何有了時. 但心明智淨, 則毛刹容融, 必非外境."

5) 『大方廣佛華嚴經』, 권51(『大正新修大藏經』, 권10, 272c).

416 한국의 사상가 10人 —— 지눌

루 이롭게 하는 것이 중생의 몸 속에 갖추어 있건만, 어리석은 중생은 허망한 생각과 집착으로 말미암아 알지 못하고 깨닫지 못하여 이익을 얻지 못한다.

위의 인용문 가운데 전반은 정설定說이고 중반은 비유譬喩이며 후반은 합운合云으로, 여래심如來心의 제십상第十相을 설한 내용의 일부분이다. 이어지는 경문에는 "허망한 생각과 집착을 영원히 여의게 하여 자기의 몸 속에 있는 여래의 광대한 지혜가 부처와 다름이 없음을 보여"6) 불지佛智가 중생의 마음속에 있음(佛智在衆生心)을 확인시키고 있다. 또,

보살마하살은 자기 마음의 생각생각마다 항상 부처가 있어 바른 깨달음을 이루는 것을 알아야 한다. 왜냐하면 부처님·여래들이 이 마음을 여의지 않고 바른 깨달음을 이루기 때문이며, 자기의 마음과 같이 모든 중생의 마음도 그와 같아서 다 여래가 있어 바른 깨달음을 이룬다.7)

위와 같은 내용들은 선문禪門에서 말하는 '즉심즉불'과 완전히 일치하는 부처님의 말씀들이다. 보조가 찾고자 했던 '심종心宗에 계합하는 부처님의 말씀'이란 바로 이런 것이 아니었을까? 자기도 모르게 경전을 머리에 이고 눈물을 흘리는 보조의 모습에서 충분히 짐작할 수 있다.8) 이 점은 이통현 장자의 송頌에도 그대로 확연하게 나타나 있다.

불佛은 중생衆生의 마음속에 있는 불이라
자기의 근기根機에 따라 감당할 뿐 다른 것은 없다.
일체제불一切諸佛의 근원을 알고자 하면
자기의 무명無明이 본래 불인 줄 깨달으라.9)

---

6) 같은 책(『大正新修大藏經』 권10, 272c), "……令其永離妄想執着, 自於身中, 得見如來廣大智慧與佛無異."
7) 같은 책(『大正新修大藏經』 권10, 275b).
8) 『普照全書』, 173쪽, "予頂戴經卷, 不覺殞涕."
9) 같은 책, 74쪽, "又論主頌云, 佛是衆生心裏佛, 隨自根堪無異物, 欲知一切諸佛源,

그리하여 『수심결』의 서두[10]에서도 이를 강조하고 있을 뿐 아니라, 『화엄론절요』 서에서 수심修心하는 사람들에게 "먼저 조사祖師의 도道로써 자기 마음이 본래 묘妙한 것임을 알고 문자에 구애받지 말라"[11]고 확신에 찬 권고勸告는 바로 이 점을 확인해 준 것이라 하겠다.

2) 『화엄신론』

보조가 『화엄신론』을 보게 된 것도 역시 하가산 보문사에서 대장경을 열람하던 시절이다. 『화엄경』을 열람하면서 즉심즉불의 도리는 알았지만 '범부의 최초신입문最初信入門' 즉 발심에 대해서는 아직도 미심쩍은 상태였다. 그러다가 이통현 장자가 지은 『화엄신론』을 열람하게 되어 이 문제도 해결하게 된다. 보조가 『화엄신론』과의 만남을 '숙겁宿劫의 인연因緣'[12]이라고까지 표현하고 있는 점으로 보아 화엄의 최초신입에 대한 보조의 열망을 짐작할 수 있다.

그런데 왜 하필이면 전통 화엄계가 아닌 방계傍系의 『화엄신론』이냐 하는 것은 아직 밝혀진 것이 없다. 그러나 '사사무애'를 강조한 강자講者의 말을 수긍하지 않았던 점에서 이미 전통 화엄에서는 해답을 구할 수 없다는 판단을 했을지도 모를 일이다. 또 '3년간 지속된 대장경의 열람 과정'에서 그의 단호한 의지를 엿볼 수 있다. 그렇다면 이는 『화엄경』에 관한 모든 논소論疏를 모조리 독파해서라도 반드시 찾고야 말겠다는 집념의 결과로 보아도 무리는 없을 것이다.

『화엄신론』을 열람했던 과정은 그렇다 치고, 이통현 장자가 분석한 화

悟自無明本是佛."
10) 같은 책, 31쪽, "若欲求佛, 佛卽是心, 心何遠覓, 不離身中."
11) 같은 책, 174쪽, "先以祖道, 知自心本妙, 不拘文字."
12) 『普照法語』, 70쪽, "予宿劫有緣, 搜得於龍藏間, 感遇慶懷."

엄의 대의를 인용하여 소개한 대목에 발심의 근원이 밝혀져 있음에 주목해 보자.

논주의 지취를 자세히 살펴보면, 화엄의 대의를 분석하여 말세의 대심범부로 하여금 생사生死의 지면地面 위에 제불諸佛의 부동지不動智를 돈오頓悟해서 초발심初發心의 근원으로 삼게 하였다. 그래서 제2회의 이름을 보광명지普光明智라 하여 십신법문十信法門으로 삼되, 여래如來 보광명지의 대용大用은 방소方所가 없어 중중무한重重無限함을 바로 보여 신심信心으로 삼았다.[13]

생사의 지면(現實·現生)에서 제불의 부동지를 돈오하는 것이 초발심의 근원이라는 것이다. 이 "부동지는 근본보광명지根本普光明智요, 근본보광명지는 제불의 과지果智이다."[14] 그런가 하면 부동지인 "근본지根本智는 자심自心의 보광명지요, 부동지불不動智佛이기도 하다."[15] 불지佛智가 중생의 마음에 있다는 것을 다시 확인한 셈이다. 이런 점에서 보조는 『화엄론절요』에서 각수覺首보살에 대한 다음과 같은 해석을 보고 더욱 신심信心을 냈던 것이 아닐까.

각수覺首보살은 세 가지 뜻이 있다. 첫째는 자기의 신심身心이 본래本來 법계라서 깨끗하여 물듦이 없음을 깨닫는 것이요, 둘째는 자기의 신심으로 분별하는 성性은 본래 능소能所가 없어 본래의 부동지불不動智佛임을 깨닫는 것이요, 셋째는 자기 마음의 정사正邪를 잘 간택하는 묘한 지혜가 문수사리임을 깨닫는 것이다. 신심의 초初에서 이 세 가지 법을 깨닫는 것을 각수覺首라고 한다.[16]

---

13) 『普照全書』, 70쪽, "詳夫論主旨趣, 要以分析華嚴大義, 令末世大心凡夫, 於生死地面上, 頓悟諸佛不動智, 以爲初悟發心之源也. 是故第二會, 以普光明智爲殿名, 說十信法門, 直示如來普光明智大用, 無方重重無限, 以爲信心."
14) 같은 책, 71쪽, "所言不動智, 亦是根本普光明智, 當此根本智, 名之爲諸佛果智也."
15) 같은 책, 같은 쪽, "則此根本智, 爲自心普光明智佛, 亦是自心不動智佛."
16) 같은 책, 173쪽, "覺首菩薩者有三. 一覺, 自身心本是法界, 白淨無染故, 二覺, 自身心分別之性本無能所, 本來是不動智佛, 三覺, 自心善簡擇正邪妙慧, 是文殊師利. 於信心之初, 覺此三法, 名爲覺首."

이렇게 신심의 초初에서 "십신심十信心을 성취하여 뜻을 좇아가면 십주十住의 초발심주初發心住에 이르고, 또한 구경究竟의 불과佛果에까지 이르는"17) 최초 신입의 문門이 밝혀졌지만, "범부가 십신에 들어가기란 그렇게 쉬운 일이 아니다. 스스로 범부임을 인정하고 자기 마음의 부동지불不動智佛은 인정하지 않기 때문이다."18)

그러나 "모든 부처와 중생이 다 근본지로부터 생겨났으므로"19) 모름지기 "대심범부大心凡夫는 자기 마음의 근본보광명지인 하나의 참된 법계(一眞法界)의 도道를 반조返照하라"20)는 것이 이『화엄신론』의 뜻이기도 하다. 그만큼『화엄신론』은 대심범부와 자심自心의 반조를 강조한다. 보조는 후에 이『화엄신론』을 절요하면서 신심信心의 성취를 이렇게 말하고 있다.

이 경의 신심信心은 응당 이러하니 곧 바로 자기 마음의 분별성이 법계성중의 근본부동지불이요, 금색 세계는 자기 마음의 물듦이 없는 진리이며, 문수사리는 자기 마음의 잘 간택하는 묘한 지혜이며, 각수·목수 등의 보살은 신심을 따르는 중에 리지理智가 현전現前한 것으로 믿는 것이다. 신인信因 중에 제불의 과법果法에 계합契合하여 조금도 그릇되지 않아야 바야흐로 신심이 성취되는 것이다.21)

결국『화엄신론』에 대한 보조의 이해는 최초신입의 문제에서 시작하여 선·교의 일치와 생·불의 호융이란 결론에 당도하게 된다. 즉 "세존世尊이 입으로 설한 것은 교요, 조사祖師가 마음으로 전한 것은 선이다. 불佛·조祖

---

17) 같은 책, 307쪽, "明十信心成就任運, 至十住初發心住故, 乃至究竟佛果故."
18) 같은 책, 173쪽, "從凡入十信難者, 摠自認是凡夫, 不肯認自心是不動之佛故."
19) 같은 책, 74쪽, "無有一佛, 不從本智而起, 無有一衆生, 不從本智而生."
20) 같은 책, 같은 쪽, "此論之意則不然, 只令大心凡夫, 返照自心根本普光明智一眞法界之道."
21) 같은 책, 307~308쪽, "此經信心, 應當如是. 直信自心分別之性, 是法界性中根本不動智佛, 金色世界, 是自心無染之理, 文殊師利, 是自心善簡擇妙慧, 覺首目首等菩薩, 是隨信心中理智現前. 以信因中, 契諸佛果法, 分毫不謬, 方成信心."

의 마음과 입은 서로 어긋나지 않는데 근원을 궁구窮究하지 않고 각자가 배운 것에 안주하여 망령된 논쟁으로 헛되이 세월만 허비한다"고 장탄식한 것은[22] 곧 선종禪宗의 '즉심즉불'의 이치를 화엄의 전적에서 찾아 선·교의 근원이 '자기 마음'이라는 이 하나로 융회融會되어 생·불이 서로 융통함을 확신했기 때문이다.

그의 제자 혜심도 정우貞祐 3년(고려 고종 2년, 1215)에 간행한 『원돈성불론』과 『간화결의론』의 초간발初刊跋에서

선禪은 불심佛心이요 교敎는 불어佛語이며, 교는 선의 강목綱目이 되고 선은 교의 강령綱領임을 모르고 있다. 그리하여 선과 교의 두 집이 영영 원수를 보듯 하고 법法과 의義의 두 학學이 도리어 모순된 종문宗門이 되고 말았다. 그렇게 되면 끝내 일실도一實道를 밟아 무쟁문無諍門에 들어가지 못하므로 선사先師 보조국사께서 이를 안타깝게 여겨 이 『원돈성불론』을 지은 것이다.[23]

라고 하여 이를 분명히 밝혀 주고 있다. 이러한 사상을 기반으로 보조는 두 권의 화엄 관계 저술을 남겨 놓았다. 하나는 비록 절요節要이긴 하지만 "대심중생大心衆生이 원돈오입圓頓悟入하는 문으로는 가장 적합하다고 평가한"[24] 『화엄론절요』이고, 다른 하나는 그의 입적 후에 발견되어 과연 보조의 친저親著인가 하는 의문이 제기되고 있으나 원돈신해문의 지침서로 유명한 『원돈성불론』이다.

---

22) 같은 책, 173~174쪽, "於是, 置卷長歎曰, 世尊說之於口, 即爲教, 祖師傳之於心, 即爲禪. 佛祖心口必不相違, 豈可不窮根源, 而各安所習, 妄興諍論, 虛喪天日耶."

23) 같은 책, 426~427쪽, "噫, 近古已來, 佛法衰廢之甚, 或宗禪而斥教, 或崇教而毀禪. 殊不知禪是佛心教是佛語, 教爲禪網禪是教網, 遂乃禪教兩家, 永作怨讎之見, 法義二學, 返爲矛楯之宗, 終不入無諍門, 履一實道, 所以, 先師哀之, 乃著圓頓成佛論."

24) 같은 책, 같은 쪽, "然於大心衆生, 圓頓悟入之門, 寂爲心境矣. 故誓志翹誠, 梵香請加, 於四十卷中, 撮其綱要, 編成三卷. 屬門人沖湛禪子募工鏤印, 以傳不朽."

3) 기타 화엄 전적

보조의 『화엄신론』 이해는 상술한 『화엄경』이나 『화엄신론』만으로는 부족하다. 왜냐하면 그가 열람한 화엄 전적들은 『화엄신론』에 의해 저술된 『화엄론절요』나 『원돈성불론』은 물론이고, 『정혜결사문』·『법집별행록절요병입사기』 등에도 비록 인용 횟수의 차이는 있으나 많은 화엄 전적이 원용·인증되고 있음을 간과할 수 없기 때문이다.

그러나 본 논문에서는 보조의 저술에 나타난 화엄 전적을 일일이 다 살펴볼 여유는 없다. 그리하여 각각의 저술에 인용된 화엄 전적의 인용표[25]를 참고하여 그것들의 대략적인 개요를 전체적으로 언급하는 선에서 그치기로 한다.

<표1> 보조 저서의 화엄전적 인용 횟수

인용 문헌 \ 저서명	결사문	수심결	진심직설	법집별행록절요병입사기	계초심학인문	원돈성불론	간화결의론	항목별 인용 횟수
1　華嚴經	1	·	3	13	·	1	·	18
2　如來不思議境界經	1	·	·	·	·	·	·	1
3　李通玄·華嚴論	7	·	·	5	·	41	4	57
4　十地論	·	·	·	2	·	·	·	2
5　華嚴錦冠	·	·	·	1	·	·	·	1
6　圭峰宗密	1	3	2	25	·	·	2	33
7　清凉澄觀·華嚴疏	·	·	·	20	·	4	4	28
8　華嚴略策	·	·	·	1	·	·	·	1
9　華嚴宗要	·	·	·	1	·	·	·	1
10　義湘·一乘法界圖	·	·	·	3	·	2	·	5
총인용 횟수	10	3	5	71	·	48	10	147
화엄 이외 전적 총인용 횟수	51	12	93	153	1	21	40	371

---

25) 전호연(海住), 「新羅 義湘의 華嚴敎學 硏究」, 동국대학교 대학원, 1989.
　　보조의 저술에 나타난 『화엄신론』의 인용 횟수는 임영숙의 「高麗時代 禪書 撰述과 그 所依典籍」(『書誌學硏究』, 2집)에 보조의 현존 저서에 인용된 華嚴典籍과 그 인용 횟수를 밝혀 놓았다. 또 한기두 교수의 『韓國禪思想硏究』(일지사, 1991), 372~373쪽에도 『정혜결사문』·『수심결』·『진심직설』·『법집별행록절요병입사기』·『간화결의론』의 引據 자료를 고찰해 놓았다.

이상 10종의 화엄 전적 중에서 『화엄경』·『여래부사의경계경如來不思議境界經』·『십지론十地論』 등은 화엄 사상의 규명에 필요한 기본 전적에 속한다. 그리고 청량의 『화엄약책華嚴略策』·『화엄종요』, 규봉의 화엄 관계 전적은 중국 화엄의 정통서이고, 그의 제자 전오傳奧의 『화엄금관華嚴錦冠』과 지엄智儼(600~668)의 문인인 신라 의상義湘의 『일승법계도—乘法界圖』도 같은 범주로 보아도 무리는 없을 것이다.

이처럼 화엄의 원전과 중국의 전통 화엄가들의 논소를 모조리 섭렵한 것에 대해 구체적으로 어느 때, 어디서, 어떤 연유로 보게 되었다는 기록은 남아 있는 것이 없다. 그렇다면 이처럼 다양하고 폭넓은 그의 화엄 전적 섭렵을 어떻게 이해할 것인가? 물론 그의 학구열이나 배움의 태도로 대변되는 '학무상사學無常師'[26]라는 측면에서 이해할 수도 있으나 『화엄신론』에서 얻은 깨달음에 대한 확신으로 이해하면 어떨까? 왜냐하면 그의 저서 곳곳에 나타난 전통 화엄에 대한 날카로운 비판은 결국 『화엄신론』에 대한 확신이 없이는 불가능한 일이기 때문이다.

3. 보조의 『화엄신론』 이해

보조의 『화엄신론』 이해는 『원돈성불론』에서 볼 수 있는 것처럼 "말세末世의 중생으로 하여금 현실에서 제불의 부동지不動智를 돈오頓悟하는 것으로써 초발심初發心의 근원으로 삼는 것이다."[27] 이는 불지佛智가 중생의 마음에 있다는 것이고, 이에 따라 중생과 불이 서로 융섭한다는 생生·불佛의 호융이다. 이 장에서는 이런 문제를 중심으로 살펴보기로 한다.

---

26) 『普照全書』, 419쪽, "學無常師, 惟道之從, 志操超邁, 軒軒如也."
27) 같은 책, 70쪽, "詳夫論主旨趣, 要以分析華嚴大義, 令末世大心凡夫, 於生死地面上, 頓悟諸佛不動智, 以爲初悟發心之源也."

1) 불지재중생심佛智在衆生心

'불지佛智가 중생의 마음에 있다'는 것은 상술한 것처럼 그가 하가산 보
문사에서 열람했던 『화엄경』 「여래출현품」의 '일진함대천경권지유一塵含
大千經卷之喩'에서 비롯되었다. 즉 "여래의 지혜도 그와 마찬가지로 중생
의 몸 속에 구족해 있다"는 구절에 근거하고 있으며, "불화엄경佛華嚴經은
대근중생大根衆生이 스스로 자심自心의 보광명지인 일진법계一眞法界의
도道를 믿는 것이기"28) 때문에 『원돈성불론』에 이렇게 설명하고 있다.

'보살마하살은 자기 마음의 생각생각마다 항상 불佛이 있어 정각正覺을 이루고
있는 줄 알라'고 하였다. 이것은 제불여래諸佛如來가 마음을 여의지 않고 정각
을 이룬다는 것을 밝힌 것이다. 또, 일체중생의 마음도 이와 같아서 다 여래의
정각을 이루고 있다고 한 것은 범성凡聖의 마음은 그 자체가 청정하여 다름이
없다는 것이다. 다만 미迷와 오悟의 차이가 있을지언정 조금도 격별隔別하지 않
다. 다만 마음에 망념이 생기지 않으면 마음과 대상이 탕연하게 된다. 성性은
저절로 일어나지 않으므로 얻음도 없고 증證함도 없어서 곧 정각을 이룬다는
것을 밝혔기 때문이다.29)

그는 또 이렇게 부연하고 있다.

전신全身과 전심全心과 일체의 경계가 온전히 법신法身의 리지理智라 본래 의
주依住가 없으며 본래 얻을 것도 없다. 일체의 언어분별이 공중의 메아리와 같
이 무작無作의 연緣에 응하며 사물을 맞이하여 소리를 내나 본래 의주依住가
없다. 이러한 법을 요달了達하여 신해信解를 내어야 한다.30)

---

28) 같은 책, 71쪽, "論云, 此之佛華嚴經法門, 是大根衆生自信, 自心普光明智一眞法界
之道也."

29) 같은 책, 72쪽, "如來出現品云, 菩薩摩訶薩, 應知自心念念, 常有佛成正覺. 爲明諸佛
如來, 不離此心, 成正覺故. 又云, 一切衆生心亦如是, 悉有如來成正覺, 此明凡聖,
心自體淸淨無異. 但有迷悟, 不隔分毫. 但一心妄念不生, 得心境蕩然. 性自無生, 無
得無證, 卽成正覺故."

한마디로 일체의 중생은 일체제불의 근본지로부터 나오기 때문에 근본보광명지로써 보리심菩提心을 발하는 시초를 삼아 "자기 신심身心이 법계불法界佛의 자타自他 없는 성성인 것으로 바르게 믿어야 한다"[31]는 것이다.

그런데 『원돈성불론』에 의하면 청량은 「성기품性起品」에서 '불지佛智가 중생의 마음에 있음'을 생생자유生生自有, 당과자유當果自有, 타과재아他果在我로 나누어 다음과 같이 밝히고 있다.

'생생자유生生自有'라는 것은 대승시교大乘始敎 중에 사지四智의 보리종자菩提種子와 『기신론』의 수염청정隨染淸淨의 뜻을 취하여 판단한 것이고, '당과자유當果自有'는 중생이 당래當來에 얻을 불과佛果는 삼세三世가 융섭融攝하기 때문에 무명심중無明心中에도 있다는 것이며, '타과재아他果在我'는 중생의 본각本覺과 불佛의 본각이 일체이기 때문에 노사나불지盧舍那佛智가 리理를 따라 중생의 생멸8식生滅八識의 마음에 보편해 있으면서 인과를 지은 것을 말하니 이것은 사사무애事事無碍를 가리킨 것이다.[32]

이 세 가지의 경우 중에서 보조가 말하는 불은 어떤 의미의 것인가. "성정본각性淨本覺을 반조해서 이룬 부동지不動智의 불과佛果라는 의미로 본다면 '생생자유'에 해당될 것이고, 사사무애를 성취해서 이룬 불이라면 '당과자유'와 '타과재아' 이 두 가지에 다 해당된다."[33] 그런데 보조가 주장하는 부동지불不動智佛은 '근본보광명지'요 '제불의 과지果智'이기 때문에

---

30) 같은 책, 71쪽, "全身全心及一切境界, 全是法身理智, 本無依住, 本無所得. 一切語言分別, 如空中響, 應無作緣, 任物成聲, 本無依住. 了如斯法, 而生信解."

31) 같은 책, 313쪽, "正信自己身心摠是法界佛, 無自他性故."

32) 같은 책, 69쪽, 협주에 "一生生自有(取始敎中, 四智菩提種子. 起信中, 隨染性淨之義, 據義高判也), 二當果自有(衆生當來, 所得佛果, 三世融攝故, 在無明心中), 三他果在我(衆生本覺, 與佛本覺一體, 故盧舍那佛智, 隨理普遍, 在不修衆生生滅八識之心, 作因作果, 是謂事事無碍也)."

33) 같은 책, 69쪽, "清凉祖師, 依性起品, 佛智在衆生心之義, 立三復次, 一生生自有, 二當果自有, 三他果在我. 如是三義中, 當於何義耶. 若但返照性淨本覺, 爲不動智佛果, 則當初復次. 若成事事無碍佛, 則當後二復."

청량의 그것과는 같다고 할 수 없다.

근본지의 체體는 본래 삼대三大를 갖추고 있기 때문에 다만 성정性淨한 본각本
覺의 리불理佛만이 아니다. 근본지의 체는 본래 십세十世의 원근遠近과 연촉延
促이 없기 때문에 당래當來의 과果를 섭섭攝해 있는 것도 아니다. 근본지는 자심
自心의 불이기 때문에 타인의 과가 나에게 있는 것도 아니다.[34]

즉 성정性淨한 리불理佛로 본다면 본각本覺의 리불이지만 근본지는 십
세十世나 원근遠近이 없기 때문에 당과자유라고 할 수 없으며, 근본지는
자심自心의 불佛이기 때문에 타과재아라고도 할 수 없다. 이렇게 보조가
본 불의 의미는 청량이 「성기품」에서 밝힌 것과는 차이가 있다.
　그러나 "연기문緣起門의 융섭融攝한 뜻으로 본다면, 중생이 오해悟解한
보광명지는 중생과 불이 원융하기 때문에 타인의 과가 나에게 있다(他果在
我)고 해도 옳고, 십세가 원융하기 때문에 당래의 과가 스스로에게 있다(當
果自有)고 해도 옳으며, 수염隨染해도 성성은 청정하기 때문에 중생들에게
스스로 있다(生生自有)고 해도 옳다."[35]
　그렇다고 결코 현수·청량의 견해에 보조가 동의한 것은 아니다.[36] 왜
냐하면 "보광명지불은 원융圓融과 항포行布의 연기문으로써 논할 성질의
것이 아니므로 법계를 증득하는 과果를 미리 말할 수 없다"[37]는 것이 그의
반론이기 때문이다. 그러므로 불지가 중생의 마음에 있다는 것을 청량은

---

34) 같은 책, 88쪽, "以智體本具三大故, 非但性淨本覺理佛也. 以智體本無十世遠近延促
　　故, 非當果攝在也. 以根本智, 是自心之佛故, 非他果在我也."
35) 같은 책, 88쪽, "然若約緣起門中融攝之義論, 則以衆生今日悟解普光明智, 中生佛圓
　　融故, 謂他果在我亦得. 十世圓融故, 謂當果自有亦得. 以有隨染性淨故, 謂生生自有
　　亦得."
36) 같은 책, 같은 쪽, "故知賢首清凉, 所辨性起品中, 佛智在衆生心之義, 與長者論之旨
　　稍異也."
37) 같은 책, 같은 곳, "然今日頓悟普光明智佛, 非約圓融行布緣起門之所論, 以法界證處
　　果豈預談."

연기문의 입장에서 파악했다면, 보조는 성기문性起門의 입장에서 이해하고 있음을 알 수 있다.

2) 생불호융生佛互融

생·불의 호융이란 중생과 부처가 서로 융통하여 둘이 아니라는 것이다. 이는 '불지가 중생의 마음에 있음'에 근거한 성불의 뜻으로 종래의 전통적인 화엄가와는 상당한 견해 차이를 보여 주고 있는 보조의 독특한 성불관成佛觀이다. 그러면 보조가 말하는 생·불의 호융은 어떤 내용일까? 상술한 것처럼 보조는 대심범부大心凡夫로 하여금 제불의 부동지를 돈오하는 것으로 초오발심初悟發心의 근원으로 삼고 있는데, 이는 전적으로 이통현의 『화엄신론』에 근거하여 전개한 것임을 알 수 있다.

논문의 뜻을 살펴보면, 부동지는 곧 근본보광명지라고 하였다. 근본보광명지라는 입장에서 보면 제불의 과지果智이다. 이 근본지는 바로 리사理事·성상性相·생불生佛·자타自他·염정染淨·인과因果의 체성體性이기 때문에, 수염유전隨染流轉하는 가운데서 그 성정性淨의 리를 잃지 않은 것만을 취해서 말한 것이 아니다. 만일 화장세계華藏世界의 주인을 말하는 것이라면 이 근본지는 노사나불이 되고, 금색세계金色世界의 주인을 말하는 것이라면 부동지불不動智佛이 되며, 대심중생大心衆生이 반조하여 발현한 것으로 말하면 자기 마음의 보광명지불이 되고 자기 마음의 부동지불이 되며 자기 마음의 노사나불이 되니, (이렇게) 하나의 이름을 드는데 따라 삼신三身과 십신十身 등을 다 갖추고 있다.[38]

그러므로 "근본보광명지에는 본래 자타自他·생불生佛·염정染淨·인

---

[38] 같은 책, 71쪽, "然審論文所示之義, 所言不動智, 亦是根本普光明智, 當此根本智, 名之爲諸佛果智也. 此根本智, 是理事性相佛自他染淨因果之體性故, 非單取隨染流轉中, 不失性淨之理也. 若約花藏世界主爲名, 則此根本智爲盧舍那佛, 若約金色界主爲名, 則此根本智爲不動智佛, 若約大心衆生返照發現處爲名, 則此根本智爲自心普光明智佛, 亦是自心不動智佛, 亦是自心盧舍那佛. 隨擧一名, 皆具三身十身等."

과因果·리사理事·성상性相·정情과 비정非情 등의 상대적인 것들이 다 갖춰져 있는"39) 부동지라는 것이다. "화엄경법문華嚴經法門은 다름아닌 대근중생大根衆生이 자기 마음의 보광명지인 일진법계一眞法界의 도道를 스스로 믿는 것"40)이라고 단정하는 것은 바로 이런 뜻에서 한 말이다. 그렇지 않고서는 이 경을 수지하여 관행觀行할 수 없기 때문이다. 이러한 믿음이 결코 쉬운 일은 아닐 것이다. 그렇기 때문에 다음과 같이 신해信解할 것을 강조한다.

시방제불十方諸佛의 무의주지無依住智의 환주장엄문幻住莊嚴門으로써 법계와 허공계를 같이하면 법성法性이 항상 시방에 두루하여 그림자와 같이 색신色身을 대현對現하되, 자신과 같기 때문에, 본래 둘이 아니기 때문에, 체體가 차별이 없기 때문에 시방제불의 지신智身은 그림자와 같고 말한 것은 메아리와 같다. 이와 같이 신해信解하면 마땅히 성불할 수 있다.41)

이렇게 신해하면 절대로 퇴전退轉이 없다. "설사 습기習氣로 인해 잠시 퇴전을 생각하더라도 신信과 주위住位가 한꺼번에 퇴전하지 않는다."42) 그래서 『화엄신론』에는 또 이렇게 신해하라고 가르친다.

대체大體는 모름지기 항상 자기 스스로의 신身·어語·의意 경계와 일체의 제행분별諸行分別이 다 여래의 신·어·의 경계와 제행분별諸行分別로부터 나는 것이다. 중생과 부처는 다 체體가 없고 성性이 없으며 아我도 없고 인人도 없지만 법계의 조작造作 없는 자성으로써 반연攀緣해 나므로, 본래 근재根栽와 처소處所

---

39) 같은 책, 같은 쪽, "以此根本普光明智中, 本具自他生佛染淨因果理事性相非情."
40) 같은 책, 같은 쪽, "論云, 此之佛華嚴經法門, 是大根衆生自信, 自心普光明智一眞法界之道也."
41) 같은 책, 313쪽, "以十方諸佛, 無依住智幻住莊嚴門, 等法界虛空界, 法性恒遍十方, 如影對現色身. 同自身故, 本不二故, 體無差別故, 十方諸佛智身如影, 所言如響. 如是信解, 當得成佛."
42) 같은 책, 71쪽, "設有習氣, 暫時退念, 信及住位, 一往不退."

도 없어서 성性이 스스로 법계法界라, 내외內外와 중간中間이 없는 줄 믿어라.[43]

보조가 이해한 생·불의 호융은 이렇게 『화엄신론』의 뜻을 세 번이나 반복해서 깊이 생각한 후에 얻어진 확고한 신념에서 비롯된 것이다. 그리하여 보조는 이렇게 결론을 내린다.

논주가 말한 중생과 불이 서로 융통하다는 것은, 항상 모름지기 스스로 자기의 삼업三業인 신身·어語·의意와 경계의 상相이 모두 다 여래의 신·어·의와 경계로부터 나오므로 중생과 부처는 모두 따로 체가 없고 성이 없어서 본래 둘이 아니기 때문에 체의 차별이 없다는 것을 믿게 한 것이다. 다만 법계의 조작이 없는 자성으로써 반연하기 때문에 연緣과 연의 상이 온통 성으로 일어날 뿐이다. 그러므로 성 그 자체가 법계이므로 내외와 중간이 없다는 것을 믿어 마땅히 그렇게 관찰하라고 한 것이다. 이것은 불과 중생이 본래 근본보광명지의 성해性海로부터 환현幻現한 것이므로, 중생과 불의 상용相用이 다른 것 같으나 온전히 근본보광명지의 상용인 까닭에 본래 일체이지만 용용을 일으킴이 중중重重하다는 것이다. 그렇다면 이것은 성기문性起門에 해당한다.[44]

보조는 "근본보광명지불의 과果는 생·불이 일체인 까닭에 리사·성상·선악·염정 등이 구원구민具圓俱泯하여 원효가 말한 일대법신불一大法身佛과 다름이 없다"[45]고 생·불의 호융을 자신 있게 주장하고 있다.

43) 같은 책, 401쪽, "大體常須自信, 自己身語意境界一切諸行分別, 皆從如來身語心意境界諸行分別. 衆生皆無體無性無我無人, 但以法界無作自性緣生, 本無根機處所可得, 性自法界, 無有內外中間. 應如是知, 如是觀察, 觀自觀他, 同一體性, 無我無我所, 以定慧力, 如是修行."

44) 같은 책, 73쪽, "據如上論文之義, 三復深思, 此論主所示生佛互融之義, 要令觀心入道之者, 常須自信, 自己身語意及境界之相, 皆從如來身語意境界, 中生皆無體無性, 本不二故體無差別故. 但以法界無作自性緣生故, 緣緣之相全性而起. 性自法界, 無內外中間, 應如是知, 如是觀察也. 此則佛及衆生, 本從根本普光明智性海幻現故, 生佛相用, 似有差殊, 全是根本普光明智之相用也故, 本是一體而起用重重. 此當性起門也."

45) 같은 책, 88쪽, "此根本普光明智佛果, 是生佛之體故, 理事性相善惡染淨俱圓俱泯, 如曉公所立一大法身佛也."

4. 전통 화엄에 대한 비판

위에서 살펴본 '불지재중생심佛智在中生心'의 불지佛智는 중생심의 불佛이기 때문에 '생·불의 호융'이라는 논리로 전개됨을 보았다. 따라서 본 장에서는 전통 화엄에서 본 '생불호융生佛互融'과 현수의 『망진환원관妄盡還源觀』46) 비판을 중심으로 살펴보고자 한다.

1) 생불호융의 비판

보조의 생불호융生佛互融은 전통적인 화엄교가들이 본 성불成佛의 의미나 『현밀원통성불심요집顯密圓通成佛心要集』47)에 나타난 그것과는 다르다. 어떤 점에서 차이가 있으며, 보조는 어떻게 이를 비판하고 있는가를 살펴보기로 하자.

보조가 본 전통 화엄교가의 생불호융은 이렇다.

> 연기문緣起門에서 중생과 부처가 서로 융통하다고 논한 것을 보면, "이미 과지果地를 이룬 노사나불이 중생의 생멸하는 8식識 중에 있고, 중생 또한 불지佛智 중에 있다. 이것은 리理와 다르지 않는 일사一事가 리성理性을 전섭全攝할 때 그 리와 다르지 않는 다사多事가 의지한 리성을 따라 하나 가운데에 나타난 것이다"라고 하였다.48)

이에 대하여 보조는 "중생과 불佛의 체體는 다르지만 리理를 따라 보편하는 것이, 마치 인드라망因陀羅網의 구슬이 각기 그 체는 다르지만 그 구

---

46) 原名은 『修華嚴奧旨妄盡還源觀』이다. 총6장으로 구성되어 있는데 전3장은 圓頓妙解, 후3장은 華嚴의 觀法에 대한 내용이다. 『大正新修大藏經』 권45에 수록되어 있다.
47) 『大正新修大藏經』 권46, 990a.
48) 『普照全書』, 73쪽, "他處所論生佛互融之義, 已成果智盧舍那佛, 在衆生生滅八識之中, 衆生亦在佛智之中……"

슬의 그림자와 그림자가 서로 사귀어 나열되어 있는 것과 같다"⁴⁹⁾고 보고 있다. 그리하여 보조는 "이것은 청량의 연기문의 사사事事가 융섭한 것에 해당한다. 의리義理를 전전展轉하여 논하고 또 논해 보니, 비록 일치하는 것은 분명하지만 관행觀行으로 도道를 얻는 관행득도문觀行得道門으로써 보면 그 뜻에 친소親疎가 있다"⁵⁰⁾고 판단하여 체體의 동이同異라는 차이점을 지적하였던 것이다.

그럼『현밀원통성불심요집』에는 어떻게 생・불의 호융을 어떻게 밝히고 있을까.

다른 곳에서 논한 성불成佛의 뜻은, 먼저 비로毘盧의 법계法界를 깨닫고 난 뒤에 보현普賢의 행해行海를 닦는 것이다. 비로의 법계를 밝혀 널리 연기문緣起門 중의 사사무애의 상相을 설명하고 이렇게 말하였다. "먼저 모름지기 생각을 일으켜 관(起想觀)해야 한다. 만일 생각을 일으키지 않으면 곧 불과佛果의 원덕圓德을 잃게 된다"고 하였으니 이것은 크게 그렇지 않다.⁵¹⁾

왜 보조는 이것을 크게 잘못된 것이라고 하였을까. 보조는 그 이유를 이렇게 말한다. "불과佛果의 원덕圓德이 어떻게 망상으로 나타날 수 있겠는가. 만일 '생각(妄想)'을 일으킨다고'(起想) 불과의 원덕이 나타날 수 있다면 그것은 무상無常한 법에 지나지 않는다. 만일 사람이 불佛의 경계를 알고자 한다면 마땅히 그 뜻을 허공처럼 깨끗이 하여 망상과 모든 취取(煩惱)를 여의어서 마음이 지향하는 바에 다 걸림이 없어야 한다"⁵²⁾고 보았기 때문이다.

---

49) 같은 책, 73쪽, "是不異理之一事全攝理性時, 令彼不異理之多事隨所依理, 皆於一中現也. 此則生佛體殊而隨理普遍, 如因陁羅網中, 珠珠體別, 而影影交羅也. 此當緣起門事事融攝也."

50) 같은 책, 73쪽, "此當緣起門事事融攝也. 義理展轉, 論之又論, 則雖歸一致, 觀行得道門中, 意有親疎."

51) 같은 책, 73~74쪽, "又他處所述成佛之義曰, 先悟毘盧法界, 後修普賢行海, 明毘盧法界, 則廣陳緣起門中事事無碍之相, 乃曰, 先須起想觀之, 若不起想, 則失佛果無碍圓德. 此大不然."

위의 내용을 간추려 보면 사사무애의 연기관은 기상관起想觀이라 할 수
있다. 기상起想해야만 불과의 원덕을 잃어버리지 않는다고 하였는데, 기상
이란 결국 망상에 불과한 것이 아닌가. 그렇다면 기상관인 사사무애는 무
상한 법이 되고 만다. 따라서 자심自心의 근본보광명지가 일진법계의 도道
임을 강조해 온 그로서는 수긍할 수 없었을 것이므로, 잘못된 것이라고 한
보조의 비판은 아주 적절하다고 하겠다.

2) 현수의 『망진환원관』 비판

『망진환원관妄盡還源觀』은 중국 화엄종의 제3조 현수법장賢首法藏(643~
712)이 화엄 성기관의 입장에서 전반에는 원돈묘해圓頓妙解를, 후반에는 화
엄의 관법觀法을 밝힌 것으로, 화엄의 오지奧旨라 평가되고 있다. 보조가 현
수의 『망진환원관』을 비판한 것은 처음부터 의도적인 것은 아니다. 보조는
"선문禪門에 통달한 자의 견성성불見性成佛은 상용相用을 갖추지 못한 것이
아니냐"[53]는 질문에 답하면서 이를 거론하였기 때문이다.

여기서는 보조가 비판한 『망진환원관』의 전반부인 원돈묘해만을 표로
만들어 이것을 중심으로 보조의 비판을 보기로 하자.

<표 2> 『망진환원관』 전반의 체계

顯一體	自性淸淨圓明體	如來藏中性淨之體
起二用	海印森羅常住用	海印三昧(起信論)
	法界圓明自在用	華嚴三昧
示三遍	一塵普周法界遍	明事事無碍
	一塵出生無盡遍	
	一塵含容空有遍	

52) 같은 책, 74쪽, "此大不然. 何得佛果圓德因妄想而現, 若因想而現者, 是無常法也. 經
不云乎, 若人欲識佛境界, 當淨其意如虛空, 遠離妄想及諸取, 令心所向皆無碍."
53) 『普照全書』, 78쪽, "古今禪門達者, 見性成佛, 豈非一分性淨之體不具相用耶."

위 표에서 나타나 있는 『망진환원관』을 보조는 다음과 같이 간추리고
있다.

일체一體인 자성청정원명체自性清淨圓明體는 '여래장如來藏 중의 성정性淨의
체體'와 마찬가지다. 그 체성體性이 본래 만족하여 염染에 처해도 더러워지지
않고 닦는다고 깨끗해지는 것도 아니다. 그러므로 자성청정自性清淨이라고 하
였으며, 성체性體는 편조遍照하여 비추지 않는 곳이 없으므로 원명圓明이라고
하였다.[54]

두 가지 작용(二用)은 자성청정원명체로부터 나온 해인海印의 삼라만상이 상주
常住하는 작용과 법계法界의 원명圓明하고 자재自在한 작용이다. 해인이란 진
여본각眞如本覺이다. 망념이 없고 마음이 맑으면 만상萬像이 나타남이, 해수海
水가 징청澄淸하면 상像이 다 나타나는 것과 같다. 『기신론』에 말한 무량한 공
덕장功德藏인 법성진여해法性眞如海는 이런 이유로 해인삼매海印三昧라고 한
다. 법계의 원명하고 자재한 작용은 화엄삼매華嚴三昧이다. 만행萬行을 닦아 이
치에 맞게 공덕을 성취함으로써 법계에 두루하여 보리를 증성證成하므로 법계
원명자재용法界圓明自在用이라 한다.[55]

삼편三遍은 이 두 가지 작용의 하나하나가 법계에 두루하므로 편遍이라 하였다.
여기에는 일진보주법계편一塵普周法界遍·일진출생무진편一塵出生無盡遍·일
진함용공유편一塵含容空有遍이라는 삼편이 있다. 이것은 사사무애를 밝힌 것이
다.[56]

---

54) 같은 책, 80쪽, "先標一體, 謂自性清淨圓明體, 然此則是如來藏中性淨之體. 從本已
來性自滿足, 處染不垢修治不淨, 故云自性清淨也. 性體遍照, 無幽不燭, 故曰圓明."
55) 같은 책, 81쪽, "二依前淨體, 起於二用. 一者海印森羅常住用. 言海印者, 眞如本覺
也, 妄盡心澄, 萬像齊現, 猶如海水澄淸無像不現. 起信論云, 無量功德藏法性眞如
海, 所以名爲海印三昧也. 二者法界圓明自在用, 是華嚴三昧也, 謂廣修萬行, 稱理成
德, 普周法界而證菩提, 故云法界圓明自在用也."
56) 같은 책, 같은 쪽, "三示三遍者, 謂依前二用, 一一用中普周法界, 故云遍也. 一者一
塵普周法界遍, 二者一塵出生無盡遍, 三者一塵含容空有遍, 此明事事無碍也."

먼저 일편一遍에 대해 보조는 "우매한 사람이 근원을 알지 못하고, 선어록禪語錄도 보지 않고, 또 『화엄대론』의 지취를 보지 못했기 때문이다. 그러므로 겨우 선을 닦는 사람들이 설하는 즉심즉불을 듣고 그것이 '성정性淨의 불佛'에 지나지 않는다고 하는 것은 아주 어리석고 미혹한 일이다"57)라고 하면서 강도 높은 비판을 하였다.

이러한 비판은 상술한 바와 같이 '보광명지불은 원융圓融과 항포行布의 연기문으로써 논할 성질의 것'이 아니며, 또한 선문에도 "초기初機의 하열下劣한 사람을 위해 망념에 물들지만 성정한 묘심이 있음을 보여 주어 쉽게 신입信入하도록 한 것이다."58) 이런 사람들은 해분解分을 잊지 못했으므로 친증親證했다고 할 수 없기 때문이다.59)

그리고 이용과 삼편에 대해서는 "현수의 이용二用과 삼편 등은 법계에 두루하여 용융容融하고 무애한 덕이 다 중생심의 자성이 청정하고 원명圓明한 본체로부터 일어나는 것이라고 하였다."60) 만일 "자기 마음의 보광명지인 일진무장애법계一眞無障碍法界와 중생심衆生心 중의 성정본각性情本覺의 체體가 각각 서로 다르다는 의미에서 이러한 설을 주장했다면 이것은 사람을 속인 것"61)이라고 보조는 평하였다.

결국 보조의 비판은 "자기 마음의 일용日用 중에 무명분별無明分別의 종種으로써 제불의 근본보광명지를 삼은 후에 성性을 의지해서 선을 닦아야 한다"62)는 관점, 곧 근본보광명지의 개오開悟를 근거로 한 것이다.

---

57) 같은 책, 79쪽, "昧者, 不知其源, 不覺禪錄, 亦不見華嚴大論之旨故, 纔聞禪者說卽心卽佛, 以謂不過性淨佛也. 是大愚惑."
58) 같은 책, 80쪽, "禪門亦有, 爲初機下劣人, 指示隨流妄染中有性淨妙心, 令其易解信入."
59) 같은 책, 같은 쪽, "信入然後, 忘其解分, 方爲親證, 若不忘解分."
60) 같은 책, 81쪽, "如是二用三遍等, 普周法界容融無碍之德, 皆從衆生心中, 自性淸淨圓明體起也."
61) 같은 책, 같은 쪽, "若是華嚴所論, 一眞無障碍法界, 定與衆生心中性淨本覺, 其體各別, 而賢首祖師作是說者, 則是誑誘盲聾妄語人矣."
62) 같은 책, 69쪽, "先以自心日用無明分別之種, 便爲諸佛不動智, 然後依性修禪, 方爲妙爾."

5. 결어

이상에서 보조가 이해한 '불지佛智가 중생의 마음에 있음'과 '생불호융生佛互融'의 대강을 『화엄신론』을 중심으로 알아보았다. 그러나 모두冒頭에서 밝혔던 것처럼 보조는 이통현의 『화엄신론』을 『화엄론절요』라는 이름으로 절요하고 이를 다시 『원돈성불론』에 고스란히 체계적으로 담아 놓았기 때문에, 실은 『원돈성불론』을 주된 자료로 활용하였음을 고백하지 않을 수 없다.

『화엄경』과 『화엄신론』의 열람으로 얻은 첫 결실은 불지가 중생의 마음에 있다는 것이다. '하나의 작은 티끌에도 삼천대천의 경권을 머금고 있다'(一塵含大千經卷之喻)는 비유를 들어, 일체중생을 두루 이롭게 하는 한량없는 여래의 지혜가 중생의 몸 속에도 있건만 중생이 어리석어서 알지 못한다고 말한다. 그렇다면 불佛은 다름아닌 '중생의 마음속에 있는 불'(衆生心裏佛)이다. 이것이 '불지佛智가 중생의 마음에 있음'이요, 심종心宗에 계합하는 부처님의 말씀(화엄경)이라고 보조는 이해한 것이다.

다음의 과제는 어떻게 신입信入하느냐 하는 것이었다. 그가 숙겁宿劫의 인연이라고 표현한 『화엄신론』에서 확증한 것은 바로 자기 마음의 분별성이 법계성法界性 중의 근본부동지불根本不動智佛이라는 것이다. 이러한 믿음으로 생사의 지면(현실)에서 제불의 부동지를 돈오하는 것이 초발심의 근원이다. 이 부동지는 근본보광명지요 근본보광명지는 제불의 과지果智며, 동시에 자심自心의 보광명지요 부동지불不動智佛이기도 하다. 불지가 중생의 마음에 있음을 다시 확인한 것이다. 생·불의 호융은 이러한 논리의 귀결인 것이다.

이렇듯 보조의 『화엄신론』 이해는 자기 마음의 분별지성分別之性으로 제불의 부동지로 삼고 그 성性에 의해 수행하는 것으로 요약된다.

보조국사 지눌의 『원돈성불론』 상석
— 그의 선교일치 체계를 중심으로 —

심 재 룡

1. 이끄는 글

"'당신 나라에도 철학자가 있었던가?'라고 외국의 철학자가 묻는다면, 나는 서슴지 않고 원효성사元曉聖師와 보조국사普照國師를 이야기할 것이다." 언젠가 고故 열암洌巖 박종홍朴鐘鴻 선생의 글에서 본 구절이다. 과연 보조국사 지눌知訥(1158~1210; 이하는 지눌이라고 함)이 한국의 대표적 철학자로 일컬어질 수 있는 까닭은 무엇일까? 지눌의 『원돈성불론圓頓成佛論』에 대한 본격적인 논의에 앞서 이야기 한 토막을 들어보자.

어떤 승려가 운암雲庵화상(1025~1102)에게 물었다. "(李通玄의)『화엄론華嚴論』에서는 근본적인 무명과 사견邪見에 대한 집착 내지 번뇌가 모든 부처의 부동지不動智와 다른 것이 아니라고 하고 있습니다. 또 모든 중생이 부동지를 가지고 있음에도 불구하고, 저들은 자성自性과 외형外形을 가지고 있지 않은 이 지혜의 본질을 알지 못하며, 오직 알맞은 조건이 갖추어져야만 이것을 알 수 있다고 합니다. 이 원리는 지극히 심오해서 그것을 완전히 이해하기란 거의 불가능해 보입니다." 운암이 말했다. "(아니다.) 그것은 지극히 분명하고 이해하기 매우 쉽다." 그 때 한 동자가 방을 청소하고 있었다. 운암이 그를 부르자 아이가 고개를 돌렸다. 운암이 이를 두고 말한다. "이것이 부동지가 아닌가?" 그리고 나서 운암은 아이에게 갑자기 물었다. "무엇이 너의 불성이냐?" 아이는 좌우를 두리번거리며 어찌할 줄 모르고 당혹해 하다가 물러갔다. 운암이 말했다. "이것이 사견에 대한 집착과 번뇌가 아닌가? 네가 이것을 이해하게 될 때 바로 그 순간 너는 부처가 될 것이다."[1]

지눌이 『화엄론절요華嚴論節要』 말미에 인용하고 있는 이야기이다. 만약 지눌이 그의 후학들을 인도할 때 단지 이러한 이야기를 던져 주는 것으로 만족했더라면, 우리는 그가 대부분의 중국 선사들보다 '더 철학적'이라고는 말할 수 없을 것이다. 그의 철학자적인 면모는 선불敎禪佛敎의 근본적 원리들에 대하여 끈질기게 의문을 제기해 오는 화엄 학자들에게 적극적으로 대처하고 있다는 점에서 약여하게 드러난다. 그렇다면 그러한 대처를 가능하게 했던 지눌의 이론적인 기반은 어디에 있는 것일까? 그것은 단적으로 『화엄경』에 대해 기존의 해석과는 다른 시각을 제공해 주었던 이통현李通玄(646~740) 장자에게 진 빚이라고 해야 할 것이다. 그렇지만 '우리 나라를 대표하는' 철학자로서 지눌에겐 그 나름의 충분한 독창성이 있다.

혁명은 그 혁명의 이론적 영감을 제시한 자의 몫이 아니라 그 이론을 실천과의 접목을 통해서 살려낸 자의 몫이다. 현수법장賢首法藏(643~712)이 『화엄경』에 대한 형이상학적 해석 체계를 확립한 후, 적어도 선종에서처럼 교학적 전통 자체를 문제시하는 경우를 제외하고는 그 누구도 법장의 화엄교학에 대해 이의를 제기한 적이 없었다. 그것은 지눌의 시대에 이르기까지 몇 세기 동안을 중국과 한국의 불교학을 지배해 왔던 권위요 도

1) 知訥, 『華嚴論節要』(보조사상연구원 편, 『普照全書』, 1989, 406~407쪽). 이하에서는 『普照全書』로 약칭하겠음.

그마였다. 그러한 시대적 상황에서 역사의 뒤편에 가려져 있던 단 한 명의 예외, 이통현을 발견할 수 있었던 것은 본래 지눌이 갖고 있던 치열한 문제 의식이 아니었다면 불가능한 일이었을 것이다. 그렇다면 그 문제의식이란 무엇인가? 지눌은 당시 아무도 거들떠보지 않던 이통현 장자의 『신화엄경론新華嚴經論』의 핵심을 정리하며 이렇게 토로하고 있다.

그 때 나는 읽던 책(『이통현의 화엄론』)을 내려놓고 길게 탄식하며 말했다. "부처가 입으로 말한 것은 교敎이고, 조사가 마음으로 전한 것은 선禪이다. 부처의 입과 조사의 마음은 필연코 서로 어긋나지 않는 것이거늘, 어찌 근원을 궁구하지 않고 각자가 익혀 온 것에만 안주하여 서로 쟁론을 하느라 세월을 헛되이 보낼 수 있겠는가?"[2]

이 말에서 우리는 지눌의 철학적 동기가 배양된 토양을 어렵지 않게 추측해 볼 수 있을 것이다. 실제로 중국 유학에서 돌아온 대각국사大覺國師 의천義天(1055~1101)에 의해 1086년 천태종天台宗이 성립되자 선종에 속해 있던 승려들 가운데 열 중에 예닐곱이 천태종에 흡수되었다고 한다.[3] 이것은 그 동안 지방과 중앙집권 세력간의 권력 다툼의 와중에서 정치적 술책에 동원된 스님들로 인해 산발적으로 일어났던 선교간의 대립이 이제는 이념상의 대립까지를 포함한 보다 포괄적이고 본격적인 대결 양상을 띠기 시작했음을 의미한다. 그로부터 한 세기가 지나고 깊어질 대로 깊어진 양자간의 갈등과 반목이 지눌을 기다리고 있었던 것이다. 이러한 시대적 상황이 배태한 철학적 종합이 바로 지눌의 '선교일치론禪敎一致論'이라고 할 수 있을 것이다.[4]

---

2) 『普照全書』, 173~174쪽.
3) 조명기, 『고려 대각국사와 천태사상』(경서원, 1964), 12쪽.
4) 물론 이 밖에도 지눌의 '선교일치론'이 태동하게 된 사회·역사적 우연들을 몇 가지 더 생각해 볼 수 있을 것이다. 필자는 그것을 ① 화쟁적 문화운동기의 중국 문화, 그

위에서는 지눌의 '선교일치론'이 태동하게 된 사회·역사적 배경을 살펴볼 수 있었다. 이제는 '선교일치론'을 태동시킨 지눌의 또 다른 문제의식을 살펴볼 차례이다. 이 문제의식이야말로 불교사상사에서 그의 위상을 가늠해 볼 수 있게 해 주는 지눌의 독창적인 면모가 엿보이는 부분이다.

대정大定 을사乙巳(1185) 가을에, 나는 처음으로 하가산下柯山에 은거하면서 항상 선문禪門에서 말하는 '마음이 곧 부처이다'(卽心卽佛)라는 가르침에 마음을 두고, '이 법문法門을 만나지 못하면 다겁多劫 동안 한갓 수고만 할 뿐, 성인의 영역에는 이르지 못할 것'이라고 생각했다. 그렇지만 '화엄華嚴의 가르침 가운데 깨우쳐 들어가는 문은 과연 어떠할까?' 하는 의심을 끝내 떨쳐 버릴 수가 없었다. 그래서 마침내 (華嚴의) 강사講師에게 가서 묻게 되었다. 그가 대답하기를, "사사무애事事無礙를 관하라" 하고, 다시 훈계하여 말하기를 "네가 다만 자신의 마음만을 관하고 사사무애를 관하지 않는다면, 곧 불과佛果의 원만한 덕을 잃게 될 것이다"라고 하였다. 나는 대답하지 않고 묵묵히 그 말을 생각해 보았다. '마음을 가지고 현상(事)을 관하면 현상은 곧 장애가 되어 한갓 자기 마음만을 요란케 할 것이니, 어찌 그 관觀이 끝날 때가 있겠는가? 다만 마음이 밝고 지혜가 청정하면 터럭 한 올과 국토가 서로 융합할 것이니, 그것은 반드시 외경外境이 아닐 것이다.' 그래서 산중으로 돌아와서 심종心宗에 계합하는 부처의 말을 찾아 무릇 3년 동안 대장경大藏經을 열람하였다. 그렇게 열람하는 가운데 『화엄경華嚴經』「출현품出現品」에서 "한 티끌이 삼천대천세계三千大千世界만한 경권經卷을 머금는다"는 비유를 들고 뒤에 종합하여 "여래의 지혜도 이와 같아서 중생들의 몸 속에 구족具足되어 있지만 어리석은 범부들은 그런 줄을 깨닫지 못한다"고 한 부분에 이르러, 나는 읽던 책을 머리에 이고 나도 모르게

중에서도 대략 9세기의 종밀의 영향을 가장 강하게 받은 점, ② 다양하고 이질적인 사상들이 수입된다고 하더라도 몇몇의 시행착오를 거치면서 어느 하나의 이념으로 통합·지양되는 한국 문화의 특성, ③ 본문에서 언급한 것처럼 대각국사 의천이 천태종을 개창하여 선종에 대결하였던 점, ④ 자기의 깨달음을 항상 경전의 말씀과 비교 대조하여 깨침의 자각과 경전의 설명을 일치시키려는 노력을 경주했던 지눌의 독특한 개인적 성질 등으로 정리한 적이 있다.

졸고, 「보조국사의 화엄선에 대하여」, 『불일회보』, 80·81호(송광사, 1987. 8·9월호) 참조 이 졸문은 『동양의 지혜와 禪』, 102~112쪽에 재수록되어 있음.

눈물을 흘리게 되었다. 그렇지만 오늘날 범부들이 처음 믿어 들어가는 문은 자세히 알지 못하였다. 그래서 또 이통현 장자가 지은 『화엄론』의 십신초위十信初位에 대한 해석을 열람하게 되었다.…… (이통현은) 또 "범부의 지위에서 십신十信에 들어가기 어려운 것은, 모두 그들이 스스로 범부임을 인정하고 자기의 마음이 바로 부동지不動智의 부처임을 인정하지 않기 때문이다"라고 하고 있다.[5]

이 말은 바로 앞의 인용문과 함께 지눌이 이통현의 『화엄론』을 절요하면서 쓴 그 서문의 일부이다. 여기서 우리는 지눌의 사상적 고향과 그 이력을 충분히 살펴볼 수 있다. 지눌에게는 선과 교의 대립이란 불교에 대한 피상적 이해에서 비롯되는 지말적 현상이라고 보여졌던 것이다. 하지만 그것은 다만 막연한 인상에 불과했고, 결국 3년간에 걸친 대장경의 열람 끝에 그는 자신이 제기한 문제의 해답을 『화엄경』을 통해 확인할 수 있었다. 이처럼 그가 '심종心宗의 근본적인 종지宗旨에 계합하는 불어佛語'를 확보해 내는 데 성공하긴 했지만, 문제가 거기서 끝났다면 그의 '선교일치론'은 햇빛을 보지 못하고 말았을 것이다. "선과 교는 일치한다. 왜냐하면 선문의 근본적인 종지가 경전에도 나오기 때문이다"라고 주장한다면, 그것은 단지 성인의 말씀에 의지하여 진리 주장을 담보하는 성교량聖敎量에 기초한 공허한 주장, 즉 일종의 동어반복이 될 수밖에 없다. 따라서 선과 교의 궁극적 경지가 일치한다는 확신을 논리적으로 설명해 줄 수 있는 가교가 필요하게 된다. 바로 이것이 "오늘날의 범부들이 처음 믿어 들어가는 문은 자세히 알지 못하였다"는 말이 의미하는 것이다. 왜냐하면 범부들의 세계는 논리의 세계, 철학의 세계이기 때문이다. 이통현의 『화엄론』은 그렇게 새로이 제기된 문제를 해결하고자 했던 지눌에게 영감을 던져 주었고, 지눌은 그를 통해 자신의 '선교일치론'을 완성할 수 있었던 것이다. 이렇게

5) 『普照全書』, 173쪽.

완성된 지눌의 '선교일치론'은 당시의 화엄학자들에게 그들의 종교적 수행을 위한 합리적 지침, 즉 법계法界에 대한 이론적인 정교함에 매달리는 것을 방비하기 위한 교정 수단을 제공해 주었고, 선학도禪學徒들에게는 그들의 종교적 수행에 대한 철학적 기초를 제공해 주었다.

지눌의 '선교일치론' 체계는 그의 『원돈성불론』에 집약적으로 담겨 있다. 지눌은 50세에 이통현의 『화엄론』 40권을 요약하여 『화엄론절요』를 만들었다. 그리고 그것을 다시 발췌·요약하여 그가 구상하고 있던 '선교일치의 논리'에 따라 체계적으로 재구성한 것이 바로 이 논문에서 다루고자 하는 『원돈성불론』이다. 이제 지눌의 선교일치 체계가 『원돈성불론』에서 어떻게 구성되고 있는지를 살펴보도록 하자. 논의는 『원돈성불론』에 앞서서 우선 선교일치 체계가 가지고 있는 전제들에 대한 이해를 위해 몇 가지 예비적 고찰을 선행하는 수순을 밟도록 하겠다.

2. 예비적 고찰

1) 지눌에게 미친 이통현의 영향

이통현이라는 사람은 도대체 지눌에게 어떠한 영감을 주었던 것일까? 우선 그의 말을 들어보도록 하자.

깨달음을 향한 열망은 지혜에 의해 처음으로 고무된다. 그리고 나선 선정禪定을 통해 부지런히 부처의 지혜를 찾게 된다. 마침내 지혜를 얻게 되면, 여래의 집안에 태어나서 부처의 진정한 아들이 된다. 이것이 성불成佛이라고 불리는 것이다.[6]

이 말을 통해서 우리는 신격화 과정을 통해 축적되어 온 휘황찬란한 장엄莊嚴이 모두 벗겨진 인간 부처를 만나볼 수 있다. '사람'의 성불成佛을 위해 요청되는 것은 단지 그의 관점, 혹은 인식의 본질적인 전변이다. 불과佛果는 화려한 장엄이나 초자연적인 신통력을 닦음으로써 얻어지는 것이 아니다. 중생의 미망을 부처의 지혜로 바꿈으로써 범부는 부처로 근본적인 변화를 하게 된다. '모든 사람은 본래 부처이다.'(本來成佛) 이것이 바로 이통현이 이해하는바 『화엄경』의 요점인 것이다.

> 부처는 중생(의 마음) 속에 있는 부처이다.
> 근본적인 능력에 있어서 그들은 다르지 않다.
> 당신이 모든 부처의 근원을 알고자 한다면,
> 무명이 본래 부처임을 깨우쳐라.[7]

깨달음에 앞서 무명의 상태에 있지 않고도 부처가 되었던 사람이 있었던가? 무명은 끊어 내야 할 것이 아니라 철저히 드러내야 하는 것이다. 이통현의 관찰은 범부의 일상사를 깨달음으로 변화하기 위한 실존적 지렛대로 삼고 있는 선禪적 경험과 대단히 유사한 것이었다.

여기서 지눌은 대각국사 의천에 의해 천태종이 성립된 이래, 한 세기 이상을 창궐했던 선교간의 논쟁을 해결하기 위한 영감의 원천을 얻었다. 화엄경에 대한 이통현의 해석은 지눌에게 정통 화엄교파의 스콜라적인 이론가들에게 대항할 강력한 무기를 제공해 주었던 것이다. 이제 법장에 의해 확립된 화엄 형이상학에 대한 이통현의 실천적 적용에 기초하여, 지눌은 선의 직접적 경험을 강조하기 위한 근거를 분명히 할 준비가 된 것이다. 모든 중요한 단락마다 지눌은 이통현의 『화엄론』을 읽으며 느꼈던 종교적

---

6) 『新華嚴經論』(『大正新修大藏經』 권36, 935쪽 上).
7) 『普照全書』, 74쪽.

찬탄을 아끼지 않고 있음을 볼 수 있다. 『화엄론절요』의 끝 부분에서 지눌은 다음과 같이 간결한 진술을 한다.

나는 이 논(『이통현의 화엄론』)에서 밝힌 것들을 주의 깊게 살펴보았다. (그 논에서는) 삼승三乘의 견해에 따르면 십지十地를 지나야 궁극적 깨달음(佛果)에 이른다고 하고 있으나, 일승一乘의 견해로는 부처의 깨달음은 십신十信의 초심初心에 의해서 온다고 하였다. 들어가는 지위에 따라 말한다면, (깨달음은) 초발심주初發心住 속에 존재한다. 만약에 어떤 이가 십신十信의 초심初心에 들어간다면, 곧 그는 어떤 노력도 필요 없이 곧바로 십주十住의 초심에 이른다. 만약 그가 십주 초심에 이른다면, 그는 자연스럽게 깨달음의 궁극적인 지위(究竟位)에 도달하게 된다. 고해苦海에 있는 범부에게 가장 근원적으로 요구되는 것은 바른 믿음의 마음을 처음 내는 것이라는 사실을 보여 주는 것이다.[8]

지눌은 이통현의 믿음이라는 개념에 근거해서 종교적 수행을 강조했다. 사실상 지눌의 『화엄론절요』는 상즉相卽·상의相依와 같은 원리들에 대한 정교한 사색에 의해 구성된 정합적인 교설을 생산해 내는 데 관심을 갖고 있는 사람들 즉 화엄교가들보다는, 일상적 삶 속에서 결연한 실천을 할 수 있는 선남선녀들에게 초점이 맞춰져 있다. 생각이 세상을 바꾸고, 사고가 행동에 앞선다는 것은 사실이다. 그러나 그러한 생각과 사고는 논증에 의해 수립되어야 하는 것이 아니라 반드시 신념에 의지해서 실천하는 삶으로 드러나야 하는 것이다. 믿음 또는 신념의 특성은 그 순환성에 있다. 믿음은 행동을 함축한다. 믿음이 실천궁행을 촉발시키지 않는 한 '나는 믿는다'는 외침은 공허한 울림일 뿐이다. 따라서 믿음의 중요성은 궁극적인 불과佛果의 성취에 이르는 모든 도상途上에서 강조되어야 하는 것이다. 그러나 아이러니하게도 우리는 또 어떤 사람도 불과佛果를 얻기 전까지는

---

8) 같은 책, 406쪽.

그 자신의 믿음을 완전히 이루었다고 말할 수는 없다. 이것이 문자공부에만 열중한 학자들을 선禪의 길로 인도하려고 지눌이 시도했을 때, 그가 믿음을 계속해서 강조했던 이유가 된다.

지눌의 말에 의하면, 『화엄경』에 대한 이통현식 해석의 중심축은 이론적인 논증보다는 믿음이다. 단 믿음은 다음의 세 가지 기준에 반드시 맞는 것이어야만 했다.

(1) 믿음은 반드시 법계法界의 영원성에 의해 지지되어야 한다.
(2) 믿음은 반드시 보현보살普賢菩薩이 제시한 자비慈悲의 종교적 실천으로 실제적 효력을 가져야 한다.
(3) 믿음은 반드시 선재동자善財童子와 같은 보통 사람이 실천할 수 있어야 한다.

이제 보다 자세히 화엄에 대한 이통현의 해석이 지눌에 의해 선으로 융합되는 과정을 살펴보도록 하자.

2) 지눌이 화엄교설을 선으로 포섭함

화엄경에 대한 이통현의 해석 속에서 근본적으로 선의 관점을 발견한 지눌은, "무명은 부처의 부동지와 하나이자 같은 것이다"라는 이통현의 아이디어를 자신이 구상하는 선 수행관의 기본적인 전제로 받아들였다. 하지만 지눌과 동시대의 사람들에게 이통현은 정통적인 화엄학자가 아니었기 때문에 지눌이 이통현을 언급했을 때 당혹스럽지 않을 수 없었다. 이통현이 자주 법장을 언급하고, 법장의 이론적 방향과 자신이 다르다는 점을 분명히 했던 것과 마찬가지로 지눌 역시 법장法藏, 징관澄觀(738~839), 종밀宗密(780~841)에 대한 비판을 통해서 그의 입장을 분명히 했다. 이미 굳건하게 확립되어 있던 세 전통에 직면해서 선적 실천으로 곧바로 나아가는 것을 막고 있는 다양한 지적 구조들을 비판한다는 것은 지눌에게 하나의 커다란 과업이었다. 지눌은 처음부터 『화엄경』에 대한 지식은 사변적 형이상학과는 아무 관계도 없는 것이며, 대신 선 수행에 적용될 수 있는 근본적인 통찰에 초점이 맞춰져 있는 것임을 분명히 한다.

> 앞서의 가르침에서는 시종 비로자나毗盧遮那부처의 성정등각成正等覺을 해명하였다. 지금부터 나는 초심자의 관행에 필요한 본질적인 부분들만을 요약하기로 하겠다.[9]

그러므로 우리는 지눌에게서 법계연기法界緣起와 같은 이론적인 도식들에 대한 정교한 논증들을 기대할 수는 없는 것이다. 지눌은 시종일관 쓸데없는 논쟁과 종파적 다툼의 무익성을 주장하였으며, 비판을 위한 비판에 의존하기보다는 스스로 경험을 되돌아보게 함으로써 초심자들에게 요구되는 믿음을 주입시키려고 노력하였다. 화엄교학자들에 대해서도 마찬가지로 친절한 대화의 태도를 취한다. 지눌은 화엄교학자들이 단지 진리의 한 측면만을 보고 있으며, 따라서 그것은 자신들의 이론적 틀 안에 있는 한에서만 진실일 뿐, 개별적으로 그리고 직접적으로 진리를 깨닫는 데에는 불충분하다는 사실을 지적한다.

우선 법장이 이해하는 믿음 개념에 대한 지눌의 평가를 살펴보자. 법장은 보살이 출발점에서 마지막 깨달음까지 수행을 지속할 수 있도록 지탱해 주는 힘으로써 십신十信의 개념을 처음으로 도입했다. 그러나 지눌은 화엄의 믿음 개념이 설해진 보광명전普光明殿의 설법에 대한 법장과 그의 스승 지엄智儼(600~668)의 이해를 주의 깊게 검토한 후 다음과 같이 결론을 내렸다.

---

9) 같은 책, 292쪽.

법장의 해석에 따르면, 십신위十信位 가운데에는 원인이 의존하고 있는 궁극적 결과(佛果)가 중생의 상태에서 떨어져 있지 않다고 한다. 몸과 그것의 주변 환경 등과 같은 다양한 업의 현상들은 법계와 마찬가지로 지극히 심오하여 쉽게 인식할 수가 없는 것이다. 그러나 법장은 여래의 국토를 인식하는 것이 지극히 어려움만을 우러러 믿고, 그의 마음이 본래의 지혜와 결과의 덕(불과)을 갖추고 있음을 알지 못한다. 그가 지극히 심오하여 생각하기 어렵다고 하는 것은 부처를 그의 마음 바깥에 위치시키고 있음을 의미하고 있는 것이니, 어찌 믿음을 (완전하게) 이루었다고 할 수 있을 것인가?[10]

지눌은 이통현의 믿음 개념이 언급되어 있는 이 부분에 약간의 소견을 추가했다. 지눌은 비록 법장이 겉으로 보기엔 부처와 중생이 동일하다는 생각을 갖고 있는 듯이 보이지만 믿음에 대한 그의 생각은 아직 완전하지 않다고 생각한다. 그렇다면 어떠한 점에서 이통현의 해석이 지눌의 선관禪觀에 보다 더 적합하다는 것인가?

3) 화엄과 선 수행자들의 문제점에 대한 지눌의 진단

지눌은 그의 『화엄론절요』에서 아직 선과 화엄의 종합을 충분히 발전시키고 있지는 않다. 그것은 다음에 검토하게 될 『원돈성불론』의 중심 주제이다. 그렇지만 『화엄론절요』의 말미에서 지눌은 왜 그가 선과 화엄을 종합할 필요성을 느꼈는지에 대한 이유를 말하고 있다. 이통현이 이해한 화엄경의 대의는 '처음의 믿음'에 대한 강조였다. 그러나 믿음은 단지 수행에 있어서 첫 단계일 뿐이다. 지눌은 우리에게 다음과 같은 수행자의 두 가지 오류에 빠지지 말 것을 경고하고 있다.

---

10) 같은 책, 302쪽.

문자의 덫에 걸려 명성과 이익을 추구하는 학자들이 있다. 저들은 다만 현재 자기 마음의 분별하는 본성은 본래 주체와 대상이 없어 본시 이것이 부동지의 부처이며, 옳은 것과 그른 것을 잘 분별하는 훌륭한 지혜는 우리 마음속의 문수 文殊와 다른 것이 아니라는 등의 말을 하면서, 자신의 마음을 반조返照하지는 않고 그 공능功能만을 알고 있다. 또한 진정한 깨달음의 경험을 결여한 속물 같은 선 추종자들이 있으니, 그들은 단지 편안해진 마음을 반조하여 무위無爲에 빠져 있다. 그들은 비판적인 판단에 의해 (그들이 반조를 통해 발견해야 하는 것을) 확인하지 않을 뿐만 아니라 자비로운 보살의 서원을 수행하지도 않는다.[11]

화엄과 선을 통합하는 입장에 서 있는 지눌은 위와 같은 두 극단의 길을 걷고 있는 수행승들에게 새로운 길을 제시해야만 하는 과제를 떠안게 되었다. 한편으로 지눌은 단지 화엄교설에 대한 학문적 이해만을 가지고 있는 사람들을 실천 수행의 길에 들어서도록 이끌어 주어야 했다. 또 다른 한편으로 지눌은 비판정신 없이 적극적 보살행으로부터 멀어져 가는 참선 수행자들을 질책해야 했다. 지눌은 또한 두 부류의 수행인들이 제각기 범하기 쉬운 오류를 분명히 직시하고 있었다.

만약 우리가 권교權敎의 가르침을 따르게 되면 (모든 사람에게 열려 있는) 대법 大法에 스스로 퇴굴심退屈心을 내게 되니, 이것은 자기의 마음을 스스로 기만하여 하열下劣한 곳에 처하는 것을 달갑게 여기는 것이다. 만약 (또 다른 극단으로서) 우리가 약간의 신해信解만을 지닌 채 (佛果를) 얻지 못한 것을 얻었다고 하고 증득하지 못한 것을 증득했다고 말한다면 해만심懈慢心을 내게 되어 스스로의 역량을 알지 못하므로 우리보다 뛰어난 이를 무시하니, 이는 부끄러움이 없는 증상만자增上慢者가 되는 것이다.

어떻게 우리는 위와 같은 양극단으로부터 벗어날 수 있을까? 지눌은 전술한 운암雲庵과 동자童子의 이야기를 이용하여 다음과 같은 답변을 해주고 있다.

---

11) 같은 책, 406쪽.

우리는 부지런히 정사유正思惟와 정념正念을 실천해야 한다. 만약 우리가 곧바로 진리와 상응하려면, 우리는 선종의 묘밀妙密한 방편方便에 의지하여 우리의 마음을 개발하여야 한다. 그렇게 되면 이것이 진실한 수행이 되는 것이다.

(운암과 동자의 이야기가 이어진다.)

이 이야기의 미묘한 의미에 의지해서, 우리는 행주좌와行住坐臥, 어묵동정語默動靜에 항상 우리의 마음을 관관觀해야 한다. 이 마음은 내외內外가 없어 허공법계虛空法界와 같지만, 그럼에도 불구하고 그것은 모든 법을 포함하고 있다. (법계를) 관하는 이 지혜는 또한 진성연기眞性緣起이다. 그것은 생멸하는 상相이 없지만 그럼에도 불구하고 그것은 모든 것에 응하여 절대적인 자유를 누린다. 우리의 마음과 몸이 본래 이러한 덕을 갖추고 있음을 이미 알았다면, 부처와 중생이 마치 인드라망의 보석처럼 무한히 서로 융합되어 있다는 것이 또한 그와 같음을 알 것이다. 오랫동안 우리의 마음을 이와 같이 관찰하면, 우리는 자연스럽게 우리의 마음이 열리는 곳에 이르게 될 것이다. 청량조사淸凉祖師는 말한다:

"단지 너의 마음을 비워라, 그러면 빛이 그 안에서 나올 것이다. 부침浮沈 속에 있는 너의 마음이 상황과 조화롭게 융합될 것이다. 이것은 깨끗한 물에 비추는 달빛과 같다, 비었지만 볼 수 있다. 무심無心은 모든 것을 비춘다, 그것은 모든 것을 비추지만 그럼에도 불구하고 항상 비어 있다."

이 시의 뜻을 알지 못하는 자가 미혹된 마음을 가지고 사사무애事事無礙를 관하면, 마치 네모난 나무를 가지고 둥근 구멍을 막으려고 하는 것과 같다. 비록 '너의 마음을 비워라'라는 글을 보더라도, 그것을 돈교頓敎에 속하는 것으로 간주하여 치워 버린다. 비록 무애연기無礙緣起에 대해 이야기들을 하지만 그것에 들어가는 어떠한 실천적 방도도 가지고 있지 못하다. 나는 그들에게 절절한 동정심을 느낀다. 우리는 우리 자신과 남들이 궁극적인 깨달음을 성취할 수 있도록 도와주는 커다란 자비심을 일으켜야 한다. 항상 이통현의 이 논의 설명에 의지하며 『화엄경』을 수지하라. 이것이 나의 바람이다.[12]

지눌은 이처럼 간절한 조언으로 『화엄론절요』를 끝맺는다. 지눌은 자신들의 사이비 깨달음에 기만당해 고요한 무위행無爲行에 빠져 있거나 또는

---

12) 같은 책, 406~407쪽.

무책임하게 마음내키는 대로 행하면서도 반성할 줄 모르는 참선 수행자뿐만 아니라 문자에 얽매여 있는 화엄교학자들을 도와주고자 했다. 이렇게 지눌의 과업은 두 부류의 수행자 모두를 바른 불법의 길로 인도하는 것이었다.

이상에서 우리는 지눌의 문제의식이 어디에 있었는지, 그리고 그러한 문제의 해결을 위한 영감을 어떠한 원천을 통해 얻게 되었는지를 그의 『화엄론절요』를 통해 살펴보았다. 이제는 그가 그러한 원천을 가지고 어떻게 자신의 선교일치 체계를 조직적으로 구성해 내고 있는지를 『원돈성불론』을 통해 살펴보도록 하겠다.

3. 믿음: '무명과 지혜의 동일성'에 대한 지눌의 논증

이통현과 마찬가지로 화엄의 상즉상입相卽相入의 교리가 종교적 수행에 유용하지 않다고 생각한 지눌은 그 대신 무명無明과 지혜智慧의 동일성을 강조하였다. 우리는 이러한 지눌의 철학적 전회를 다음과 같이 세 단계로 나누어 규명할 수 있을 것이다.

첫째, 우리는 동일성의 교설이 화엄종에 있어서 가장 중요한 가르침이 되어야 한다고 주장하는 지눌의 주장에 대해 아마도 반대 입장을 취했을 화엄철학자들의 주장을 살펴볼 것이다.

다음으로, 우리는 이통현에 의해 그 윤곽이 잡힌 믿음의 우위를 지눌이 재확인하고 있다는 사실을 확인할 것이다.

마지막으로, 우리는 화엄의 두 개념, 즉 연기緣起와 성기性起에 대한 분석을 검토하게 될 것이다. 지눌은 연기를 강조하고 있는 정통 화엄교가들의 입장과는 달리 성기가 더욱 일관성을 지니고 있다고 주장했다. 일단 성기의 개념이 화엄에 통합되면 믿음의 우위에 철학적 토대가 확보되며, 상즉과 상입을 강조하는 정통 화엄교가 들에 대해서 무명과 지혜의 동일성을 강조하는 이통현의 우위가 확립된다고 믿었던 것이다.

이러한 방식을 통해 우리는 동시대 유럽에서 발달된 스콜라적 논증을 연상시키는 지눌의 정통 화엄에 대한 반대 논증의 구조를 볼 수 있을 것이다. 지눌은 자신의 입장에 대한 반론을 예시한 뒤, 화엄교설을 원용하여 그 반론을 다시 반박하는 논법을 쓰거나 반론들 상호간의 논리적 불일치를 보여 주면서 새로운 논거를 통해 자신의 주장을 확립해 나가고 있다.

지눌은 이통현의 동일성의 교설이 화엄의 근본교설로 이해되어야 한다는 그의 주장에 대한 정통 화엄교가의 반증을 염두에 두고 그의 『원돈성불론』을 시작한다.

어떤 이가 목우자牧牛子에게 물었다.
"내가 당신이 제시한 (선 수행의 근본적인 전제를) 들어보니, '오늘날 마음을 닦는 사람들은 먼저 그들이 일상에서 쓰는 무명심無明心과 분별심分別心의 씨앗이 곧 여러 부처의 부동지不動智임을 알고 (마음의) 본성에 (대한 이해에) 의지해서 닦는 것이 훌륭하다'고 하였다…… 청량조사는 성기품性起品에 의거해 '부처의 지혜가 중생의 마음에 있다'는 이치를 세 가지로 해석하였다.
첫째는, (중생이) 스스로 (부처가 될 가능성 즉 佛性을) 가지고 있다는 것이다.(이 견해는 大乘始敎와 大乘起信論에서 발단되었는데, 전자에서는 四智의 菩提가 되는 씨앗의 의미를, 그리고 후자에서는 비록 번뇌에 뒤덮여 있으나 그 본성은 청정하다는 의미를 취한 것이다.)
두 번째는, 미래의 불과가 (중생) 스스로에게 있다는 것이다.(과거·현재·미래의 三世가 '상호 침투하고 일체가 되므로' [融攝] 중생이 앞으로 얻을 불과가 무명으로 덮여 있는 마음에 이미 존재하고 있는 것이다.)
세 번째는, 다른 이에 의해 증득된 불과가 (중생인) 나에게 있다는 것이다. (중생의 본래 깨달음[本覺]과 부처의 본래 깨달음은 같은 것이므로, 盧舍那佛의 지혜는 이치상 닦지 않은 중생의 생멸하는 八識의 마음에도 보편적으로 존재해서 원인이 되고 결과가 되는 것이다. 이것을 사사무애라고 한다.)

이 세 가지 해석 가운데 어느 것이 (당신이 말한 부동지불의) 의미에 해당하는 가? 만약 당신이 다만 본성이 청정한 본래 깨달음(性淨本覺)을 반조하여 그것을 부동지불로 삼는다면, 그것은 첫 번째 해석에 해당하는 것이다. 만약 당신이 사사무애의 부처를 의미했다면, 그것은 두 번째와 세 번째의 원융성불圓融成佛의 해석에 해당하는 것이다. 일반적으로 교가敎家들이 논하는 바, 성불하는 원융圓融과 항포行布의 이치란 곧 십주초위十住初位의 성불成佛을 말하는 것이다. 그렇다면 지금 선수행자들(修心人)이 자기의 본성을 보아 성불한다(見性成佛)고 말하는 것도 십주十住의 첫 단계에 오르는 것인가? 교敎에서 논하기로는 신위信位에 이른 사람은 모름지기 만겁萬劫이 지나도록 부지런히 닦아야 십신十信을 원만히 이룬다고 하는데, 지금 사람들이 이미 십천겁十千劫이 차서 십주초위十住初位에 올라 성불한다면 그것은 이치에 닿지 않는 말로서 보통사람들이 이해하기 어렵다. 이러한 의문들을 명확히 풀어 주기를 바란다."[13]

다시 말해 정통 화엄교학자들의 목우자 지눌에 대한 가상적 반론은 다음과 같은 것이다. 지혜와 무명의 동일성은 정통 화엄교학에서 강조하는 상즉과 상입의 귀결이다. 이러한 강조 없이는 동일성 속에 있는 믿음이 철학적 토대를 가질 수 없다. 따라서 이통현의 동일성의 교설이 정통 화엄교학에 의해 주장된 상즉과 상입의 교설을 대체할 수는 없는 것이다. 이러한 정통 교설이 이통현의 주장을 근거지우지 않는다면, 이통현의 주장은 화엄경이나 또는 전체 화엄 형이상학에 부합하지 않을 것이다.

우리는 지눌이 이통현의 『화엄론』을 읽고 선의 근본 주제와 일치하는 표현들을 만났을 때 깨달음의 체험을 얻었던 것을 알고 있다. 정통 화엄교학의 입장에 반대하고 있는 이통현을 오히려 정통으로 간주하면서, 지눌은 중생의 무명과 제불諸佛의 지혜가 동일하다는 것에 대한 결연한 믿음이 이통현의 『화엄론』에 담긴 근본적인 교의라고 이해했다.

---

13) 같은 책, 69쪽.

『화엄론』의 근본적인 취지를 자세히 살펴보니, 요컨대 『화엄경』의 대의를 분석하여 말세末世의 뜻이 큰 범부들로 하여금 생사의 세계에서 제불諸佛의 부동지를 단박 깨치어 처음 깨달아서 발심發心하는 근원을 삼게 한 것이다. 그러므로 제2회는 법회처소法會處所를 보광명지普光明智라 이름하고, 십신十信의 법문法門을 설명하여 여래의 보광명지의 큰 작용은 무한하고 한계가 없음을 곧바로 보이어 그것으로 신심信心을 삼게 하였다.14)

지눌은 재차 확인한다.

인행因行 중에 이미 모든 부처의 과덕果德과 계합하되 털끝만큼도 어그러지지 않는다고 믿어야 비로소 신심이라고 한다. 만약 마음 밖에 부처가 있다고 한다면 그것은 믿음이라 하지 않고 크게 그릇된 소견이라고 한다.15)

그러나 지눌은 정통 화엄교학자들이 그의 충고에 동의하지 않을 것을 잘 알고 있었다. 그들의 문제 제기는 다음과 같이 계속된다.

당신은 오늘날 마음을 닦는 사람들이 부동지불不動智佛을 반조한다고 하는데, 그것은 본래 깨달은 리불(本覺理佛)인가? 아니면 이미 과지를 성취한 부처(旣成果智佛)인가? 만약 후자라고 한다면 비록 타과他果와 자과自果의 차이가 있기는 하나, (우리는) 그것을 두루 녹아들어 있다는 원융圓融의 입장에서 이해할 수 있다. 왜냐하면 그 차이란 원리적 측면에서나 삼세三世의 완전한 상호침투라는 관점에서 보면 보편적으로 동일한 것이기 때문이다. 그렇지만 차례차례 수행을 닦아 나아가는 항포문行布門의 입장에서 본다면, 이미 과지果智를 이룬 노사나불과 번뇌에 묶여 미혹된 중생이 같을 수는 없는 것이다.16)

이와 같은 질문에 대해 지눌은 보광명지普光明智라는 부동지불不動智佛

---

14) 같은 책, 70쪽.
15) 같은 책, 86쪽.
16) 같은 책, 70쪽.

의 또 다른 해석을 제시하고 있다.

이른바 부동지不動智란 또한 근본보광명지根本普光明智로서 이 근본지를 모든 부처의 과지果智라 이름한다. 이 근본지는 곧 원리와 현상(理事), 본성과 형상(性相), 중생과 부처(生佛), 자기와 남(自他), 깨끗함과 더러움(淨染), 원인과 결과(因果)의 본질적인 성질이기 때문에 단순히 오염되어 유전流轉하는 동안에도 그 깨끗한 본성을 잃지 않는다는 이치만을 취한 것이 아니다. 만일 화장세계華藏世界의 주인으로 이 근본지를 인격화할 때는 노사나불이 되고, 금색세계金色世界에서는 부동지불이 된다. 만약 이 부동지가 뜻이 큰 중생의 반조를 통해 그 자체를 나타낼 때는 자기 마음의 보광명지불이 된다. 그것은 또한 자기 마음의 부동지불이며 자기 마음의 노사나불이다. 그러므로 한 가지 이름을 들어도 삼신三身·십신十身 등이 모두 거기에 갖추어져 있다. 이 근본보광명지에는 본래 자기와 남, 중생과 부처, 더러움과 깨끗함, 원인과 결과, 원리와 현상, 본성과 형상, 유정有情과 비정非情이 갖추어져 있다.[17]

부동지는 어떠한 개념적 구분도 허용하지 않는, 현상의 저변에 자리하고 있는 토대라고 할 수 있지만, 그럼에도 불구하고 그것은 다양한 현상을 산출해 낸다. 부동지나 근본지는 대승불교 일반에 통용되는 일종의 '의사擬似-절대주의적' 술어이다. 그렇지만 지눌에게 문제가 되는 것은 세계에 대한 이론 구성을 위하여 형이상학적 전제를 설정하는 것이 아니라, 불과를 얻기 위한 종교적 실천이라는 궁극적 목적에 가장 잘 부합하는 실천적 기초를 찾는 것이었다. 지눌은 이러한 가르침이 『화엄경』에 상술되어 있음을 주장하면서 재차 그 권위에 호소한다.

이 '불화엄경佛華嚴經' 법문法門은 큰 근기를 가진 중생이 자기 마음의 보광명지인 일진법계一眞法界의 도道를 스스로 믿게 하는 것이다.[18]

---

17) 같은 책, 71쪽.
18) 같은 책, 71쪽.

여기서 지눌의 법계를 해석하는 기본적인 구조가 드러난다. 곧 자심自心은 근본지根本智와 동의어이고, 부동지不動智는 일진법계一眞法界와 동의어인 것이다. 이러한 도식은 이통현의 『화엄론』에서는 보이지 않으므로 아마도 지눌의 독창적인 해석이라고 볼 수 있을 것이다. 그리고 지눌은 상기의 도식을 원돈관행圓頓觀行에 대한 올바른 자세를 묘사하는 데 적용시키고 있다.

대체로 항상 자기의 몸과 말과 뜻 그리고 모든 분별적인 행위가 다 여래의 몸과 말과 뜻과 모든 분별적인 행위에서 나온 것이므로, 모두가 실체와 자성이 없고 나와 남도 없음을 스스로 믿어야 한다. 모든 현상, 즉 법계는 만들어진 것이 아니라 그들의 본성으로부터 조건들에 의존하여 발생한 것이다. 본성이 법계 자체이므로 본질적으로 어떤 근기에 의해서도 얻을 수 있는 것은 없으니, 안도 바깥도 중간도 없는 것이다. 이와 같이 (믿음을 가지고) 자기와 남을 관찰하면 모두 같은 바탕을 가지고 있으므로 나나 나의 행위들이라는 것은 없다. 그러므로 선정과 지혜의 힘으로 이와 같이 수행해야 한다. 이미 이것을 알았으면 고통받는 중생을 관찰하여, 자기도 이롭고 남도 이롭게 하기를 보현보살의 광대한 행원行願과 같이 해야 한다. 이것이 이 경전의 오위五位의 법칙에 일치하는 것이다.[19]

위와 같은 수행을 옹호하기 위하여 지눌은 『화엄경』의 「여래출현품如來出現品」을 전거로 제시한다.

이 경의 「여래출현품」에, "보살마하살은 자기 마음의 생각에 항상 부처가 정각正覺을 이루고 있음을 알아야 한다"고 하였다. 이 말은 모든 부처가 이 마음을 떠나지 않고 정각을 이룬다는 것을 보여 주는 것이다. 또 "일체 중생의 마음도 그와 같아서 다 부처가 이룬 정각을 가지고 있다"고 하였다. 이것은 범부나 성인이나 그 마음 자체의 깨끗함은 다르지 않으므로 다만 (범부와 성인의 마음이 본질적으로 다르지 않다는 것에 대한) 미혹과 깨침은 있으나 그 사이에는 털끝

---

19) 같은 책, 72쪽.

만큼의 간격도 없다는 것을 분명히 한 것이다. 다만 한 마음에 허망한 생각이 일어나지 않는다면, 마음의 경계가 텅 비어 마음의 본성이 스스로 생성함이 없으므로 얻을 것도 없고 깨달을 것도 없게 된다. 곧 정각을 이룬다는 것을 밝히고 있는 것이다. 이제 이 법으로 중생을 두루 이롭게 하면 그것이 보현보살의 행이다. 그러므로 무심無心의 본질적인 이치에 대한 훌륭한 지혜로 일승・삼승과 인간・천상, 원인과 결과를 구별하는 이를 문수라 한다. 차별의 지혜를 따라 (중생과) 함께 다니면서 그들의 근기를 알아 중생을 이롭게 하되 쉼이 없는 이를 보현이라 한다. 대비로써 일체중생을 구하기를 원하는 이를 관음觀音이라 한다. 이 삼심三心을 한꺼번에 닦는 이를 비로자나라 하며, (그러한 수행이) 관습이 되는 마음이 이루어지는 것을 자재自在라 하고, 모든 법에 다 밝은 것을 무애無礙라 하며, 지혜가 근기에 응해 시방세계에 두루 편재하되 그의 본성이 오고 감이 없는 것을 신통神通이라 한다. 비록 수행이 아직 초기의 단계에 있더라도 (보살행원 실천의) 관습을 모두 얻을 수 있다. 비록 미망은 여러 겁을 통해 생기지만 지혜의 해는 변하지 않는다. 이 모든 가르침이 (이해하기에) 어렵지 않은데, 왜 (이 법에 따라) 수행하지 않겠는가? 비록 이 가르침을 배워서 얻지 못하더라도 (이 가르침을 믿은) 복은 인간이나 천상(의 복)보다 훌륭할 것이다.[20]

4. 성기: 선 수행의 철학적 기초로서 성기론에 대한 지눌의 논증

앞 절에서 우리는 지눌이 어떻게 『화엄경』과 이통현의 『신화엄경론』에 의지하여 그의 입장을 옹호하려 했는가를 살펴보았다. 이제 정통 화엄에 대한 교리적 우월을 주장하기 위해 지눌이 구성하고자 했던 철학적인 논증을 검토해 볼 차례이다. 이 논증은 정통 화엄에서 강조하던 연기緣起에 대해서 성기性起 개념의 우위를 주장하고 있는 그의 논의를 통해서 이루어진다.

---

20) 같은 책, 72쪽.

이통현의 '중생과 부처가 서로 융합한다'는 이론은, 요컨대 마음을 관찰하여 도에 들어가는 이로 하여금 항상 자기의 몸과 말과 뜻과 또 모든 행위들이 다 여래의 몸과 말과 뜻과 또 행위들 가운데서 나왔다는 것을 믿게 하려는 것이다. 왜냐하면 그 모든 것은 실체와 자성이 없어서 본래 둘이 아니고, 본바탕이 다르지 않기 때문이다. 법계는 만들어지는 것이 아니나 본성상 조건들에 의존하여 일어난다. 따라서 다양한 조건들로부터 일어난 형상들의 출현은 전적으로 본성으로부터 일어난 것이다. 본성은 그 자체가 법계인지라 안도 바깥도 중간도 없다. 우리는 이와 같이 알고, 이와 같이 관찰해야 한다. 그러면 부처와 중생은 본래 근본보광명지 본성의 바다에서 허깨비처럼 출현한 것(이라는 사실을 보게 될 것)이다. 따라서 중생의 모습과 작용에 차별이 있는 듯하지마는, 그것은 완전히 근본보광명지의 모습과 작용인 것이다. 그러므로 본래는 한 가지의 바탕(同體)이지마는 일으키는 작용은 다종다양하니, 이것은 성기문性起門에 해당하는 것이다.

또 다른 곳에서 중생과 부처가 서로 융합한다는 논의가 보인다. 즉 이미 완전한 깨달음을 이룬 노사나불이 중생의 생멸하는 팔식 안에 있고, 중생도 부처의 지혜 안에 존재한다는 것이다. 이것은 원리와 다르지 않은 하나의 현상이 원리의 본성에 완전히 포섭되면, 그 원리와 다르지 않은 많은 현상들이 또한 하나의 원리 안에서 드러나게 된다는 것이다. 왜냐하면 현상들은 원리에 의존하기 때문이다. 그러므로 중생과 부처는 그 바탕에 있어서는 다르지마는(體別) 그럼에도 불구하고 원리가 보편적으로 편재되어 있으므로, 그 다른 바탕들이 마치 인드라망의 보석들이 그 몸은 다르지만 영상과 영상들이 서로 어울려 비치는 것처럼 드러난다. 이것은 사사융섭事事融攝의 연기문緣起門에 해당한다.[21]

성기의 가르침은 법계연기法界緣起의 개념으로부터 진화한 화엄의 독특한 혁신적 사고이다. 성기라는 용어는 『진역화엄경晋譯華嚴經』의 한 품品의 제명題名으로부터 추출된 것이다. 다카사키 지키도(高崎直道)는 성기에 대응하는 산스크리트 용어가 '여래의 태어남'이라는 의미 외에 '(중생 안에 있는) 절대적인 진리(眞如·法性)의 현현'(tathagata-gotra-sambhava)이라

---

21) 같은 책, 73쪽.

는 뜻을 동시에 갖고 있다고 주장하고 있다.[22] 그렇지만 그것은『화엄경』의 본래적인 의미라기보다는 오히려 우리가 6~7세기 중국에서 일어나 지눌의 시대까지 지속된 개념적 재구성 혹은 개념적 변형으로 보는 편이 타당할 것이다. 이 용어는 화엄 불교 자체의 또 다른 별명이 될 정도로 화엄 교학자들 사이에서 유행이 되었다. 성기는 일어남(起)의 두 측면이 대조되는 경우에는 화엄 전통 내에서 연기에 맞서는 개념이고, 모든 차별적 현상들이 본성에 갖추어져 있음(具)과 대조되는 경우에는 천태天台의 성구性具 개념에 맞서는 개념이다. 이제 이 논리와 연관하여 정통 화엄 계열에 의해 제시된 몇몇 주요한 구절들을 살펴보도록 하겠다. 초조初祖 두순杜順(557~640)에서부터 오조五祖 종밀宗密까지는 커다란 개념의 변화가 없었으므로 보다 분명하고 간결하게 진술된 이조二祖 지엄智儼의 글을 살펴보겠다.

성기性起는 일승에 있어서 법계연기法界緣起의 극한을 명확히 설명해 준다. 그것의 기원起源과 구경究竟은 수행과 (유목적적이며 의도적이고 자발적인) 행위로부터 구분된다. 왜 그런가? 그것들은 상相으로부터 떨어져 있기 때문이다. 일어남은 분별로부터 떨어져 있는 깨달은 마음속에 존재하는 커다란 이해와 커다란 수행을 의미한다. 이것이 연기緣起의 본성이기 때문에 성기라고 부르는 것이다. 일어남은 일어나지 않음과 동일하다. 이 일어나지 않음이 바로 성기이다.[23]

『화엄경』에 대한 다른 저술에서 지엄은 성기에 대한 보다 간결한 진술을 하고 있다.

성기性起라는 말 속에서, 성性은 바탕(體)을 의미하고 기起는 심지心地에서의 바탕의 드러남 또는 현현을 의미한다.[24]

---

22) 高崎直道,「華嚴敎學と如來藏思想」, 中村元 編,『華嚴思想』(京都: 法藏館, 1960), 275~332쪽 참조.
23) 『大正新修大藏經』 권45, 580쪽 下.

성기가 원리(理)의 시각에서 보여진 것인 반면에 연기는 현상(事)의 시각에서 본 관점이다.[25] 인간 존재에는 다만 하나의 구체적인 실재만이 존재함을 인정하면서도, 이러한 두 시각은 서로 모순되지 않는다. 그것들은 동일한 실재에 대한 두 개의 다른 시각들인 것이다. 현상의 관점은 분명한 실재들의 세계 속에서 끊임없이 생기하는 구체적인 사물들을 강조하는 반면에, 원리의 관점은 현상의 비실체성을 강조한다. 대승의 존재론적 관점, 즉 법공法空에서 본다면 화엄조사들은 성기에 대한 그들의 결론을 유식학파唯識學派와 중관학파中觀學派의 공통적인 전제에서 이끌어 내었다. 지엄에게 있어서도 연생緣生은 무자성無自性의 원리에 의해 뒷받침되는 것이다. 지엄은 말한다. "조건들에 의존해서 생성된 법들은 일어남과 일어나지 않음의 두 측면을 모두 드러내 준다."[26] 경험적인 시각으로 보자면, 모든 것은 조건들에 의존해서 생성된다. 이것은 사실이자 부정할 수 없는 현상이다. 그러나 비실체성, 즉 공을 깨달은 부처의 지혜의 눈으로 보면 이처럼 의존해서 생성되는 것은 생성되지 않는 것과 같다. 거기에는 생성되는 것이라곤 아무것도 없는 것이다. 따라서 '생성되지 않음'은 본성 또는 본성의 일어남에 의한 '생성'인 것이다. 법장 역시 지엄의 생각을 이어받아 "생성과 생성하지 않음의 절대적 동일을 성기性起라고 이름한다"[27]라고 말하고 있다.

이제 성기의 이론은 궁극적으로 제법에 실체가 없다는 사상에 의해 정당화된다는 점이 분명하게 드러났다. 이 원리는 유럽 철학자들이 종종 주장하듯이 현상의 배후나 근저에 있는 'noumena', 혹은 '기체基體'와 같은

---

24) 같은 책, 권35, 79쪽 中·下.
25) 性起 사상의 발전에 대한 개관을 위해서는, Whalen Lai, "Chinese Buddhist Causation Theories: An Analysis of the Sinitic Mahayana Understanding of Pratityasamutpada", *Philosophy East and West* 27, 3(July, 1977), 241~264쪽 참조
26) 『大正新修大藏經』 권35, 67쪽 上.
27) 같은 책, 권45, 649쪽 中.

형이상학적 절대자는 아니다. 오히려 화엄에서의 원리를 이해하기 위해서는 원리와 무자성이 동일하다는 점에 주목해야 한다. 지눌의 성기론 역시 같은 맥락 위에 있다. "법계는 만들어지는 것이 아니다. 그러나 본성에 의해서 조건들에 의지하여 일어난다(원리의 측면에서 그것은 자성을 결하고 있다. 그것은 空이다). 따라서 형상이 일어나는 것은 성기의 본성으로부터의 일어남인 것이다."[28]

만약 연기의 극한이 성기의 극한과 같다면, 지눌이 연기의 교설을 반대하는 것은 무엇 때문일까? 본래 만들어지지 않은 법계 속에서의 생기함은 생기하지 않음이라는 관점에서 본다면, 이론적으로 두 교설은 하나의 동일한 결론으로 수렴된다. 지눌에 따르면, 연기의 교설은 마치 인드라망에 매달린 보석의 비유에서 보여지듯, 체별體別의 관점에서 원리와 현상 사이의 구분을 전제로 한다. 반면에 성기의 교설은 모든 드러난 작용들은 환영처럼 자성을 결하고 있기 때문에 원리와 현상을 동일화하기 위한 어떠한 매개적 단계도 요구하지 않는다. 오직 모든 드러난 차별과 다양한 작용들의 주체성이 동체同體라는 사실에 대한 깨달음이 있을 뿐이다. 연기와 상즉상입을 강조하는 정통 화엄의 해석에서는 무명과 깨달음 사이에 다리를 놓기 위한 매개적이고 개념적인 장치, 즉 원리와 현상의 상즉 혹은 상입의 장치를 요청한다. 깨달음에 도달하기 전에 반드시 동일성과 차별의 변증법적 대립을 극복해야만 하는 것이다. 그렇지만 지눌이 옹호하는 성기의 관점에서는 처음의 믿음이 동일성을 가정하거나 단정한다. 그리고 이와 같은 행위 자체로 이러한 믿음의 타당성이 직접적으로 경험되는 것이다. 지눌은 연기에 대한 그의 반론을 다음과 같이 제시하고 있다.

(연기의 교설에 대한) 이치와 의미들을 논하고 또 논한다면 비록 그것이 성기와

---

28) 『普照全書』, 73쪽.

하나로 귀결되기는 하겠지마는, 관행觀行으로 도를 얻는 가르침에서는 어떤 이론은 더 가깝고 또 다른 것은 그렇지 않은 것이니, 청컨대 모든 의론議論을 유보하고 묵묵히 생각해 보아야 할 것이다.[29]

그러므로 연기에 대한 지눌의 비판의 요점은 그것의 이론적 타당성을 문제삼는 것이 아니라 그것의 실제적인 효용성에 있는 것이다. 두 가르침은 결국 중생과 부처가 하나이자 동일하다는 같은 결론으로 유도된다. 그러나 종교적 수행의 입장에서 본다면 성기가 더욱 가까운(親) 것이다. 지눌의 실천에 대한 강조는 '일어남은 심지心地에서 바탕(體)의 드러남'을 의미한다는 지엄의, 이론적이기보다는 실천적인 두 번째 성기에 대한 해석을 생각나게 한다.

5. 화엄과 선: 성기와 심지·무심

심지心地라는 용어는 중생 각 개인의 마음을 가리키는 선불교의 공통적인 표현이다. 돈황본敦煌本 『육조단경六祖壇經』에 있는 다음의 말을 들어 보자.

심지에 그릇됨이 없는 것이 자성自性의 계戒이다.
심지에 어지러움이 없는 것이 자성의 정定이다.
심지에 어리석음이 없는 것이 자성의 혜慧이다.[30]

이와 같은 태도는 『경덕전등록景德傳燈錄』에 있는 남악회양南嶽懷讓

---

29) 같은 책, 73쪽.
30) 『大正新修大藏經』 권48, 342쪽 中.

(677~744) 선사의 일대기 속에서도 비유적으로 언급되고 있다.

마조馬祖(709~788)가 (스승 회양에게) 예배하며 물었다. "어떻게 마음을 쓰면 무상삼매無相三昧를 얻을 수 있겠습니까?" 스승이 대답하였다. "너는 (이 心地에) 종자種子가 심어져 있는 것처럼 (가르치고 있는) 심지법문心地法門을 배워야 한다. 내가 너에게 법의 요체를 설하는 것은 (그 땅에) 비가 오는 것과 같다. 네가 조성한 주변 조건들이 (그 비에) 합하는 까닭에, 너는 그 도를 볼 수 있을 것이다."[31]

그러므로 심지는 원래 계戒·정定·혜慧라는 불교 수행의 바탕을 언급하는 것으로 쓰여졌다는 것을 알 수 있다. 땅(地)이라는 은유적인 표현은 그러한 수행의 장場을 의미한다. 그렇다면 그것과 성기문性起門과의 연결점은 어디서 오는 것일까?

혜능慧能(638~713)은 자성自性의 개념으로 계·정·혜 삼학三學을 재정의함으로써 전통적인 수행관에 중대한 변화를 가져왔다. 선의 용어에서 이 자성은 본래면목本來面目이라는 예에서 알 수 있듯이 특별히 개인의 본성을 가리키는 말로 쓰인다. 그리고 혜능은 이 자성엔 본래 그릇됨·어지러움·어리석음이 없음을 강조한다. 나아가 그는 청중들이 '일체만물은 모두 자성으로부터 일으킨 작용들이라는 것'[32]을 깨닫기를 강조하면서 자신의 설법이 자성의 관점으로부터 설해졌다는 점을 분명히 하였다.

다시 성기性起에 대한 지엄의 정의를 상기해 볼 필요가 있다. "그것의 기원起源과 구경究竟은 수행이나 유목적적이고 의도적이며 자발적인 행위를 떠나 있다." 이것과 혜능에 의해 재정의된 계·정·혜 삼학을 비교해 보자. 혜능의 삼학은, "모든 악惡을 짓지 않는 것을 계라 하고, 모든 선善을

---

31) 같은 책, 권51, 240쪽 下~241쪽 上.
32) 같은 책, 권48, 358쪽 下.

받들어 행하는 것을 혜라고 하며, 스스로 그 뜻을 깨끗이 하는 것을 정이라고 한다"는 북종北宗 신수神秀(605?~706)의 삼학과 대립되는 입장에 있다. 신수에 반하여 "극복해야 할 외부적 장애는 없다"는 것이 종교적 수행에 대한 혜능의 생각이다. 지금까지 우리가 논의했던 화엄의 가르침으로 보자면, 신수는 연기의 관점을 취하고 있는 반면 혜능은 성기의 관점을 채택하고 있는 것이다. 이를 통해 화엄교학 속의 성기가 갖고 있는 실천적 측면이 지눌에 의해 확보된 선 수행의 이론적인 기초로서 수용되고 있음을 알 수 있다.

종밀은 선과 화엄의 철학적 전제가 일치함을 처음으로 지적한 중국 불교 학자이다. 그는 『선원제전집도서禪源諸詮集都序』에서 "그것은 깨끗하고 어둡지 않으며, 완전하게 그리고 항상 알며, 미래의 한계들을 다 비워내며, 불성佛性으로서 여래장如來藏으로서 심지로서 상주하고 결코 허물어져 없어지지 않는 것이다"[33]라고 말하고 있다. 심지에 대하여 종밀은 "이것은 보리달마로부터 전해져 내려온 마음이다"라고 주석한다. 따라서 선의 근원이 부분적으로는 비록 무명에 가려져 있지만, 모든 중생이 불과佛果를 얻을 수 있는 가능성을 가지고 있다는 여래장 전통에 속해 있다는 점을 여기서 짚고 넘어가야겠다.

전술한 중국 화엄의 역사에 대한 지식으로부터 지눌은 선의 이론적인 전제와 성기의 교설이 일치한다는 확신을 갖게 되었을 것이다. 비록 이통현이 그의 저술에서 선을 언급하고 있지는 않지만, 그 또한 "심지心地는 다만 무심無心과 무증無證을 체득한 사람들만 이해하고 수행할 수 있다"[34]는 『능가경楞伽經』과 『화엄경』 속에서 상술된 가르침을 지적하고 있

---

33) 같은 책 권48, 404쪽 下.
34) 같은 책, 권36, 723쪽 上·中.

다. 화엄華嚴의 맥락 속에 있는 심지心地·성기性起의 가르침은 무심無心을 통해서 수행되어야만 하는 것이다.

이통현이 상술한 성기의 교설 속에 있는 선과 교 사이의 공통 지반을 선 수행을 위한 근본적인 전제로 받아들인 지눌은, 선과 화엄에 대한 동시대인들의 다양한 해석에 대해 비판적 입장을 견지할 수밖에 없었다. 이통현을 통해 지눌은 화엄의 정통적 관점으로부터 벗어나 화엄華嚴과 선禪을 양립할 수 있게 하는 철학적 지렛대를 발견했다. 그러나 더욱 중요한 것은 그 당시까지는 충분히 확보되지 못한 굳건한 철학적 기초를 선에 제공해 줄 방법을 그가 발견해 내었다는 사실이다. 그리고 이것이 바로 『원돈성불론』이 가지고 있는 불교사상사적 가치이며 지눌을 한국 선 불교의 철학자라고 지목하는 이유이기도 하다.

제5부

지눌 선 사상에 대한 사상적·서지학적 반성

보조 찬술의 사상 개요와 그 서지학적 고찰

이 종 익

1. 한국 통불교 건설의 주역

한국 불교 천육백년사에서 시대별로 대표적 인물을 가려 뽑는다면 신라
의 원효대사, 고려의 보조국사, 조선의 청허대사淸虛大師를 내세우는 데에

---

* 일러두기

a) 본 논문은 보조국사 찬술을 통해 본 사상 개요와 그 서지학적 고찰을 주제로 한바,
신라의 원효, 이조의 청허와 함께 보조국사는 한국 통불교 건설의 주역자라는 역사적
존재성을 먼저 천명하였다.

b) 찬술은 사상을 연구하는 기본 자료가 되므로 그 문헌을 서지학적으로 검토하는 것은 가
장 기초적인 과제이다. 이에 그 문헌의 성립 유래, 판본 등을 면밀히 검토하는 것이 임무
이므로 힘닿는 데까지 손을 뻗쳐 보았으나 그래도 미진한 데가 많을 것이므로 이는 후
배들의 보완을 기대한다.

c) 서지학이란 그 문헌의 진위, 내용 검토, 유통 과정, 판본 등을 면밀히 고찰해야 하는
데, 그 진위와 내용 검토에 관한 주요한 것은 필자의 『高麗 普照國師 硏究』(日本:
國書刊行公刊)에서 좀더 구체적으로 기술하였다. 문자의 同異對校는 여기에서 기술
할 수 없고, 동국대학교 간행의 『한국불교전서』 제4책에 수록된 보조 찬술에서 몇 개
판본을 대교한 것이 하나의 참고가 될 것이다.

d) 그 찬술의 원문이나 판본의 발문 등을 인증하는 데 그것을 번역할 수가 없어서 원문
대로 옮겨 놓다 보니 너무 어려워서 대중적이지는 않을 것이다. 다만 이것은 斯學의
전문가들을 위함일 뿐이다.

이의가 없을 것이다. 이 세 분은 대체로 통불교를 건설한 주역자로 원효는 인도 및 중국에서 전개되어 온 대·소승 모든 교의에 대한 파벌적 시비와 분쟁을 화회和會하여 하나의 법회法會로 귀일시키려는 것을 그 사명으로 한 화쟁통교和諍統教의 통불교 창도자唱導者로서 그 특수성과 위대성을 발휘한 분이요, 보조는 중국에서 선종이 분립한 뒤 교가教家와 대립하여 교내教內·교외教外가 모순되고 불교와 조도祖道가 서로 적대하여 장벽을 쌓고 원수 대하듯하던 교계의 변태에 크게 놀라고 의혹하여 불교와 조도가 과연 이원적인 것인가를 깊이 추구하다가 불佛이 입으로 설한 것이 교教가 되고 마음으로 전한 것이 선禪이 되었으니, 구설口說과 심전心傳이 근본 이원이 아니라는 원리를 발견하고 드디어 오백여 년 동안 굳게 쌓아 올렸던 선·교의 장벽을 무너뜨리고 오랫동안 등을 졌던 불·조가 다시 손을 잡게 한 위력과 경륜은 인도·중국·티베트 등의 불교국에서는 그 짝을 찾기 어려운 동방 불교사상 제일지第一指로 꼽히는 대종장大宗匠이라 하겠다.

원효는 대·소승 모든 교의에 대한 갈등과 분쟁을 하나로 회통하려던 교학적 통불교의 건설자라면, 보조는 한 걸음 더 나아가서 인도적 불교와 중국적 조도祖道, 다시 말하면 이론(知)과 실천(行)이 일치한, 가장 합리적이고 보편 타당한 획기적 지도 체계를 정립하였다고 할 수 있을 것이다. 그 후 형식적이 아니라 내실적으로 통불교적 사상 체계와 지도 이념이 불교의 주체성이 되어 교계를 지배해 왔지만, 형태상으로는 오교구산五教九山이라는 선·교 각 종파가 분립되어 있었다.

그런데 조선 초기 태종 6년에 종전의 11종을 7종으로 통합하고 세종 6년에는 그 7종이 다시 선·교 양종兩宗으로 폐합되었으며 성종·연산·중종대에는 이 양종마저 중단되었다가 이후 명종 6년에 부활되어 양종판사兩宗判事를 두어 종정宗政을 관할하게 하였는데, 교종에 특출한 인물이 없었으므로 청허대사가 양종 판사를 겸임한 이후, 교종은 선종에 통합되어 국법상 양종 명의만 있을 뿐 실은 조계曹溪 단일종單一宗(종전에 禪은 曹溪, 敎는 華嚴으로 별칭해 왔음)으로서 신라·고려 이래 모든 선·교 종파가 마침내 하나로 통일되었다.

다시 말하면 원효는 모든 교의敎義·쟁론諍論에 대한 이론적 통불교의 창도자였고, 보조는 선교일원禪敎一元과 지행일치知行一致의 이념적·실제적 통불교의 건설자였으며, 청허는 실질적으로 선·교 양종을 통합한 선교상자禪敎相資·사교입선捨敎入禪적인 통불교의 구현자였다. 그러므로 결론적으로 "인도의 원천적 불교와 중국의 분파적 불교에 대하여 한국은 회통불교會通佛敎를 구현하였다"라고 정의한다. 다시 요약하면, 그 통불교 구현의 과정에 있어서 원효는 서론적이고, 보조는 본론적이며, 청허는 결론적인 역할을 담당했다고 하겠다.

그리고 현 한국 불교는 보조 이후 조선 5백 년을 거쳐 오늘에 이르기까지 일관된 지도 이념으로 "학자는 먼저 여실언교如實言敎로써 불변不變·수연隨緣 이의二義가 자심自心의 성상性相이요, 돈오頓悟·점수漸修 양문兩門이 이 자행自行의 시종始終임을 분명히 가려낸 뒤에, 교의敎意(이론과 知解)를 놓아 버리고 다만 자심의 현전일념現前一念을 가지고 선지禪旨를 참상參詳하면 반드시 소득이 있으리니 그것이 이른바 출신활로出身活路(安心立命處)이다"라고 한 것은 보조가 『법집별행록절요병입사기法集別行錄節要幷入私記』에서 정립한 지도 이념인데, 조선 불교 재건의 중흥조인 청허는 그의 저서 『선가귀감禪家龜鑑』에서 이 이념을 재천명하여 교단의 귀감으로 삼았으며, 겸하여 보조 이래 조계종의 지침서로 제정된 『선원집도서禪源集都序』, 『별행록절요別行錄節要』, 『대혜서장大慧書狀』을 필수 교과서로 하여 오늘에까지 전승해 왔다.(여말에 원에서 전래한 『高峰禪要』를 합하여 4집이라 함. 碧松禪師도 보조 법계로서 『선원집도서』·『별행록절요』·

『대혜서장』을 그 지침서로 하였다.) 그러므로 보조는 흘러간 역사의 인물이 아니라 오늘까지의 한국 전통 불교에 그 혈맥과 얼이 그대로 살아 숨쉬고 있다는 것을 먼저 이야기하고 싶다. 이제 그의 저술을 통해 본 사상 개요와 서지학적 고찰을 논술하기로 한다.

2. 보조의 찬술에서 본 사상 개요

보조국사는 학자도 아니요 저술가도 아니면서 불교의 대사상가요, 지행 일치한 행리行履를 통하여 종교적 인격을 완성한 대종장이요, 도사導師이다. 그가 당시의 역사적 풍토 안에서 새로운 시대적 사명의 자각자自覺者로서 들고일어난 기치는 첫째, 극도로 속화된 호국護國・기복祈福의 미신불교와 우상불교에서 현실적 안심입명과 구세제중의 임무를 다할 수 있는 정법불교正法佛敎를 건립하는 것이요, 둘째, 명리名利의 도구화 및 투생偸生의 소굴화된 극히 타락한 형식불교에서 진실한 출세出世의 도道를 밟아 성불도생成佛度生의 사명을 수행할 수도불교修道佛敎를 건립하는 것이요, 셋째, 퇴폐하고 변질된 궁정불교와 도시불교에서 참신하고 생명 있는 평민불교平民佛敎와 산림불교山林佛敎를 건립하는 것이다. 이러한 시대적 사명 속에서 국사는 불교의 역사적 방향을 전환함과 동시에 진정한 불교의 '교시敎是'와 신행수증의 지도 체계 정립의 과제에 심혈을 경주하였던 것이다.

이러한 사상을 전하기 위하여 국사는 필요한 찬술 몇 가지를 남겼는데, 다음의 표를 살펴보자.

명 칭	권수	저록	연 대	존망
『권수정혜결사문勸修定慧結社文』	1	著	33세	존
『수심결修心訣』	1	著	41세 이후로 추정	존
『진심직설眞心直說』	1	著	45세(?)	존
『법집별행록절요병입사기法集別行錄節要幷入私記』	1	錄述	52세	존
『계초심학인문誡初心學人文』	1	著	45세(?)	존
『화엄론절요華嚴論節要』	3	節錄	50세	존
『원돈성불론圓頓成佛論』	1	著	입적 후 발견	존
『간화결의론看話決疑論』	1	著	입적 후 발견	존
『염불요문念佛要門』(『念佛因由經』)	1	著	미상	존
『법보기단경발法寶記壇經跋』	1	撰		존
『상당록上堂錄』	1	門人集	미상	망
『법어가송法語歌頌』	1	著	미상	망
『임종기臨終記』	1	門人錄	입적 후	망

이상이 국사의 저작으로 알려진 것인데, 우선 그의 저록著錄에 담겨 있
는 사상 개요를 일별해 보자.

1) 『권수정혜결사문』

이 일문一文은 국사가 새로이 정법불교, 수도불교를 재건하기 위한 기
본 과업으로 동지들을 모아 정혜결사定慧結社를 한 선언서이다. 정正·상
像·말末을 구분하는 시대는 변천이 있어도 심성心性과 도법道法은 변함이
없다. 다만 불조佛祖의 정법인 정혜를 쌍수雙修하면 다 성불작조成佛作祖
한다고 창언唱言하였다.

2) 『수심결』

불佛을 구하는 길은 그 마음을 닦는 데 있다. 마음이 불이니 다만 자심自心
을 알면 항하사문恒河沙門의 무량묘의無量妙義를 구하지 않아도 불佛을 얻

게 된다. 심성이 무량하여 본래 원성圓成하였으니, 다만 망연妄緣만 여의면 곧 여여불如如佛이다. 그 본성을 깨닫고 그대로 보림하여 만덕萬德을 원성하는 돈오·점수가 천성千聖의 통궤通軌라는 대원칙을 전제하고(頓悟頓修가 된다면 좋겠지만, 역대로 돈오하면서 煩惱習氣가 頓盡하고 萬德妙用이 원성하여 究竟成佛했다는 조사는 없기 때문이다) 정혜쌍수의 구체적 방법을 상술했다.

3) 『진심직설』

불교는 심본주의心本主義이니 팔만 법문이 '심心' 일자에 귀착된다는 선언과 같이 이 일서一書는 팔만 법장의 진수를 집약하여 15장으로 나누고 그 정화精華를 결정했다. 특히 이것은 중국에서 전개된 조사선祖師禪의 최상최묘最上最妙의 방편으로서 선법에 있어 불조의 심수心隨인 것이다.

4) 『법집별행록절요병입사기』

본서는 국사의 만년작으로 규봉종밀圭峰宗密이 북종北宗·우두종牛頭宗·홍주종洪洲宗·하택종荷澤宗 4종宗의 선지禪旨를 요약하여 별행시킨 것인데 그것을 절취節取하면서(신회는 荷澤神會가 아닌 淨衆神會임이 근년에 밝혀짐), "불佛을 배우는 자 먼저 불조의 여실언교如實言敎에 의하여 진정한 지견을 결택하여, 법法에 있어서 불변不變과 수연隨緣 이의二義가 일장경론一藏經論의 지귀旨歸요 인人에 있어서 돈오·점수 양문이 일체현성一切賢聖의 궤철임을 요지한 뒤에, 그 교의를 놓아 버리고 다만 일심의 현전일념을 가지고 선지를 참구하면 반드시 출신활로가 있으리라" 한 것이 그 요지인데 이것은 자교명종資敎明宗, 사교입선捨敎入禪의 요결要決이다. 또한 정혜쌍수와 돈오점수를 그 원칙으로 하였다.
다음에 리로理路(思惟·敎義) 어로語路(理論)의 지해知解에 걸린 자를 위하여 송나라 대혜종고大慧宗杲 선사의 공안참구법公案參究法을 응용해서 그 공안 위에 일념을 집중하여 의단疑團을 타파함으로써 자기의 본래면목을 체달體達하는 간화선법看話禪法을 제시했다. 국사가 최초로 이 선법을 도입한 뒤 오늘에 이르기까지 선원에서 이 법을 준행하고 있다. 『간화결의론』이 바로 그 지침서인 것이다.

5) 『계초심학인문』

이것은 송광사에 이주한 국사가 수선사修禪社를 개설하면서 초심학인初心學人을 비롯한 사사대중寺社大衆에게 일상 생활과 수행에 관한 규범을 간단한 교훈과 의궤儀軌로 제시한 것이다. 일종의 청규淸規이다.

6) 『화엄론절요』

국사는 일찍이 당나라 이통현李通玄 거사의 『화엄신론華嚴新論』을 열람하다가 신심信心이 재발한바 원돈관문圓頓觀門에 잠심潛心하여 말학末學의 지침서로 삼으려 했는데, 만년에 『화엄론』 40권을 절요하여 원돈교지圓頓教旨를 선으로 회통하여 원돈관행圓頓觀行의 지침서를 만들었으니 본서가 바로 그것이다. 그 서문에서 "불佛이 입으로 설한 것이 교教가 되고 마음으로 전한 것이 선禪이 되었으니, 불조의 심心과 구口가 둘이 아니다"라고 하여 당시 선禪은 교외별전教外別傳이라 하고 선교가 이원화되었던 것을 일원으로 회통하여 제1차 '선교상자禪教相資', 제2차 '회교귀선會教歸禪', 제3차 '사교입선捨教入禪'의 지도 체계를 세웠는데, 이것은 바로 제2차 회교귀선의 요체를 천명한 것이다.

7) 『원돈성불론』

이 일서는 이통현 거사의 화엄 논지에 의해 '범부일용분별심凡夫日用分別心'이 바로 제불의 근본부동지根本不動智임을 직관하여 돈오하고 그 근본지에 의해 보현普賢의 행해行海를 원수圓修하며, 선재善財와 같이 일생성불一生成佛하는 원돈신해圓頓信解의 관행법觀行法을 천명한 것이다. 이것은 당시 교가의 왕인 화엄교해華嚴教海를 선으로 회통하려는 회교귀선의 특수한 지도 이념이다.

8) 『간화결의론』

송나라 대혜종고大慧宗杲 선사가 제창한 공안참구법公安參究法으로 '정전백수자庭前栢樹子', '구자여불성화狗子與佛性話' 같은 것을 전심참구專心參究하여 일념의주一念疑注하므로 사량분별思量分別과 이론적 의리, 지해를 초월하여 그 화두의 의단疑團을 타파하므로 자기의 본래면목을 실증하는 요체를 지시한 것이니 곧 간화선의 지침서이다.

9) 『염불요문』(『염불인유경』)

이것은 말세의 박복둔근자薄福鈍根者나 선 방편의 수행에 적응되지 못한 자를 위한 가장 통속적이고 편의한 염불법으로써 선적禪的 삼매三昧를 성취하는 십종염불삼매문十種念佛三昧門을 설정한 것이다.

10) 『법보기단경발』

"이것은 내가 평생 종승宗承하여 수학하던 귀감이다. 신심身心이 일여一如하여 전혀 생멸生滅이 없다. 신身은 무상無常하고 신성神性이 상常이라는 견해는 조사의 뜻이 아니다"라는 고차원의 선지를 천명했다.

11) 『상당록』

이것이 국사의 정법안장正法眼藏이요 심지법문心地法門이다. 그것이 망실된 것은 국사의 법신혜명法身慧命을 매몰시킨 것으로 크나큰 손실이다.

12) 『법어가송』

이것은 자증자오自證自悟한 도락道樂의 경지에서 연출된 법의 소리, 무생無生의 음률音律이었을 것인데, 유실된 것은 큰 유감이다.

부附 『임종기』

『임종기』는 국사의 생애에 대한 총결산일 것인데 유감스럽게도 망실되었다.

3. 서지학적 고찰

1) 『권수정혜결사문』

그 제호에 나타난 것과 같이 정혜쌍수하기를 권하는 결사의 선언문으로서 약 일만 자의 장편이다. 그 서기署記에는 "時明昌元年庚戌季春公山隱居牧牛子知訥誌"라 하였고, 다시 부기附記하기를

至承安五年庚申 自公山 移社于江南 曹溪山 以隣有定慧寺 名稱混同故 受朝旨 改定慧社 爲修禪社 勸修文 旣流布故 仍其舊名 彫板印施耳.

라고 하였는데, 이것이 이 결사문의 발표 및 간행 내력이다. 또 국사의 비문에는 "師, 平生所著, 如結社文, 上堂錄, 法語歌頌, 各一卷"[1]이라고 하였다.

명창明昌 원년 경술庚戌은 금나라 장종章宗의 연대이며 고려 명종 20년 (A. D. 1190)이니, 국사의 나이 33세 때였다. 결사문을 지어 결사한 동기는, 국사가 25세 때에 상도上都 보제선사담선법회普濟禪師談禪法會(禪宗僧試會)에서 선시禪試에 합격한 뒤 동학 10여 명과 약속하기를 파회罷會 후 명리名利를 버리고 산림에 은둔하여 결사하고 정혜를 쌍수하자고 맹약한바[2] 그 뒤 국사는 자기 수련과 정법불교·수도불교 재건을 위한 준비 작업으로 예천 하가산下柯山 보문사普門寺에서 대장경을 열람하면서 수행하던 중 전날의 맹원盟員 득재선백得才禪伯이 공산公山 거조사居祖寺에 주住하면서 결사하기를 재삼 간청하므로 이 해에 강선자舡禪子와 함께 거조사로 이거移居하면서 동원자를 초집招集하니, 혹 죽고 혹 병들고 혹 명리의 길에 떨어져 있는지라 나머지 3·4배輩와 함께 결사하면서 이 선언문을 지어 발표한 것이다.[3] 이 결사문은 정혜쌍수를 표치標幟로 한 새로운 정법正法, 수도修道불교 재건의 기초 작업이다.

이 거조사에서 10년을 지낸 뒤에 사를 조계산 송광사로 옮기면서 이웃에 정혜사定慧寺가 있으므로 수선사修禪社라 고치고 다시 인포印布하면서 정혜결사문 제목은 그대로 고치지 않았다는 것이다.

승안承安 5년은 고려 신종神宗 3년(1200)이다. 그 때에 재판한 것이다. 3차 개간은 숭정崇禎 8년 을해乙亥(1625) 용장사龍藏寺에서 개간한 것으로

---

1) 「佛日普照國師碑銘并序」(『朝鮮佛敎通史』下, 340쪽).

2) 知訥, 『定慧結社文』跋說(『呑虛譯本』, 회상사, 1쪽 左), "歲在 壬寅正月 赴上都 普濟寺 談禪法會 一日與同學十餘人 約日罷會後 當捨名利 隱遁山林 結爲同社 常以 習定均慧爲務."

3) 知訥, 같은 책(『呑虛譯本』, 35쪽 左), "去 戊申年 早春 契內 才公 禪伯 得住居祖寺 不忘前願 將結定慧社 馳書于下柯山 普門蘭若 再三懇至……取是年春陽元節 與同行 舡禪者 移樓是寺 召集昔時 同願者 或亡或病 或求名利而未會且 殘僧三·四輩 始啓法席 用酬曩願耳." 云云.

『계초심학인문』과 합본한 것이며, 발문에 다음과 같이 기록되었다.

> 門人 璉禪客一日告予曰 曹溪結社文 是我祖 牧牛和尙 誠心苦口 勸初機之樞要 而後
> 學輩 多輕脫略 未嘗 一經於目 良可嘆也…… 然 舊本字行疎緩 不便於閱習 欲改書
> 鏤板 以廣流通其可乎. 予曰 善是吾志也 因囑之 幹其事功其畢矣 置于玆寺 以壽傳
> 寫焉. 所冀聖壽天長 隣兵自滅 淸河相公 壽祿延洪 普及法界迷倫同臻覺地爾 歲次
> 壬子正月 月南社主 香比丘 大全誌.

라고 한바 청하상공淸河相公은 고려 고종조의 권신 최항崔沆인데, 임자년
은 고종 39년(1252) 즉 국사 입적(1210) 후 42년이 지난 때로 그 때에 구본舊
本의 자행字行이 소완疎緩(곧 글자가 굵고 드문 것)하므로 개서각판改書刻板
했다는 것이다.

① 松廣寺板, 9行 17字, 四周單邊 32丁(국립도서관 소장) 刊記.
  '萬曆 36年 戊申(1608) 6月 日. 順天 松廣寺 刊. 山人 學明 書'라 하다.
② 龍藏寺板, 9行 17字, 四周單邊(삼각산 승가사 소장) 刊記.
  '崇禎 8年 乙亥(仁祖 13년 1635)'『계초심학인문』합본.
③ 雲興寺板, 9行 18字, 四周單邊(동국대학교 도서관 소장) 刊記.
  '康熙 20年(1681) 慶南 蔚山 雲興寺 刊'
④ 奉印寺板, 9行 18字, 四周單邊(연세대학교 도서관 소장) 刊記.
  '咸豊 10年(1860) 天摩山 奉印寺 浮圖庵 藏板'에는 수선결사문修禪決社文이라
  고 개제改題했다.
⑤ 『禪門撮要』刊記. 상권은 '康熙 元年(1907) 7月 日. 慶尙北道 淸道郡 虎踞 山
  雲門寺 開刊 移鎭于南道 東萊府 金井山 梵魚寺 移板. 戒明啓文'이라 하고, 하
  권은 '康熙 2年 7月 日 慶尙南道 東萊府 金井山 梵魚寺 開刊'이라 하였다. 결사
  문은 하권에 수록되었다. 그 뒤에 『선문촬요』는 여러 가지 판본이 간행되었다.
⑥ 『大正新修大藏經』續編 3,052部에 수록되었다.
⑦ 『普照法語』合綴, 漢岩禪師編 懸吐, 李種郁 刊 活字本(1942)
⑧ 『普照法語』國譯本, 李種郁 師 國譯 活字本(1945)
⑨ 『普照法語』國漢譯本, 呑虛和尙 國譯(회상사, 1968)

⑩ 譯註講義『普照法語』, 심재열 편(보성문화사, 1979)
⑪『韓國佛敎全書』 4책, 4×6 배판 양장, 동국대학교 불교전서간행회본.
여러 판본을 대조하여 교감함.

2) 『수심결』

『수심결』은 5,551자의 단편으로써 국사의 본비本碑와 기타 문헌에도 국
사 작作이라고 기록되어 있지 않고 고려 시대의 판본도 없다. 그러나『수
심결』은 일찍이 중국에 유전되어『대명삼장성교大明三藏聖敎(北藏)』의 곽
자郭字 권8에 수록되었는데, 그 장판藏板은 명나라 성조 영락 8년(1410)에
조판한 것이다. 그리고 경산장徑山藏(1522~1572) 곽자郭字와『대청삼장성
교大淸三藏聖敎』예자藝字에 수록되었다. 이것은 '수정修訂 중화대장회편
中華大藏會編 31종種 장경목록대조표藏經目錄對照表'에 의한 것이고, 그 장
藏은 우리 나라에 보존되어 있지 않으므로 간기 등은 고찰할 수 없다. 그
제호와 찬자는 『고려국보조선사수심결高麗國普照禪師修心訣』고려 지눌
찬이라고 하였다. 정혜쌍수·돈오점수를 주지로 한 것은『정혜결사문』과
같은 내용이므로 보조 저술이 확실하다.

국내 판본으로서 현재 최고의 것은『목우자수심결牧友子修心訣』1권,
"成化 3年 丁亥 刊經都監 奉敎彫刻"의 한문국간漢文國刊은 조선 세조 12년
(1466)의 간판刊板이다. 이것은 현재 국립도서관에 보존된 귀중본이다. 세
조는 이조 시대에 특히 호불好佛의 왕으로 간경도감을 두어 불경을 번역,
또는 인출할 때 간행한 것으로 북장北藏보다 57년 뒤이다.

다음은『목우자수심결』1권(고려대학교 도서관 소장) 간기에 "成化 十九年
癸卯 四月 日 固城地 碧雲寺 開版"이라고 한바, 성화 19년은 성종 14년(1484)
으로서 간경도감판보다 17년 뒤이다.『선종유심결禪宗唯心訣』을 합철했다.

다음은『목우자수심결』비현합丕顯閣 결訣 혜각존자慧覺尊者 역譯이라

하고, 간기에 "弘治 十三年 庚申 仲冬 慶尙道 陜川上 伽倻山 鳳樓寺 開板"이라 하고 "宣德 灯谷 今 法聰 守眉" 등 20여 명의 열명列名이 있다. 여기에 원문을 한글로 현토하여 쌍행雙行으로 국역하였다. 그것을 경북대학교에서 국어국문학 연구 자료로 복사 · 반포했다. 또 「환산정응선사시중몽산법어皖山正凝禪師示衆蒙山法語」, 「고담화상법어古潭和尙法語」, 「동산장주송자행각법어東山藏主送子行脚法語」가 부록되었다.

중국 석판본『고려국보조선사수심결』은『진심직설』과『계초심학인문』을 합편한 것이다.(10행 20자, 28.9×18.7 14丁. 국립도서관 소장) 권미협주卷尾夾註에 "禹航居 嚴調御 嚴武順 嚴勅施 刻此卷 釋淨裰對徐並書 鄒友刻 萬曆 壬寅 六月 徑山 寂照庵 刊"이라 한바, 만력萬曆 임인壬寅 명나라 신종 30년(1602)은 북장본보다 200년 뒤이다. 합편한『진심직설』의 중간서重刊序에 성화 기축(1469)은 만력 임인보다 133년 전이다. 또『계초심학인문』의 발문에는 '正統 十二年 歲在 丁卯 臘月 八日 大天界 蒙堂比丘'라고 한바, 정통正統 12년(明, 英宗 12년 11. 1447)은 성화 기축보다 13년 전이다. 이렇게 볼 때『수심결』,『진심직설』,『계초심학인문』은 본디 별행본이었는데, 만력 임인에 합본한 것이라고 하겠다.

『고려국보조선사수심결』권1 돈敎은『대명석교휘목大明釋敎彙目』권41에 수록되었다. 그것은 만력 연간(1572~1641)에 온공선사蘊空禪師가 남장南藏 · 북장北藏에 의하여 문류門類를 나누어 요의를 제시한 것이다. 또, 명나라 지욱법사智旭法師가 편술한『열장지진閱藏知津』권42에는 '高麗國普照禪師 修心訣 一卷 敦'에 대하여 "直指心性 本來同佛 旣悟心己 或習輕則 用自性定慧門 或習重則 用隨相對治門 皆與先修 後悟者不同"이라고 그 요지를 표시했다. 본서는 명나라 영명왕 영력 8년(1654)에 편찬한 것이다.

국내에서는 가경嘉慶 기미己未(淸, 仁宗 4년, 1799) 간본刊本이 있는데, 그것은 수관거사水觀居士 이충익李忠翊(1744~1816)이 청에 사신으로 갔다가 보조 저著『수심결』·『진심직설』·『계초심학인문』 합본을 가져다 송광사에서 개간開刊한 것이다. 그리고 대일본속장大日本續藏 등자騰字(1880), 빈가장頻伽藏 등자騰字(1910~1912) 만자속장卍字續藏 갑·을편 18장套 5책冊 18(1902~1905) 등에 수록되어 있다.

그 간행 연대순으로는

① 北藏 敦字 권8,『高麗國普照禪師修心訣』 1권(1410~1440)
② 刊經都監 奉教版『牧牛子修心訣』 成化 2년(세조 12년, 1466)
③ 碧雲寺板,『牧牛子修心訣』 成化 19년(성종 14년, 1489)
④ 鳳樓寺板,『牧牛子修心訣』 弘治 13년(연산군 6년, 1500)
⑤ 徑山藏 敦字『修心訣』, 高麗 知訥 撰(1522~1572년간)
⑥ 明, 寂照庵刊『高麗國普照禪師修心訣』 1권, 萬曆 壬寅(선조 35년 1602)
⑦『閱藏知津』 42권중『高麗國普照禪師修心訣』 1권, 明, 永明王 8년(孝宗 5년, 1654)
⑧ 明, 千佛寺刊,『牧牛子修心訣』·『眞心直說』·『寶藏錄』 合綴, 康熙 己未(肅宗 5년, 1679)
⑨ 龍藏 藝字,『高麗國普照禪師修心訣』(1728)
⑩ 松廣寺板,『眞心直說』·『誡初心學人文』 合本, 嘉慶 己未(正祖 23년, 1799)
⑪ 縮藏經 騰字(1880)
⑫ 甘露寺編,『法海寶筏』 合編,『修心訣』,『高麗普照說』, 光緒 癸未(1883)
⑬ 卍字續藏(1902)
⑭ 頻伽藏 騰字(1910~1912)
⑮ 梵魚寺刊,『禪門撮要』 合綴,『修心訣』
⑯ 月精寺刊,『普照法語』 중『修心訣』 合本(1937)
⑰ 呑虛 國漢譯本,『普照法語』 중『修心訣』(1968)
⑱ 譯註講義『普照法語』, 심재열 편(보성문화사, 1979)
⑲『韓國佛敎全書』 4책, 동국대학교 한국불교전서간행회 편(1984)

또 일본에서의『목우자수심결』은 '普照禪師 慧覺尊者 述'이라 하여 원문 뒤에 일역日譯한 4×6배판 원문 20쪽 및 역문譯文 30면의 일서가 있다.

昭和 九年 九月 一日 發行
編輯 兼 發行人: 松島通雄
發行所: 東京 世田谷口 上馬町 洗心書房

이라고 하고, 서문에

諸佛言宣 列祖葛藤 且道 爲甚麽 欲會証是道心也. 玆有慧覺者所述 修心訣者 先哲
尋牛 捷徑而後覺修心要路也. 吁 五千有余 卷篆文 一千七百則 公案 緣頓 十有余者
乎(此句文義 未詳). 且 今世學道 循行數墨 逐句隨文 徒涉數千卷書 終勞而無功 所
以古之學者爲己 今之學者爲人也. 若又除爲人之名開 取治己之實利 其除云有他乎
淺香山下沙門 少頓序于 洛陽僑居.

제호와 서문에 혜각존자의 찬술이라고 한바, 세조 때의 『목우자수심결』
'刁顯閣 訣 慧覺尊者 譯'의 혜각慧覺을 그 저자로 착인錯認한 것이다. 보조
와 혜각을 동일인으로 간주한 것이다.

여러 판본이 '煉·鍊', '惠·慧', '知·如', '充·克' 등의 이서異書가 있
으나, 그 문장에는 큰 변화가 없다. 그리고 그 찬술 연대에 있어서 국사가
41세 때에 지리산 상무주암上無住庵에서 비로소 송나라 대혜종고의 어록
을 열람한 것인데, 그 글 중 '杲禪師云'이라 한 것으로 보아 41세 후의 찬撰
이라고 추정된다.

3) 『진심직설』

『진심직설』은 7,128자의 일편一篇으로서 이 글도 고려판본은 없고 『수
심결』과 함께 중국에 유전하여 북장 곽자권과 경산장 곽자, 용장 예자에
수록되어 있다.

이것을 국내에서 처음 간행한 것은 『수심결』 항에서 소개한 바와 같이
가경嘉慶 기미己未(1799) 송광사에서 수관거사가 청에 사신으로 갔다가 가

져온『수심결』,『진심직설』,『계초심학인문』을 합본(동국대학교 도서관 소장)하여 발간한 것이다.

수관거사 이충익의 발문에

普照國師 爲曹溪山 修禪社 開山初祖 弘闡法寶 雨于震朝 其所詮著. 悉而流通 而修心訣 眞心直說 二書 **自燕都藏中 爲余所獲** 而叢林無傳 爲鶴岩奇師 乃於法華彫板之次 請以刊之本社 玆豈非時有晦顯而然歟 卷末有淸學士明珠 印造大藏事 記在康熙己未…… 今日二書之 復行於東國也. 明珠學士 亦當爲功德 無疑焉. 時 嘉慶 己未七月 日 水觀居士 李忠翊 識.

이 발문에 의하면, 이충익은 원에 사신으로 갔다가 돌아올 적에『진심직설』과『수심결』두 책을 가져왔는데,『수심결』은 성화 2년 곧 세조 12년(1466)에 혜각존자의 역본이 간행되었으나『진심직설』은 이 때 처음으로 간행되었다. 그 원본은 청의 학사 명주가 발원하고 장경을 조판할 때 이것도 조판한 것이다.

필자가 국립도서관에서 고서를 검열할 때『고려국보조선사수심결』의 중국판(석판본)이 있었는데, 만력 임인 적조암간이다. 이 본의 편말에

奉佛弟子 太學士 明珠室覺羅氏 謹發誠心 印造大藏經於千佛寺…… 康熙 十八年己未 臘月.

이것은 만력 임인 적조암간을 학사 명주가 천불사에서 중간重刊한 것이다. 그런데 그 책에 '水觀室庄'이라는 주인朱印이 있으니 바로 수관거사가 북경에서 가져온 것이다. 또 도서인圖書印에는 "昭和 十九年 九月 十五日 朝鮮總督府 圖書館 登錄番號 22326號"라는 도인圖印이 찍혀 있었다. 수관거사의 소장본이 왜정 때 총독부 도서관으로 이장移藏되었다가 현재의 국립도서관에 소장된 진귀한 고서이다. 그 발문 끝 공지면空紙面에 모필毛筆

로 기록하고, 그 끝에 모필로 쌍행협서双行夾書하기를

此跋 不入遺稿 道光 己酉冬 外孫 朴初壽 爲關東差官 偶於三陟道中 逢舊知識之遊
僧寺者 借來印本(眞心直說) 始知松廣刊板事.

라고 하였다. 이것이 확실히 수관거사가 가져온 원본임을 인정하게 된다.
이 판본은 당지唐紙로서 일면 10행 20자『수심결』14장,『진심직설』32장,
『계초심학인문』2장 반이며, 그밖에「환산정응선사시몽산법어皖山正凝禪
師示蒙山法語」,「동산숭장도자행각법어東山崇藏道子行脚法語」,「몽산화상
시중어蒙山和尙示衆語」등이 부록되었다.

『수심결』은 돈팔敎八,『진심직설』은 돈십敎十이라고 기록되었다. 이 본
의 중각重刻『진심직설』서序에 '成化 己丑 五月 端陽日 後學 文定 序'라
하였고,『계초심학인문』의 발문에 '正統 十二年 歲在丁卯 臘月 八日 大天界
蒙堂比丘'라고 하였다.

성화 기축(1469)은 북장(1410~1440) 각경刻經 후 30년이며, 북장 돈자의
복각覆刻이다. 정통 12년(1447) 몽당발蒙堂跋의『계초심학인문』은 성화 기
축보다 23년 전이다. 모두 다 북장에 장藏된 뒤이다. 성화 기축 간刊『진심
직설』과 정통 정묘의 초심문初心文을 만력 임인~병오(1602~1606)에 합본
하여 간행한 것을 강희 기미(1679)에 학사 명주의 아내인 각라씨覺羅氏가
발원하여 중간한 것이다. 이것은『대명석교휘목의문大明釋敎彙目義門』권
41과『열장지진』권42권에도 수록되어 있다.

『열장지진』에는

『眞心直說』1卷. 元. 曹溪山 老衲 知訥述 凡十五章明 正信 異名 妙体 妙用 乃至 所
往 以釋疑問. 後 附 誡初心學人文…… 蒙山示衆 蒙堂 跋.

라고 한바 북장에 초심문·정응·숭장주·몽산법어 등이 부록되었던 것이다. 또『수심결』과 같이 축장縮藏 등자騰字·빈가장頻伽藏 등자騰字·만장卍藏 속갑續甲 18 등에 수록되었다. 또 국내에서 간행한『법해보벌』와『선문촬요』에 합편되었고,『보조법어』에 수록되었다.

본서가 본국에서 간행되기 전에 중국에서 간행된 이유는 고려에서 보조 입적 후 5·6년에 거란·몽고의 침략이 계속되었기 때문이다. 더욱이 당시는 무신집권 시대로서 그와 같은 문화 사업이 진행될 수 없었는데, 다행히 그 저서가 원에 유입되어 유전하여 온 것이 북장에 편입되었던 것이다. 그것을 간행 연대순으로 살펴본다.

① 北藏 敦字卷,『高麗國普照禪師眞心直說』(1410~1440)
② 蒙堂跋, 單行本, 正統 12년(1447)
③ 重刊『眞心直說』, 成化 己丑(1469)
④ 徑山藏, 高麗國 普照禪師 知訥 撰(1522~1572)
⑤ 明, 寂照庵刊. 高麗國 普照禪師 知訥 撰, 萬曆 壬寅(1602)
⑥ 明, 千佛寺板,『修心訣』僧肇의『寶藏錄』合本, 康熙 18년 己未(1677)
⑦ 宋廣寺刊, 嘉慶 己未(1679)
⑧ 縮藏經 騰字(1880)
⑨ 甘露社編,『法海寶筏』合編, 光編 癸未(1883)
⑩ 卍字 續藏(1902)
⑪ 頻伽藏 騰字(1910~1912)
⑫ 梵魚寺刊,『禪門撮要』合編, 康熙 2년(1908)
⑬『大正新修大藏徑』48권(1928)
⑭ 月精寺刊,『普照法語』合編, 漢岩禪師 懸吐, 李種郁 刊行(1933)
⑮ 呑虛 國漢譯本(회상사, 1973)
⑯ 譯註講義『普照法語』, 심재열 편(보성문화사, 1979)

그 주석서로서 대만 임추오林秋梧 거사의 백화白話 주해가 있고(1933년

刊) 일본 公田連太郎의 교주본校註本이 간행(1936 刊)되어 있다. 이와 같이 외국에서도 이 글을 원용하고 있다.

4) 『법집별행록절요병입사기』

국사의 만년작으로서 그 서설 벽두에 '牧牛子曰'이라 하였고, 종미에도 '牧牛子曰'이라 하였다. 또 종미에는 '大安 元年 己巳 夏月 海東 曹溪山 牧牛子 知訥 私記'라고 서명하였다. 이것은 총 23,140자(200자 원고 116매분)의 장편이니 국사의 찬술 중 가장 많은 분량이다.

이 일서는 국사가 당나라 규봉종밀(780~841)의 『법집별행록法集別行錄』을 절요하고 그것에 필요한 의견의 사기私記를 한 것이다. 그런데 『법집별행록』은 현재 전하지 않는다. 먼저 『법집별행록』의 제호에 대하여 회암정혜晦庵定慧(1685~1741) 저著 『법집별행록사기해法集別行錄私記解』에는

法集者 例如 禪源集 後則 直纂諸家所述句偈. 故通擧 能所詮曰 『禪源諸詮集』. 今但集四家所示之法 故只擧所詮曰 '法集' 也. 故錄文曰 北宗意. 洪州意者云云 法集別行者 通集諸宗之法 而別行荷澤之法 故云 卞明深淺得失也.

라고 하여 『선원제전집』이 선문 제가의 구게句偈를 찬술한 데 대하여 말하기를, 이것은 북종 · 홍주 · 우두 · 하택 4종의 종지를 촬요하고 특히 하택의 법을 별행했기 때문에 『법집별행록』이라 했다는 것이다.

연담유일蓮潭有一(1720~1799)은 『법집별행록절요과목병입사기法集別行錄節要科目並入私記』에서

法集別行者 四宗之法集之而 荷澤宗 別行于世也. 又 法者 不變 隨緣之法也. 別行同前 盖洪州 神秀 但隨緣 牛頭 但不變 唯荷澤 具不變隨緣之法 故法行於世也. 牧牛子 節其繁而取其要 又爲私記而釋之也.

라고 하여 불변不變·수연隨緣의 법을 '법집의 법'이라고 해석한 것은 '법집의 법'의 본의가 아니라고 본다.

근년 한국 불교계의 대학장이었던 석전한영石顚漢永(1870~1958)과 진응화상震應和尙(1868~1942)은, 종밀이 일찍이 『선원제전집』 100권을 편집하고 그것에 대한 도서都序를 찬하여 선교 제종을 총판總判하고 이에 따른 북종·우두·홍주·하택 4종의 법을 모아 따로 세상에 행하므로 『법집별행록』이라 하였다고 한다. 일본의 宇井伯壽는 종밀의 『중화전심지선문사자승습도中華傳心地禪門師資承襲圖』의 원문을 절요하고 사왈私曰하여 주를 더한 다음 뒤에 '목우자왈' 하고 장문의 논을 더하여 그 발출 부분의 3배에 미쳤다. 그것은 보조국사가 종밀의 『사자승습도』의 어떤 부분을 발출하여 『법집별행록』이라 하고, 또 사기私記했다고 하였으나 실은 그런 것이 아니다. 요는 석전石顚, 진응강백震應講伯의 설과 같이 『선원제전집』 100권은 여러 선사의 구계를 총집하여 일대선장一大禪藏을 만들고, 여기에서는 따로 4가家의 선지禪旨를 집약하여 별행한 것이라고 보는 것이 타당하다.

종밀은 여기에서 북종·우두·홍주(마조)·하택 등 4종의 선지를 비판하고, 하택의 종지인 범인凡人의 심성에 번뇌가 본공本空하고 진경塵境이 본적本寂한데, 그 공적空寂한 마음에 영지靈知가 불매不昧한 심성 자체를 돈오하고 그것에 무념수無念修를 실수實修하여 공행功行을 원성圓成하는 돈오점수를 천명하였다. 국사는 그 이론을 취한 다음,

> 학자는 불조佛祖의 여실언교如實言敎에 의해 진정한 지견知見을 결택決擇하여 관행觀行의 귀감龜鑑을 삼고, 뒤에 그 교의敎義를 방하放下하고 다만 자심自心의 현전일념現前一念을 가지고 선지禪旨를 참상參詳하면 출신활로出身活路(安心立命處)가 있으리라.

하였고, 또

만일 의리義理, 지해知解의 병에 걸리게 되면 본분종사本分宗師의 경절문徑截
門 어구로써 지견知見의 병病을 소제하고 출신활로를 지시한다.

하여 말후末後에 송 대혜의 간화선법으로 리로理路(思惟)·어로語路(理論)
가 끊긴 참화방편參話方便을 제시하였다. 이것이 이 책의 대의大義이다.
판본은 다음과 같다.

① 松廣寺板, 보조의 제자 혜심 등이 개간한 것. 成化 丙午 再刊誌에 의함.
② 松廣寺板, 四周單邊, 9行 20字(국립도서관 소장), 成化 22年 丙午(成宗 17년,
   1486). "竊聞 達磨來梁 顯彰禪法 曹溪以後 宗習相乘 講者 偏彰漸義 禪者 偏彰
   頓義 禪講相嫌. 故我國 普照國師 欲解他縛 以如來三種教義 印禪宗三種法門
   集目別行 以胎後學 其弟子 慧諶 正宜 等 募工影板 自是以來 歲久字刓. 學者 病
   焉. 大傑, 幸得人身獲聞法要 願以此法 欲廣將來…… 故酒重鏤於諸梓上……
   成化22年 丙午 孟夏 月 日 大傑 謹誌." 이것이 2판인지 3판인지는 미상이다.
   국사의 직제자 혜심이 간행한 것이 '歲六字刓'이라고 하였다.
③ 神光寺板, 四周單邊, 9行 20字(국립도서관 소장) 刊記. '隆慶 四年 庚午(조선 선
   조 3년, 1570) 황해도 해주 神光寺刊.'
④ 月精寺板, 刊記 '萬曆 六年(선조 11년, 1578) 江原道 五臺山 月精寺 開刊.'
⑤ 神興寺板, 四周單邊, 9行 20字(국립도서관 소장) '萬曆 己卯(선조 12년, 1579) 惟政 校.'
⑥ 雲門寺板, 四周單邊, 9行 20字(국립도서관 소장), 刊記 '萬曆 十六年 戊子(선조
   21년, 1588) 七月 慶尙道 淸道地 雲門寺 開板.'
⑦ 能仁庵刊, 四周單邊, 9行 19字(국립도서관 소장), 覺性(碧巖) 校, 大禪師 善修(浮
   休) 道潛 등 10여 명 記名. 刊記, '萬曆 二十二年 甲辰(선조 37년, 1604) 春 智異
   山 能仁庵 開刊 鎭雙溪寺.'
⑧ 松廣寺板, 四周單邊, 9行 20字 75丁(동국대학교 도서관 소장), 간기 '大明萬曆 三
   十六年 戊申(선조 41년, 1608) 九月 日. 順天府 曹溪山 松廣寺 重刊 刊主 湛玄.'
⑨ 龍服寺板, 四周單邊, 9行 19字(동국대학교 도서관 소장), 刊記 '崇禎 元年 戊辰
   (仁祖 6년, 1628) 朔寧 龍腹寺 開刊.'
⑩ 釋王寺板(동국대학교 도서관 소장), 刊記 '崇禎 6年 癸酉(인조 11년, 1633) 五月
   日. 咸鏡道 安邊地 雪峰山 釋王寺 開板.'

⑪ 龍藏寺板, 刊記 '崇禎 八年 乙亥(인조 13년, 1635) 四月 日. 全羅道 泰仁地 雲住山 龍藏寺 開板. 刊主 逍遙太能. 化主 戒學 松廣寺 覆刻刊.'

⑫ 普賢寺板, 刊記 '順治 四年(인조 25년, 1647) 七月 慶尙道 靑松地 普賢寺 開刊 刊主 性文, 松廣寺 覆刻刊.'

⑬ 普賢寺板, 刊記 '康熙 十九年 庚申(숙종 6년, 1680) 五月 日. 妙香山 普賢寺 開刊.'

⑭ 雲興寺板, 刊記 '康熙 二十年 辛酉(숙종 7년, 1681) 五月 日. 慶尙道 蔚山 圓寂山 雲興寺 開刊.'(판본은 현재 通度寺)

⑮ 澄光寺板, 刊記 '康熙 二十五年 丙寅(숙종 12년, 1686) 四月 日. 全羅道 安樂 金華山 澄光寺 開刊.'

⑯ 鳳岩寺板, 刊記 '康熙 四十年 癸巳(숙종 27년, 1701) 慶尙道 聞慶地 曦陽山 鳳岩寺 開刊, 霜峰淨源分科 禮曹判書 西江跋 霜峰淨源跋.'

⑰ 卍商會板, 10行 20字 141夏. 刊記 '檀紀 4290년(1957) 一月 安震湖編.'

⑱ 寶蓮閣板, 刊記 1968년 12월 種路 寶蓮閣, 安震浩 編, 影印.

⑲ 『大正新修大藏徑』 續編 3,026部에 수록됨.

⑳ 譯註講義 『普照法語』, 심재열 편(보성문화사, 1979), 合編.

㉑ 『韓國佛敎全書』 4책, 동국대학교 한국불교전서간행회 간(1984)

또 그 주석서로는 상봉정원霜峰淨源(1672~1709)의 『절요병입사기분과節要倂入私記分科』, 회암정혜晦庵定慧(1685~1741)의 『법집별행록절요사기해』(일명 『별행록사기화족別行錄私記畫足』), 그리고 연담유일蓮潭有一(1720~1799)의 『법집별행록사기과목병입사기』 등이 있다.

5) 『화엄론절요』

이것은 당나라 이통현 거사의 『화엄신론』 40권을 절요하여 3권으로 만든 것이다. 그 서문에 "海東 曹溪山 沙門 知訥序'라 하고 권1 처음에 "論主都序 海東 曹溪山 沙門 知訥錄"이라 하였으며, 권2에서는 첫 장이 결락되었다. 권3 첫 장에는 "長者 通玄述 海東 曹溪山 沙門 知訥錄"이라 하였고, 중간 및 권말에 '牧牛子曰'이라 하고 주설註說하였으며, 간기에는 "海東 曹溪

山 修禪社 道人 沖湛 幕工彫刻 印施無窮者. 同社道人 慧湛(諶의 誤가 아닌지?)
書 施主 社內 道靈"이라고 하였으니, 보조국사가 희종 3년 정월에 간행하
기 위하여 서문을 쓴 것이라고 하겠다.

국사가 『화엄론』을 절요하게 된 것은 25세 때 하가산 보문사에서 대장경
을 열람하다가 이통현 거사의 『화엄론』을 읽고 신심을 중발重發하여 원돈관
문에 잠심潛心해서 말학을 지도하려는 의도에서였다. 그런 인연에서 『화엄
론』을 절요하고 또 『원돈성불론』을 지어서 원돈관행문을 세웠던 것이다.

필자는 처음에 국사가 『화엄론』을 절요했다는 것은 듣지도 못했고, 문
헌에 기록된 것도 없었다. 그러다 46년 전(1941) 일본 대정대학大正大學에
재학중일 때 필자는 일본 최고의 도서관인 금택문고金澤文庫가 있다는 말
을 듣고 그 곳에 한국의 불교 문헌도 있지 않을까 하여 도서 목록을 열람
하다가 『고려지눌록 화엄론절요』 3권을 발견하게 되었다. 그 원본을 찾아
보니 그것은 편철본編綴本이 아니고 두터운 저지楮紙 1매枚를 반절半截하
여 표리表裡 4면에다 글을 써서 1매 4면씩 된 것인데, 그것을 엮어서 3권을
만든 것이 아니라 각지各紙가 별별하므로 3권이 서로 혼동되었다.(그 장수
는 기록되어 있음) 그래서 『화엄신론』 원문을 대조하여 3일간 그 순서를 정
리한바, 권1에 12·36의 2매, 권2에 1·2·7·13의 4매, 권3 중 37의 1매가
낙장되어 있었다.

그것을 정리하여 보니 권말에,

永仁 三年 十二月 五日 再見了 佛家貧人 圓種.

이라 하였고 3권말에,

永仁 三年 十月 十八日 終當 卷 點畢 佛子 圓種 反點了.

라고 주서朱書했다. 영인永仁은 일본 伏見皇 연호로서 그 3년은 서기 1297년이니 국사가 이 절요의 간행서를 쓴 희종 3년(1207)으로부터 약 1세기 뒤이다. 그 절요는 그보다 몇 해 전에 일본에 전한 것으로 보겠다. 1권은 합 156면, 2권은 144면, 3권은 158면으로서 이통현의『화엄론』40권의 요지를 발췌한 것이다. 이『화엄론절요』는 보조국사의 사상과 조계종학에 매우 중요한 문헌이다. 그 때에는 지금과 같은 전자 복사기가 없었으므로 이것을 필사하였고, 낙장된 부분은『대정신수대장경』에 수록된『화엄론』을 대조하여 보입補入하였는데, 그 분량이 낙장과 일치하지 않는 것도 있었다.

그리고 다시 1본本을 정서淨書하여 송광사에 보냈다. 그것을 다시 경성제대 佐藤泰舜 교수와 동국대 조명기 박사가 전사轉寫하였다. 그리고「『고려보조국사록 화엄론절요』의 발견」이라는 글을『불교』지 신39호(1942, 4월호)에 발표했다. 또 동경 유학생 김지견 학우가 금택문고를 찾아가『화엄론절요』를 입수하여 그 뒤 1968년 4월 복사판으로 널리 배포하므로 학계에 공헌한 바가 크다. 3년 전 동국대학교 한국불교전서간행회에서는『한국불교전서』4책에 수록하였다.

7)『원돈성불론』

『원돈성불론』과『간화결의론』은 국사가 입적한 뒤 제자 혜심이 국사의 협상篋箱 중에서 발견했다고 한바, 그 제1회 간행의 발문에,

噫 近古以來 佛法衰廢之甚 或宗禪而斥教 或宗教而毀禪 不知禪是佛心 教是佛語 教爲禪網 禪爲教網 遂乃禪教兩家 永作怨讐之見…… 所以 先師哀之 乃著圓頓成佛論 看話決疑論 遺著 在篋箱中 延乃得之…… 洪州居士 李克材 施財刊板 印施無窮 時, 貞祐 三年(1215) 五月日 無衣子 慧諶 跋.

이라고 하였다. 이 원고는 국사의 입적 후 그 유고를 발견·간행하였다고

하였다. 국사는 이통현의 『화엄신론』을 절요하여 강본講本을 만들고, 또 이 논을 지어서 원돈관행문의 지침을 삼은 것이다. 이 논문이 국사의 입적 후에 발견된 것이라 하여 국사의 저술이 아니라고 의심하는 사람이 있으나 그것은 부질없는 억측이다. 국사가 일찍이 『화엄경』과 이통현의 원돈교지에 잠심하여 말학을 지도하려 했다는 것은 그 본비本碑에 명기되어 있으니, 『화엄론』을 절요하고 그 요지를 집약하여 관행의 지침을 삼은 것이다. 벽두에 '或問', '牧牛子曰'이라는 문답식으로 서술해 나가며 초발심주初發心住에서 범부일상凡夫日常의 무명분별심無明分別心이 곧 제불諸佛의 부동지不動智임을 돈오하고, 십신초위十信初位에 들어가서 임운任運히 만행萬行을 놓지 않고 바로 성불위成佛位에 이르는 주지를 정립한 것이다. 이 논이 국사의 자찬自撰임은 추호도 의심할 바가 없다.

그 판본에 있어서,

① 松廣寺板, 貞祐 3年(1215), 혜심이 논고를 발견하여 간행한 것이나 지금은 전하지 않음.

② 能仁庵板, '萬曆 三十二年 甲辰(1604) 秋 能仁庵 刊 移鎭于雙溪寺.'(『看話決疑論』과 『無衣子揀病論』 合本 36張) 이 판본에 정우貞祐 3년 혜심의 발문과 태사太師 최항崔沆의 후지後誌가 부록되었다. 곧 정우간貞祐刊의 복각覆刻이다.

③ 松廣寺板, '萬曆 三十六年(1608) 順天 松廣寺 刊.'(黑田書目)

④ 松和修曾板, '萬曆 四十四年 丙辰(1616) 季冬 黃海道 松和修曾(留板) 看病論.' (『無衣子揀病論』과 合本. 황해도 松和修曾 留板)

⑤ 판각처 미상. 간기 없음.(국립도서관)

⑥ 天冠寺板, '天啓二年(1627) 全羅道 長興 天冠寺 刊'(서울대학교 도서관 소장)

⑦ 圓寂庵板, 간기 없음.(연세대학교 도서관 소장)

⑧ 四周單邊 半郭 無界(국립도서관 소장)

⑨ 『大正新修大藏經』 續編 3,023部 수록.

⑩ 月精寺刊, 『普照法語』 合綴, 江原道 五臺山 月精寺 韓岩禪師 懸吐, 李種郁 刊行(1942).

⑪ 法寶院刊, 前記 『普照法語』를 呑虛法師 國漢譯(1963)

⑫ 譯註講義『普照法語』, 沈載烈 편(보성문화사, 1979)
⑬『韓國佛教全書』4책, 한국불교전서간행회 간(1984)

7) 『간화결의론』

앞의 『원돈성불론』과 같이 국사 입적 후 서협書篋에서 발견하여 제자 혜심이 간행한 것으로서 '或問', '牧牛子曰'의 형식으로 송의 임제종 대혜 종고(1088~1163) 선사가 제창한 간화선의 취지를 천명한 것이다. 국사가 40세 때에 지리산 상무주암上無住庵에서 대혜의 어록을 열람하다가 증오證悟한 바 있어서 그 뒤 조계산 수선사를 열고 『대혜어록』을 강설하고 이후 주로 간화방편看話方便으로 학도를 지도하였는데, 이 논이 바로 그 지침서로서 집필한 것이나 입적 후에 발견되었던 것이다.

그 초간은 정우 3년 간행할 때에 혜심이 쓴 발문과 같다. 이후에 간행된 만력 32년의 능인암 간본과 만력 36년의 송광사 간본 등 기타 판본은 대개 『원돈성불론』과 합본된 것이다. 『대정신수대장경』 속편 3,204부에 수록되었다.

월정사간 『보조법어』 및 『선문촬요』 합철, 탄허 국한문역, 심재열 국역 본도 위와 같다.

8) 『계초심학인문』

『계초심학인문』은 908자의 단편으로서 서기署記에 "泰和 乙丑 冬日 月海東 曹溪山 老衲 知訥 誌"라고 되어 있다. 태화泰和 을축乙丑은 금나라 장종章宗 5년(고려 희종 원년, 1205)으로 국사의 48세 때이며 조계산 수선사의 시대이니, 이 책은 표제와 같이 초심행자初心行者의 심득서心得書이며 승당僧堂 생활의 청규이기도 하다. 그 판본은 일찍이 중국에 유전되어 『진심직설』과 같이 합철된 상태로 북장 곽자, 경산장 곽자, 용장 예자, 빈가경 등자에 수록되었다.

고려 시대의 판본은 만력 임인(만력 30년, 1602) 명의 경산 적조암간의 『수심결』, 『진심직설』과 합본된 것이 있는데, 발문에 "正統 十二年 歲在 丁卯 臘月 八日 大天界 蒙堂比丘"라고 한바 그 내용은 『진심직설』에 대한 것으로서 그 전부터 『진심직설』과 합본되었던 것이다. 정통 12년(명, 영종 12년, 1447)의 간본을 만력 임인에 중간한 것이다.

국내 판본으로는 먼저 융경隆慶 4년 경오庚午(선조 3년, 1570)의 전라도 강진 무위사간無爲寺刊이 있는데, 원효 찬의 『발심수행장發心修行章』과 야운비구野雲比丘가 찬한 『자경문自警文』과 아울러 『환산정응선사시몽산법어皖山正凝禪師示蒙山法語』, 『몽산화상시중蒙山和尙示衆』 등이 부록되었고, 다음 만력 7년(선조 12년, 1579) 신흥사간에는 발심문, 자경문만 합본되었다. 만력 22년(선조 27년, 1594) 갑오 9월 월정사간은 무위사간을 중간한 것인데, 몽산법어 다음에 「무자십절목無字十節目」을 가입하였다. 다음 광해 4년(1612) 송광사간과 송광사간 언해본 6판목板木이 있으나 간기는 없다. 또 숭정 8년 을해(1635) 4월 전라도 태인泰仁의 운주산 용장사 개간에는 『정혜결사문』, 『선가귀감』, 『고봉선요高峰禪要』를 합본하였다. 또 이종욱 스님의 국역본(1945) 운허화상耘虛和尙의 국역본(1968), 심재열 거사의 국역강의본이 있다(1976). 기타 축장 등자, 만장 속갑 15가 있다. 『대정신수대장경』 권48, 2,019부에 수록되어 있다.

9) 『염불요문』

일명 『염불인유경』이라고 하는데 1,352자의 단편이다. 이것은 송광사 임기산林綺山 사師의 소장본이 있으며, 국사의 전기에는 기록되어 있지 않다. 일본 小野玄妙의 소장본이 있는데, 『염불요문』이라 제호하고 1) 염불인유경

2) 수삼밀증염불삼매문修三密證念佛三昧門 3) 구생행문요출求生行門要出
의 3부로 되어 있는데, 「염불인유경」의 제하에만 '보조선사설普照禪師說'
이라 하고 다른 데에는 찬호撰號가 없는바, 요要는『염불요문』의 제호를 받
아 후인이 '염불인유경'이라고 게재하고 '보조선사설'이라 한 것이고, 다른
2부는 보조설 이외의 것이 부록된 것이다. 그 제1부가 송광사 소장과 같다.

그 내용은 "말세둔근장중末世鈍根障重의 중예衆藝를 벗고자 하거든 먼
저 오정심관五停心觀을 닦아 오장五障을 여의고, 오탁五濁을 초월하여 구
연대九蓮臺에 오르고자 하면 모름지기 십종염불삼매문十種念佛三昧門을
수행하라"는 것이다. 여기에서 십종은 계신戒身 · 계구戒口 · 계의戒意 ·
정억靜憶 · 동억動憶 · 어지語持 · 묵지默持 · 관상觀想 · 무심無心 · 진여眞
如의 염불이 그것이다. 그 지귀旨歸는 마침내 관상 · 무심 · 진여의 삼매三
昧를 성취하므로 무념無念의 념念, 무사無思의 지智로써 삼심돈공三心頓
空, 일성부동一性不動, 원각대지圓覺大智가 낭연독존朗然獨存한 진여삼매
眞如三昧에 들어가서 아미타阿彌陀의 당체에 명합冥合한다는 염불선지念
佛禪旨를 서술한 것이다.

다음 「수삼밀증염불삼매문」과 「구생행문요출」은 보조의 언교言敎가 아
닌 것을 알 수 있다. 그것은 십종염불삼매문과 그 취지가 크게 다르기 때문
이다. 그러므로 본서의 소장자인 小野玄妙는 그의 저서『불교의 미술과 역
사』에서 남은 이문二門은 보조의 찬이 아닌 듯하다고 증언했다. 이 문헌의
전승은 불명不明한데, 조선 순조 때의 경암응윤鏡岩應允(1743~1804)이 저
술한『경암집鏡岩集』속의 「벽송사답정토설碧松社答淨土說」에서

問曰 念佛門中 淨五念 通五障 淸五濁 戒身 · 口 · 意 · 動 · 靜 · 語 · 默 · 寤寐然後
入於無心 眞如三昧 程節煩鎖 未得捷徑頓入 幸甚垂示.

라고 한 것은『염불요문』의 내용을 말한 것이다. 이것은『삼문직지三門直

指』의 염불문을 가리킨 것으로 보겠다.

건륭 34년 기축(영조 45년, 1769)에 간행된 진허팔개震虛捌開 찬의 『삼문직지』에서는 염불문念佛門·원돈문圓頓門·경절문徑截門의 삼문을 세운 다음 염불문에 '『念佛因由徑』云'이라 하여 이 『염불요문』의 전문을 이재移載했다. 그 삼문에서 보조의 유문遺文을 그 지침으로 한 것은 그 전부터 『염불요문』이 보조의 찬으로 전해 온 때문이라 보겠다.

일본의 불교학자 忽滑谷快天의 『조선선교사朝鮮禪敎史』에도 「지눌의 선학의 독창」조條에 이 『염불요문』의 전문이 전재轉載되어 있다. 그 문장으로 보거나 그 내용으로 볼 때 이것이 그의 진찬임은 의심할 바 없다. 말세중생末世衆生의 둔근鈍根 다장자多障者를 위해 십종염불의 방편으로써 마침내 무심·진여삼매를 증득케 한 것은 당시의 말법염불末法念佛 사상을 선문으로 귀의시키려던 보조의 종지이다. 이것이 보조의 진찬이라는 데 대해서는 본인의 『고려보조국사의 연구』에서 매우 자세히 논증하였으니 참고하기 바란다. 그리고 근년 송광사 보정화상寶鼎和尙의 『염불인유경』 주해가 있었다.

10) 『육조단경발문』

국사는 25세 때에 승시僧試에 합격한 뒤 그것이 명리의 길이라 하여 버리고 창평昌平 청원사淸源寺로 남하하여 조계대사曹溪大師의 『단경壇經』을 읽는데, 진여자성眞如自性의 본바탕이 만상萬像에 물들지 않고 항상 자재自在하다는 어구에 이르러서 자성自性의 실상을 체득한 바 있어 『단경』을 스승으로 삼았다고 한다. 그러므로 국사와 『단경』과의 인연은 매우 깊은 것이다. 태화泰和 7년 국사가 찬한 「단경중각발문」에는 국사의 증득한 경지가 여실히 제시되어 있고 아울러 『단경』에 대한 국사의 관점을 잘 엿

볼 수 있다. 그 발발에,

泰和 7年 社內 道人 湛黙 持一卷文 到室中曰 近得法寶記壇經 將重刻之 以廣其傳 師其跋之. 予 欣然對曰 **此予平生宗承修學之龜鑑也.** 子其彫印流行 甚慨老病僧意. 然 此有一般疑焉. 南陽 忠國師 謂禪客曰 **我此間身心一如 心外無餘. 所以 全不生滅** 汝 南方 **身是無常 神性是常 所以平生半滅 半不生滅.** 又曰 吾比遊方 多見此類 近尤盛把 他壇經云. '**是南方宗旨 添糊鄙談 削除聖意 惑亂後徒.**' 至今 所得 非其添記 可免國師 所訶 然 細詳本文 亦有身生滅 心不生滅之義云云.

이라 하고 '海東 曹溪山 修禪社 沙門 知訥跋'이라 하였다. 이 발문에 『단경』 의 매우 중요한 문제가 제시되어 있어서 보조 사상을 탐구하는 데 매우 긴 요한 자료가 되기 때문에 여기에서 논급한다.

태화 7년은 금나라 장종(1207)대로서 국사의 50세 때이다. 그러나 이 판 본은 그 뒤에 고종 44년(1257) 조계 5세 회당晦堂 곧 자진원오慈眞圓悟 국 사의 『단경』 중간발重刊跋에,

法寶記壇經 是曹溪六祖說 見性成佛 決定無疑法……普照祖翁 依此經 而自除眼看 云云.

하였으니, 이것은 또한 보조발의 『법보기단경法寶記壇經』의 중간重刊이다. 다음 연우延祐 병진丙辰(元, 仁宗代, 1316) 간간刊의 판본에 보조의 발문이 부 록되었다. 그런데 국사 당시의 판본과 고종 때의 판본은 후세에 전하지 않 고 연우본이 후세에 전하여, 성화 15년(1479)의 백운산白雲山 병봉암간屛鳳 庵刊은 연우본의 중간으로서 보조발이 부록되었다.

만력 2년(1574) 지환당知幻堂 무주행사無住行思 간기에도 보조발이 부록 되었다. 그 대본臺本은 나운장로拏雲長老가 당본唐本 『법보단경』을 전수 한바 목우자의 발문이 있었다고 하였다. 다음 강희 42년(1703)에는 성화 15

년 병봉암간을 중간하였다. 그 뒤 광서 9년 계미(1883) 용명사미龍溟沙彌 봉루발鳳樓跋의 중간에도 보조 발문이 부록되었다.

이상을 다시 요약하면 다음과 같다.

① 泰和 7년(1207) 송광사간
② 高宗 44년(1257) 송광사간
③ 延祐 丙辰(1316) 송광사간(?)
④ 成化 15년(1479) 屛鳳庵刊
⑤ 萬曆 2년(1574) 간행지 미상
⑥ 康熙 42년(1703) 간행
⑦ 光緒 9년 癸未(1883) 간행

이상의 7본에는 보조 발문이 부록되었는데, 제6본까지는『법보기단경』이라 하여 송 계숭契崇 편의『법보기단경』이다. 그 뒤의 여러 간본은 대개 종보宗寶 개편본이다.

11) 『상당록』, 『법어가송』, 부『임종기』

보조의 본비本碑에 "평생의 저술에『결사문』·『상당록』·『법어가송』각 1권이 있어서 종지를 발휘하니 다 볼 만한 것이 있다"고 한바, 국사의 혜명慧命과 정법안장正法眼藏은 실로 이『상당록』·『법어가송』에 있던 것이다.

『구왕궁도서목록舊王宮圖書目錄』에『고려보조국사어록高麗普照國師語錄』1권이 기록되었으며,『동국문헌록東國文獻錄』에는『목우자상당록牧牛子上堂錄』1권이 올라 있다. 그리고『고선책보古鮮冊譜』에는『보조국사어록가송普照國師語錄歌頌』1권이,『동국예문지東國藝文誌』에는『상당록』1권이 기록되었으니, 그 문헌이 조선 시대에 전해온 것을 알 수 있다. 지금도 어디에 감추어져 있는 것으로 생각되나 발견되지 않는 것이 매우 안타깝다. 퇴계 이황의 「유소백산기遊小白山記」에는 『목우자시집』 1권이 있다 하였고, 『동국문헌록』에도 기록되어 있다. 어디에서인가 이 『상당록』과 『법어가송』이 볕을 보기를 기대한다. 그것이 바로 국사의 심장이요 전 살림살이이기 때문이다.

국사의 본비에 "국사가 임종시에 법상에 걸터앉아서 수문수답隨問隨答하는데, 언의가 자상하여 언변이 무애無碍하였다. 갖추어 『임종기』와 같다"고 하였다. 『임종기』에는 그 때의 수문수답한 법어가 다 수록되었을 것인데, 유실되었으니 매우 유감스럽다. 그것은 국사의 수기手記가 아니지만 국사의 생애를 총결산한 주요한 기록이었던 것이다.

4. 맺는 말

이상과 같이 보조 저술의 사상 개요와 그 서지학적 고찰을 살펴보았다. 그에 대해서는 일찍이 『고려 보조국사의 연구』에서 사상 연구의 자료로서 그 저술을 서지학적으로 고찰한바, 그것은 너무나 상세하기 때문에 여기에서는 그것을 요약하고 그 판본 및 주석서 등을 보입補入하였다. 그 구체적인 것은 앞의 책, 곧 일본 국서간행회에서 인출한 『한국불교의 연구: 고려 보조국사를 중심으로 하여』의 '제2장 사상의 연구, 1 자료에 대하여'(동서 603~707쪽)를 참조하기 바란다.

보조국사 비문의 이본과 탁본의 접근

허 홍 식

1. 머리말

보조국사 지눌知訥은 무신집권기의 전반기에 활동한 고승이다. 그는 조계종 사굴산문闍崛山門의 중흥조中興祖일 뿐 아니라, 그의 저술과 사상은 오늘날의 대한불교조계종에까지 깊은 영향을 주고 있다. 그는 원효·의천·나옹·휴정과 더불어 우리 나라 불교에 가장 뚜렷한 흔적을 남겼다.

지눌은 저술로는 원효보다 적고 편저로도 의천에 비교할 수 없으나, 선승으로는 두드러지게 많은 저술을 남겼다. 국내의 선승에 대한 비문을 제외하면 그보다 앞선 시기의 선승 저술이 거의 남아 있지 않으므로 더욱 중요하다. 또한 오늘날까지 비교적 많은 부분이 전래될 정도로 그의 사상은 원효나 의천보다도 철저하게 계승된 느낌을 준다. 그에 관한 연구는 다른 고승에 관한 성과를 능가하고 있다.

지눌이 중창重創한 수선사修禪社의 후신後身인 송광사松廣寺에서 그의 사상을 주제로 국제학술회의가 여러 차례 개최되었고, 결과가 정기적 학술

잡지로 간행되고 있다.[1] 우리 나라 출신의 사상가로서 그처럼 국제학술회의에서 취급된 인물은 적지 않으나, 정기적 학술지로 간행된 사례는 많지 않다. 고승으로는 그가 유일한 인물이고, 성리학자로는 퇴계退溪 이황李滉이 손꼽힐 정도이다. 그의 저술은 거의 전부가 국제어로 번역되었으며,[2] 이 또한 우리 나라의 인물로는 드문 사례이다. 이와 같이 토대를 갖춘 지눌에 대한 연구는 국외에서 수많은 학위 논문이 속출하고, 여러 각도에서 날이 갈수록 깊이와 폭이 확장되고 있다고 하겠다.

그에 대한 연구는 대체로 세 가지 경향으로 분류할 수 있다. 하나는 시대적 배경과 생애를 밝히려는 사실적이고도 종합적 접근이다.[3] 다음으로 그의 저술에 대한 서지상書誌上 접근을 기초로 저술의 기원과 독창성에 대한 사상의 탐구라고 할 수 있다.[4] 마지막으로 그가 차지하는 인맥 계승의 중요성을 언급한 지눌법통설知訥法統說이 있으나,[5] 일반화된 태고법통설太古法統說의 지지자들에 의하여 여러 차례 지탄을 받았다.[6] 태고의 계승

---

1) 지눌에 대한 관련 자료와 논문 저술을 종합적으로 1987년까지 수집하여 목록화한 다음 논문집의 부록은 유용한 안내서가 될 수 있다.
   보조사상연구원 편,『普照思想』1집(불일출판사, 1987), 165~171쪽. 이 잡지는 매년 1책씩 1991년까지 6집이 간행되었다.
2) Robert Buswell, *Korean Approach to Zen: The Collected Works of Chinul*(1158~1210), Honolulu: The University of Hawaii Press, 1983.
3) 단편적인 논문은 많으나 대표적 저술은 다음을 들 수 있다.
   이종익,『韓國佛教の研究: 高麗 普照國師を中心として』(國書刊行會, 1977).
4) 이러한 경향의 선행된 연구는 다음을 들 수 있다.
   이종익,『韓國佛教の研究: 高麗 普照國師を中心として』(國書刊行會, 1977), 80~84쪽.
   이기영,『韓國佛教研究』(한국불교연구원 출판부, 1982), 141~162쪽.
   임영숙,「知訥의 撰述禪書와 그 所依 經典에 대한 研究」,『書誌學研究』1(서지학연구, 1986), 151~167쪽.
   宗眞,「普照知訥의 禪思想에 대한 再照明」,『가산이지관스님화갑기념논총: 한국불교문화사상사』(가산불교문화진흥원, 1992).
5) 많은 논문이 있으나 두 가지만 들면 다음과 같다.
   이재열,「五教兩宗과 曹溪宗法統」,『佛教思想』1(불교사상사, 1973).
   이종익,『大韓佛教曹溪宗中興論』(보련각,. 1976).
6) 많은 논문이 있으나 가장 최근의 종합적 저술은 다음을 들 수 있다.
   성철,『韓國佛教의 法脈』(장경각, 1990).

자는 조선 초에 단절되었을 뿐 아니라 지눌과도 거리가 있다는 견해를 밝히면서, 한국 불교의 법통에서 지눌이 중흥시킨 사굴산문의 계승과 깊은 관련 있는 나옹을 주목할 필요성을 제시하였다.[7]

지눌의 생애와 시대적 배경은 그의 어록語錄이 남아 있지 않으므로 비문碑文이 가장 중요한 자료라는 견해에 반론이 없다. 실제로 지금까지 그에 관한 연구도 김군수가 쓴 비문을 토대로 삼았다. 그러나 비문이란 일정한 공간에 압축시킨 제약된 문장이므로 서술상 한계점이 없지 않다.

비문보다 앞서 최선崔詵이 남긴 수선사중창기修禪社重創記가 적지 않은 도움이 되지만 분량이 매우 적다. 그밖의 그의 저술은 거의 고스란히 전래한다. 이는 주로 그가 추앙했던 고승의 저술을 독학으로 계승하여 재구성한 사상적 의미는 크지만, 생애와 시대 배경을 이해하기 위한 직접 자료는 아니다. 또한 그의 문도와 계승자들이 남긴 기록은 사상의 계승과 전개를 밝히는 자료이지만, 역시 생애를 서술한 간접 자료에 불과하다.

이와 같이 지눌이 남긴 저술은 적지 않게 현존하고 있으나, 비문만이 생애와 관련된 가장 종합적 자료이다. 비석은 입적한 다음 멀지 않은 시기에 건립되었다. 그러나 원비原碑는 파손되고, 현존하는 비는 조선 후기에 중립되었다. 현존 비문에 실린 찬자撰者는 원비와 같으나, 이를 쓰고 새긴 인물은 원비와는 관계가 없다. 또한 현재 비음기는 원비의 그것과 같지 않을 뿐만 아니라 음기를 제외한 전면의 전문도 원비의 내용과 적지 않은 차이가 있다.

지눌의 비문은 비석에 새겼고, 여러 차례 활자화되었다. 최근에 이르기까지 헤아릴 수 없이 많을 정도로 여러 차례 간행되었으나, 어느 자료에도 원비의 비음기는 전하지 않을 뿐만 아니라 원비의 찬자와 글씨를 쓰고 새긴 담당자에 대해서도 일부를 생략하거나 전부를 생략한 예가 많다. 뿐만 아니라 원비의 전면 전문마저 충실하게 활자화되지 않았다.

---

7) 허홍식, 「14 · 15세기 曹溪宗의 繼承과 法統」, 『東方學志』 73(1991).

그의 비문은 사본寫本으로도 적지 않게 남아 있다. 오늘날 송광사에는 아주 오래된 필사본筆寫本이 있다. 이 사본에는 필자의 능력으로는 판독하기 어려운 네모난 인장이 군데군데 찍혀 있다. 사본으로는 가장 오래되었을 뿐 아니라 내용상 가장 원비의 형태에 가깝다고 짐작된다. 이밖에도 현존하는 몇 가지 이본異本을 가장 오래된 사본과 대조할 필요가 있다.

비문은 크게 비석본碑石本, 활자본活字本, 필사본의 세 갈래로 현존하고 있다. 이들 세 가지 부류의 비문은 부분적으로 적지 않은 차이가 있지만 반드시 같은 계통으로만 전승되지도 않았고, 어느 비문도 원비문이라고 단정하기는 어렵다. 다만 비문의 차이점을 찾아 상동관계相同關係를 밝히면서 계통系統을 추정하고, 가장 충실한 원비에 가까운 표준본標準本을 정립시키는 작업이 필요하다고 하겠다.

이 논문에서 비문의 전반적인 교감校勘을 시도하면서 해석에 있어서도 몇 가지 새로운 문제점을 제시하고자 한다. 지금까지 학계에서는 지눌 비문에 대한 새로운 해석과 의미를 부여한 참신한 노력도 있으나, 선학先學의 해석을 답습하면서도 자신의 독창적인 견해처럼 내세운 부끄러운 논문도 적지 않다.

지금까지 알려진 그의 생애와 배경에 대해서도 필자가 동의하기 어려운 부분이 많았다. 해석상 새로이 시도한 문제점만을 몇 가지 제시하고자 한다. 지눌에 대해서 그 동안 축적된 수많은 성과가 모여 있는 거대한 호수에 조그만 조약돌을 던져 질정을 받고자 한다.

2. 이본異本이 생긴 원인

지눌에 대해서는 『고려사高麗史』에 전하지 않는다. 『고려사』에는 국사國師였더라도 추봉追封된 고승은 왕자王子를 제외하면 기록된 예가 매우 적다. 다만 생존시에 책봉하면 국왕이 의식에 참석하였고, 국사 또는 왕사가 아니더라도 국정國政에 직접 영향을 주거나 국왕과 함께 불교 의식에 참여하면 기록된 예가 있다. 지눌은 추봉되었으므로 생존했던 시기를 수록한 『고려사』나 당시의 문인들이 남긴 문집에도 기록이 거의 없다.

지금까지 지눌비로 널리 보기 쉬운 자료는 동문선본東文選本과 조선금석총람본朝鮮金石總覽本이었다. 이를 대조하여 읽으면 해석상 석연치 않거나 틀린 글자가 적지 않다. 이를 대조하여 교감하려는 노력은 거의 없었고, 다만 최근 보조사상연구원에서 펴낸 『보조전서普照全書』[8]에서 유일하게 시도되었다. 그러나 이 책도 위의 두 가지 활자본과 앞서 심재열의 번역본에 실린 비문을 합쳐 세 가지만 대조하였을 뿐 이보다 우수한 여러 이본을 간과하였다. 또한 이와 같이 이본이 발생한 까닭을 밝히지 못하였고, 최초로 대조를 시도했다는 의미를 제외하면 아쉬운 느낌이 있다.

이본이 발생한 가장 큰 원인은 현존하는 비석이 복원비復原碑이고 원비原碑가 아니라는 사실에서 찾을 수 있다. 현존 비석의 음기陰記에는 중립한 경위에 대해서 비교적 자세하게 밝힌 백암성총栢庵性聰의 기록이 있다. 이를 요점만 뽑아 옮기면 다음과 같다.

국사가 입적入寂하고 지금 460년이 넘었다. 비문은 섬나라 오랑캐의 침입으로 훼손되고 오직 거북 모양의 기단부만 남았다. 지금은 글자가 반 정도 훼손되어 읽을 수 없다. 이 절의 설명雪明이 중립하는 일을 맡아, 영남嶺南에서 돌을 옮기고 호서湖西에서 장인匠人을 모집해서 김군수金君綏의 구비문舊碑文을 새겨 넣었다. 비문은 한 글자라도 보배스럽지 않을 수 없지만 비용을 줄이기 위해서 약간의 글자를 빼 버리고 편의에 따랐다. 1678년 백암성총栢庵性聰이 삼가 쓴다.[9]

현존비現存碑의 음기에 명시된 위의 글은 몇 가지 중요한 사실을 전한

8) 보조사상연구원 편, 『普照全書』(불일출판사, 1989).
9) 『朝鮮金石總覽』 下(조선총독부, 1919), 952쪽.

다. 원비[10]가 파손된 까닭은 임진왜란 때문이었고, 그 때 이미 판독하기 어려울 정도로 훼손되었다. 다음으로 중립하면서 원비문原碑文을 부분적으로 생략하였다고 밝혔다. 생략한 사실이야말로 비문의 교감에서 주목할 대상이다. 이밖에도 언급은 없지만, 구비舊碑의 음기는 전혀 수록되지 않았음을 추가할 수 있다.

원비를 건립한 시기는 현존비에 실려 있지 않다. 다만 비문의 찬자가 김군수임은 『동문선』이나 중립비重立碑에도 실려 있다. 찬자의 생애에 대해서는 『고려사』를 위시하여 문집文集에서도 찾아지므로 대강 시기를 유추할 수 있다. 그는 지눌과 거의 동시대에 살았으므로 지눌비는 입적 후에 멀지 않은 시기에 건립되었다.

원비의 정확한 건립 시기는 동문선본과 현존 비문에서 밝혀 낼 수 없다. 몇 가지 사본과 활자본에는 찬자의 관직, 서자書者의 관직과 이름, 그리고 간자刊者와 입석자立石者와 건립한 시기가 실려 있다. 이와 같은 차이는 원비가 파괴되기 전에 제작된 탁본이나 원비의 사본이 근래까지 전래하였고, 지금도 어디엔가 원비의 탁본이 존재할 가능성을 나타낸다고 하겠다. 고탁본古拓本에는 제작한 시기를 적어 넣는 예가 적으나, 현존비와 다른 몇 가지 이본의 차이점은 앞으로 발견될 가능성이 있는 구비의 탁본을 확인하고 탁본 시기를 추정하는 과정에도 이용될 수 있다.

3. 현존하는 여러 이본

복원비復原碑를 세우기 전에 비석에 쓴 원비의 탁본이나 필사본은 아직

---

10) 原碑란 文集本이 아니라 碑石에 새긴 舊碑, 또는 그것의 拓本을 의미한다. 본문에서 이를 혼용한 경우가 있음을 밝혀 둔다.

뚜렷하게 확인되지 않았다. 원비의 파편이나 탁본拓本, 또는 사본을 찾으려는 노력을 기울일 필요가 있다. 다만 중립하기 훨씬 전에 마련된 활자본은 현존하고 있다. 잘 아는 바와 같이 동문선본이 그것이다.

『동문선』은 조선 성종조에 편집이 완료되고 이어서 초간본初刊本이 간행되는데, 그 전질全秩은 일본에만 현존하고 국내에서는 이를 축소하여 보급하였다.[11] 지금까지 지눌비를 이용한 학자들도 가장 신빙성 있는 근거로 복원비문復原碑文보다 동문선본을 제시하는 경우가 많았다. 현존하는 중립비보다 오래된 자료이기 때문이다. 그러나 『동문선』에 실린 다른 비문과 마찬가지로 문집이나 이미 선집된 자료에서 다시 뽑았을 뿐 직접 비문을 대조하여 원형을 충실히 옮기려는 노력은 기울이지 않았다고 하겠다. 동문선본은 현존 중립비문과 적지 않은 차이가 있다. 이는 중립비 음기에서 밝힌 바와 같이 부분적으로 생략하였기 때문에 비롯되었겠지만, 그것이 이유의 전부는 아니라는 사실에 주목하고자 한다.

동문선본 비문은 해석상 난해한 문장은 아니지만 내용상 석연치 않고, 오자誤字가 있는가 의심되는 부분도 적지 않다. 비문의 찬자인 김군수는 현존하는 문집을 남기지 못하였고, 그의 사후에 문집이 있었다는 확증도 없다. 그가 지은 지눌비문知訥碑文이 실린 『동문선』은 3세기 가까이 지나서 선집되었다. 찬자들이 선집된 자료를 교감하기 위하여 직접 찾아가서 원비문과 대조하였다는 노력은 다른 비문에서도 확인되지 않는다. 편집자들은 책상에 앉아서 문집이나 사서史書에 흩어진 자료들로부터 발췌하여 옮겼으므로 원비와 적지 않은 차이를 가진다고 해도 이상하지 않다.

문장을 중요시한 동문선본 비문은 현존하는 다른 비문들과 마찬가지로 찬자의 관직이나 건립 연대, 서자書者, 새긴 인물과 입석자立石者, 음기 등이 실려 있지 않다. 동문선을 선집하면서 찬자의 문집이 전래하지 않았다

---

11) 『東文選』(태학사, 1975).

면, 찬자의 문집이 아닌 다른 선집에서 옮겼을 가능성이 크다. 김군수의 문집이 있었다면 오자를 그대로 답습하지는 않았으리라 추측된다.

『동문선』에 실린 비문과 함께 원비문을 새긴 비석도 전하는 경우가 있다. 예를 들면 불완전하지만 진각국사眞覺國師 혜심慧諶의 비문은 찬자인 이규보李奎報의 『동국이상국집東國李相國集』[12]에, 지공指空의 비문은 이색李穡의 『목은문고牧隱文藁』[13]에 실려 있다. 이를 부분적으로 현존하는 원비편原碑片이나 탁본과 대조하면 비문의 제목 다음에 쓰인 찬자의 관직과 서자書者에 관한 전체, 그리고 음기가 전부 빠졌을 뿐만 아니라 비명서碑銘序에도 문집의 초고보다 적지 않은 글자를 메우거나 고쳐서 새긴 부분이 있음을 확인할 수 있다.[14]

그밖에도 『동문선』에서 몇 가지 의도적으로 고친 글자가 찾아진다. 고려 시대의 왕명王名으로 쓰였던 '치治·소昭' 등이 피휘避諱되지 않았으니, 이는 『동문선』의 편집자들이 고의적으로 피휘된 글자를 환원시켰다고 할 수 있다. 또한 동문선은 고려 시대 국왕의 지위를 제후諸侯로 내려서 표현한 글자를 따르고 있다. 예를 들면 '어御·칙勅' 등을 '친親·명命' 등으로 바꾸었다. 이는 『동문선』에서 비롯되지 않고 그보다 앞선 시기인 원의 압제 아래서 개서改書된 표현을 답습하였을 가능성이 있다.

『동문선』에서는 원비문과는 달리 국왕이나 부처, 고승에 대해서는 존경의 표현인 격자隔字를 지키지 않았으나 조선의 국왕에 대해서는 이를 지켰다. 『동문선』은 원비에 쓰인 글자의 크기와 행당行當 글자 수효 등 형태를 알 수도 없다. 극히 단순화된 형태의 문장만이 선집되었지만 뚜렷하게

---

12) 『東國李相國集』 권35(『高麗名賢集』 1, 375쪽).
13) 『牧隱文藁』 권14(『高麗名賢集』 3, 909쪽).
14) 허흥식, 「指空의 原碑文과 碑陰記」, 『이기영박사고희기념: 佛敎와 歷史』(한국불교연구원, 1991).
　　　, 「眞覺國師 慧諶의 原碑와 解析上 補完」, 『정신문화연구』 51(한국정신문화연구원, 1993).

편찬된 시기를 알리는 가장 오래된 자료임에는 틀림없다. 이러한 경우 원비와 적지 않은 차이를 가질 수 있다. 『동문선』에 실린 지눌의 비문도 예외가 아니라고 생각된다. 따라서 원비와 관련된 다른 이본을 찾아서 철저하게 대조할 필요가 있다.

현존하는 두 가지 대표적 자료인 동문선본과 중립비는 서로 적지 않은 차이를 나타내고 있다. 그밖에도 몇 가지 이본에는 위의 두 가지 자료에서 볼 수 없는 사실이 비문의 앞부분과 끝은 물론 본문에서도 추가되어 있다. 이는 분명히 원비문에서 옮겼던 사실이라 추정되므로 주목할 필요가 있다. 그럼에도 불구하고 지금까지 거의 모든 연구자들이 위의 두 가지 자료에만 근거하였다. 늦게나마 여러 이본을 계통적으로 분류하고 원비에 가까운 표준본을 설정할 필요가 있다.

현존하는 비석은 송광사의 서북쪽에 위치한 비전碑殿에서 직접 목격할 수 있고, 이것의 탁본은 곳곳에 보존되었다. 또한 탁본의 사진본으로 소개된 예도 있다. 이를 종합하여 목록을 열거하면 다음과 같다.

A - 1 탁본: 장서각본藏書閣本, 『장서각탁본목록藏書閣拓本目錄』(한국정신문화연구원, 1991), 67쪽.

A - 2 조동원 편, 『한국금석문대계韓國金石文大系』(원광대학교, 1979), 88~90쪽.

중립비는 현존하므로 많은 탁본이 있으며, 이것의 탁본과 사진의 가치는 적다. 다만 중립 경위를 밝힌 비음기가 더 있다. 탁본 가운데 현재비와 다른 원비의 고탁본古拓本 또는 탁본을 잘라 붙인 서책이 있을 수 있으므로 이를 찾으려고 노력할 필요가 있다.

활자본으로는 동문선본이 대표적이지만, 이는 초간본을 제외하고도 최근에 이를수록 가속적으로 증가하는 추세이다. 금세기 초에 불교 잡지가 간행되면서 활자본이 소개되었고, 이는 동문선본과 적지 않은 차이가 있으나 모본母本에 대해서는 전혀 언급이 없다. 또한 금석문을 수집하여 간행한 여러 서책에서도 활자화되었으나, 모본을 밝히지 않은 경우가 대부분이다. 아마도 무관심하게 지나친 때문이 아닌가 한다. 지금까지 간행된 모든 활자본을 나열하면 다음과 같다.

B - 1 김군수,「조계산수선사불일보조국사비명曹溪山修禪社佛日普照國師碑銘」,
『동문선』 권117(태학사, 1975), 272~275쪽.
B - 2 기자記者 선選,「보조국사비명普照國師碑銘」,『조선불교월보朝鮮佛敎月報』
(1913. 8. 부분만 수록).
일소거사逸素居士 찬選,「승평부조계산송광사불일보조국사비명병서昇平
府曹溪山松廣寺佛日普照國師碑銘幷序」,『불교진흥월보佛敎振興月報』
3(1915. 5), 222~226쪽.
이능화李能和,『조선불교통사朝鮮佛敎通史』 하(신문관, 1918), 337~342쪽.
B - 3 『조선금석총람朝鮮金石總覽』 하(조선총독부, 1919), 949~954쪽.
B - 4 『전남금석문全南金石文』(전라남도문화예술과, 1990), 37~41쪽.

또한 지눌의 저술을 모아서 간행하거나 번역한 여러 서책에서도 한문으로 비문을 싣거나 한글 번역을 함께, 또는 한글 번역만을 실은 예도 있다. 이를 나열하면 다음과 같다.[15)

B - 5 김탄허金呑虛,『현토역해보조법어懸吐譯解普照法語』(회상사, 1963) 본문을 현토하고 한글 번역을 실음. 찬자의 관직과 이름, 봉선찬奉宣撰. 끝에 서자書者, 간자刊者, 건립 연대는 실리지 않았음.
김탄허 술述,『현토역해보조법어懸吐譯解普照法語』,「부록」(팔공산동화사, 불기 2522), 139~147쪽.

---

15) 이밖에도 漢文本·懸吐本·飜譯本 등을 다음과 같이 추가할 수 있으나 비문은 제외하였다.
漢岩重遠,『普照法語』(창문사, 1927). 懸吐,『涵虛得通和尙顯正論』을 부록.
한국불교전서간행위원회,『韓國佛敎全書』 4책(동국대학교 출판부, 1979).
Robert Buswell 영역본.

B - 6 동국역경원, 『한글대장경』 권153, 「한국고승」 3(1971), 462~477쪽.
본문은 제외하고 한글 번역만 실음. 찬자의 관직과 이름, 봉선찬. 끝에
서자, 간자, 건립 연대 없음.

B - 7 심재열 강설講說, 『해설보조법어解說普照法語』(보성문화사, 1983).
본문에 음을 달고 현토懸吐하고 두주頭注로 삼음. 끝부분 없음.

B - 8 김달진金達鎭 역주, 『보조국사전서普照國師全書』(고려원, 1987).
번역문을 싣고 본문을 다음에 둠. 관직과 이름, 봉선찬. 끝에 서자와 간자
는 없고 건립 연대만 있음.

B - 9 보조사상연구원, 『보조전서普照全書』(불일출판사, 1989).
띄어쓰기와 구두점이 있으나 현토와 번역은 없음. 두주의 인용 전거가
매우 중요함. 서자와 간자, 건립 연대가 없음. 『동문선』과 『금석총람본』,
그리고 심재열본沈載烈本을 교감함.

탁본과 활자본을 제외하고도 필사본이 적지 않게 있다. 활자본을 사본
화한 사례를 제외하고 본래 사본이나 원비에서 필사본으로 만들어졌다고
추측되는 중요본만도 다음과 같은 3종이 있다.

C - 1 송광사 소장 고사본古寫本: 송광사박물관에 보존된 사본으로 4글자의 전
자인篆字印이 찍혀 있다.

C - 2 가람총석본伽藍叢石本: 이는 위창葦滄 오세창吳世昌의 장서藏書이다.

C - 3 조계산송광사 사고본史庫本: 1932년에 사지寺志로 정리된 필사본이다.
송광사의 전래 고사본을 참조하였으므로 가치가 크다.

송광사 소장 고사본古寫本은 지금까지 학계에서 주목하지 않았으나 비문
의 사본으로는 가장 오래된 자료라고 추정된다. 횡축橫軸의 두루말이 고문
서인데, 비문을 포함한 여러 문서가 모두 같은 필치로 쓰였고, 문서의 중간
에 일정한 간격으로 똑같은 인장이 찍혀 있다. 또한 관직과 성姓 다음에 이
름을 수결로 표시하였으며, 그것이 같은 필치인 원본으로 추측되기 때문에
더욱 중요하다.[16] 이 고문서는 모두 알려졌으나 지질이나 크기, 인장과 수

결, 그리고 일련의 문서가 수록된 문서에 대해서는 세밀히 검토되지 못하였다. 또한 명칭은 수록되지 않았으므로 소개자에 따라 적지 않은 차이가 있다. 최초의 전문 판독은 조계산 송광사 사고에 수록되었으나, 일련의 문서를 순서와 관계없이 내용에 따라 분리하여 수록하였고 명칭도 붙였다.17)

송광사 사고본史庫本은 1932년 필사본으로 완성된 사본의 사지寺誌이다. 현재 송광사에는 묵서墨書로 아름답게 쓰인 4책의 대저大著가 있다. 이 가운데 산림부山林部를 제외한 강필鋼筆로 쓴 3책이 서울대학교에 고도서古圖書로 보관되어 있다. 서울대본은 사지총서寺誌叢書로 간행되어 보급되었다.18) 여기에 실린 지눌 비문은 송광사 고사본을 이용하였으나 전적으로 그것을 전사하지 않았다고 추측된다. 내용상으로도 원비에 비교적 가깝다고 짐작되므로 가장 귀중하지만, 이것 역시 원비의 비음기가 실리지 않은 아쉬움이 있다.

『가람총석伽藍叢石』은 책이름 그대로 가람(寺院)의 비문을 모은 편저이다. 찬자와 편집 동기, 완성된 시기가 밝혀지지 않았고 서문도 없다. 다만

---

16) 송광사의 문서는 여러 가지가 남았지만, 다음의 4가지 자료는 같은 필치로 같은 4자의 네모난 인장이 일정한 간격으로 연결되어 있다. 첫째, 제목이 마멸된 建物現況記, 둘째, 知訥碑, 셋째, 崔詵의 修禪社重創記, 마지막으로 檀越과 維持費의 순서로 실려 있다. 마지막 문서의 끝에는 '唱准'을 각각 맡은 기록자와 확인자의 수결이 실려 있다. 또한 다음에 이를 확인한 上級官廳의 題音에 해당하는 흘림체의 글씨가 있다. 이와 같이 같은 크기의 같은 필치와 같은 도장이 찍힌 점으로 보거나 끝에 실제 수결이 있는 점으로 보아 관청의 확인을 받은 일차 자료의 공문서라고 추측된다. 특히 수결자의 '承仕郎'이란 文散階가 쓰인 점으로 보아 고려 문서가 아님에 틀림없다. 앞으로 紙質이나 書體를 좀더 검토해야 하겠지만, 사진과 복사본만으로 확인한 筆體에서 古來의 寫本의 특징을 전하는 부분이 있다.
고사본의 서두에는 '幢塔碑 祖師堂前青石碑壹座 碑文'이라 쓰여 있다. 이로 보면 지눌의 비의 石材는 본래 青石이었고, 祖師堂 앞에 있었다는 所在를 짐작할 수 있다.
17) 필자는 이것의 사진본과 복사본을 보존하고 있다. 이번에 철저하게 조사하고, 크기·지질·관인의 판독을 거치려고 시도하였다. 마침 송광사박물관의 이전 관계로 유물이 포장되었고 단시일에 관람할 가망이 없는 실정이므로 부득이 이를 다음 기회에 보충하기로 미룬다.
18) 한국학문헌연구소, 『曹溪山松廣寺史庫』(아세아문화사, 1977).

목록과 본문은 매우 세련되고 정성껏 정서되어 있다. 신라의 선사비禪師碑 5종, 고려의 고승비高僧碑와 사비寺碑 22종, 그리고 조선 인조仁祖 때까지의 고승비와 사비를 합쳐 7종으로 모두 34종의 금석문이 실려 있다. 이 책은 금세기 전반에 흔히 쓰인 양면괘지兩面掛紙라 불렸던 종서縱書의 편지지를 사용하고 있다. 이 종이는 계선界線과 어미魚尾, 그리고 광택이 있고 비교적 질기므로 책의 사본에도 자주 쓰였지만, 얇으며 비치는 단점이 있다. 따라서 이 책은 완성된 시기가 오래지 않다고 생각된다. 또한 본문에서도 「유점사사적기楡岾寺事蹟記」를 인용하면서 이능화의 안설按說을 옮기고 있으므로, 불교 잡지를 주관하면서 금석문 자료를 모아서 불교사를 저술하였던 이능화가 활동했던 시기를 선행하지 못한다.[19]

4. 교감校勘과 탁본拓本의 접근

이상과 같이 원비문의 탁본은 발견되지 않았지만, 중립비重立碑의 탁본은 적지 않다. 또한 중립비의 탁본을 사진으로 또는 영인한 좀더 많은 이본이 있을 수 있다. 동문선본도 여러 활자본과 사본, 그리고 영인본이 있다. 그러나 일본에 현존하는 초간본을 영인한 태학사본을 기준으로 삼을 수 있다. 이밖에도 필자가 열거할 수 있는 근래 활자본만도 8종이었다. 또한 사본 3종을 들 수 있다.

활자본은 수정판이 있고, 사본에도 영인본이 있으므로 좀더 많은 이본을 들 수 있으나 중립비, 동문선본, 그리고 8종의 활자본과 3종의 사본을 교감의

---

19) 이 책의 편자는 李能和이거나 吳世昌으로 좁혀질 수 있다. 앞으로 이들의 필치와 이 시기에 남긴 다른 편저의 특징을 좀더 추구해야겠지만 所藏者였던 오세창의 편저일 가능성이 가장 크다고 생각된다. 물론 이능화의 직·간접 도움을 배제하기 어렵다고 하겠다. 이는 그의 소장품이었던 다른 금석문 목록과 유사하기 때문이다.

대상으로 삼도록 하겠다. 이를 대조하기 위하여 인쇄 과정에서 생길 수 있는
낱글자의 차이점은 예시하지 않겠다. 다만 비문의 전면前面을 도입導入, 병
서幷序, 종결부終結部 등 크게 세 부분으로 나누고, 이를 좀더 세분화하면서
문장에 증감이 있는 부분만 순서대로 뽑아 제시하면 다음 <표 1>과 같다.

<표 1> 이본의 차이점

부분		차이 있는 내용	같은 이본
導入	撰者	1) 金君綏	B-1
		2) 知公州事副使兼勸農使管句學士將仕郎	A-1・2, B-2・3
		兼禮部尙書賜紫金魚袋臣金君綏奉 宣撰	B-4・5・6・8・9, C-1・2・3
	書者	1) 文林郎神號衛長臣柳伸奉 宣書	B-1・2, C-1・2・3
		2) 中訓大夫前任藝文館奉敎兼春秋記事官	A-1・2, B-3・4, C-3
		崔致翁書	
	篆者	政議大夫朗原君兼五衛都總府都總官 俱篆	A-1・2, B-3・4, C-3
本文	序	1) 善繼善述者乎	B-1, B-2, B-5, B-8, B-9
		2) 至日眞如自性起念六根雖見聞覺知 不染	B-1, B-2, B-5, B-8, B-9
		萬像 而眞性常自在	
		3) 得未曾有	B-1, B-2, B-5, B-8, B-9
		4) 二年戊午春	B-1, B-2, B-5, B-8, B-9
		5) 境致幽寂甲天下 眞安禪之佳所也 於是	B-1, B-2, B-5, B-8, B-9
		6) 瑞相	B-1, B-2, B-5, B-8, B-9
		7) 予於此契會	B-1, B-2, B-5, B-8, B-9
		8) 情理不止	B-1, B-2, B-5, B-8, B-9
		9) 任力	B-1, B-2, B-5, B-8, B-9
		10) 二月因鷹母 說法筵數旬 時謂	B-1, B-2, B-5, B-8, B-9
		11) 云這箇眼不是祖眼 這箇鼻不是祖鼻這	B-1, B-2, B-5, B-8, B-9
		箇口不是孃生口 這箇舌不是孃生舌	
		12) 如常儀 乃振錫(88자 중략)摠在這裡[20]	B-1, B-2, B-5, B-8, B-9
		13) 至於後之諸師(80자 중략)皆可議耶[21]	B-1, B-2, B-5, B-8, B-9[22]

---

20) "如常儀乃振錫, 擧前夕方丈中, 問答語句, 因緣云, 禪法靈驗不可思議. 今日來到這
裏, 欲爲大衆說破生也. 爾等不昧, 一着子, 問來, 老漢亦不昧, 一着子答云, 顧視左
右. 以手摩之曰, 山僧命根, 盡在諸人手裏, 一任諸人, 橫拖倒曳, 有筋骨底. 出來, 便
伸足踞于床, 隨問而答, 言諦義諦, 辯才無碍. 具如臨終記, 最後有僧問. 昔日, 毘耶
淨名示疾, 今日曹溪牧牛作病, 未審是同是別, 師云爾學同別來, 酒拈杖數下云, 千種
萬般, 摠在這裏."
21) 全文은 다음과 같다. "至於後之諸師, 升堂說法而就化. 若興善寺之惟寬, 上堂說偈,

		14) 上堂記偈而化	C-3
		15) 示觀道生歆慕心	B-1, B-2, B-5, B-8, B-9
結部	時期	大金大安三年辛未十二月 日	B-2・5, C-1・2・3
	刊者	殿前寶昌刊	B-2, C-1・2・3
	時期	大金崇慶二年癸酉四月十日	C-1・3
	立石者	內侍昌樂宮錄事臣金振奉 宣立石	C-1・3
		崇禎紀元後五十一年戊午十月 日	B-3, B-4, C-3
		重建沙門雪明	B-3, B-4, C-3
陰記		(重立碑陰)	B-3, B-4, C-3

『동문선』은 서두와 결부가 생략되었거나 불완전하지만, 명銘과 병서幷序
는 생략하지 않고 거의 실었다고 할 수 있다. 다만 14)번째 항은『동문선』에
도 생략되었으며, 이는『동문선』에서 선집하여 활자화하는 과정에서 생긴
부주의로는 간주하기 어렵다. 송광사의 고사본에도 이 부분은 없으므로 동
문선을 편집할 당시 이용한 원자료는 송광사의 고사본일 가능성이 있다.

가장 완벽한 이본은 조계산 송광사 고사본古寫本과 사고본史庫本이다.
이들 사본은 해당 사원에 전래하는 충실한 원비의 탁본을 사용하였기 때
문이라 짐작된다. 사고본에서도 음기를 중립비에서 옮겨 실었고, 또한 서
자書者, 전자篆者, 중립자重立者도 중립비에서 옮겼으므로 원비의 해당 부
분과 중복되었다. 다만 비명碑銘과 병서幷序는 고사본과 거의 같은 분량이
고 약간 충실한 부분이 많다.

고사본은 가장 오래된 자료이며, 여러 면에서 원비의 형태에 가장 가깝
다. 중립비와 관련된 사항은 전혀 첨가되지 않았기 때문이다. 그러나 이것
도『동문선』과 마찬가지로 사고본의 14번째 항은 실리지 않았다. 또한 낱
글자에서는 사고본과 차이가 적지 않다. 이로 보면 사고본은 원비와 중립
비를 종합하여 다시 작성하였고, 고탁본을 참조하였을 가능성이 크다고 하

安坐而化. 若首山之省念, 遣偈剋日, 上堂說法, 安坐長化. 若瑞峰之志端, 剃髮操身,
升堂辭衆, 安坐而化. 若大寧之隱微, 上堂說偈而化, 皆可議耶."
22) 14)는 결락되었음.

겠다. 고사본이나 원비, 동문선본보다 중립비는 병서에서 많은 부분을 생략하였다. 이는 중립비의 음기에서 밝힌 사실과 부합된다.

사고본에 가장 가까운 자료는 이능화본李能和本이지만 입석立石한 시기와 주관자가 빠져 있다. 입석이란 비석의 기단부와 비갓을 마련하고 비신을 세우는 작업이라고 추측된다. 사고본과 유사한 자료는 가람총석본伽藍叢石本이지만 부분적으로 잘못 판독된 부분이 많다. 결부의 '간刊'을 담당한 자와 시기에 대해서는 사고본과 이능화본, 그리고 가람총석본에 실려 있다. '간'이란 인쇄印刷란 의미에 해당하는 출판의 의미로 오늘날 많이 쓰이지만, 원비를 세울 당시에는 비에 글자를 새기는 작업으로 '각刻'또는 '전鐫'과 같은 의미라고 추측된다.

비명과 병서만은 위의 선본 이외에『동문선』에도 거의 같은 분량이 실려 있지만 소략한 부분이 많다. 현존하는 지눌비의 원비가 없으므로 동문선본은 고사본 다음으로 오랜 자료인 셈이지만 도입 부분과 결부가 편집 체제상 간략할 수밖에 없었음을 감안하더라도 오자가 많고 생략된 부분도 있으므로 이용하기가 매우 조심스럽다.

현존하는 중립비는 탁본과 활자화된 자료가 많다. 그러나 앞에서도 밝혔듯이 원비문의 많은 부분이 생략되었다. 송광사 사고본은 비명과 병서를 제외하고 도입부와 결부에는 원비뿐 아니라 중립비도 수록하였다.『조선금석총람본』과『전남금석문』은 중립비만을 수록하였으며, 음기도 실었으나 판독하지 못한 글자가 있다. 사고본에는 원비의 음기는 없으나, 여기에 실린 중립비의 음기는 판독하지 못한 글자가 하나도 없는 선본善本이다.

원비의 음기를 제외한 전문은 거의 알려진 셈이 된다. 특히 고사본, 사고본, 이능화본이 원비문에 가장 근사한 자료라고 생각된다. 이 가운데도 송광사에 보관된 고사본이 가장 중요하다고 생각된다. 그러나 고사본에도 필사하는 도중에 약간의 오자가 있고 원비에도 간혹 잘못된 글자가 나타나는 경우가 있을 정도이므로, 엄격한 의미에서 완벽한 자료는 있기가 어렵지만 고사본과 사고본은 원비에 가장 근사한 자료라고 하겠다.

크게 보면 지눌비는 원비, 고사본, 사고본, 동문선본, 그리고 중립비의 4가지로 유통되는 모든 이본의 갈래를 잡을 수 있다. 이를 간편하게 이용할 수 있는 유통본과 연결시키면 고사본, 사고본, 태학사본 동문선, 그리고 조선금석총람본 등 4가지로 압축시킬 수 있다. 이들 4가지 이본을 기준으로 이본간의 상동相同 관계를 대강이나마 연결을 지우면서 중요한 이본을 중심으로 간략히 특징을 밝히면 다음과 같다.

(1) 원비原碑 ― 탁본은 현존하지 않으나 발견될 가능성이 없지 않다. 사고본이 가장 가깝다.
(2) 고사본古寫本 ― 서두와 결부는 원비에 가장 가깝다. 병서는 『동문선』과도 상통한다.
(3) 동문선본東文選本 ― 도입 부분과 음기가 없으나 병서 부분은 약간의 오자와 생략이 있다.
(4) 중립비重立碑 ―『조선금석총람』·『한국금석문대계』·『전라금석문』 등이고 원비보다 생략이 많고 오자誤字도 있다.
(5) 송광사 사고본史庫本 ― 원비에 가장 가깝지만 음기가 없으며, 송광사 고사본과 상통한다. 이능화본李能和本이 이에 가깝다.
(6) 보조법어본普照法語本 ― 동문선본東文選本과 현존 중립비重立碑만을 대조하고 생략된 부분만을 밝힌 정도이다.

고사본과 사고본은 원비에 가장 가깝다. 동문선본은 비명과 서문만은 고사본 다음으로 원비에 가깝다. 4가지 이본의 지눌비는 교감과 원비의 복원에서 철저하게 대조할 필요성이 있다고 하겠다. 특히『동문선』은 낱글자와 미세한 부분에서 사고본과 많은 차이가 있으므로, 현존 중립비문을 참조하면서 사본과 대조할 필요가 있다. 네 가지 이본을 중심으로 낱낱의 글자를 대조하여 차이를 밝히고 필자의 견해를 비고로 나타내면 다음 <표 2>와 같다.

<표 2> 지눌 비문의 이본간 대조

장-면-행-째[23]	東文選本	松廣寺古寫本	史庫本	重立碑	原碑推定
22-후-4-12	炤	照	照	照	照
10-11	鋒	鋒	鋒	蜂	鋒
23-전-1-4	此	此	此	是	此
2-8	終	修	修	終	修
10	依	修	修	修	修
4-7	裔	裔	裔	嫡	裔
5-14	(없음)	(없음)	今瑞興郡	(없음)	(追記임)
7-10	治	理	理	治	理
14	乃	酒	酒	乃	酒
후-1-19	閱	閱	閱	開	閱
3-3	境	境	境	(없음)	境
4	(없음)	而	而	(없음)	而
6	而	(없음)	(없음)	(없음)	(없음)
4-18	栖	栖	棲	(棲)	栖
7-11	嚌	嚌	濟	嚌	嚌
10-7	延	迎	迎	延	迎
10-18	發	請	請	請	請
24-전-1-15	二	二	二	三	二
2-12	佳	佳	佳	(없음)	佳
6-17	礙	碍	礙	碍	碍
7-2	(없음)	同	同	同	同
(373-3-8)	(없음)	不	不	不	不
8-12·13	不在	不在	不在	(없음)	不在
10-10	皆	皆	皆	(없음)	皆
후-1-6	讐不同所	讐不同所	讐不同所	(없음)	讐不同所
1-12	安*	安	安	定	定
(373-7-12)	(없음)	仰	仰	仰	仰
4-3	四	肆	肆	肆	肆
10	湊	湊	輳	輳	湊
5-11·12	來偕	來偕	來偕	偕來	來偕
7-3·4	慈且	慈且	且慈	且慈	慈且
7-10·11	或雖	雖或	雖或	雖或	雖或

---

23) 『東文選』(태학사 영인본, 1975, 272~275쪽)을 기준으로 삼았다. 그리고 『曹溪山松廣寺
史庫』는 亞細亞文化社 影印本『韓國寺志叢書』2, 1977, 369~387쪽)을 기준으로 사
용했다. 『東文選』에 없는 글자는 사고본을 이용하여 ( )에 표시하였다.

7 - 14	迌	迌	迁	迌	迌
7 - 18	憫	憫	憫	愍	憫
8 - 5	衰	衰	理	(없음)	衰
8 - 12	驕	嬌	嬌	嬌	嬌
(374 - 4 - 13)	(없음)	六	六	六	六
(374 - 6 - 13 · 14)	(없음)	修行	修行	修行	修行
25 - 전 - 3 - 2	筋	飾	飾	飾	飾
4	惰	墮	墮	惰	墮
4 - 12	珪	圭	圭	圭	圭
(374 - 8 - 5)	(없음)	止	止	止	止
(374 - 9 - 10)	(없음)	之	之	之	之
6 - 3	命	勅	勅	命	勅
6 - 5	號	號	号	號	号
6~8	松廣山	(없음)	(없음)	(없음)	(없음)
15~18	吉祥寺爲	吉祥寺爲	吉祥寺爲	(없음)	吉祥寺爲
7 - 1	親	御	御	親	御
9 - 12	習	習	習	(없음)	習
10 - 16	歎	歎	嘆	歎	歎
10 - 19	劫	却	却	却	却
후 - 2 - 16	號	号	号	號	号
3 - 10	仍	仍	仍	乃	仍
4 - 4	至	(없음)	(없음)	(없음)	(없음)
16	有	有	有	(없음)	有
9 - 5	湢	湢	浴	湢	湢
7 · 8	沐浴	沐浴	沐浴	(없음)	沐浴
11	唱	唱	唱	偈	唱
9 - 15	遊	游	游	遊	游
10 - 3	艾	艾	艾	半	艾
10 - 10	至	(없음)	(없음)	至	(없음)
(376 - 5 - 8)	(없음)	日	日	(없음)	日
26 - 전 - 1 - 15	介	箇	箇	(없음)	箇
26 - 전 - 1 - 19	鼻	眼	眼	(없음)	眼
(376 - 6 - 18)	(없음)	口	口	(없음)	口
(7 - 7)	(없음)	舌	舌	(없음)	舌
(9 - 3)	問	問	問	(없음)	問
26 - 후 - 2 - 8	拯	拯	拯	拈	拯
6 - 13	炤	照	照	炤	照
7 - 6	齡	齡	齡	(없음)	齡
7 - 9	二	二	二	三	二
8 - 13	揚	揚	揚	敭	揚
9 - 15	遊	游	游	遊	游
9 - 17	肆	(없음)	(없음)	(없음)	(없음)
(378 - 3 - 13)	(없음)	生	(없음)	(없음)	(없음)

(378 - 3 - 15)	(없음)	也	(없음)	(없음)	(없음)
(378 - 3 - 20)	(없음)	則	(없음)	(없음)	(없음)
27 - 전 - 8 - 8	爲	爲	爲	益	爲
10	異	思	思	異	思
2 - 11	崎	奇	奇	崎	奇
5 - 6 · 7	禪師	禪師	禪師	(없음)	禪師
(378 - 10 - 13)	(없음)	更	更	(없음)	更
6 - 11 · 12	鳴鼓	鳴鼓	鳴鼓	(없음)	鳴鼓
(378 - 10 - 18 · 19)	(없음)	升座	升座	(없음)	升座
7 - 19	踞	踞	踞	據	踞
(379 - 7 - 7)	(없음)	瑞	瑞	(없음)	瑞
4 - 13	澡	澡	浴	浴	澡
6 - 4	小	卜	小	少	小
6 - 8	老	先	先	先	先
15 · 16	方便	方便	方便	(없음)	方便
17 -	示勸道生	示勸道生	示勸道生	導	示勸道生
7 - 5	歆	欽	欽	歆	欽
10 - 16	也	也	也	(없음)	也
28 - 전 - 6 - 5	與	與	與	興	與
9 - 12	宗	宗	乘	乘	乘
후 - 1 - 6	象	像	像	象	像

5. 해석상의 몇 가지 쟁점

가장 원비에 가까운 자료이고 손쉽게 이용할 수 있는 사고본을 토대로 비를 세운 시기를 중심으로 건립 당시의 분위기를 유추할 수 있다. 원비는 1211년 12월(고려 희종 7년)에 보창寶昌이 이를 새겼고, 2년 후에 김진金振이 이를 주관하여 입석하였음을 알 수 있다. 지눌은 1210년 3월 27일에 입적하였으므로 그의 비를 세우기까지 적잖이 지체되었음을 알 수 있다. 이와 같이 늦어진 원인은 최충헌의 집권과 뒤이어 잦은 국왕의 교체가 있었을 정도로 불안정했던 상황과 상관시키면서 깊이 있게 규명되었으면 한다.

비문에 반영된 관점을 찬술 과정에서 주도적 역할을 담당한 인물과 관련지어 주목할 필요가 있다. 비문을 찬술한 인물은 김군수였다. 그가 비문의 작성에 어느 정도 자신의 주관을 반영시켰을까 의문시된다. 그는 비문을 쓰라는 왕명을 받자 "소신小臣은 유학儒學을 생업生業으로 삼았으나 높은 수준에 이르지 못했습니다. 하물며 부처의 마음과 조사祖師의 인가印可며 세속世俗과 다른 경지境地를 쓸 수 있겠습니까?"라고 겸양의 자세를 취하였다. 이는 거의 모든 찬자에게서 공통적인 표현이고, 이를 바꾸어 말하면 "영광으로 삼겠지만 자신의 주관이 배제된 제요提要에 불과한 작업이므로 책임을 지지 않겠다"는 발뺌이라고도 해석할 수 있다.

비문은 거의 행장을 토대로 단순화시키고 윤문潤文을 더했다. 지눌의 경우에도 계승자인 혜심 등이 행장을 지어서 국왕에게 바쳤고, 국왕은 김군수에게 비문을 짓도록 명령하는 일반적인 순서에서 벗어나지 않았다. 지눌비에서도 찬자는 행장을 토대로 삼았으리라 추측된다. 찬자가 제한된 비석에 싣기에 알맞도록 간추리고 문장을 다듬었음에 틀림없다. 그러나 이러한 과정에서 행장의 내용을 변화시키면서 자신의 주관을 반영시켰을 특별한 까닭도 없다.

고승의 비문과 행장이 함께 현존하는 지눌 당시의 사례는 존재하지 않는다. 다만 고려 말의 태고와 나옹의 행장과 비문이 그것이고, 이들의 자료는 지눌 비문을 이해하는 과정에 많은 시사를 준다. 이들 두 비문과 지눌비와는 시간적 차이는 있지만 행장을 문도들이 쓰고, 이를 토대로 문인학자였던 이색이 비문의 찬자였던 사실은 혜심의 비문과 공통점을 가진다.

이들 두 비문도 행장의 범위를 벗어나지 않는다. 다만 내용을 축약하고 이적異蹟을 줄인 정도이다. 행장을 토대로 제한된 공간에 새겨야 하는 비문은 찬이라기보다 많은 글을 함축성 있게 제요提要하는 작업이라고 낮추 평가할 수 있다. 적어도 뚜렷이 행장을 참조한 지눌비에서는 찬자보다 행장을 쓴 혜심의 태도와 관심에 깊은 주의가 필요하다고 하겠다.

지눌 비문에는 입적을 앞두고 장황하리만큼 자세한 대화를 적었다. 또한 입적의 다른 예를 번거로울 정도로 열거하면서 그와 비교하였다. 중립비에서는 이 부분을 집중적으로 생략하였다. 이로 본다면 비문의 찬자는 이적異蹟을 인정하지 않는 경향이 있는 "유학을 생업으로 삼았다" 하더라도 행장을 주관적으로 산삭刪削하지 못하였다. 이는 행장의 찬자인 혜심이 주도적 영향을 주었음을 암시한다. 혜심은 사마시司馬試에 급제하였던 경력이 있었고, 작품을 모은 어록과 시집이 있을 정도로 문인 출신의 고승이었다.

김군수는 가문으로는 혜심보다 높은 공신의 후예였으나 무신난으로 파란을 심하게 받았다. 그는 장원급제자였지만 뚜렷하게 활동하지 못할 정도로 불우한 시대를 살았으며, 약간의 시와 지눌 비문만 남겼다. 이러한 그가 조선 시대와도 다른 고려 시대에 탁월한 문도가 지은 고승의 행장에 대하여 자신의 주관을 반영시킬 만한 처지였다고 주장하기 어렵다. 지눌비를 이해하기 위해서 찬자보다 행장을 쓴 혜심의 영향력이 크게 작용했다는 시각이 타당하다고 하겠다.

지눌의 생애(1158~1210)는 이미 여러 차례 구분하여 이해하려는 시도가 있었다.24) 그 출가한 시기에 대해서 8세로 보는 견해와 16세설이 있다. 이 때문에 53년간 살았던 성장과 활동을 구분하기 위한 초기에서부터 견해가 달라진다. 견해의 차이는 비문에서 '연보팔세年甫八歲'와 '연재팔세年再八歲'의 두 가지에서 비롯된다.25) 필자의 조사로는 송광사의 고사본에만 '보甫'가 아닌 '재再'로 쓰여 있으나, 이 자료를 근거로 밝힌 논문은 없었다.

---

24) 김잉석, 「佛日普照國師」, 『불교학보』 2집(동국대학교 불교문화연구원, 1964).
   이종익, 『大韓佛敎曹溪宗中興論』(보련각, 1976).
   최병헌, 「定慧結社의 趣旨와 創立過程」, 『普照思想』 5·6합집(보조사상연구원, 1992).
25) 16세였다는 견해는 다음과 같다.
   覺岸, 『東師列傳』(『한국불교전서』).
   이종익, 『大韓佛敎曹溪宗中興論』(보련각, 1976).
   임석진, 『松廣寺誌』(불일출판사, 1965).

그의 법랍은 『동문선』에 따르면 26세이지만, 고사본을 포함하여 36세도 많다. 그가 승과에 합격한 시기는 1186년으로 25세 때이다. 승과는 구족계를 받은 후에 응시 자격이 있으므로 36세가 맞다.[26] 그는 18세에 구족계를 받았는데, 이는 8세출가설과 16세출가설을 모두 만족시킨다. 아무리 어린 나이에 출가하더라도 20세 가까운 나이에 구족계를 받으므로 8세출가설을 주장하는 이들의 근거가 반드시 옳다고는 찬동할 수 없다. 그는 어려서 병이 많아서 출가함으로써 병이 낫는 가호가 있었다고 한다. 이로 보면 8세설이 맞지만, 16세 때는 무신집권 초이고 그의 부친이 정변에 희생당했으므로 그 때 출가했을 가능성도 있다. 수선사 중창기에는 그가 7·8세부터 재주가 뛰어났으나 본래 출가할 뜻이 있었으므로 과거를 마다하고(遂辭闡) 대선사大禪師 종휘宗暉에게 출가했다고 밝히고 있다. 이는 과거 준비할 나이에 가까운 16세출가설을 더욱 강하게 반영한다.

그는 1210년 2월 모친을 천도薦度하기 위한 법연法筵을 베풀고 몇십 일 만에 마친 다음 이어서 병을 얻었고, 8일 만에 입적하였다. 출가한 자식이 세속의 모친에 대해서 온힘을 기울여 천도한 행위도 심상치 않고, 뒤따라 입적한 그의 행적에서 출가할 당시부터 홀로된 모친을 끝까지 뒷바라지하였다고 볼 수도 있다.[27] 그 세속과의 유대가 크게 마련인 결사를 전개시켰고, 자신 또한 정변에서 희생된 유가족으로서 이들을 돌보았다는 해석이 가능하지 않을까. 필자는 16세설을 따르겠고, 좀더 완벽한 탁본의 출현을 기다리고 싶다.

---

26) 8세 出家說의 근거로서, 그리고 16세설이 불가능한 까닭을 法臘 36세에서 찾기도 하지만, 납득하기 어렵다. 법랍이란 具足戒를 받은 나이부터이므로 18세에 수계했다는 뜻으로 16세에 출가해서 2년 후에 수계할 수 있다.

27) 무신집권기 이후의 고승은 世俗의 老母를 扶養하거나 薦度한 기록이 적지 않다. 지눌을 위시하여 眞覺國師 慧諶, 寶覺國師 一然 등을 들 수 있고, 전기의 고승비에서 볼 수 없는 현상이다. 이는 당시의 시대 상황이 출가자에 대한 철저한 보호와 관리가 어려워졌고, 세속의 정변을 피하여 가족과 자신의 신변을 보호하려는 自衛策으로 출가 동기가 변질되고 있음을 의미한다고 해석된다.

잠정적으로 16세출가설을 따라서 다음과 같이 다섯 시기로 구분할 수 있다.

(1) 1158∼1173: 세속의 시기. 병이 많아서 부처에 기도하여 효험이 있었고, 과거 응시를 포기하고 출가함.
(2) 1173∼1182: 사굴산 종휘선사에게 출가하여 18세에 구족계를 받고 25세에 승과에 합격.
(3) 1183∼1185: 1차 깨달음. 창평 청원사에 주석.『육조단경』을 보고 '의자득意自得'하는 단계.
(4) 1185∼1198: 2차 깨달음. 하가산 보문사에서『화엄신론』을 읽고 거듭 신심을 일으킴. 공산公山 거조사居祖寺 득재得才의 초청을 받아 제종諸宗의 고사高師와 정혜定慧를 익힘.
(5) 1198∼1200: 3차 깨달음. 지리산 상무주암上無住庵에서『대혜어록大慧語錄』을 읽고 간화선에 몰입함.
(6) 1200∼1210: 송광산 길상사를 중심으로 여러 곳에 수선결사를 열고 사중四衆을 교화하고 저술을 남김.

이상과 같이 여섯 시대로 나눌 수 있다. 이를 다시 크게 분류하면 (1) 세속의 시기, (2) 출가수학기, (3) 자득자각自得自覺의 시기, (4) 결사교화結社敎化의 시기 등 네 시기로 나눌 수도 있다. 이상의 6구분과 4구분은 깨달음의 3단계 시기를 나누느냐 합치느냐의 차이에 불과하다. 네 시기에 소요한 기간은 각각 15년, 9년, 17년, 10년이었다.

그의 생애는 크게 승과에 합격하기까지의 전기와 그 뒤의 후기로 나눌 수도 있다. 전기는 기존의 사회 제도에 충실하였고, 세속과 출세간의 영향을 받으면서 성장과 자기 완성의 토대를 닦았다고 할 수 있다. 전기는 무신난이 일어나기 3년 후이었으므로 정변이 심하고 불교계도 만성적인 부패와 문제점이 노출되고 있었다고 할 수 있다. 후기는 무신집권의 전반기와 겹쳐 있다. 지눌이 능동적 활동을 한 시기이며, 폭넓은 교류와 교화, 깨달음, 그리고 저술 활동을 한 시기였다.

후기를 다시 전기 15년간과 후기 10년간으로 나눌 수 있다. 전기는 종파와 관계없이 여러 불전을 읽고 도우와 교류하면서 식견의 폭을 넓혔다고 할 수 있다. 이 시기는 무신의 정권 쟁탈이 심하였으나, 국왕은 명종이 지속한 시기였다. 후기에 왕위의 변화는 심했지만, 실권은 최충헌에 의하여 철저하게 장악되었다. 후기의 활동은 비문에서 이러한 정치 세력이나 상황과 직접 연결시키지 않았지만 간접적으로 적지 않은 관계가 있었음에 틀림없다.

지금까지의 생애를 구분한 결과 여러 가지 분류가 가능하였다. 2분법, 4분법, 6분법 등이 가능하며 이를 종합하여 다시 정리하면 다음과 같다.

(1) 전기 - 가) 세속의 시기(1158~1173) ────────────15년간
　　　　　　나) 출가에서 승과 합격까지(1173~1182) ────── 17년간
(2) 후기 - 가) 전기-자득자각의 시기-A) 1차 깨달음(1182~1185) ── 3년간
　　　　　　　　　　　　　　　　　B) 2차 깨달음(1185~1198) ── 13년간
　　　　　　　　　　　　　　　　　C) 3차 깨달음(1198~1200) ── 2년간
　　　　　　나) 후기-결사와 교화의 시기(1200~1210) ──────── 10년간

지눌의 생애를 세분한 6분법을 기준으로 삼아 각 시기에 관련된 몇 가지 사실을 추가할 수 있다. 이를 따라서 그의 생애에서 해석에 의문이 있거나 새로운 견해를 첨가할 부분을 제시하는 순서를 따르겠다.

첫째 시기에 해당하는 세속 시기는 그의 출신 신분과 출가 동기를 보여주므로 중요하다. 세속에 있었던 15년간에 대한 내용은 극히 간단하므로 출신 신분에 대해서도 이해하는 각도에서 차이가 생길 수 있다. 부친은 경서京西 동주인洞州人 국학학정國學學正 정광우鄭光遇였고, 모친은 개풍군부인開豊郡夫人 조씨趙氏였다. 그의 부친은 언제까지 생존했다고 이해하

기 어렵다. 국학학정은 부친의 최종 관직임에는 틀림없지만, 지눌이 출가할 당시에 올랐던 관직이라기보다 이후에 올랐던 최종 관직일 수 있기 때문이다. 국학학정은 관계官階로는 정구품正九品에 불과하지만 예부시의 급제자만으로 채워진 관직의 하나였으므로 진급이 빨랐다. 부가 낮은 품계로 끝난 사실로 미루어 무신난 후에 희생되었을 가능성이 있다는 확신을 크게 한다.

부의 본관인 동주洞州(후의 黃海道 瑞興)나 모의 개풍開豊은 모두 개경에서 매우 가까운 부근이었다. 건국 초에는 중부 출신이 많았으나 광종시에는 서남부계의 진출이 현저하였다. 경종 이후 성종 때까지는 최승로를 위시한 동남 경주계가 약진하면서 광종시의 세력은 많이 제거되었다. 요의 친입을 대항하는 과정에서 서희徐熙와 이지백李知白 등 중부계가 다시 대두하면서 동남 경주계와 균형을 유지하였다. 문종 이후 과거 출신의 문신 관료의 문벌화門閥化가 강화되면서 향공鄕貢의 진출은 어렵고 폐쇄화하는 현상이 나타났으며, 개경과 그 주위 출신의 문신의 자제가 독점하는 현상이 강화되었다. 이러한 경향은 무신난 직전까지 계속되었으므로 이러한 시기에 정광우가 급제하였다면 관품만을 보고 그의 세속 신분이 낮았다고 단정하기는 어렵다.

그는 어려서 병이 많아 기불의 효험을 보았다는 비문과 의관衣冠의 아들로 과거를 사양하고 출가했다는 수선사 중창기의 기록은 차이가 있다. 그는 무신난 후에 출가하였지만, 1차 무신난을 겪고 12년 지난 시기에 승과에 합격하였다. 그러나 그가 승과의 예비시험인 담선법회談禪法會로부터 최종 고시인 대선大選에 합격하기까지 파란이 있었음을 암시하는 표현이 있다. 여기에는 무신난 후에 불교계에 대한 탄압과 불교계 스스로의 반성과 대응에 대해서 함축된 의미가 숨어 있다고 하겠다. 이는 그의 세속 가계가 무신난 후에 타격을 받은 시련을 불력에 의하여 극복하려는 기원이 잠재한다고 해석된다.

그가 출가한 다음 수계를 거쳐 승과에 합격하기까지 조계운손曹溪雲孫인 종휘선사宗暉禪師의 훈도를 받았다. 그가 8세에 출가하였다면 25세까지 17년간의 오랜 기간을 일관되게 종휘를 사승으로 감화받았다고 해석할 수밖에 없다. 종휘는 오랜 기간 그에게 토양이 되었다고 할 정도로 기반이 되었던 인물인 셈인데, 그에 대한 사상적 계보와 주지한 사원에 대한 이름과 위치는 수록되지 않았다. 조계운손이란 종휘의 소속을 밝힌 셈인데, 이에 대해서도 깊은 관심을 기울이지 않았다.

지눌의 비문에 사승인 '조계운손종휘曹溪雲孫宗暉'를 언급하면서도, 같은 자료에 사승의 영향이 적었다는 이른바 "學無常師 惟道之從"이란 상반된 표현이 있다. 학계에서는 후자에 중점을 두고 그가 조계종에 속한 고승이라기보다는 조계종의 창시자로 내세우려는 견해가 있었고[28] 오늘날에도 불교사의 개설서에서 이를 답습하는 예가 적지 않다.

그는 조계종의 창시자인가, 아니면 계승자인가. 이 점은 대수롭게 지나치기 어려운 중요한 문제라고 생각된다. 주관적 경향은 장점을 지나치게 강조하는 경향이 있고, 단점은 이와 반대로 철저하게 매도하는 경향이 있으므로 과장이 있게 마련이다. 지눌의 경우에도 계승보다는 독창적이라고 강조하거나 창시자라고 내세우는 경향이 심하다. 학문의 초창기에는 이러한 경향이 있게 마련이지만 지눌의 경우에도 이 두 가지 양면성에 대해서는 당시의 시대성과도 상관 지우면서 냉철한 해석이 있어야 되겠다.

그와 조계종과의 관계는 사승을 나타내는 '조계운손종휘'에서 '조계曹溪'란 육조 혜능을 말하는가, 아니면 조계종을 의미하는가라는 해석상의 차이에서 비롯된다. 위의 인용만으로는 어느 해석도 가능하다. 또한 위의 인용만으로는 그가 속한 산문을 알 수 없다.

---

28) 이능화, 『朝鮮佛敎通史』 下(신문관, 1918), 481~484쪽.

그가 소속한 산문은 그와 직접 관련된 자료보다는 수선사의 4대 주지였던 혼원混元의 비문에서 분명히 사굴산 계통의 후예라고 밝히고 있다.[29] 그보다 늦은 시기의 고승도 산문을 조계종과 연결시켜 소속을 표시한 예가 있다. 따라서 그의 스승은 물론 그보다 앞선 시기의 고승 비문에서도 조계종에 소속되었음을 밝히고 있으며, 「선봉사대각국사비음기僊鳳寺大覺國師碑陰記」에는 국초부터 조계종이 있었음을 명시하고 있다.

이러한 여러 근거를 토대로 결론을 내린다면, 그는 조계종에 속한 하나의 산문인 사굴산문의 중흥조일 뿐이고, 조계종의 창시자도 아니고 9산문을 통합하지도 못했다. 그가 조계종의 중흥조일 정도로 독보적인 존재로 부각되기는 그보다 훨씬 후에 같은 산문에서 나옹이 배출되었기 때문이라 짐작된다. 사굴산문의 나옹懶翁은 가지산문迦智山門의 태고太古와 함께 고려 말에 조계종의 양대 산맥을 이루었다. 태고의 법손은 조선 초에 단절되었으나, 나옹의 문도는 법맥을 유지함으로써 조선 시대에는 주도적인 역할을 보였다고 이해하였다. 태고법통설은 조선 후기에 휴정休靜의 문도에 의하여 창조된 오류라고 하겠다.[30]

사굴산의 개산조開山祖로부터 지눌에 이르는 계보는 오래된 근거가 없다. 이는 태고법통론에서도 마찬가지이다. 태고법통론을 신봉한 권상로權相老가 태고의 계승을 가지산의 개산조開山祖 도의道義까지 소급한 계보를 체계화하였듯이[31] 지눌의 법통을 중요시한 송광사 중심의 지눌법통론자들은 사굴산 개산조에서 지눌과 나옹을 연결시키는 사승 관계를 소급하여 작성하려는 노력을 보였다.[32] 필자는 지눌의 사승을 개산조까지 연결

---

29) 『東文選』 권117, 「金坵: 臥龍山慈雲寺王師贈諡進明國師碑銘」.
30) 허흥식, 「指空의 原碑文과 碑陰記」, 『이기영박사고희기념: 佛敎와 歷史』(한국불교연구원, 1991).
31) 退耕, 「古祖派의 新發見」『불교』 31집(1932. 1).
32) 임석진, 『松廣寺誌』(송광사, 1955).

시킨 계보를 그대로 믿기 어려우나 지눌과 나옹을 거쳐 휴정에 이른 법통의 개연성이 크다고 하겠다.

6. 맺음말

인물에 대한 연구로 지눌처럼 풍성한 성과가 축적된 사례도 많지 않다. 그러나 그의 비문에 이본이 많다는 사실을 주목하거나, 이를 종합하여 교감校勘하려는 시도는 극히 적었다. 우리 나라의 학계는 이론의 제시에만 열중하거나 이와 반대로 이를 아예 묵살하는 극단의 태도를 가지는 통폐가 있으며, 기초적인 교감을 축적하는 작업은 소홀한 경향이 있다.

필자는 십여 종에 해당하는 지눌비를 수집하여 이를 대조하고 몇 갈래의 계통으로 분류하였다. 하나는 송광사에 현존하는 비문이다. 이는 임진왜란으로 원비原碑가 파괴된 다음에 원비문을 부분적으로 생략하여 새겼다. 다음은 동문선본으로 병서幷序는 생략되지 않았으나 오자가 많다. 또한 찬자·서자·건립자와 시기 등이 생략된 아쉬움이 있다.

원비 탁본은 현존하지 않으나 이에 가까운 사본寫本으로는 가장 중요한 두 가지를 들 수 있다. 하나는 송광사에 보존된 고문서에 포함된 고사본으로, 조선 시대 관부로부터 공인 받은 신빙성 있는 자료였다. 또 다른 하나는 조계산송광사사고曹溪山松廣寺史庫에 실려 있으며, 1932년에 고사본과 『동문선』, 그리고 중립비문을 종합하여 사본을 만들었다고 추측된다.

두 가지 사본에는 원비의 음기는 없으나, 피휘와 당시 국왕의 국제적 지위를 나타내는 용어가 반영되어 있다. 이들 사본에는 찬자와 서자, 입석자와 시기, 그리고 간자刊者의 관직이 빠짐 없이 수록되어 있다. 또한 많은 오자를 바로잡는 교감 작업에서 유용하게 쓰일 풍부한 내용을 담고 있다.

지눌의 입적을 앞두고 시자侍者와의 대화를 적은 임종기臨終記도 복원비에서는 거의 생략되었다. 특히 임종시의 이적을 두둔하기 위해 제시된 중국 고승의 사례들은 모두 생략되었다. 이런 예는 원감국사圓鑑國師의 복원비에서도 확인된다.

필자는 지눌비의 해석에 있어서도 몇 가지 새로운 견해를 제시하였다. 그의 세속적 신분은 결코 낮지 않았다고 보았다. 그가 출가 후에 지방에서 결사 불교를 일으킨 동기도 무신집권으로 타격을 받은 세속의 가문과 사승에 대한 깊은 연관성이 담겨 있다고 해석하였다. 그가 모친을 모셨고, 임종하였으며, 천복薦福하였고, 머지않은 시기에 그가 입적한 사실도 그가 세속의 부모에 대한 깊은 회한悔恨이 있었음을 의미한다고 생각된다.

지눌 비문을 이해하기 위하여 찬자인 김군수에 대해서 천착하는 경향이 있었다. 그러나 찬자는 혜심이 지은 보조국사의 행장을 비문에 알맞도록 제요提要하였을 뿐 자신의 주관을 반영시키지 못했다고 해석된다. 대부분 행장이 현존하는 경우에 비문은 요약에 불과하고 김군수가 특별히 주관적으로 찬술할 처지이거나 그럴 만한 필요가 있지 않았기 때문이다. 따라서 행장行狀을 쓴 혜심의 주관이 좀더 작용하였다고 해석된다.

지금까지는 지눌의 역할을 법통에서 지나치게 강조하거나 전혀 묵살하는 극한적 대립을 보여 왔다. 그를 조계종의 창시자로 과장하기도 하고 태고법통론자들은 그의 중요성을 철저하게 배제하기도 하였다. 필자는 지눌이 조계종의 창시자도 아니고 사굴산문의 중흥조에 불과하다고 이해하였다. 그러나 사굴산문을 계승한 나옹법통만 지속하였으므로 그가 오늘날 대한불교조계종으로 연결되는 인맥상 중요한 중간 존재임을 부각시켜야 한다고 제시하였다.

『眞心直說』의 저자에 대한 재고찰

최 연 식

1. 머리말

우주만법宇宙萬法의 근원을 진심眞心으로 얘기하며 그 진심의 다양한 측면을 설명하고 있는 『진심직설眞心直說』은 지눌知訥 선禪 사상의 요체를 보여 주는 대표적 저술의 하나로 이야기되고 있다.[1] 하지만 이 책은 내용에 있어서 지눌의 다른 저술들과 상호 영향 관계가 분명하지 않다. 지눌의 입적入寂 1년 전의 저술로서 자신의 사상을 종합정리하고 있는 『법집별행록절요병입사기法集別行錄節要幷入私記』에는 다른 저술들의 주된 요지가 반복되면서 그의 선 사상이 분명하게 정리되고 있지만, 여기에서 『진심직설』의

---

[1] 『眞心直說』은 지눌의 저서 중 중요한 비중을 차지하는 것으로 얘기되지만, 실제 이 책의 사상적 특질을 구체적으로 밝힌 연구는 그다지 많지 않다. 다음의 연구들이 『진심직설』의 내용을 통해 지눌 선 사상의 요체를 이해하려는 대표적 논문들이다.
이종익, 「『眞心直說』에 대하여」, 『불일회보』 6·7월호(송광사, 1987).
鎌田茂雄, 「『眞心直說』의 사상사적 의의」, 『보조국사 지눌의 사상』(대한전통불교연구원 제6회 국제학술회의자료집, 1984).
頓然, 「『眞心直說』과 涅槃無名論: 頓悟漸修의 사상 배경」, 『수다라』 3집(해인강원, 1988).
이창구, 「『眞心直說』을 통해서 본 眞心과 悟修의 구조」, 『구산논집』 3집(구산장학회, 1999).

내용과 통하는 부분은 발견하기 힘들다.[2] 더욱이 『진심직설』에는 진심의 본성과 기능 등만이 설명되고 있을 뿐이어서 지눌의 사상 체계인 성적등지문惺寂等持門, 원돈신해문圓頓信解門, 간화看話(徑截)문 등의 3문門 중 어느 것과도 직접적인 이론적 연결을 가지고 있는 것으로도 보이지 않는다. 이런 점 때문에 필자는『진심직설』이 지눌의 사상 체계 혹은 사상 발전 과정에서 어떠한 위치에 있는지, 다른 저술과의 관계를 어떻게 해명할 수 있을지에 대해서 많은 의문을 가져왔고, 『진심직설』의 판본들을 조사하면서부터는 이 책이 지눌의 저술이라는 분명한 근거가 없다는 것을 알게 되었다. 하지만 기존 판본들의 편집 상황을 볼 때 지눌의 저술이 아니라고 얘기할 근거가 분명하지 못하였는데, 최근 기존에 알려진 판본과는 다른 새로운 판본을 발견하고서 지눌의 저술이 아닐 가능성이 대단히 높다는 것을 확인하게 되었다. 이에 본 논문에서는 서지적 측면과 사상적 측면에서 이 책을 지눌의 저술이라고 볼 수 있는지의 여부를 검토해 보고자 한다. 오랜 기간 지눌 사상의 요체를 드러낸다고 평가받아 온 책을 지눌의 저술이 아니라고 얘기하는 것에 많은 부담을 느끼지만, 지눌의 사상을 보다 분명하게 이해할 필요성에서 문제를 제기하고자 한다. 선학제현先學諸賢의 질정叱正을 바란다.

2. 지눌 찬술설의 서지적 검토

1) 지눌 찬술설과 그 근거

『진심직설』이 지눌의 저술로 알려지기 시작한 것은 18세기 말부터였다.

---

2) 최연식, 「『法集別行錄節要幷入私記』를 통해 본 普照 三門의 성격」, 『普照思想』 12 집(보조사상연구원, 1999).

그 이전에는 이 책의 존재가 국내에 알려지지도 않았었는데, 이충익李忠翊이 청나라에서 『진심직설』을 구해 와 1799년에 송광사에서 목판으로 간행하면서 지눌의 저술로 널리 알려지기 시작한 것이다. 송광사본에 붙어 있는 이충익의 발문은 당시의 사정을 자세하게 전하고 있다.

보조普照스님은 조계曹溪 수선사修禪社의 개산초조開山初祖로 법보法寶를 널리 펴서 우리 나라(震朝)에 은택을 주었다. 스님의 저술은 모두 유통되고 있지만 내가 연도燕都의 대장경에서 구한 『수심결』과 『진심직설』 두 책만은 우리 나라의 사찰에 전하지 않고 있다. 학암기사鶴巖奇師가 『법화경法華經』을 조판雕板함에 본사本社(송광사)에서 간행하기를 청하였으니, 이는 때에 드러남과 감추어짐이 있는 것이 아니겠는가. 이 책의 뒤에 청나라 학사學士 명주明珠가 대장경大藏經을 간행한 일이 기록되어 있는데, 강희康熙 기미년己未年(1679)이다. 그런즉 신유년辛酉年(1681)에 대장경을 실은 배가 임도荏島에 도착한 것도 명주 학사의 법시法施의 결과일 것이다. 우리 나라의 선자禪子들이 그 대장경을 번각翻刻하여 선포宣布하면서 즐기면서도 오랫동안 누가 그 선물을 주었는지 모르고 있었다. 이에 아울러 그 사실을 기록하였다. 오늘 이 두 책이 우리 나라에 다시 유통된 것도 명주 학사의 공덕임은 의심의 여지가 없다.
가경嘉慶 기미년(1799) 7월 □일, 수관거사水觀居士 이충익李忠翊이 기록함.[3]

이 발문에 기록된 것처럼 이 때 이충익이 구해 온 책은 1679년에 청나라의 대학사大學士 명주明珠가 부인과 함께 발원하여 간행한 대장경 중의 일부로[4] 한 책에 『진심직설』과 『고려국보조선사수심결高麗國普照禪師修心

3) "普照師, 爲曹溪修禪社開山初祖, 弘闡法寶, 雨于震朝. 其所詮著, 悉已流通, 而修心訣, 眞心直說二書, 自燕都藏中, 爲余所獲, 而叢林無傳焉. 鶴巖奇師, 乃於法華雕板之次, 請以刊之本社, 滋豈非時有顯晦而然歟. 卷末有淸學士明珠, 印造大藏事記, 在於康熙己未. 則辛酉海舶之載經함, 泊荏島, 當是明珠學士法施之餘力也. 東國禪子, 翻刻宣布不享其賜而不知其人久矣. 余故牽連記之. 今日二書之復行於東國也, 明珠學士, 亦當爲功德無疑焉. 時, 嘉慶己未七月日, 水觀居士, 李忠翊, 識."
4) 말미에 붙은 明珠의 기원문은 다음과 같다. "奉, 佛弟子大學士明珠, 室覺羅氏, 謹發誠心印造, 大藏經於千佛寺, 至誠供養, 願將此功德, 溥及於一切, 我等與衆生, 同歸

訣』, 승조僧肇의 『보장론寶藏論』 등 3종류의 저술이 함께 수록되어 있었던 것으로 보인다.[5] 각 저술의 말미에는 저본이 된 책의 간기들이 기록되어 있는데, 각기 1594년(『보장론』)과 1602년(『수심결』), 1606년(『진심직설』)에 강남 지방에서 간행된 책을 저본으로 하여 중간된 것이었다.[6] 또한 각 저술에는 돈팔敦八(『수심결』), 돈구敦九(『진심직설』), 돈십敦十(『보장론』)의 함차函次가 기록되어 있는데, 이 함차들이 『대명삼장성교북장목록大明三藏聖教北藏目錄』 및 『장판경직화일목록藏版經直畫一目錄』 등의 명판明版 대장경 목록에 수록된 이 책들의 함차와 동일한 것으로 보아[7] 이 책들은 명판대장경 그 중에서도 가흥장嘉興藏을 저본으로 하였던 것으로 추정된다.[8] 청

無上道, 康熙拾捌年己未晒月."
이충익이 밝힌 것처럼 1681년에 서해안 임자도에는 많은 양의 경전을 실은 책이 정박한 일이 있었는데, 시기적 근접성으로 미루어 실제로 明珠가 간행한 대장경의 일부일 가능성이 높다.

5) 국립도서관에 이충익이 가져온 책을 石版影印한 책이 소장되어 있으며(도서번호 한-21-339)), 이 중 『眞心直說』과 『修心訣』은 『한국고승집 2: 지눌』(불교학연구회 편, 1974)에 다시 영인 수록되어 있다.

6) 『修心訣』, "禹航居士嚴調御嚴武順嚴勅, 施刻此卷, 釋淨裰, 對徐晉書, 鄒友刻, 萬曆壬寅六月, 徑山寂照庵識."
『直心直說』, "新安善男子吳明貞, 喜助刻眞心直說一卷, 上祝雙親, 壽祉增崇, 入佛知見, 普及法界含靈同願種智者, 安城釋可震, 對南昌萬承明書, 上元栢之挺刻, 萬曆丙午仲夏月, 徑山寂照庵識."
『寶藏論』, "姑蘇來吳優婆夷法紀發心施費刻, 寶藏論一卷, 祈父水思河福慧雙嚴, 薦亡母吳氏超生淨土者, 長洲徐晉書, 建陽鄒友刻, 萬曆甲午秋九月, 武林能仁禪院識."

7) 『昭和法寶總目錄』 권1(『大正新修大藏經』 권87, 298쪽·322쪽). 한편 淸代의 대장경 목록인 『大淸三藏聖教北藏目錄』에는 위의 책들이 藝字函의 함차를 가지고 있다.(『大正新修大藏經』 권87, 386쪽)

8) 明代에는 건국 초기의 洪武藏 이래 9차례에 걸쳐 대장경이 조성되었는데, 『修心訣』과 『眞心直說』이 대장경에 편입된 것은 1584년에 판각이 완료된 萬曆北藏부터였다. 1607년 이후 간행이 시작된 萬曆南藏의 續藏과 1589~1643년에 간행된 가흥장에도 계속하여 수록되었다.(萬曆南藏의 續藏의 경우에는 函次가 표시되지 않음) 明珠가 저본으로 사용한 책들은 간행 연도와 간행 지역으로 보아 嘉興藏의 일부로 추정되는데, 가흥장은 민간이 중심이 되어 方冊本으로 간행하였고, 浙江 지역의 徑山을 중심으로 사찰들이 주도하였기 때문에 徑山藏으로도 불린다.(椎名宏雄, 『宋元版禪籍の硏究』, 大東出版社, 1993, 309쪽, '明版大藏經一覽表' 참조) 한편 서울대학교 도서관의 상백문고본 중에도 敦八과 敦九의 函次를 가지고 있는 명판대장경의 『修心訣』과 『眞心直說』이

나라의 대학사였던 명주는 강남 지방에 전하던 명대의 대장경을 저본으로 하여 대장경 1부를 간행하였고, 이충익이 그 중 진심직설이 수록된 책을 구하여 국내에 소개하였던 것이다.

이충익은 위 발문에서 자신이 『수심결』과 『진심직설』을 처음 국내에 소개한다고 하였지만, 그의 얘기와 달리 『수심결』은 조선 초기 이래 수차례에 걸쳐 간행되어 이미 널리 알려져 있던 책이었고, 『진심직설』만이 처음으로 국내에 소개된 책이었다. 또한 이충익은 『진심직설』이 『수심결』과 함께 지눌의 저술이라고 하였지만, 그가 구해 온 책의 본문에는 어디에도 『진심직설』이 지눌의 저서임을 밝히는 내용은 나타나 있지 않다. 이 책의 완전한 제목은 '고덕선사진심직설古德禪師眞心直說'이라고도 기록되어 있는데, 고덕古德은 과거의 고승高僧을 나타내는 일반적인 표현이므로 특정한 저자를 지칭한 것이 아니며 오히려 저자를 모르기 때문에 붙인 제목이라고 할 수 있다. 또 앞뒤에 붙은 저자의 서문 및 1447년과 1469년 중간重刊 당시의 중간서重刊序와 중간발重刊跋 등에도 이 책 저자의 신원에 관한 정보는 전혀 언급되어 있지 않다. 보통 중간의 서문 혹은 발문 등에는 저자에 관해 언급하는 것이 일반적이므로, 중간의 서와 발에 저자에 관해 전혀 언급하고 있지 않은 것은 이 책을 중간하던 15세기 당시에도 이 책의 저자를 알지 못하였을 가능성이 높다고 생각하는 것이 타당할 것이다. 더욱이 같은 책에 함께 수록되어 있는 『수심결』의 경우 제목을 '고려국보조선사高麗國普照禪師'라고 하여 저자가 고려의 보조선사 즉 지눌임을 밝히고 있는

수록되어 있는데, 이 책들은 장정이 비교적 화려하고 折帖本의 형태를 하고 있어 萬曆北藏의 일부로 추정된다. 이 중 『修心訣』에는 다른 판본에는 없는 1447년의 중간발이 수록되어 있어 서지적 가치가 높다. 이 책들과 이충익이 구해 온 책을 비교하면 몇 곳에서 글자의 차이가 보이지만 개원사본과 같은 판본상의 차이가 아닌 판각 과정에서의 차이로 보인다.(자세한 비교는 뒤의 <부표 1>과 <부표 2> 참조) 이 책들이 언제 어떤 경로를 통하여 국내에 들어왔는지는 알 수 없는데, 이 판본이 국내에 유통된 흔적이 없는 것으로 보아 근대 이후에 유입되었을 가능성이 높다고 생각된다.

데, 이러한 상황에서 저자가 분명하게 명기되어 있지 않은『진심직설』을 지눌의 저술로 파악하기는 쉽지 않았을 것으로 생각된다.[9]

이처럼 중국에서 구해 온『진심직설』책 자체에 이 책이 지눌의 저작임을 나타내는 아무런 언급이 없을 뿐 아니라 국내에서도 18세기 이전의 지눌과 관련된 어떠한 자료에도 지눌이『진심직설』을 저술했다는 언급은 나타나지 않고 있다. 그럼에도 불구하고 이충익이『진심직설』을 지눌의 저술이라고 단정했던 이유는 무엇일까? 그것은 아마도 그가 중국에서『진심직설』이 수록된 책을 구했을 때 이 책이 지눌의 저술이라고 하는 이야기를 누군가로부터 들었기 때문이 아닐까 생각된다. 실제로 명나라 말기의 승려 지욱智旭(1599~1655)이 편집한『열장지진閱藏知津』에『진심직설』을 지눌의 저술로 기록하고 있는데,[10] 이러한 인식은 청나라 때까지 계속되었을 것이므로 이충익이 중국에서 그러한 정보를 듣고서 이 책을 지눌의 저술이라고 조선에 소개하였을 가능성이 높은 것이다.

그런데 책의 제목과 서문·발문 등에 저자가 밝혀지지 않은 이 책을 지욱이『열장지진』에서 지눌의 저술로 간주한 까닭은 무엇일까? 그것은 이 책의 편집 상태와 밀접한 관련이 있다고 생각된다. 이름 그대로 대장경의 이해를 돕기 위한 해제집 성격의 책인『열장지진』은 당시 유통되던 명장明藏에 수록된 책들 전체에 대하여 저자와 간기 등을 기록하고 있는데, 명장에 수록된『진심직설』의 편집 상태에 이 책을 지눌의 저술로 볼 수 있는 요소가 충분히 존재하고 있었기 때문이다. 즉 명장에 수록된『진심직설』은 지눌의 저술인『고려국보조선사수심결』의 바로 뒤에 연이어 수록되어 있을 뿐 아니라 바로 뒷부분에 지눌의『계초심학인문』및 몽산덕이蒙山德異

---

9) 이처럼『眞心直說』자체에 저자가 명기되어 있지 않기 때문에 근대에 편찬된 대장경 중 초기에 간행된 日本의 續藏經류에서는 이 책의 저자를 특별히 명기하고 있지 않다.『大正新修大藏經』에서 처음으로 이 책의 저자를 知訥로 명기하고 있다.

10)『閱藏知津』권42(『大正新修大藏經』권89, 1241쪽).

와 관련된 법어 3편(皖山正凝禪師示蒙山法語, 東山崇藏主送子行脚法語, 蒙山和尚示衆)이 부록으로 실려 있는데,『진심직설』의 저자가 분명하게 제시되어 있지 않기 때문에 바로 앞 책과 마찬가지로 지눌의 저술로 간주될 가능성이 있는데다가 거기에 더하여 지눌의 저술인『계초심학인문』이 부록되어 있기 때문에 이 책을 쉽게 지눌의 저술로 간주하였을 가능성이 높은 것이다.

일반적으로 부록으로 수록되는 저술은 본 저술과 특별한 관련을 갖기 때문에『계초심학인문』의 저자인 지눌이『진심직설』의 저자로 간주되기에 무리가 없었을 것이고, 순서상으로도『수심결』과『계초심학인문』사이에 있는『진심직설』의 저자를 지눌 이외의 다른 사람으로 간주하기는 쉽지 않았을 것이다. 실제로『열장지진』에는『진심직설』의 저자를 '조계산曹谿山 노납老衲 지눌知訥'이라고 기록하고 있는데, 이 '조계산 노납 지눌'이라는 표현은『진심직설』에 부록된『계초심학인문』의 말미에 있는 표현을 그대로 옮긴 것이었다. 문제는『계초심학인문』과 함께『진심직설』에 부록되어 있는 법어 3편이 지눌과 관계가 없다는 것이지만, 이 법어들은 고려 말과 조선 초 불교계에 큰 영향을 미친 몽산덕이와 관련된 것으로 고려와 조선에서 널리 유행한 것이므로[11] 어쨌든 고려 혹은 조선의 불교계와 관련된 책으로 간주될 수 있었을 것이다. 이와 같은 편집 상황을 고려할 때 지욱이 중국 불교계에서『진심직설』을 지눌의 저술로 간주한 것은 크게 무리한 판단은 아니었다고 생각된다. 이상과 같은 자료의 상태를 보면 설혹『진심직설』자체에 저자가 명기되어 있지 않다고 하더라도 누구든 쉽게 지눌의 저서라고 추정하였을 것이다.

이충익이『진심직설』을 지눌의 저술로 소개한 이후 조선 불교계에서 별

---

11) 조명제, 「고려후기『蒙山法語』의 수용과 간화선의 전개」『普照思想』 12집(보조사상연구원, 1999).

다른 이의 없이 이를 받아들인 것도 다분히 이러한 편집 상태를 의식한 때문으로 생각된다. 이충익이 구해 온 책 역시 앞에서 살펴본 것처럼 명판대장경을 중간한 것이었고, 따라서 책의 편집 상태는 명판대장경의 편집 상태를 그대로 반영하고 있었다. 따라서 이 책을 통해『진심직설』을 접한 조선 불교계에서는 설혹 그 내용이 그 동안 알고 있던 지눌의 사상과 차이가 있다고 해도 책의 편집 상태로 보아 이 책을 지눌의 저술로 파악하는 데 별다른 의심을 갖지는 않았을 것이다. 그 결과『진심직설』을 지눌의 저술로 보는 이해는 이후 조선 불교계에 그대로 받아들여졌는데, 송광사에서 이충익이 구해 온 책을 중간하면서 지눌의 저술임을 명기한 이후 불교계에서는 누구나 이 책을 지눌의 저술로 인정하였다. 그래서 1883년에 편집된『법해보벌法海寶筏』과 1907년에 편집된『선문촬요禪門撮要』에는 이 책이 지눌의 저술로서 수록되었고, 이후 지눌의 전서全書 혹은 선서選書가 편집될 때마다 지눌의 대표적 저술로 수록되고 있다.

2) 새 판본과 지눌 찬술설의 문제점

앞에서 살펴본 것처럼『진심직설』이 지눌의 저술로 간주된 것은 상당 부분 지눌의 저술인『수심결』뒤에 수록되어 있고, 또 다른 지눌의 저술인『계초심학인문』을 부록으로 수록하고 있는 이 책의 편집 상태에 의거한 것으로 보인다. 이러한 편집 상태를 제외하고는 책 자체에 저자가 명기되어 있지 않은 이 책을 지눌의 저술로 볼 수 있는 분명한 근거를 찾을 수 없기 때문이다. 그런데 국립중앙도서관에 소장되어 있는『진심직설』의 한 판본은 지금까지 알려진 명판대장경 계통의 판본들과는 편집 상태와 내용에 많은 차이를 보여 주고 있어『진심직설』의 저자를 새롭게 파악할 수 있는 실마리를 제공하고 있다.

도서번호 '古M1798~17'의 마이크로 필름으로 보관되어 있는 이 책은 4침안針眼의 중국본으로 1598년의 간기를 가지고 있는데, 국립중앙도서관의 자료 소장 경위 기록에 의하면 1965년 한일협정에 의거하여 일본측에서 반환한 도서 중의 하나라고 한다. 원본의 소장처는 기록되지 않아 알 수 없는데, 마이크로 필름으로 확인한 도서인은 '비각도서지인秘閣圖書之印'이며 겉표지에는 '子百九十六四七/一六四七〇'의 도서번호가 붙어 있다. 표제는『고덕진심직설古德眞心直說』로 되어 있으며, 체제는 '고덕선사직심직설서古德禪師眞心直說序', '고덕선사진심직설古德禪師眞心直說', '고려국보조선사수심결高麗國普照禪師修心訣'의 순서이고, 마지막에 간기刊記('萬曆二十六年 開元寺藏經堂 如岩等重刻')와 1전錢에서 3전錢까지를 낸 25명의 시주자 명단이 기록되어 있다.

이처럼 이 책에는 명판대장경 계통의 판본들에 수록되어 있는 중간서重刊序와 발跋이 없을 뿐만 아니라『진심직설』의 뒤에『계초심학인문』과 몽산 관련 법어들이 부록되어 있지도 않다. 또한『진심직설』과『수심결』의 수록 순서도『수심결』이 앞에 오는 명장明藏들과 달리『진심직설』이 먼저 나오고 있다. 이러한 차이점들은 이 책이 명판대장경 계통의 판본들과는 계통이 다른 판본일 가능성을 보여 주는 것이라 할 수 있는데, 실제로 이 책에는 다른 판본들과 달리 대장경의 함차도 기록되어 있지 않다. 내용에 있어서도 이 책을 제외한 명판대장경 계통의 판본들이 일부 글자의 변화를 제외하고는 내용상 일치하고 있는 것과 달리 이 책은 도저히 같은 저본을 이용했다고 생각하기 힘든 정도의 많은 차이를 보여 주고 있으며, 특히『진심직설』제15절의 경우 제목까지도 다른 판본의 '진심소왕眞心所往'과 달리 '진심소주眞心所住'로 나타나고 있다.(뒤의 <부표 1>과 <부표 2> 참조) 앞에서 본 것처럼『진심직설』을 지눌의 저작으로 판단할 수 있었던 근거가『수심결』의 뒤에 붙어 있다는 점과『계초심학인문』등이 부록되어 있다는 점 등이었다고 추정되는데, 이 책의 체제는 그러한 근거와 모두 배치되고 있다. 따라서 만일 이 책이 보여 주는 체제가 『진심직설』의 본래 모습에 가까운 것이고 명판대장경 계통에 보이는 체제가 후대의 변경에 의한 것이라면 지금까지 당연시된 지눌 저작설은 새롭게 검토할 필요가 있을 것이다.

이 개원사본의 간행 연대는 1598년으로 명판대장경 중 가장 이른 시기의 판본인 만력북장萬曆北藏(1584년 이전에 완성)보다 늦지만, 그 저본은 오히려 명판대장경의 저본보다 이른 시기의 것일 가능성이 높다. 두 책의 내용을 비교해 보면 개원사본의 저본이 명판대장경의 저본보다 시기적으로 앞섰거나 원형에 보다 가까웠을 가능성을 보여 주는 모습이 여러 곳에서 발견되고 있기 때문이다. 『진심직설』의 경우 개원사본에는 글자의 착오로 생각되는 부분이 거의 발견되지 않는 것과 달리[12] 명판대장경 계통의 판본에는 '어일념수於一念須'(須는 頃의 잘못), '정명경淨明經'(明은 名의 잘못), '구굉俱肱'(肱은 胧의 잘못), '비환불멸非幻不滅'(앞에 幻滅滅故 탈락), '의형색依形色'(앞에 不 탈락), '작멸편불용作篾便不用'(篾은 筏의 잘못, 便은 更의 잘못), '영견슈見'(슈은 수의 잘못), '원화엄元華嚴'(元은 老의 잘못) 등과 같이 글자가 잘못된 부분이 많이 발견되고 있고, 「진심정신眞心正信」의 앞부분에는 '고유낙과故有樂果'가 불필요하게 첨가되어 있다.(자세한 비교는 뒤의 <부표 1> 참조) 또 의미가 통하지 않는 것은 아니지만 아래의 단어들도 개원사본의 경우가 보다 적당한 글자를 사용한 것으로 생각된다.[13]

---

12) <표 1>의 가장 마지막 항목인 '後所趣者'의 경우는 내용상 '身'이 붙은 다른 판본의 경우가 더 타당한 것으로 생각된다.
13) 제목이 다른 제15절의 경우도 본문의 내용상 두 가지 제목이 모두 가능하지만 글이 '眞心을 契證한 사람이 사후에 어디에 依託하는지'에 대한 물음에서 시작된다는 점에서 개원사본의 제목인 '眞心所住'(진심이 머무르는 곳)가 다른 본의 제목인 '眞心所往'(진심이 가는 곳)보다 적절하지 않은가 생각된다.

<표 1>

개원사본	韻出無心, 張弓, 磨鏡垢淨明現, 如痴如聾, 上苑, 無記, 團圓, 千聖興來, 對治, 一隻正眼
다른 판본	韻出今時, 拈弓, 磨鏡垢盡明現, 如痴似兀, 上園, 無計, 團圞, 千聖興來, 對知, 一雙正眼

이처럼 개원사본이 명판대장경 계통의 다른 판본들에 비하여 내용이 정확하다는 것은 전자의 저본이 후자보다 더 정확하였음을 보여 주는 것이고, 그것은 곧 개원사본의 저본이 명장본의 저본에 비해 시간적으로 앞서는 판본일 가능성이 있음을 보여 주는 것이라고 할 수 있다.

이러한 판본상의 차이는『수심결』의 내용 비교에서도 확인된다.『수심결』의 경우도 개원사본 및 명장본明藏本 계통의 판본 사이에 많은 글자의 차이가 발견되는데,『진심직설』과 마찬가지로 이를 조선 초기의 판본들과 대조하여 정리하면 아래의 표(<표 2>)와 같다.(자세한 비교는 뒤의 <부표 2> 참조)

<표 2>

A	개원사본 =명장본	虛知, 虛通, 今見作用, 是如事上, 爲兩門, 益人天, 隨黑暗, 能生信心.
	조선초기본	靈知, 靈通, 今現作用, 是知事上, 就此兩門, 蓋人天, 墮黑暗, 生信心.
B	개원사본= 조선초기본	他人有解悟處, 指示入路, 雖悟本性, 加功着力, 至于今日, 人生萬物之靈, 吾未如之何也.
	明藏本	他旣有解悟處, 指爾入路, 頓悟本性, 仲(中)功著力, 至於今日, 生人萬物之虛, 吾未如之何也.
C	개원사본	今世之人, 知覺, 臨濟, 不名修心, 迷癡之輩, 眞謂, 使與人天爲師, 鴉鵲鳴噪, 還見, 諦聽, 便廢, 展轉, 兩輪, 若石壓草, 吃飯, 稱無事底人, 寂然正受, 反招無間, 更向何生, 逢醫王, 其狀, 野狂, 獅子.
	明藏本= 조선초기본	今之人, 覺知, 臨際, 不名修學, 迷癡輩, 眞所謂, 便與人天爲師, 鴉鳴鵲噪, 還有, 諦聽諦聽, 便撥, 轉展, 二輪, 如石壓草, 喫飯, 爲無事人, 寂然三受, 返招無間, 更待何生, 遇醫王, 其狀可見, 野干, 師子.

A는 중국의 판본인 개원사본과 명장본의 글자가 조선 초기의 판본과 다른 경우인데, 특히 조선 초기 판본의 '영靈'자를 개원사본과 명장본이 모두 '허虛'자로 바꾸고 있는 것에서 중국에서 유통된 판본들이 조선 초기의 판본과는 계통을 달리하는 것을 알 수 있다.[14] B와 C는 개원사본과 명장본의 글자가 다른 경우인데, 대체적으로 명장본 계통이 개원사본에 비해 조선 초기 판본들과 더 많이 일치하는 것을 볼 수 있다. 그런데 개원사본이 조선 초기 판본과 일치하는 B의 경우 명장본에 사용된 글자들이 내용상 대부분 명백한 오자誤字인 것과 달리 명장본이 조선 초기 판본과 일치하는 C의 경우 개원사본에 사용된 글자들은 '사여인천위사使與人天爲師'를 제외하고는 내용상 오류로 볼 수 없고 오히려 '임제臨濟'의 경우는 개원사본이 정확한 글자를 사용하고 있다. 결국 『수심결』에서도 개원사본이 명장본들에 비해 더 정확한 판본인 것을 알 수 있는데, 이는 『진심직설』에서와 마찬가지로 개원사본이 명장본에 비해 시기적으로 앞서는 판본을 저본으로 하였기 때문으로 생각된다.[15]

위와 같은 글자의 차이보다 더 분명하게 개원사본 『수심결』이 명장본보다 오래된 판본임을 보여 주는 것으로 '소炤'자의 사용례를 들 수 있다. <표 2>

---

14) 중국 판본들에서 '靈'자를 '虛'자로 일괄적으로 바꾼 이유를 정확히 알기 어렵다. 조선 초기의 판본 중 일부에서는 '靈'자를 중간 부분을 생략하여 간략하게 쓰고 있는데, 혹시 이러한 형태의 글자가 중국에서 전해지는 과정에서 비슷한 형태의 '虛'자로 잘못 판독된 것이 아닌가 추정된다.

15) 개원사본을 다른 판본들과 비교하면 첫 번째 단락의 '若欲求佛'과 두 번째 문답 부분의 '與人有殊何故今時修心之輩, 無有一人發現神通變化', 마지막 문답 부분의 '可見' 등이 누락되어 있고, 중간의 '諦聽諦聽'도 '諦聽'만으로 기록되어 있다. 원본에 가까운 판본일수록 글자의 결락이 적다는 점에서 이러한 현상은 개원사본이 明藏本에 비해 원본에서 더 멀리 떨어진 모습을 보여 주는 것으로 볼 수 있다. 하지만 이러한 결락은 저본에서부터 있었던 것이라기보다는 개원사본의 판각 과정에서 빚어진 판각상의 실수로 생각된다. 해당 부분은 각기 '莫若求佛, 若欲求佛' '應現神通變化, 與人有殊何故今時修心之輩, 無有一人發現神通變化' '其狀可見, 其功可驗' 등과 같이 비슷한 글자가 겹치는 부분이어서 쉽게 누락될 수 있는 부분이기 때문이다. 또한 해당 부분은 중복하여 강조하는 부분이어서 결락되어도 내용의 이해에는 어려움이 없는데 이러한 상황도 결락을 가능하게 한 요인으로 생각된다.

에서 볼 수 있는 것처럼 개원사본에는 '소炤'자가 모두 3회 사용되는 데 반해 명장본에는 2회만 사용되고 있고, 다른 한 자는 '조照'자로 바뀌어 있다. '소炤'는 고려에서 '조照'에 대신하여 사용된 글자로, 이는 4대 왕인 광종의 이름인 소昭를 피휘하기 위해 사용된 글자였다.[16] 물론 '조照'와 '소昭'는 서로 다른 글자이므로 군이 피휘할 필요가 없지만 '조照'에 포함되어 있는 '소昭'를 피휘하기 위하여 같은 의미를 갖는 '소炤'로 사용하였던 것이다.[17] 그래서 고려 시대의 금석문에는 '조照'를 사용할 곳에 '소炤'를 사용한 곳이 많은데,[18] 승려들의 법호로 사용된 '조照'자도 대부분의 금석문에는 '소炤'로 나타나고 있다.[19] 지눌의 경우에도 일반적으로 알려진 '보조普照'라는 법호와 달리 당시의 자료에는 '보소普炤'로 나타나고 있다.[20] 그런

---

16) 고려 시대 피휘 사례에 대해서는 정구복, 「고려조의 피휘법에 관한 연구」(『이기백선생 고희기념 한국사학논총』, 1994)가 있지만 여기에서는 '炤'자의 사용에 대해서는 언급하고 있지 않다. 고려 시대 자료에서 '炤'자의 사용은 광종대에 건립된 「高達寺元宗大師惠眞塔碑」에 처음 보인다.

17) 3대왕 定宗의 이름을 피휘하는 경우에도 이름인 '堯'뿐 아니라 '曉'와 같이 '堯'를 포함하고 있는 글자의 경우 '堯' 부분을 결획 등의 방법으로 피휘하였다(정구복, 「고려조의 피휘법에 관한 연구」, 『이기백선생고희기념 한국사학논총』, 1994, 662쪽) 다만 국왕의 이름인 '堯'나 '昭'에 대한 피휘가 철저하게 지켜진 것과 달리 曉나 照 등과 같은 글자에 대한 피휘는 반드시 실행하였다기보다 선택적으로 실행되었던 것으로 보인다. 睿宗代의 國師였던 慧照의 경우 자료에 따라 慧炤("命投慧炤國師, 祝髮學禪那法"「智勒寺廣智大禪師墓誌」, "就光明寺, 依慧炤國師服勤承事"「斷俗寺大鑑國師塔碑」) 혹은 慧照("投慧照國師門弟"「龍門寺重修碑」)로 나온다.

18) 『朝鮮金石總覽』에서 광종대부터 元 간섭기 이전까지의 자료를 확인한 결과 '炤'자의 사용은 24회, '照'자의 사용은 10회로 나타나고 있다. 고려 초와 元 간섭기 이후의 금석문에서는 '炤'자가 발견되지 않고 있다.

19) "圓光遍炤弘法大禪師"(「淨土寺弘法國師實相塔碑」)
"累加光天遍炤至覺智滿圓默禪師"(「居頓寺圓空國師勝妙塔碑」)
"贈諡慧炤國師"(「七長寺慧炤國師塔碑」)
"稱曰融炤"(「法泉寺智光國師玄妙塔碑」)
"通炤僧統智稱"(「靈通寺住持智稱墓誌」)
"額曰圓炤之塔"(「松廣寺眞覺國師圓炤塔碑」)

20) 「曹溪山修禪社佛日普炤國師碑銘」(『東文選』 권117)
"時普炤國師, 於曹溪山."(「松廣寺眞覺國師圓炤塔碑」)
단 고려 무인집권기의 자료로 보이는 '修禪社形止案'에 수록된 지눌의 비문에는 普照國師로 기록되어 있다.

데 이 '소炤'자는 조선 시대에 들어와 고려 국왕의 이름에 대한 피휘의 필요성이 사라지면서 대부분 본래의 글자인 '조照'로 바뀌게 되어 조선 시대 이후의 자료에서는 '소炤'자를 거의 발견하기 힘들다. 이러한 경향은 조선 초기에 간행된 『수심결』의 판본에서도 그대로 나타나는데 <표 2>에서 볼 수 있는 것처럼 15세기의 네 가지 판본 중 시기가 가장 앞서는 운주사본(1432년)에만 '소炤'가 2회 사용되었을 뿐 다른 판본에는 '소炤'가 모두 '조照'로 바뀌어 있다.[21] 이처럼 '소炤'가 사용된 판본이 '조照'로 바뀐 판본보다 시기적으로 앞서는 것이므로 '소炤'가 더 많이 나타나고 있는 개원사본의 저본이 명장본明藏本의 저본보다 시기적으로 앞선다고 할 수 있는 것이다.

이처럼 개원사본의 『진심직설』과 『수심결』이 모두 명판대장경 계통의 판본들에 비해 원본에 가까운 내용과 글자를 보이고 있는 것은 개원사본의 저본이 명판대장경의 저본보다 원본에 더 가까운 형태이었음을 반영하는 것으로 볼 수 있다. 명판대장경의 『진심직설』에는 1469년의 중간서重刊序가 있고 『수심결』에는 1447년의 중간발重刊跋이 있으므로 명장본이 이때에 중간된 『진심직설』과 『수심결』을 저본으로 하였음을 알 수 있는데, 그렇다면 개원사본의 저본은 그보다는 앞선 시기의 것일 가능성이 높다. 실제로 개원사본에는 앞에서 본 것처럼 중간서와 중간발이 없는데, 위에서 검토한 판본상의 차이와 관련하여 이해할 때 이는 개원사본이 그러한 중간서와 중간발이 없는 판본 즉 1447년 이전에 간행된 판본을 저본으로 하였기 때문이라고 이해하는 것이 타당할 것이다. 결국 개원사본의 저본은 최소한 1447년보다는 이전의 판본으로 보아야 할 것이다.

---

21) 명장본과 운주사본은 '炤'자가 사용되는 위치가 일치하고 있어 주목된다. 이뿐만 아니라 뒤의 <부표 2>에서 볼 수 있는 것처럼 명장본은 운주사본을 비롯한 조선 초기의 판본과 글자가 일치하는 곳이 많은데, 이는 명장본의 저본이 조선 초기의 판본과 가까운 관계에 있었음을 보여 주는 것으로 이해된다. 이와 달리 개원사본은 상대적으로 조선초기의 판본과 글자의 출입이 많은데, 이는 개원사본의 저본이 조선 초기의 판본과 비교적 거리가 있는 판본이었음을 보여 주는 것이라고 할 수 있다.

지금까지 살펴본 것처럼『진심직설』과『수심결』모두 개원사본이 명장본明藏本보다 앞선 시기의 책을 저본으로 하였던 것으로 보인다. 따라서 책의 체제도 개원사본이 명장본보다 원형에 가까울 가능성이 높으므로 굳이 명장본의 체제를 원래 체제로 생각할 필요는 없을 것이다. 이제 이런 입장에서 지금까지『진심직설』을 지눌의 저술로 생각하게 한 편집 상태상의 두 가지 특징 즉『진심직설』이『수심결』의 뒤에 붙어 있고,『계초심학인문』을 부록으로 가지고 있는 문제에 대하여 검토해 보자. 먼저『수심결』과『진심직설』의 순서의 경우 개원사본에는 오히려『진심직설』이『수심결』보다 앞에 오고 있으므로 두 책이 원래부터 명장본처럼『수심결』→『진심직설』의 순서로 편집되었다고 생각할 필요는 없을 것으로 생각된다. 판본에 따라 책의 선후 관계가 다르다는 것은 두 책의 선후 관계가 일정하지 않았음을 보여 주는 것으로 이는 두 책이 서로 독립적인 별개의 책이었음을 보여 주는 것으로 이해해야 할 것이다. 두 책의 순서가 이처럼 임의적인 것이라면『수심결』의 뒤에 붙어 있다는 것을 전제로『진심직설』을 같은 사람의 저술로 볼 필요는 없다. 뒤에 오는 책의 저자가 특별히 명기되어 있지 않은 경우에는 그 책의 저자가 앞의 책의 저자와 같다고 인정될 수 있지만, 앞에 오는 책의 저자가 명기되어 있지 않을 때에는 뒤에 오는 책의 저자와 같다고 인정하기보다 두 책의 저자를 별개의 인물로 보는 것이 일반적이기 때문이다.

　두 책이 별개의 책이었고 같은 저자에 의한 책이 아니었음은 명장본에 붙어 있는 1447년의 중간본의 발문 내용에서도 추정할 수 있다. 만력북장본으로 추정되는 상백문고본의『진심직설』과『수심결』에는 1447년 12월 같은 날짜에 쓰어진 발문이 각기 붙어 있는데, 그 내용에 의하면 이 두 책은 금릉金陵의 대천계사大天界寺에서 같은 승려에 의하여 함께 중간된 것으로 파악된다.[22] 그런데 두 책의 중간을 주관하고 동시에 발문을 쓴 그 승려는 두 책의 발문에서 양자의 상관 관계를 전혀 언급하고 있지 않다. 특히 『수심결』의 발문에서는 저자를 고려의 보조선사라고 분명하게 언급하고 있는데, 『진심직설』의 발문에서는 저자에 대해서 전혀 언급하고 있지 않다. 만일 이 두 책이 밀접하게 관련되었고 같은 저자에 의해 저술되었다는 것을 그가 알았다면 발문에 그러한 사실을 명기했을 것이므로, 두 책의 발문에 그러한 내용이 없다는 것은 그가 두 책을 별개의 저자가 쓴 별개의 저술로 인식하고 있었던 것을 보여 준다고 이해해야 할 것이다.

다음으로 『진심직설』에 『계초심학인문』과 몽산덕이와 관련된 법어들이 부록되어 있는 것은 어떻게 이해해야 할까? 보다 원형에 가까운 모습으로 생각되는 개원사본의 『진심직설』에는 원래 『계초심학인문』 등이 부록되지 않았는데, 그렇다면 이는 후대에 첨가된 것으로 이해해야 할까, 아니면 원래 부록되어 있던 『계초심학인문』 등을 개원사본에서는 삭제한 것이라고 이해해야 할까? 현재의 자료를 가지고 어느 쪽이 옳다고 단언하기는 어렵다. 하지만 조선 초기의 일부 『수심결』 판본들에 문제가 되는 『계초심학인문』 등이 부록되어 있는 것을 보면 이에 대한 실마리를 어느 정도는 유추할 수 있지 않을까 한다.

---

22) "牧牛子修心訣者, 迺高麗普照禪師之所述也. 予一日詣山居, 遇性空禪師, 囊蓄此集, 出示於予, 予遂捧讀再三, 見其言簡理備, 嗣示分明, 寔爲修心頓悟之奧旨也. 適金陵信士牛普理, 因母呂妙清患心氣之疾未瘳, 予勸令發心施財刊印流行, 冀見聞隨喜者了卽心自性之妙, 成就慧身不由他悟. 以此殊勳, 祈佑呂氏身躬康樂, 壽算延長, 由心悟而見眞元, 使病瘥而得如意者矣. 正統十二年, 龍集丁卯, 臘月佛成道日, 大天界蒙堂比丘雲菴, 廣載跋."(「修心訣重刊跋」)
"夫心者, 是世間出世間萬法之總相也, 萬法卽是心之別相. 然, 其別有五, 一肉團心狀如蕉蕾, 生色身中, 係無情攝. 二, 緣慮心, 狀若野燒, 忽生忽滅, 係妄想攝. 三, 集起心, 狀如草子, 埋伏識田, 係習氣攝. 四, 賴耶心狀如良田, 納種無厭, 係無明攝. 五, 眞如心, 狀同虛空, 廓徹法界, 係寂照攝. 已上五心, 前四皆妄, 念念生滅後日是眞, 三際一如. 若不揀辯分明, 猶恐認妄爲眞, 其失非小. 故, 引佛經祖語, 問辯迷釋開示迷妄根源, 指陳修證本末.書, 僅十餘載, 朝夕觀覽, 以爲樓神之秘要. 一日出示衆, 信善士感, 節菴居士陳普忠, 慨然樂施, 綉梓流傳, 庶心之士觀之者, 感悟眞心之妙, 迥出直說之表也. 是爲跋. 正統十二年, 歲在丁卯臘月八日, 大天界蒙堂比丘."(「眞心直說重刊跋」)

가장 주목되는 책은 1467년에 만어사萬魚寺에서 간행한『수심결』로 이
책에는 문제가 되는 지눌의『계초심학인문』과 몽산 관련 법어 3편(晥山正
凝禪師示蒙山法語, 東山崇藏主送子行脚法語, 蒙山和尙示衆)이 함께 수록되
어 있다.『수심결』에만 간기가 기록되어 있고『계초심학인문』과 몽산 관
련 법어 3편에는 별도의 간기가 기록되어 있지 않지만 판板의 크기와 판심
版心의 형태가 같아 함께 판각된 것으로 보이는데,[23] 체제상『수심결』의
부록적 성격을 갖는 것으로 생각된다.[24]『수심결』에『계초심학인문』과 몽
산 관련 법어가 함께 수록되어 있는 것은 현재까지는 이 판본이 유일하지
만『수심결』에『계초심학인문』또는 몽산 관련 법어 중 하나가 함께 수록
되어 있는 판본은 이외에도 여러 가지가 있다. 1400년 지리산 덕기암에서
는『수심결』과 함께『계초심학인문』을 간행하였고, 1441년의 윤필암본
『수심결』과 1467년에 간행된 언해본『수심결』에는 몽산 관련 법어 3편을
포함하는『법어』가 합본되고 있는 것이다.[25]

이렇게 조선 초기 판본에서는『계초심학인문』과 몽산 관련 법어가『수
심결』과 상당히 긴밀한 관계를 갖고 있는데, 이 두 책이『진심직설』에 부
록되어 있는 명장본과는 매우 다른 모습이다. 왜 조선 초기의 판본에서는

---

23) 글씨의 크기에는 차이가 있어서『修心訣』은 1행 17장인데 비해『誠初心學人文』과 몽
   산 관련 법어들은 1행 18자이다.(행수는 두 책이 모두 半葉 9行으로 같음)
24) 이 책의 뒷부분에는 1468년 2월에 重刻했다는 간기를 가지고 있는『蒙山和尙法語略
   錄』도 함께 수록되어 있는데, 여기에는 명확하게 '蒙山和尙法語六段'이라고 내용을
   밝히고 있고, 판심의 형태도 달라 앞의 책들과는 별도로 간행된 것을 알 수 있다. 연대
   상의 근접성으로 미루어 앞의 3책을 간행한 이후에 같은 사찰에서 간행한 것으로 보인다.
25) 그런데 15세기 말부터는『修心訣』에『誠初心學人文』이나 몽산 관련 법어 대신에 宋
   初의 승려 延壽의『禪宗唯心訣』이 합편되고 있다.『禪宗唯心訣』이『修心訣』과 유사
   한 제목을 가지고 있고 사상적으로 비슷한 내용과 심도를 가지고 있어 합본된 반면,
   『誠初心學人文』이나 몽산 관련 법어들은『修心訣』에 비해 분량이 간략하고 내용도
   단순하여 분리되었던 것으로 생각된다. 한편『誠初心學人文』과 몽산 관련 법어들의
   상호 연결 관계는 보다 오래 지속되어, 17세기까지도『誠初心學人文』혹은『誠初心
   學人文』『發心修行章』『自警』등의 합본에 몽산 관련 법어가 포함된 법어집이 함께
   수록된 판본이 많이 존재하고 있다.

『수심결』에 부록되어 있던 두 책이 명장본에서는 『진심직설』에 부록된 것일까? 두 책이 처음부터 『수심결』과 『진심직설』 양쪽에 부록되어 있었다고 보기는 힘들지 않을까 한다. 원래 둘 중의 어느 한쪽에 부록되어 있던 것이 후에 편집을 달리하면서 다른 책의 부록으로 옮겨갔다고 보는 편이 자연스러울 것이다. 그리고 이 경우 『수심결』의 부록으로 있는 것이 원형에 가까울 것으로 생각된다. 앞서 살펴본 것처럼 『수심결』의 경우 조선 초기의 판본과 명장본에 일치하는 부분이 많으므로 조선 초기 판본에 부록으로 붙어 있는 『계초심학인문』과 몽산 관련 법어 등이 명장본에도 어떤 형식으로든 수록되었을 가능성이 높기 때문이다. 반대로 만일 『진심직설』의 부록으로 붙어 있던 『계초심학인문』 등이 조선 초기의 『수심결』 판본에 옮겨진 것이라면 『계초심학인문』 등을 부록으로 가지고 있던 『진심직설』이 조선 초기에 유통되지 않은 이유는 쉽게 설명될 수 없을 것이다.

이처럼 『계초심학인문』 등이 원래는 『수심결』에 부록되어 있던 것이라면 어떤 과정을 통해서 『진심직설』로 옮겨지게 되었을까? 현재의 자료로서는 이를 명확하게 밝힐 수 없다. 다만 앞에서 본 것처럼 명판대장경의 『수심결』과 『진심직설』의 저본이 1447년에 같은 승려에 의해 함께 중간되었다는 사실에서 하나의 가능성을 생각해 볼 수 있다. 그의 중간본을 저본으로 한 명장본 『수심결』이 조선 초기 판본과 일치하는 것으로 보아 그가 중간의 저본으로 사용한 『수심결』의 판본은 조선 초기의 판본들과 마찬가지로 『계초심학인문』과 몽산 관련 법어들이 합본된 책일 가능성이 높은데, 만일 그가 중간 과정에서 『계초심학인문』 등을 『수심결』이 아닌 『진심직설』의 부록으로 수록했다면 명장본과 같은 체제로 될 수 있는 것이다. 문제는 그가 『수심결』에 합본되어 있던 『계초심학인문』과 몽산 관련 법어들을 『진심직설』의 부록으로 옮겨 놓은 이유가 무엇이었는가 하는 것인데, 두 책 간행시의 시주자의 시주액 차이에서 비롯한 경비상의 문제, 혹은

『계초심학인문』과 몽산 관련 법어들의 짧은 문장 형식26)과 『진심직설』의 짧은 문장 형식의 유사성 등에 기인한 것이 아닌가 추정해 볼 뿐이다. 하지만 그 이전에 이미 『계초심학인문』 등이 『진심직설』에 부록되는 체제상의 변화가 있었을 수도 있으므로 이 문제는 쉽게 단정하기 힘들다.

지금까지의 검토를 통해서 『진심직설』의 원래 모습은 명장본 계통의 판본들처럼 『수심결』의 뒤에 합본되어 있는 것도 아니었고, 지눌의 『계초심학인문』과 몽산 관련 법어들을 부록으로 수록한 것도 아니었다는 것을 알게 되었다. 이러한 체제상의 특징이 그 동안 이 책을 지눌의 저작으로 간주하는 중요한 근거가 되었으므로, 이러한 검토 결과는 이 책이 지눌의 저작이 아닐 가능성을 제시하는 한 계기가 될 것이다. 하지만 『진심직설』이 지눌의 저술인지를 명확하게 가리기 위해서는 이러한 체제상의 문제만으로는 부족하고 사상 내용의 측면에서 이 책이 지눌의 저작이 될 수 있는지를 검토해야 할 것이다. 이를 위해서 다음 장에서는 사상적 측면에서 『진심직설』의 내용이 지눌의 사상과 일치하는지의 문제를 살펴보고자 한다.

3. 지눌 사상 체계와의 차이점

앞에서 이야기한 것처럼 『진심직설』에는 그 내용에 있어서 지눌의 저서인지를 의심하게 하는 부분이 적지 않게 발견된다. 사상적 기반이 지눌의 다른 저술들과 다를 뿐 아니라 구체적 내용에 있어서도 적잖은 차이를 보이고 있는 것이다. 물론 같은 사람의 저술이라고 해도 저술에 따라 사상적으로 일치하지 않는 내용이 나올 수 있지만 지눌의 다른 저술들이 사상적

---

26) 『誠初心學人文』 자체가 긴 분량의 글도 아니지만 특히 조선초기의 판본에는 이 글이 3개 내지 4개의 단락으로 구분되어 있다. 규장각에 소장되어 있는 明藏本도 3개의 단락으로 구분되어 있다.

으로 서로 조응하는 것과 달리 유독 이『진심직설』만이 사상적으로 이질적인 모습을 보인다면 이 책을 그의 저술이라고 파악하기는 어렵지 않을까 한다. 앞장에서 검토한 것처럼 서지적 측면에서『진심직설』이 지눌의 저술이라는 분명한 근거가 없는 상황에서 내용상으로도 지눌의 다른 저술과 상통하지 않는다면 이 책을 지눌의 저술로 간주하기는 어려울 것이다. 여기에서는『진심직설』의 사상과 지눌의 사상 체계인 3문門과의 관계, 지눌의 다른 저술에 보이는 마음에 대한 이해와『진심직설』의 마음에 대한 이해의 비교 등을 통해『진심직설』이 과연 지눌의 저술로 인정될 수 있는지를 검토해 보고자 한다.

1)『진심직설』과 3문의 관계

널리 알려진 것처럼 지눌의 사상 체계는 성적등지문惺寂等持門, 원돈신해문圓頓信解門, (看話)경절문徑截門의 3문 체계로 알려져 있다. 그의 비문碑文에 지눌이 3문을 가지고 후학들을 교육시켰음이 분명하게 언급되고 있을 뿐 아니라[27] 후대의 연구에서도 그의 사상이 이 3문으로 정리될 수 있음이 일반적으로 받아들여지고 있다. 따라서『진심직설』이 지눌의 저술이라면 이 책의 내용도 3문 중의 일부 혹은 전체와 연결되는 모습이 발견되어야 할 것이다. 그러나 실제에 있어서는『진심직설』과 지눌의 3문과는 연결되는 모습을 찾기 힘들다.

먼저 3문과『진심직설』의 사상적 기반 사이에는 커다란 차이가 있다. 성적등지문, 원돈신해문, 경절문 등의 3문은 지눌에 의한 창안이지만, 이 각 문의 구체적 내용은 특정한 사상 내용에 근거하고 있다. 성적등지문은 혜

---

27)『普照全書』, 420쪽, "開門有三種, 曰惺寂等持門, 曰圓頓信解門, 曰徑截門, 依而修行, 信入者多焉."

능혜能의 『법보단경法寶壇經』의 정혜쌍수 사상에 기초하고 있고, 원돈신 해문과 (看話)경절문은 각각 이통현李通玄의 『화엄론華嚴論』에 서술된 중 생의 본래성불本來成佛(不動智佛) 사상과 종고宗杲의 『대혜어록大慧語錄』 에 표명된 간화선看話禪 사상에 기초하고 있는 것이다. 따라서 지눌의 3문 의 사상적 기반은 이 3종의 책에 있다고 할 수 있는데, 실제로 지눌의 비문 에는 그가 이 3종의 책을 근거로 하여 가르침을 폈음을 말하고 있고[28] 그 의 사상적 성장 과정도 이 3종의 책과 만나는 과정으로 설명되고 있다.[29] 자연히 그의 저술들도 이 3종의 책으로부터 큰 영향을 받고 있는데, 저술 에 따라 이 3종 책의 전부 혹은 일부가 인용되고 있다.(<표 3> 참조)

<표 3>

	정혜결사문	수심결	원돈성불론	간화결의론	법집별행록절요 병입사기	진심직설
법보단경	O	O	X	X	O	X
화엄론	O	X	O	O	O	X
대혜어록	X	O	O	O	O	X

그리고 각 저술은 어떠한 책을 주로 인용하고 있는가에 따라 전체의 주 제 즉 3문 중에서 어느 문에 해당하는지 결정되기도 한다. 하지만 『진심직 설』에는 혜능과 이통현, 대혜종고 중 누구로부터의 영향도 보이지 않는다. 『법보단경』, 『화엄론』, 『대혜어록』 등이 전혀 인용되지 않고 있을 뿐 아니 라 간접적으로도 이 책들의 주제인 정혜쌍수나 부동지불, 화두참구와 같은 내용은 얘기되고 있지 않은 것이다. 『진심직설』은 주제가 선 사상의 핵심

---

28) 같은 책, 420쪽, "立法演義, 則意必六祖壇經, 伸以華嚴李論. 大慧語錄, 常羽翼."
29) 같은 책, 419~420쪽, "大定二十二年壬寅……於學寮, 閱六祖壇經……得未曾有.…… 大定二十五年乙巳……因讀大藏, 得李長者華嚴論, 重發信心.……至居智異, 得大慧 普覺禪師語錄……於此契會."

을 이야기하고자 하는 것이고 상당한 분량에 꽤 많은 책들을 인용하고 있으므로 만일 이 책이 지눌의 3문과 관계를 맺고 있다면 이러한 인용 상태는 납득하기 힘들다.[30] 위와 같은 인용의 모습은 『진심직설』의 주제가 지눌의 3문 사상과 다르기 때문에 나타난 현상으로 이해해야 할 것이다.

실제로 『진심직설』 본문의 내용은 지눌의 3문 사상 어느 것과도 일치되지 않는다. 앞에서 얘기한 것처럼 이 책에서는 정혜쌍수나 중생의 본래성불(부동지불), 화두의 참구와 같은 문제에 대해 전혀 언급하고 있지 않기 때문에 3문 중 어느 것과도 연결시킬 수 없다. 그러나 이 책의 내용 중에는 지눌의 3문 사상 특히 성적등지문 혹은 원돈신해문의 내용과 통하는 것처럼 보이는 부분이 있고, 그 때문에 이 책의 내용이 지눌의 사상과 어긋나지 않는 것으로 이해되기도 했다. 하지만 해당 내용을 구체적으로 검토하면 지눌이 얘기하는 성적등지문이나 원돈신해문의 내용과는 큰 차이가 나는 것을 발견할 수 있다.

『진심직설』의 내용 중에는 먼저 지눌 선 사상의 중요한 내용인 돈오점수와 통하는 부분이 있다. 진심眞心을 깨달은 이후에 습기를 없애도록 노력해야 한다는 다음의 내용이 지눌이 얘기하는 돈오점수의 사상과 비슷하게 보이는 것이다.

도道를 닦는 사람이 진심眞心을 드러나게 하였다 해도 습기習氣가 없어지지 않으면 익숙한 상황에 처했을 때 마음을 잃는 때가 있다.…… 만일 도인道人이 진심을 얻은 후에는 먼저 힘써 이를 지켜야 하며, 큰 힘이 생긴 이후에야 중생을 이롭게 할 수 있다. 진심의 정도를 점검하고자 할 때에는 먼저 평소의 미워하고 좋아하는 상황이 눈앞에 있는 것처럼 때때로 상상하여, 전과 같이 미워하

---

30) 『誠初心學人文』과 『念佛要門』에도 『法寶壇經』, 『華嚴論』, 『大慧語錄』 등이 인용되지 않고 있지만 이 책들은 모두 짧은 분량에 별다른 인용 없이 하고자 하는 이야기만을 간략하게 서술하고 있다. 또한 사상적으로도 이 책들은 지눌의 기본적 사상 체계와는 구별되는 부수적인 내용들을 서술하고 있다.

고 좋아하는 마음이 일어나면 도심道心이 익숙하지 않는 것이고 만일 그런 마음이 일어나지 않으면 도심이 성숙해진 것이다. 만일 (道心이) 성숙해져서 미워하고 좋아하는 마음이 일어나지 않으면 다시 마음을 점검하되, 미워하고 좋아하는 상황을 당했을 때 일부러 미워하고 좋아하는 마음을 일으키도록 하라. 만일 마음이 일어나지 않으면 이제 마음이 무애無碍하게 된 것으로 마치 평지에 소를 풀어 놓아도 곡식을 짓밟지 않는 것과 같다.[31]

지눌은 자신의 마음이 부처와 같다는 것을 깨달은(頓悟) 이후에도 중생으로서의 습기는 여전히 남아 있기 때문에 완전한 깨달음에 이르기 위해서는 깨달음에 기초한 수행이 계속 필요하다고(漸修) 주장하였다. 따라서 위『진심직설』의 내용은 지눌의 돈오점수의 주장과 통하고 특히 뒷부분의 구체적 수행에 관한 설명은 점수에 해당하는 성적등지문의 내용으로 볼 수 있는 것이다.[32] 하지만 위의 내용을 지눌의 돈오점수 사상과 동일한 것으로 이해할 수는 없다.

지눌은『권수정혜결사문』과『수심결』,『법집별행록절요병입사기』등에서 돈오점수 중의 점수에 해당하는 성적등지문 즉 정혜쌍수를 수상정혜隨相定慧와 자성정혜自性定慧로 나누어 설명하고 있는데, 수상정혜는 이구정혜離垢定慧로서 산란해진 마음을 가라앉히고 관조하는 수행을 하나씩 닦아 가는 것으로 점차적이고 순서가 있는 것이지만, 자성정혜는 칭성정혜稱性定慧로서 자신의 본래 마음이 무비無非·무치無痴·무란無亂한 상태

---

31) 知訥,『眞心直說』, '眞心驗功'(『普照全書』 64쪽), "學道之人, 已得眞心現前時, 但習氣未除.……若遇熟境, 有時失念, 如牧牛, 雖調到牽拽隨順處, 猶不敢放了鞭繩, 直待心調步穩, 赶趂入苗稼中, 不傷苗稼, 方敢撒手也. 到此地步, 便不用牧童鞭繩, 自然無傷苗稼, 如道人得眞心後, 先且用功保養, 有大力用, 方可利生. 若驗此眞心時, 先將平生所愛底境, 時時想在面前, 如依前起憎愛心, 則道心未熟. 若不生憎愛心, 是道心熟也, 雖然如此成熟, 猶是自然不起憎愛, 又再驗心, 若遇憎愛境時, 特然起憎愛心, 令取憎愛境界. 若心不起, 是心無礙, 如露地白牛, 不傷苗稼也."

32) 종래『眞心直說』을 성적등지문에 해당하는 것으로 파악한 일부의 견해도 이러한 내용에 의거한 것으로 생각된다.

라는 것을 깨닫는 것으로 특별히 마음을 가라앉히거나 관조할 필요가 없다고 얘기하고 있다. 지눌은 특히 이 수상정혜와 자성정혜를 비교하여 전자는 점종漸宗(漸門・權乘)의 불완전한 가르침에서 얘기하는 것으로 고요함을 추구하는 것을 목적으로 하므로 존재에 대한 집착(法愛)과 주관과 객관의 구분(人我之相)을 극복하지 못한 수행법이지만, 후자는 돈종頓宗(頓門)의 완전한 가르침에서 얘기하는 것으로 능能・소所의 구분이 없고 주관과 객관의 차별이 없는 참된 수행 방법이라고 이야기하고, 이어서 정혜쌍수의 핵심은 바로 이 자성정혜에 있다고 강조하면서 이러한 자성정혜의 근거가 바로 혜능의 『단경壇經』이라고 말한다.

이러한 지눌의 점수에 대한 설명과 위의 『진심직설』의 내용을 비교해 보면, 『진심직설』에서 얘기하는 깨달음 이후의 수행은 수상정혜의 내용에는 해당하지만 자성정혜에 해당하는 것으로 보기는 힘들다. 지눌이 점수의 수행을 이야기할 때 수상정혜의 불완전함과 자성정혜의 완전함을 대조하여 강조하는 것을 고려하면 자성정혜를 이야기하지 않는 『진심직설』의 설명은 다른 책에 보이는 지눌의 설명과는 큰 차이가 있다고 하지 않을 수 없다. 성적등지문의 사상적 기반이라고 하는 혜능의 『단경』의 핵심 내용을 지눌은 바로 자성정혜에서 찾고 있으므로, 이러한 자성정혜의 언급이 없는 『진심직설』의 수행에 대한 설명은 그것이 일견 지눌의 돈오점수에 대한 설명과 비슷하다고 하여도 지눌의 가르침과 일치한다고 보기는 어렵다. 오히려 사상적으로 커다란 차이가 있다고 평가해야 할 것이다.

한편 『진심직설』에서는 다음과 같이 중생이 본래 부처이고 중생에게는 불성佛性이 본유本有되어 있다고 얘기하고 있는데, 이러한 내용은 중생의 본래성불本來成佛을 이야기하는 원돈신해문의 사상과 통하는 면이 있다고 생각될 수 있다.

조문祖門(선종)의 바른 믿음은 교종의 믿음과 달라 일체의 유위인과有爲因果를 믿지 않고 다만 자기가 본래 부처라는 것을 믿는다. 본래 참된 자기의 성품을 사람마다 갖추고 있고, 열반涅槃의 묘체妙體를 각자가 다 완전하게 이루고 있다.…… 지공志公이 말하기를 상相이 있는 몸에 상이 없는 몸이 있고 무명無明의 길에 무생無生의 길이 있다고 하였고, 영가永嘉대사는 무명의 실성實性이 곧 불성佛性이고 환화幻化의 공신空身이 곧 법신法身이라고 하였다. 그러므로 중생이 본래本來 부처인 것을 알 수 있다.[33]

하지만 단순히 중생이 부처라거나 중생에게 불성佛性이 있다고 말하는 것은 불교 사상 전반에서 얘기될 수 있으며, 특히 '즉심즉불卽心卽佛'을 내세우는 선종에서는 가장 기본적인 입장이라고 할 수 있기 때문에 이러한 내용만으로 지눌의 원돈신해문의 사상과 일치한다고 얘기할 수는 없다.

지눌이 얘기하는 원돈신해문의 내용은 중생의 무명분별無明分別과 제불諸佛의 과지果智가 근본보광명지根本普光明智에 근거하며 중생과 부처를 비롯한 모든 존재는 이 근본지根本智의 환현幻現이라고 얘기하는 것으로,[34] 이는 본래성불本來成佛과 제법원융諸法圓融이라는 화엄의 기본 사상을 선禪적으로 수용한 이통현의 『화엄론』에 입각하여 제시된 이론이다. 이 이론에서는 단순히 중생이 곧 부처라는 불교의 진리를 얘기하는 데 그치지 않고, 중생과 부처의 동질성을 인식 능력에 주목하여 중생의 불완전한 앎과 부처의 완전한 앎이 모두 근본지根本智에 의거한 것임을 얘기하는 데 특징이 있다. 중생이 자신이 부처와 같음을 깨닫는 것도 바로 마음의 본질에 신령한 인식 능력 즉 영지靈知가 있음을 깨닫는 것으로 얘기되는

---

33) 知訥, 『眞心直說』, '眞心正信'(『普照全書』, 49쪽), "祖門正信, 非同前也, 不信一切有爲因果, 只要信自己本來是佛. 天眞自性, 人人具足, 涅槃妙體, 箇箇圓成, 不假他求, 從來自備……志公云, 有相身中無相身, 無明路上無生路永嘉云, 無明實性卽佛性, 幻化空身卽法身. 故知衆生, 本來是佛."

34) 知訥, 『圓頓成佛論』(『普照全書』, 73쪽), "此則佛及衆生, 本從根本普光明智, 性海幻現故, 生佛相用, 似有差殊, 全是根本普光明智之相用也."

것이다. 그런데 『진심직설』의 내용에는 이와 같은 인식 능력에 기초한 설명은 전혀 보이지 않는다. 『진심직설』에서 중생과 부처의 동질성의 근거로 제시하는 내용은 다음의 문장에서 제시되듯이 중생의 마음속에는 비록 가려지긴 했지만 부처와 같은 진심이 있다는 것인데, 이러한 여래장如來藏적인 설명은 중생심이 곧바로 근본보광명지의 현현이라고 하는 원돈신해문의 사상과는 차원이 다른 것으로 파악해야 할 것이다.

> 진심은 성인과 범부가 같은데 범부는 망심으로 사물을 인식하기 때문에 스스로의 깨끗한 성질을 잃고 가로막히게 된다. 그래서 진심眞心이 곧바로 드러나지 못하고 단지 어둠 속 나무 그림자처럼, 땅 속의 흐르는 물처럼 있음에도 알려지지 않는다.…… 이것은 진심이 덮여 있는 것이다. 또 자은慈恩은 다음과 같이 말한다. "법신法身이 본래 존재하는 것은 부처와 같은데 범부는 망심妄心에 가려워서 있음을 알지 못하고 번뇌에 싸여 있다. 그래서 여래장如來藏이라고 이름한다."[35]

원돈신해문의 기초가 되는 화엄 사상 자체가 이미 가능태로서의 여래장 사상을 한 차원 높인 실현태로서의 본래성불 사상에 기초한 것으로, 실제로 지눌의 다른 저서나 이통현의 『화엄론』 등에는 이와 같은 여래장적인 설명은 보이지 않고 있다.

이처럼 『진심직설』은 근거하고 있는 사상이나 본문의 내용에 있어서 지눌의 3문 사상과는 이질적인 모습을 보여 준다.[36] 이러한 현상을 어떻게

---

35) 知訥, 『眞心直說』, '眞心在迷'(『普照全書』, 54쪽), "曰眞心聖凡同一, 凡夫妄心認物, 失自淨性, 爲此所隔. 所以眞心不得現前, 但如暗中, 樹影, 地下流泉, 有而不識耳. 故經云, 善男子, 譬如淸淨摩尼寶珠, 映於五色, 隨方各現, 諸愚痴者, 見彼矣尼. 實有五色. 善男子, 圓覺淨性, 現於身心, 隨類各應, 彼愚痴者, 說淨圓覺寔有如是身心自性, 亦復如是. 肇論云, 乾坤之內宇宙之間, 中有一寶, 秘在形山. 此乃眞心在纏也. 又慈恩云, 法身本有, 諸佛共同, 凡夫由妄覆, 有而不覺, 煩惱纏裹. 得如來藏名."
36) 『眞心直說』의 내용이 지눌의 3門과 일치하지 않기 때문에 이종익은 『眞心直說』을 3門 이후에 제시된 無心合道門의 구체적 수행 방법론으로 이해하기도 한다. 이종익, 「보

설명할 수 있을까? 지눌의 사상 체계가 3문으로 다 포괄되지 않는 것일까, 아니면『진심직설』의 사상을 지눌의 사상 체계에 포섭할 수 없는 것일까?『진심직설』에 제시된 구체적 내용을 지눌의 다른 저서와 비교해 보면서 이를 좀더 자세히 살펴보도록 하자.

2) 마음에 대한 이해의 비교

『진심직설』의 내용 중에는 지눌의 다른 저서의 설명과 차이가 나는 곳이 적지 않은데, 특히 이 책의 중심 주제라고 할 수 있는 마음의 본질과 이를 깨닫는 방법에 대한 설명에 있어서 그 점이 두드러진다. 먼저 마음의 본질에 대한 이해와 이를 가리키는 용어에서부터 차이가 있다.『진심직설』에서는 진심眞心을 모든 만물을 형성하는 근원으로 보면서 이를 획득하기 위해서는 망심妄心을 버려야 한다고 하고 망심을 버리는 방법을 자세하게 설명하고 있는 데 반해,[37] 지눌의 다른 저서들에서는 중생의 무명분별無明分別이 제불諸佛의 과지果智와 마찬가지로 근본보광명지에서 비롯되었다는 인식을 전제로 진심과 망심을 구별하는 것 자체를 비판한다. 그리하여 보통 사람들의 보고 듣고 느끼는 인식이 곧바로 불성佛性의 작용이라 하면서 그러한 인식의 본질인 영지靈知를 깨닫는 것이 깨달음이라고 이야기하고 있는 것이다.[38] 여기에서 지눌이 마음의 본질을 설명하기 위해 사용

조저술의 서지학적 해제」,『普照思想』3집(보조사상연구원, 1989), 151쪽.

그러나『法集別行錄節要幷入私記』에서 이야기하고 있는 것처럼 無心合道門은 화두의 참구를 통한 수행법으로 간화경절문과 같은 것으로 3문과 구분되는 별개의 수행법이라고 보기 힘들다. 최연식, 「『法集別行錄節要幷入私記』를 통해 본 普照 三門의 성격」,『普照思想』12집(보조사상연구원, 1999), 126쪽.

지눌의 비문에도 無心合道門을 별개의 수행문으로 거론하지 않고 있다.

37) 知訥,『眞心直說』(『普照全書』, 55~58쪽).

38) 知訥,『法集別行錄節要幷入私記』(『普照全書』, 121쪽), "不可離妄求眞, 亦不可認妄爲眞. 若了妄念從性而起, 起卽無起, 當處便寂, 豈有眞妄二見乎."

____ ,『修心訣』(『普照全書』, 32쪽), "能見聞覺知者, 必是汝佛性. 故臨際云, 四大不

하고 있는 영지라는 용어는 인식 능력을 통해서 마음의 본성을 추구하는
그의 심성론의 특징을 잘 나타내 주고 있다. 그런데『진심직설』에서는 이
와 반대로 마음의 본질을 지知의 부정 즉 무지無知로 나타내고 있다.[39] 물
론 이 때의 무지는 일반적인 용어로서의 무지가 아니고 범부의 분별심으
로서의 앎을 초월한 참된 앎으로서의 무지를 가리키는 것이므로 본질적으
로는 지눌이 얘기하는 영지와 통하는 것이지만, 용어의 사용에 있어서만은
지눌의 다른 저서들과 큰 차이를 보이는 것이라고 할 수 있다.

　　진심이라는 용어의 사용 모습은『진심직설』과 지눌의 다른 저서와의 차
이를 더욱 분명하게 보여 주고 있다.『진심직설』이 제목을 비롯하여 곳곳
에서 진심이라는 용어로 마음의 본질을 나타내고 있는 것과 달리 지눌의
다른 저서들에서는 진심이라는 용어 대신 자성自性, 불성佛性 등의 용어를
사용하고 있고 마음의 본질적 작용을 설명할 때에는 (空寂)영지靈知라는
용어를 사용하고 있다. 지눌의 다른 저술에는 진심이라는 용어 자체가 거
의 사용되지 않고 있는데, 이 용어를 9회 사용하고 있는『법집별행록절요
병입사기法集別行錄節要幷入私記』의 경우 그 중 8번이 종밀宗密의 말을
인용한 것이고, 나머지 1회도 종밀의 이야기에 대한 설명에서 사용하고 있
다. 그 밖의 저술에는『수심결』에서 이 진심이라는 단어를 1회 사용한 것
을 제외하면 전혀 사용되지 않고 있는데,『수심결』에서도 이 진심이라는

解, 說法聽法, 虛空不解說法聽法, 只汝目前, 歷歷孤明, 勿形段者, 始解說法聽法所
謂勿形段者. 是諸佛之法印, 亦是汝本來心也."
　　＿＿, 같은 책(『普照全書』, 34쪽), "凡夫迷時, 四大爲身, 妄想爲心, 不知自性是眞法
身, 不知自己靈知是眞佛, 心外覓佛, 波波浪走. 忽被善知識, 指示入路, 一念廻光,
見自本性, 而此性地, 元無煩惱, 無漏智性, 本自具足. 卽與諸佛, 分毫不殊."
39) 知訥,『眞心直說』, '眞心無知'(『普照全書』, 65쪽), "眞心與妄心對境時, 如何辨別眞妄
耶. 曰妄心對境, 有知而知, 於順違境, 起貪瞋心, 又於中容境, 起痴心也. 旣於境上,
起貪瞋痴三毒, 足見是妄心也. 祖師云, 逆順相爭, 是爲心病故. 對知於可不可者, 是
妄心也. 若眞心者, 無知而知, 平懷圓照故. 異於草木, 不生憎愛故. 異於妄心, 卽對
境虛明, 不憎不愛, 無知而知者, 眞心故."

말을 색신色身에 대한 상대어로서 사용하고 있어[40] 이 단어를 주로 망심에 대한 상대어로 사용하고 있는『진심직설』과는 차이가 있다.

　마음의 체體와 용用에 대한 설명에 있어서도『진심직설』과 지눌의 다른 저서의 내용에는 차이가 있다.『진심직설』에서는 마음 곧 진심을 (妙)체體와 (妙)용用으로 나누어 설명하면서, 체는 부동不動한 것으로 모든 상대적 개념을 떠나 있고 형상이 없는 것인데 반하여 용은 수연隨緣한 것으로 상황에 따라 형상을 가진다고 하였다.[41] 이를 비유적으로 표현하면 물과 파도의 관계 혹은 물에서의 습성濕性과 파동의 관계로 설명되는데, 구체적으로 진심의 (妙)용用은 움직이고 밥 먹고 옷 입는 사람들의 모든 일상 행위를 가리키는 것이다. 이를 묘용妙用이라고 부르는 것은 진심의 묘체妙體를 체득한 사람의 행위이기 때문이다. 이와 같이 마음의 본체와 작용을 구분하는 설명은 다른 지눌의 저서에서는 잘 보이지 않는데 유일하게『수심결』에서 마음의 체와 용에 대해 간략하게 언급하고 있다. 그런데『수심결』에서는 마음 즉 자성自性의 체體와 용用이 각기 공적空寂과 영지靈知에 대응한다고 설명하고 있다. 그런데 영지는 구체적 행위가 아닌 인식 기능의 본질을 가리키는 것이므로『진심직설』에서의 용과는 차이가 있다.

　이와 같은『진심직설』과『수심결』의 마음의 체와 용에 대한 설명 방식의 차이는 구체적인 행위까지를 포괄하는가 않는가의 차이에서 비롯되는 것이지만 한편으로는 마음의 용에 대한 인식의 차이에서 비롯되는 것일 수도 있다.『법집별행록절요병입사기』에 인용된『법집별행록法集別行錄』에는 홍주종洪州宗과 하택종荷澤宗의 진심眞心에 대한 체용관體用觀의 차이가 설명되고 있는데, 이에 의하면 홍주종은 마음의 용으로서 구체적 행위인 수연용隨緣用만을 제시하는 데 반하여 하택종은 수연용과 함께 마음

---

40) 知訥,『修心訣』(『普照全書』, 31쪽), "色身是假, 有生有滅, 眞心如空, 不斷不變."
41) 知訥,『眞心直說』, '眞心體用一異'(『普照全書』, 53쪽), "妙體不動, 絶諸對待, 離一切相, 非達性契識者, 莫測其理也. 妙用隨緣, 應諸萬類, 妄立虛相, 似有形狀."

의 본질로서 앎의 기능인 자성용自性用을 마음의 용으로 아울러 제시하고 있다고 한다.[42] 이러한 설명 방식에 견주어 보면『진심직설』에서의 용은 수연용을 가리키고『수심결』에서의 용用은 자성용에 해당하는 것을 알 수 있다. 지눌은 하택종과 홍주종 어느 일방을 계승한다고 얘기하고 있지 않지만 그가 영지를 강조하고 있는 것을 보면 마음에 대한 체용관에 있어서는 하택종의 설명 특히 자성용에 공감하였음을 알 수 있다. 따라서『진심직설』에서처럼 자성용에 대한 언급이 없는 것은 지눌의 다른 저서와는 매우 다른 모습이라고 할 수 있다.

지금까지 살펴본 것처럼『진심직설』은 내용상 지눌의 기본 사상 체계인 3문 체계에 포섭되지 않을 뿐 아니라 기본 주제인 마음에 관한 설명 방식과 용어의 사용에서도 지눌의 다른 저서들과 적지않은 차이를 보여 주고 있다.『진심직설』이 지눌에 의해 저술된 책이라면 이러한 현상이 가능할 수 있을까? 이러한 사상 내용의 차이에도 불구하고『진심직설』을 지눌의 저술로 간주하는 것이 타당할까 의심되는 것이다. 만일『진심직설』이 지눌에 의해 쓰여진 책이라고 한다면 이와 같은 사상적 차이는 저술 시기의 차이로 설명될 수밖에 없을 것이다.『진심직설』이 지눌의 이른 시기의 저술 즉『단경』이나『화엄론』,『대혜어록』등의 영향을 받기 이전의 저술이라면 위에서 본 것과 같은 사상적 차이가 가능할 수도 있을 것이기 때문이다. 하지만 지눌의 행적을 살펴보면 그러한 가능성은 거의 없어 보인다.

비문에 의하면 지눌이『법보단경』을 읽기 시작한 것은 25세 되던 때이고, 이후 28세에 때에는『화엄론』에 감명 받고 있다. 그리고 그가『법보단

---

42) 知訥,『法集別行錄節要幷入私記』(『普照全書』, 115쪽), "眞心本體, 有二種用. 一者, 自性本用. 二者, 隨緣應用. 猶如銅鏡, 銅之質是自性體, 銅之明是自性用, 明所現影, 是隨緣用. 影卽對緣方現, 現有千差, 明卽常明明唯一味, 以喩心常寂, 是自性體, 心常知是自性用, 此知能語言能分別等, 是隨緣用. 今洪州指示能語言等, 但隨緣用, 闕自性用也. 又顯教有比量顯, 現量顯, 洪州云心不可指示, 以能語言等驗之, 知有佛性, 是比量顯也. 荷澤直云心體能知, 知卽是心此約知以顯心, 是現量顯也."

경』과『화엄론』의 강한 영향을 받으며『권수정혜결사문』을 저술한 때의
나이는 33세였다. 따라서『진심직설』이 지눌의 저서라고 한다면, 이 책은
그의 20대 때에 늦어도 33세 이전에는 저술되었어야만 한다. 깨달음은 나
이나 수행 기간과 관계없는 것이므로 지눌이 젊은 시절에 이 책을 저술했
을 가능성을 완전히 부정할 수는 없겠지만, 일정한 사상적 체계를 확립하
고 있는『진심직설』의 내용과 표현으로 볼 때 20~30대의 인물이 저술했
다고 생각하기는 힘들다고 생각된다. 또한『진심직설』이 지눌의 젊은 시절
의 저술이라면 그 이후의 저술에서 이 책에 나타나는 것과 같은 사상의 흔
적 혹은 사상의 변화의 모습을 찾아볼 수 있어야 하지만 현재로서는 그러
한 모습은 찾아지지 않는다. 이 책이 지눌의 저술이라는 분명한 증거가 없
는 상태에서 지눌의 사상과 큰 차이가 나는 이 책을 굳이 지눌의 저술로
볼 필요는 없지 않은가 한다.

4. 맺음말

지금까지 서지적 측면과 사상적 측면에서『진심직설』이 지눌의 저술일
수 있는지를 검토해 보았다. 그 동안『진심직설』을 지눌의 저술로 간주한
것은 지금까지 알려진 판본들에서『진심직설』이 지눌의 저술인『수심결』
에 붙어 있고, 그 자체에 역시 지눌의 저술인『계초심학인문』을 부록으로
수록하고 있다는 체제가 큰 근거로 작용하였다. 하지만 기존의 판본들보다
원형의 모습을 더 많이 반영하고 있는 것으로 파악되는 새로운 판본과의
비교를 통해 기존 판본들의 체제와 편집 상태는 원래의 모습이 아니라 후
대에 발생한 임의적 편집의 결과라는 것을 알게 되었다. 한편『진심직설』
의 사상 내용도 지눌의 다른 저술들과는 많은 차이가 있는데, 다른 저술들

의 사상이 지눌의 사상 체계로 얘기되는 3문 체계로 정리되는 것과 달리
『진심직설』의 사상은 3문의 사상과는 적지 않은 괴리를 보여 주고 있으며,
마음의 본질과 체용관 등에 대한 이해에 있어서도 다른 저술들과 차이를
보여 주고 있다. 이상과 같은 검토의 결과를 기초로 필자는『진심직설』이
지눌의 저술이 아닐 가능성이 대단히 높다고 생각하며 지눌의 사상에 대
한 검토에서『진심직설』은 제외되어야 한다고 생각한다. 그리고 그것이 오
히려 지눌의 사상을 보다 체계적이고 분명하게 이해하는 데 도움이 되리
라고 생각한다.

  그렇다면『진심직설』은 언제 누구에 의하여 저술된 것일까? 지눌의 저
술과 밀접하게 관련되고 있어 비슷한 시기에 활동한 한국의 승려일 가능
성도 있지만 18세기 이전에 국내에서는『진심직설』이 유통된 흔적이 전혀
보이지 않고 있어 한국의 승려에 의한 저술일 가능성은 낮은 것으로 생각
된다. 그런데 금대金代의 승려로 북경北京 근처에 있는 담자산潭柘山 용천
사龍泉寺의 주지를 했던 정언政言선사의 저술 중에『진심직설』과 이름이
비슷한『진심진설眞心眞說』이 있었다고 하는 기록이 있어 주목된다.43) '진
설眞說'과 '직설直說'에 글자의 차이는 있지만 고판본古板本에서 '진眞'과
'직直'이 혼동되는 경우가 있는 것을 고려하면 같은 책을 가리킬 가능성을
배제할 수 없기 때문이다. 특히 그의 다른 저서에 선사들의 공안公案에 대
한 해설서인 송고頌古, 염고拈古와 선설禪說에 대한 주注 등이 있다고 하
는데, 이는 선사들의 공안公案을 많이 인용하고 있는『진심직설』의 저술

---

43)『潭柘山岫雲寺志』(中國佛寺志彙刊, 1-44), 61~62쪽, "政言禪師, 師許州長社人, 姓王
    九歲詣資福禪院淨良祝髮, 受具戒, 後參香山慈照禪師, 嘗入丈室請益. 慈照曰, 諸法
    如意卽諸如來, 師言下有省. 卽說偈, 諸緣不壞, 了性無滅, 雲散長空, 碧天皎月, 照
    可之. 後至中都參竹林廣慧通理禪師, 旣而梁園大長公主, 曁東京留守曹王, 請師住
    潭柘龍泉寺, 遂繼惠公法席焉三歲, 製頌古拈古各百篇. 注禪說, 金剛歌, 又著金臺
    錄, 眞心眞說, 修行十法門, 皆行於世, 後大定年間說偈而化."
    이 자료에 대한 정보는 椎名宏雄,『宋元版禪籍の硏究』(1993), 부록의「宋金元版禪籍
    逸書目錄」에서 얻었다.

태도와 통하는 면이 있는 것으로 보이기도 한다. 또 그 부도의 건립 연대가 1188년[44]인 것으로 보아 그의 활동 연대를 12세기 중·후반으로 추정할 수 있는데, 이 시기는 아직 간화선이 등장하기 이전이어서 간화선의 모습을 보이고 있지 않은 『진심직설』의 사상 경향과도 부합된다고 볼 수도 있다. 특히 『진심직설』에서는 저자를 '고덕선사古德禪師'라고 막연하게 표현하고 있는데, 원대 이후 금대 승려들의 계보가 단절되고 대부분 망각되어 버린 것을 고려하면 금대의 승려를 '고덕선사'로 지칭하는 것도 가능하다고 생각되기도 한다. 다만 현재 정언선사의 저술로 남아 있는 자료가 전혀 없어 그의 사상 경향을 구체적으로 확인할 수 없고, 『담자산수운사지潭柘山岫雲寺志』에 기록된 내용을 제외하고는 그의 행적에 관한 자료도 알 수 없어 그를 『진심직설』의 저자로 단정하기는 어렵다. 이 문제가 밝혀지기 위해서는 앞으로 금대의 불교에 관한 연구가 진전되고 새로운 자료들이 발굴되어야 할 것이다.

한편 지금까지 알려진 『진심직설』의 판본들은 모두 『수심결』과 함께 간행되고 있는데, 원래 저자와 사상적 배경이 다른 두 책이 이처럼 함께 간행된 이유는 어디에 있을까? 아마도 두 책 모두 마음(心)을 주제로 내걸고 그 본질을 체득하는 문제에 대하여 설명하고 있는데다가 원나라 이후 선종의 중심적 경향이 된 간화선과 달리 화두의 참구가 아닌 마음의 본질을 모색하는 선 수행을 제시하고 있다는 이유 등으로 인해 비슷한 성향의 책으로 주목되어 함께 유통되었던 것이 아닌가 생각되지만, 이 문제 역시 중국에서 두 책의 유통 상황 특히 『수심결』이 명대 이후 중국 불교계에 미친 사상적 영향과 관련하여 앞으로 보다 깊이 있게 검토되어야 할 것이다.

---

44) 같은 책, 46쪽.

<부표 1> 『眞心直說』諸本의 同異 比較(면－행은 『普照全書』에 의함)

판종 면·행	개원사본 (1598년)	규장각소장본 (1584년 이전)	이충익 장래본 (1679년)	송광사본 (1799년)
47－4	華嚴經	華嚴	華嚴	華嚴
48－13	水晶珠	水晶珠	水淸珠	水淸珠
48－13	前導故	前導故	前道故	前道故
49－2	爲樂果	爲樂果故有樂果	爲樂果	爲樂果
49－7	身無明	身無明	身無明	無明身
49－10	未能得道有利益否	未能道有利益不	未能入道有利益不	未能入道有利益不
49－13	於一念頃	於一念須	於一念頃	於一念須
50－7	淨名經	淨明經	淨明經	淨明經
50－15	韻出無心	韻出今時	韻出今時	韻出今時
50－16	堅牢	堅牢牢	堅牢	堅牢
51－2	摩尼珠	牟尼珠	牟尼珠	牟尼珠
51－2	呼爲	名曰	名曰	名曰
51－10	太虛	大虛	大虛	大虛
52－5	證此心也	蓋證此心也	蓋證此心也	蓋證此心也
52－6	證顯	詮顯	詮顯	詮顯
53－1	轉處寔能幽	轉處寔能幽	轉處實能幽	轉處實能幽
53－3	吃飯	喫飯	喫飯	喫飯
53－8	張弓	拈弓	拈弓	拈弓
53－8	俱胝	俱胝	俱胝	俱胝
53－9	獅子	師者	師者	師者
53－9	這箇大用	這着大用	這着大用	這着大用
53－9	若於日用	若於日用	若於日用	於日用
53－14	契識	契識	契證	契證
54－2	體本無動	體無動	體無動	體無動
54－6	聖凡同一	聖凡同一	聖凡本同	聖凡本同
54－9	摩尼	牟尼	摩尼	摩尼
54－10	寔有如是	寔有如是	實有如是	實有如是
54－13	由妄覆之	由妄覆	由妄覆	由妄覆
55－1	眞心息妄 十種工夫	眞心息妄	眞心息妄	眞心息妄
55－3	幻滅故故非幻不滅	故非幻不滅	故非幻不滅	故非幻不滅
55－5	磨鏡垢淨明現	磨鏡垢盡明現	磨鏡垢盡明現	磨鏡垢盡明現
55－5	永嘉云	永嘉亦云	永嘉亦云	永嘉亦云
55－6	性卽眞	性卽眞心	性卽眞心	性卽眞心
55－6	痕垢淨時	痕垢盡時	痕垢盡時	痕垢盡時
55－8	俯四海	俯四海	撫四海	撫四海
55－8	懸而天	懸而天者	懸而天者	懸而天者
55－11	名無也	名無心也	名無心也	名無心也
56－1	妄念覺破	妄念破覺	妄念破覺	妄念破覺
56－3	唯須息念	唯須息見	唯須息見	唯須息見
56－6	如痴如兀	如痴似兀	如痴似兀	如痴似兀

<부표 1> 『眞心直說』諸本의 同異 比較(면-행은 『普照全書』에 의함)

판종 면-행	개원사본 (1598년)	규장각소장본 (1584년 이전)	이충익 장래본 (1699년)	송광사본 (1799년)
56-7	三日	三	三	三
56-8	何害有境	何妨有境	何妨有境	何妨有境
56-11	四日	四	四	四
56-14	上苑	上園	上園	上園
56-16	五日	五	五	五
56-17	灌谿	灌溪	灌溪	灌溪
57-2	此是泯心泯境	此泯心泯境	此泯心泯境	此泯心泯境
57-4	六日存境存心	六存境存心	六存境存心	六存心存境
57-9	七日	七	七	七
57-13	八日	八	八	八
58-1	九日	九	九	九
58-2	靈明中內隱空寂用卽 卽體也	靈明中內隱空寂用卽 體也	靈明中內隱空寂用卽 體也	결락
58-3	惺惺亂想非	惺惺妄想非	惺惺妄想非	惺惺妄想非
58-3	無記寂寂非	無計寂寂非	無記寂寂非	無記寂寂非
58-3	不容無記	不容無計	不容無記	不容無記
58-7	只做	只作	只作	只作
58-7	圓陀陀	圓陀陀地	圓陀陀地	圓陀陀地
58-8	團圓	團圞	團圞	團圞
58-11	曾與何法	曾於何法	曾於何法	曾於何法
59-2	不依形色	依形色	依形色	依形色
59-5	以心除心	以心除心	後以心除心	後以心除心
59-13	千聖興來	千聖興來	千聖興來	千聖興來
59-14	廻頭	廻頭	廻顧	廻顧
59-14	行住中	行住坐中	行住坐中	行住坐中
59-15	欲仇恨於人	欲讐恨於人	欲讐恨於人	欲讐恨於人
59-16	是有心中事	是有心中事	有心中事	有心中事
59-17	現前也	現前也	現前耶	現前耶
60-1	若信若爲	若爲若信	若爲若信	若爲若信
60-4	遍一切處	遍一切處	徧一切處	徧一切處
60-8	老華嚴	元華嚴	元華嚴	元華嚴
60-10	徧而處	徧而處	徧一切處	徧一切處
60-11	體用斯在	體用斯在	體用所在	體用所在
60-14	脫離生死	出離生死	出離生死	出離生死
61-4	寔有也	實有也	實有也	實有也
61-15	作筏	作筬	作筬	作筬
62-8	眞心	眞心	直心	直心
62-9	或曰	問曰	問曰	問曰
62-10	不惟一念	不唯念	不唯念	不唯念
63-2	敢着因果	取着因果	取着因果	取着因果

<부표 1> 『眞心直說』諸本의 同異 比較(면-행은 『普照全書』에 의함)

판종 면-행	개원사본 (1598년)	규장각소장본 (1584년 이전)	이충익 장래본 (1699년)	송광사본 (1799년)
63-6	返成	翻成	翻成	翻成
63-10	無心修因	無心爲因	無心爲因	無心爲因
63-10	妄復	妄覆	妄覆	妄覆
63-12	古頌云	古頌	古頌	古頌
64-3	恒河	河沙	河沙	河沙
64-4	祖師云	祖師語	祖師語	祖師語
64-10	更不用	便不用	便不用	便不用
64-13	猶是	猶是	未是	未是
64-15	呵佛	阿佛	呵佛	呵佛
65-1	今見	令見	令見	令見
65-4	相對境	對境	對境	對境
65-7	對治	對知	知對	知對
65-10	彌動	彌動	彌勤	彌勤
66-1	常和光	和光	和光	和光
66-1	怕爾	怕爾	怕爾	忽爾
66-5	妄識	妄識	往識	妄識
66-10	細論	細論	細論	境有細論
66-12	眞心	眞心	결락	眞心
67-2	眞心所住	眞心所住	眞心所住	眞心所住
67-4	故入	故人	故入	故入
67-11	不合生處	不生處	不生處	不生處
68-1	然波中	然波中	故波中	故波中
68-2	一隻	一雙	一雙	一雙
68-3	刱達	旣達	旣達	旣達
68-5	必無彼此	必無彼此	別無彼此	別無彼此
68-10	依託	依托	依託	依託
68-13	後所趣	身後所阻	身後所住	身後所住

<부표 2> 『修心決』諸本의 同異 比교(면-행은 『普照全書』에 의함)

판종 면-행	개원사본 (1598년)	상백문고본 (1584년이전)	이충익장래본 (1699년)	운주사본 (1432년)	만어사본 (1467년)	간경도감 언해본(1467견)	벽운사본 (1483년)
31 – 3	결락	若欲求佛	若欲求佛	若欲求佛	若欲求佛	若欲求佛	若欲求佛
31 – 5	今世之人	今之人	今之人	今之人	今之人	今之人	今之人
31 – 15	或問	問	問	問	問	問	問
32 – 1	答曰	答	答	答	答	答	答
32 – 3	知覺	覺知	覺知	覺知	覺知	覺知	覺知
32 – 3	臨濟	臨際	臨際	臨際	臨際	臨際	臨際
32 – 9	我今不見	我今見	今不見	我今不見	我今不見	我今不見	我今不見
32 – 10	今見作用	今見作用	今見作用	今現作用	今現作用	今現作用	今現作用
32 – 13	在鼻辨香	在鼻辨香	在鼻辨香	在鼻辨香	在鼻辨香	在鼻辨香	在鼻曰辨香
33 – 3	결락	與人有殊何故	與人有殊何故	與人有殊何故	與人有殊何故	與人有殊何故	與人有殊何故
		今時修心之輩	今時修心之輩	今時修心之輩	今時修心之輩	今時修心之輩	今時修心之輩
		無有一人發現	無有一人發現	無有一人發現	無有一人發現	無有一人發現	無有一人發現
		神通變化	神通變化	神通變化	神通變化	神通變化	神通變化
33 – 7	不名修心	不名修學	不名修學	不名修學	不名修學	不名修學	不名修學
33 – 10	聞卽發悟	聞卽發悟	聞卽發悟	聞卽發悟	聞卽發悟	聞卽發悟	聞卽開悟
33 – 16	虛通	虛通	虛通	靈通	靈通	靈通	靈通
33 – 16	是如事上	是如事上	是如事上	是知事上	是知事上	是知事上	是知事上
33 – 17	妖怪	妖怪	妖怪	발怪	妖怪	妖怪	발怪
34 – 1	迷癡之輩	迷癡輩	迷癡輩	迷癡輩	迷癡輩	迷癡輩	迷癡輩
34 – 4	自生退屈	自生況屈	自生退屈	自生退屈	自生退屈	自生退屈	自生退屈
34 – 5	他人有解悟處	他旣有解悟處	他旣有解悟處	他人有解悟處	他人有解悟處	他人有解悟處	他人有解悟處
34 – 10	虛知	虛知	虛知	靈知	靈知	靈知	靈知
34 – 10	眞佛也	眞佛也	眞佛也	眞佛也	眞佛也	眞佛也	眞佛
34 – 10	指示入路	指爾入路	指爾入路	指尓入路	指尓入路	指示入路	指示入路
34 – 12	雖悟本性	頓悟本性	頓悟本性	雖悟本性	雖悟本性	雖悟本性	雖悟本性
35 – 4	不無疑惑	不無疑惑	不無疑惑	不無疑惑	不無疑惑	不無疑惑	不無疑或
35 – 9	密密相傳	密密相傳	密密相傳	密密相傳	密密相傳	密密相傳	密密相𫝊
35 – 9	眞謂	眞所謂	眞所謂	眞所謂	眞所謂	眞所謂	眞所謂
35 – 10	便與人天爲師	便與人天爲師	便與人天爲師	便與人天爲師	便與人天爲師	便與人天爲師	便與人天爲師
35 – 13	虛知之心也	虛知之心耶	虛知之心耶	靈知之心耶	靈知之心耶	靈知之心耶	靈知之心耶
35 – 16	或見或聞	或見或聞	或見或聞	或見或聞	或見或聞	或聞或見	或聞或見
36 – 6	鴉鳴鵲噪	鴉鳴鵲噪	鴉鳴鵲噪	鴉鳴鵲噪	鴉鳴鵲噪	鴉鳴鵲噪	鴉鳴鵲噪
36 – 6	還見	還有	還有	還有	還有	還有	還有
37 – 6	故云	故云	故云	故云	故云	故云	故
37 – 9	修心人	修心人	修心人	修心人	修心人	修心人	修心之人
37 – 11	漸成也	漸成耶	漸成耶	漸成耶	漸成耶	漸成耶	漸成耶
37 – 13	諦聽	諦聽諦聽	諦聽諦聽	諦聽諦聽	諦聽諦聽	諦聽諦聽	諦聽諦聽
37 – 13	至于今日	至於今日	至於今日	至于今日	至于今日	至于今日	至于今日
37 – 16	加功着力	仲功著力	中功着力	加功著力	加功著力	加功着力	加功著力
38 – 3	便廢	便撥	便撥	便發	便撥	便撥	便撥

<부표 2> 『修心訣』諸本의 同異 비교 (면-행은 『普照全書』에 의함)

판종 면·행	개원사본 (1598년)	상백문고본 (1584년 이전)	이충익장래본 (1699년)	운주사본 (1432년)	만어사본 (1467년)	간경도감언해본 (1467경)	벽운사본 (1486년)
38-10	展轉	轉展	轉展	轉展	轉展	轉展	轉展
38-11	兩輪	二輪	二輪	二輪	二輪	二輪	二輪
38-12	若石壓草	如石壓草	如石壓草	如石壓草	如石壓草	如石壓草	如石壓草
38-12	大惑	大惑	大惑	大惑	大惑	大惑	大或
38-13	婬妄	淫妄	淫妄	淫妄	淫妄	婬妄	婬妄
39-11	遮炤無二	遮炤無二	遮炤無二	遮炤無二	遮照無二	遮照無二	遮照無二
39-15	達人分上	遠人分上	達人分上	達人分上	達人分上	達人分上	達人分上
39-17	吃飯	喫飯	喫飯	喫飯	喫飯	喫飯	喫飯
40-6	眩換	玄換	互換	互換	玄換	互換	互換
40-7	炤鑑無惑	炤鑑無惑	炤鑑無惑	炤鑑無惑	照鑑無惑	照鑑無惑	照鑑無或
40-10	炤鑑無惑	照鑑無惑	照鑑無惑	照鑑無惑	照鑑無惑	照鑑無惑	照鑑無或
40-12	稱無事底人	爲無事人	爲無事人	爲無事人	爲無事人	爲無事人	爲無事人
41-1	爲兩門	爲兩門	爲兩門	就此兩門	就此兩門	就此兩門	就此兩門
41-4	自性門也	自性門耶	自性門耶	自性門耶	自性門耶	自性門耶	自性門耶
41-5	定慧也	定慧耶	定慧耶	定慧耶	定慧耶	定慧耶	定慧耶
41-11	疑惑	疑惑	疑惑	疑惑	疑惑	疑惑	疑或
41-14	斷惑	斷惑	斷惑	斷惑	斷惑	斷惑	斷或
42-1	寂然正受	寂然三受	寂然三受	寂然三受	寂然三受	寂然三受	寂然三受
42-3	無病不求藥	無病不求藥	無病不求藥	無病不求藥	無病不求藥	無病不求藥	無病不求藥
42-4	使殺味却	使殺味却	死殺味却	使殺味却	使殺味却	使殺味却	使殺味却
42-10	於生死界	於生死界	於生死界	於生死界	於生死界	於生死界	如生死界
42-13	機勝	機勝	機勝	機勝	機勝	機勝	機勝者
42-16	退屈	退屈	退屈	退屈	退屈	退屈	屈退
43-2	凤植	宿值	凤值	宿植	宿植	宿植	宿植
43-3	反招無間	返招無間	返招無間	返招無間	返招無間	返招無間	返招無間
43-5	益人天	益人天	益人天	蓋人天	蓋人天	蓋人天	蓋人天
43-7	隨黑暗	隨黑暗	隨黑暗	隨黑暗	墮黑暗	墮黑暗	墮黑暗
43-10	人生萬物之靈	生人萬物之虛	人生萬物之虛	人生萬物之靈	人生萬物之靈	人生萬物之靈	人生萬物之靈
43-14	貪淫	貪婬	貪婬	貪淫	貪淫	貪婬	貪婬
44-4	淨心	淨心	淨心	淨心	淨心	正心	正心
44-5	塵	塵	塵	塵	塵	塵	微塵
44-6	更向何生	更待何生	更待何生	更待何生	更待何生	更待何生	更待何生
44-7	今時人	今時人	今時人	今時人	今時人	今時人	今之人
44-8	王膳	王膳	王膳	王膳	王膳	王膳	王善
44-8	逢醫王	遇醫王	遇醫王	遇醫王	遇醫王	遇醫王	遇醫王
44-9	吾末如之何也	吾末如之何也	吾末如之何也	吾末如之何也	吾末如之何也	吾末如之何也	吾末如之何也
44-9	其狀	其狀可見	其狀可見	其狀可見	其狀可見	其狀可見	其狀可見
44-10	得一事	德一事	德一事	得一事	得一事	得一事	得一事
44-12	野犴	野干	野干	野干	野干	野干	野牛
44-12	獅子	師者	師者	師者	師者	師者	師者
44-15	能生信心	能生信心	能生信心	生信心	生信心	生信心	生信心

『진심직설』의 저서에 대한 고찰

— 『진심직설』은 보조지눌의 저서이다 —

김 방 룡

1. 머리말

『진심직설眞心直說』의 저서에 대한 최연식 박사의 문제 제기[1]는 서지학적 검토와 사상 체계에 대한 심도 깊은 논의를 통하여 불교학계 및 일반인들에게 '『진심직설』이 보조지눌普照知訥의 저술이 아닐 가능성'에 대한 문제를 제기하였다. 특히 서지학적 검토에 있어서는 기존에 알려지지 않은 새 판본을 발견하고 또 이를 소개하였다. 이것만 해도 큰 학문적 성과로 받아들여진다. 또한 『진심직설』에 대한 기타 보조지눌의 사상 체계와의 차이점을 제기하여 그러한 주장에 설득력을 더해 주고 있다. 그 동안 개인적으로 별다른 의심 없이 『진심직설』이 보조의 저서임을 알고 공부해 온 필자에게 많은 공부의 기회와 반성의 계기를 준 점에 대하여 최연식 박사에게 먼저 감사를 드린다.

---

[1] 본 논문은 최연식 박사의 「『眞心直說』의 저자에 대한 재고찰」이란 논문에 대한 반론의 글이다. 그리고 이 글은 보조사상연구원에서 2001년 4월에 발표된 글임을 밝힌다.

본 논문은 최연식 박사의 문제 제기를 계기로 하여 『진심직설』에 대한 종합적인 관심과 논의를 불러일으키려는 의도에 의하여 보조사상연구원에서 계획된 것으로 보인다. '『진심직설』이 보조의 저술이 아닐 가능성'에 대한 논지를 최연식 박사가 날카롭게 제기하고 있는 만큼, '『진심직설』이 보조의 저술이다'라는 논지를 드러내는 것이 본고의 주제이다. 본고에서는 서지학적 측면과 사상적 측면에서 이러한 점을 고찰하고, 인용문과 유사어구를 구체적으로 살펴보고 마지막으로 저술 시기와 동기에 대한 견해를 피력하고자 한다. 선학제현의 많은 질정 당부드린다.

2. 서지학적 고찰

'『진심직설』이 과연 보조의 저술인가?' 하는 문제는 먼저 서지학적 검토가 필요하다. 만약 『진심직설』에 보조지눌의 작품이라는 내용이 들어 있었다면 이러한 논의는 발생되지 않았을 것이다. 그러나 애석하게도 이충익李忠翊에 의하여 국내에 전래된 『진심직설』에는 『고덕선사진심직설古德禪師眞心直說』이라는 책명만 있을 뿐 보조지눌의 저술이란 표현이 없다. 따라서 최연식 박사가 제기한 '『진심직설』이 보조의 저술이 아닐 수 있다'는 가능성은 충분히 있을 수 있고, 그에 대한 논의는 유의미하다고 생각한다.

먼저 '『진심직설』이 보조의 저술인가 혹은 아닌가' 하는 문제에 접근하기 위해서는 다음의 네 가지를 점을 살펴야 한다고 생각한다.

① 『진심직설』이 보조의 저술이라고 할 확실한 단서는 있는가?
② 어떠한 경로로 『진심직설』이 유통되어 왔는가?
③ 『진심직설』이 보조의 저술로 간주된 이유와 근거는 무엇인가?
④ 『진심직설』이 보조의 저술이 아니라는 근거는 무엇이고 확실한 단서는 있는가?

그럼 이에 대하여 살펴보기로 하자.

첫째, 『진심직설』이 보조의 저술이라고 할 확실한 단서는 있는가? 이 점에 대해서는 아직까지 보조의 저술이라고 확실히 단정할 수 있는 근거가 없다고 생각한다. 우리가 가장 확실히 찾아볼 수 있는 것은 보조의 비명碑銘이다. 김군수金君綏가 찬撰한 「보조국사비명」에는 "일생의 저술로서 『결사문』·『상당록』·『법어』·『가송』 등 각 1권이 있는데, 모두 종지를 밝힌 것으로 볼 만한 것이다"[2]라고만 기록되어 있다. 그런데 『결사문』을 제외하고 『상당록』·『법어』·『가송』 등은 현존하지 않고 있다.

그런데 이 비명에는 『진심직설』뿐만이 아니라 현존하는 지눌의 저작인 『수심결』·『원돈성불론』·『간화결의론』·『법집별행록절요병입사기』(이하 『절요사기』)·『계초심학인문』·『화엄론절요』 등 주요 저작의 대부분이 빠져 있다. 이는 아마도 김군수가 유학자이기 때문에 보조의 저술에 대하여 구체적인 관심이 적어서 그러했을 것으로 보여진다. 이종익 박사에 의하면[3] 『원돈성불론』과 『간화결의론』은 혜심慧諶에 의하여 사후 발견되었고, 『절요사기』 또한 혜심에 의하여 재간되었음을 알 수 있다. 그리고 『진심직설』·『수심결』·『계초심학인문』 등은 일찍이 중국으로 들어가 유통되었다가 다시 국내로 들어오게 된 것이다. 그런데 다른 저술에는 보조의 저술임을 밝히고 있는 데 반하여 유독 『진심직설』에는 보조의 저술이라는 기록이 없고, 제목에 『고덕선사진심직설』이라고만 표기하고 있는 것이다. 이러한 사실을 통하여 볼 때 최연식 박사가 '『진심직설』이 보조의 저술이 아닐 가능성'을 제기하기에는 충분한 요소가 있다고 보여진다.

둘째, 어떠한 경로로 『진심직설』이 유통되어 왔는가? 이 점에 대해서는

---

2) "生平所著, 如結社文, 上堂錄, 法語歌頌, 各一卷, 發揚宗旨咸有可觀."(보조사상연구원 편, 『普照全書』, 1989), 422쪽, 이하 『普照全書』라고 표기함.
3) 이종익, 「보조찬술의 사상개요와 서지학적 고찰」, 『普照思想』 1집(보조사상연구원, 1987), 140~163쪽 참조. 이하 『普照思想』이라고 표기함.

이종익 박사의 논문4)과 최연식 박사의 논문5)에서 자세히 밝히고 있듯이, 이충익이 1799년에 청나라로부터 『진심직설』을 구해 와 송광사에서 목판으로 간행하면서부터 국내에서 지눌의 저술로 널리 알려지기 시작하였다. 이후 지눌의 저술로 받아들여져 많은 판본들이 유행하였는데, 그 동안의 판본들6)을 정리하여 보면 다음과 같다.

① 북장돈자권北藏敦字卷, 1410~1140년 간행.
② 명明 성화기축판成化己丑版, 1469년; 명明 문정중간서文定重刊序.
③ 경산장徑山藏 돈자敦字, 1522~1572년 간행.
④ 무림능인선원武林能仁禪院 간刊, 만력萬曆 갑오(1594)와 합간合刊한 것. 부록「보장록」.
⑤ 명주학사明珠學士, 청淸 천불사千佛寺 간, 강희康熙 18년 기미(1679)
⑥ 송광사판松廣寺版, 정조 13년(1799). 강희 기미본을 이충익이 중국으로부터 가져온 것.
⑦ 『대명석교휘목의문大明釋敎彙目義門』 41권과 명 지욱智旭(1599~1655)이 찬撰한 『열장지진閱藏知津』에 요지를 해설함.
⑧ 축장縮藏 등자騰字, 빈가장頻伽藏 등자騰字, 만장卍藏 속갑續匣 18함函 수록.
⑨ 국내의 『법해보벌法海寶筏』, 『선문찰요禪門撮要』, 『보조법어普照法語』와 탄허 역본 유행.
⑩ 동국대학교 한국불교전서간행위원회, 『한국불교전서』 4권(1984)
⑪ 보조사상연구원, 『보조전서』(1987)
⑫ 김달진 역, 『보조국사전서』, 고려원 간. 원문을 부록.

셋째, 『진심직설』이 보조의 저술로 간주된 이유와 근거는 무엇인가? 우리가 생각해 보아야 할 것은 지금까지 알려진 사실 가운데 가장 먼저 『진

---

4) 이종익, 「보조찬술의 사상개요와 서지학적 고찰」, 『普照思想』 1집(보조사상연구원, 1987).
_____, 「보조저술의 서지학적 해설」, 『普照思想』 3집(보조사상연구원, 1989).
5) 최연식, 「『진심직설』의 저자에 대한 재고찰」, 보조사상연구원, 『제4차 禪典 연구 발표회 논문 초록』(2001).
6) 이종익, 「보조저술의 서지학적 해설」, 『普照思想』 3집(보조사상연구원, 1989), 161쪽.

심직설』을 보조의 저술로 인정한 사람이 누구인가 하는 점이다. 최연식 박사의 견해에 따르면, 명明나라 지욱智旭(1599~1655)이라고 밝히고 있다.[7] 지욱이 찬撰한『열장지진閱藏知津』[8]에는 다음과 같은 기록이 있다.

『진심직설』 1권은 원래 '조계산 노스님 지눌'(曹谿山老衲知訥)의 저술이다. 전체가 15장인데 진심眞心의 정신正信, 이명異名, 묘체妙體, 묘용妙用 내지 소재所在 등을 밝혀 의문을 해설하였다.[9]

이 같은 사실은 이미 명나라 때부터『진심직설』을 보조지눌의 저작으로 여기고 있었음을 알 수 있다. 왜 중국 명나라 승려 지욱은『진심직설』을 보조의 저술로 간주하였을까? 지욱은 이미 이전에 간행된『진심직설』을 살펴보고, 또 당시 중국 불교계의 일반적인 인식을 토대로 하여 이와 같은 판단을 내렸을 것이다. 물론 지욱이 이러한 판단을 내렸을 경우『진심직설』의 서지학적 측면과 더불어 사상적 측면을 고려했을 것이다. 왜냐하면 위의 인용문에서 보듯이『열장지진』에서는『진심직설』의 전체적인 내용을 설명하고 있기 때문이다.[10] 또한『수심결』과『계초심학인문』이 이미 당시 중국 불교계에 들어가 상당한 영향을 미치고 있었다는 점을 감안한다면,『진심직설』이 보조의 저술이라는 지욱의 판단은 정확한 것으로 보아야 한다고 생각한다.

다음으로 1799년 이충익이 중국으로부터『진심직설』을 가져와 보조의 저술로 밝히고 있는 데는 이충익의 판단과 당시 청나라 불교계의 일반적인 인식이 반영되었다고 생각된다. 만약『진심직설』이 보조의 저술이 아니

---

7) 이종익은「보조찬술의 사상개요와 서지학적 고찰」(『보조사상』 1집, 1987, 151쪽)에서 북장 돈자권,『고려국보조선사진심직설』(1410-1440)이라고 밝히고 있는데, 본고에서는 최연식 박사의 논문에 지적된 내용에 따라 논지를 전개하고 있음을 밝힌다.
8) 智旭,『閱藏知津』 권42(『昭和法寶總目錄』 권3;『大正新修大藏經』, 권89, 1241쪽).
9) 이종익,「보조찬술의 사상개요와 서지학적 고찰」,『보조사상』 1집(1987), 160쪽 재해석.
10) 이에 대하여 최연식의 견해는 지욱이 明藏에 수록된『고덕선사진심직설』의 편집 상태(서지적 측면)에 의하여만 보조의 저작으로 단정했다고 주장하고 있다.

라 다른 사람의 저술이었다면 왜 중국 불교계에서는 지금까지 이에 대하여 아무런 이의 제기가 없었겠는가? 또 이충익이 가져온『고려국보조국사수심결』과『고덕선사진심직설』을 접한 송광사의 스님들이 이 두 저서를 모두 보조의 저술로 인정하기까지는 많은 숙고가 있었다고 생각된다. 이들이 모두『진심직설』을 보조의 저술로 인정하였다는 사실에 우리는 주목해야 한다고 생각한다.

　이후 지금까지 우리가『진심직설』을 보조의 저술로 인정하는 이유는 지욱과 이충익의 진술, 그리고 이충익이 가져온 저술을 송광사에서 간행할 당시의 조선 불교계의 숙고를 인정하고 받아들이기 때문인 것이다. 또한『진심직설』에 대한 12회에 걸친 그 동안의 판본과 많은 연구 업적물이 쏟아진 것은 이들 모두『진심진설』이 보조의 저술임에 틀림없다는 확신을 전제하고 있기 때문이다. 비록 보조국사 지눌 스님이 돌아가신 지 300여 년이 지난 후에야『진심직설』이 보조의 저술로 인식되었지만, 그 이후 450여 년 동안 많은 선지식이 지눌의 저술로 인식을 공유하고 있다면 이는 보조의 저술로 보아야 함이 타당하다고 생각한다.

　넷째,『진심직설』이 보조의 저술이 아니라는 근거는 무엇이고, 확실한 단서는 있는가? 이번에『진심직설』이 보조의 저술이 아닐 가능성을 제기한 최연식 박사의 주장의 핵심은 지욱의 판단이 잘못되었으며, 이를 이충익이 그대로 받아들이고 있다는 것이다. 좀더 부연하자면 '① 지욱이 참조한 것은 명장明藏에 수록된『진심직설』이다. ② 명장의 편집 상태는『수심결』-『진심직설』로 되어 있고, 부록으로『계초심학인문』-몽산덕이蒙山德異 관련 법어 3편으로 되어 있다. ③ 지욱은『수심결』과『계초심학인문』의 저자가 보조지눌이라 명기되어 있으므로 그 사이에 있는『진심직설』을 아무런 의심 없이 보조의 저술로 간주한 것이다. ④ 이충익도 이러한 지욱의 판단을 의심 없이 받아들여 보조의 저술로 판단하였다. ⑤ 이후의 판단도 이러한 편집 상태 때문에 보조의 저술로 받아들이고 있다'는 것이다.

이러한 주장은 상당히 타당하고 또 설득력 있게 느껴진다. 그러나 곰곰이 생각해 보면 '여러 요인 중 하나를 가지고 결론을 추론하고 있고, 그러한 결론이 옳다는 전제하에 다시 연역적인 추론을 하고 있다'는 것을 발견할 수 있다. 이에 대한 필자의 의문은 이렇다.

첫째, 지욱은 과연 명장에 수록된 『진심직설』만을 참조하였을까? 이미 여러 본이 나와 있었으며, 또 당시 『진심직설』에 대한 관심이 명나라 불교계에 존재하였다는 점을 상기할 때, 『진심직설』에 대한 또 다른 본을 참조했을 가능성을 생각할 수 있다고 본다. 그리고 이를 통하여 이충익이 『진심직설』의 저자가 보조라는 확신을 가지고 있었다고도 추측할 수 있다.

둘째, 명장의 편집 상태가 『수심결』-『진심직설』로 되어 있다는 것은 사실이다. 그렇다고 하더라도 지욱이 『진심직설』을 보조의 저술로 판단한 이유가 편집 상태에만 의존하고 있다고 단정할 수는 없다. 왜냐하면 편집 상태도 참조했겠지만 사상 체계도 참조하였을 것이고, 어쩌면 『진심직설』이 보조의 저술이라는 당시에 불교계에 알려진 확실한 근거를 접했을 수도 있다.

셋째, '『수심결』과 『계초심학인문』의 저자가 보조지눌이라 명기되어 있고 그 사이에 있는 책명이 『고덕선사진심직설』이라고 편집되어 있는 경우', 이를 보조의 저술로 판단하는 것이 잘못인가 하는 점이다. 이는 '고덕선사'라 하여도 당시 누구나 이를 보조라고 판단하였기 때문에 그렇게 적었을 수도 있고, 또 앞뒤에 나온 보조지눌의 저술이란 점이 명기되어 있기 때문에 이를 판각하는 과정에서 빠뜨렸다고 볼 수도 있다. 어쩌면 그러한 또 다른 예를 지욱이 알고 있었기 때문에 보조의 저서임을 확신한 것이 아닐까 생각해 볼 수도 있다. 설사 지욱이 아니라 하여도 이러한 경우 이를 보조의 저서로 보는 것이 타당하다고 생각한다.

따라서 최연식 박사의 주장처럼 이러한 경우 '『고덕선사진심직설』이라 하였으므로 이는 보조의 저술이 아니다'라고 판단하는 것이 타당한지 생각해 볼 문제이다. 최연식 박사의 이러한 판단에는 '사상 체계에서『진심직설』은 지눌의 여타 저술과 다르기 때문에 분명 보조의 저술이 아니다'라는 개인의 선先판단이 개입된 것은 아닌가 의심이 든다.

넷째, '이충익을 비롯하여 이후『진심직설』이 보조의 저술임을 확신했던 사람들이 모두 지눌의 잘못된 판단을 무비판적으로 답습하고 있다'고 보는 것은 생각해 볼 여지가 있다. 지금과 같이 인쇄술이 발달하지 않은 상황 속에서, 그것도 주요 경전들을 간행할 때라면 당시의 가장 뛰어난 석학들이 수많은 자료를 검토하고 기타 저술과의 관련성들을 심사숙고하게 마련이다.『진심직설』을 보조의 저술로 인정하고 새로운 책에 편입시킬 때마다 이러한 작업은 새롭게 반복되게 마련이다. 더군다나 한국 불교계에서 보조지눌이 차지하는 비중을 생각할 때,『진심직설』을 보조의 저술로 간주하여 수록하는 과정 속에서 이에 대한 논의를 충분히 전개했다고 보아야 할 것이다.

또 근래『진심직설』을 보조의 저술로 인정하고 이에 대한 연구를 진행한 많은 학자들이 최연식 박사가 제기한 문제를 의식하면서도 보조의 저술로 인정하고 있음을 생각할 때, 이들 모두가 보조의 여타 저술과 사상 체계상 다르다고 생각하면서도『진심직설』을 보조의 저술로 간주하고 있다고 보기는 어렵다고 생각한다.

그런데 최연식 박사는 '새 판본과 지눌찬술설의 문제점'을 독자적으로 제기하면서 '『진심직설』이 지눌의 저서가 아니다'라는 보다 확실한 근거를 제시하고 있다. 이의 주장을 요약해 보면 다음과 같다.

① 새로 개원사본이 발견되었는데, 이는 명판보다 시기적으로 앞선다.
② 이 판본에는『진심직설』-『수심결』순으로 편재되어 있다.
③ 따라서 이는 독자적인 책이고 그럴 경우 앞에 나온『진심직설』을 지눌의 저술로 볼 수 없다.

먼저 『진심직설』의 저술의 새로운 판본을 발견하고 소개한 업적과 노고에 경의를 표하면서,[11] 필자의 견해를 밝혀 보고자 한다. 새로운 판본을 발견하였지만 보조의 저술이 아니라는 주장을 확신하기에는 근거가 약하다고 생각된다. 비록 『진심직설』-『수심결』의 순서로 되어 있다고 하더라도 '왜 이 두 책이 같이 묶여져 있는가' 하는 점은, 역시 '보조의 저술이기 때문에 같이 편재되어 있다'고 판단할 수 있기 때문이다. 따라서 개원사본이 더 원형에 가깝다는 주장이 타당하다고 인정하더라도 '그렇기 때문에 『진심직설』이 보조의 저서가 아니다'라고 추론할 근거는 미약하다고 생각한다.

이상으로 필자는 『진심직설』이 보조의 저술인가 혹은 저술이 아닌가 하는 서지학적 문제를 검토하였다. 이러한 사실을 통하여 보면 『진심직설』이 보조의 저술이라고 확신할 수 있거나 또는 아니라고 확신할 결정적인 근거는 없다는 점을 알 수 있다.[12] 그렇다 하더라도 한국의 승려도 아닌 명나라 승려 지욱이 『열장지진』에서 분명히 보조의 저술임을 밝힌 바 있고, 또 청나라에서 이충익이 책을 가지고 와서 국내에 소개할 때 보조의 저술임을 밝힌 바 있고, 그러한 주장을 송광사에서 판각할 때 당대의 고승대덕이 심사숙고하여 보조의 저술임을 다시 인정했고, 그 이후 역대 고승대덕을 비롯한 선학들이 이 같은 견해를 받아들여 보조의 저술로 받아들이고 있다는 점 등을 상기할 때, 『진심직설』은 보조의 저술로 봄이 타당하다고 생각한다.

---

11) 최연식이 새롭게 발견한 개원사본 『진심직설』에 대한 서지학적 검토는 기존 학계의 서지적 연구를 뛰어넘는 업적이다. 『진심직설』이 보조의 저술인가 아닌가의 문제를 떠나 이 부분의 업적은 높이 평가받아야 한다고 본다. 또한 서지적 검토와 사상적 검토를 통해 저술의 진위를 가리려는 이 같은 연구 방법은 한국의 불교 연구를 한 단계 높이는데 귀중한 공헌을 한 것으로 생각한다.

12) 이 점에 대하여 최연식도 같은 견해를 표명하고 있다.

3. 사상적 측면에서의 고찰

'『진심직설』이 보조지눌의 저술인가 아닌가' 하는 문제는 앞서 서지학적인 검토를 통하여 보조의 저술로 봄이 타당하다는 견해를 밝혔지만, 사상적인 체계에서 과연 보조의 여타 저술과 같이 볼 수 있는가 하는 점을 검토할 필요성이 있다. 최연식 박사는 이번 논문에서 『진심직설』이 보조의 다른 저술들과 상호영향 관계가 불분명하고, 특히 성적등지문, 원돈신해문, 간화경절문 등 3문과도 직접적인 이론적 연결이 없어 사상적인 체계에서 볼 때 보조의 저술로 볼 수 없다고 주장하고 있다.

그렇다면 이러한 최연식 박사의 주장은 타당한 것인가 하는 문제를 검토해 보기로 하자. 필자는 개인적으로 『진심직설』을 읽으면서 『진심직설』이 보조의 다른 저술과 사상 체계가 다르다거나 더군다나 보조의 저술이 아닐 것이라는 의심을 해 본 적이 없다. 특히 『수심결』과 『법집별행록절요병입사기』 등을 읽으면서도 『진심직설』은 언제나 핵심적인 요점을 정리해 주는 역할을 하였고, 보조스님의 체취를 가깝게 느낄 수 있도록 해주었다. 따라서 최 박사의 이번 논문은 필자에게 보조의 사상 체계에 대하여 종합적으로 고민하게 하는 직접적인 계기를 마련해 주었다. 그럼에도 불구하고 '『진심직설』의 내용이 보조의 여타 저서와 사상적인 차이가 난다'는 최연식 박사의 주장은 좀더 많은 논의를 전개하여야 한다고 생각한다. 왜냐하면 이미 많은 학자들이 『진심직설』을 보조의 사상 체계 속에서 주요 작품으로 다루고 있기 때문이다. 선학 연구자들이 『진심직설』을 보조의 저술로 다루고 있는 현황을 소개해 보고자 한다.

◇ 먼저 『진심직설』을 주제로 하여 발표한 학위논문은 다음과 같다.
 · 이재승(기호), 「지눌의 『진심직설』 연구」(전북대학교 석사학위논문, 1995)
 · 정숙경, 「지눌의 진심론眞心論에 관한 연구」(원광대학교 석사학위논문, 1997)

◇ 다음으로『진심직설』을 직접 다룬 논문을 살펴보면 다음과 같다.
  · 이종익, 「진심직설에 대하여」, 『불일회보』(송광사, 1987 6·7월호).
  · 양은용, 「『진심직설』에 있어서 心心의 문제」, 『안진호박사회갑논문집』(1990).
  · 鎌田茂雄, 「『진심직설』의 사상적 의의」, 『보조국사 지눌의 사상』
  · 돈연, 「『진심직설』과 열반무명론: 돈오점수의 사상 배경」, 『수다라』 3집(해
    인강원, 1988)
  · 김방룡, 「지눌의『진심직설』에 나타난 수행론」, 『한국종교사연구』(한국종
    교사학회, 1998)
  · 이창구, 「『진심직설』을 통해 본 진심과 오수悟修의 구조」, 『구산논집』 3집
    (구산장학회, 1999)
  · 한기두, 「『진심직설』의 한 고찰」, 『보조사상』 13집(2000. 2)
  · 강건기, 「『진심직설』의 체계와 사상」(보조사상연구원, 제12차 학술회의 발
    표회 요지, 2000. 10)

◇ 다음으로『진심직설』을 주요 논지로 거론하고 있는 중요 논문을 살펴보면
  다음과 같다.
  · 김잉석, 「불일보조국사」, 『불교학보』 2집(동국대학교 불교문화연구원, 1964)
  · 忽滑谷快天, 『조선선교사朝鮮禪敎史』, 정호경 옮김(보련각, 1992)
  · 이종익, 「보조찬술의 사상개요와 그 서지학적 고찰」, 『보조사상』 1집(1987)
  · 이종익, 「보조저술의 서지학적 해석」, 『보조사상』, 3집(1989)
  · 한기두, 「보조선의 본질구조」, 『보조사상』 2집(1988)
  · 박상국, 「보조국사 지눌의 생애와 저서」, 『보조사상』 3집(1989)
  · 강건기, 「보조사상에 있어서 닦음의 의미」, 『보조사상』 4집(1990)
  · 강건기, 「신비 패러독스를 통해 본 지눌의 공적영지심」, 『한국불교학』 7집(1995)
  · 김형효, 「지눌사상의 실존성과 본질성」(정문연, 『지눌의 사상과 그 현대적
    의의』, 1996)
  · 길희성, 「지눌 선 사상의 구조」(정문연, 『지눌의 사상과 그 현대적 의의』, 1996)
  · 이덕진, 「보조지눌의 선 사상 연구」(고려대학교 박사학위논문, 1999)
  · 김방룡, 「보조지눌과 태고보우의 선 사상 비교 연구」(원광대학교 박사학위
    논문(1999)

◇ 다음으로『진심직설』에 대한 번역본을 소개하면 다음과 같다.

· 林秋梧, 白話 주해,『眞心直說』(대만: 1933)
· 심재열 역,『보조법어』(보성문화사, 1979)
· 김달진 역,『보조국사전서』(고려원, 1987)
· 탄허 역,『보조전서』
· 법정,『진심직설』(불일출판사)
· 이기영,『진심직설』(동국대 불전간행위원회,『현대불교신서』권9)
· 로버트 버스웰, *The Collected Works of Chinul,* "Straight Talk on the True Mind"(영
  역, 1985)

이상의 연구물들로 미루어 볼 때『진심직설』을 보조의 저술이 아니라고
주장하기에는 무리가 따른다고 보여진다. 이 같은 성과물을 보면 보조의
『진심직설』에 대한 연구가 소홀한 것이라고 판단하기는 어렵다고 생각된
다. 설사 그렇다 하더라도 그 동안의 연구가 주로『권수정혜결사문』·『수
심결』·『법집별행록절요병입사기』등에 치우쳐 있었기 때문이고, 그것은
한국 불교계의 연구 여건상 당연한 현상이라 보여진다. 이제『진심직설』에
관한 본격적인 연구물들이 더 많이 나오리라고 기대된다.

그렇다면 '『진심직설』의 사상의 핵심은 무엇이고, 지눌의 주요 사상과
는 어떠한 연관성이 있는 것인가' 하는 문제를 살펴보자.

보조의 사상 체계에 대한 기존의 논의는 다양하나 크게 돈오점수 체계
를 중심으로 보는 견해와 삼문三門 체계를 중심으로 보는 견해로 대별된
다고 할 수 있다.[13] 이번 논문에서 최연식 박사의 관점은 삼문 체계를 중

---

13) 보조의 선 사상 체계를 이해하는 관점은 다양하게 제시되어 왔다. 여기에서 돈오점수
   체계와 삼문 체계로 대별하여 설명하는 것은 『진심직설』이 보조의 저술인가 아닌가'
   하는 주제를 보다 선명하게 드러내고자 하는 의도에서이다. 그 동안 '돈오점수인가 - 돈
   오돈수인가' 하는 논쟁이 한국 불교(사상)에 있어 보조(사상)의 정당한 위치를 규명하는
   작업이었다면, '보조의 사상 체계를 무엇을 중심으로 하여 이해해야 하는가' 하는 쟁점
   은 근본적인 논쟁거리라고 생각된다. 『진심직설』이 보조의 저술이 아닐 가능성'을 제
   기한 최연식의 논지의 핵심 주장은 '삼문 체계로 보조 사상을 이해해야 한다'는 자신

심으로 보조 사상 체계를 이해해야 한다는 입장[14]을 근거로 하여 『진심직설』은 이러한 사상 체계상 이질적인 작품이며, 따라서 보조의 저술로 간주할 수 없다고 주장하고 있다.

필자의 입장은 보조의 사상 체계는 돈오점수를 중심으로 하여 이해해야 한다는 것이다. 그리고 돈오점수 체계를 중심으로 삼문을 살펴보면 다음과 같이 배대될 수 있다.

돈오(원돈신해문－공적영지심)－점수(성적등지문－정혜쌍수)
(경절문－화두·공안)

보조의 사상 체계에 있어서 나타나는 해석상의 중심 문제는 경절문에 대한 이해 방식이다. 경절문을 어떻게 바라보는가에 따라 견해를 달리하고 있다. 필자는 위와 같이 경절문을 점수의 체계로 배대해서 이해해야 한다고 본다. 그러한 근거는 『절요사기』 속에서 여실언교如實言敎에 따라 돈오한 후에 지해를 털어 버리는 수행으로 화두를 드는 경절문을 수용하고 있는 데서 발견할 수 있다.[15] 이러한 돈오점수를 중심으로 보조 사상의 체계

의 입장에 근거해 있다. 그리고 최연식의 이러한 주장은 이미 「『법집별행록절요병입사기』를 통해 본 보조 삼문의 성격」(『普照思想』 12집)에서 밝힌 바 있다. 최연식은 이러한 견해가 일반적이라고 언급하나 그 내용상 각기 다른 입장을 표명하고 있음을 볼 수 있다. '보조의 사상 체계를 어떻게 볼 것인가'하는 문제는, 최연식의 견해뿐만 아니라 이종익·박성배·성철·강건기·길희성·심재룡·김호성·인경·김종명·정경규·이덕진·이병욱·김방룡·이창구 등 이미 논문을 통하여 자신의 견해를 피력한 바 있다. 따라서 이 주제에 대한 본격적인 논쟁은 '새로운 장'에서 이루어져야 할 문제라고 본다. 따라서 본고에서는 필자의 이에 대한 관점을 밝히는 것으로 족하다고 생각한다. 그리고 그 내용은 최연식의 견해와 달리 '돈오점수 체계로 보조 사상을 이해하고 있다'는 것이다.

14) 이러한 입장은 인경의 견해도 같다. 인경은 「지눌 선 사상의 체계와 구조」(『普照思想』 12집)에서 보조 사상의 체계를 三門의 체계로 보아야 한다는 면에서 최연식과 같은 입장이나 구체적인 내용에 있어서는 보조선의 사상 체계가 『대승기신론』의 체·상·용 구조를 기초로 하고 있으며, 體는 경절문(공안)에 배대되며, 相은 원돈신해문(돈오)에 배대되며, 用은 성적등지문(점수)에 배대된다고 주장하고 있다.

15) 知訥, 『法集別行錄節要幷入私記』(『普照全書』, 103쪽), "故須依如實言敎, 決擇悟修

를 이해하는 입장에서 『진심직설』과 『수심결』과 『절요사기』의 사상 체계를 정리하여 보면 다음과 같다.

◇ 『진심직설』의 사상 체계

| 돈오頓悟 | + | 점수漸修 | = | 완성(佛) |

정신正信 · 신해正信   정正 – 십종식망十種息妄
진심眞心   조助 – 온갖 선행

◇ 『수심결』의 사상 체계

| 돈오頓悟 | + | 점수漸修 | = | 완성(佛) |

해오解悟   자성문정혜 – 상근기
공적영지심空寂靈知心   수상문정혜 – 중 · 하근기

◇ 『절요사기』의 사상 체계

| 돈오頓悟 | + | 점수漸修(무념수 · 정혜쌍수) | = | 완성(佛) |

신해信解 · 해오解悟   정正 – 식망息妄 · 경절徑截
공적영지심空寂靈知心   조助 – 예불 · 간경 · 바라밀 등 이타행

위의 정리를 보면 『진심직설』의 사상 체계가 『수심결』과 『절요사기』의 사상 체계와 같이 돈오점수 체계로 일관함을 알 수 있으며, 또 내용면에 있어서 말년의 저술로 인정되는 『절요사기』에는 『수심결』과 『진심직설』의 점수의 내용이 종합되어 있음을 확인할 수 있다.16) 따라서 『진심직설』

___

之本末, 以鏡自心, 卽於時中觀照, 不枉用功爾……若未先得其源, 則於諸宗旨, 隨其言迹, 妄生取捨之心, 何故能融會, 歸就自心耶. 又恐觀行者, 未能忘懷虛朗, 滯於義理, 故末後略引本分宗師, 徑截門言句, 要令滌除知見之病, 知有出身活路爾."

16) 이에 대한 구체적인 언급은 본고에서 피한다. 왜냐하면 지난 달 본 연구원의 학술발표회(보조사상연구원, 제12차 정기학술발표회, 2000. 10. 28)에서 이 문제에 대한 강건기 교수의 논문은 『眞心直說』의 체계와 사상에 대하여 자세히 밝히고 있기 때문이다. 같은 연구원에서 바로 전에 다룬 같은 문제를 더 이상 언급할 필요는 없다고 느껴지며, 논지 전개상 불필요하다고 느껴지기 때문이다. 다만 이러한 입장에 대하여 부족하다고 느끼는 분은 강건기 교수의 「『眞心直說』의 체계와 사상」을 비롯하여 다음의 논문을 참조하기 바란다.

이 보조의 사상 체계상 이질적인 것이라는 최 박사의 주장은 개인적인 견해이지 학계의 보편적인 시각일 수는 없다는 점[17]을 밝히는 바이다. 다만 최연식 박사가 이번 논문에서 제기하고 있는 문제점은『진심직설』의 저서 속에 나타나는 이질적인 요소를 구체적으로 제시하고 있어 이에 대한 나름의 의견을 제시하고자 한다.

우선, '『진심직설』과 3문'의 관계에 대하여 최 박사는 세 가지 점을 지적하고 있다. ① 보조의 사상은 3문으로 정리될 수 있으며, 3문의 일부나 혹은 전체와 연결되어야 한다. 그러나『진심직설』에서는 그렇지 못하다. ② 돈오점수와 통하는 부분이 발견되나 자성정혜와 수상정혜 중 자성정혜 부분이 없다. 따라서 다른 저술과 큰 사상의 차이가 난다. ③ 원돈신해문과 통하는 부분이 발견되나 이는 여래장적인 설명이고 중생심이 곧바로 근본 보광명지의 현현이라고 하는 원돈신해문의 사상과는 차원이 다르다. 따라서 이는 지눌의 다른 저술이나 이통현의『화엄론』등과는 다르다.

첫 번째 문제에 대하여, 보조의 사상을 '꼭 김군수가 비명에서 밝힌 바와 같이 3문 체계로 이해해야 하는가' 하는 의문이 든다. 물론 사료적으로 「보조국사비명」의 가치를 무시할 수 없지만, 유학자 김부식의 손자인 문장가 김군수가 보조의 사상 전부를 정확히 이해하였다고는 할 수 없을 것이다. 만약 김군수가 보조의 사상을 삼문 체계로 정확히 이해하고 있었다면 성적등지문─혜능의『법보단경』, 원돈신해문─이통현의『화엄론』, 경절문─대

강건기, 「『修心訣』의 체계와 사상」,『普照思想』12집(보조사상연구원, 1999).
_____, 「『法集別行錄節要并入私記』를 통해본 지눌의 사상」, 『녹원스님고희기념 학술 논총: 한국불교의 좌표』(녹원스님고희기념학술논총간행위원회, 1997).
이창구, 「『眞心直說』을 통해본 진심과 悟修의 구조」,『구산논집』3집(구산장학회, 1999).
_____, 「『法集別行錄節要并入私記』를 통해 본 悟의 체험과 해석」,『普照思想』12집(1999).
김방룡, 「보조지눌과 태고보우의 선 사상 비교연구」(원광대학교 박사학위논문, 1999), 94~141쪽.
17) 이에 대하여 심재룡은 그의 논문 「보조선을 보는 시각의 변천사」(『普照思想』1집, 보조사상연구원, 1987)에서 김군수의 삼문 체계가 보조 사상의 왜곡・변절시킨 첫 번째이며, 이후 3번 더 변화되었다고 밝힌 바 있다.

혜종고의『대혜어록』으로 정리하는 데 그치지 않고, 구체적으로 보조의 저서에 대하여 삼문 체계를 통하여 언급했어야 한다고 보여진다. 그런데 왜 김 군수는 보조의 일생의 저술로『결사문』,『상당록』,『법어』·『가송』만을 기록한 것인지 의문이 간다.(그리고 그가 보조의 저술로 말한『상당록』,『법어』·『가송』은 삼문 체계 중 어디에 편입시켜야 하는지 묻지 않을 수 없다.)

일반적으로 보조의 저술 중 삼문 체계로 분류되는 것은 성적등지문-『권수정혜결사문』·『수심결』, 원돈신해문-『화엄론절요』·『원돈성불론』, 간화경절문-『간화결의론』이고,『절요사기』는 삼문을 종합한 것으로 이해되어진다. 최 박사의 논지대로 한다면,『진심직설』뿐만이 아니라『계초심학인문』,『상당록』,『법어』·『가송』등을 보조의 저술로 인정할 수가 없다. 삼문 체계를 보조의 선 사상을 이해하는 가장 중요한 기준으로 보는 것은 개인의 해석학적 관점으로 문제될 것은 없다. 그러나 '삼문 체계에 속하지 않는 것은 보조의 저술로 볼 수가 없다'고 주장한다면 이는 받아들이기 어렵다고 생각한다.

두 번째, 자성정혜와 수상정혜 중 자성정혜를 언급하지 않았다고 해서 보조의 저술이 아니라고 판단할 수 있을까 하는 문제이다.『진심직설』중에 '자성정혜가 언급되지 않았다'고 볼 수 있는가 하는 문제는 접어 두고라도 꼭 모든 저술에서 이 두 부분을 같이 언급해야만 하는가 하는 문제를 생각해 보자. 경우에 따라서는 지은이의 의도와 글의 성격에 따라 그 중 중요하다고 생각되는 부분을 집중적으로 강조할 수 있는 것 아닌가? 즉 그 강조하는 부분이 보다 자세하고 또 다른 사상 체계와 모순되지 않는다면 같은 사람의 저술로 보아도 무방한 것이라 여겨진다. 그런데 중·하근기의 사람들이 돈오 후에 점수의 과정으로 실제 문제가 되는 것은 수상정혜이다. 이러한 점은『수심결』에서도 강조하고 있다.『진심직설』에서는 바로 수상정혜의 문제를 좀더 강조하고 있다. 이것이 십종식망을 통해 표현되고 있을 뿐만 아니라, 조행助行으로서 구체적인 이타행이 강조되고 있다. 이러한 수상정혜의 언급은 『수심결』과 『법집별행록절요병입사기』와 일치하며, 오히려 상세하고 간곡한 것으로 보인다. 따라서 『진심직설』을 보조의 저술로 판단하는 데 문제가 되지 않는다.

세 번째, '『진심직설』에 원돈신해문과 사상적으로 통하는 면이 있으나 이 또한 『원돈성불론』에서처럼 근본보광명지의 개념을 들어 구체적으로 언급하고 있지 않기 때문에 보조의 원돈신해문과는 일치하지 않는다'고 최 박사는 주장하고 있다. 먼저 『진심직설』에 표현된 원돈신해문의 사상을 살펴보자.

『화엄경』에 말하기를, "믿음은 도의 근원과 공덕의 모체가 되며 일체 모든 선근善根을 잘 길러 낸다" 하였다. 또 유식唯識에서 말하기를, "믿음은 물을 맑히는 구슬과 같아 탁한 물을 능히 맑히는 까닭이다" 하였다. 이것은 온갖 선善이 발생하는 데에는 믿음이 길잡이가 됨을 말함이다. 그러한 까닭으로 불경에는 첫 머리에 "이와 같이 내가 들었다"고 써서 믿음을 일으키게 하는 것이다.[18]

이 때 강조하고 있는 믿음(信)은 과연 어떻게 믿는 것인가? 이는 '자기 자신이 다름아닌 부처다'라는 사실을 확신하는 것이다. 즉 이는 진심眞心이 부처라는 확신(心卽佛)이며, 진심은 중생심과 다르지 않다는 것이다. 이는 화엄에서 중생심이 다름 아닌 근본보광명지의 현현顯現이라는 말과 다르지 않다고 보여진다. 그러므로 「화엄론절요서」에서는 "범부가 십신十信에 들어가기 어려운 것은, 모두 제가 범부임을 스스로 인정하고, 제 마음이 바로 부동不動의 부처임을 인정하지 않기 때문이다"[19]라고 나무라고 있는 것이다.

---

18) 知訥, 『眞心直說』(『普照全書』, 48쪽), "華嚴云, 信爲道源功德母, 長養一切諸善根. 又唯識云, 信如水晶珠, 能淸濁水故. 是知萬善發生, 信爲前導故. 佛經首立, 如是我 聞, 生信之所謂也."
19) 「華嚴論節要序」(『普照全書』, 173쪽), "又云, '從凡入十信難者, 摠自認是凡夫, 不肯 認自心是不動之佛故.'"

또 교문의 믿음과 구별하여 조사문의 바른 믿음에 대하여 다음과 같이 말하고 있다.

조사문의 바른 믿음은 교문과는 다르다. 일체 행위를 통한 인과를 믿지 않고 다만 자기가 본래 부처라는 것만을 굳게 믿을 뿐이다. 천진天眞한 자성自性이 사람마다 갖추어져 있고 열반의 오묘한 본체가 각자에게 원만히 이루어져 있으므로, 다른 데서 구하려고 할 필요가 없고 원래 자기에게 스스로 갖추어져 있음을 믿는 것이다.[20]

이와 같은 표현은 『원돈성불론』의 다음과 같은 대목과 그 의미가 통하는 것이다.

자기 마음의 경계가 자타가 모두 참이라는 데 이르면 곧 중생심을 널리 보게 된다. 자기 마음과 여래의 마음 및 그 몸은 다 동일한 본체(體)요 모양(相)이요, 이 모두가 환상幻相이다. 나고 머무르고 무너지는 모양을 보지 않으면 도에 가까울 것이요, 그런 줄 모르고 따로 구하면 도에서 멀 것이다.…… 또 논주의 게송에 "부처도 중생들의 마음 속의 부처거니 제 근기를 감당하면 다른 아무것도 없도다. 모든 부처의 그 근원을 알려면 제 무명이 바로 부처임을 깨쳐라"고 말하고 있다.[21]

이렇게 볼 때, 『진심직설』에 원돈신해문의 요소가 없다거나 보조의 원돈신해문과 일치하지 않는다고 말하지 못할 것이다. 『진심직설』과 『화엄론절요』 및 『원돈성불론』은 그 구성과 체제 및 집필 의도가 다르다. 문제는 『진심직설』 속에서 표현된 원돈신해문의 내용이 『화엄론절요』 및 『원돈성불론』의 내용과 모순적인가 하는 것이다. 위에서 살펴본 바대로 그렇

---

20) 『普照全書』, 49쪽, "祖門正信, 非同前也. 不信一切有爲因果, 只要信自己本來是佛. 天眞自性, 人人具足, 涅槃妙體, 箇箇圓成, 不假他求, 從來自備."
21) 知訥, 『圓頓成佛論』(『普照全書』, 74쪽), "達自心境, 自他普眞則普見衆生心. 自心如來心及身, 同一體相, 皆如幻相. 不見生住滅壞相則近, 迷此別求則遠.……又論主頌云, 佛是衆生心裏佛, 隨自根堪無異物. 欲知一切諸佛源, 悟自無明本是佛."

게 볼 수 없다고 생각한다.

다음으로, 최연식 박사는 '마음의 이해에 대한 비교'에서 세 가지 점을 지적하고 있다. ① 진심이라는 용어가 다른 저서와 다르게 사용되고 있다는 점이다. 즉『진심직설』에서는 진심을 모든 만물을 형성하는 근원으로 보지만, 다른 저술에서는 자성·불성·(공적)영지라는 용어로 사용하고 있다. ②『수심결』과『절요사기』에서 사용한 진심眞心의 용법은 망심妄心에 대한 상대어로 사용되고 있어『진심직설』과는 다르다. ③『진심직설』의 체용體用에 대한 설명이『수심결』과『절요사기』와 다르다. 즉『수심결』에서는 체體와 용用을 공적空寂과 영지靈知로 설명하고 있는데,『진심직설』에서 말하는 용은『수심결』에서 말하는 영지와는 다르게 설명되고 있다. 왜냐하면『수심결』에서의 영지는 구체적인 행위가 아닌 인식 기능의 본질을 가리키기 때문이다. 또『절요사기』를 통하여 보면 지눌이 공감하고 있는 것으로 보이는 하택종의 경우 수연용隨緣用과 더불어 자성용自性用을 제시하고 있는데,『수심결』에서의 용은 자성용에 해당하는 데 비해『진심직설』에서는 수연용만을 언급할 뿐 자성용에 대한 언급이 없어 다른 저서와는 다르다.

첫 번째 문제에 대하여, 보조는『진심직설』의 서문에서 "묘고산 정상은 예로부터 헤아림을 허락하지 않지마는 둘째 봉우리 위에서는 조사들이 간략하게 말로 알게 함을 허락하였다"[22]고 밝히고 있다. 즉 이는 참마음의 세계는 언어를 떠나 있어 무어라고 표현해도 틀리는 것이지만, 다만 굳이 방편으로 표현하자면 언어를 빌려 사용할 수 있다는 것이다. 원효는 이를 일심一心이라 하였다. 그리고 보조는 진심眞心이라 표현한 것이다. 비록 다른 데서 자성·불성·영지라고 사용했다 하더라도 그것보다 진심이라고 표현하는 것이 낫다고 보조가 선택했으면 그만이지 문제가 될 수는 없

---

22) 知訥,『眞心直說』(『普照全書』, 47쪽), "曰妙高頂上, 從來不許商量, 第二峯頭, 諸祖略容話會."

다. 또한 보조는 『수심결』과 『절요사기』에서 11차례나 진심을 사용하고 있으며,[23] 『진심직설』의 「진심이명眞心異名」 장에서는 진심을 부르는 다른 이름에 대하여 교教에 12개, 선禪에 19개, 도합 31개나 사용하고 있다는 설명을 붙이고 있어, 『진심직설』이라는 책명을 보조가 선택했다 하여 이것을 잘못된 것이라 판단할 수는 없다고 본다.

두 번째 문제에 대해서도 마찬가지이다. 언어란 다의성이 있다. 그것을 한 작가가 여러 가지 의미로 사용한다는 것은 오히려 칭찬이 될 수는 있을지언정 흠이 될 이유는 없다. 그 문맥상에서 의미가 통한다면 진심이란 용어가 여러 가지로 사용되었다 하더라고 아무런 문제가 없다고 생각한다. 그런데 최연식 박사가 제기한 바와 같이 진심의 용어가 망심妄心에 대한 상대어로만 사용되고 있는가? 그렇지 않다. 먼저 최연식 박사가 진심을 망

---

23) 眞心이 구체적으로 언급되고 있는 구절은 다음 11개이다.

① 『修心訣』(『普照全書』, 31쪽), "色身是假, 有生有滅, 眞心如空, 不斷不變."

② 『法集別行錄節要幷入私記』(『普照全書』, 112쪽), "牛頭見解如此也. 聞般若經說空, 計本覺性亦空無所有, 今則明眞心之中, 無分別貪嗔等念, 名爲心空, 非謂無心. 言無心者, 但遣心中煩惱也."

③ 같은 책(『普照全書』, 114쪽), "唯此方爲眞心本體, 故始自發心乃至成佛, 唯寂唯知, 不變不斷, 但隨地位, 名義稍殊."

④ 같은 책(『普照全書』, 115쪽), "答眞心本體, 有二種用. 一者, 自性本用. 二者, 隨緣應用. 猶如銅鏡, 銅之質是自性體, 銅之明是自性用, 明所現影, 是隨緣用."

⑤ 같은 책(『普照全書』, 117쪽), "次明漸修者, 雖頓悟法身眞心, 全同諸佛, 而多劫妄執四大爲我, 習與成性, 卒難頓除, 故須依悟漸修, 損之又損, 乃至無損, 即名成佛, 非此心外, 有佛可成也."

⑥ 같은 책(『普照全書』, 118쪽), "水者, 喩眞心也. 風者無明也. 波浪者, 煩惱也."

⑦ 같은 책(『普照全書』, 147쪽~148쪽), "修心者, 切須審詳, 如密禪師云以一眞心性, 對染淨諸法, 全揀全收, 全揀者, 但剋體, 直指靈知, 即是心性, 餘皆虛妄."

⑧ 같은 책(『普照全書』, 148쪽), "現起諸法, 故法法全即眞心, 如人夢所現事, 事事皆人, 如金作器."

⑨ 같은 책(『普照全書』, 148쪽), "故知一切無非心也, 云云, 直現眞心之體, 方能於中, 揀一切收一切也, 如是收揀自在, 性相無碍, 方能於一切法, 悉無所住, 唯此名爲了義."

⑩ 같은 책(『普照全書』, 148쪽), "唯此名爲了義, 以是當知, 若不頓悟一眞心性, 但於中揀一切則滯在離言之解, 收一切則又滯圓融之解, 皆落意解, 難爲悟入矣."

⑪ 같은 책(『普照全書』, 149쪽), "故云法法全即眞心, 如影影皆鏡等, 如是則悟心之後, 建立掃蕩, 有何妨碍."

심의 상대어로 사용하고 있다는『수심결』의 대목을 보자.

색신色身은 가짜여서 생과 멸이 있다. 진심眞心은 허공과 같아 끊기지도 변하지
도 않는다. 그러므로 백해는 무너지고 흩어져 불과 바람으로 돌아가지만 한 물
건은 길이 신령스러워 하늘을 덮고 땅을 덮는다.[24]

위의 문장은 언뜻 보기에 진심이 색신과 대비되어 보인다. 그러나 '불생불
멸하여 하늘을 덮고 땅을 덮는 것'을 어떻게 망심에 상대적인 진심으로 이해
할 수 있단 말인가? 이는 상대를 초월한 세계의 진심을 말하는 것으로 보아야
마땅하다.『절요사기』에 사용된 표현에서도 마찬가지의 예를 발견할 수 있다.

오직 이와 같아야 바야흐로 진심의 본체가 된다. 그러므로 처음 발심할 때부터
성불할 때에 이르기까지 오지 적寂과 지知로서 변함도 없고 끊어지지도 않건만,
다만 그 지위를 따라 이름과 뜻이 약간 다른 것이다.[25]

진심의 본체가 처음부터 끝까지 공적영지로 변함도 없고 끊임도 없다는
내용이다. 그렇다면 이 때의 '진심'의 의미는 상대적 진심인가, 절대적 진
심인가? 이 역시 절대적 진심으로 보아야 한다고 본다.

세 번째 문제에 대해서는 좀 설명할 필요가 있을 것 같다. 불교의 논리
는 일반적으로 체용의 논리와 체상용의 논리로 설명되는데, 체용의 경우
불변(체)과 수연(용) 구조를 말하고 또 체상용의 경우에는 체―자성체, 상―
자성용, 용―수연용으로 구분하는 것이 보통이다.『진심직설』의 경우 주로
체용의 구조로 설명하고 있어 그것을 이상하다고 보기는 어렵다.

물론 최연식 박사의 견해대로 체상용 구조로 살펴볼 때,『수심결』에서

---

24) 知訥,『修心訣』(『普照全書』, 31쪽), "色身是假, 有生有滅. 眞心如空, 不斷不變. 故云
百骸潰散, 歸火歸風, 一物長靈 蓋天蓋地."
25) 知訥,『法集別行錄節要并入私記』(『普照全書』, 114쪽), "唯此方爲眞心本體, 故始自
發心乃至成佛, 唯寂唯知, 不變不斷, 但隨地位, 名義稍殊."

는 자성용을 강조하는 데 비하여 『진심직설』에서는 수연용만을 강조하고 있다고 볼 수 있는 소지가 다분히 있는 것도 사실이다. 그러나 『수심결』에서 자성용에 치우친 점이 보이지만 수연용을 같이 강조하고 있고, 『진심직설』에서 수연용에 치우친 점이 보이지만 자성용을 같이 강조하고 있다.

먼저 『진심직설』에서 자성용을 강조한 부분은 다음과 같다.(굵게 강조한 부분)

허망한 것을 떠난 것을 진眞이라 하며, **신령스러이 밝게 보는 것**을 일러 마음이라고 하니, 『능엄경』 가운데에 이 마음을 밝힌 것이다.[26]

규봉이 대답하기를 **신령스러이 밝아 어둡지 않고 항상 분명히 알며** 어디서 온 곳도 없고 어디로 갈 곳도 없다. 다만 비고 고요함으로써 스스로의 본체를 삼을지언정 색신으로써 본체를 삼지 말라. **신령스런 앎**으로써 자신의 마음(自心)을 삼고 허망한 생각을 자신의 마음으로 인정하지 말라.[27]

다음으로 『수심결』에서 수연용을 강조한 부분은 다음과 같다.(굵게 강조한 부분)

그대가 하루 열두 시간에 배고픈 줄을 알고 목마른 줄을 알며 추운 줄도 알고 더운 줄도 알며 성내기도 하고 기뻐하기도 하는데, 마침내 그것이 어떤 물건인고?[28]

신통과 묘한 작용이여, **물을 긷고 나무를 나르는 것**이다.[29]

이상으로 사상적인 검토를 통하여 이미 많은 사람들이 『진심직설』을 사

---

26) 知訥, 『眞心直說』, 「眞心理名」(『普照全書』, 50쪽), "曰, 離妄名眞, 靈鑑曰心, 楞嚴經中, 發明此心."
27) 知訥, 같은 책(『普照全書』, 68쪽), "圭峯曰一切衆生, 無不具有靈明覺性, 與佛無殊. 若能悟此性, 卽是法身, 本自無生. 何有依託, 靈明不昧, 了了常知, 無所從來, 亦無所去, 但以空寂爲自體. 勿認色身, 以靈知爲自心, 勿認妄念."
28) 知訥, 『修心訣』(『普照全書』, 32쪽), "汝於十二時中, 知飢知渴, 知寒知熱, 或瞋或喜, 竟是何物."
29) 知訥, 같은 책(『普照全書』, 36쪽), "神通幷妙用, 運水及般柴."

상적으로 보조의 작품으로 의심하지 않고 작품 활동을 하고 있다는 실증과 더불어 또 보조 사상의 체계를 돈오점수로 볼 때『진심직설』은 여타의 저술과 차이가 나지 않는다는 사실을 밝혔다. 마지막으로 최연식 박사의 문제 제기는 다르게 해석될 수 있다는 점 등을 설명하여 보았다. 이러한 근거로 필자는 사상적으로 보아도『진심직설』은 보조의 저술로 보는 것이 타당하다고 생각한다.

4. 인용문 및 유사 어구에 대하여

『진심직설』이 지눌의 저술인가 아닌가 하는 문제에 대한 또 하나의 접근은 문장의 형식과 타 작품들과 인용된 경전이 비슷한가, 또는 타 작품들과 같거나 유사한 문장을 사용하고 있는가 하는 등의 문제를 검토하는 일이다. 만약 문장의 서술 방식이 다른 작품들과 비슷하고, 또 인용된 경전이 비슷하고, 유사한 문장들이 발견된다면 그 만큼 같은 사람의 작품이라는 확신을 더해 준다고 생각한다. 문장의 서술 방식에 있어『진심직설』은 다른 작품들과 마찬가지로 문답의 구조인 '혹왈或曰', '왈曰'의 구조로 되어 있다. 즉 질문하고 대답하는 형식에 있어 여타의 저술들과 동일한 구조로 되어 있는 것이다. 인용문에 있어서는『금강경』,『화엄론절요』,『대혜어록』만을 비교하기보다는『진심직설』에 인용된 전체의 경전이 여타 저술에서 어느 정도로 인용되고 있는가 하는 점을 살펴보는 것이 중요하다고 생각된다. 이에 대하여 살펴보면 다음 <표 1>[30]과 같다.

---

30) 위의 도표는 임영숙,「지눌 찬술선서와 그 소의전적에 관한 연구」,(『서지학연구』 창간호, 서지학회, 1986, 263쪽~266쪽)의 도표를 참조하여 본인이 재구성하였음. 확인된 몇 가지 사항은 본인이 수정하였으나 아직 완전하지 않음을 밝힘.

번호	인용문헌 및 인물	진심직설	수심결	절요사기	계초심학인문	정혜결사문	원돈성불론	간화결의론	총횟수	비고
1	화엄경	3회	0회	13회	0회	1회	1회	1회	18회	3/18
2	금강반야경	5	2	4	0	0	0	1	12	5/12
3	방광반야경	1	0	0	0	0	0	0	1	1/1
4	원각경	6	1	4	0	2	0	2	15	6/15
5	능엄경	1	1	2	0	1	0	0	5	1/5
6	열반경	1	0	2	0	0	0	0	3	1/3
7	정명경(유마)	2	0	0	0	1	0	0	3	1/3
8	요의경	1	0	1	0	0	0	0	2	1/2
9	승만경	1	0	0	0	0	0	0	1	1/1
10	금광명경	1	0	0	0	0	0	0	1	1/1
11	기신론(마명)	6	0	4	0	6	5	1	22	6/22
12	조론(승조)	5	0	0	0	0	0	0	5	5/5
13	성유식론	1	0	0	0	0	0	0	1	1/1
14	규봉종밀	2	3	25	0	1	0	2	33	2/33
15	영명연수	1	0	6	0	1	0	0	8	1/8
16	유심결(영명연수)	2	1	0	0	2	0	0	5	2/5
17	마조도일	1	0	14	0	0	0	2	17	1/17
18	대혜어록 및 대혜	1	2	7	0	0	1	7	18	1/18
19	영가현각	8	0	2	0	1	1	1	13	8/13
20	寶誌公	1	0	2	0	0	0	0	3	1/3
21	대승찬(보지공)	1	0	2	0	0	1	0	3	1/3
22	십이시가(보지공)	1	0	0	0	0	0	0	1	1/1
23	石鞏慧藏	1	0	3	0	0	0	0	4	1/4
24	달마 및 전법게	2	0	1	0	0	1	0	4	2/4
25	裵休	1	0	1	0	1	0	0	3	1/3
26	임제의현	1	1	0	0	0	0	0	2	1/2
27	사조도신	1	0	0	0	1	0	0	2	1/2
28	수료화상	1	0	0	0	0	0	1	2	1/2
29	법안문익	1	0	0	0	0	0	1	2	1/2
30	삼조승찬	2	0	0	0	0	0	0	2	2/2
31	덕산선감	1	0	0	0	0	0	0	1	1/1
32	도오원지	1	0	0	0	0	0	0	1	1/1
33	비마암화상	1	0	0	0	0	0	0	1	1/1
34	금화구지	1	0	0	0	0	0	0	1	1/1
35	혼주	1	0	0	0	0	0	0	1	1/1
36	설암담성	1	0	0	0	0	0	0	1	1/1
37	관계지한	1	0	0	0	0	0	0	1	1/1
38	법등	1	0	0	0	0	0	0	1	1/1
39	자은 규기	1	0	0	0	0	0	0	1	1/1
40	방온거사	1	0	0	0	0	0	0	1	1/2
41	진산주	1	0	0	0	0	0	0	1	1/1
42	수산주	1	0	0	0	0	0	0	1	1/1
43	위부원화엄	1	0	0	0	0	0	0	1	1/1
44	장자	1	0	0	0	0	0	0	1	1/1
45	경덕전등록	6	3	0	0	5	0	0	14	6/14

<표 1>에서 보는 바와 같이 『진심직설』의 50% 이상이 보조의 다른 저술 등에서 보이고 있다는 사실들을 확인할 수 있다. 이는 일반적으로 같은 사람의 저술이라고 생각할 수 있는 것이다. 뿐만 아니라 보조의 여타의 저술들이 다른 저술과의 인용 비율을 보더라도 높은 편이라 할 수 있다.

『진심직설』에는 많은 구절들이 보조의 다른 저술과 일치하고 있으며, 인용된 구절에 있어서도 일치하는 것은 발견할 수 있다. 예를 들면 『진심직설』의 서문에 나오는 '도불속지불속부지道不屬知不屬不知'는 『수심결』에서 그대로 인용되고 있고, 『진심직설』의 '각찰'에서 '불파염기不怕念起, 지공각지只恐覺遲'는 『수심결』과 『절요사기』에서 그대로 인용되고 있다. 이와 같은 구절을 구체적으로 살펴보면 다음(<표 2>)과 같다.

<표 2>

번호	『진심직설』의 구절	유사한 구절	비 고
1	日古不云乎, 道不屬知, 不屬不知, 知是妄想. 不知是無記. (서문, 『보조전서』, 47쪽) 대답하기를, "예로부터 말하지 아니 하였느냐? 도道는 앎에 속하지 않으며 알지 못함에도 속하지 않으니, 안다 하는 것은 망상妄想이며 알지 못한다 하는 것은 무기無記니라."	問上上之人, 閒卽易會, 中下之人, 不無疑或, 更說方便, 令迷者趣入. 答道不屬知不知, 汝除却將迷待悟之心. (『修心訣』, 『보조전서』, 35쪽)	같은 문장의 인용구이다. 원전은 『경덕전등록』 권10 (『大正新修大藏經』 권51, 276쪽 下)에 수록되어 있는 南泉 禪師의 말이다. 師日, 不擬時如何知是道. 南泉日, 道, 不屬知不知. 知是妄想不知是無記, 若眞達不疑之道, 猶如太虛廓然虛豁, 豈可强是非邪, 師言下悟理.
2	故祖師云, 在胎名神, 處世名人, 在眼觀照, 在耳聽聞, 在鼻臭香, 在口談論, 在手執捉, 在足運奔, 徧現俱該法界, 收攝在一微塵. 知之者爲是佛性. 不識者喚作精魂. (「진심묘용」, 『보조전서』, 53쪽) 그러므로 조사가 말하기를, "태 안에 있어서는 태아(神)이라 하고, 세상에 있어서는 사람이라 하며, 눈에서는 빛깔을 보고, 귀에서는 소리를 들으며, 코에서는 냄새를 맡고 입에서는 말하며, 손에서는 물건을 잡고, 발에서는 걸어다니며, 두루 나타나서는 법계를 두루 싸고, 거두어 들여서는 한 티끌 속에 있다. 그것을 체득하는 자는 이를 불성이라 하고, 그것을 모르는 이는 정혼精魂이라 한다"고 하였다.	王日其八出現. 當爲我說, 尊者日, 在胎日身, 處世日人, 在眼日見, 在耳日聞, 在鼻辨香, 在舌談論, 在手執捉, 在足運奔, 徧現, 俱該沙界, 收攝, 在一微塵, 識者知是, 佛性, 不識者, 喚作精魂. (『修心訣』, 『보조전서』, 32쪽)	같은 문장의 인용구이다. 원전은 『경덕전등록』 권3(『大正新修大藏經』 권51, 218쪽 中)에 수록되어 있다. 波羅提卽說偈日, 在胎爲身, 處世名人, 在眼日見, 在耳日聞, 在鼻辨香, 在口談論, 在手執捉, 在足運奔, 徧現俱該沙界, 收攝在一微塵. 識者知是佛性, 不識喚作精魂. 王聞偈已心卽開悟.

번호	『진심직설』의 구절	유사한 구절	비 고
3	曰放光般若經云, 般若無所有相, 無生滅相. 起信論云, 眞如自體者, 一切凡夫, 聲聞緣覺, 菩薩諸佛, 無有增減. 非前際生, 非後際滅. 畢竟常恒, 從本已來, 性自滿足, 一切功德. 據此經論, 眞心本體, 超出因果, 通貫古今, 不立凡聖, 無諸對待, 如大虛空. 徧一切處, 妙體凝寂, 絶諸戲論, 不生不滅, 非有非無, 不動不搖, 湛然常住. (「진심묘체」, 『보조전서』, 51쪽) 『방광반야경放光般若經』에 말하기를, "반야는 아무 상相이 없으므로 생멸하는 상相이 없다"고 하였으며, 또 『기신론』에는 "진여 자체는 모든 범부·성문·연각 ·보살·부처에 있어서 차별이 없으므로 과거의 어느 시기에 난 것도 아니고 미래의 어느 시기에 사라지는 것도 아니다. 항상 있어 왔으며, 원래부터 본성 스스로 일체 공덕을 완전히 갖추고 있는 것이다"라 하였다. 이상의 경과 논에 의하면 진심의 본체는 인과因果를 초월하여, 고금에 일관되어 있으며, 범부와 성현을 차별하지 않고, 온갖 상대적 대립을 뛰어넘어 마치 허공이 어디나 두루한 것과 같다. 그 오묘한 본체는 고요하여 온갖 실없는 말들(戱論)이 끊어지고, 나지도 않고 없어지지도 않으며, 있는 것도 아니요 없는 것도 아니며, 움직이지도 않고 흔들리지도 않아 고요히 항상 머무른다.	曰亦無相貌, 言之不可及. 曰此是諸佛諸祖壽命, 更莫疑也. 旣無相貌, 還有大小麼, 旣無大小, 還有邊際麼. 無邊際故無內外, 無內外故無遠近, 無遠近故無彼此, 無彼此則無往來, 無往來則無生死, 無生死則無古今, 無古今則無迷悟, 無迷悟則無凡聖, 無凡聖則無染淨, 無染淨則無是非, 無是非則無一切名言. 俱不可得, 旣揔無, 如是一切根境, 一切妄念, 乃至種種相貌, 種種名言, 俱不可得, 此豈非本來空寂本來無物也. (『修心訣』, 『보조전서』, 36쪽)	내용상 의미가 같은 문장이다.
4	或曰何名不平常心耶. 曰境有聖與凡, 境有染與淨, 境有斷與常, 境有理與事, 境有生與, 境有動與靜, 境有去與來, 境有好與醜, 境有善與惡. 境有因與果, 細論則萬別千差, 今乃且擧十對, 皆名不平常境也. (「진심무지」, 『보조전서』, 66쪽) 문기를, "평상이 아닌 마음이란 어떤 것입니까?" 대답하기를, "경계에는 성인과 범부가 있고 경계에는 더러움과 깨끗함이 있으며, 경계에는 단斷과 상常이 있고 경계에는 이치와 일이 있으며, 경계에는 생生과 멸滅이 있고 경계에(중략) 평상이 아닌 경계의 마음이란 앞의 평상의 진심에 대립시키기 때문에 평상이 아닌 망심이라 하고, 진심은 본래 갖추어져 평상이 아닌 경계를 따라 갖가지 차별을 일으키지 않기 때문에 평상의 진심이라 하는 것이다."	無邊際故無內外, 無內外故無遠近, 無遠近故無彼此, 無彼此則無往來, 無往來則無生死, 無生死則無古今, 無古今則無迷悟, 無迷悟則無凡聖, 無凡聖則無染淨, 無染淨則無是非, 無是非則無一切名言, 俱不可得, 旣揔 無如是一切根境, 一切妄念乃至種種相貌, 種種名言, 俱不可得. (『修心訣』, 『보조전서』, 36쪽)	내용상 의미가 같은 문장이다.

번호	『진심직설』의 구절	유사한 구절	비 고
5	華嚴云, 信爲道源功德母, 長養一切諸善根. (「진심정신」,『보조전서』, 48쪽) 『화엄경』에 말하기를, "믿음은 도의 근원과 공덕의 모체가 되며 일체 모든 선근善根을 잘 길러낸다" 하였다.	如云於信因中, 契諸佛果德. 分毫不殊, 方成信也. (『修心訣』,『보조전서』, 37쪽)	이는 서로 의미가 통하며, 『수심결』의 내용은 이통현『신화엄경론』 제14장(『大正新修大藏經』 권36, 809쪽 中)에 다음과 같이 나온다. "以信因中契諸佛果法分 毫不謬殊, 方成信心."
6	又於中容境, 起痴心也. 旣於境上, 起貪嗔痴三毒, 足見是妄心也. 祖師云, '逆順相爭, 是爲心病.' 故對知於可不可者, 是妄心也. 若眞心者, 無知而知, 平懷圓照故, 異於草木, 不生憎愛故, 異於妄心. 卽對境虛明, 不憎不愛, 無知而知者, 眞心. (「진심무지」,『보조전서』, 65쪽) 또 그 중에 경계에 대해서는 어리석은 마음을 일으킨다. 이미 그 경계를 당해 탐욕(貪)과 성냄(嗔)과 어리석음(痴)의 삼독三毒을 일으킬진대 그것은 망심임을 알 수 있다. 어떤 조사가 말하기를, "역경과 순경이 서로 다투는 것은 마음의 병 때문이다"하였다. 그러므로 옳고 그름을 대립시켜 아는 것이 바로 망심이다. 또 만일 그것이 진심이라면 분별하는 의식이 없이 알게됨으로 공평하고 원만히 비추어 초목의 무지함과 다르고, 미워하거나 사랑하는 마음을 내지 않기 때문에 망심과 다르다. 대상을 대하여도 마음이 비고 밝아 미워하거나 사랑하지 않으니, 아는 바 없이 아는 것이 진심이다.	頓悟自性, 本來空寂, 與佛無殊, 而此舊習, 卒難除斷故, 逢逆順境, 嗔喜是非, 熾然起滅, 客塵煩惱, 與前無異. 若不以般若, 加功著力乃能對治無明, 得到大休大歇之地. (『修心訣』,『보조전서』, 37쪽)	내용상 같은 의미로 볼 수 있다.
7	二曰休歇, 謂做功夫時, 不思善不思惡, 心起便休, 遇緣便歇. (「진심식망」,『보조전서』, 57쪽) 2는 휴헐이니 이는 공부할 때에 선善도 생각하지 말고 악惡도 생각하지 말아 마음이 일어나거든 곧 쉬고, 인연을 만나거든 곧 쉰다는 것이다.	問旣悟此理, 更無階級, 何假後修, 漸熏漸成耶. 答悟後漸修之義… 焉能對治無明, 得到大休大歇之地. (『修心訣』,『보조전서』, 37쪽)	휴헐이 공통적으로 표현되고 있다.
8	不怕念起, 只恐覺遲. (「진심식망」,『보조전서』, 56쪽) 생각이 일어남을 두려워하지 말고, 다만 깨달음이 더딤을 두려워하라.	不怕念起, 唯恐覺遲. (『修心訣』,『보조전서』, 38쪽) 不怕念起, 唯恐覺遲. (『法集別行錄節要幷入私記』, 『보조전서』, 147쪽)	같은 인용구의 문장이다. 이는『宗鏡錄』 (『大正新修大藏經』 권48, 638쪽 上), (高·1499·44·222· 下)에 수록되어 있다. "不怕念起唯廬覺遲."

번호	『진심직설』의 구절	유사한 구절	비 고
9	一日覺察. 謂做工夫時, 平常絶念, 堤防念起, 一念纔生, 便與覺破, 妄念破覺, 後念不生, 此之覺智, 亦不須用, 妄覺俱忘, 名曰無心. (「진심식망」, 『보조전서』, 55～56쪽) 첫째는 깨달아 살피는 것(覺察)이다. 이는 공부할 때에 항상 생각을 끊어서 생각이 일어나는 것을 막는 것이니 한 생각이 겨우 일어남에 곧 그것을 깨달아 부수고, 망념을 부수어 다음 생각이 일어나지 않으면 그 깨달음 지혜마저도 모름지기 사용하지 말지니, 망념과 깨달음을 함께 잊어버리는 것을 무심이라 한다.	念起卽覺, 覺之卽無. (『修心訣』, 『보조전서』, 38쪽)	같은 의미의 내용이다.
10	曰生死本無, 妄計爲有. 如人病眼, 見空中花, 或無病人, 說無空花, 病者不信, 目病若無, 空花自滅, 方信花無, 只花未滅, 其花亦空, 但病者妄執爲花, 非體實有也. (「진심출사」, 『보조전서』, 61쪽) 대답하기를, 생생生死는 본래 없는 것인데 잘못 알기에 있다고 헤아린다. 어떤 사람이 병든 눈으로 허공에 어른거리는 꽃을 볼 때, 눈병 없는 사람이 허공에 꽃이 없다 하면 병든 사람은 그 말을 믿지 않다가 눈병이 나으면 허공의 꽃도 저절로 없어져 비로소 꽃이 없음을 믿게 됨과 같나니 다만 그 꽃이 없어진 것이 아니며 그 꽃은 원래 없는 것으로 병든 자가 망령되이 꽃이라 집착하였을 뿐이요 그 본체가 참으로 있는 것은 아니다.	悟人分上, 雖有客塵煩惱, 俱成醍醐. 但照惑無本空花三界. 如風卷烟, 幻化六塵, 如湯消水. 若能如是, 念念修習不忘照顧, 定慧等持, 則愛惡自然淡薄, 悲智自然增明, 罪業自然斷除, 功行自然增進. (『修心訣』, 『보조전서』, 38～39쪽)	같은 비유와 같은 의미의 내용이다.
11	是故佛祖, 不令人泥着文字, 只要休歇, 見自本心. (서문, 『보조전서』, 47쪽) 이러한 까닭으로 부처와 조사는 사람들로 하여금 문자에 빠져 집착하지 않고 다만 한가로이 쉬고 쉬어서 자기의 본심을 보게 한 것이다.	切莫執文, 直須了義, 一一歸就自己, 契合本宗, 則無師之智, 自然現前, (『修心訣』, 『보조전서』, 42～43쪽) 窮其旨趣, 唯忘言了義, 忘義了心者, 可以仰信矣. (『圓頓成佛論』, 『보조전서』, 70쪽)	같은 의미의 내용임.

번호	『진심직설』의 구절	유사한 구절	비 고
12	曰起信論云, 若人聞是法已, 不生怯弱, 當知是人, 定紹佛種, 必爲諸佛, 之所授記. 假使有人, 能化三千大千世界滿中衆生, 令行十善, 不如有人, 於一念須, 正思惟此法, 過前功德, 不可爲喩. (「진심정신」, 『보조전서』, 49쪽) 『기신론』에 말하되, "만일 어떤 사람이 이 법을 듣고 나서 겁내거나 약한 마음을 내지 않으면, 그는 반드시 부처의 종자를 이어 받아 모든 부처의 수기授記를 받을 것을 마땅히 알라. 가령 어떤 사람이 삼천대천 세계 가운데 가득 찬 중생을 교화하여 그들로 하여금 십선十善을 행하게 하더라도, 어떤 사람이 잠깐이나마 이 법을 바로 생각하는 것만 같지 못하니, 이 공덕은 앞의 공덕보다 많아 비교할 수 없는 것이다" 하였다.	如經云, 若人以三千大千世界七寶, 布施供養爾所世界衆生. 皆得充滿, 又敎化爾所, 世界一切衆生, 令得四果, 其功德無量無邊, 不如一食頃, 正思此法, 所獲功德. 是知我此法門, 最尊最貴, 於諸功德, 比況不及. (『修心訣』, 『보조전서』, 44쪽)	같은 의미의 내용임.
13	約此不相離理故非異也. 如水以濕爲體, 體無動故, 波以動爲相, 因風起故, 水性波相, 動與不動, 故非一也. 然波外無水, 水外無波, 濕性是一. 故非異也. (「진심체용일이」, 『보조전서』, 54쪽) 이 서로 떠나지 않는 이치의 면으로 볼 때는 서로 다른 것이 아니다. 마치 저 물이 습기로 본체를 삼으나 본체는 움직이지 않으며, 물결은 움직임으로 상相을 삼으나 바람으로 인해 일어난 것이니, 물의 본성과 물결의 상相이 하나는 움직이고 하나는 움직이지 않기 때문에 하나가 아닌 것과 같다. 그러나 물결 밖에 따로 물이 없고 물 밖에 따로 물결이 없어, 그 젖는 성질은 하나이기 때문에 서로 다른 것이 아닌 것이다.	然, 水之濕性, 雖動靜凝, 流而未嘗變易者, 貪嗔時亦知, 慈濟時亦知, 憂喜愛樂變動, 未嘗不知, 故云不變也. 今頓悟本心常知, 如識不變之濕性, 心旣無迷, 卽非無明, 如風頓止, 悟後自然, 攀緣漸息, 如波浪漸停, 以戒定慧, 資薰身心, 漸漸自在, 乃至神變無碍普利群生, 名之爲佛. (『法集別行錄節要幷入私記』, 『보조전서』, 118쪽)	유사한 표현으로 같은 의미의 문장임.
14	知一切法, 卽心自性, 成就惠身, 不由他悟. (서문, 『보조전서』, 47쪽) 『화엄경』에 "일체 법이 곧 마음 자성인 줄 알라. 지혜로운 몸을 성취함은 다른 깨달음으로부터 오는 것이 아니다"라고 한 것이다.	故華嚴經云, 知一切法, 卽心自性, 成就慧身, 不由他悟. (『法集別行錄節要幷入私記』, 『보조전서』, 148쪽)	같은 내용임. 이는 『대방광불화엄경』 권17(『大正新修大藏經』 권10, 89쪽 上)에 수록되어 있다. 於諸法中, 不生二解, 一切佛法, 疾得現前, 初發心時. 卽得阿耨多羅三藐三菩提. 知一切法, 卽心自性, 成就惠身, 不由他悟.

번호	『진심직설』의 구절	유사한 구절	비 고
15	故經云. 善男子, 譬如淸淨, 摩尼寶珠, 映於五色, 隨方各現. 諸愚痴者, 見彼矣尼, 實有五色. 善男子, 圓覺淨性, 現於身心, 隨類各應. 彼愚痴者, 說淨圓覺竟, 有如是身心自性, 亦復如是. (「진심재미」, 『보조전서』, 54쪽) 그러므로 경에, "선남자야, 마치 깨끗한 마니보주摩尼寶珠가 다섯 빛깔로 비치어 짐은 각 방향을 따라 각기 나타난 것인데, 어리석은 사람은 그 보주에 진실로 다섯 빛깔이 있다고 보는 것처럼, 선남자야, 원각의 깨끗한 본성이 몸과 마음에 나타나 사물을 따라 각각 응해 주면 저 어리석은 사람은 깨끗한 원각에 진실로 그런 몸과 마음을 소유하고 있다고 말하는 것이니 진심과 자성과의 관계도 또한 그와 같다"고 하였다.	然珠所現色, 雖百千般, 今且取與明珠相違之黑色, 以況靈明知見. 與黑闇無明, 雖相違而是一體法喩己具. 謂如珠現黑色時, 徹體全黑, 都不見明. 癡孩子或村野人見之, 直是黑珠. 靈知之心, 在凡夫時, 全是愚迷貪愛, 故迷人但見定是凡夫. 上都喩六道衆生也. (『法集別行錄節要幷入私記』, 『보조전서』, 110쪽)	유사 어구로 같은 의미의 문장이다. 원문은 『圓覺經』(『大正新修大藏經』 권17, 914c) (高·400·13·77面·中)에 수록되어 있다. 善男子, 譬如淸淨摩尼寶珠, 映於五色, 隨方各現 諸愚痴者, 見彼摩尼, 實有五色. 善男子, 圓覺淨性, 現於身心, 隨類各應, 彼愚痴者, 說淨圓覺, 實有如是, 身心自相, 亦復如是, 實有如是身心.
16	惺惺寂寂是, 惺惺妄想非, 寂寂惺惺是. 無計寂寂非. 旣寂寂中不容無計, 惺惺中不用亂想, 所有妄心如何得生. 此是卽體卽用, 滅妄功夫也. (「진심식망」, 『보조전서』, 58쪽) "또랑또랑하면서 고요한 것은 맞는 것이요, 또랑또랑하나 망상이면 틀린 것이다. 고요하면서 또랑또랑한 것은 맞는 것이요, 고요하여 무기無記인 것은 틀린 것이다" 하였으니, 고요한 가운데 무기를 용납하지 않고, 또랑또랑한 가운데 어지러운 생각을 쓰지 않는데 망심이 어떻게 생기겠는가 이것이 바로 본체가 곧 작용이 동일한 것으로써 망심을 없애는 공부다.	寂寂. 謂不念外境善惡等事惺惺. 謂不生昏住無記等相. 若寂寂不惺惺. 惺惺不寂寂. 此乃非但緣慮. 亦乃是昏而住. 亦寂寂亦惺惺. 非唯歷歷. 兼復寂寂. 此乃還源之妙性也. (『勸修定慧結社文』, 『보조전서』, 15쪽)	유사 어구로 같은 의미의 내용이다. 원문은 『선종영가집』, (『大正新修大藏經』 권48, 389b～c)에 나오는 구절이다. 其辭日, 忘緣之後寂寂, 靈知之性歷歷, 無記昏昧昭昭, 契眞本空的的, 惺惺寂寂是, 無記的的非. 寂寂惺惺是, 亂想惺惺非. 若以知知寂. 此非無緣知. 如手執如意, 非無如意手. 若以知知知. 亦非無緣知. 如手自作拳. 非是不拳手. 亦不知知寂. 亦不自知知. 不可爲無知. 自性了然故.
17	若經云. 須菩提菩薩無住相布施. 其福德不可思量. 一念淨心成正覺. (「진심공덕」, 『보조전서』, 63쪽) 옛 송頌에, "만일 누구나 잠깐 동안이나마 고요히 앉으면 항하의 모래수 같은 칠보탑을 만드는 것보다 훌륭하다. 보탑은 필경 티끌이 되겠지마는 한 생각의 깨끗한 마음은 깨침을 이룬다" 하였다.	故經云. 一念正心是道場, 勝造恒沙七寶塔, 寶塔畢竟碎爲微塵, 一念正心成正覺. (『修心訣』, 『보조전서』, 44쪽)	같은 표현의 문장임. 원문은 『宋高僧傳』(『大正新修大藏經』 권50, 837a) 翁曰, 聽吾宣偈, 一念淨心是菩提, 勝造恒沙七寶塔, 寶塔究塵碎爲塵, 一念淨心成正覺, 著俯聽凝神.

596 한국의 사상가 10人 —— 지눌
596 한국의 사상가 10人 —— 지눌

위의 <표 1>과 <표 2>[31]를 통하여 우리는 『진심직설』에서 인용된 경전과 인물들이 50% 이상 일치하고, 또 같거나 유사한 어구들이 17개나 발견됨을 알 수 있다. 이러한 사실은 『진심직설』이 보조의 저서라는 확신을 갖게 한다고 할 수 있다.

5. 저술 시기와 저술 동기에 대하여

그렇다면 『진심직설』의 저술 시기는 언제이고, 또 저술 동기는 무엇인가? 먼저 저술 시기에 관하여 살펴보자. 최연식 박사는 『진심직설』에는 보조의 다른 저서에서 인용된 『법보단경』과 『화엄론』, 『대혜어록』에 대한 인용이 없다고 단정하고 따라서 만약 보조지눌이 『진심직설』을 지은 것이라면 그 시기가 33세 이전이어야만 한다고 주장한다. 그러나 그렇게 일찍 지을 리가 없기 때문에 보조의 저술이 아닐 가능성이 높다고 주장한다. 이 문제는 중요한 문제로 다루어져야 한다.

그런데 『법보단경』·『화엄론』·『대혜어록』을 모두 인용한 보조의 저술은 『절요사기』 하나이며, 나머지 저술들은 이들을 전혀 인용하지 않거나 혹은 이들 중의 하나 내지 둘을 인용하고 있다. 또 최 박사는 『진심직설』에는 이들 경전이 전혀 인용되지 않고 있다고 한다. 그러나 자세히 살펴보면 꼭 그렇게 볼 수 없다는 것을 발견할 수 있다.

첫째, 『대혜어록』이라 밝히지 않고, '고인古人 운云'이라 하여 인용된 다음의 문장은 『대혜어록』에 그대로 있는 문장이다.

古人, 云, '**一條白練去, 冷湫湫地去, 古廟裏香爐去.**' 直得絶廉纖離分別, 如痴似兀,

---

31) 이외에도 더 발견된다.

方有少分相應, **此休歇息妄功夫也**.32)

(옛 사람이 말하기를, '한 가닥 흰 비단인 듯 차가운 물인 듯, 옛 사당 안의 향로
인 듯하라. 그러면 바로 망상을 끊고 분별을 떠날 수 있어서 바보와 같고 말뚝
과 같게 되어 바야흐로 미세한 부분까지 진심과 합할 것이다' 하니, 이것이 휴
헐休歇로서 망념을 없애는 공부이다.)

이는 『대혜보각선사어록大慧普覺禪師語錄』 권1733)에 나오는 구절이다.

見士大夫爲塵勞所障方寸不寧, 怗便教他寒灰枯木去, **一條白練去, 古廟裏香爐去,
冷湫湫地去, 將這箇休歇人**. 爾道.

둘째, 이통현의 『화엄론』은 비록 인용되지 않았으나, 『진심직설』에서는
『화엄경』이 3회에 걸쳐서 인용되고 있음을 주목해야 한다. 『화엄경』이 3
회 인용되고 있으며, 이 구절이 다른 경전에 다시 인용되고 있다는 것은
『진심직설』의 저자가 원돈신해의 화엄 사상에 깊이 천착해 있음을 알 수
있게 한다. 또한 이통현의 『화엄론』은 『화엄경』을 압축하고 설명한 글임
을 생각할 때, 이통현의 『화엄론』의 영향을 받지 않았다고 단정할 수는 없
다. 예를 들어 「진심정신」 장에 인용된 "華嚴云, **信爲道源功德母, 長養一切諸
善根**"34)의 경우 『대방광불화엄경』 권1435)의 「현수품賢首品」, 제12 - 1 중
에 있는 문수사리文殊師利보살의 질문에 대한 현수보살賢首菩薩의 게송의
형식을 빌린 대답 중에 나오는 다음과 같은 구절에서 인용된 말이다.

爾時賢首菩薩, 以偈答曰…… 及信無上大菩提, 菩薩以是初發心, **信爲道元功德母,
長養一切諸善法**, 斷除疑網出愛流, 開示涅槃無上道, 信無垢濁心清淨, 滅除憍慢恭
敬本.……

---

32) 『普照全書』, 56쪽, 5행.
33) 『大正新修大藏經』 권47, 884c.
34) 『普照全書』, 48쪽.
35) 『大正新修大藏經』 권10, 72b; 『高』, 80 · 8 · 506면 下.

이통현 장자의『신화엄경론』권16[36)에서는 이 구절이 속해 있는 부분에 대해 "다섯 번째 심심신해상청정 이하 18행까지의 송은 삼보증익을 믿는 분을 밝힌 것이다"(五深心信解常淸淨已下十八行頌, 明信三寶增益分)라고 해석하고 있다.

이러한 사실들은『진심직설』의 저자가 이통현의『신화엄경론』을 같이 공부하면서『화엄경』을 인용하고 있었을 가능성을 생각하게 한다.

셋째,『법보단경』에 대한 인용은 비록 없으나,『진심직설』의 사상이 돈오를 전제하고 있기 때문에『단경』의 사상을 함축하고 있다고 보여진다. 실지로『진심직설』에 인용되고 있는 영가현각, 영명연수, 법안문익, 석공, 비마, 구지화상, 흔주, 운암담성, 방온거사, 관계지한 등 많은 인물들이 혜능의 사상을 잇는 남종선을 대표하는 인물임을 상기할 때,『진심직설』의 저자가『단경』을 참조하지 않았다고 생각할 수는 없다고 보여진다.

이러한 사실들로 미루어『진심직설』의 저술 시기는 지눌이『대혜어록』을 본 41세 이후의 작품이라고 생각할 수 있다. 아마도 보조지눌이 송광사로 이전(43세, 1200)하여 본격적인 정혜결사의 실천 과정에서 쓰여진 것으로 추정할 수 있다.

주지하다시피 보조의 생애는 정혜결사의 실천적인 삶이었다. 그의 생애를 구분하여 보면, 그는 1158년 출생하여 어린 나이에 사굴산문에 출가하여 25세 승선에 합격할 때까지 불교 외적으로 사회적 혼란 및 무신정권의 등장을 경험하고 불교 내적으로 불교계의 타락과 선종과 교종의 갈등을 경험한다. 이어 그는 보문사와 팔공산 거조사를 거치면서 정혜결사를 준비한다. 이 기간 동안『법보단경』과『화엄론』에 큰 영향을 받아 팔공산 거조사에서 33세 되던 1190년『권수정혜결사문』을 짓는다. 이 기간이 정혜결사를 준비한 기간이다.

---

36)『大正新修大藏經』권36, 826쪽 中.

정혜결사를 실천한 시기는 그 다음부터 입적할 때까지이다. 그는 41세에 상무주암으로 이동했다가 여기에서『대혜어록』을 읽고 큰 감명을 받는다. 이 경험은 지눌로 하여금 정혜결사에 자신감을 갖게 했으며, 이후 43세 되던 1200년부터 53세 열반 때까지 순천 송광산 길상사에 수선사修禪社를 결성하고 본격적인 결사운동을 실천하였던 것이다.

보조의 저술 활동이 구체적인 결사운동 과정에서 이루어졌다는 것은 그의 사상을 이해하는 데 중요한 요인이라 생각한다. 1200년 지눌은 이전에 저술했던『권수정혜결사문』을 다시 인쇄하여 발표[37]하였고, 이 이후 지눌은 저술 활동을 하게 된다. 정혜결사운동의 과정에서『권수정혜결사문』이 운동의 시작을 알리는 선언문이라면,『수심결』·『진심직설』·『계초심학인문』은 구체적인 지침서요 이론서라 할 수 있다고 보여진다. 따라서『수심결』·『진심직설』·『계초심학인문』(48세, 1205)은 같은 시기에 저술되었다고 보여진다. 즉 1205년을 전후하여 지어진 것으로 추정된다. 이러한 견해는 이미 최병헌 교수가 다음과 같이 밝힌 바 있다.

지눌은 희종熙宗 원년(1205) 수선사修禪社의 중창 공사가 마무리되면서 본격적인 결사結社에 들어갔던 것이고, 그와 동시에『정혜결사문』을 인쇄·반포하고『계초심학인문』을 저술하였음은 앞서 지적한 바와 같거니와 지눌의 저술 활동은 그 뒤에도 말년까지 계속되고 있다.『정혜결사문』이 인쇄·반포되던 그 해에 벌써『진심직설』과『수심결』을 저술하여『권수정혜결사문』의 미진한 곳을 보완하고 있었다. 이 두 가지 책은 그 뒤 희종 5년(1209) 여름에 저술되는『법집별행록절요병입사기』와 함께 동일 계통에 속하는 것인데, 정혜쌍수定慧雙修·성적등지惺寂等持라고 하는 선의 실천 운동의 사상적 뒷받침으로서 돈오점수설頓悟漸修說이라고 하는 이론을 정립시킨 것이다. 그리고 다른 한편으로 희종 3년(1207) 정월에는『화엄론절요』3권의 저술을 마치고, 이어 말년에는『원돈성

---

37) 知訥,『勸修定慧結社文』(『普照全書』, 30쪽), "然勸修文, 旣流布故, 仍其舊名, 彫板印施耳."

불론』과『간화결의론』의 저술을 마침으로써 원돈신해문과 경절문의 이론적 기반까지 마련하기에 이르렀던 것이다.[38]

위의 최병헌 교수도 밝히고 있는 바와 같이『진심직설』의 저술 시기는 그의 나이 48세인 1205년 전후일 것으로 추정된다.

지눌이『진심직설』을 지었다면 그 저술 동기는 무엇일까? 첫 번째 생각할 수 있는 점은 앞서 언급한 바와 같이 결사 과정에서 구체적인 이론서로서의 필요성 때문으로 추정할 수 있다. 즉 이미 정혜결사의 취지와 내용을 언급한『권수정혜결사문』이 있었지만, 송광사로 이전한 후 구체적인 결사운동의 실천 과정 속에서 이들을 지도할 이론서가 필요했다고 보여진다.『수심결』과『진심직설』과『계초심학인문』은 그 체계와 내용이 상보적인 관계 속에 있다.『수심결』이 돈오점수의 깨침과 닦음의 문제와 더불어 닦음의 방법으로 자성문정혜 및 수상문정혜에 대한 자세한 설명을 하고 있다면,『진심직설』은 닦음의 구체적인 방법론을 정正과 조助의 논리로써 자세히 밝히고 있다. 또한『계초심학인문』은 결사에 동참한 사람들의 계율에 관하여 구체적으로 설명하고 있다. 따라서 이들 세 권의 저서는 정혜결사의 구체적인 지침서로서 보조에 의하여 작성되어졌다고 보여진다.

그 동안『수심결』－『진심직설』－『계초심학인문』이 합본되어 간행된 것도 보조에 의하여 지어졌다는 것을 말하는 것이며, 이후 한국 불교 선원禪院의 교육 과정에서도 실제로 이 같은 체제가 실용성을 지녔기 때문으로 추정할 수 있다.

마지막으로『진심직설』의 저자에 관한 최연식 박사의 견해에 대한 본인의 견해를 피력하고자 한다. 최연식 박사는『진심직설』의 저자에 대하여 금대 정언政言선사로 추정하면서 그 근거로서 정언선사가『진심진설』이

---

38) 최병헌,「정혜결사의 취지와 창립과정」,『普照思想』5·6합집(보조사상연구원, 1992), 93~94쪽.

라는 책을 저술했다는 기록을 들고 있다. 그러나 『진심진설』의 내용을 확인하지도 않은 채, 그것도 책이름마저 다르고 더군다나 아직까지 중국 불교계나 학계에서조차 언급되지 않은 상황을 고려할 때 그의 가설은 받아들이기 어렵다고 생각한다.

6. 맺음말

본고에서는 『진심직설』의 저서에 대하여 다음의 몇 가지로 나누어 종합적으로 고찰하였다.

첫째, 서지학적 고찰을 통하여 『진심직설』을 보조의 저술로 확신할 단서나 저술이 아니라고 확신할 단서는 없다는 전제 아래, 『진심직설』의 유통 과정과 판각 과정 및 최 박사의 주장들을 면밀히 검토해 봄으로써 기존 학계의 입장인 보조의 저술로 봄이 타당하다는 견해를 밝혔다.

둘째, 사상적인 측면에서의 고찰을 통하여 『진심직설』의 선학 연구물들을 살펴보았고, 보조선의 사상 체계를 돈오점수로 이해하는 필자의 입장에서 볼 때 『진심직설』은 돈오점수에 잘 부합되는 저서라는 점을 피력하였다. 또한 최연식 박사가 제기한 『진심직설』이 여타의 사상과 다르다고 주장한 점에 대하여도 구체적인 예증을 들어 반대되는 견해를 피력하였다.

셋째, 인용문과 유사 어구에 대하여 『진심직설』에 인용된 경전들과 다른 보조의 저술에 나타난 경전들의 비교를 통하여 반 이상이 일치하고 있음을 밝혔으며, 또한 동일하거나 유사한 문장들이 많이 있다는 사실을 밝히고, 그 중 17개의 어구를 구체적으로 밝혔다. 이는 『진심직설』이 보조의 저술임을 확신할 수 있는 증거로 본다.

넷째, 저술 시기와 저술 동기에 대하여 1205년 48세 전후에 쓰여졌으며,

결사 과정에서 실천 운동의 구체적인 이론서로서 필요성에 의하여 만들어졌다는 입장을 밝혔다.

마지막으로 이 글을 쓰면서 느낀 몇 가지 생각을 덧붙이고자 한다. 우선 일본의 忽滑谷快天은 『조선선교사朝鮮禪敎史』에서, "지눌에게 『진심직설』의 저서가 있는데, 이로정연理路井然하고 질서 있고 조직이 있어 조선 선서禪書 중의 백미白眉이다"[39]라고 밝힌 바 있다. 이러한 평가에 필자도 공감한다. 『진심직설』이 이미 보조의 대표적인 저술로 국내는 물론이고 일본과 중국, 대만, 구미에까지 알려져 있다. 이러한 데는 그만한 이유가 있음을 깊이 이해하는 것이 중요하다는 생각이 든다.

다음으로, 보조의 모든 저술 속에 나타나 있는 보조만의 독특성은 무엇일까 생각해 보았다. 이에 대하여 필자는 몇 가지로 생각해 보았고, 『진심직설』에도 그러한 독특성이 살아 있는가 하는 점을 곱씹어 보았다. 그 몇 가지를 소개하면 다음과 같다.

① 선가禪家의 자고병自高病과 교가敎家의 자굴병自屈病을 퇴치하고, 수심불교를 통하여 불교계를 혁신하려는 뚜렷한 목표 의식을 가지고 있다.
② '돈오(해오) 후 점수'의 독특한 사상 체계를 가지고 있다.
③ 결사운동의 실천적 의식을 견지하며, 항상 위인문爲人門의 입장에 서 있다.
④ 자리행과 이타행을 동시에 강조하고 있다.
⑤ 선교일치에 대한 관점을 견지하고 있다.(등등)

그리고 여타의 저술과 마찬가지로 이러한 기준들이 『진심직설』에 일관되어 나타난다는 결론을 얻게 되었다.

마지막으로 그럼에도 불구하고 최연식 박사의 이번 논문은 몇 가지 측면에서 대단히 유용한 논문이라는 점을 밝힌다. 많은 학자들이 관심을 기

---

39) 忽滑谷快天, 정호경 옮김, 『朝鮮禪敎史』(보련각, 1992), 265쪽.

울이지 않는 서지학적인 측면을 추구하고 들어가 보다 정확한 진실을 규명하려는 태도와 새로운 자료를 발견하여 소개한 공로, 그리고 덧붙여 사상적인 측면에 대한 날카로운 문제 제기 등은 학계의 논의 수준을 일보 전진시켰다고 생각한다. 그리고 서지학적 측면과 사상적 측면에서 아직 미해결된 논쟁점이 남아 있어 또 다른 반론의 소지가 있다는 점도 아울러 밝힌다. 무엇보다 좋은 논문을 발표하여 많은 공부를 하게 해 준 점 다시 한번 감사드린다.

부 록

지눌 관련 연구물 목록

1. 저서

1) 단독저서

강건기, 『목우자 지눌연구─지눌의 생애와 저술』(전주: 부처님 세상, 2001)
길희성, 『知訥의 禪思想』(서울: 소나무, 2001)
김광민, 『지눌의 교육이론』(교육과정철학총서 8, 서울: 교육과학사, 1998)
이종익, 『韓國佛敎の硏究─高麗普照國師を中心として』(東京: 國會刊行會, 1980)
_____, 『高麗普照國師の硏究─その思想體系と普照禪の特質』油印版(서울: 동국대학교, 1974)
Hee-Sung Keel, *Chinul, The Founder of Korean Zen Tradition*, L. A.: University of California, International
 & Area Studies, 1984.
Jae-ryong Shim, *The philosophical foundation of Korean Zen Buddhism*(서울: 태학사, 1981)
Kun-Ki Kang, *Thomas Merton and Buddhism: A comparative study of the spiritual thought of Thomas Merton
 and that of national teacher Bojo*(서울: 민족문화사, 1986)

2) 공동저서 · 논문모음집

강건기 · 김호성 편저, 『깨달음, 돈오점수인가 돈오돈수인가─돈점논쟁의 역사와 현재』(서울:
 민족사, 1992)
김형효 외, 『知訥의 사상과 그 현대적 의미』(한국사상가대계 3, 성남: 한국정신문화연구원, 1996)
법 홍 엮음, 『禪의 世界』(서울: 효영출판사, 1992)
불함문화사 편, 『知訥 및 結社運動』 I(『한국사상논문선집』 30권, 고양: 불함문화사, 1998)
_____, 『知訥 및 結社運動』 II(『한국사상논문선집』 31권, 고양: 불함문화사, 1998)

2. 편 · 역서

각 초, 『초발심자경문』(서울: 보림출판사, 2000)
강건기, 『수심결 강의─마음 닦는 길』(서울: 불일출판사, 1990)

김달진 역,『보조국사법어』(한국의사상대전집 2, 서울: 동화출판공사, 1977)
김달진 역주,『보조국사전서』(서울: 고려원, 1987)
김잉석,『普照法語』(서울: 法通社, 1963)
김춘배 보해,『世界一花-『眞心直說』을 새롭게 밝힌다』(서울: 여강출판사, 1992)
김호성 풀이,『계초심학인문-정혜결사의 윤리』(서울: 민족사, 1993)
대한불교조계종 역경위원회,『한국고승』3(한글대장경 153, 서울: 동국역경원, 1971)
대한불교조계종총무원 편,『曹溪宗源流』油印版(서울: 대한불교조계종총무원, 1958)
류동호,『땅에서 넘어진 자 땅을 딛고 일어나라』(서울: 우리출판사, 1996)
무 관,『초발심자경문강의』(서울: 민족사, 1998)
박석천,『초발심자경문』(서울: 선문출판사, 1987)
방한암 현토, 이종욱 국역, 권상로 교열,『원문국역대조 고려 보조국사법어』(서울: 鍊心社, 1948)
법 성,『간화결의론 과해』(큰수레총서 8, 서울: 큰수레, 1993)
법 정,『보조선사법어-밖에서 찾지 말라』(서울: 불일출판사, 1991)
불교사학연구소 엮음,『普照國師 知訥과 修禪社』(서울: 중앙승가대학, 1995)
석승암 편,『초발심수행문-기초지식』(서울: 촛불, 1994)
심재열 역,『해설 보조법어』(서울: 보성문화사, 1979)
심재열 역,『초발심자경문』(서울: 보성문화사, 1995)
여호종,『초발심자경문』(서울: 운주사, 1999)
오광익 연의,『수심결-마음 닦는 요결』(서울: 동남풍, 1994)
우 학,『계초심학인문』(서울: 좋은인연, 1997)
윤해관 편,『초발심자경문』(서울: 寶蓮閣, 1982)
이기영 역,『한국의 불교사상』(세계사상전집 11, 서울: 삼성출판사, 1977)
이기영 역,『진심직설』(현대불교신서 9, 서울: 동국대학교 역경원, 1978)
이종욱 역,『(原文國譯對照)高麗普照國師法語』(서울: 鍊心社, 1948)
이종욱 역,『(原文國譯對照)高麗普照國師法語』影印版(서울: 寶蓮閣, 1972)
이종욱 역,『고려 보조국사 법어』(서울: 寶蓮閣, 1972)
이종욱 역주,『보조법어』(이종욱전집 2, 서울: 삼장원, 1991)
이종익 외,『불교사상』(세계의대사상 35, 서울: 휘문출판사, 1979)
이혜성 역해,『초발심자경문』(서울: 명문당, 1992)
심만춘,『초발심자경문』(서울: 경서원, 1997)
지묵 편,『계초심학인문』(서울: 불일출판사, 1988)
지묵 역,『초발심자경문』(서울: 우리출판사, 1995)
탄허 교열,『초발심자경문』(서울: 불서보급사, 1970)
탄허 현토·번역,『법집별행록절요병입사기』(서울: 교림, 1974)
탄허 현토·번역,『초발심자경문』(서울: 교림, 1982)
한불은 편역,『주인공아, 나의 말을 들어라』(서울: 아제아제, 1992)
한암 현토,『보조선사법어』(평창군: 월정사, 1937)
한암 현토, 탄허 역해,『고려국보조선사어록』(서울: 법보원, 1963)
한암 현토, 탄허 역해,『고려국보조선사어록』(서울: 화엄학회, 1973)
한암 현토, 탄허 역해,『고려국보조선사어록』(서울: 삼보법회불이반원 외 일동, 1978)
한암 현토,『고려국보조선사어록』油印版(서울: 경문사, 1981)

한암 현토, 『보조선사법어』(서울: 보경문화사, 1982)
혜광 해설, 『참나를 찾아서-修心訣 解說』(서울: 둥근마음, 1995)

證峯 林秋梧, 『眞心直說白話』(臺南 [臺灣] : 南一書局, 1933)
小蜆, 『普照禪師修心訣』(東京: 洗心書房, 1934)
Robert E Buswell, *Tracing Back the Radiance: Chinul's Korean way of Zen*, Honolulu: University of Hawaii Press, 1991.
_____, *The Korean Approach to Zen: The Collected Works of CHINUL*, Honolulu: University of Hawaii Press, 1983.

3. 학위논문

1) 박사학위 논문

김광민, 「教育理論으로서의 知訥의 佛教 修行理論-教育認識論的 觀點」(서울: 서울대학교 대학원 교육학과, 1998)
김방룡, 「普照知訥과 太古普愚의 禪思想 比較研究」(익산: 원광대학교 대학원 불교학과, 1999)
박은목, 「知訥의 教育思想에 關한 研究」(익산: 원광대학교 대학원 교육학과, 1990)
법산(이태경), 「普照禪之研究」(臺北: 臺灣 中國文化大學, 1985)
이덕진, 「普照知訥의 禪思想 研究-中國佛教와 關聯하여」(서울: 고려대학교 대학원 철학과, 1999)
이시온, 「退溪와 知訥의 心性論에 관한 研究」(서울: 성균관대학교 대학원, 1999)
이종익, 「高麗普照國師の研究」(東京: 日本 大正大學, 1974)
Hee-Sung Keel, "Chinul, the founder of Korean Zen tradition"(Mass: Harvard Univ. Ph. D., 1977)
Jae-Ryong Shim, "The Philosophical Foundation of Korean Zen Buddhism: the integration of Son and Kyo by Chinul", Honolulu: Hawaii Univ. Ph. D., 1979.
Kun-Ki Kang, "Thomas Merton and Buddhism: A Comparative Study of the Spiritual Thought of Thomas Merton and That of National Teacher Bojo", New York: New York Univ. Ph. D., 1979.
Sung-do Kang, "The potential contribution of Korean Buddhism: Updating Bojo Chinul through mutual transformation with Alfred North Whitehead", Claremont: Claremont Graduate School. Ph. D., 1992.

2) 석사학위 논문

구본술, 「知訥 佛教思想의 教育的 理解」(전주: 전북대학교 교육대학원, 1993)
김명란, 「보조의 禪教 一元思想 연구」(서울: 이화여자대학교 한국학대학원, 1988)
김상래, 「元曉와 普照의 人間觀 比較 研究」(서울: 동국대학교 교육대학원, 1991)
김영찬, 「知訥 사상에 있어서 '心'에 관한 연구」(청원군: 한국교원대학교 대학원 철학교육학, 1998)
김방룡, 「知訥의 定慧結社 研究」(전주: 전북대학교 대학원 철학과, 1994)

김학봉, 「『看話決疑論』研究」(서울: 동국대학교 대학원 불교학과, 1984)

김학태, 「普照의 看話禪研究」(서울: 고려대학교 대학원, 1985)

김효원, 「曹溪宗祖에 關한 考察」(서울: 고려대학교 대학원, 1985)

덕상(이성저), 「宗密會通思想對普照定慧結社之影響」(北京: 北京大學 哲學系, 1998)

박상국, 「『法集別行錄節要幷入私記』를 통해 본 普照의 禪思想 研究」(서울: 동국대학교 대학원 불교학과, 1976)

박석분, 「지눌의 眞心論-『修心訣』·『眞心直說』·『法集別行錄節要並入私記』를 中心으로」(부산: 부산대학교 대학원 철학과, 1991)

박정환, 「知訥과 九山의 禪 思想 比較 研究」(서울: 서강대학교 대학원 종교학과, 2000)

박재영, 「高麗後期 修禪社의 結社運動-知訥과 慧諶을 中心으로」(서울: 숙명여자대학교 교육대학원 역사교육과, 1997)

백혜명, 「선불교와의 비교를 통한 요한 웨슬레의 성화영성 재발견-웨슬레의 성화 시작과 지눌의 선 시작 단계의 비교」(서울: 서울신학대학교 대학원, 1996)

송금선, 「知訥의 禪敎觀 研究」(서울: 동국대학교 교육대학원, 1987)

양방주, 「普照禪의 修行門 研究」(인천: 인하대학교 대학원 철학과, 1987)

이두환, 「普照國師知訥의 佛敎思想 研究」(서울: 동국대학교 대학원 불교학과, 1974)

이원구, 「普照知訥의 頓悟漸修 研究」(익산: 원광대학교 교육대학원, 1996)

이용우, 「禪佛敎의 瞑想과 基督敎 神秘主義 비교 연구-Thomas Merton과 普照國師 知訥의 思想을 중심으로」(서울: 감리교신학대학교 대학원, 1991)

이재승, 「지눌의 『직심직설』 연구」(전주: 전북대학교 대학원 철학과, 1995)

이정선, 「지눌의 깨달음과 마음닦기의 실천적 의미: 한국 교육 현실의 개선을 위하여」(인천: 인하대학교 교육대학원 철학교육전공, 2000)

이찬수, 「禪과 信-普照國師 知訥의 禪思想을 中心으로」(서울: 서강대학교 대학원 종교학과, 1988)

이희재, 「普照知訥의 禪思想 研究」(서울: 고려대학교 교육대학원, 1984)

인경(김형록), 「普照知訥의 定慧觀 研究」(서울: 동국대학교 대학원 선학과, 1994)

자명(이일재), 「普照知訥의 看話禪研究」(서울: 동국대학교 대학원 불교학과, 1985)

정숙경, 「知訥의 眞心論에 關한 研究」(익산: 원광대학교 교육대학원, 1997)

정인호, 「韓國 禪家의 淨土觀에 대한 考察: 지눌·보우·혜근·휴정을 중심으로」(서울: 동국대학교 대학원, 1982)

조용태, 「普照의 禪思想 研究」(이리: 원광대학교 대학원, 1982)

천봉(정명옥), 「普照의 華嚴觀 연구」(서울: 동국대학교 대학원 선학과, 2000)

최진석, 「지눌의 修行法과 精神治療와의 比較考察」(서울: 고려대학교 교육대학원, 1976)

홍승철, 「지눌의 돈오사상과 웨슬리의 성화사상 대조연구」(대전: 목원대학 대학원 신학과, 1999)

Ronald J. Dziwenka, "The application of Chinul's framework of Buddhist spiritual practice to material arts"(서울: 연세대학교 국제대학원 동아시아학전공, 1998)

Charles Mark Muller, "A comparative study of Chinul's doctrine of sudden-enlightenment/ gradual-cultivation and Songchol's doctrine of sudden-enlightenment/ sudden-cultivation"(춘천: 한림대학교 대학원, 1997)

Henrik H. Sorensen, "The history and doctrines of early Korean Son Buddhism", Copenhagen: Univ of Copenhagen, 1987.

4. 연구논문·일반논설

강건기, 「神秘 Paradox를 통하여 본 知訥의 空寂靈知心」, 『韓國佛教學』 7집(서울: 한국불교학회, 1982)
_____, 「知訥禪의 性格과 意義」, 『師大論文集』 9집(전주: 전북대 사범대학, 1983)
_____, 「돈오점수의 고찰」, 『佛教思想』 8(서울: 불교사상사, 1984. 7)
_____, 「知訥의 頓悟漸修 思想」, 『人文論叢』 15집(전주: 전북대 인문과학연구소, 1985)
_____, 「普照國師 知訥의 思想」, 『昇進講座』 131(고시연구사, 1986. 3)
_____, 「普照國師 知訥의 思想」, 『考試研究』 13, 4 [145] (서울: 고시연구사, 1986. 4)
_____, 「진심과 하나님」 1, 『佛日會報』 72(승주군: 승보종찰송광사조계총림, 1986. 1)
_____, 「진심과 하나님」 2, 『佛日會報』 73(승주군: 승보종찰송광사조계총림, 1986. 2)
_____, 「眞心과 하느님」, 『불교와 기독교의 대화모임』(서울: 크리스챤 아카데미, 1986)
_____, 「普照國師 知訥의 생애와 사상」, 『錦湖文化』 21(광주: 금호문화재단, 1986. 5·6)
_____, 「정혜결사문·보조국사·거조암·古典과 古人과 古刹」, 『大圓』 46(서울: 대원정사, 1986)
_____, 「보조사상의 比較思想的 考察에 대한 研究」, 『普照思想』 1집(승주군: 보조사상연구원, 1987)
_____, 「보조사상 研究의 現況과 課題」, 『佛日會報』 76(승주군: 승보종찰송광사조계총림, 1987. 4)
_____, 「祈禱와 修心-토마스 머튼과 보조국사 지눌의 사상을 중심으로」, 『宗教·神學研究』 1(서울: 서강대학교 종교·신학연구소, 1988)
_____, 「韓國禪 확립한 고려불교의 巨峰」, 『佛教新聞』(서울: 불교신문사, 1988. 3. 23)
_____, 「토마스머튼과 지눌사상에 있어서의 '하나'의 의미」, 『東西哲學研究』 5호(대전: 한국동서철학연구회, 1988)
_____, 「보조사상의 現代的 意味」, 『普照思想』 2집(승주군: 보조사상연구원, 1988)
_____, 「보조사상의 현대적 의미」, 『불교문학』 3(서울: 불교문학사, 1988)
_____, 「보조사상의 현대적 의미」, 『佛日會報』 96(승주군: 승보종찰송광사조계총림, 1988. 12)
_____, 「보조사상에 있어서 닦음(修)의 의미」, 『普照思想』 4집(승주군: 보조사상연구원, 1990)
_____, 「普照國師 知訥의 삶과 사상」, 『全北佛教』 2(전주: 전북불교대학, 1990. 2)
_____, 「普照國師-韓國禪 확립한 고려불교의 巨峰」, 『한국불교인물사상사』(서울: 민족사, 1990)
_____, 「보조사상에 있어서 닦음(修)의 의미」, 『깨달음, 돈오점수인가 돈오돈수인가』(서울: 민족사, 1992)
_____, 「知訥의 定慧結社」, 『가산이지관스님화갑기념논총-한국불교문화사상사(上)』(서울: 가산불교문화진흥원, 1992)
_____, 「현대 결사운동에 미친 지눌의 정혜결사」, 『普照思想』 5·6집(승주군: 보조사상연구원, 1992)
_____, 「현대 결사운동에 미친 지눌의 정혜결사」, 『多寶』 2(서울: 대한불교진흥원, 1992)
_____, 「현대 과학기술문명과 인간성 회복」, 『東西哲學研究』 10집(한국동서철학회, 1993)
_____, 「『法集別行錄節要并入私記』를 통해서 본 지눌의 사상」, 『녹원스님고희기념학술논총-한국불교의 좌표』(서울: 불교시대사, 1997)
_____, 「『修心訣』의 體系와 思想」, 『普照思想』 12집(순천: 보조사상연구원, 1999)
_____, 「진심직설의 체계와 사상」, 『普照思想』 15집(순천: 보조사상연구원, 2001)
_____, 「진심직설의 체계와 사상」, 『목우자 지눌연구』(전주: 부처님 세상, 2001)

_____, 「목우자 지눌사상에 나타난 인간상실과 인간회복」, 『목우자 지눌연구』(전주: 부처님 세상, 2001)
_____, 「『법집별행록절요병입사기』를 통해서 본 지눌의 사상」, 『목우자 지눌연구』(전주: 부처님 세상, 2001)
_____, 「보조사상에 있어서 닦음(修)의 의미」, 『목우자 지눌연구』(전주: 부처님 세상, 2001)
_____, 「보조사상의 비교사상적 고찰」, 『목우자 지눌연구』(전주: 부처님 세상, 2001)
_____, 「보조사상의 현대적 의미」, 『목우자 지눌연구』(전주: 부처님 세상, 2001)
_____, 「『수심결』의 체계와 사상」, 『목우자 지눌연구』(전주: 부처님 세상, 2001)
_____, 「신비 Paradox를 통하여 본 지눌의 空寂靈知心」, 『목우자 지눌연구』(전주: 부처님 세상, 2001)
_____, 「지눌의 돈오점수 사상」, 『목우자 지눌연구』(전주: 부처님 세상, 2001)
_____, 「지눌의 정혜결사」, 『목우자 지눌연구』(전주: 부처님 세상, 2001)
_____, 「현대 결사운동에 미친 지눌의 정혜결사」, 『목우자 지눌연구』(전주: 부처님 세상, 2001)
고영섭, 「지눌의 정혜론」, 『한국불학사』(서울: 연기사, 1999)
고익진, 「普照禪의 定慧結社」, 『한국의 사상』(서울: 열음사, 1984)
_____, 「普照禪의 定慧結社(상)」, 『佛日會報』49(승주군: 승보종찰송광사조계총림, 1984. 12)
_____, 「普照禪의 定慧結社(하)」, 『佛日會報』50(승주군: 승보종찰송광사조계총림, 1985. 1)
_____, 「碧松智儼의 新資料와 法統問題」, 『佛敎學報』22(서울: 동국대학교불교문화연구원, 1985)
_____, 「碧松智儼의 新資料와 法統問題」, 『韓國曹溪宗의 成立史的 硏究』22(서울: 민족사, 1986)
_____, 「碧松智儼의 新資料와 法統問題」, 『韓國撰述 佛書의 硏究』(서울: 민족사, 1986)
_____, 「普照禪脈의 淨土思想 受容―새로 나온 念佛因由法門을 中心으로」, 『佛敎學報』23집(서울: 동국대학교 불교문화연구원, 1986)
_____, 「普照禪脈의 淨土思想 受容―새로 나온 念佛因由法門을 中心으로」, 『韓國撰述 佛書의 硏究』(서울: 민족사, 1986)
고형곤, 「海東 曹溪宗에서의 存在現前―知訥과 慧諶의 禪旨를 中心으로」, 『禪의 世界』(서울: 삼영사, 1971)
_____, 「韓國佛敎의 傳統思想」, 『이종익박사학위기념논문집』(서울: 寶蓮閣, 1975)
_____, 「普照國師의 根本思想」, 『佛光』20(서울: 불광회, 1976. 6)
_____, 「海東 曹溪宗의 淵源 및 그 潮流―知訥과 慧諶의 思想을 中心으로」, 『學術院論文集』9-1집(서울: 대한민국학술원, 1970)
_____, 「海東 曹溪宗의 淵源 및 그 潮流―知訥과 慧諶의 思想을 中心으로」, 『禪의 世界』2(서울: 운주사, 1995)
고희숙, 「『勸修定慧結社文』에 나타난 普照禪思想의 考察―특히 引用文獻의 書誌學的 分析을 中心으로」, 『普照思想』8집(순천: 보조사상연구원, 1995)
권기종, 「看話禪과 '無字'公案考」, 『東國大論文集』20집(서울: 동국대학교 대학원, 1981)
_____, 「慧諶의 禪思想 硏究―知訥의 禪思想과 比較하면서」, 『佛敎學報』19집(서울: 동국대학교 불교문화연구원, 1982)
_____, 「高麗後期 佛敎와 普照思想」, 『普照思想』3집(승주군: 보조사상연구원, 1989)
_____, 「定慧結社의 現代的 意義」, 『普照思想』5·6합집(승주군: 보조사상연구원, 1992)
_____, 「『誡初心學人文』의 硏究」, 『普照思想』12집(순천: 보조사상연구원, 1999)
_____, 「定慧結社의 現代的 意義」, 『多寶』2(서울: 대한불교진흥원, 1992년 6월)

_____, 「慧諶의 看話禪思想 研究－知訥의 禪思想과 比較하면서」, 『普照思想』 7집(순천: 보조사상연구원, 1993)

권상로, 「曹溪宗・朝鮮에서 自立한 宗派」, 『佛教』 58(서울: 佛教社, 1929. 4)

_____, 「曹溪宗旨」, 『佛教』新49(서울: 佛教社, 1943. 3)

_____, 「韓國禪宗略史」, 『백성욱박사송수기념 불교학논문집』(서울: 동국대학교, 1959)

길희성, 「지눌의 心性論」, 『歷史學報』 93집(서울: 역사학회, 1982)

_____, 「普照思想 理解의 解釋學的考察」, 『普照思想』 1집(승주군: 보조사상연구원, 1987)

_____, 「돈오점수론의 기독교적 이해」, 『佛日會報』 74(승주군: 승보종찰송광사조계총림, 1987. 2

_____, 「돈오점수론의 그리스도교적 이해－지눌과 칼 바르트의 사상을 중심으로」, 『宗教・神學硏究』 제1집(서울: 서강대학교 종교신학연구소, 1988)

_____, 「高麗佛教의 創造的 綜合－義天과 知訥」, 『韓國思想家大系』 3: 中世篇(성남: 한국정신문화연구원, 1991)

_____, 「知訥 禪사상의 구조」, 『知訥의 사상과 그 현대적 의미』(한국사상가대계 3, 성남: 한국정신문화연구원, 1996)

_____, 「지눌의 사상」, 『한국사』 21(과천, 국사편찬위원회, 1996)

김기대, 「普照思想의 종교학적 해석」, 『韓國學大學院論文集』 6(성남: 한국정신문화연구원, 1991)

김당택, 「高麗 崔氏武人政權과 修禪社」, 『歷史學研究』 10집(광주: 전남대학교 역사학회, 1981)

_____, 「高麗 崔氏武人政權과 修禪社」, 『高麗後期 佛教展開史의 研究』(서울: 민족사, 1986)

_____, 「高麗 崔氏武人政權과 修禪社」, 『高麗의 武人政權』(서울: 국학자료원, 1999)

김대현, 「普照知訥의 思想 研究」, 『圓光大論文集』 10집(이리: 원광대학교, 1976)

_____, 「普照禪과 圓佛教 禪의 比較研究－圓佛教 禪思想을 중심으로」, 『圓光大論文集』 14집(이리: 원광대학교, 1980)

_____, 「禪思想의 現代的 意義－普照禪의 論理를 중심으로」, 『圓光大論文集』 22집(이리: 원광대학교, 1988)

김도용, 「普照國師 知訥에 대한 考察」, 『考古歷史學誌』 9(부산: 동아대학교박물관, 1993)

김동화, 「普照國師」, 『韓國歷代高僧傳』(삼성문화문고 38, 서울: 삼성문화재단, 1973)

_____, 「知訥」, 『人物로 본 韓國史』(서울: 중앙일보사, 1973)

김묘주, 「普照知訥의 生涯와 定慧結社 設立」, 『論壇釋林』 24(서울: 동국대학교석림회, 1991)

김방룡, 「普照知訥 研究의 現況과 課題」, 『韓國宗教史硏究』 제5집(익산: 한국종교사학회, 1997)

_____, 「知訥의 定慧結社 理念과 性格」, 『韓國宗教』 제22집(익산: 원광대학교 종교문제연구소, 1997)

_____, 「知訥의 定慧結社運動과 少太山의 佛教改革運動의 意義」, 『圓佛教思想』 21(익산: 원광대학교 원불교사상연구소, 1997)

_____, 「知訥의 『眞心直說』에 나타난 修行論」, 『韓國宗教史研究』 제6집(익산: 한국종교사학회, 1998)

_____, 「『眞心直說』의 著書에 대한 考察－『眞心直說』은 보조 지눌의 저서이다」, 『普照思想』 15집(순천: 보조사상연구원, 2001)

김복희, 「小太山 心田啓發과 知訥의 頓悟漸修에 대한 小考」, 『精神開闢』 7・8합집(이리: 신룡교학회, 1989)

김봉식, 「頓悟와 漸修-불교사의 쟁점」, 『佛教思想』 13(서울: 불교사상사, 1984)

김상영, 「高麗中期의 禪僧 慧照國師와 修禪社」, 『이기영박사고희기념논총－불교와 역사』(서울: 한국불교연구원, 1991)

_____, 「조계종 종조와 중흥조 논쟁의 연구사」, 『多寶』 20(서울: 대한불교진흥원, 1996)

김승동, 「普照의 禪思想에 關한 硏究」, 『文理科大學論文集』 19집(부산: 부산대학교 문리
　　　과대학, 1980)

_____, 「知訥의 『普照法語』─철학 고전에의 초대」, 『圓光』 178(이리: 월간원광사, 1989. 6)

김승동, 「지눌과 진심직설」, 『한국 지성과의 만남』(부산: 부산대학교 출판부, 1998)

김승철, 「普照國師 知訥의 '禪敎一致'의 解釋學」, 『변선환학장은퇴기념논문집 종교다원
　　　주의와 한국적 신학』(천안군: 한국신학연구소, 1992)

김영두, 「『念佛要門』考察」, 『韓國宗敎』 제15집(익산: 원광대학교 종교문제연구소, 1990)

_____, 「頓漸의 論爭點과 『壇經』의 頓漸觀」, 『장봉김지견박사화갑기념사우록─동과 서의
　　　사유세계』(서울: 민족사, 1991)

김영수, 「朝鮮佛敎 宗旨에 對하여」, 『佛敎』 105(서울: 불교사, 1933. 3)

_____, 「朝鮮佛敎 宗旨에 就하여」 1, 『佛敎』 新7집(서울: 불교사, 1937. 10)

_____, 「朝鮮佛敎 宗旨에 就하여」 2, 『佛敎』 新8집(서울: 불교사, 1937. 11)

_____, 「五敎兩宗에 對하여」, 『震檀學報』 제8호(서울: 진단학회, 1937)

_____, 「曹溪禪宗에 就하여」, 『震檀學報』 제9호(서울: 진단학회, 1938)

_____, 「曹溪宗과 傳燈通規」 1, 『佛敎』 新43집(서울: 불교사, 1942. 12)

_____, 「曹溪宗과 傳燈通規」 2, 『佛敎』 新44집(서울: 불교사, 1943. 1)

_____, 「曹溪宗과 傳燈通規」 3, 『佛敎』 新45집(서울: 불교사, 1943. 2)

_____, 「宗祖·宗名의 質疑에 對하여」, 『佛敎』 新61집(서울: 불교사, 1944. 6)

_____, 「曹溪問答」, 『佛敎』 新62집(서울: 불교사, 1944. 7)

_____, 「曹溪禪宗에 對하여」, 『韓國佛敎思想論考』(이리: 원광대학교출판국, 1984)

_____, 「曹溪宗과 傳燈通規」, 『韓國佛敎思想論考』(이리: 원광대학교출판국, 1984)

_____, 「朝鮮佛敎 宗旨에 對하여」, 『韓國佛敎思想論考』(이리: 원광대학교출판국, 1984)

_____, 「宗祖·宗名의 質疑에 對하여」, 『韓國佛敎思想論考』(이리: 원광대학교출판국, 1984)

_____, 「曹溪問答」, 『韓國佛敎思想論考』(이리: 원광대학교출판국, 1984)

_____, 「曹溪禪宗에 대하여」, 『韓國曹溪宗의 成立史의 硏究』(서울: 민족사, 1986)

김영욱, 「『육조단경』의 돈오와 점수 비판」, 월간 『九龍』 134(서울: 구룡사, 1999. 4)

김영태, 「高麗의 曹溪宗名考」, 『東國思想』 제10·11합집(서울: 동국대학교 불교대학, 1978)

_____, 「한국불교 諸宗 成立考─五敎九山의 문제를 중심으로」, 『새로운 정신문화의 창조
　　　와 불교』(서울: 우리출판사, 1979)

_____, 「高麗의 曹溪宗名考」, 『韓國曹溪宗의 成立史의 硏究』(서울: 민족사, 1986)

_____, 「朝鮮朝 佛敎와 牧牛子思想」, 『普照思想』 3집(승주군: 보조사상연구원, 1989)

_____, 「九山禪門 形成과 曹溪宗의 展開」, 『韓國史論』 20집(과천: 국사편찬위원회, 1990)

_____, 「朝鮮 僧家에 자리해 왔던 牧牛子 遺風」, 『佛敎思想史論』(서울: 민족사, 1992)

_____, 「高麗의 曹溪宗名에 대하여」, 『佛敎思想史論』(서울: 민족사, 1992)

_____, 「九山禪門과 曹溪宗」, 『佛敎思想史論』(서울: 민족사, 1992)

_____, 「九山禪門의 成立과 그 性格에 대하여」, 『普照思想』 9집(순천: 보조사상연구원, 1996)

_____, 「曹溪宗名을 쓴 시기와 그 까닭」, 『왕봉김영태교수정년기념 한국불교사정론』(서울:
　　　불지사, 1997)

김영호, 「中國과 티벳에서의 頓漸論爭에서 본 普照의 頓悟漸修」, 『普照思想』 2집(승주
　　　군: 보조사상연구원, 1988)

김용태, 「知訥 禪敎一元思想의 文學的 探索」, 『睡蓮語文論集』 12집(부산: 부산여자대학 국어교육과, 1985)
_____, 「보조국사 禪敎觀의 문학적 탐색」, 『禪的 상상력과 문예비평』(부산: 지평, 1995)
김인덕, 「知訥 普照國師의 基本思想」, 『民族文化를 빛낸 先賢』(서울: 문화공보부, 1984)
김인소, 「소태산의 심전계발과 지눌의 돈오점수에 대한 소고」, 『圓光』 183(이리: 월간원광 사, 1989년 11월)
김잉석, 「佛日 普照國師」 1, 『佛敎』 新31집(서울: 불교사, 1941. 12)
_____, 「佛日 普照國師」 2, 『佛敎』 新33집(서울: 불교사, 1942. 2)
_____, 「佛日 普照國師」 3, 『佛敎』 新35집(서울: 불교사, 1942. 4)
_____, 「佛日 普照國師」 4, 『佛敎』 新50집(서울: 불교사, 1943. 7)
_____, 「普照國師의 華嚴觀」 1, 『現代佛敎』 1호(서울: 현대불교사, 1959. 12)
_____, 「普照國師의 華嚴觀」 2, 『現代佛敎』 3호(서울: 현대불교사, 1960. 2)
_____, 「普照國師의 華嚴觀」 3, 『現代佛敎』 6호(서울: 현대불교사, 1960. 7)
_____, 「佛日 普照國師」, 『佛敎學報』 2집(서울: 동국대학교 불교문화연구원, 1964)
_____, 「知訥-純粹禪宗의 大僧」, 『人物韓國史』 2(서울: 박우사, 1965)
_____, 「知訥-中世佛敎의 높은 達觀者」, 『韓國人物大系』 2(서울: 박우사, 1972)
김재범, 「頓漸論爭의 社會學方法論的 含意」, 『白蓮佛敎論集』 8집(합천군: 백련불교문화 재단, 1998)
김종명, 「知訥의 『法集別行錄節要并入私記』에 미친 초기 선종서의 사상적 영향」, 『普照 思想』 11집(순천: 보조사상연구원, 1998)
_____, 「元曉와 知訥의 修證論 비교 연구」, 『九山論集』 3집(서울: 구산장학회, 1999)
김지견, 「원돈성불론」, 『佛敎思想』 8(서울: 불교사상사, 1984)
_____, 「知訥에서의 禪과 華嚴의 相依」, 『普照思想』 1집(승주군: 보조사상연구원, 1987)
_____, 「知訥撰 『圓頓成佛論』」, 『佛日會報』 75(승주군: 승보종찰송광사조계총림, 1987. 3)
_____, 「지눌에 있어서의 선과 화엄: 禪과 華嚴의 相依의 관계」, 『修多羅』 3(합천군: 해 인승가대학, 1988)
_____, 「知訥의 壇經跋 學習記」, 『佛日會報』 139(승주군: 승보종찰송광사조계총림, 1992. 7)
_____, 「普照國師의 華嚴觀 素描」, 『禪의 世界』(서울: 효영출판사, 1992)
김천학, 「지눌의 보현행」, 『韓國學大學院論文集』 10(성남: 한국정신문화연구원, 1995)
_____, 「지눌의 보현행」, 『圓佛敎思想』 21(익산: 원광대학교, 1997)
김하우, 「지눌의 基礎思想」, 『哲學硏究』 10집(서울: 고려대학교 철학연구소, 1985)
김항배, 「普照國師의 定慧雙修에 關한 一考察」, 『釋林』 12집(서울: 동국대학교석림회, 1978)
김형효, 「知訥사상의 실존성과 본질성」, 『知訥의 사상과 그 현대적 의미』(한국사상가대계 3, 성남: 한국정신문화연구원, 1996)
_____, 「知訥의 사상과 실존적 해명」, 『원효에서 다산까지-한국사상의 비교철학적 해석』 (서울: 청계출판사, 2000)
김호동, 「高麗 武臣政權時代 僧侶知識人 知訥·慧諶의 現實對應」, 『民族文化論叢』 13집 (경산: 영남대학교 민족문화연구소, 1992)
김호성, 「漢岩의 '道義-普照 法統說'-'海東初祖에 對하여'를 中心으로」, 『普照思想』 2집 (승주군: 보조사상연구원, 1988)
_____, 「頓悟頓修·頓悟漸修」, 월간 『숲과 나무』(서울: 숲과 나무, 1988. 4.)

_____, 「普照禪의 계승자, 漢岩禪師」, 『佛敎新聞』(서울: 불교신문사, 1989. 5. 17.)

_____, 「普照禪의 實在論的 傾向과 그 克服−초기불교와 禪의 同質性을 中心으로」, 『東西哲學硏究』7집(대전: 한국동서철학연구회, 1990)

_____, 「普照의 二門定慧에 대한 思想史的 考察」, 『韓國佛敎學』14집(서울: 한국불교학회, 1990)

_____, 「漢岩禪師−普照禪 계승한 宗門의 선지식」, 『한국불교인물사상사』(서울: 민족사, 1990)

_____, 「頓悟漸修의 새로운 해석−頓悟를 중심으로」, 『韓國佛敎學』15집(서울: 한국불교학회, 1990)

_____, 「돈오점수의 새로운 해석-頓悟를 중심으로」, 『現代佛敎』18(서울: 월간현대불교사, 1991년 1월)

_____, 「海東 華嚴의 近代的 繼承과 漢岩: 普照의 華嚴觀과 관련하여」, 『亞細亞에 있어서 華嚴의 위상』(서울: 동방원, 1991)

_____, 「普照禪의 社會倫理的 關心」, 『東西哲學硏究』8집(대전: 한국동서철학연구회, 1991)

_____, 「돈오돈수적 점수설의 문제점」, 『장봉김지견박사화갑기념사우록−동과 서의 사유세계』(서울: 민족사, 1991)

_____, 「돈오점수의 새로운 해석−頓悟를 중심으로」, 『깨달음, 돈오점수인가 돈오돈수인가』(서울: 민족사, 1992)

_____, 「돈오돈수적 점수설의 문제점」, 『깨달음, 돈오점수인가 돈오돈수인가』(서울: 민족사, 1992)

_____, 「定慧結社의 倫理的 性格과 그 實踐−'德의 倫理'와 관련하여」, 『韓國佛敎學』16집(서울: 한국불교학회, 1992)

_____, 「돈점논쟁의 반성과 과제−방법론을 중심으로」, 『깨달음, 돈오점수인가 돈오돈수인가』(서울: 민족사, 1992)

_____, 「普照의 頓漸觀과 淨土觀」, 『禪의 世界』(서울: 효영출판사, 1992)

_____, 「慧諶 禪思想에 있어서 敎學이 차지하는 의미−보조지눌과의 관계를 중심으로」, 『普照思想』7집(승주군: 보조사상연구원, 1993)

_____, 「'간화결의론' 역주−화엄과 간화선의 변증법」, 『普照思想』9집(순천: 보조사상연구원, 1995)

_____, 「결사의 근대적 전개양상」, 『普照思想』8집(순천: 보조사상연구원, 1995)

_____, 「普照의 淨土受容에 대한 再考察−『定慧結社文』을 中心으로」, 『여산유병덕박사화갑기념 논문집−한국철학종교사상사』(이리: 원광대학교 종교문제연구소, 1995)

노권용, 「한국불교의 돈점논쟁이 갖는 의미」, 『창작과 비평』22, 2 [84] (서울: 창작과비평사, 1994)

도안(탁만식), 「牧牛子 法語頌」, 『釋林』12집(서울: 동국대학교석림회, 1978)

_____, 「牧牛子 法語頌」, 『論壇釋林』18집(서울: 동국대학교석림회, 1984)

도 현, 「頓悟漸修論에 對한 批判的 考察」, 『論壇釋林』24(서울: 동국대학교석림회, 1991)

돈 연, 「『眞心直說』과 涅槃無明論−頓悟漸修의 思想背景」, 『修多羅』3(합천군: 해인승가대학, 1988)

로버트 버스웰(김호성 옮김), 「돈오돈수와 간화선」, 『佛日會報』94(승주군: 승보종찰송광사 조계총림, 1988. 10)

명 정, 「知訥의 禪思想 硏究」, 『釋林論叢』31(서울: 동국대학교석림회, 1997)

목정배, 「修禪社佛敎의 修行家風과 淸規」, 『禪의 世界』(서울: 효영출판사, 1992)

박봉석, 「曹溪宗의 根本理念」, 『佛敎』新58(서울: 불교사, 1944년 3월)

박부영, 「조계종 종헌·종법 개정사」, 『선우도량』6(남원: 선우도량, 1994)

박상국, 「普照의 禪思想 硏究」, 『硏究論集』6집(서울: 동국대학교 대학원, 1976)

_____, 「普照國師 知訥의 生涯와 著述」, 『普照思想』 3집(승주군: 보조사상연구원, 1989)
박상수, 「頓悟頓修의 起源과 主張者 및 佛敎歷史上의 評價」, 『白蓮佛敎論集』 4집(합천군: 백련불교문화재단, 1994)
박선영, 「知訥: 修心訣」, 『敎育名著解題』(서울: 능력개발, 1979)
박성배, 「普照大師 牧牛子의 硏究」, 『心苑』 3, 5(서울: 法施舍, 1963)
_____, 「悟의 問題—牧牛子의 『法集別行錄節要幷入私記』를 中心으로」, 『東國思想』 제2집(서울: 동국대학교 불교학과, 1963)
_____, 「牧牛子에 있어서의 '悟'와 '修'의 문제」, 『韓國思想』 6집(서울: 한국사상연구회, 1963)
_____, 「普照—定慧雙修의 具現者」, 『韓國의 人間像』 3(서울: 신구문화사, 1965)
_____, 「(知訥)修心訣」, 『韓國의 古典百選』(서울: 동아일보사, 1969)
_____, 「修心訣」, 『韓國의 名著』(서울: 현암사, 1969)
_____, 「牧牛子의 '悟'와 '修'에 대하여」, 『韓國思想』 6(서울: 일신사, 1975)
_____, 「牧牛子의 悟와 修에 대하여」, 『韓國思想叢書』 2(서울: 태광문화사, 1975)
_____, 「定慧雙修의 具現: 普照」, 『高麗·朝鮮의 高僧 11人』(신구문고 40, 서울: 신구문화사, 1976)
_____, 「修心訣」, 『韓國의 名著』 2(서울: 현암사, 1982)
_____, 「지눌의 돈오점수설과 퇴계의 사단칠정설」, 『佛日會報』 92(승주군: 승보종찰송광사 조계총림, 1988. 8)
_____, 「지눌의 頓悟漸修說과 退溪의 四端七情說의 構造의 類以性에 대하여—수행론적인 해석」, 『普照思想』 2집(승주군: 보조사상연구원, 1988)
_____, 「성철스님의 돈오점수설 비판에 대하여」, 『普照思想』 4집(승주군: 보조사상연구원, 1990)
_____, 「성철스님의 돈오점수 비판에 대하여」, 『現代佛敎』 16(서울: 월간현대불교사, 1990. 11)
_____, 「보조스님은 證悟를 부정했던가」, 『깨달음, 돈오점수인가 돈오돈수인가』(민족사, 1992)
_____, 「성철스님의 돈오점수설 비판에 대하여」, 『깨달음, 돈오점수인가 돈오돈수인가』(서울: 민족사, 1992)
_____, 「법성스님의 돈점논쟁 비판에 대하여—법성스님의 실천은 성철스님의 실천과 다르다」, 『창작과 비평』 22, 1 [83] (서울: 창작과비평사, 1994. 3)
박영제, 「수선사의 성립과 전개」, 『한국사』 21(과천: 국사편찬위원회, 1996)
_____, 「지눌은 왜 불교계를 비판하고 결사를 창립했나」, 『고려시대 사람들은 어떻게 살았을까1』(서울: 청년사, 1997)
박은목, 「頓悟漸修의 敎育哲學的 論考」, 『公山城』 17(공주교육대학, 1982)
_____, 「普照知訥의 敎育思想 硏究」, 『大田大論文集』 5, 2(대전: 대전대학, 1986)
_____, 「知訥」, 『敎育思想家評傳 1—韓國篇』(서울: 교육과학사, 1987)
_____, 「知訥 佛敎思想의 敎育理論 硏究」, 『韓國敎育史學』 10(서울: 한국교육학회교육사연구회, 1988)
_____, 「知訥 佛敎思想의 敎育理論 硏究」, 『大田大論文集』 7, 1(대전: 대전대학, 1988)
_____, 「知訥의 敎育思想」, 『韓國宗敎』 17집(이리: 원광대학교 종교문제연구소, 1992)
박종홍, 「知訥의 思想」, 『韓國思想』 10(서울: 한국사상연구회, 1972)
_____, 「知訥의 思想」, 『韓國思想叢書』 1(서울: 태광출판사, 1975)
_____, 「知訥의 思想」, 『韓國思想史—佛敎思想篇』(서문문고 11, 서울: 서문당, 1976)
반창화, 「지눌 및 그의 불교철학사상」, 『조선학연구』 3(연길: 연변대학출판사, 1990)

박종호,「知訥의 思想」,『한국사상논문선집』30권(서울: 불함문화사, 1998)

박해당,「조계종 법통설의 형성과정과 문제점」,『불교평론』2, 2 [3] (서울: 불교평론사, 2000년 6월)

＿＿＿,「조계종 법통설에 대한 비판적 검토」,『철학사상』11(서울대학교철학사상연구소, 2000)

백 운,「佛日普照國師」1,『佛日會報』35(승주군: 승보종찰송광사조계총림, 1983. 10)

＿＿＿,「佛日普照國師」2,『佛日會報』36(승주군: 승보종찰송광사조계총림, 1983. 11)

＿＿＿,「佛日普照國師」3,『佛日會報』38(승주군: 승보종찰송광사조계총림, 1984. 1)

법산(이태경),「曹溪宗의 成立史的 側面에서 본 普照」,『普照思想』1집(승주군: 보조사상연구원, 1987)

＿＿＿,「曹溪宗에 있어서 普照의 位置－形成과 法統問題」,『普照思想』8집(순천: 보조사상연구원, 1995)

법 장,「普照와 普雨의 禪教一致論에 대한 비교연구」,『論壇釋林』25(서울: 동국대학교석림회, 1992)

법 정,「한국불교 중흥조 普照」,『佛日會報』30(승주군: 승보종찰송광사조계총림, 1983. 5.)

법혜(최창식),「普照禪師의 誡初心學人文과 禪宗淸規·誡初心學人文」,『修多羅』4(합천군: 해인승가대학, 1989)

＿＿＿,「普照 定慧結社와 修禪社 淸規」,『普照思想』5·6합집(승주군: 보조사상연구원, 1992)

변희욱,「禪佛教의 마음공부와 세상구제－知訥『勸修定慧結社文』의 한 分析」,『철학논구』25(서울대학교, 1997)

보 경,「韓國의 看話禪 研究－普照를 中心으로」,『釋林』21집(서울: 동국대학교석림회, 1987)

＿＿＿,「조계종의 종지논쟁을 지켜보면서」,『佛日會報』165(승주군: 승보종찰송광사조계총림, 1994. 9)

보광(한태식),「普照의 淨土觀」,『佛教學報』35집(서울: 동국대학교 불교문화연구원, 1998)

＿＿＿,「普照의 淨土觀」,『信仰結社研究』(서울: 여래장, 2000)

보조사상연구원,「普照關係 論著目錄」,『普照思想』1집(승주군: 보조사상연구원, 1987)

＿＿＿,「普照關係 論著目錄」2,『普照思想』3집(승주군: 보조사상연구원, 1989)

＿＿＿,「普照關係資料」,『普照思想』3집(승주군: 보조사상연구원, 1989)

서윤길,「普照國師의 生涯」,『佛光』20(서울: 불광회, 1976. 6)

＿＿＿,「해동 佛日 보조국사」,『金剛』11(서울: 월간금강사, 1985. 11)

＿＿＿,「高麗 臨濟禪法의 受容과 展開」,『普照思想』8집(순천: 보조사상연구원, 1995)

성 찬,「誡初心學人文에 대한 小考」,『僧伽』3(서울: 중앙승가대학교, 1985)

성 철,「돈오돈수와 돈오점수」,『修多羅』3(합천군: 해인승가대학, 1988)

송석구,「普照의 人間觀－修心訣을 중심으로」,『論文集』9-2(서울: 국민대학교, 1975)

＿＿＿,「普照國師가 高麗佛教에 끼친 영향」, 월간『佛光』20(서울: 불광회, 1976. 6)

＿＿＿,「普照의 和思想」,『佛教學報』15집(서울: 동국대학교 불교문화연구원, 1978)

＿＿＿,「普照의 看話決疑論 小考」,『東國思想』12집(서울: 동국대학교 불교대학, 1979)

＿＿＿,「普照의 인간관」,『韓國의 儒佛思想』(서울: 思社研, 1985)

＿＿＿,「禪의 중국적 전개와 보조의 看話禪」,『韓國의 儒佛思想』(서울: 思社研, 1985)

＿＿＿,「한국불교의 和思想: 普照를 中心으로」,『韓國의 儒佛思想』(서울: 思社研, 1985)

＿＿＿,「元曉와 普照의 念佛觀 比較研究」,『가산이지관스님화갑기념논총－한국불교문화사상사(上)』(서울: 가산문고, 1992)

「보조국사의 화사상」,『한국불교의 통일사상』(서울: 五悳園, 1994)

송천은, 「知訥의 禪思想」,『숭산박길진박사화갑기념논문집-한국불교사상사』(이리: 원광대
　　　학교 원불교사상연구원, 1975)

_____, 「高麗僧 知訥의 禪思想」,『宗敎와 圓佛敎』(이리: 원광대학교출판국, 1979)

_____, 「지눌; 불교 에큐메니칼 운동의 기수」,『廣場』158(서울: 세계평화교수협의회, 1986. 10)

_____, 「지눌; 불교 에큐메니칼 운동의 기수」,『한국인의 원형을 찾아서』(서울: 일념, 1987)

_____, 「지눌; 불교 에큐메니칼 운동의 기수」,『열린 시대의 종교사상』(이리: 원광대학교출
　　　판국, 1992)

심재룡, 「傳統的 韓國禪의 脈絡과 特質」, 월간『조선』2, 2 [11] (서울: 조선일보사, 1981. 2)

_____, 「傳統的 韓國禪의 脈絡과 特質」,『韓國思想의 深層 硏究』(서울: 우석, 1982)

_____, 「해동 佛日 보조국사: 曹溪宗風의 宣揚」,『금강』11(서울: 월간금강사, 1985. 11)

_____, 「韓國 禪佛敎의 哲學的 硏究: 知訥의 中國禪 理解를 중심으로」,『철학논구』13
　　　(서울: 서울대학교철학회, 1985)

_____, 「普照禪을 보는 視覺의 變遷史」,『普照思想』1집(승주군: 보조사상연구원, 1987)

_____, 「普照國師의 華嚴禪에 관하여(上)」,『佛日會報』80(승주군: 승보종찰송광사조계총림, 1987. 8)

_____, 「普照國師의 華嚴禪에 관하여(下)」,『佛日會報』81(승주군: 승보종찰송광사조계총림, 1987. 9)

_____, 「頓漸論으로 본 普照禪의 위치」,『普照思想』2집(승주군: 보조사상연구원, 1988)

_____, 「돈점론상 보조선의 위치」,『佛日會報』95(승주군: 승보종찰송광사조계총림, 1988. 11)

_____, 「돈점론(頓漸論)으로 본 보조선의 위치」,『동양의 지혜와 禪』(서울: 세계사, 1990)

_____, 「頓漸論으로 본 普照禪의 위치」,『깨달음, 돈오점수인가 돈오돈수인가』(서울: 민족사, 1992)

_____, 「普照國師의 華嚴禪에 관하여」,『동양의 지혜와 禪』(서울: 세계사, 1990)

_____, 「보조국사 지눌의 중국선 이해-한국선의 철학적 기초」『동양의 지혜와 禪』(서울:
　　　세계사, 1990)

_____, 「보조선(普照禪)을 보는 시각의 변천」,『동양의 지혜와 禪』(서울: 세계사, 1990)

_____, 「한국 선불교의 맥락과 특징-보조선(普照禪)을 중심으로」,『동양의 지혜와 禪』(서
　　　울: 세계사, 1990)

_____, 「'돈오점수'로 풀어 본 普照思想」,『역사산책』9(서울: 범우사, 1991)

_____, 「知訥의 華嚴思想」,『亞細亞에 있어서 華嚴의 위상』(서울: 동방원, 1991)

_____, 「돈오점수로 풀어 본 보조사상」,『多寶』1(서울: 대한불교진흥원, 1992. 3)

_____, 「보조의 돈오점수」,『미주현대불교』(1993. 2.)

_____, 「普照禪과 臨濟禪-죽은 말귀 살려내기」,『普照思想』8집(순천: 보조사상연구원, 1995)

_____, 「현대 한국불교 頓漸論의 비판적 小考-退翁 性徹의 頓悟 頓修 對 普照知訥의
　　　頓悟 漸修」,『佛敎硏究』14집(서울: 한국불교연구원, 1997)

_____, 「普照國師 知訥의『圓頓成佛論』詳釋」,『普照思想』13집(순천: 보조사상연구원, 2000)

심재열, 「조계종조는 왜 보조국사인가」,『多寶』20(서울: 대한불교진흥원, 1996. 12)

안계현, 「曹溪宗과 五敎兩宗」,『한국사』7(서울: 국사편찬위원회, 1973)

_____, 「曹溪宗과 五敎兩宗」,『韓國佛敎史硏究』7(서울: 동화출판공사, 1982)

안병희, 「『別行錄節要諺解』에 대하여」,『語文學』9·10합(서울: 건국대학교국어국문학연구회, 1985)

_____, 「『別行錄節要諺解』」,『國語史資料硏究』(서울: 문학과지성사, 1992)

양백의, 「『修心訣』의 先悟後修論」,『佛敎思想』8(서울: 불교사상사, 1984)

양은용, 「『眞心直說』에 있어서 心의 問題」,『차산안진오박사회갑기념논문집-동양학논총』

(광주: 간행위원회, 1990)

연　탁, 「불일보조국사 지눌의 생애」, 『僧伽』 13(서울: 중앙승가대학, 1996)

오강남, 「보조스님의 발자취를 찾아서」, 『佛日會報』 92(승주군: 승보종찰송광사조계총림, 1988. 8)

오형근, 「元曉大師와 知訥禪師의 淸規思想」, 『佛敎大學院論叢』 3(서울: 동국대학교 불교대학원, 1996)

원목향인, 「修心訣에 나타난 修道人의 精神」, 『圓光』 66(이리: 월간원광사, 1970. 7)

원　종, 「절요에 대한 소고」, 『修多羅』 2(합천군: 해인총림, 1987. 2)

원　택, 「頓悟頓修와 頓悟漸修」, 『修多羅』 3(합천군: 해인승가대학, 1998)

유법성, 「佛日普照國師의 一代記」, 『佛敎』 10(서울: 불교사, 1971. 3)

유영숙, 「崔氏武臣政權과 曹溪宗」, 『白山學報』 33호(서울: 백산학회, 1986)

윤원철, 「韓國 禪學에 있어서 方法論的 省察의 不在에 대한 斷想－頓漸論爭의 몇 가지 片鱗에 대한 回顧를 통하여」, 『종교와 문화』 1(서울: 서울대학교종교문제연구소, 1995)

이계표, 「고려후기의 불교개혁운동－수선사와 백련사」, 『전남지방사서설』(서울: 김향문화재단, 1990)

이기영, 「知訥의 十種念佛에 關하여」, 『佛敎文化』 2(서울: 월간불교문화사, 1974. 3)

_____, 「眞心의 意味: 普照國師 知訥의 無神論－現代의 無神論」, 『司牧』 38(서울: 한국천주교중앙협의회, 1975. 3)

_____, 「知訥 『勸修定慧結社文』外 解題」, 『韓國의 佛敎思想』(서울: 삼성출판사, 1976)

_____, 「知訥의 眞心」, 『佛敎와 社會』(서울: 한국불교연구원, 1978)

_____, 「知訥의 십종염불(十種念佛)에 關하여」, 『다시 쓰는 한국불교유신론』(서울: 한국불교연구원, 1998)

이능화, 「普照後始設曹溪宗」, 『朝鮮佛敎通史』 하편(서울: 新文館, 1918)

_____, 「朝鮮禪門看話源流」, 『朝鮮佛敎』 96(서울: 朝鮮佛敎社, 1934. 1)

이덕진, 「慧諶의 禪思想에 대한 硏究－知訥과의 연관관계를 중심으로」, 『哲學硏究』 20집(서울: 고려대학교 철학연구소, 1997)

_____, 「깨달음의 방법에 관한 논쟁－돈오돈수와 돈오점수 논쟁」, 『논쟁으로 보는 불교철학』(서울: 예문서원, 1998)

_____, 「지눌 사상의 심성론적 토대－'진심'에 대한 견해를 중심으로」, 『전통과 현대』 7호(서울: 전통과 현대사, 1999)

_____, 「知訥 禪思想에 있어서 頓悟의 含意」, 『伽山學報』 8집(서울: 가산학회, 1999)

_____, 「懶翁慧勤의 緣起說 硏究－普照知訥의 性起說과의 관계를 중심으로」, 『지공·나옹·무학화상』(서울: 불천, 1999)

_____, 「知訥의 性起說에 대한 一考察」, 『普照思想』 13집(순천: 보조사상연구원, 2000)

_____, 「普照知訥과 圭峯宗密 思想의 同處와 不同處」, 『九山論集』 4집(서울: 구산장학회, 2000)

_____, 「看話禪의 狗子無佛性에 대한 一考察－大慧宗杲·普照知訥·眞覺慧諶을 중심으로」, 『韓國禪學』 창간호(서울: 한국선학회, 2001)

_____, 「21세기 지눌학의 새로운 도약을 위하여」, 『오늘의 동양사상』 4(서울: 예문동양사상연구원, 2001)

_____, 「지눌 관련 연구물 목록」, 『오늘의 동양사상』 4(서울: 예문동양사상연구원, 2001)

_____, 「지눌, 독창적 한국선의 정립(上)」, 『법회와 설법』 75(서울: 대한불교 조계종 포교원, 2001. 8)

_____, 「지눌, 독창적 한국선의 정립(下)」, 『법회와 설법』 76(서울: 대한불교 조계종 포교원, 2001. 9)

_____, 「고려 선불교의 성립과 전개」, 『자료와 해설－한국철학사상사』(서울: 고려대학교

민족문화연구원, 2002)

이동욱, 「普照思想: 禪敎觀을 中心으로」, 『釋林』 8(서울: 동국대학교석림회, 1974)

이동준, 「돈오돈수와 돈오점수의 洞視的 고찰」, 『깨달음, 돈오점수인가 돈오돈수인가』(서울: 민족사, 1992)

이 만, 「談禪法會에 관한 硏究」, 『韓國佛敎學』 10(서울: 한국불교학회, 1985)

이병욱, 「了世思想의 특징-지눌과의 비교를 통해서」, 『釋林』 24(서울: 동국대학교석림회, 1990)

_____, 「宗密과 普照의 禪敎觀 比較」, 『普照思想』 12집(순천: 보조사상연구원, 1999)

_____, 「돈오점수의 수행법과 '무자'화두 참구법의 관계에 대한 대혜종고와 보조지눌의 견해 비교」, 『普照思想』 13집(순천: 보조사상연구원, 2000)

_____, 「보조지눌의 선교통합의 여러 유형」, 『普照思想』 14집(순천: 보조사상연구원, 2001)

이병호, 「韓國佛敎歷史와 曹溪宗」 1, 『雲門』 36(청도: 운문사승가대학, 1991. 4)

_____, 「韓國佛敎歷史와 曹溪宗」 2, 『雲門』 37(청도: 운문사승가대학, 1991. 5)

이영무, 「普照國師 知訥의 人物과 思想-한국불교 宗祖說을 中心으로」, 『人文科學論叢』 9(서울: 건국대학교인문과학연구소, 1976)

_____, 「普照國師 知訥의 人物과 思想-한국불교 宗祖說을 中心으로」, 『韓國의 佛敎思想』(서울: 민족문화사, 1987)

이이화, 「무신세력의 집권과 보조의 출현-다시 쓰는 한국불교사(26)」, 『佛敎新聞』 1801(서울: 불교신문사, 2001. 2. 13)

_____, 「사상의 통합자 보조」, 『한국사의 주체적 인물들』(서울: 여강, 1994)

이일영, 「普照國師의 略傳」, 『尙書』 13(서울: 知訥堂, 1995)

이일재, 「다시 읽는 보조스님의 삶과 사상」, 『佛日會報』 8(승주군: 승보종찰송광사조계총림, 1985. 5)

이재열, 「韓國佛敎의 禪·溪兩宗史-어떻게 연구할 것인가」 1, 『法施』 6(서울: 法施舍, 1968. 3)

_____, 「韓國佛敎의 禪·溪兩宗史-어떻게 연구할 것인가」, 『法施』 23(서울: 法施舍, 1969. 8)

_____, 「五敎兩宗과 曹溪宗統에 關한 考察-曹溪宗祖 普照派의 臨濟禪 流通考」 1, 『佛敎思想』 1(서울: 寶蓮閣, 1973. 4)

_____, 「五敎兩宗과 曹溪宗統에 關한 考察-曹溪宗祖 普照派의 臨濟禪 流通考」 2, 『佛敎思想』 2(서울: 불교사상사, 1973. 9)

_____, 「五敎兩宗과 曹溪宗統에 關한 考察-曹溪宗祖 普照派의 臨濟禪 流通考」 3, 『佛敎思想』 3(서울: 불교사상사, 1973. 11)

_____, 「五敎兩宗과 曹溪宗統에 關한 考察-曹溪宗祖 普照派의 臨濟禪 流通考」 4, 『佛敎思想』 4(서울: 불교사상사, 1974. 3)

_____, 「五敎兩宗과 曹溪宗統에 關한 考察-曹溪宗祖 普照派의 臨濟禪 流通考」 5, 『佛敎思想』 5(서울: 불교사상사, 1974. 6)

_____, 「五敎兩宗과 曹溪宗統에 關한 考察-曹溪宗祖 普照派의 臨濟禪 流通考」 6, 『佛敎思想』 6(서울: 불교사상사, 1974. 10)

_____, 「韓國 禪의 傳承問題에 對하여」, 『法輪』 81(서울: 불교사, 1975. 11)

_____, 「五敎兩宗과 曹溪宗統에 關한 考察-曹溪宗祖 普照派의 臨濟禪 流通考」, 『韓國曹溪宗의 成立史의 硏究』(서울: 민족사, 1986)

이재운, 「普照知訥」, 『佛敎』 126(서울: 불교사, 1982. 10)

이종익, 「普照國師의 所錄인 『華嚴論節要』의 新發見」, 『佛敎』 新36호(서울: 불교사, 1942. 5.)

_____, 「普照國師의 禪敎觀」, 『佛敎學報』 9집(서울: 동국대학교 불교문화연구원, 1972)

_____, 「佛日普照國師」, 『法施』 87(서울: 法施舍, 1972. 7)

_____, 「韓國佛教 曹溪宗과 『金剛經五家解』」, 『佛教學報』 11집(서울: 동국대학교 불교
문화연구원, 1974)

_____, 「知訥의 華嚴思想」, 『숭산박길진박사화갑기념논문집-한국불교사상사』(이리: 원광
대학교 원불교사상연구원, 1975)

_____, 「知訥의 華嚴思想에 對하여」, 『圓大學報』 8(이리: 원광대학교, 1975)

_____, 「(禪教一元을 基點으로 한)普照國師의 思想體系」, 『이종익박사학위기념논문집』
(서울: 寶蓮閣, 1975)

_____, 「公案・看話禪의 源流考」, 『韓國佛教學』 2집(서울: 한국불교학회, 1976)

_____, 「韓國佛教 諸宗派 成立의 歷史的 考察」, 『佛教學報』 16(서울: 동국대학교 불교
문화연구원, 1979)

_____, 「佛教의 心性說과 悟修頓漸論」, 『소암이동식선생화갑기념논문집-도와 인간과학』
(서울: 삼일당, 1981)

_____, 「普照禪과 華嚴」, 『韓國華嚴思想研究』(서울: 동국대학교출판부, 1982)

_____, 「普照國師와 現代思想」, 『佛日會報』 30(승주군: 승보종찰송광사조계총림, 1983. 5)

_____, 「韓國通佛教具現者 普照國師 傳記와 思想概要」, 『효정채수한박사화갑기념논문집』
(대구: 효정채수한박사화갑기념논문집간행위원회, 1984)

_____, 「보조 禪의 특수성」, 『佛教思想』 8(서울: 불교사상사, 1984)

_____, 「해동 불일보조국사: 중심사상과 그 특질-한국불교의 얼」, 『金剛』 11(서울: 월간금강사,
1985. 11)

_____, 「韓國佛教 諸宗派 成立의 歷史的 考察」, 『韓國曹溪宗의 成立史的 研究』(서울:
민족사, 1986)

_____, 「韓國 通佛教 具現者 普照國師」, 『佛日會報』 65(승주군: 승보종찰송광사조계총림, 1986. 5)

_____, 「普照撰述의 思想概要와 書誌學的 考察」, 『普照思想』 1집(승주군: 보조사상연구원, 1987)

_____, 「진심직설(眞心直說)에 대하여(上)」, 『佛日會報』 78(승주군: 승보종찰송광사조계총림, 1987. 6)

_____, 「진심직설(眞心直說)에 대하여(下)」, 『佛日會報』 79(승주군: 승보종찰송광사조계총림, 1987. 7)

_____, 「『法寶壇經』과 普照」, 『普照思想』 2집(승주군: 보조사상연구원, 1988)

_____, 「『六祖壇經』과 普照」, 『육조단경의 세계』(서울: 민족사, 1989)

_____, 「普照著述의 書誌學的 解題」, 『普照思想』 3집(승주군: 보조사상연구원, 1989)

_____, 「禪修證에 있어서 頓悟漸修의 課題」, 『普照思想』 4집(승주군: 보조사상연구원, 1990)

_____, 「定慧結社의 思想體系」, 『禪의 世界』(서울: 효영출판사, 1992)

_____, 「『定慧結社文』의 思想 體系」, 『普照思想』 5・6합집(승주군: 보조사상연구원, 1992)

_____, 「普照國師의 生涯와 思想」, 『故法雲李鍾益博士論文集』(서울: 문창기획, 1994)

_____, 「曹溪宗法統考」, 『故法雲李鍾益博士論文集』(서울: 문창기획, 1994)

_____, 「曹溪宗 成立史의 考察」, 『故法雲李鍾益博士論文集』(서울: 문창기획, 1994)

_____, 「『法寶壇經』과 普照」, 『故法雲李鍾益博士論文集』(서울: 문창기획, 1994)

_____, 「普照國師의 禪教觀」, 『故法雲李鍾益博士論文集』(서울: 문창기획, 1994)

_____, 「普照禪과 華嚴」, 『故法雲李鍾益博士論文集』(서울: 문창기획, 1994)

_____, 「普照著述의 書誌學的 解題」, 『故法雲李鍾益博士論文集』(서울: 문창기획, 1994)

_____, 「禪修證에 있어서 頓悟漸修의 課題」, 『故法雲李鍾益博士論文集』(서울: 문창기획, 1994)

_____, 「知訥의 華嚴思想」, 『故法雲李鍾益博士論文集』(서울: 문창기획, 1994)

_____, 「韓國佛教 諸宗派 成立의 歷史的 考察」,『故法雲李鍾益博士論文集』(서울: 문 창기획, 1994)

이종찬, 「知訥 普照禪의 문학적 推移」,『韓國佛家詩文學史論』(서울: 불광출판부, 1993)

이지관, 「知訥의 定慧結社와 그 繼承」,『韓國禪思想研究』(서울: 동국대학교출판부, 1984)

_____, 「順天 松廣寺 佛日普照國師 碑銘」,『(校勘譯註)歷代高僧碑文-高麗篇 4』(서울: 가산불교문화연구원, 1987)

이찬수, 「禪이 말하는 믿음의 길-보조국사 지눌을 중심으로」,『佛日會報』 99(승주군: 승 보종찰송광사조계총림, 1989. 3)

_____, 「禪이 말하는 믿음의 길-보조국사 지눌을 중심으로」,『구원이란 무엇인가』(서울: 窓, 1993)

이창구, 「'한'을 통해서 본 지눌의 사상」,『韓國宗教』 21집(익산: 원광대학교 종교문제연구소, 1996)

_____, 「『節要』를 통해서 본 悟의 體驗과 解釋」,『普照思想』 12집(순천: 보조사상연구원, 1999)

_____, 「『眞心直說』을 통해서 본 眞心과 悟修의 구조」,『九山論集』 3집(서울: 구산장학회, 1999)

이 청, 「가르칠 수 없는 것을 가르친다-보조국사에서 효봉스님까지」,『佛教春秋』 15(서 울: 불교춘추사, 1999. 8)

이평래, 「修禪社의 결성에 대하여」,『佛教思想』 8(서울: 불교사상사, 1984)

이효걸, 「돈점논쟁」,『(강좌)한국철학』(서울: 예문서원, 1995)

_____, 「돈점논쟁의 새로운 전개를 위하여」,『논쟁으로 보는 한국철학』(서울: 예문서원, 1995)

인경(김형록), 「보조의 돈오점수사상」,『교육개발』 94(서울: 교육개발원, 1995년 3월)

_____, 「普照引用文을 통해서 본 '法寶記壇經'의 性格」,『普照思想』 11집(순천: 보조사상 연구원, 1998)

_____, 「知訥 禪思想의 體系와 構造」,『普照思想』 12집(순천: 보조사상연구원, 1999)

_____, 「普照引用文을 통해서 본 '法寶記壇經'의 性格」,『九山論集』 2(서울: 구산장학회, 1998)

_____, 「『勸修定慧結社文』에 나타난 定慧思想」,『佛教學의 解釋과 實踐』(서울: 불일출 판사, 2000)

_____, 「華嚴 法界緣起說과 看話禪思想: 普照의『圓頓成佛論』과『看話決疑論』을 비교 하면서」,『普照思想』 15집(순천: 보조사상연구원, 2001)

인환(채택수), 「普照禪과 道元禪」,『禪의 世界』(서울: 효영출판사, 1992)

일 진, 「무상대도(無上大道)의 선사 보조국사」,『한국불교인물사상사』(서울: 승가대학교승 가대신문사, 2000)

임석진, 「普照國師研究(상)」,『佛教』 101 · 102합(서울: 불교사, 1932년 11 · 12월)

_____, 「普照國師研究(하)」,『佛教』 103호(서울: 불교사, 1933년 1월)

임선영, 「부처는 어디에 있는가-知訥(1158~1210)」,『한국철학, 화두로 읽는다』(서울: 동녘, 1999)

임영숙, 「知訥의 撰述禪書와 그 所依典籍에 관한 研究」,『書誌學研究』 1집(서울: 서지학회, 1986)

임영창, 「정혜결사문의 이론적 전개」,『佛教思想』 8(서울: 불교사상사, 1984)

장원규, 「曹溪宗의 成立과 發展에 對한 考察」,『佛教學報』 1집(서울: 동국대학교 불교문 화연구원, 1963)

_____, 「曹溪宗의 成立과 發展에 대한 考察」,『韓國 曹溪宗의 成立史的 研究』(서울: 민족사, 1986)

전임호, 「曹溪宗의 成立」,『法界明星華甲紀念-佛教學論文集』(청도군: 운문사승가대학동 문회, 1991)

정경규, 「普照 圓頓門의 실체와 性徹禪師의 圓頓批判」,『白蓮佛教論集』 4집(합천군: 백

련불교문화재단, 1994)

정　묘,「佛日普照의 定慧結社運動의 現代的 考察」,『論壇釋林』24(서울: 동국대학교석림회, 1991)

정　수,「普照, 太古의 佛教刷新運動과 그 思想 比較」,『論壇釋林』29(서울: 동국대학교석림회, 1995)

정순일,「普照禪의 頓漸基礎」,『圓佛敎學硏究』12집(이리: 원광대학교 원불교학연구반, 1981)

정태혁,「普照國師의 敎化활동-高僧들의 法施 운동」,『法施』162(서울: 法施舍, 1978. 10)

정혜정,「知訥의 修心論과 現代敎育의 位相」,『東國思想』27·28합(서울: 동국대학교불교대학, 1996)

＿＿＿,「지눌과 동학의 수심체계 비교」,『普照思想』14집(순천: 보조사상연구원, 2001)

조광해,「創造하는 知識人의 原象 普照國師-人脈思流 新踏記」,『政經文化』185(서울: 정경연구소, 1980. 7)

조병환,「보조의 철학사상」,『철학연구』12(평양: 과학원출판사, 1964)

조승환,「고려시기 지눌의 '조계종' 불교철학사상의 비판」,『철학논문집』6(평양: 김일성종합대학출판사, 1982)

종　림,「頓悟와 漸修의 논리적 구조」,『修多羅』3(합천군: 해인승가대학, 1988)

종범(서정문),「講院敎育에 끼친 普照思想」,『普照思想』3집(승주군: 보조사상연구원, 1989)

＿＿＿,「普照思想과 講院敎育」,『禪의 世界』(서울: 효영출판사, 1992)

종진(최종수),「普照知訥의 禪思想에 대한 再照明」,『가산이지관스님화갑기념논총-한국불교문화사상사(上)』(서울: 가산문고, 1992)

＿＿＿,「普照知訥의 저술과 사상적 경향」,『한국불교사의 재조명』(서울: 불교시대사, 1994)

중　원,「海東初祖에 對하여」,『佛敎』70(서울: 불교사, 1930. 4)

지　묵,「현등사와 보조스님」,『佛日會報』83(승주군: 승보종찰송광사조계총림, 1987. 11)

진성규,「高麗後期 修禪社의 結社運動」,『韓國學報』36집(서울: 일지사, 1984)

＿＿＿,「高麗後期 修禪社의 結社運動」,『高麗後期 佛敎展開史의 硏究』(서울: 민족사, 1986)

＿＿＿,「崔氏武臣政權과 禪宗」,『佛敎硏究』6·7합집(서울: 한국불교연구원, 1992)

＿＿＿,「高麗後期 佛敎史에 있어서 修禪社의 位置」,『가산이지관스님화갑기념논총-한국불교문화사상사(上)』(서울: 가산문고, 1992)

＿＿＿,「高麗後期 信仰結社運動-修禪社와 白蓮社를 중심으로」,『僧伽』9(서울: 중앙승가대학생회, 1992)

＿＿＿,「定慧結社의 時代的 背景에 對하여」,『普照思想』5·6합집(승주군: 보조사상연구원, 1992)

채상식,「고려 후기 修禪結社 成立의 사회적 기반」,『韓國傳統文化硏究』제6집(경산: 효성여자대학교 한국전통문화연구소, 1990)

＿＿＿,「고려시대 結社運動의 시대적 인식」,『韓國佛敎史의 再照明』(서울: 불교시대사, 1994)

채정수,「大慧의 書狀과 普照禪」,『普照思想』2집(승주군: 보조사상연구원, 1988)

＿＿＿,「韓國 禪佛敎의 形成過程에 있어서의 普照禪의 性格」,『東亞論叢』3집(부산: 동아대학교, 1966)

최명관,「普照禪師法語錄에 관하여」,『허원선생·이경선생화갑기념논문집』(서울: 허원선생·이경선생화갑기념논문집 간행위원회, 1987)

최명우,「송광사 '風水三寶'-대웅전·보조국사 부도·치락대 자리-風水踏山記(4)」, 월간『산』311(서울: 조선일보사, 1995. 9)

최민홍,「知訥의 統一佛敎思想」,『法施』134(서울: 法施舍, 1976. 6)

최병헌,「知訥碑文의 문제점」,『佛日會報』77(승주군: 승보종찰송광사조계총림, 1987. 5)

_____,「修禪結社의 思想史的 意義」,『普照思想』1집(승주군: 보조사상연구원, 1987)

_____,「定慧結社의趣旨와創立過程」,『普照思想』5・6합집(승주군: 보조사상연구원, 1992)

_____,「眞覺慧諶, 修禪社, 崔氏武人政權」,『普照思想』7집, (승주군: 보조사상연구원, 1993)

_____,「조선 후기 浮休善修系와 松廣寺: 普照法統說・太古法統說 葛藤의 한 사례」,
『同大史學』12(서울: 동덕여자대학교국사학과, 1995)

_____,「知訥의 修行過程과 定慧結社」,『知訥의 사상과 그 현대적 의미』(한국사상가대계 3,
성남: 한국정신문화연구원, 1996)

최성렬,「普照 修心訣의 一考察」,『韓國佛敎學』13집(서울: 한국불교학회, 1988)

_____,「普照의 基本 思想과『六祖壇經』」,『人文科學硏究』10집(광주: 조선대학교 인문
학연구소, 1989)

_____,「普照 修心訣의 一考察」,『全北佛敎』2(전주: 전북불교대학, 1990)

_____,「'無'字話頭와 普照知訥의 看話十種禪病」,『석산한종만박사화갑기념논문집-한
국사상사』(이리: 원광대학교출판국, 1990)

_____,「看話十種禪病의 體系分析」,『佛敎學報』28집(서울: 동국대학교 불교문화연구원, 1991)

_____,「圓頓成佛論의 十信에 대하여」,『佛敎學報』29집(서울: 동국대학교 불교문화연구원, 1992)

_____,「看話決疑論의 分析的 硏究」,『汎韓哲學』9집(광주: 범한철학회, 1994)

_____,「普照知訥의『華嚴論節要』硏究」,『汎韓哲學』12집(광주: 범한철학회, 1996)

_____,「『華嚴論節要』中 要簡節要의 體系에 대한 硏究」,『韓國佛敎學』21집(서울: 한국
불교학회, 1996)

_____,「普照의『華嚴新論』理解」,『汎韓哲學』15집(광주: 범한철학회, 1997)

최연식,「『法集別行錄節要竝入私記』를 통해 본 普照 三門의 性格」,『普照思想』12집(순
천: 보조사상연구원, 1999)

_____,「한국 간화선의 형성과 변화과정」,『불교평론』2, 1 [2] (서울: 불교평론사, 2000. 3)

_____,「『眞心直說』의 著者에 대한 재고찰」,『한국도서관・정보학회지』31, 2(한국도서
관・정보학회, 2000. 6.)

최은규,「『法集別行錄節要諺解』解題」,『書誌學報』22(서울: 한국서지학회, 1998)

최진석,「지눌사상에 있어서의 정서문제」,『慶熙史學』(서울: 경희대학교 전통문화연구소, 1987)

_____,「知訥思想의 一硏究」,『仁德大論文集』20(서울: 인덕대학, 1998)

한기두,「高麗佛敎의 結社運動」,『숭산박길진박사화갑기념논문집-한국불교사상사』(이리:
원광대학교 원불교사상연구원, 1975)

_____,「高麗佛敎의 結社運動(要約)」,『韓國學報』2, 1 [2] (서울: 일지사, 1976)

_____,「普照의 三種門에 관한 考察」,『圓光大論文集』12집(이리: 원광대학교, 1978)

_____,「曹溪禪의 信仰觀」,『韓國宗敎』4・5합집(익산: 원광대학교 종교문제연구소, 1980)

_____,「보조사상이 후대 한국불교에 미친 영향」,『佛敎思想』8(서울: 불교사상사, 1984)

_____,「知訥의 禪敎融會思想」,『韓國宗敎』11・12집(익산: 원광대학교 종교문제연구소, 1987)

_____,「定慧結社의 本質과 그 變遷」,『普照思想』1집(승주군: 보조사상연구원, 1987)

_____,「修禪社의 結社運動」,『佛日會報』76(승주군: 승보종찰송광사조계총림, 1987. 4)

_____,「普照禪과 本質構造」,『普照思想』2집(승주군: 보조사상연구원, 1988)

_____,「韓國 禪思想에 있어 頓漸의 문제」,『한국학의 과제와 전망-제5회 국제학술대회

한국학대회논문집』 2(성남: 한국정신문화연구원, 1988)

_____, 「근대한국불교에 있어서 壇經思想의 受用과 그 援用−특히 知訥・白坡를 거친 小太山을 中心으로」,『육조단경의 세계』(서울: 민족사, 1989)

_____, 「高麗佛敎의 結社運動」,『韓國禪思想硏究』(서울: 일지사, 1991)

_____, 「普照禪과 本質構造」,『韓國禪思想硏究』(서울: 일지사, 1991)

_____, 「普照의 三種門에 관한 再考」,『韓國禪思想硏究』(서울: 일지사, 1991)

_____, 「定慧結社의 本質과 그 變遷」,『韓國禪思想硏究』(서울: 일지사, 1991)

_____, 「東林結社의 思想的 源泉과 修禪結社」,『普照思想』 5・6합집(승주군: 보조사상 연구원, 1992)

_____, 「普照와 普愚의 思想的 比較」,『普照思想』 제8집(순천: 보조사상연구원, 1995)

_____, 「普照와 普愚의 思想的 比較」,『太古普愚國師論叢』(서울: 대륜불교문화연구원, 1997)

_____, 「『眞心直說』의 한 考察」,『普照思想』 13집(순천: 보조사상연구원, 2000)

한중광, 「知訥과 鏡虛의 禪思想 연구−禪敎觀과 看話禪을 중심으로」,『九山論集』 2집(서 울: 구산장학회, 1998)

한형조, 「知訥의 구원론과 신유학과의 대비」,『지눌의 사상과 그 현대적 의미』(한국사상가 대계 3, 성남: 한국정신문화 연구원, 1996)

허우성, 「지눌의 윤리사상의 특성과 한계」,『지눌의 사상과 그 현대적 의미』(한국사상가대 계 3, 성남: 한국정신문화연구원, 1996)

허흥식, 「高麗中期 禪宗의 復興과 看話禪의 展開」,『奎章閣』 6집(서울: 서울대학교도서관, 1982)

_____, 「高麗中期 禪宗의 復興과 看話禪의 展開」,『高麗中・後期佛敎史論』(서울: 민족사, 1986)

_____, 「禪宗의 復興과 看話禪의 展開」,『高麗佛敎史硏究』(서울: 일조각, 1986)

_____, 「韓國佛敎의 宗派形成에 대한 試論」,『韓國曹溪宗의 成立史의 硏究』(서울: 민족사, 1989)

_____, 「普照國師碑文의 異本과 拓本의 접근」,『書誌學報』 9호(서울: 한국서지학회, 1993)

_____, 「修禪社重創記의 史料 價値」,『古文書硏究』 4집(서울: 한국고문서학회, 1993)

_____, 「普照國師碑文의 異本과 拓本의 접근」,『韓國中世佛敎史硏究』(서울: 일조각, 1994)

_____, 「修禪社重創記의 史料 價値」,『韓國中世佛敎史硏究』(서울: 일조각, 1994)

_____, 「中世 曹溪宗의 起源과 法統」,『韓國中世佛敎史硏究』(서울: 일조각, 1994)

_____, 「曹溪宗의 起源과 展開」,『普照思想』 9집(순천: 보조사상연구원, 1995)

해주(전호련), 「義相 性起思想이 普照禪에 끼친 영향」,『韓國佛敎學』 14집(서울: 한국불교 학회, 1989)

_____, 「義湘 華嚴과 普照禪」,『장봉김지견박사화갑기념사우록−동과 서의 사유세계』(서 울: 민족사, 1991)

혜원(강문선), 「華嚴思想에서 본 知訥의 禪」,『佛日會報』 15(승주군: 승보종찰송광사조계총림, 1982)

_____, 「北宗禪과 普照禪의 相通性−定慧雙修를 中心으로」,『韓國佛敎學』 12집(서울: 한국불교학회, 1987)

현각(최창술), 「韓國의 話頭의 淵源」,『佛敎學報』 35집(서울: 동국대학교 불교문화연구원, 1998)

현 응, 「깨달음과 역사: 돈오점수, 돈오돈수설 비판」,『修多羅』 3(합천군: 해인승가대학, 1998)

홍준현, 「한국불교의 기틀을 다진 보조국사와 송광사」,『월간법회』 22(서울: 한국청년승가회, 1986. 9)

황훈영, 「부처는 사람의 마음속에 있다−지눌사상」,『우리 역사를 움직인 33가지 철학』(서울: 푸른 숲, 1999)

鎌田茂雄,「華嚴思想에서 본 知訥의 禪」,『佛日會報』15(승주군: 승보종찰송광사조계총림, 1982)

_____,「『진심직설』의 사상적 의의」,『佛教思想』8(서울: 불교사상사, 1984)

Norbert Schiffers, 한상우역,「지눌과 아씨시의 프란치스꼬-보조와 프란치스꼬에 나타난 청
　　　빈과 자연합일사상-역사적인 관점에서의 비교 연구」,『宗教・神學研究』제1집
　　　(서울: 서강대 종교신학연구소, 1988)

강문선(혜원),「北宗禪と普照禪との相通性」,『印度學佛教學研究』47, 2 [94] (東京:日本印
　　　度學佛教學會, 1999)

김경희,「知訥の禪と淨土信仰-『定慧結社文』を中心として」,『印度學佛教學研究』46, 1
　　　[91] (東京: 日本印度學佛教學會, 1997)

김지견,「高麗知訥の壇經跋文について」,『印度學佛教學研究』15, 1 [29] (日本印度學佛
　　　教學會, 1966)

_____,「『華嚴論節要』について」,『印度學佛教學研究』16, 2 [32] (日本印度學佛教學會, 1967)

_____,「『圓頓成佛論』について」,『印度學佛教學研究』17, 2 [34] (日本印度學佛教學會, 1968)

_____,「『華嚴論節要』について」,『(高麗國 知訥錄)華嚴論節要』(日本國 大阪: 平岡宕峯, 1968)

_____,「法集別行錄節要幷入私記について」,『印度學佛教學研究』18, 2 [36] (東京: 日本
　　　印度學佛教學會, 1970)

도안(탁만식),「高麗國普照國師知訥の修心訣について」,『印度學佛教學研究』26, 1 [51]
　　　(東京: 印度學佛教學會, 1977. 12)

_____,「高麗普照國師知訥の六祖壇經觀」,『大學院佛教學研究會年報』11(東京: 駒澤大
　　　學, 1977)

_____,「定慧結社と曹溪宗源流」,『印度學佛教學研究』27, 1 [53] (동경: 印度學佛教學
　　　會, 1978. 12)

_____,「『法集別行錄節要並入私記』に現われた知訥禪師の禪觀」,『大學院佛教學研究會
　　　年報』12(東京: 駒澤大學, 1978)

_____,「『法集別行錄節要並入私記』に現われた知訥禪師の禪觀」,『學術院論文集』9(東京:
　　　朝鮮獎學會, 1979)

_____,「知訥禪師の圓頓成佛觀」,『大學院佛教學研究會年報』13(東京: 駒澤大學, 1979)

_____,「高麗知訥禪師の徑截門活句禪」,『大學院佛教學研究會年報』14(東京: 駒澤大學, 1980)

_____,「高麗知訥禪師の行跡」,『印度學佛教學研究』29, 2 [58] (東京: 印度學佛教學會, 1981. 3)

_____,「高麗知訥禪師の定慧結社と松廣淸規」,『印度學佛教學研究』30, 2 [60] (東京: 印
　　　度學佛教學會, 1982. 3)

박성배,「論知訥對壇經的觀點」,『佛光山國際學術會議實錄』(臺北: 佛光出版社, 1990)

_____,「普照國師 知訥」,『漢陽』2, 7 [17] (東京: 漢陽社, 1963)

박지연,「普照國師의 生涯와 思想」,『漢陽』6, 7 [65] (東京: 漢陽社, 1967)

보광(한태식),「知訥の『定慧結社文』における淨土觀」,『印度學佛教學研究』47, 2 [94] (東
　　　京: 印度學佛教學會, 1999. 3)

_____,「知訥の『定慧結社文』における淨土觀」,『信仰結社研究』(서울: 여래장, 2000)

심재룡,「傳統的な韓國禪の脈絡とその特質-普照禪を中心に-韓國の佛教思想」,『アジア
　　　公論』10, 4 [101] (서울: アジア公論社, 1981. 4)

오광혁,「修禪社成立の背景について」,『印度學佛教學研究』27, 2 [54] (東京: 日本印度

學佛教學會, 1978)

이종익, 「韓國佛敎に於ける念佛と禪」, 『伊藤眞城·田中順照兩敎授頌德紀念 佛敎學論
　　集』(東京: 刊行委員會, 1979)

이현종, 「『解深密經疏』·『新編諸宗敎藏總錄』·『修心訣』-韓國의 歷史書」, 『韓國文化』 5, 10
　　〔49〕(東京: 自由社, 1983. 10)

한경수, 「普照知訥禪師의 生涯 及び 唯心淨土說」, 『總合佛敎硏究所年報』 13(東京: 大正大
　　學, 1979)

_____, 「普照知訥禪師の淨土觀」, 『印度學佛敎學硏究』 39, 1 〔77〕(東京: 印度學佛敎學
　　會, 1990. 12)

江田俊雄, 「朝鮮禪の形成-普照禪の性格に就いて」, 『印度學佛敎學硏究』 5, 2 〔10〕(東京:
　　日本印度學佛敎學會, 1957)

_____, 「朝鮮禪の形成: 普照禪の性格に就いて」, 『朝鮮佛敎史の硏究』(東京: 國書刊行會, 1977)

鎌田茂雄, 「朝鮮佛敎のあゆみ3: 曹溪山松廣寺」, 『大法輪』 45, 10(東京: 大法輪閣, 1978)

吉津宜英, 「華嚴禪と普照禪」, 『普照思想』 4집(승주군: 보조사상연구원, 1990)

木村淸孝, 「李通玄と普照國師知訥-‘華嚴論節要’硏究への一視點」, 『普照思想』 2집(승주
　　군: 보조사상연구원, 1988)

仙石景章, 「知訥の『眞心直說』について」, 『印度哲學佛敎學』 14(北海道印度哲學佛敎學會, 1999)

小島岱山, 「韓國佛敎における華嚴思想の展開-『華嚴論節要』を中心として」, 『理想』 606(東京: 理
　　想社, 1983)

魏常海, 「知訥『眞心直說』初探」, 『佛敎史硏究』 1(서울: 중앙승가대학교불교사학연구소, 1996)

源弘之, 「高麗時代における淨土敎の硏究-知訥の『念佛要門』について」, 『佛敎文化硏究所
　　紀要』 9(京都: 龍谷大學, 1970)

井上耕哉, 「高麗佛日普照國師眞心直說を論ず」, 『達磨禪』 10, 11(東京: 更生社, 1926)

佐藤達玄, 「『誡初心學人文』に대하여」, 『佛敎思想』 8(서울: 불교사상사, 1984)

_____, 「高麗淸規としての誡初心學人文」, 『韓國佛敎』 Seminar 3(東京: 新羅佛敎硏究會
　　山喜房佛書林, 1987)

中島志郎, 「知訥『眞心直說』訓注試案(上)」, 『禪文化硏究所紀要』 18(京都: 花園大學禪文
　　化硏究所, 1992)

_____, 「知訥の頓悟漸修論-『法集別行錄節要竝入私記』を中心に」, 『禪文化硏究所紀要』
　　20(京都: 花園大學禪文化硏究所, 1994)

_____, 「知訥に於ける『華嚴論節要』の意味」, 『印度學佛敎學硏究』 44, 1 〔87〕(東京: 日本
　　印度學佛敎學會, 1995. 12)

_____, 「高麗時代の禪宗史硏究」, 『靑丘學術論集』 10(東京: 韓國文化振興財團, 1997)

_____, 「知訥の『看話決疑論』について-基礎的硏究」 1, 『文學部紀要』 29(京都: 花園大學, 1997)

_____, 「知訥の『看話決疑論』について-基礎的硏究」 2, 『文學部紀要』 30(京都: 花園大
　　學, 1997~1998)

_____, 「知訥の三玄門體系について」, 『印度學佛敎學硏究』 46, 1 〔91〕(東京: 日本印度
　　學佛敎學會, 1997. 12)

_____, 「知訥と慧諶」, 『禪文化硏究所紀要』 24(京都: 禪文化硏究所, 1998)

_____, 「知訥と了世」, 『禪學硏究』 78(京都: 禪文化硏究所, 2000)

Robert E. Buswell, "Chinul's Systematization of chinese meditative teachings in Korean Son Buddhism. traditions of Meditation in Chinese Buddhism", Honolulu: The University of Hawaii Press, 1986.

_____, "Chinul's Ambivalent Critique of Radical Subitism", 『普照思想』2집(승주군: 보조사상연구원, 1988)

_____, "Chinul's Ambivalent Critique of Radical Subitism in Korean Son Buddhism", *Journal of the Int'l Assn of Buddhist Studies 12, 2*(1989)

_____, "Chinul's Alternative Vision of Kanhwa Son and its Implications for Sudden Awakening/ Sudden Cultivation", 『普照思想』4집(승주군: 보조사상연구원, 1990)

Chi-kwan Yi, "The meditation and wisdom community of master Chinul and its evolution", *Son thought in Korean Buddhism*(서울: 동국대학교출판부, 1998)

Hee-Sung Keel, "A Christian Understanding of Zen: A Comparative Study of Chinul and Karl Barth on Salvation", Berkeley: Univ of Cal, Berkeley, 1987.

Ik-Chin Ko, "Chinul's explanation of emptiness in the meditation school", *Buddhism in Koryo: Royal religion/ed Lewis R. Rancaster*, Berkeley: Univ of Cal, Berkeley, 1996.

Jae-Ryong Shim, "The structure of Faith and Practice in the Hua-yen Buddhism—Chinul, Li Tung hsuan and Fa-tsang", 『철학』13집(서울: 한국철학회, 1979)

Jae-Ryong Shim, "The philosophical foundation of Korean Zen Buddhism: The integration of Son and Kyo by Chinul(1158~1210)", *Journal of Social Sciences and Humanities 50*(서울: 1979. 12)

_____, "The philosophical foundation of Korean Zen Buddhism: The integration of Son and Kyo by Chinul(1158~1210)", *Journal of Social Sciences and Humanities 51*(서울: 1980. 5)

_____, "Son Buddhist tradition in Korea: As represented by Chinul's Bojo Son", *Korea Journal*(서울: 유네스코한국위원회, 1981)

_____, "Chinul's Place in Asian Buddhism", *UCLA Center for Korean Studies Conference*(Berkeley: Univ of Cal, Berkeley, 1995. 9.)

_____, "A Critical Appraisal of the 'Sudden/ Gradual' Debate in Korea", 『白蓮佛教論集』5·6 합집(합천군: 백련불교문화재단, 1996)

_____, "Biography of Chinul", *Korean Buddhism: Tradition and transformation*(서울: 지문당, 1999)

_____, "Chinul's Place in Asian Buddhism", *Korean Buddhism: Tradition and transformation*(서울: 지문당, 1999)

_____, "Chronology of Chinul's life", *Korean Buddhism: Tradition and transformation*(서울: 지문당, 1999)

_____, "A critical appraisal of the 'Sudden/ Gradual' debate in Korean Buddhism", *Korean Buddhism: Tradition and transformation*(서울: 지문당, 1999)

_____, "The philosophical foundation of Korean Zen Buddhism: The integration of Son and Kyo by Chinul(1158~1210)", *Korean Buddhism: Tradition and transformation*(서울: 지문당, 1999)

_____, "Son Buddhist tradition in Korea: As represented by Chinul's Bojo Son", *Korean Buddhism: Tradition and transformation*(서울: 지문당, 1999)

Jan Yün-hua, "FA-CHI and CHINUL's Understanding of Tsung-MI", 『普照思想』2집(승주군: 보조사상연구원, 1988)

Kun-Ki Kang, "Prayer and the Cultivation of Mind; An Examination of Thomas Merton and Chinul", *The Merton Annual II*(Berkeley: Univ of Cal, Berkeley, 1989)

_____, "Prayer and the Cultivation of Mind; An Examination of Thomas Merton and Chinul", 『禪武學術論集』 1(이리: 국제선무학회, 1991)

_____, "Two levels of prayer and Zen tradition: An examination through the writings of Thomas Merton and national teacher Bojo", 『東西思想의 만남』(서울: 형설출판사, 1982)

Oaksook Chun Kim, "Philosophical Implications of Chinul's Thought: An Essay on Buddhism and Neo-Confucianism", 『普照思想』 2집(승주군: 보조사상연구원, 1988)

Gimello, Robert M, "Sudden Enlightenment and Gradual Practice: A Problematic Theme in the Son Buddhism of Bojo Chinul and in the Ch'an Buddhism of Sung China", 『普照思想』4집(승주군: 보조사상연구원, 1990)

Gregory, Peter N, "The Integration of Ch'an/ Son and The Teachings (Chiao/ Kyo) in Tsung-Mi and Chinul", 『普照思想』2집(승주군: 보조사상연구원, 1988)

Girndt, Helmut, "Platonic thinking in the light of CHINUL's Reflections on Son", 『한국학의 과제와 전망(제4분과) 발표자료집』(성남: 한국정신문화연구원, 1988)

Sorensen, Henrik H, "The Contents of Chinul's Son Seen in relation to the Nine Mountain Schools", 『普照思想』 2집(승주군: 보조사상연구원, 1988)

_____, "The Contents of Chinul's Son Seen in relation to the Nine Mountain Schools", 『禪武學術論集』 1(이리: 국제선무학회, 1991)

Song bae Pak, "The life of the Ven Chinul", Korea Journal 11, 2(서울: 유네스코한국위원회, 1971)

6. 관련 문헌

1) 단행본

고익진, 『한국의 불교사상』(서울: 동국대학교출판부, 1988)

고형곤, 『海東 曹溪宗의 淵源 및 그 潮流: 知訥과 慧諶의 思想을 중심으로』(서울: 동국역경원, 1970)

_____, 『禪의 世界』 I(서울: 운주사, 1995)

_____, 『禪의 世界』 II(서울: 운주사, 1995)

김동화, 『禪宗思想史』(서울: 寶蓮閣, 1985)

권상로, 『韓國禪宗略史』(퇴경당전서 8권, 전서편찬위원회, 1989)

김광식, 『高麗 武人政權과 佛教界』(서울: 민족사, 1995)

김당택, 『高麗武人政權硏究』(서울: 새문사, 1989)

_____, 『高麗의 武人政權』(서울: 국학자료원, 1999)

불교문화연구원 편, 『韓國禪思想硏究』(서울: 동국대학교출판부, 1983)

불교사학회 편, 『韓國曹溪宗의 成立史的 硏究』(서울: 민족사, 1989)

_____, 『高麗後期佛教展開史研究』(서울: 민족사, 1992)

성 철, 『韓國佛教의 法脈』(합천군: 해인총림, 1976)

_____, 『韓國佛教의 法脈』(증보판)(합천군: 장경각, 1990)

심재룡, 『동양의 지혜와 禪』(서울: 세계사, 1990)

신영훈 글, 김대벽 사진,『(僧寶宗刹 曹溪叢林)松廣寺』(승주군: 불일출판사, 1984)
_____,『송광사와 선암사』(서울: 조선일보사, 2000)
이능화,『韓國佛敎通史』(경성: 신문관, 1918)
이종익,『曹溪宗中興論』(서울: 寶蓮閣, 1976)
이지관,『曹溪宗史』(서울: 동국역경원, 1976)
임석진 편,『松廣寺誌』(승주군: 송광사, 1965)
임석진,『曹溪山松廣寺史庫』(서울: 아세아문화사影印版, 1977)
종범(서경문) 편,『曹溪宗史: 資料集』(서울: [徐宗梵] , 1987)
채상식,『高麗後期佛敎史研究』(서울: 일조각, 1991)
한기두,『韓國禪思想研究』(서울: 일지사, 1991)
한국불교연구원 편,『松廣寺』(서울: 일지사, 1975)
허흥식,『高麗佛敎史 硏究』(서울: 일조각, 1986)
_____,『韓國中世佛敎史硏究』(서울: 일조각, 1994)
홍승기,『高麗武人政權硏究』(서울: 서강대학교출판부, 1998)
황병성,『高麗武人政權期研究』(서울: 신서원, 1998)
Jae-Ryong Shim, *Korean Buddhism: tradition and transformation*(서울: 지문당, 1999)
Song-Bae Pak, *Buddhist faith and sudden enlightenment*, Albany: State Univ. of New York, 1984.

2) 학위논문

(1) 박사학위 논문

권기종,「高麗後期의 禪思想 硏究」(서울: 동국대학교 대학원, 1987)
이동준,「高麗 慧諶의 看話禪 硏究」(서울: 동국대학교 대학원, 1992)
유영숙,「高麗後期 禪宗史 硏究」(서울: 동국대학교 대학원, 1993)
인경(김형록),「蒙山德異의 禪思想 硏究」(서울: 동국대학교 대학원, 1999)
조명제,「高麗後期 看話禪의 受容과 展開」(부산: 부산대학교 대학원, 2000)
진성규,「고려후기 진각국사 혜심연구」(서울: 중앙대 대학원, 1986)

(2) 석사학위 논문

김인현,「高麗時代 寺院의 結社에 對한 硏究」(서울: 동국대학교 교육대학원, 1991)
박영제,「慧諶(1178~1234)의 修禪社에서의 活動과 禪思想」(서울: 서울대학교 대학원, 1989)
박재금,「眞覺國師 慧諶 硏究: 思想과 詩를 중심으로」(서울: 이화여자대학교 대학원, 1987)
유영숙,「崔氏 武臣政權과 曹溪宗」(서울: 동국대학교 대학원 석사, 1985)
정 혁,「高麗後期 慧諶의 儒·佛一元思想」(서울: 국민대학교 대학원 석사, 1988)

3) 연구논문·일반논설

고 은,「松廣寺·古寺紀行(1)」,『月刊中央』58(서울: 중앙일보사, 1973년 1월)

고익진, 「高麗後期 佛教의 結社運動」, 『청년여래』 1(서울: 청년여래, 1981)
고희숙, 「한국불교 강원 沙彌科 敎材의 서지적 연구」, 『書誌學硏究』 10(서울: 서지학회, 1994)
권기종, 「高麗時代 禪師의 淨土觀」, 『韓國淨土思想硏究』(서울: 동국대학교 출판부, 1985)
_____, 「眞覺國師: 看話禪 정착시킨 修禪社의 法主」, 『한국불교인물사상사』(서울: 민족사, 1990)
권탄준, 「高麗時代 佛教의 主體的 展開」, 『佛教學報』 24집(서울: 동국대학교 불교문화연구원, 1987)
길희성, 「韓國佛教 修行傳統에 대한 一考察」, 『普照思想』 2집(승주군: 보조사상연구원, 1988)
김방룡, 「曉峰의 生涯와 思想」, 『普照思想』 11집(순천: 보조사상연구원, 1998)
김일권, 「禪修證論의 종교학적 이해와 體用論 연구」, 『白蓮佛教論集』 8집(합천군: 백련불교문화재단, 1998)
김호동, 「『禪門拈頌』과 진각국사 혜심」, 『民族文化論叢』 18·19집(경산: 영남대학교 민족문화연구소, 1998)
목정배, 「現代 韓國禪의 位置와 展望」, 『韓國禪思想硏究』(서울: 동국대학교출판부, 1984)
_____, 「禪門正路의 根本思想」, 『普照思想』 4집(승주군: 보조사상연구원, 1990)
_____, 「현대 한국선의 위치와 전망」, 『깨달음, 돈오점수인가 돈오돈수인가』(서울: 민족사, 1992)
_____, 「頓悟思想의 현대적 의미」, 『白蓮佛教論集』 3집(합천군: 백련불교문화재단, 1993)
_____, 「『禪門正路』의 頓悟觀」, 『修多羅』 3(합천군: 해인승가대학, 1998)
민현구, 「月南寺址 眞覺國師碑의 陰記에 대한 一考察-高麗武臣政權과 曹溪宗」, 『震檀學報』 36집(서울: 진단학회, 1973)
_____, 「高麗佛教의 中興과 眞覺國師 惠諶」, 『佛光』 34(서울: 불광회, 1977년 8월)
_____, 「月南寺址 眞覺國師碑의 陰記에 대한 一考察-高麗武臣政權과 曹溪宗」, 『高麗後期佛教展開史의 研究』(서울: 민족사, 1986)
박상수, 「頓悟頓修의 起源과 主張者 및 佛教歷史上의 評價」, 『白蓮佛教論集』 4집(합천군: 백련불교문화재단, 1994)
박성배, 「頓悟頓修論 – 性徹 스님의 參禪指導路線을 중심으로」, 『白蓮佛教論集』 3집(합천군: 백련불교문화재단, 1993)
박재금, 「眞覺國師 慧諶」, 『佛日會報』 106 (승주군: 승보종찰송광사조계총림, 1989년 10월)
_____, 「간화선 확립에 지대한 영향을 끼친 진각국사 혜심」, 『한국불교인물사상사』(승가대학교신문사, 2000)
백 운, 「曹溪山」상, 『佛日會報』 128(승주군: 승보종찰송광사조계총림, 1991년 8월)
_____, 「曹溪山」하, 『佛日會報』 129(승주군: 승보종찰송광사조계총림, 1991년 9월)
_____, 「眞覺國師」1, 『佛日會報』 39(승주군: 승보종찰송광사조계총림, 1984년 2월)
_____, 「眞覺國師」2, 『佛日會報』 40(승주군: 승보종찰송광사조계총림, 1984년 3월)
_____, 「眞覺國師」3, 『佛日會報』 41(승주군: 승보종찰송광사조계총림, 1984년 4월)
법산(이태경), 「宗密의 生涯와 修行觀」, 『普照思想』 14집(순천: 보조사상연구원, 2001)
법 연, 「慧諶의 禪思想과 詩」, 『僧伽』 14(중앙승가대학교, 1997)
법 현, 「眞覺國師 慧諶의 生涯와 禪旨에 대한 고찰」, 『論壇釋林』 25(서울: 동국대학교석림회, 1992)
송일기, 「順天 松廣寺 간행 佛書考-조선조 有刊記 佛書를 중심으로」, 『書誌學硏究』 10집(서울: 서지학회, 1994)
신규탁, 「규봉종밀의 수행이론」, 『普照思想』 14집(순천: 보조사상연구원, 2001)

안명숙, 「松廣寺 祖師圖에 나타난 服飾에 관한 硏究」, 『韓國衣類學會誌』 18, 1(서울: 한
　　국의류학회, 1994)
이기영, 「韓國的 思惟의 一傳統」, 『韓國佛教硏究』(서울: 한국불교연구원, 1982)
이동준, 「慧諶 간화선에서의 待悟之心의 問題」, 『韓國佛教學』 17집(서울: 한국불교학회, 1992)
＿＿＿, 「『曹溪眞覺國師語錄』의 구성과 내용상 특성」, 『普照思想』 7집(승주군: 보조사상
　　연구원, 1993)
＿＿＿, 「慧諶 看話 一門의 構造와 그 意義」, 『국사관논총』 42집(과천: 국사편찬위원회, 1993)
이병희, 「高麗 武人執權期 修禪社의 農莊經營」, 『典農史論』 1(서울: 서울시립대학교국사
　　학과, 1995)
이종익, 「高麗時代의 佛教哲學」, 『東洋學』 6(서울: 단국대학교동양학연구소, 1976)
＿＿＿, 「高麗의 佛教哲學」, 『韓國哲學硏究(上)』(서울: 동명사, 1977)
＿＿＿, 「高麗의 佛教哲學」, 『故法雲李鍾益博士論文集』(서울: 문창기획, 1994)
이종찬, 「慧諶의 실천적 修禪과 문학양상」, 『韓國佛家詩文學史論』(서울: 불광출판부, 1993)
＿＿＿, 「無衣子의 詩文學」, 『普照思想』 7집(승주군: 보조사상연구원, 1993)
이지관, 「昇州 月南寺 眞覺國師 慧炤塔碑文」, 『(校勘譯註)歷代高僧碑文－高麗篇 4』(서
　　울: 가산불교문화연구원, 1987)
임석진, 「曹溪山淵源」, 『韓國佛教總報』 15(서울: 三十一本山聯合事務所, 1919)
임영숙, 「高麗時代 禪書 撰述과 그 所依典籍」, 『書誌學硏究』 2집(서울: 서지학회, 1987)
장동익, 「惠諶의 大禪師告身에 대한 檢討」, 『韓國史硏究』 34(서울: 한국사연구회, 1981)
＿＿＿, 「惠諶의 大禪師告身에 대한 檢討」, 『高麗中・後期佛教史論』(서울: 민족사, 1986)
정　혁, 「高麗後期 眞覺國師 慧諶의 儒佛同源思想」, 『北岳史論』 3(서울: 국민대학교국
　　사학과, 1993)
조명제, 「高麗後期 ‘蒙山法語’의 受容과 看話禪의 展開」, 『普照思想』 12집(순천: 보조사
　　상연구원, 1999)
＿＿＿, 「高麗後期 『禪要』의 受容과 看話禪의 展開」, 『韓國中世史硏究』 7호(서울: 한국
　　중세사학회, 1999)
조은정, 「송광사 16나한상에 대한 연구」, 『文化財』 22(서울: 문화재관리국, 1989)
진성규, 「眞覺國師 慧諶의 生涯와 思想」, 『高麗史의 諸問題』(서울: 삼영사, 1986)
＿＿＿, 「眞覺國師 慧諶의 修禪社 活動」, 『中央史論』 5집(서울: 중앙대학교 사학연구소, 1987)
＿＿＿, 「眞覺國師 慧諶의 現實認識: 無衣子詩集을 中心으로」, 『又仁金龍德博士停年紀
　　念史學論叢』(서울: 동간행위원회, 1988)
채상식, 「高麗後期 佛教史의 展開樣相과 그 傾向」, 『歷史教育』 35집(서울: 역사교육연구회, 1984)
채수한, 「高麗時代 佛教思想」, 『韓國哲學史(上)』(서울: 동명사, 1987)
최병헌, 「朝鮮時代 佛教法統說의 問題」, 『韓國史論』 19집(서울: 서울대학교 국사학과, 1988)
＿＿＿, 「慧諶: 曹溪宗旨의 계승자」, 『韓國人物大系 2: 高麗의 人物』(서울: 박우사, 1972)
최완수, 「(승보종찰 조계산)송광사－명찰순례(1)」, 『月刊朝鮮』 9, 6 [99] (서울: 조선일보사,
　　1988. 6)
＿＿＿, 「(승보종찰 조계산)송광사」, 『명찰순례』(서울: 대원사, 1994)
＿＿＿, 「순천 조계산 승보종찰 송광사 사적」 1, 『한국의 불화 6: 송광사본말사편(상)』(양산
　　군: 성보문화재연구소, 1998)
＿＿＿, 「순천 조계산 승보종찰 송광사 사적」 2, 『한국의 불화 7: 송광사본말사편(하)』(양산

군: 성보문화재연구소, 1998)

최원석, 「한국의 사찰 풍수와 송광사(前)」,『佛日會報』189(순천: 승보종찰송광사조계총림, 1996. 9)

_____, 「한국의 사찰 풍수와 송광사(後)」,『佛日會報』190(순천: 승보종찰송광사조계총림, 1996. 10)

한기두, 「조선 後期 禪의 윤리성 문제」,『韓國宗教』11·12집(익산: 원광대학교 종교문제연구소, 1987)

_____, 「高麗 禪宗의 思想的 傳統」,『傳統과 思想』3(성남: 한국정신문화연구원, 1988)

_____, 「近世 韓國禪家에 나타난 頓漸의 問題」,『普照思想』4집(승주군: 보조사상연구원, 1990)

_____, 「高麗 禪宗의 사상적 系譜」,『韓國禪思想研究』(서울: 일지사, 1991)

_____, 「高麗 禪宗의 思想的 傳統」,『韓國思想史大系』3(성남: 한국정신문화연구원, 1991)

_____, 「『禪門拈頌』의 編纂에 따르는 慧諶禪의 意旨」,『普照思想』7집(승주군: 보조사상연구원, 1993)

해주(전호련), 「『都序』가 韓國佛教에 미친 영향」,『普照思想』14집(순천: 보조사상연구원, 2001)

허흥식, 「眞覺國師 慧諶의 原碑와 解析의 補完」,『精神文化研究』16, 1 [50] (성남: 한국정신문화연구원, 1993)

_____, 「眞覺國師 慧諶의 原碑와 解析의 補完」,『韓國中世佛教史研究』(서울: 일조각, 1994)

현각(최창술), 「大朗慧無染의 無舌土論」,『普照思想』9집(순천: 보조사상연구원, 1996)

홍윤식, 「송광사 16국사 진영 분실의 충격」,『문화유산의 전통과 향기』(서울: 민족사, 1997)

_____, 「松廣寺의 가람배치와 불교적 세계관」,『한국의 가람』(서울: 민족사, 1997)

菅野銀八, 「高麗曹溪山松廣寺十六國師の繼承に就て」,『靑丘學叢』9(서울: 청구학회, 1932)

7. 원전이 실린 관련 문헌

伽山佛教文化振興院 譯,『長興寶林寺普照禪師彰聖塔碑文』,『伽山學報』 창간호(서울: 가산학회, 1991)

慧諶, 「看話決疑論跋」,『韓國佛教全書』第4冊(서울: 동국대학교출판부, 1982)

『誡初心學人文』(諺解本)(서지 사항 미상)

景文社 編,『高麗普照禪師語錄』(서울: 경문사, 1981)

京仁文化社 編,『大覺國師文集』2;『知訥和尚文集』1(서울: 경인문화사 影印版, 1993)

京仁文化社 編,『知訥和尚文集』2(서울: 경인문화사 影印版, 1993)

金達鎭,『普照國師全書』(서울: 고려원, 1988)

金知見 編,『(高麗國 知訥錄)華嚴論節要』(日本國 大阪: 平岡宕峯 影印版, 1968)

金知見 編,『(高麗國 知訥錄)華嚴論節要』影印版(서울: 寶蓮閣, 1972)

東國大學校 佛典刊行委員會 編,『韓國佛教全書』第4冊, 「高麗時代篇」1(서울: 동국대학교출판부, 1979)

民族文化 編,『續佛教大藏經』3, 「中國撰述 禪宗著述部」(부산: 민족문화, 1985)

寶蓮閣 影印,『續藏經』113, 「禪宗著述部」(서울: 寶蓮閣, 1981)

普照思想研究院 編,『普照全書』(서울: 불일출판사, 1989)

佛教書局,『佛教大藏經』84, 「撰述部」(부산: 고전강독회, 1982)

佛教學研究會 編,『韓國高僧集』5,「高麗時代」1(서울: 경인문화사, 1974)
佛教學研究會 編,『韓國高僧集』6,「高麗時代」2(서울: 경인문화사, 1974)
「松廣寺事蹟」,『普照思想』3집(승주군: 보조사상연구원, 1989)
「昇平曹溪山松廣寺嗣院事蹟碑」,『普照思想』3집(승주군: 보조사상연구원, 1989)
「貞陵願堂曹溪宗本寺興天寺造成記」,『普照思想』3집(승주군: 보조사상연구원, 1989)
李奎報 撰,「曹溪山第二世故斷俗寺住持修禪社主贈諡眞覺國師碑銘幷序」,『東國李相國集』
　　　　35卷(서울: 明文堂影印本, 1982)
「曹溪宗三重神化爲禪師官誥」,『普照思想』3집(승주군: 보조사상연구원, 1989)
知默 엮음,『誡初心學人文』(서울: 불일출판사, 1988)
『眞覺國師語錄』『韓國佛教全書』6冊(서울: 동국대학교출판부, 1982)
漢岩 懸吐,『高麗普照國師語錄』(평창: 상원사, 1937)
漢岩 懸吐, 원보산 편,『고려보조국사어록』(평창: 월정사, 1940)
漢岩 懸吐,『高麗普照禪師語錄』(서울: 景文社 影印版, 1981)
漢岩 懸吐,『普照禪師法語』(서울: 보경문화사, 1982)
慧覺,『修心訣』(世祖大王刊經都監, 諺解本)
「興天寺監主尙聰上書」,『普照思想』3집(승주군: 보조사상연구원, 1989)
新文豊出版公司 編,『卍續藏經』113,「中國撰述 禪宗著述部」(台北: 新文豊出版公司, 1977)
新文豊出版公司 編,『禪宗正脈』(『嘉興大藏經』9)(台北: 新文豊出版公司, 1987)
中華大藏經 編輯局,『中華大藏經』(漢文部分 80)(北京: 中華書局, 1994)
大正一切經刊行會 編,『大正新修大藏經』48권,「諸宗部」(5)(東京: 大正一切經刊行會, 1928)
大正一切經刊行會 編,『大正新修大藏經』82권,「諸宗部」(13)(東京: 大正一切經刊行會, 1928)

<碑銘, 注, 疏, 撰, 述, 記>
晦庵定慧,『法集別行錄節要私記解』,『韓國佛教全書』9冊(서울: 동국대학교출판부, 1982)
蓮潭有一,『法集別行錄節要科目幷入私記』,『韓國佛教全書』10冊(서울:동국대학교출판부, 1982)
振虛捌關,『三門直指』,『韓國佛教全書』10冊(서울: 동국대학교출판부, 1982)

수록논문 원게재지(게재순)

1. 박성배, 「'悟'의 문제」, 『동국사상』 2집(동국대학교 불교학과, 1963)
2. 강건기, 「신비 Paradox를 통하여 본 지눌의 空寂靈知心」, 『한국불교학』 7집(한국불교학 회, 1982)
3. 길희성, 「지눌 선 사상의 구조」, 『지눌의 사상과 그 현대적 의미』(한국사상대계 3, 한국 정신문화연구원, 1996)
4. 인 경, 「마음의 해석학」, 『보조사상』 12집(보조사상연구원, 1999). 이 논문은 「지눌 선사 상의 체계와 구조」를 개작한 것임.
5. 김호성, 「돈오점수의 새로운 해석」, 『한국불교학』(한국불교학회, 1990) 강건기·김호성 공편, 『깨달음, 돈오돈수인가 돈오돈수인가』(민족사, 1992)에 재수록.
6. 박성배, 「보조스님은 證悟를 부정했던가?」, 『깨달음, 돈오점수인가 돈오돈수인가』(민족 사, 1992). 이 논문은 이번에 다시 수정·보완한 것임.
7. 이덕진, 「지눌 선 사상에 있어서 돈오의 함의」, 『가산학보』 8집(가산학회, 1982)
8. 권기종, 「혜심의 선 사상 연구」, 『불교학보』 19집(동국대학교 불교문화연구원, 1982)
9. 이덕진, 「간화선의 '구자무불성'에 대한 일고찰」, 『한국선학』 창간호(한국선학회, 2001)
10. 최성렬, 「보조의 『화엄신론』 이해」, 『범한철학』 15집(범한철학회, 1997)
11. 심재룡, 「보조국사 지눌의 『원돈성불론』 상석」, 『보조사상』 13집(보조사상연구원, 2000)
12. 이종익, 「보조찬술의 사상 개요와 서지학적 고찰」, 『보조사상』 1집(보조사상연구원, 1987)
13. 허흥식, 「보조국사비문의 이본과 탁본의 접근」, 『서지학보』 9호(한국서지학회, 1993)
14. 최연식, 「『眞心直說』의 저자에 대한 재고찰」, 『한국도서관·정보학회지』 제 31권 2호 (한국도서관·정보학회, 2000. 6)
15. 김방룡, 「『진심직설』의 저서에 대한 고찰」, 『보조사상』 15집(보조사상연구원, 2001)

필진 소개(게재순)

이덕진李德辰

고려대학교 철학과를 졸업하고, 같은 대학에서 석사와 박사학위를 받았다. 현재 고려대학교에 출강하고 있으며, 예문동양사상연구원 인도·불교철학 연구실장, 『오늘의 동양사상』 편집위원, 고려대학교 철학연구소 연구원, 한국불교장례문화연구회 회장으로 활동하고 있다. 주요 저서로는 『논쟁으로 보는 불교철학』(공저), 『지공·나옹·무학화상』(공저)이 있고, 주요 논문으로는 「보조지눌의 선사상 연구」, 「보조지눌의 성기설에 대한 일고찰」, 「보조지눌과 규봉종밀 사상의 동처와 부동처」, 「지눌 선사상에 있어서 돈오의 함의」, 「주희의 불교 이해에 대한 일고찰」, 「여의 「보현십원가」에 대한 일고찰」, 「간화선의 구자무불성에 대한 일고찰」, 「유교와 불교의 생사관에 대한 일고찰」, 「만공이 현대 한국선에 미친 영향」, 「신라말 동리산문에 대한 연구」 등이 있다.

박성배朴性焙

동국대학교 불교대학 철학과를 졸업하고 같은 대학에서 석사학위(인도 철학)를 받았다. 동국대학교 교수를 지낸 뒤, 미국 University of California at Berkeley에서 원효 연구로 불교학 박사학위를 받았다. 현재 State University of New York at Stony Brook 불교학 교수로 있다. 주요 저서로는 *Buddhist Faith and Sudden Enlightenment*(SUNY Press, 1983), *The Korean Buddhist Canon: Descriptive Catalogue*(University of California Press, 1980, 루이스 랭캐스터 공저), *The Four-Seven Debate, Annotated Translation of the Most Famous Controversy in Korean Neo-Confucian Thought*(SUNY Press, 1994, 마이클 캘튼 공저), *Wonhyo's Commentary on the Treatise on Awakening of Mahayana Faith*(SUNY Press, 근간)등이 있고, 「『대승기신론』 연구의 비교: 원효와 법장의 경우」, 「원효의 화쟁 논리로 생각해 본 남북통일 문제」, 「원효의 논리」, 「원효 사상이 풀어야 할 문제」, 「돈오점수 돈오돈수 논쟁」, 「몸(체)과 몸짓(용)의 논리」, 「성철스님의 돈오돈수론」, 「지눌과 퇴계의 비교연구」 등의 논문이 있다. 『원효전서 영역』 7권(동국대학교와 스토니브룩 뉴욕주립대학교 공동 번역)의 책임편집인이고, 『한국학연구총서』(서울대학교와 스토니브룩 뉴욕주립대학교 공동 편찬)의 책임편집인이며, 뉴욕주립대학교 출판부(SUNY Press) 한국학 총서의 책임편집인을 맡고 있다.

강건기姜健基

동국대학교 불교학과를 졸업하고 뉴욕대학교에서 박사학위(철학)를 받았다. 현재 전북대학교 인문학부 철학전공 교수로 있으며, 전북불교대학교 학장 및 한국교수불자연합회 부회장으로 활동 중이다. 주요 저서로는 『마음 닦는 길』, 『불교와의 만남』, 『붓다의 메아리』, 『깨침을 향하여』, 『현대사회와 불교』, 『목우자 지눌 연구』, 『불교와 기독교: 보조국사 지눌과 토마스 머튼의 만남』 등이 있고, 주요 역서로는 『티벳, 나의 조국이여』, 『신비사상』 등이 있다. 주요 논문으로는 "Thomas Merton and Buddhism: A Comparative Study of the Spiritual Thought of Thomas Merton and That of National Teacher Bojo", 「보조사상에 있어서 닦음(修)의 의미」, 「보조사상의 현대적 의미」 등이 있다.

길희성吉熙星

서울대학교 철학과를 졸업하고 같은 대학에서 석사학위를 받았으며, 미국의 예일대학교 신학과 대학원에서 석사학위를, 하버드대학에서 비교종교학 박사학위를 받았다. 현재 서강대학교 종교학과 교수로 재직중이다. 주요 논문으로는 「한국불교사와 개혁운동」, "Can Korean Protestantism be reconciled with Culture?", 「21세기 한국 종교문화의 전망과 과제」, 「한국불교정체성의 탐구: 조계종의 역사와 사상을 중심으로 하여」, 「불교와 그리스도교: 창조적 만남과 궁극적 일치를 향하여」 등 40여 편의 논문이 있고, 주요 저서로는 Chinul, The Founder of Korean Zen Tradition, 『인도철학사』, 『포스트모던사회와 열린 종교』, 『일본의 정토 사상』, 『지눌의 선사상』, 『오늘에 풀어보는 동양사상』(공저), 『종교와 환경』(공저) 등 다수의 저서 및 역서가 있다.

인경印鏡(金炯錄)

광주 교육대학을 졸업하고, 초등학교에서 근무하였으며, 출가하여 송광사 강원 대교과를 졸업하였다. 동국대학교 선학과를 졸업한 다음, 동 대학원에서 석사와 박사학위를 받았다. 현재 보조사상연구원 실장으로 있으며, 동국대에서 강의하고 있다. 주요 저서로는 『몽산덕이와 고려후기 선사상의 연구』, 『위빠사나 수행법, 단지 바라보기만 하라』 등이 있고, 주요 논문으로는 『대혜 간화선의 특질』, 『화엄법계연기설과 간화선』, 『송대 임제종의 종밀비판』 등 수편이 있다.

김호성金浩星

동국대학교 불교대학 인도철학과를 졸업하고 같은 대학에서 석사와 박사학위를 받았다. 현재 동국대학교 불교대학 인도철학과 교수로 있다. 주요 논문으로는 「'저자의 不在'와 불교해석학」, 「미망사와 불교의 비교 해석학」, 「초기 우파니샤드의 명상개념 I」, 「초기 우파니샤드의 명상개념 II」, 「이샤 우파니샤드에 대한 샹카라와 오로빈도의 해석 비교」 등이 있으며, 현재 '힌두교 텍스트의 윤리적 입장에 대한 연구'(불교와 관련하여), '인도철학 및 불교학의 방법론 모색'(해석학을 중심으로) 등의 연구 과제를 추진 중에 있다.

권기종權奇悰

동국대학교 불교학과를 졸업하고 같은 대학에서 석사와 박사학위를 받았다. 현재 동국대학교 불교학과 교수로 있으며, 동국대학교 불교문화연구원 원장, 동국대학교 사회교육원 원장 및 한국불교학회 회장으로 활동 중이다. 주요 논문으로 「고려후기의 선사상 연구」, 「21세기 문명과 법화사상」, 「수당시대 불교사상과 정치권력」, 「대승불교의 이상적 인간과 사회」 등이 있고, 『권기종교수와 함께 하는 생활 속의 불교』, 『금강경강의』, 『21세기 문명과 불교』(공저), 『불교와 인간』(공저), 『중국불교사』, 『불교와 힌두교』 등 다수의 저서 및 역서가 있다.

최성렬崔成烈

동국대학교 불교대학 불교학과를 졸업하고 같은 대학에서 석사와 박사 과정을 이수하였다. 인하대학교 철학과 강사를 거쳐 현재 조선대학교 인문과학대학 역사철학부 교수로 재직중이다. 주요 논문으로는 「능엄경의 한국 유통에 대한 연구」, 「삼국유사 욱면비염불서승조의 몇 가지 문제점」, 「염불서승과 건봉사 미타만일회」, 「고려 중기 수정결사와 유가종」, 「보조의 기본사상과 육조단경」, 「보조 수심결의 일고찰」, 「간화십종선병의 체계분석」, 「원돈성불론의 십신에 대하여」, 「간화결의론의 분석적 연구」, 「보조지눌의 화엄론절요 연구」, 「화엄경 여래출현품 연구」, 「초의선사의 선문사변만어 분석」, 「보조지눌의 권수정혜결사문 분석」, 「원효의 범망경보살계본사기 분석」 등 20여 편이 있고, 『한국불교인물사상사』 등 5권의 공저가 있다.

심재룡沈在龍

서울대학교 철학과를 졸업하고 미국 하와이대학교 철학과에서 석사와 박사학위를 받았다. 경향신문사 기자와 캐나다 토론토대학교 동양학과 한국학 초빙교수, 미국 캘리포니아 주립대학 버클리 캠퍼스 동양학과 객원교수를 거쳐 현재 서울대학교 철학과 교수로 있다. 주요 저서로는, 『한국의 전통사상』, 『한국에서 철학하는 자세들』, 『동양의 지혜와 禪』, 『중국 불교 철학사』, 『부처님이 올 수 없는 땅』, 『삶이여 번뇌의 바다여』, *Korean Buddhism: Tradition and Transformation* 등이 있고, 역서로는 『아홉 마당으로 풀어쓴 禪』, 『연꽃 속의 보석이여: 티베트 불교 길잡이』, 『있는 그대로의 자유』, 『유배된 자유: 달라이 라마 자서전』, 『티베트 성자와 보낸 3일』 등이 있으며, 「아메리카 불교의 현황」, "A Critical Appraisal of the Sudden/ Gradual Debate in Korea: Songchol's Subitism and Chinul's Gradualism", "Chinul's Place in East Asian Buddhism", 「한국불교는 회통불교인가?」, 「환경문제와 동양철학 사상」, 「한국에서 동양철학 하기」 등 다수의 논문이 있다.

이종익李鐘益(1912~1991)

일본 임제전문학교 및 대정대학 불교학과를 졸업하고 일본 대정대학에서 문학박사 학위를 받았다. 경기상고 교사를 거쳐 단국대, 건국대, 동국대 교수를 지냈고, 주요 논저로는 『동양철학개설』, 『불교학개론』, 『조계종학』, 『조계종사』, 『원효대사의 연구』, 『보조국사의 연구』, 『고려의 불교철학』, 『조계종 중흥론』 등이 있고, 『서산대사』 등의 소설 및 전기가 있다. 주요 논문으로는 「신라불교와 원효 사상」, 「원효의 평화 사상」 등 수십 편이 있다.

허흥식許興植

서울대학교 사학과를 졸업하고 같은 대학 대학원 국사학과에서 석사 및 박사 학위를 받았다. 경북대학교 사범대학 교수를 거쳐 이탈리아 나폴리 동양학원대학교 초빙교수 및 미국 캘리포니아대학교 초빙교수를 역임하였다. 현재 한국정신문화연구원 한국학대학원 교수이다. 「고려전기 불교계와 천태종의 형성과정」, 「한국학의 목록화와 전산정보화」, 「조계종의 기원과 전개」, 「한국금석학의 현황과 과제」, 「고려시대의 서적 간행」, 「묘향산 보현사와 단군자료」, 「강후진의 생애와 저술」 등 130여 편의 논문이 있고, 『고려과거제도사 연구』, 『고려사회사 연구』, 『고려불교사 연구』, 『한국의 고문서』, 『한국중세불교사 연구』, 『진정국사와 호산록』, 『고려로 옮긴 인도의 등불』, 『한국금석전문』(전3권, 편저) 등 다수의 저서가 있다.

최연식崔鈆植

서울대학교 국사학과를 졸업하고 같은 대학에서 석사와 박사학위를 받았다. 태동고전연구소에서 한학을 연수했으며, 현재 일본학술진흥회 초청 외국인특별연구원으로 코마자와(駒澤) 단기대학에서 연수 중이다. 주요 논문으로 「균여 화엄사상의 연구: 교판론을 중심으로」, 「원광의 생애와 사상」, 「『법집별행록절요병입사기』를 통해 본 보조 삼문의 성격」, 「『진심직설』의 저장에 대한 재고찰」, 「신라 견등의 저술과 사상 경향」 등이 있다.

김방룡金邦龍

전북대학교 철학과를 졸업하고 같은 대학에서 석사학위를 받았으며, 원광대학교 대학원에서 박사학위(철학)를 받았다. 현재 영산원불교대학교 교수로 있으며, 한국선학회 운영위원 및 한국종교사학회 이사, 보조사상연구원 운영위원으로 활동 중이다. 주요 논문으로는 「보조지눌과 태고보우의 선사상 비교연구」, 「지눌의 정혜결사 연구」, 「보조지눌 연구의 현황과 과제」, 「지눌의 정혜결사 이념과 성격」, 「지눌의 정혜결사운동과 소태산의 불교개혁운동의 의의」, 「지눌의 『진심직설』에 나타난 수행론」, 「나말 제산문의 선사상」 등이 있으며, 저서로는 『우리들의 세계, 우리들의 철학』(공저) 등이 있다.

◀◀ 예문서원의 책들 ▶▶

원전총서

박세당의 노자 (新註道德經) 박세당 지음, 김학목 옮김, 312쪽, 13,000원
율곡 이이의 노자 (醇言) 이이 지음, 김학목 옮김, 152쪽, 8,000원
홍석주의 노자 (訂老) 홍석주 지음, 김학목 옮김, 320쪽, 14,000원
북계자의 (北溪字義) 陳淳 지음, 김충열 감수, 김영민 옮김, 295쪽, 12,000원
주자가례 (朱子家禮) 朱熹 지음, 임민혁 옮김, 496쪽, 20,000원
서경잡기 (西京雜記) 劉歆 지음, 葛洪 엮음, 김장환 옮김, 416쪽, 18,000원
고사전 (高士傳) 皇甫謐 지음, 김장환 옮김, 368쪽, 16,000원
열선전 (列仙傳) 劉向 지음, 김장환 옮김, 392쪽, 15,000원
열녀전 (列女傳) 劉向 지음, 이숙인 옮김, 447쪽, 16,000원
선가귀감 (禪家龜鑑) 청허휴정 지음, 박재양·배규범 옮김, 584쪽, 23,000원
공자성적도 (孔子聖蹟圖) 김기주·황지원·이기훈 역주, 254쪽, 10,000원
공자세가·중니제자열전 (孔子世家·仲尼弟子列傳) 司馬遷 지음, 김기주·황지원·이기훈 역주, 224쪽, 12,000원
천지서상지 (天地瑞祥志) 김용천·최현화 역주, 384쪽, 20,000원
도덕지귀 (道德指歸) 徐命膺 지음, 조민환·장원목·김경수 역주, 544쪽, 27,000원

성리총서

범주로 보는 주자학 (朱子の哲學) 오하마 아키라 지음, 이형성 옮김, 546쪽, 17,000원
송명성리학 (宋明理學) 陳來 지음, 안재호 옮김, 590쪽, 17,000원
주희의 철학 (朱熹哲學硏究) 陳來 지음, 이종란 외 옮김, 544쪽, 22,000원
양명 철학 (有無之境-王陽明哲學的精神) 陳來 지음, 전병욱 옮김, 752쪽, 30,000원
주자와 기 그리고 몸 (朱子と氣と身體) 미우라 구니오 지음, 이승연 옮김, 416쪽, 20,000원
정명도의 철학 (程明道思想硏究) 張德麟 지음, 박상리·이경남·정성희 옮김, 272쪽, 15,000원
주희의 자연철학 김영식 지음, 576쪽, 29,000원
송명유학사상사 (宋明時代儒學思想の硏究) 구스모토 마사쓰구 (楠本正繼) 지음, 김병화·이혜경 옮김, 602쪽, 30,000원
북송도학사 (道學の形成) 쓰치다 겐지로 (土田健次郞) 지음, 성현창 옮김, 640쪽, 3,2000원
성리학의 개념들 (理學範疇系統) 蒙培元 지음, 홍원식·황지원·이기훈·이상호 옮김, 880쪽, 45,000원

불교(카르마)총서

학파로 보는 인도 사상 S. C. Chatterjee·D. M. Datta 지음, 김형준 옮김, 424쪽, 13,000원
불교와 유교 — 성리학, 유교의 옷을 입은 불교 아라키 겐고 지음, 심경호 옮김, 526쪽, 18,000원
유식무경, 유식 불교에서의 인식과 존재 한자경 지음, 208쪽, 7,000원
박성배 교수의 불교철학강의: 깨침과 깨달음 박성배 지음, 윤원철 옮김, 313쪽, 9,800원
불교 철학의 전개, 인도에서 한국까지 한자경 지음, 252쪽, 9,000원
인물로 보는 한국의 불교사상 한국불교원전연구회 지음, 388쪽, 20,000원
한국 비구니의 수행과 삶 전국비구니회 엮음, 400쪽, 18,000원
은정희 교수의 대승기신론 강의 은정희 지음, 184쪽, 10,000원
비구니와 한국 문학 이향순 지음, 320쪽, 16,000원
불교철학과 현대윤리의 만남 한자경 지음, 304쪽, 18,000원

노장총서

도가를 찾아가는 과학자들 — 현대신도가의 사상과 세계 (當代新道家) 董光璧 지음, 이석명 옮김, 184쪽, 5,800원
유학자들이 보는 노장 철학 조민환 지음, 407쪽, 12,000원
노자에서 데리다까지 — 도가 철학과 서양 철학의 만남 한국도가철학회 엮음, 440쪽, 15,000원
이강수 교수의 노장철학이해 이강수 지음, 462쪽, 23,000원
不二 사상으로 읽는 노자 — 서양철학자의 노자 읽기 이찬훈 지음, 304쪽, 12,000원
김항배 교수의 노자철학 이해 김항배 지음, 280쪽, 15,000원

역학총서

주역철학사 (周易硏究史) 廖名春·康學偉·梁韋弦 지음, 심경호 옮김, 944쪽, 30,000원
주역, 유가의 사상인가 도가의 사상인가 (易傳與道家思想) 陳鼓應 지음, 최진석·김갑수·이석명 옮김, 366쪽, 10,000원
송재국 교수의 주역 풀이 송재국 지음, 380쪽, 10,000원

한국철학총서

조선 유학의 학파들 한국사상사연구회 편저, 688쪽, 24,000원
실학의 철학 한국사상사연구회 편저, 576쪽, 17,000원
윤사순 교수의 한국유학사상론 윤사순 지음, 528쪽, 15,000원
한국유학사 1 김충열 지음, 372쪽, 15,000원
퇴계의 생애와 학문 이상은 지음, 248쪽, 7,800원
율곡학의 선구와 후예 황의동 지음, 480쪽, 16,000원
다카하시 도루의 조선유학사 ― 일제 황국사관의 빛과 그림자 다카하시 도루 지음, 이형성 편역, 416쪽, 15,000원
퇴계 이황, 예 있고 뒤를 열어 고금을 꿰뚫으셨소 ― 어느 서양철학자의 퇴계연구 30년 신귀현 지음, 328쪽, 12,000원
조선유학의 개념들 한국사상사연구회 지음, 648쪽, 26,000원
성리학자 기대승, 프로이트를 만나다 김용신 지음, 188쪽, 7,000원
유교개혁사상과 이병헌 금장태 지음, 336쪽, 17,000원
남명학파와 영남우도의 사림 박병련 외 지음, 464쪽, 23,000원
쉽게 읽는 퇴계의 성학십도 최제목 지음, 152쪽, 7,000원
홍대용의 실학과 18세기 북학사상 김문용 지음, 288쪽, 12,000원
남명 조식의 학문과 선비정신 김충열 지음, 512쪽, 26,000원
명재 윤증의 학문연원과 가학 충남대학교 유학연구소 편, 320쪽, 17,000원
조선유학의 주역사상 금장태 지음, 320쪽, 16,000원
율곡학과 한국유학 충남대학교 유학연구소 편, 464쪽, 23,000원
한국유학의 악론 금장태 지음, 240쪽, 13,000원
심경부주와 조선유학 홍원식 외 지음, 328쪽, 20,000원

연구총서

논쟁으로 보는 중국철학 중국철학연구회 지음, 352쪽, 8,000원
김충열 교수의 중국철학사 1 ― 중국철학의 원류 김충열 지음, 360쪽, 9,000원
논쟁으로 보는 한국철학 한국철학사상연구회 지음, 326쪽, 10,000원
반논어(論語新探) 趙紀彬 지음, 조남호·신정근 옮김, 768쪽, 25,000원
중국철학과 인식의 문제(中國古代哲學問題發展史) 方立天 지음, 이기훈 옮김, 208쪽, 6,000원
중국철학과 인성의 문제(中國古代哲學問題發展史) 方立天 지음, 박경환 옮김, 191쪽, 6,800원
현대의 위기 동양 철학의 모색 중국철학회 지음, 340쪽, 10,000원
역사 속의 중국철학 중국철학회 지음, 448쪽, 15,000원
일곱 주제로 만나는 동서비교철학(中西哲學比較面面觀) 陳衛平 편저, 고재욱·김철운·유성선 옮김, 320쪽, 11,000원
중국철학의 이단자들 중국철학회 지음, 240쪽, 8,200원
공자의 철학(孔孟荀哲學) 蔡仁厚 지음, 천병돈 옮김, 240쪽, 8,500원
맹자의 철학(孔孟荀哲學) 蔡仁厚 지음, 천병돈 옮김, 224쪽, 8,000원
순자의 철학(孔孟荀哲學) 蔡仁厚 지음, 천병돈 옮김, 272쪽, 10,000원
서양문학에 비친 동양의 사상 한림대학교 인문학연구소 엮음, 360쪽, 12,000원
유학은 어떻게 현실과 만났는가 ― 선진 유학과 한대 경학 박원재 지음, 218쪽, 7,500원
유교와 현대의 대화 황의동 지음, 236쪽, 7,500원
동아시아의 사상 오이환 지음, 200쪽, 7,000원
역사 속에 살아있는 중국 사상(中國歷史に生きる思想) 시게자와 도시로 지음, 이혜경 옮김, 272쪽, 10,000원
덕치, 인치, 법치 ― 노자, 공자, 한비자의 정치 사상 신동준 지음, 488쪽, 20,000원
육경과 공자 인학 남상호 지음, 312쪽, 15,000원
리의 철학(中國哲學範疇精髓叢書一理) 張立文 주편, 안유경 옮김, 524쪽, 25,000원
기의 철학(中國哲學範疇精髓叢書一氣) 張立文 주편, 김교빈 외 옮김, 572쪽, 27,000원
동양 천문사상, 하늘의 역사 김일권 지음, 480쪽, 24,000원
동양 천문사상, 인간의 역사 김일권 지음, 544쪽, 27,000원
공부론 임수무 외 지음, 544쪽, 27,000원

강의총서

김충열교수의 노자강의 김충열 지음, 434쪽, 20,000원
김충열교수의 중용대학강의 김충열 지음, 448쪽, 23,000원

퇴계원전총서

고경중마방古鏡重磨方 ― 퇴계 선생의 마음공부 이황 편저, 박상주 역해, 204쪽, 12,000원
활인심방活人心方 ― 퇴계 선생의 마음으로 하는 몸공부 이황 편저, 이윤희 역해, 308쪽, 16,000원

인물사상총서

한주 이진상의 생애와 사상 홍원식 지음, 288쪽, 15,000원

일본사상총서

일본 신도사(神道史) 무라오카 츠네츠구 지음, 박규태 옮김, 312쪽, 10,000원
도쿠가와 시대의 철학사상(德川思想小史) 미나모토 료엔 지음, 박규태·이용수 옮김, 260쪽, 8,500원
일본인은 왜 종교가 없다고 말하는가(日本人はなぜ 無宗敎のか) 아마 도시마로 지음, 정형 옮김, 208쪽, 6,500원
일본사상이야기 40(日本がわかる思想入門) 나가오 다케시 지음, 박규태 옮김, 312쪽, 9,500원
사상으로 보는 일본문화사(日本文化の歷史) 비토 마사히데 지음, 엄석인 옮김, 252쪽, 10,000원
일본도덕사상사(日本道德思想史) 이에나가 사부로 지음, 세키네 히데유키·윤종갑 옮김, 328쪽, 13,000원
천황의 나라 일본 — 일본의 역사와 천황재(天皇制と民衆) 고토 야스시 지음, 이남희 옮김, 312쪽, 13,000원
주자학과 근세일본사회(近世日本社會と宋學) 와타나베 히로시 지음, 박홍규 옮김, 304쪽, 16,000원

예술철학총서

중국철학과 예술정신 조민환 지음, 464쪽, 17,000원
풍류정신으로 보는 중국문학사 최병규 지음, 400쪽, 15,000원
율려와 동양사상 김병훈 지음, 272쪽, 15,000원
한국 고대 음악사상 한홍섭 지음, 392쪽, 20,000원

동양문화산책

공자와 노자, 그들은 물에서 무엇을 보았는가 사라 알란 지음, 오만종 옮김, 248쪽, 8,000원
주역산책(易學漫步) 朱伯崑 외 지음, 김학권 옮김, 260쪽, 7,800원
동양을 위하여, 동양을 넘어서 홍원식 외 지음, 264쪽, 8,000원
서원, 한국사상의 숨결을 찾아서 안동대학교 안동문화연구소 지음, 344쪽, 10,000원
녹차문화 홍차문화 츠노야마 사가에 지음, 서은미 옮김, 232쪽, 7,000원
류짜이푸의 얼굴 찌푸리게 하는 25가지 인간유형 류짜이푸(劉再復) 지음, 이기면·문성자 옮김, 320쪽, 10,000원
안동 금계마을 — 천년불패의 땅 안동대학교 안동문화연구소 지음, 272쪽, 8,500원
안동 풍수 기행, 와혈의 땅과 인물 이완규 지음, 256쪽, 7,500원
안동 풍수 기행, 돌혈의 땅과 인물 이완규 지음, 328쪽, 9,500원
영양 주실마을 안동대학교 안동문화연구소 지음, 332쪽, 9,800원
예천 금당실·맛질 마을 — 정감록이 꼽은 길지 안동대학교 안동문화연구소 지음, 284쪽, 10,000원
터를 안고 仁을 펴다 — 퇴계가 굽어보는 하계마을 안동대학교 안동문화연구소 지음, 360쪽, 13,000원
안동 가일 마을 — 풍산들기에 의연히 서다 안동대학교 안동문화연구소 지음, 344쪽, 13,000원
중국 속에 일떠서는 한민족 — 한겨레신문 차한필 기자의 중국 동포사회 리포트 차한필 지음, 336쪽, 15,000원
고려시대의 안동 안동시·안동대학교 안동문화연구소 편, 448쪽, 17,000원
신간도견문록 박진관 글·사진, 504쪽, 20,000원
안동 무실 마을 — 문헌의 향기로 남다 안동대학교 안동문화연구소 지음, 464쪽, 18,000원

민연총서 — 한국사상

자료와 해설, 한국의 철학사상 고려대 민족문화연구원 한국사상연구소 편, 880쪽, 34,000원
여헌 장현광의 학문 세계, 우주와 인간 고려대 민족문화연구원 한국사상연구소 편, 424쪽, 20,000원
퇴계 성철의 깨달음과 수행 — 성철의 선사상과 불교사적 위치 조성택 편, 432쪽, 23,000원
여헌 장현광의 학문 세계 2, 자연과 인간 고려대 민족문화연구원 한국사상연구소 편, 432쪽, 25,000원
여헌 장현광의 학문 세계 3, 태극론의 전개 고려대 민족문화연구원 한국사상연구소 편, 400쪽, 24,000원

예문동양사상연구원총서

한국의 사상가 10人 — 원효 예문동양사상연구원/고영섭 편저, 572쪽, 23,000원
한국의 사상가 10人 — 의천 예문동양사상연구원/이병욱 편저, 464쪽, 20,000원
한국의 사상가 10人 — 지눌 예문동양사상연구원/이덕진 편저, 644쪽, 26,000원
한국의 사상가 10人 — 퇴계 이황 예문동양사상연구원/윤사순 편저, 464쪽, 20,000원
한국의 사상가 10人 — 남명 조식 예문동양사상연구원/오이환 편저, 576쪽, 23,000원
한국의 사상가 10人 — 율곡 이이 예문동양사상연구원/황의동 편저, 600쪽, 25,000원
한국의 사상가 10人 — 하곡 정제두 예문동양사상연구원/김교빈 편저, 432쪽, 22,000원
한국의 사상가 10人 — 다산 정약용 예문동양사상연구원/박홍식 편저, 572쪽, 29,000원
한국의 사상가 10人 — 혜강 최한기 예문동양사상연구원/김용헌 편저, 520쪽, 26,000원
한국의 사상가 10人 — 수운 최제우 예문동양사상연구원/오문환 편저, 464쪽, 23,000원

우리의 새로운 세기를 밝혀 줄 '한국의 사상가 10人'

<예문동양사상연구원 '한국의 사상가 10人' 간행위원회>에서는 우리의 새로운 세기를 준비하기 위하여 해방 후 50여 년 동안의 연구사를 바탕으로 한국을 대표하는 사상가 10인을 선정하였습니다.
해당 사상가들의 사상적 면모를 보여 줄 수 있는 대표적 논문들을 주제별로 선별한 후 그 동안의 연구사에 대한 해제와 연구물 총목록을 정리하여 앞으로의 연구 방향을 제시하고 있습니다.

◇ 예문동양사상연구원총서(1~10)

한국의 사상가 10人 —— 원효 고영섭 편저 · 572쪽 · 값 23,000원
한국의 사상가 10人 —— 의천 이병욱 편저 · 464쪽 · 값 20,000원
한국의 사상가 10人 —— 지눌 이덕진 편저 · 644쪽 · 값 26,000원
한국의 사상가 10人 —— 퇴계 이황 윤사순 편저 · 464쪽 · 값 20,000원
한국의 사상가 10人 —— 남명 조식 오이환 편저 · 576쪽 · 값 23,000원
한국의 사상가 10人 —— 율곡 이이 황의동 편저 · 600쪽 · 값 25,000원
한국의 사상가 10人 —— 하곡 정제두 김교빈 편저 · 432쪽 · 값 22,000원
한국의 사상가 10人 —— 다산 정약용 박홍식 편저 · 572쪽 · 값 29,000원
한국의 사상가 10人 —— 혜강 최한기 김용헌 편저 · 520쪽 · 값 26,000원
한국의 사상가 10人 —— 수운 최제우 오문환 편저 · 464쪽 · 값 23,000원